Les constitutions et lois constitutionnelles de la République démocratique du Congo (de 1960 à nos jours)

Collection « Études africaines »
dirigée par Denis Pryen et son équipe

Forte de plus de mille titres publiés à ce jour, la collection « Études africaines » fait peau neuve. Elle présentera toujours les essais généraux qui ont fait son succès, mais se déclinera désormais également par séries thématiques : droit, économie, politique, sociologie, etc.

Dernières parutions

Dingamtoudji MAÏKOUBOU, *La médecine africaine en pays ngàmbáye au Tchad*, 2024.
Tahirou KONE, *Technologies socionumériques en Côte d'Ivoire. Formes d'engagement politique et médiatique*, 2024.
Guy-Eugène DEMBA, *La mise en œuvre du Droit international humanitaire en Centrafrique. De la théorie à la pratique*, 2024.
Charlie MBALLA (dir.), *L'État dans les Afriques. État des lieux en Afrique subsaharienne. Nouvelle édition*, 2024
Maman Aminou A. KOUNDY, *La gouvernance du secteur judiciaire au Niger, Regards critiques*, 2024.
Paul G. ACLINOU, *Le premier festival mondial des arts nègres. Ou la négritude cinquante-cinq ans après*, 2024.
Sous la direction de Yao-Edmond KOUASSI, *Culture, africanologie et humanisme, Hommage au professeur Abou Karamoko*, 2024.
Alpha BA, *Tragédie rwandaise : l'échec fatal de la solution négociée, Responsabilités et répercussions dans la région des Grands Lacs*, 2024.
Cédric ONDAYE-EBAUH, *Vous avez dit développement ?*, Nouvelle édition, 2024.
Francky BOLAMBULI BOSINGA, *Le devoir de l'Homme africain. Repenser la démocratie et la culture négro-africaine avec Phambu Ngoma-Binda*, 2024.
Albert JIOTSA (coord.), *Dynamique de la protection sociale de l'enfance au Cameroun et en Afrique*, 2024.
Ahmed Salem OULD MOHAMED BABA, *Introduction au dialecte ḥassāniyya de Mauritanie. Étude grammaticale et*

Kayamba Tshitshi Ndouba

Les constitutions et lois constitutionnelles de la République démocratique du Congo (de 1960 à nos jours)

Contextes d'élaboration, régimes politiques et formes de l'État

Préface de
Grégoire Bakandeja wa Mpungu

L'Harmattan

5-7, rue de l'École-Polytechnique – 75005 Paris
www.editions-harmattan.fr
ISBN : 978-2-336-44309-6
EAN : 9782336443096

Préface

Le droit constitutionnel congolais a connu beaucoup de bouleversements au cours de trente (30) dernières années. Ce mouvement perturbe souvent d'autant plus que les affaires de constitution ne sont plus le monopole des seuls spécialistes de droit constitutionnel. Le présent ouvrage du Professeur Kayamba Tshitshi Ndouba vient à propos. Il offre un panorama des constitutions et lois constitutionnelles élaborées en République Démocratique du Congo depuis son accession à l'indépendance. Il permet de se familiariser avec la conception que se fait le Professeur Kayamba Tshitshi Ndouba de l'Etat constitutionnel, en particulier des strates textuelles caractérisant, dans le temps et dans l'espace, le degré de développement de ce dernier. L'auteur m'a fait l'honneur et le plaisir de me demander de le préfacer et je l'en remercie !

Il n'est plus de temps qui passe sans que l'on évoque les dispositions constitutionnelles. Des ouvrages y sont consacrés parfaitement présentant avec détail le droit constitutionnel dans toutes ses dimensions. On peut donc logiquement se demander pourquoi un énième écrit sur le droit constitutionnel.

L'ambition de cet ouvrage est autre : ne pas tout dire certes, mais dire ce qui est possible de rendre clair. On jugera que cette nouvelle construction intellectuelle n'est pas si modeste. Elle se situe dans le prolongement des monographies des devanciers du Professeur Kayamba Tshitshi Ndouba : LIHAU EBUA, DJELO EMPENGE OSAKO, KITETE KIKUMBA, NGOY NDOUBA KAMATANDA, qui ont été parmi les premiers au Congo à produire scientifiquement sur l'épineuse question des institutions politiques et de la forme de l'Etat en République Démocratique du Congo. En ce sens, on peut dire que l'objectif est atteint. Le besoin, c'est celui de diffuser le droit constitutionnel dans ses dimensions les plus variées et les plus contemporaines.

Le droit constitutionnel congolais est donc une discipline vivante. En effet, les constitutions naissent, évoluent et s'éteignent au fil du temps en réponse aux changements sociaux, politiques et économiques. Comprendre toute cette dynamique permet de mettre en perspective, dans le contexte national, la configuration des institutions actuelles et les enjeux de la politique contemporaine.

Cette prémisse, qui pose la nécessité heuristique de saisir le droit constitutionnel en mouvement pour en tirer les leçons de l'histoire politique de la République Démocratique du Congo, a inspiré l'auteur de cet ouvrage.

Le sous-titre de l'ouvrage (contextes d'élaboration, régimes politiques et formes de l'État) est assez évocateur, de la nécessité de puiser dans les sources pour comprendre le droit construit, et à reconstruire suivant l'évolution politique.

En ce sens, l'Etat constitutionnel constitue, à la fois, un objet d'observation et un produit de l'histoire et un objectif ou une mesure de référence normatique. Chaque nouvelle étape de son développement produit un ensemble de textes exemplaires si bien que tel un tronc ou une montagne, l'État constitutionnel se présente comme un ensemble stratifié.

C'est ici qu'apparaît la pertinence de la méthodologie adoptée par l'auteur. Le professeur Kayamba Tshitshi Ndouba se propose de fournir un cadre diachronique pour comprendre l'essence et la substance des institutions actuelles et lancer un débat éclairé sur les tendances et les trajectoires du constitutionnalisme congolais. Considérant le droit constitutionnel comme une science culturelle, cette méthodologie permet notamment à l'auteur d'analyser le processus d'échange et de réception juridique, non seulement sous leur angle technique, mais encore et surtout, pour celui de leur contenu ou de leur charge symbolique. Pour ce faire, il se livre à un véritable exercice de reconstruction et de systématisation des cycles constitutionnels qui ont émaillé et émaillent encore l'histoire politique mouvementée de la République Démocratique du Congo. Il revendique donc de replacer le droit constitutionnel congolais dans le périmètre de l'histoire politique pour marquer ses temporalités, serrées entre une origine et une cessation, propre aux œuvres constituantes.

L'ouvrage est structuré en quatre (4) parties consacrées respectivement à la première république (1960 – 1965), à la deuxième république (1965 – 1990), à la période de transition dite démocratique (1990 – 2006) et enfin, à la troisième république issue de la constitution du 18 février 2006.

En parcourant les pages de cet ouvrage, le lecteur comprendra mieux l'évolution d'un système politique d'emprunt, d'acculturation et de recherche permanente de socialisation. Il pourra ainsi mieux saisir, dans les termes juridiques, les ambitions et les aspirations portées par le peuple congolais au fil de l'histoire récente de son pays. Les formules insérées dans les préambules et relatives à la profession de foi et à la croyance du constituant, à l'évocation du temps (passé, présent et futur) ou encore aux dispositions en nombre croissant consacrant les objectifs et illustrant en cela l'orientation de plus en plus finaliste du droit constitutionnel congolais. Les textes ici rassemblés sont le reflet de ces moments clés, marqués par des avancées, des reculs, mais aussi par la résilience et la volonté du peuple congolais de construire un avenir meilleur.

Cet ouvrage, très pédagogique et pratique, est un outil précieux pour les chercheurs qui s'intéressent aux questions constitutionnelles : juristes, politologues, sociologues, anthropologues, mais également, tous les citoyens soucieux de comprendre les trajectoires constitutionnelles sinueuses des constructions constitutionnelles en République Démocratique du Congo ponctuées des continuités et des ruptures, offrant ainsi l'opportunité, non seulement d'étudier les contextes d'élaboration de chaque constitution et la chronologie des modifications y apportées, mais également de comparer les différents régimes politiques institués et les formes d'organisation territoriale établies.

L'œuvre du professeur Kayamba Tshitshi Ndouba scrute donc, dans les moindres détails, la construction de l'identité de chaque constitution pour mettre à grand jour ce qui la caractérise, ce qui la marque, ce qui la fonde et ce qui la distingue et la démarque des autres constitutions.

Je conseille vivement la lecture de cet ouvrage dont l'importance est capitale pour le pays confronté à l'heure actuelle à une guerre d'agression lui imposée par ses pays voisins de l'Est, principalement le Rwanda dont l'influence dans le processus d'élaboration des dernières constitutions depuis les années 1990 est à la base des difficultés d'élaboration d'une constitution répondant aux aspirations et à la culture congolaise.

Fait à Kinshasa, le 11 juillet 2024

Grégoire BAKANDEJA wa MPUNGU
Docteur d'Etat en Droit,
Professeur Ordinaire émérite des Universités,
Doyen Honoraire de la Faculté de Droit
de l'Université de Kinshasa

A Josephine Tchukizi Masikini, la Castafiore.

INTRODUCTION GÉNÉRALE

Ce recueil met à la disposition d'un large public d'étudiants universitaires, des acteurs politiques, des administrations publiques, les magistrats, les avocats, les chercheurs en droit ou en science politiques ainsi que des citoyens désireux de nourrir leur réflexion institutionnelle sur les grandes étapes de l'histoire constitutionnelle de la République démocratique du Congo, les constitutions et les lois constitutionnelles ayant régi les institutions de la République depuis l'accession de notre pays à l'indépendance jusqu'à ce jour. Il facilite l'accès aux textes constitutionnels dans leur intégralité telle que publiée au Moniteur Congolais (MC), au Journal Officiel (JO) ou au Journal Officiel de la République Démocratique du Congo (JORDC).

Conçu de manière à faciliter les recherches et privilégiant une vision contemporaine du droit constitutionnel congolais, cet ouvrage se propose de retracer les trajectoires constitutionnelles congolaises en s'appuyant sur un dossier documentaire constitué essentiellement d'une compilation exhaustive des textes et lois constitutionnelles en vue de saisir les contours des mutations et des continuités des institutions politiques de la République démocratique du Congo.

I. INVENTAIRE BIBLIOGRAPHIQUE DES RECUEILS DE CONSTITUTIONS ET LOIS CONSTITUTIONNELLES DE LA RÉPUBLIQUE DÉMOCRATIQUE DU CONGO

Cet ouvrage de compilation des constitutions et des lois constitutionnelles de la République démocratique n'est pas le premier de ce genre de littérature académique. L'inventaire bibliographique réalisé révèle l'existence de 5 recueils constitutionnels qui se succèdent chronologiquement, chacun complétant les lacunes, les limites et les imperfections du travail précédent. Il s'agit des ouvrages ci-dessous.

1. Recueil des textes constitutionnels de la République du Zaïre du 19 mai 1960 au 28 avril 1991 avec, en annexe, la « Charte coloniale du 18 octobre 1908[1] »

Ce recueil, fruit d'un travail collectif de Iyeleza Moju-Mbey, Masika Katsuva et Isengingo Kambere-ng'Ise, publié aux Éditions Ise-Consult, à Kinshasa en 1991, a le mérite d'être le premier recueil des textes constitutionnels congolais mis à la disposition des étudiants et chercheurs. Cependant, les textes y compilés couvrent seulement la période constitutionnelle de la première et de la deuxième République et ajoute en annexe la Charte coloniale du 18 octobre 1908. La portée temporelle de ce recueil est donc dépassée puisqu'il ne prend pas en compte les textes constitutionnels de transition ni ceux régissant la troisième République. Il pèche également par l'absence des notes liminaires et explicatives des contextes d'élaboration et des régimes politiques institués. Bien plus, ce recueil n'est pas exhaustif. Il ne contient pas manifestement certains textes fondamentaux publiés au Moniteur Congolais. Il s'agit particulièrement du décret-loi constitutionnel du 4 novembre 1960 relatif au pouvoir judiciaire[2], suspendant l'application des articles 192, dernier alinéa, 193 et 194 de la Loi Fondamentale du 19 mai 1960 d'une part, et d'autre part, le décret-loi constitutionnel du 7 juillet 1961 relatif à l'état d'exception[3]. Ce dernier avait réinstauré les dispositions du décret du 20 octobre 1959 sur l'état d'exception qui étaient abrogées par la Loi Fondamentale du 19 mai 1960.

2. Chronologie, monographie et documentation sur l'histoire politique du Congo des années 60 aux années 90[4]

Cette œuvre impressionnante produite par l'éminent professeur Eugène Banyaku Luape en l'an 2000, publiée par le Centre Interdisciplinaire d'Études et de Documentation Politiques (CIEDOP), aux éditions Compodor retrace, reconstitue et analyse les faits politiques saillants qui ont émaillé notre histoire politique au cours de 3 décennies (des années 60 aux années 90). Ce dossier documentaire est constitué de trois grands chapitres.

Le premier, la chronologie, épingle les évènements les plus significatifs de l'histoire du Congo depuis son accession à l'indépendance jusqu'à la dernière décennie du deuxième millénaire de l'ère chrétienne. Privilégiant une approche évènementielle, presque journalistique, l'auteur présente la suite des faits et des évènements (pris dans le temps et de préférence dans les moments cruciaux de l'histoire) qui ont marqué l'histoire sociopolitique de notre pays, sans insister ni sur les motivations propres des acteurs ni sur la portée idéologique, ni les orientations normatives de leurs engagements.

---

[1] Iyeleza, M.M, Masika, K et Isengingo, K. (1991), *Recueil des textes constitutionnels de la République du Zaïre du 19 mai 1960 au 28 avril 1991 avec, en annexe, la « Charte coloniale du 18 octobre 1908,* Kinshasa : Ise-Consult.

[2] Moniteur Congolais n° 4 du 31 janvier 1961, p. 29.

[3] Moniteur Congolais n° 23 du 23 novembre 1961, p. 474.

[4] Banyaku Luape, E. (2000), *Chronologie, monographie et documentation sur l'histoire politique du Congo des années 60 aux années 90,* Kinshasa : Compodor.

Le deuxième grand chapitre porte sur la monographie. Partant du postulat selon lequel les seuls faits historiques et évènements ne suffisent pas pour expliquer les grandes tendances du processus historique, l'auteur saisit les différentes pensées qui décrivent, traduisent ou interprètent des évènements ou l'ensemble historique des faits sociaux suivant la saisie propre des auteurs et généralement de manière spontanée et inédite. Le professeur Banyaku recourt alors aux discours, messages et aux essais des grands acteurs historiques en y ajoutant certains interviews et réflexions inédits.

Le troisième chapitre est essentiellement une compilation documentaire se rapportant sur la composition des organes législatifs, consultatifs et partisans (MPR, AFDL). On y recense également la composition des membres de l'exécutif, des dirigeants des services publics, de l'Armée ; de la haute magistrature civile et militaire, du patronat et du syndicat.

La section VII et la section VIII de ce troisième chapitre (pages 697 à 995) sont celles qui nous intéressent particulièrement, car elles présentent un registre des textes constitutionnels et des actes générateurs de compromis politiques, qui sont très abondants. Cependant ce registre, en plus d'être dépassé, ne reprend que les grands textes constitutionnels (12 textes au total pour les 3 décennies). Cette compilation n'est donc pas exhaustive, car l'auteur a été exagérément sélectif, ne présentant que les textes essentiels ayant marqué les grands moments de l'histoire politique de notre pays. Par ailleurs, les textes ne sont pas accompagnés des notes explicatives de contexte d'élaboration ni d'analyse des régimes politiques institués. La technique est essentiellement documentaire.

3. Les constitutions de la République démocratique du Congo. De Joseph Kasa-Vubu à Joseph Kabila[5]

Comparativement aux deux ouvrages précédents, ce recueil des textes constitutionnels produits par le professeur Toengaho, publié aux Presses Universitaires du Congo en 2008, vient actualiser l'inventaire des principaux textes en ajoutant la Constitution de la Transition issue de l'Accord Global et Inclusif ainsi que la première Constitution de la IIIème République adoptée démocratiquement par référendum. L'auteur s'y efforce de présenter très sommairement chaque texte constitutionnel en indiquant les différentes modifications apportées. Les annexes de ce recueil sont constituées des documents de grande portée historique, notamment, la Charte coloniale du 18 octobre 1908, les actes, accords et compromis politiques qui ont servi de base à l'élaboration des différentes constitutions.

Cependant, il faut noter que ce recueil n'est pas très exhaustif. Plusieurs textes constitutionnels et non les moindres n'ont pas été répertoriés. Il s'agit des textes constitutionnels suivants :

- La Loi du 17 juin 1960 sur les enquêtes parlementaires[6] ;

[5] Toengaho Lokundo, F. (2008), *Les constitutions de la République démocratique du Congo. De Joseph Kasa-Vubu à Joseph Kabila*, Kinshasa : Presses Universitaires du Congo.
[6] Moniteur Congolais, n° 26 du 27 juin 1960, p. 1913.

- La Loi Fondamentale du 17 juin 1960 relative aux libertés publiques[7] ;
- Le décret-loi constitutionnel du 9 février 1961 relatif à l'exercice du pouvoir ; législatif et exécutif à l'échelon central[8] ;
- L'ordonnance-loi n° 7 du 30 novembre 1965, accordant les pouvoirs spéciaux au Président de la République[9] ;
- L'ordonnance-loi n° 66/92 bis du 7 mars 1966 attribuant le pouvoir législatif au Président de la République[10] ;
- Ordonnance-loi n° 70-025 du 17 avril 1970 portant modification des dispositions de l'alinéa 1 de l'article II du titre IX de la Constitution du 24 juin 1967[11] ;
- La loi n° 71-007 du 19 novembre 1971 portant révision de la Constitution[12] ;
- La Loi n° 73-014 du 5 janvier 1973 portant harmonisation de la Constitution ainsi que celle de tous les textes législatifs et réglementaires en rapport avec les nouvelles appellations intervenues dans les structures politico-administratives du pays et modifiant l'article 46 de la Constitution[13].

4. Les constitutions de la République démocratique du Congo. De 1908 à 2011[14]

Ce recueil des textes constitutionnels, publié et édité par JuriCongo en 2011, est le plus récent et le plus exhaustif des recueils des textes recensés. Il retrace l'évolution des textes constitutionnels de notre pays en commençant par la loi sur le Gouvernement du Congo belge du 18 octobre 1908 (Charte coloniale), ayant régi le Congo de 1908 à 1960, considéré comme un texte fondamentalement important pour avoir régi le pays pendant près de 42 ans, jusqu'à la Loi n° 11/2011 du 20 janvier 2011 portant révision de certains articles de la constitution de la République démocratique du Congo du 18 février 2006. Pris sous cet angle, le recueil de Juricongo partage le même argument historique avec l'ouvrage « Droit constitutionnel du Congo. Textes et documents fondamentaux » de Félix Vunduawe te Pemako et Jean-Marie Mboko Dj'Andima, publié aux éditions Academia en 2011, qui prend l'État Indépendant du Congo comme le point de départ de l'histoire moderne du Congo, arguant que l'histoire est un point de passage obligé de tout effort de théorisation des questions juridiques.

À l'antipode de cet argument historique, on peut noter que les ouvrages de Iyeleza Mozu-Mbey et alii et celui du professeur Faustin Toengaho Lokundo ont

---

[7] Moniteur Congolais, n° 26 du 27 juin 1960, p. 1916.
[8] Moniteur Congolais, n° 5 du 9 février 1961, p. 39.
[9] Moniteur Congolais, n° 1 du 4 janvier 1966, p. 2.
[10] Moniteur Congolais, n° 7 du 15 avril 1966, p. 158.
[11] Moniteur congolais, n° 9 du 1er mai 1970, p. 257.
[12] Moniteur Congolais, n° 24 du 15 décembre 1971, p. 1095.
[13] Journal Officiel, n° 5 du 1er mars 1973, p. 302.
[14] JuriCongo (2011), *Les constitutions de la République démocratique du Congo. De 1908 à 2011,* Kinshasa : Juricongo.

placé la Charte coloniale en annexe du recueil. Pour ces derniers, l'option d'écarter la charte coloniale du recueil se justifie du fait que la Charte coloniale était dépourvue de nature constitutionnelle pour servir de fondement à l'organisation et à l'exercice du pouvoir d'un Etat moderne, indépendant et souverain. Elle a instauré un système de gestion et de contrôle de la colonie (dépourvu de personnalité juridique internationale) à partir de Bruxelles.

Au de-là de son caractère exhaustif, les textes constitutionnels ou les textes juridiques ayant valeur de constitution sont accompagnés des notes explicatives très sommaires relatives au contexte de leur adoption et/ou promulgation et des aspects essentiels des modifications constitutionnelles apportées. Des éclairages doctrinaux sur les régimes politiques, les évolutions constitutionnelles (les ruptures et les continuités) ainsi que le débat autour de la forme de l'Etat y sont totalement absents.

5. Droit constitutionnel du Congo. Textes et documents fondamentaux[15]

Cet ouvrage monumental (1433 pages) produit par les professeurs Félix Vunduawe te Pemako et Jean-Marie Mboko Dj'Andima n'est pas, à proprement parler, un recueil des textes constitutionnels. Édité en deux volumes aux éditions Academia en 2013, il rassemble, par période politique ou administrative, les principaux actes diplomatiques, accords politiques, déclarations, exposés des motifs, mémoires explicatifs, messages, procès-verbaux, les textes et les principaux documents du droit constitutionnel du Congo de 1885 à ce jour. Les deux auteurs prennent le soin de précéder ces textes fondamentaux d'un commentaire sur les circonstances ayant entouré leur édiction, les institutions et les principales sources formelles de droit public de la période considérée.

Cependant, l'ouvrage procède d'une démarche de dossier documentaire couplé d'éclairage d'analyse théorique et doctrinale qui l'éloigne du format d'un recueil des textes. Par ailleurs, l'extension temporelle couvrant l'ouvrage est excessive, car elle remonte au processus de formation de l'Etat Indépendant du Congo (E. I.C).

II. LES TRAJECTOIRES D'UNE EXPÉRIENCE CONSTITUTIONNELLE ÉCHAFAUDÉE SUR TROIS RÉPUBLIQUES

Cette compilation des constitutions et lois constitutionnelles, ordonnée chronologiquement, s'organise conformément aux principales séquences (unanimement acceptées par la doctrine) de l'histoire constitutionnelle de notre pays. Il se subdivise en quatre périodes bien différenciées en fonction de la nature des régimes politiques institués par les textes constitutionnels : 1) le constitutionnalisme démocratique de la première République (1960 - 1965), 2) le constitutionnalisme autoritaire de la deuxième République (1965 - 1990), 3) le

[15] Vunduawe te Pemako, F et Mboko Dj'Andima, J.M., (2013), *Droit constitutionnel du Congo. Textes et documents fondamentaux (Vol.1 et Vol.2)*, Bruxelles : Academia.

droit constitutionnel de transition (1990 - 2006) et enfin 4) le droit constitutionnel contemporain (2006 à ce jour).

Les textes constitutionnels présentés sont précédés d'une part, d'une explication sur le contexte et le processus d'élaboration tout en épinglant les grands enjeux politiques du moment et les motivations des différents acteurs en présence qui y avaient concouru et d'autre part, d'un éclairage d'analyses doctrinales sur le régime politique institué et la forme de l'Etat.

1) LE CONSTITUTIONNALISME DÉMOCRATIQUE DE LA PREMIÈRE RÉPUBLIQUE (1960-1965)

La première période de notre histoire constitutionnelle couvre la première République, cataloguée comme une période de constitutionnalisme démocratique (première partie de l'ouvrage). Elle a été régie par deux textes constitutionnels.

D'abord, la Loi fondamentale (LF) du 19 mai 1960 sur les structures politiques du Congo, promulguée conformément à la procédure législative belge sur la base des résolutions de la Conférence de la Table- ronde (du 20 janvier au 20 février 1960). Elle avait consacré des structures binaires à trois niveaux : un État fédéral (non déclaré), un pouvoir législatif bicaméral et un pouvoir exécutif bicéphale. Ces structures, produits d'un mimétisme constitutionnel, ne tardèrent pas à faire exploser les germes de conflictualités qui étaient inhérents à leur complexité et accélèrent la dislocation de tout l'appareil de l'État[16].

Une large littérature juridique s'est consacrée à l'étude du régime politique de la Loi fondamentale. Une bonne partie et presque majoritaire de la doctrine n'a pas hésité à qualifier ce régime de « transposition du régime parlementaire belge ». Aussi, croit-elle qu'au cours des débats de la Table ronde de Bruxelles sur le régime politique de l'État (résolution n° 11) l'argument principal qui a fait pencher la balance en faveur de la tradition européenne est la confiance qu'inspirait aux Congolais le fonctionnement du régime belge, le régime de la métropole s'étant révélé être doté d'un prestige assez inattendu, même auprès de certains leaders congolais non suspects de complaisance à l'égard de la nation colonisatrice.

Ensuite, la Constitution du 1er août 1964, dite Constitution de Luluabourg, élaborée par une Commission constitutionnelle qui siégeait à Luluabourg (actuelle ville de Kananga) et adoptée par référendum populaire à la même date. Elle était le résultat de longues années de tractations. En effet, en 1964, écrit le professeur Azami « les problèmes politiques critiques se révélèrent au Congo si graves qu'un compromis juridique devait s'imposer. La nouvelle constitution devait ainsi rallier les points de vue de toutes les tendances. C'est pourquoi nous

[16] Depuis la crise de juillet 1960 jusqu'à la promulgation de la Constitution de Luluabourg, le 1er août 1964, la vie politique congolaise tournait autour de la recherche d'une solution définitive à la crise que tous les protagonistes congolais taxaient d'institutionnelle. Ainsi, La Conférence de Tananarive de mars 1961 initiait un long processus préconstitutionnel, passant par les travaux parlementaires qui aboutirent à la Commission constitutionnelle qui siégeait à Luluabourg.

pouvons parler plutôt d'un compromis constitutionnel que d'une constitution aisément préparée». Cette Constitution avait le mérite de régler, du moins théoriquement, les problèmes de conflits de compétences et la difficile applicabilité des mécanismes institutionnels de la Loi fondamentale du 19 mai sur les structures du Congo.

Comme dans le cas de la Loi fondamentale, il existe une controverse dans la doctrine quant à la caractérisation du régime politique et de la forme de l'État institués dans la Constitution de Luluabourg. Pour une bonne partie de la doctrine, il s'agissait d'un régime présidentiel et d'un État fédéral tandis que pour d'autres, il s'agissait déjà de l'amorce d'un régime typique du présidentialisme africain et d'un État unitaire complexe.

2) LE CONSTITUTIONNALISME AUTORITAIRE DE LA DEUXIÈME RÉPUBLIQUE (1965-1990)

La deuxième période de notre histoire constitutionnelle couvre la deuxième République qui commence le 24 novembre 1965, date du coup d'État militaire qui avait porté le général Mobutu au pouvoir et se termine le 24 avril 1990, date à laquelle correspond le début de la transition de la démocratie vers la troisième république. La durée de la deuxième République est d'à peu près tente ans. Elle consacre la période d'un constitutionnalisme autoritaire.

En effet, de 1965 jusqu'à la Constitution du 24 juin 1967, le pays avait connu une période pendant laquelle le Général Mobutu a gouverné autoritairement le pays à l'aide de l'Armée en se servant, sur le plan de la pratique des pleins pouvoirs qui lui permettaient d'édicter des décrets-lois dans toute la vie nationale. Il s'agit donc d'une rupture pure et simple avec le constitutionnalisme démocratique de la I° République. L'histoire de cette rupture est marquée par des violations flagrantes jusqu'à l'approbation de la constitution du 24 juin 1967.

La Constitution du 24 juin 1967 avait connu une évolution marquée par d'importantes étapes dans le sens du renforcement des pouvoirs du Président de la République. La première étape est marquée par le texte initial de la Constitution qui met en place un régime présidentialiste, fortement centralisé sur le plan de l'administration du territoire. Le texte établissait d'ailleurs un bipartisme dans son article 4. Il s'est par la suite perfectionné grâce à l'institutionnalisation du Mouvement populaire de la Révolution, parti-unique d'abord et ensuite avec l'érection du même parti en tant que Parti-État à partir de l'année 1982.

3) LE DROIT CONSTITUTIONNEL DE TRANSITION (1990 - 2006)

La troisième période de notre histoire constitutionnelle concerne le constitutionnalisme de transition. En effet, la transition politique vers la IIIe République RD congolaise aura duré au total 16 ans. Initiée par le discours du Maréchal Mobutu du 24 avril 1990, elle n'aboutit qu'en 2006 avec l'adoption par référendum de la constitution du 18 février 2006. Elle se caractérise par une multitude des textes constitutionnels, parfois concomitants, qui régissaient la vie et les institutions politiques durant la période de transition. En suivant les contingences des « moments politiques », les caractéristiques et stratégies des acteurs mobilisés sur la scène politique ainsi que la nature et l'espace envisagés pour la négociation des aspects fondamentaux de la transition politique, on peut déceler quatre périodes transitionnelles distinctes ayant émaillé une des plus longues transitions politiques des États francophones d'Afrique noire : la transition chaotique et inaboutie (1990-1994), la transition « harmonisée » et polarisée (1994-1997), la transition incertaine et autoritaire menée par Laurent — Désiré Kabila (1997-2003) et finalement la transition consensuelle et réussie (2003 - 2006).

4) LE DROIT CONSTITUTIONNEL CONTEMPORAIN (2006 À CE JOUR)

À ce jour, la Rd Congo est en plein dans la troisième République, régie par la Constitution du 16 février 2006. Il est indéniable que depuis dix-huit ans la démocratie est une réalité dans notre pays même si la pratique institutionnelle des années écoulées a mis en évidence un certain nombre de lacunes, d'imperfections et d'insuffisances qui constituent des sujets de préoccupation aussi bien pour la société politique que pour la société civile. Le dysfonctionnement institutionnel a été surtout manifeste à la suite de l'alternance politique produite par les résultats du troisième cycle électoral (2018), marquée par une discordance entre la majorité parlementaire et la majorité présidentielle.

PARTIE I

LA PREMIÈRE RÉPUBLIQUE

INTRODUCTION

En droit constitutionnel, tout comme dans le langage courant, on dit qu'il y a changement de République lorsqu'il se produit au sein de l'État concerné un bouleversement complet des institutions politiques constitutionnelles, cédant la place à une nouvelle constitution et à de nouvelles institutions ; ce qui provoque non seulement la rupture, mais aussi l'avènement d'un nouveau régime.

Une question récurrente dans la doctrine, qui paraît d'ailleurs simple, concerne l'extension temporelle de la première République congolaise. Pour la majorité des chercheurs, la première République congolaise va du 30 juin 1960, date de la Proclamation de l'indépendance, au 24 novembre 1965, date du coup d'État militaire dirigé par le Général Mobutu. Cette date marque aussi le commencement de la Deuxième République.

Suivant ce schéma, la première République a été régie par deux Constitutions : la Loi Fondamentale relative aux structures du Congo, promulguée le 19 mai 1960 conformément à la procédure législative belge sur la base des résolutions de la Conférence de la Table Ronde (du 20 janvier au 20 février 1960) et la Constitution du 1er août 1964, dite Constitution de Luluabourg. Ce qui sous-entend qu'entre les deux cadres constitutionnels, il n'y a pas eu « un changement de régime », c'est-à-dire, un changement du mode d'organisation du système politique. Il n'y a pas eu de bouleversement total de l'ordre institutionnel. Il n'y a pas eu de révolution. Il n'y a pas eu non plus, de rupture quant à la conception et l'agencement des principes de légitimité du pouvoir (souveraineté populaire), de représentativité (démocratique), et de séparation des pouvoirs d'État (indépendance, collaboration et contrôles réciproques). De ce point de vue, la Constitution de Luluabourg s'inscrit dans une perspective d'amélioration du fonctionnement des institutions politiques, opérée dans le prolongement de la Loi Fondamentale et donc suivant la légalité constitutionnelle en vigueur.

Cependant, une partie minoritaire de la doctrine, avec à sa tête le professeur Kamukuny Mukinay[17], arguant le caractère provisoire et le silence de la Loi

[17] Kamukuny Mukinayi, A. (2011), *Droit constitutionnel congolais*, Kinshasa : Éditions Universitaires Africaines.

Fondamentale du 19 mai 1960 relative aux structures du Congo quant à la dénomination « Première République », affirme qu'il y a lieu de considérer la date d'entrée en vigueur de la Loi Fondamentale comme ayant introduit la Première République — que viendra confirmer la Constitution du 1er août 1964, texte définitif approuvé par le peuple souverain par référendum organisé du 25 juin au 10 juillet 1964. Dans ce sens, soutient ce courant, sur le plan formel, la naissance juridique de la Première République doit être fixée au 1er août 1964, date du texte constitutionnel qui fait office de Constitution définitive de cette époque. Tout naturellement, ce courant situe la fin de la Première République au 24 juin 1967, date de la promulgation de la nouvelle Constitution définitive et partant, il soutient que la Constitution dite de Luluabourg était en vigueur jusqu'à cette date, malgré les violations répétées dont elle était l'objet.

Ainsi la doctrine majoritaire souscrit au premier schéma et retient que la Première République congolaise a connu deux textes constitutionnels : la loi Fondamentale de 1960 et la Constitution du 1er août 1964. Au premier texte correspond le régime parlementaire dualiste semblable à celui des orléanistes en France. Tandis que la constitution de 1964 a institué un régime proprement présidentialiste malgré la complexité de certaines de ses caractéristiques. La structure de ce titre se limitera à l'étude de ces deux régimes.

CHAPITRE I

LA LOI FONDAMENTALE DU 19 MAI 1960

I. CONTEXTE D'ÉLABORATION

Le droit à l'indépendance du Congo belge fut reconnu par le Roi Baudouin 1er le 13 janvier 1959 dans un message diffusé simultanément au Congo et en Belgique : « conduire, sans atermoiements funestes, mais sans précipitation inconsidérée, les populations congolaises à l'indépendance dans la prospérité et la paix[18] » à la suite des évènements graves meurtriers et anti-belges qui se produisirent le 4 du même mois sous la direction de l'ABACO. Le doit à l'indépendance fut reconnu, comme chacun le sait, après 80 ans de colonisation belge au cœur de l'Afrique.

Conséquemment au message du Roi Baudouin 1er, le gouvernement belge fit devant les chambres une déclaration gouvernementale sur l'avenir du Congo. Le discours du gouvernement belge contient, s'agissant de l'avenir politique du Congo, un ensemble de propositions dans les domaines politique, économique et socioculturel dont le but était de renforcer l'esprit de fraternité et de collaboration

entre les Belges et les Africains) en vue d'associer en toute liberté leur destin et de s'appuyer l'un sur l'autre dans l'accomplissement de leur vocation propre[19]. C'est ainsi qu'en vue d'alléger le fardeau de la domination étrangère doublée d'une politique de discrimination raciale, le gouvernement belge, qui de la sorte pensait amadouer les Congolais, s'engagea par la même occasion à procéder à de nouvelles réformes institutionnelles pour la colonie par l'établissement des conseils communaux pour les villes, les conseils de circonscription dans les milieux ruraux, conseils constitués en application du Suffrage universel. La réforme envisageait également la formation du conseil de Territoire, le conseil de province ainsi que le conseil Général et le conseil de législation pour le Congo belge.

Les nouvelles institutions ainsi que les premières promesses contenues dans la déclaration gouvernementale furent effectivement réalisées au Congo en 1959.

---

[18] Voir le texte dans la publication du Centre de Recherche et Information Socio-Politiques-CRISP (1959*), Congo 1959*, Bruxelles : CRISP.

[19] Ibid, p.16.

Mais à vrai dire, ce qui désormais intéressait le Congo et les Congolais était moins à la mise en place des institutions destinées à calmer les esprits que l'indépendance elle-même, voulue « immédiate, totale et inconditionnelle ». Les évènements se précipitèrent dans ce sens et la lutte politique prit dès lors des dimensions insoupçonnées et inattendues. Les Congolais, sous la houlette de P.E Lumumba, ne juraient plus que par l'indépendance coute que coute. D'où la nécessité d'un accord entre Belges et Congolais sur le processus devant conduire à la proclamation de cette même indépendance, court-circuitant ainsi le fameux Plan Van Bilsen[20] qui avait prévu l'octroi de l'indépendance au Congo dans un délai de trente ans à partir de 1958.

La Table Ronde de Bruxelles fut une rencontre entre leaders congolais et officiels belges en 1960 en vue des négociations sur l'indépendance du Congo[21]. Elle adopta plusieurs résolutions concernant l'avenir de la colonie que le gouvernement belge s'engagea à mettre en œuvre. Sur le plan législatif, l'action de la Belgique se limita à la codification, à la rédaction cohérente ainsi qu'à la transformation des résolutions issues de la Table Ronde, sous forme de loi pour des matières à l'égard desquelles le choix des parties avait revêtu un caractère définitif. Il fut institué une Commission politique siégeant à Bruxelles aux côtés du ministre du Congo dont les tâches principales furent [22]:

a) De coopérer avec le ministre du Congo belge et du Rwanda-Urundi à l'élaboration des projets de loi, décrets et ordonnances nécessaires de la Conférence de la Table Ronde ;
b) De coopérer avec le gouvernement à la préparation des avant-projets de conventions qui devraient intervenir entre le Congo et la Belgique pour régler les modalités de leur coopération future ;
c) D'élaborer des avant-projets de règlements des chambres congolais ;
d) D'élaborer un avant-projet de constitution.

Il est important de signaler que du côté congolais, cette Commission politique ne comprenait dans sa composition qu'un seul nationaliste, en la personne de S. KAMA (PSA) ; les autres membres étant J. KIBWE (CONAKAT), J.M KITITWA (PNP), KASONGO (PNP), J. BOMBOKO (UNIMO) ; tous de tendance conservatrice et fédéraliste.

Moins de six semaines après la clôture de la Table Ronde, soit le 31 mars 1960, la commission adopta l'avant-projet de la loi Fondamentale.

Au niveau des chambres, le projet fut adopté en tant que Loi Fondamentale relative aux structures du Congo le 10 mai par la chambre des Députés puis le 18 du même mois par le Sénat.

---

[20] Van Bilsen, A. A. J. (1956) : *Un plan de trente ans pour l'émancipation politique de l'Afrique belge*, Extrait des Dossiers de l'Action sociale catholique, février 1956.

[21] CRISP « La Conférence de la Table Ronde belgo-congolaise (20 janvier - 20 février 1960) » *Courrier hebdomadaire du CRISP* 12/1960 pp. 1-20.

[22] Centre de Recherche et Information Socio-Politiques-CRISP, *Congo 1960*, Tome 1, Bruxelles : CRISP, p. 104.

Le 19 mai 1960, cette loi fut promulguée par le Roi Baudouin sur base de la Constitution belge. Telle est l'évolution qui a conduit à l'adoption de la loi fondamentale.

II. LES CARACTÉRISTIQUES DE LA LOI FONDAMENTALE

La Loi fondamentale relative aux structures du Congo est de la catégorie des constitutions octroyées, avec cette seule différence que celle-ci est octroyée par un monarque étranger à un pays dont il n'est pas originaire. C'est un cas particulier dans l'histoire politique contemporaine. Car ailleurs, dans d'autres pays africains, la mise en place des institutions de la nouvelle république se fait non pas selon le schéma établi par le colonisateur, mais bien dans le cadre des dispositions arrêtées par les nationaux eux-mêmes. L'on ne saurait nous opposer ici la participation à la prise des résolutions de la Table ronde dans la mesure où celle-ci n'a été, pour l'essentiel, que consultative ; la Belgique se réservant, ainsi qu'on le verra le monopole d'importantes décisions, allant jusqu'à modifier unilatéralement le dispositif de certaines décisions de la Conférence de la Table ronde.

La Loi fondamentale, appelée à régir les structures organiques de l'État congolais (et non pas de la république —, cette nuance est d'importance —) était un acte provisoire, pris en attendant l'élaboration par les Congolais d'une nouvelle constitution : cette situation plaçait le Congo dans une position politico-juridique d'un État cogéré.

À l'appui de cette thèse, nous verrons plusieurs cas dans la suite de l'analyse. En matière judiciaire par exemple, l'article 189 de cette loi stipule : « jusqu'à ce qu'une cour de cassation soit légalement instituée, la Cour de cassation de Belgique fait fonction de cour de cassation du Congo ». Le caractère provisoire de la Loi fondamentale dans sa fonction constitutionnelle est confirmé par l'article 98 qui crée les conditions à réunir pour l'élaboration d'une constitution pour le Congo. « La constitution est élaborée par le pouvoir constituant selon la procédure prévue par les dispositions qui suivent… ». L'article 3 confirme sans détour ce caractère provisoire de la Loi fondamentale : « des institutions publiques qui auront été organisées par la constitution ».

Dans sa partie matérielle et normative, la loi fondamentale est à la fois une duperie et une tricherie. S'il est vrai que pour l'essentiel cette loi codifie et rend obligatoires les résolutions arrêtées à la Table ronde de Bruxelles, il faut par contre reconnaître que ce travail de législation a pu s'effectuer uniquement à l'intérieur du Parlement belge où ne siégeait aucun Congolais.

Il y a donc lieu de soutenir qu'il y a eu, du côté congolais, absence de contrôle de conformité et d'authentification. Ce qui a permis de tricher. Les raisons sont multiples. Référons-nous aux rédacteurs du Congo 1960, Tome 1 :

« Si on compare le texte de la loi fondamentale et les résolutions de la Table ronde, on notera certaines différences relativement sérieuses. Ainsi, la résolution n° 6, paragraphe 1, confiait le pouvoir législatif

aux deux chambres congolaises. L'article 15 de la loi stipule que le pouvoir législatif s'exerce « collectivement par le Chef de l'État, la chambre des Représentants et le Sénat ».

Le législateur belge a donc fait figurer le Chef de l'État parmi les branches du législateur.

Ainsi, la délégation du pouvoir prévue en faveur du gouvernement par l'article 37 ne figurait nullement dans les résolutions de la Table ronde… ainsi sans que rien le fasse prévoir à la Table ronde, l'article 226 prévoit l'existence, avec des pouvoirs théoriques forts importants, d'une chambre de constitutionnalité et d'une chambre d'administration « Ainsi, le Chef de l'État compose avec les deux chambres, le pouvoir constituant (article 4) et détient ainsi un droit de véto. Ceci n'est pas conforme au paragraphe 1 de la résolution n° 7, qui réservait le pouvoir constituant aux deux chambres. Ainsi, l'article 100 exige une approbation obligatoire de la Constitution congolaise par les Assemblées provinciales alors qu'il s'agissait d'une thèse minoritaire à la Table ronde (Résolution n° 7, points 4 et 5) ».

Ainsi, l'article 102 laisse au Roi le soin de fixer le lieu où se tiendra la première session de la constituante alors que la résolution n° 7, point 1, fait état d'une majorité très nette en faveur de Luluabourg. « Congo 1960, Tome 1 » conclut dans ces termes sur ce point : « Dans la plupart des cas, les changements sont dus au législateur belge, avec l'accord de la majorité de la commission politique ».

Il ne serait pas étonnant que le législateur belge ait ainsi agi avec la complicité de la majorité de la Commission politique ; d'autant plus que cette majorité était nettement P.N.P (I. Kanga, S. Kasongo, JM Kititwa) à laquelle il fallait ajouter deux alliés de taille : J. Bomboko (Unimo) et J. Kibwe (Conakat). C'est que, au total, la fameuse majorité de la Commission politique qui a apporté son soutien au législateur belge était, en réalité, antinationaliste. Ainsi, en appuyant sur des dupes, le Parlement belge a fini par tricher. D'où le caractère non sérieux de la Loi fondamentale et son manque de sincérité vis-à-vis du peuple qu'elle était destinée à régir.

III. ESSAI DE CARACTÉRISATION DU RÉGIME CONSTITUTIONNEL DE LA LOI FONDAMENTALE DU 19 MAI 1960

La Loi Fondamentale (LF), promulguée conformément à la procédure législative belge sur la base des résolutions de la Conférence de la Table Ronde (du 20 janvier au 20 février 1960), avait consacré des structures binaires à trois niveaux : un Etat fédéral (non déclaré), un pouvoir législatif bicaméral et un pouvoir exécutif bicéphale. Ces structures, produits d'un mimétisme constitutionnel, ne tardèrent pas à faire exploser les germes de conflictualités qui étaient inhérents à leur complexité et accélèrent la dislocation de tout l'appareil de l'Etat[23].

Une large littérature juridique s'est consacrée à l'étude du régime politique de la Loi Fondamentale. Une bonne partie et presque majoritaire de la doctrine n'a pas hésité à qualifier ce régime de « *transposition du régime parlementaire belge* ». Aussi, croit-elle qu'au cours des débats de la Table Ronde de Bruxelles sur le régime politique de l'Etat (résolution n° 11) l'argument principal qui a fait pencher la balance en faveur de la tradition européenne est la confiance qu'inspirait aux Congolais le fonctionnement du régime belge, le régime de la métropole s'étant révélé être doté d'un prestige assez inattendu, même auprès de certains leaders congolais non suspects de complaisance à l'égard de la nation colonisatrice.[24]

Le régime politique de la LF était-il parlementaire ? Il s'agit là d'une question essentielle à aborder avant de coller un quelconque autre adjectif supplémentaire. Quelles en sont alors les bases par rapport à la théorie générale de la Constitution ?

L'organisation et l'exercice du pouvoir politique sont les deux aspects déterminants sur lesquels s'appuie la théorie de la Constitution pour définir un régime politique donné. Elle analyse donc la forme de distribution du pouvoir politique entre les organes supérieurs de l'Etat ainsi que le type des relations constitutionnelles qu'ils entretiennent dans le processus de la formation de la volonté de l'Etat. Dans ce sens, les relations et moyens d'action et de contrôle réciproques entre le Parlement et le Gouvernement constituent une référence basique pour définir les régimes constitutionnels.[25]

Le Gouvernement parlementaire repose sur le principe de la séparation juridique du pouvoir législatif et du pouvoir exécutif qui sont conférés à des titulaires distincts et indépendants. Se référant à la théorie de la séparation des pouvoirs, le professeur Adhémar Esmein considère que le Gouvernement parlementaire atténue la séparation de deux pouvoirs (exécutif et législatif), mais la maintient cependant. Cela résulte d'abord de ce qu'il comporte un chef du pouvoir exécutif (roi ou président) inamovible. Alors même qu'il est nommé par le corps législatif, il ne peut être révoqué par lui, et cela suffit pour lui assurer en droit l'indépendance qu'exige le principe de séparation des pouvoirs[26]. Son intervention, sa signature est exigée pour chacun des actes qui constituent l'exercice du pouvoir exécutif. Cependant tous les actes du pouvoir exécutif

[23] Depuis la crise de juillet 1960 jusqu'à la promulgation de la Constitution de Luluabourg, le 1er août 1964, la vie politique congolaise tournait autour de la recherche d'une solution définitive à la crise que tous les protagonistes congolais taxaient d'institutionnelle. Ainsi, La Conférence de Tananarive de mars 1961 initiait un long processus pré-constitutionnel, passant par les travaux parlementaires qui aboutirent à la Commission constitutionnelle qui siégeait à Luluabourg.

[24] Perin, F., (1960), *Les institutions politiques du Congo indépendant au 30 juin 1960*, Léopoldville : Institut Politique Congolais, p, 28.

[25] Loweinstein, K., (1976), *Teoria de la Constitución*, Barcelone : Ariel, p.91 et aussi Viga, P., (1955), *Diritto costituzionale*, 3ème Palermo : Ed, Edizioni Universitaria, p 85-86.

[25] Viga, P., (1955), *op cit*, p. 86.

[26] Esmein, A., (2001), *Eléments de Droit constitutionnel français et comparé*, Paris : éditions Panthéon Assas, p. 484.

doivent être préalablement délibérés et décidés en conseil des ministres, statuant en corps et comme conseil délibérant.

Dans ce régime, le titulaire du pouvoir exécutif a bien le droit formel et apparent de nommer et de révoquer ses ministres. À ce sujet le professeur Esmein reconnaît que ce pouvoir effectif de choix est singulièrement restreint par une série de règles et conditions qui constituent l'essence même du Gouvernement parlementaire. Il en cite trois règles principales :

1° Les ministres doivent être pris dans le parti qui réunit la majorité au sein du Parlement, ou tout au moins dans la chambre populaire, dans la chambre des députés, lorsqu'il y a deux. C'est une conséquence nécessaire de ce qu'ils sont responsables de tous leurs actes devant cette chambre.

2° Le cabinet doit être homogène, puisqu'il agit comme corps décidant en conseil les actes gouvernementaux ; il faut qu'entre ses membres existe une unité de vues pour qu'il puisse imprimer au Gouvernement une direction ferme et sûre.

3° Les ministres sont politiquement et solidairement responsables de la politique du Gouvernement devant les chambres.

Comme on peut le voir, le Gouvernement parlementaire est une remise en cause du principe de séparation tranchée des pouvoirs exécutif et législatif, tel que conçu par Montesquieu.

Certains auteurs admettent la confusion entre le pouvoir législatif et le pouvoir exécutif qui serait l'émanation du premier, justifiant le régime parlementaire dans le principe de la souveraineté populaire et considérant que la souveraineté appartient au peuple et que celui-ci ne s'exprime que par la voie de l'élection de ses députés. Cette doctrine conclut, par conséquent, que l'Assemblée est l'incarnation du peuple et a le monopole de l'expression de la volonté du souverain. Le Gouvernement, pour sa part, n'a d'autre titre à conduire la politique du pays que celui que lui confère la confiance du Parlement. Dès lors, il est politiquement inconcevable qu'il puisse s'opposer à l'Assemblée ou même se permettre de faire pression sur elle. Étant révocable par elle à tout moment, sa position par rapport à elle ne peut être que celle d'un subordonné. Le cabinet est le mandataire de l'Assemblée dans la fonction d'exécution des lois. Il se présente comme une émanation du Parlement, un comité composé des Parlementaires et chargé de la fonction exécutive.[27]

En dehors de cette polémique doctrinale de séparation ou confusion entre le pouvoir exécutif et législatif, pour définir le régime parlementaire, une large majorité s'accorde à considérer, comme complément aux critères des techniques de contrôle interorganiques entre le pouvoir législatif et le pouvoir exécutif, *la notion de la relation de confiance et responsabilité existant entre le Parlement et le Gouvernement.*

Tout régime parlementaire peut être défini comme un régime dans lequel le Gouvernement doit disposer à tout moment de la confiance de la majorité parlementaire. C'est là l'élément de base à partir duquel s'expliquent tous les

---

[27] Chantebout, B., (2003), *Droit constitutionnel*, 20ème Edition, Paris : Armand Colin, p 234.

mécanismes du régime[28]. La notion de responsabilité implique que le titulaire d'un organe contrôlé doit jouir de la confiance de l'organe contrôlant et partant, il doit rendre compte de son travail et doit être soumis à des sanctions s'il s'avère qu'il a dévié de l'orientation politique fixée. Il sied aussi de préciser que dans tout système politique démocratique, il existe au moins un organe irresponsable, qui exerce un contrôle sur les autres sans pour autant être contrôlé à son tour. Il s'agit du corps électoral et/ou du monarque.[29]

Suivant les critères élaborés par le Professeur Jorge de Esteban, nous pouvons retenir deux points essentiels qui conforment un régime politique comme régime parlementaire : d'une part, l'intervention parlementaire dans la désignation du Premier ministre et les moyens dont dispose le Parlement pour avoir l'information ainsi que le contrôle sur le Gouvernement, d'autre part.

La fonction de désignation de la personne appelée à animer l'institution Gouvernement est sans doute la plus décisive, sinon essentielle, dans les régimes parlementaires. Elle obéit à l'aspect fondamental de contrôle du Parlement à travers le critère « *d'orientation politique* ». En effet, le concept *d'orientation politique* est un type de contrôle qui s'exerce sur les titulaires ou les animateurs d'un organe politique de l'Etat. Il consiste principalement dans le *recrutement et la désignation ou, à l'opposé, la révocation, des personnes appelées à animer un pouvoir d'Etat.* En vertu de ce pouvoir de désignation, l'*organe* constitutionnel qui contrôle nomme pour l'organe contrôlé, *la personne qui doit suivre la même orientation politique ;* il convertit donc l'organe contrôlé en un produit à lui (le créateur entraîne la créature), et par ce même moyen de contrôle, il peut destituer le titulaire de l'organe contrôlé, s'il ne suit pas l'orientation politique fixée[30].

Il convient de préciser qu'il existe deux possibilités d'intervention parlementaire. D'une part, les prescriptions constitutionnelles peuvent prévoir seulement la désignation du Premier ministre sur la base de son « *Programme de gouvernement* » et celui-ci est libre de choisir son équipe de ministres sans que le Parlement puisse statuer sur la convenance de tel ou tel ministre (le cas espagnol). D'autre part, il peut s'agir de la désignation et l'approbation de toute l'équipe gouvernementale par le pouvoir législatif.

Le contrôle parlementaire vise essentiellement trois aspects : vérifier l'accomplissement de la Constitution et des lois de la République, vérifier leur ajustement au programme de la majorité parlementaire et amener le Gouvernement à rectifier ses orientations si on constate une certaine déviation.

Par ailleurs, la doctrine distingue trois modalités principales des régimes parlementaires[31] :

- Le régime parlementaire dualiste et le régime parlementaire moniste
- Le régime parlementaire bipartite et le régime parlementaire multipartiste
- Le régime parlementaire inorganisé et le régime parlementaire rationalisé

---

[28] Pactet, P., (1999), Institutions *politiques et Droit constitutionnel*, Paris : Armand Colin, p 144.
[29] Viga, P., (1955), *Op. Cit*, p. 86.
[30] Idem, 85.
[31] Voir par exemple Pactet, P., (1999), *Op. Cit*, p. 146 et suivantes.

Ainsi, conformément à ces critères de la doctrine, le régime politique de la Loi Fondamentale entrerait dans la catégorie du *régime parlementaire pur* (dualiste). En effet, dans cette catégorie :

- Le corps électoral est irresponsable, il exerce un contrôle primaire (recrutement) sur le Parlement : élection des membres du Sénat (Art. 87 LF et des membres de la Chambre des représentants (Art.84 LF).
- Le Parlement élit le chef de l'Etat qui est irresponsable (Art.20 LF — suffrage universel indirect) conformément à l'article 12 de la LF qui dispose : » *la désignation du Chef de l'Etat est acquise à la majorité des deux tiers de tous les membres qui composent les deux chambres réunies* », situation similaire à la monarchie constitutionnelle en considération du fait que le monarque n'est pas élu et il est aussi irresponsable.
- Le chef de l'Etat désigne les membres du Gouvernement en tenant compte de l'*orientation politique* de la majorité parlementaire. (Art. 22 LF) et exerce un contrôle imparfait (secondaire) sur le Gouvernement (promulgation, refus de signer-Art. 28. — Art. 36, alinéa 3 puisque seul le Parlement peut révoquer (par la motion de défiance, art. 43).
- Obligation de démissionner en cas de motion de défiance (Art.44)
- Le pouvoir exécutif peut provoquer la dissolution du Parlement (Art. 32 : le chef de l'Etat a le droit de dissoudre les chambres conformément aux Art. 71 et 72. Dans ce cas le Gouvernement exerce un contrôle primaire imparfait qui compense le contrôle primaire imparfait que le Parlement exerce sur lui.

C'est sûrement compte tenu de tous ces éléments que le professeur PERIN a pu conclure que « *la table ronde a opté pour un régime de type parlementaire, fondé sur l'élection d'une chambre au suffrage universel dont la clé de voûte devait être un chef d'Etat irresponsable* ».

IV. AMORCE D'UN CONSTITUTIONNALISME RÉGIONALISÉ

Une autre discussion qui conviendrait d'être amorcée est celle relative à la forme de l'État. La question fondamentale est celle-ci : la Loi fondamentale, de par sa formulation, a-t-elle créé un État fédéral ou un État unitaire ? Plusieurs thèses ont pu être avancées dans la doctrine. Pour les uns, l'État formé à la suite de la loi fondamentale est un État unitaire décentralisé pour les autres, il s'agit purement et simplement d'un État fédéral.

1. La thèse du professeur Azami : le fédéralisme composite

Pour le professeur Azami, la Loi fondamentale a conçu un « fédéralisme composite[32] », car elle « *échafaude un système qui, en dépit de son mécanisme fédéral, reste assez confus. Tout en évitant d'utiliser le terme d'"État", elle divise le pays en six provinces dont la structure et les compétences sont à peu près les mêmes que celles qui existent normalement dans un système fédéral. Chaque province possède ainsi sa propre constitution, son assemblée législative et son gouvernement* ».

Par la suite, il précise que ces traits, qui donnent apparemment aux provinces le caractère d'États fédérés, sont tempérés par deux types de restrictions : d'une part, le gouvernement provincial doit être obligatoirement élu par l'assemblée provinciale pour la durée de sa législature et d'autre part, d'autre part, la création d'un poste de Commissaire d'État dans chaque province. Nommé par le Chef de l'État après approbation du Sénat et de l'autorité de la province intéressée, celui-ci représente le gouvernement central dans la Province. Il a le droit d'assister aux délibérations de l'assemblée ; il est entendu quand il le demande.

En outre, en vertu de l'article 184 de la Loi fondamentale, il exerce trois prérogatives importantes : il dirige les services de l'État existant dans la province ; il assure les relations qu'appelle la coordination entre les institutions provinciales et centrales et il prend, en cas d'urgence dûment motivée et sous forme de règlement, les mesures d'exécution qu'impose à la province, une loi, une ordonnance-loi ou une ordonnance, si deux rappels successifs adressés, selon le cas, au président de l'assemblée ou au président du gouvernement provincial, sont restés sans suite. P. Lumumba, alors Premier ministre, jugeait ainsi l'œuvre de 1960 : « *Sous couleur de fédéralisme, on veut arriver à un séparatisme ethnique. Finalement, c'est le tribalisme qui l'emportera.* » (Table ronde belgo-congolaise, séance du 30 janvier 1960.)

2. La thèse du professeur Périn

Par ailleurs, dans un manuel de 151 pages intitulé « Les institutions politiques du Congo Indépendant », F. Périn, sans pour autant prendre position, s'amuse seulement à trouver dans la forme du nouvel État une forme hybride réunissant à la fois les caractéristiques du fédéralisme et quelques éléments d'un État unitaire parfait[33]. Peut-on, devant une question d'une aussi importance théorique, éviter de prendre position ? Est-il possible dans ce contexte d'avoir des difficultés à caractériser la forme de l'État français ou celle de la Belgique avant le glissement vers un type particulier et complexe de l'actuel fédéralisme communautaire et linguistique ? Arrêtons-nous un instant sur les réflexions de F. Périn sur ce point précis.

i. « La Loi fondamentale belge organise un régime qui donne aux six provinces congolaises une très large autonomie politique et administrative. On peut retrouver dans les résolutions de la Conférence, certaines

---

[32] Azami, S.M. « Le système constitutionnel de la République démocratique du Congo », *Revue internationale de droit comparé, v*ol. 22 N° 2, avril-juin 1970, pp. 325-340 ;
DOI : https://doi.org/10.3406/ridc.1970.15704.

[33] Perin, F., (1960). *Op. Cit.* p.29.

caractéristiques de l'État fédéral. À l'échelon national, une des chambres du futur parlement sera un Sénat constitué par des membres désignés par des Assemblées provinciales sur un pied de parfaite égalité, quel que soit le nombre d'habitants dans la province… or tous les États fédéraux possèdent une Assemblée qui représente ainsi non pas directement la population, mais bien les collectivités territoriales qui composent l'État ». Voilà une première raison.

ii. « Le régime de la Loi fondamentale se caractérise également par une répartition des compétences entre le pouvoir central et le pouvoir provincial ». C'est la deuxième raison.

iii. « Enfin, dernier indice d'une structure fédérale, les provinces seront dotées d'une Assemblée législative et d'un pouvoir exécutif ayant l'aspect d'un véritable gouvernement local. Ce gouvernement sera élu par l'Assemblée législative provinciale et son Chef ne sera pas désigné par le pouvoir central ». Troisième raison donc.

François Périn trouve ce qui rapproche l'État de la Loi fondamentale de la forme unitaire dans le fait que « contrairement à ce qui se passe pour les États fédéraux, les provinces ne se voient pas attribuer le pouvoir souverain résiduaire ». Selon l'auteur, « dans la plupart des États fédéraux, les pouvoirs des institutions centrales sont des pouvoirs d'attribution. Tout ce que la constitution n'attribue pas formellement et expressément au pouvoir central est considéré comme étant de la compétence des États locaux. Il n'en est rien en ce qui concerne l'État congolais tel qu'il est décrit par la Loi fondamentale ».

Mais curieusement, F. Périn clôture son analyse sans qualifier, théoriquement, la place du nouvel État dans la typologie des formes d'état. Son étude peut dès lors être qualifiée d'embryonnaire.

Les excuses pour ce genre de lacunes peuvent être trouvées dans le fait qu'à l'époque des faits, le Droit constitutionnel et le Droit administratif n'avaient pas encore réussi à ouvrir tous les éventails théoriques nécessaires pour une typologie globale des formes d'État. Par exemple, l'État italien possède toutes les caractéristiques retenues par F. Périn en ce qui concerne le Congo. Cet État italien a tout de même sa place dans la typologie des formes d'État. Ce caractère est également, à peu de choses, près de celui de l'État français. Peut-être que la position de la doctrine belge a tenu le plus compte de la nécessité de ménager les susceptibilités des leaders congolais à l'époque divisés entre fédéralistes et unitaristes

Il s'agit d'un État régionalisé ou l'État du régionalisme constitutionnel. En effet, l'expression « régionalisme constitutionnel » ne renvoie pas uniquement à l'État régional ou régionalisé. Le régionalisme organisé dans la Constitution peut être administratif comme en France ou politique comme en Italie ou en Espagne[34].

[34] Voyez notamment Vundwawe te Pemako, F. et Mboko Dj'Andima (2020). *Traité de droit administratif de la République Démocratique du Congo*, 2è ed., Bruxelles, Bruylant, pp. 381-382.

En ce qui nous concerne, il nous est loisible de soutenir le plus simplement du monde que du point de vue de sa forme, l'État de la loi fondamentale était un État régionalisé. Cette thèse sera approfondie lorsque nous aurons à étudier les institutions provinciales. Nous passons maintenant à l'étude de l'exercice du pouvoir dans le nouvel État.

Après avoir examiné l'organisation et l'exercice du pouvoir politique dans le cadre des structures institutionnelles créées par la Loi fondamentale, tant au niveau central que provincial, le moment nous paraît venu de tenter une nouvelle qualification de l'État congolais de l'époque quant à sa forme. Nous avions eu à supposer, dans la deuxième section consacrée aux caractéristiques de la Loi fondamentale, contrairement à F. Périn, que l'État créé par cette loi relevait de la catégorie des « États unitaires régionalisés » parfaits. C'est le lieu maintenant d'en faire la démonstration sur le double plan de l'appréciation théorique et de la pratique suivie dans certains États tels que l'Italie, la France et la Belgique.[35]

3. La thèse des professeurs Vunduawe et de Mboko Dj'Andima

Dans leur ouvrage très intéressant, les professeurs Vunduawe et de Mboko Dj'Andima ont également exprimé leur position concernant la forme de l'État sous la Loi fondamentale du 19 mai 1960. Leur thèse, qui prend en considération principalement les points de différence entre le fédéralisme et le régionalisme politique, [36]met en exergue les trois éléments juridiques ci-après :

D'abord la participation des assemblées provinciales à l'exercice du pouvoir constituant originaire (articles 100 et 101 de la Loi fondamentale).

Ensuite, chaque province élabore une Constitution provinciale pour organiser sa structure administrative et politique (article 160 de la Loi fondamentale). Il est donc évident que la province congolaise de 1960 exerce un pouvoir constituant, à la différence de la Région italienne qui ne peut tout au plus qu'exercer un pouvoir législatif[37].

Enfin, l'arbitrage des conflits de compétence entre le pouvoir central et la province est exclusivement assuré par la Cour constitutionnelle à travers la Chambre des conflits (article 232 de la Loi fondamentale).

---

[35] Voir à ce sujet :
– Prelot, M et Boulouis, J., (1990). *Institutions politiques et droit constitutionnel*, 11e édition, Paris : Dalloz.
– Palazoli, C., (1966), *Les régionalismes, contribution à l'étude de la décentralisation politique*, Paris : L.G.D.J.
– Ferrari, P., (1972), *Les régions italiennes*, Montréal : Thémis.
– Senelle, R., (1971), *Révision de la Constitution, 1967-1970*, Bruxelles : Ministère des Affaires étrangères, Bruxelles.

[36] Vundwawe te Pemako, F. et Mboko Dj'Andima, J.M (2020). *Op. Cit*, pp. 388-390.

[37] Vundwawe te Pemako, F. et Mboko Dj'Andima, J.M (2020), *Op. Cit*, pp. 382-383.

V. LES TEXTES CONSTITUTIONNELS

V.1. Loi fondamentale du 19 mai 1960 relative aux structures du Congo

Source : Moniteur Congolais (1re année) n° 21 bis du 27 mai 1960

BAUDOUIN.
Roi des Belges,
A tous présents et à venir, salut.
Les chambres ont adopté et nous sanctionnons ce qui suit :

Titre premier. Dispositions préliminaires.

Article premier.

Dans la présente loi, les termes « État », Parlement », « chambres », « Chambre des représentants », « Sénat », « Gouvernement », « Constitution », « loi » et « arrêté » désignent, s'ils ne sont autrement précisés, les institutions congolaises et les actes constitutionnels, légaux et réglementaires accomplis par elles.

Article 2.

Les lois, décrets et ordonnances législatives, leurs mesures d'exécution ainsi que toutes dispositions réglementaires existant au 30 juin 1960 restent en vigueur tant qu'ils n'auront pas été expressément abrogés.

Article 3.

Les dispositions qui suivent resteront en vigueur jusqu'à la mise en place des institutions publiques qui auront été organisées par la Constitution.
Les chambres ne peuvent modifier la présente loi qu'à la majorité prévue à l'article 99.

Article 4.

Le chef de l'État et les deux chambres composent le pouvoir constituant.

Article 5.

Aucune des dispositions de la présente loi ne peut être interprétée dans un sens opposé à celui des principes énoncés dans la loi fondamentale relative aux libertés publiques.

Titre II. De la formation de l'État.

Article 6.

Le Congo constitue, dans ses frontières actuelles, un État indivisible et démocratique.

Article 7.

L'État du Congo est constitué, dans ses limites au 30 juin 1960, de six provinces, à savoir : Équateur, Kasaï, Katanga, Kivu, Léopoldville, Orientale, dotées chacune de la personnalité civile.
Une loi peut en créer d'autres.

Article 8.

L'État du Congo comprend des institutions centrales, provinciales et locales :

- les institutions centrales sont :
  a) le chef de l'État ;
  b) le Gouvernement, dirigé par un Premier ministre ;
  c) la Chambre des représentants ;
  d) le Sénat.

La Chambre des représentants et le Sénat constituent le Parlement.

- les institutions provinciales sont :
  a) le gouvernement provincial, dirigé par un président ;
  b) l'assemblée provinciale ;
- les institutions locales sont organisées par la législation existant au moment de l'entrée en vigueur de la présente loi sans préjudice de l'application de l'article 160.

L'État du Congo comprend en outre :

- des conseils économiques et sociaux ;
- une Cour constitutionnelle

Article 9.

Dans le plus bref délai après la proclamation officielle des résultats des élections, le Roi des Belges convoque chacune des chambres. Celles-ci se réunissent séparément.

Elles sont présidées par un président provisoire désigné par le sort.

Article 10.

Dans chaque chambre, le président provisoire fait procéder sans délai à la désignation du président, de deux vice-présidents et du bureau selon la procédure établie par le Roi des Belges.

L'organisation administrative des services du Parlement est déterminée par le Roi des Belges, jusqu'à ce que les chambres aient pu en décider par leur règlement.

Article 11.

Dans les quarante-huit heures qui suivent la désignation du président du Sénat et la constitution définitive de son bureau, les chambres se réunissent en assemblée commune sous la présidence du plus âgé des présidents des chambres.

Après en avoir éventuellement déterminé les modalités, cette assemblée se prononce sur le choix du chef de l'État.

Article 12.

La désignation du chef de l'État est acquise à la majorité des deux tiers de tous les membres qui composent les deux chambres réunies.

Article 13.

Si, dans un délai de huit jours à dater de la réunion des chambres en assemblée commune, la majorité prévue à l'article 12 n'a pu être atteinte, la fonction de chef de l'État est provisoirement assumée par le président du Sénat.

À tout moment, les chambres peuvent être convoquées pour procéder à la désignation du chef de l'État, selon la procédure prévue aux articles 11 et 12, à la requête :

– du président du Sénat ;
– du président de la Chambre des représentants ;
– du Premier ministre ;
– ou encore d'un tiers des membres qui composent l'une des deux chambres.

Titre III. Des pouvoirs.

Article 14.

Les pouvoirs sont exercés de la manière établie par la présente loi.

Article 15.

Le pouvoir législatif s'exerce, dans les limites déterminées par la présente loi, collectivement par le chef de l'État, la Chambre des représentants et le Sénat d'une part, et par chacune des assemblées provinciales d'autre part.

Article 16.

Les trois branches du pouvoir législatif central possèdent chacune le droit d'initiative.

Dans chaque province, ce droit d'initiative appartient à l'assemblée et au gouvernement provincial.

Article 17.

Le pouvoir exécutif tel qu'il est réglé par la présente loi appartient au chef de l'État sous le contreseing du ministre responsable.

Le pouvoir exécutif provincial est exercé dans chaque province par le gouvernement provincial.

Article 18.

Le pouvoir judiciaire est exercé par les cours et tribunaux.

Chapitre premier. Du chef de l'État.

Article 19.

La personne du chef de l'État est inviolable ; le Premier ministre et les ministres sont responsables.

Article 20.

Aucun acte du chef de l'État ne peut avoir d'effet s'il n'est contresigné par un ministre qui, par cela seul, s'en rend responsable.

En aucun cas, l'ordre verbal ou écrit du chef de l'État ne peut soustraire un ministre à la responsabilité.

Article 21.

Le chef de l'État n'a d'autres pouvoirs que ceux que lui attribue formellement la présente loi.

Il n'exerce ces pouvoirs et notamment ceux repris aux articles 16, 22 à 32, que dans les conditions prévues aux articles 17, 19, 20.

Article 22.

Le chef de l'État nomme et révoque le Premier ministre et les ministres.

Article 23.

Le chef de l'État confère les grades dans les forces armées et la gendarmerie.

Il nomme aux emplois d'administration générale, sauf les exceptions établies par les lois. Il ne nomme à d'autres emplois qu'en vertu de la disposition expresse d'une loi.

Il confère les ordres nationaux, civils et militaires, en observant à cet égard ce que la loi prescrit.

Article 24.

Le chef de l'État a le droit de battre monnaie, en exécution de la loi.

Article 25.

Le chef de l'État fait les traités.

Les traités n'ont d'effet qu'après avoir reçu l'assentiment des chambres, sous forme de loi.

Article 26.

Le chef de l'État commande les forces armées de l'État.

Article 27.

Le chef de l'État fait les règlements et ordonnances nécessaires pour l'exécution des lois, sans pouvoir jamais, ni suspendre les lois elles-mêmes, ni dispenser de leur exécution.

Article 28.

Le chef de l'État sanctionne et promulgue les lois.

Article 29.

Le chef de l'État a le droit de remettre, de réduire ou de commuer les peines, sans préjudice à l'application de l'article 41.

Article 30.

Le chef de l'État a le droit de convoquer les chambres en session extraordinaire.

Article 31.

Le chef de l'État peut ajourner les chambres, conformément à l'article 70.

Article 32.

Le chef de l'État a le droit de dissoudre les chambres, conformément aux articles 71 et 72.

Article 33.

En cas de vacance ou si le chef de l'État se trouve dans l'impossibilité d'assumer ses fonctions, le Premier ministre, après délibération en Conseil des ministres, convoque les chambres dans le plus bref délai et au plus tard dans les trente jours.

Dès la convocation des chambres, le Conseil des ministres assume les fonctions de chef de l'État jusqu'au moment où celles-ci se sont prononcées.

Les chambres délibérant en commun constatent la vacance ou cette impossibilité et, à la majorité des deux tiers de tous les membres les composant, procèdent à la désignation d'un nouveau chef de l'État.

Si, dans un délai de trente jours à dater de la réunion des chambres en assemblée commune, la majorité prévue ci-dessus n'a pu être atteinte, la fonction de chef de l'État est provisoirement assumée par le président du Sénat, sous réserve de l'application de l'article 13, deuxième alinéa.

Article 34.

Jusqu'à ce que la loi en ait disposé, le chef de l'État, ou le président du Sénat appelé à exercer ces fonctions par application des articles 13 et 33 n'entre en fonction qu'après avoir prêté devant les chambres réunies et en présence du Gouvernement, le serment :

« *Je jure d'observer les lois de la Nation congolaise, de maintenir l'indépendance nationale et l'intégrité du territoire.* »

Chapitre II. Du pouvoir exécutif.

Section I. Le Gouvernement.

Article 35.

Le Gouvernement est composé du Premier ministre et de ministres ; il comprend au moins un membre de chaque province.

Le Premier ministre et les ministres sont responsables devant les deux chambres selon les dispositions reprises aux articles 42 à 46.

Article 36.

Le Premier ministre conduit la politique de l'État en accord avec le Conseil des ministres qu'il préside.

Il dirige l'action du Gouvernement. Il soumet au chef de l'État les propositions relatives à l'exercice du pouvoir réglementaire et à l'exécution des lois.

Article 37.

Le Gouvernement peut, pour l'exécution urgente de son programme, demander aux chambres l'autorisation pour le chef de l'État de prendre par ordonnance-loi, et pour une matière déterminée, des mesures qui sont normalement du domaine de la loi.

Les ordonnances-loi sont élaborées en Conseil des ministres et préalablement soumises à la Chambre de constitutionnalité.

Elles deviennent caduques si elles ne sont pas approuvées par les chambres dans un délai de six mois à dater de leur mise en vigueur.

Article 38.

Les ministres n'ont voix délibérative que dans la Chambre dont ils sont membres.

Ils ont leur entrée dans chacune des chambres et doivent être entendus quand ils le demandent. Les chambres peuvent requérir la présence des ministres.

Article 39.

Un ministre ne peut ni traiter une affaire, ni prendre part à une délibération à laquelle lui ou un de ses parents ou alliés, jusqu'au quatrième degré inclusivement, ont un intérêt personnel direct.

Cette prohibition ne s'étend pas au-delà des parents ou alliés jusqu'au deuxième degré, lorsqu'il s'agit de la présentation de candidats, de nominations aux emplois, de révocation ou de suspension.

Article 40.

Les ministres ne peuvent faire l'objet de poursuites répressives qu'après avoir été mis en accusation par l'une des deux chambres.

Ils sont dans ce cas traduits devant une Cour de justice siégeant au Congo. Celle-ci sera composée de trois conseillers de la Cour de cassation de Belgique désignés par son premier président, d'un membre du parquet général à la Cour de cassation désigné par son procureur général et d'un greffier désigné par le premier président.

Article 41.

Le chef de l'État ne peut faire grâce au ministre condamné par la Cour de justice, que sur la demande de l'une des deux chambres.

Section II. Les rapports entre le Gouvernement et le Parlement.

Article 42.

Après sa constitution, le Gouvernement se présente devant chacune des chambres en vue d'obtenir la confiance.

Celle-ci est acquise à la majorité absolue des voix de tous les membres qui les composent.

Article 43.

La responsabilité solidaire du Gouvernement est mise en cause par le dépôt d'une motion de défiance.

Une telle motion n'est recevable que si elle est signée par un cinquième au moins des membres de l'un ou de l'autre Chambre.

Le vote ne peut intervenir que quarante-huit heures après le dépôt de la motion.

Sans préjudice de l'application de l'article 56, troisième alinéa, la motion de défiance n'est adoptée que si elle recueille ou bien les deux tiers des voix des membres présents d'une des deux chambres ou bien, dans chacune des chambres, la majorité absolue des voix de tous les membres qui la composent.

Article 44.

En cas d'adoption d'une motion de défiance dans les conditions prévues à l'article 43, les ministres remettent leur démission au Premier ministre qui les transmet ainsi que la sienne au chef de l'État.

Jusqu'à la formation d'un nouveau gouvernement, les affaires courantes sont traitées par le Gouvernement démissionnaire.

Article 45.

La responsabilité individuelle d'un membre du Gouvernement est mise en cause par le dépôt d'une motion de censure.

La recevabilité de la motion de censure, la majorité requise pour son adoption ainsi que la procédure suivie sont celles déterminées à l'article 43 pour la motion de défiance.

Article 46.

La censure d'un membre du Gouvernement entraîne sa démission. Elle n'entraîne pas nécessairement la démission de ce gouvernement.

Section III. Dispositions particulières.

Article 47.

Avant le 30 juin 1960 et après la proclamation officielle des résultats des élections pour la Chambre et le Sénat, le premier Gouvernement du Congo est constitué de la manière suivante :

- compte tenu des résultats des élections et après consultation des principaux groupes et personnalités politiques, le Roi des Belges désigne un formateur dont la tâche consiste à réunir une équipe ministérielle apte à obtenir la confiance du Parlement ;
- sur proposition du formateur, le Roi des Belges nomme le Premier ministre et les ministres,

Article 48.

Dans les trois jours de la nomination de ses membres, ce premier gouvernement se présente devant les chambres en vue d'obtenir leur confiance.

Celle-ci sera acquise conformément à l'article 42, deuxième alinéa.

Article 49.

Par dérogation à l'article 25, alinéa premier, ce premier gouvernement aura pour tâche, même avant la désignation du chef de l'État, de conclure avec le Gouvernement belge un traité général d'amitié, d'assistance et de coopération.

Il négociera dans le cadre de ce traité, les conventions particulières à conclure entre le Congo et la Belgique portant sur les modalités de la coopération à intervenir, à partir du 30 juin 1960, entre ces deux États.

Il est en outre habilité à conclure avec le Gouvernement belge des unions à intervenir entre le Congo et le territoire du Ruanda-Urundi, notamment dans les domaines fiscal, monétaire, douanier, des postes, des télécommunications et de la radio.

Chapitre III. Du pouvoir législatif.

Section I. Généralités.

Article 50.

La compétence législative des deux chambres est identique.

Article 51.

L'interprétation des lois par voie d'autorité n'appartient qu'aux chambres.

Pour l'interprétation de la présente loi, les chambres peuvent solliciter du Parlement belge l'interprétation que celui-ci en donne.

Article 52.

Les séances des chambres sont publiques.

Néanmoins, chaque chambre peut décider le huis clos.

Elle décide ensuite si la séance doit être reprise en public sur le même sujet.

Article 53.

Il est tenu un procès-verbal des séances. Sa publicité est assurée dans les conditions déterminées par le règlement que se fixe chaque chambre.

Article 54.

Chaque chambre vérifie les pouvoirs de ses membres et juge les contestations qui s'élèvent à ce sujet.

Article 55.

À chaque session, chacune des chambres nomme son président, ses deux vice-présidents et compose son bureau.

Article 56.

Toute résolution est prise à la majorité absolue des suffrages, sauf ce qui sera établi par les règlements des chambres à l'égard des élections et présentations.

En cas de partage des voix, la proposition mise en délibération est rejetée.

Aucune des deux chambres ne peut prendre de résolution qu'autant que la majorité de ses membres se trouve réunie.

Article 57.

Tout mandat impératif est nul.

Le droit de vote des membres des chambres est personnel.

Article 58.

1. Les votes sont émis soit à haute voix, soit par assis ou levé. Sur l'ensemble des lois, il est voté par appel nominal et à haute voix. Les votes peuvent également être émis par un système technique donnant des garanties identiques.
2. Néanmoins chaque Chambre peut décider le vote secret sur une résolution déterminée. Cette décision ne peut en aucun cas s'appliquer à un vote de confiance, à une motion de défiance ou de censure et à l'approbation du budget. Les présentations et élections de candidats se font au scrutin secret.

Article 59.

Un projet de loi ne peut être soumis au vote de l'une des chambres qu'après avoir été adopté article par article.

Article 60.

Les chambres ont le droit d'amender et de diviser les articles et les amendements proposés.

Article 61.

Tout amendement au projet de budget entraînant un accroissement de dépenses doit prévoir les voies et moyens nécessaires et tout amendement entraînant une diminution de recettes qui aura pour effet de rompre l'équilibre du budget doit prévoir une diminution de dépenses correspondantes ou de nouvelles recettes.

Article 62.

Il est interdit de présenter en personne des pétitions aux chambres.

Chaque chambre a le droit de renvoyer aux ministres les pétitions qui lui sont adressées. Les ministres sont tenus de donner des explications sur leur contenu, chaque fois que la chambre l'exige.

Article 63.

Chaque chambre peut requérir au sujet d'une question ou d'un projet de loi, l'avis des conseils économiques et sociaux visés au titre IV de la présente loi.

Article 64.

Chaque chambre a le droit d'enquête.
L'exercice de ce droit fait l'objet d'une loi particulière.

Article 65.

Aucun membre de l'une ou de l'autre chambre ne peut être poursuivi, recherché, arrêté, détenu ou jugé à l'occasion des opinions et votes émis par lui dans l'exercice de ses fonctions.

Article 66.

Aucun membre de l'une ou de l'autre chambre ne peut pendant la durée de la session, être poursuivi ni arrêté en matière répressive qu'avec l'autorisation de la chambre dont il fait partie, sauf le cas de flagrant délit.

Aucun membre de l'une ou de l'autre chambre ne peut, hors session, être arrêté qu'avec l'autorisation du bureau de la chambre dont il fait partie, sauf les cas de flagrant délit, de poursuites autorisées ou de condamnation définitive.

La détention ou les poursuites d'un membre de l'une ou de l'autre chambre sont suspendues si la chambre dont il fait partie le requiert, sans que cette suspension puisse dépasser la durée de la session en cours.

Article 67.

La première législature des chambres ne peut être inférieure à trois ans ni supérieure à quatre ans, sauf en cas de dissolution.

Article 68.

Les sessions de l'une et l'autre chambre sont simultanées ; toute réunion de l'une d'elles tenue hors du temps des sessions est nulle de plein droit.

Article 69.

Les chambres se réunissent de plein droit, sous réserve des dispositions de l'article 102, chaque année, les premiers lundis des mois de mars et de septembre, à moins qu'elles n'aient été réunies antérieurement par le chef de l'État.

Les chambres doivent rester réunies chaque année au moins quarante jours. Ce délai est porté à cent jours jusqu'à l'élaboration complète de la Constitution.

Le chef de l'État prononce la clôture de la session.

Article 70.

L'ajournement en cours de session des chambres, prononcé par le chef de l'État, ne peut excéder le terme d'un mois ni être renouvelé dans la même session sans l'assentiment des chambres.

Article 71.

Avant l'adoption définitive de la Constitution, la dissolution d'une ou des deux chambres ne peut être prononcée par le chef de l'État qu'après délibération en Conseil des ministres et l'accord d'une des deux chambres au moins, acquis aux deux tiers des membres présents.

Article 72.

En cas de dissolution, soit des deux chambres, soit de la seule Chambre des représentants, l'acte de dissolution contient la convocation des électeurs dans les trois mois et des chambres dans les quatre mois.

En cas de dissolution du Sénat, l'acte de dissolution contient la convocation de cette nouvelle chambre dans un délai d'un mois.

Si dans un délai de six mois, à partir de la réunion de cette nouvelle chambre, le chef de l'État est amené à la dissoudre une nouvelle fois, il peut également dissoudre les assemblées provinciales.

Cet acte de dissolution contient la convocation des électeurs dans les trois mois, des assemblées provinciales et du Sénat dans les quatre mois.

Article 73.

En cas de dissolution des deux chambres, les projets de loi qui n'ont été adoptés ni par l'une ni par l'autre chambre dissoute sont considérés comme non-avenus ; chacune des nouvelles chambres est saisie, sans nouveau renvoi, des projets de loi qui ont été adoptés par l'autre chambre antérieurement à la dissolution et qu'elle n'a ni adoptés ni rejetés.

Article 74.

En cas de dissolution de l'une des chambres, les projets de loi qui ont été présentés à la chambre dissoute et n'ont pas été adoptés par elles sont considérés comme non avenus ; la nouvelle Chambre est saisie, sans nouveau renvoi, des projets de loi qui ont été adoptés par l'autre chambre antérieurement à la dissolution ; l'autre Chambre reste saisie des projets de loi qui ont été adoptés par la Chambre dissoute.

Article 75.

En cas de dissolution de l'une des chambres, la ou les nouvelles assemblées sont tenues de se prononcer sur les articles de la Constitution précédemment adoptés.

Article 76.

La date des premières élections des chambres législatives, appelées à remplacer celles organisées par la présente loi, sera fixée par la Constitution, compte tenu de ce qui est dit à l'article 67.

Article 77.

Les chambres, réunies en assemblée commune aux termes de l'article 11, décident, lors de leur première séance, de leur langue de travail et de rédaction des documents officiels et des textes législatifs.

Chaque Chambre fixe, par son règlement d'ordre intérieur, le mode suivant lequel la traduction dans la langue choisie des interventions faites en d'autres langues admises par elle sera assurée.

Jusqu'au moment où les chambres en auront ainsi décidé, la langue française sera provisoirement utilisée et la traduction en cette langue des interventions en swahili, lingala, kikongo, tshiluba sera assurée.

Article 78.

Chaque membre des deux chambres jouit d'une indemnité annuelle de 100 000 francs.

Il a droit, en outre, pour se rendre aux chambres et en revenir, au libre parcours sur toutes les voies de communication exploitées ou concédées par l'État.

Les autres moyens de transport, qu'il peut également utiliser gratuitement dans ce but, seront déterminés par la loi.

Il a droit également à la franchise postale des correspondances qu'il adresse aux autorités et administrations publiques déterminées par la loi.

Chaque chambre détermine le montant des retenues qui peuvent être faites sur l'indemnité à titre de contribution aux caisses de retraite ou de pension qu'elle juge à propos d'instituer et le montant des allocations familiales pour ceux qui n'en sont pas bénéficiaires.

Article 79.

Les présidents et vice-présidents des deux chambres jouissent d'une allocation complémentaire spéciale de respectivement 50 000 et 25 000 francs.

Article 80.

Chaque membre des deux chambres jouit d'une indemnité de présence de 200 francs par jour pour les séances de travail des chambres ou de leurs commissions, sous réserve d'avoir participé entièrement aux délibérations.

Il a droit, en outre, au remboursement de ses frais de logement à l'occasion des séjours dans la localité où siègent les chambres et pour la durée de leurs travaux, pour autant qu'il lui soit impossible de regagner sa résidence durant ce temps.

Les frais de logements encourus à l'occasion des déplacements effectués pour se rendre aux chambres et en revenir lui sont également remboursés.

Article 81.

Les députés et sénateurs ne peuvent participer aux délibérations auxquelles ils ont un intérêt personnel direct.

Article 82.

Le président a la police de l'assemblée.

Il peut, après en avoir donné l'avertissement, expulser à l'instant toute personne appartenant au public qui trouble l'ordre ou qui donne des marques d'approbation ou d'improbation.

Toute personne qui refuse d'obtempérer à un ordre d'expulsion peut être punie d'une peine de servitude pénale d'un mois au maximum et d'une amende n'excédant pas mille francs ou d'une ce ces peines seulement.

Procès-verbal sera dressé par le président et envoyé à l'autorité judiciaire compétente.

Article 83.

Chaque chambre détermine, par son règlement, le mode suivant lequel elle exerce ses attributions.

Section II. La Chambre des représentants.

Article 84.

Les membres de la Chambre des représentants sont élus au suffrage universel direct, conformément aux dispositions de la loi électorale du 23 mars 1960.

Dans une circonscription électorale, il y a un député par 100 000 habitants sans distinction d'âge, sexe ou nationalité ; chaque fraction de population supérieure à 50 000 donne droit à un député de plus.

Le chiffre de la population à prendre en considération est celui qui figure aux statistiques officielles établies au 31 décembre 1959.

Chaque électeur n'a droit qu'à une voix.

Article 85.

Les membres de la Chambre des représentants représentent la Nation et non la circonscription électorale qui les a élus.

Article 86.

Le mandat des membres de la Chambre des représentants prend fin la veille du jour de la réunion de l'assemblée appelée à la remplacer.

Section III. Le Sénat.

Article 87.

1. Le Sénat se compose de sénateurs élus par les assemblées provinciales à raison de quatorze par province, dont au moins trois chefs coutumiers ou notables.
2. En outre, les sénateurs élus peuvent s'adjoindre des membres cooptés. Ceux-ci seront élus en nombre égal par province et sans que leur nombre total puisse excéder douze.

Article 88.

Les sénateurs à élire par chaque assemblée provinciale, visés au 1 de l'article 87, à l'exception des chefs coutumiers et notables désignés à ce titre, sont élus selon la représentation proportionnelle des suffrages exprimés, conformément aux dispositions des articles 116, 117 et 118.

Les sénateurs à élire par chaque assemblée provinciale au titre de chefs coutumiers ou de notables, également visés au 1 de l'article 87, sont désignés selon la procédure prévue par les articles 119, 120 et 121.

Le terme « chefs coutumiers » vise les chefs de chefferies.

Le terme « notables » vise les chefs de groupements composant les secteurs.

Article 89.

Les sénateurs cooptés, visés au 2 de l'article 87, sont élus pour chaque province par les sénateurs représentant celle-ci.

L'élection se fait en séance plénière, au scrutin secret et au cours d'une opération unique, simultanée pour tous les sénateurs.

Le vote se fait à un tour de scrutin. Le ou les candidats élus pour chaque province sont désignés dans l'ordre des voix obtenues. En cas de partage des voix, le plus âgé l'emporte.

Chaque sénateur n'a droit qu'à une voix.

Article 90.

L'élection des sénateurs cooptés est confirmée par le Sénat par un vote au scrutin secret et à la majorité simple.

Si cette majorité n'est pas réunie en faveur d'un ou de plusieurs d'entre eux, il est procédé, selon le cas, à une ou plusieurs nouvelles élections.

Les sénateurs cooptés n'ont voix délibérative que lorsque tous les sièges sont pourvus.

Article 91.

L'élection des sénateurs cooptés ne peut avoir lieu que lorsqu'il a été procédé à la vérification des pouvoirs de tous les sénateurs élus par les assemblées provinciales.

Si, par suite d'invalidation, d'option, de décès ou autrement, un ou plusieurs sièges pour une province demeurent provisoirement vacants, le scrutin sera ajourné pour la désignation des sénateurs cooptés, si un tiers au moins des sénateurs représentant une province en font la demande.

Article 92.

Les listes de candidats sénateurs cooptés doivent être présentées par province dix jours au moins avant le scrutin.

Les listes portent la signature d'un dixième au moins des membres de l'assemblée provinciale.

Si le nombre de candidats d'une province ne dépasse pas celui des mandats à conférer pour cette province, ces candidats sont proclamés élus sous réserve de leur confirmation par le Sénat.

Article 93.

Lorsqu'un sénateur désigné par l'assemblée provinciale cesse de faire partie du Sénat, il est remplacé par un candidat de la même province qui n'a pas obtenu de siège.

Ce candidat sera celui ayant obtenu le plus grand nombre de voix en suite des scrutins visés aux articles 118 et 121.

À défaut de suppléant, l'assemblée provinciale procède à la désignation d'un nouveau sénateur conformément à la procédure prévue pour la désignation, selon le cas, soit des chefs coutumiers et notables, soit des autres sénateurs, sous la réserve toutefois que l'élection se fera en ce qui concerne ces derniers à la majorité simple.

Les candidats non élus sont placés dans l'ordre des voix obtenues et seront appelés dans cet ordre, et sur la même liste en cas de nouvelle vacance.

Article 94.

Lorsqu'un sénateur coopté cesse de faire partie du Sénat avant l'expiration de son mandat, il est procédé à la désignation de son suppléant pour la province intéressée selon le mode de procédure prévue aux articles 89 à 92.

Cette désignation a lieu au cours de la première séance tenue après le mois qui suit la vacance, ou à défaut pour le Sénat de se trouver en session, au cours de la première session qui suit la vacance.

Article 95.

Le président du Sénat n'a pas voix délibérative.

Il est désigné pour une période d'un an à l'ouverture de la première session. Ce mandat ne peut être reconduit qu'une seule fois et de l'assentiment des deux tiers des suffrages des membres présents.

Chaque province est successivement représentée à la présidence.

Le membre élu président est remplacé par son suppléant. Celui-ci siège, de plein droit, avec voix délibérative, pour le temps durant lequel le membre qu'il remplace assume les fonctions de président.

Article 96.

Chaque membre du Sénat représente sa province. Il en défend les intérêts dans le cadre de l'intérêt général et supérieur de la Nation.

Article 97.

Le mandat des membres du Sénat prend fin la veille du jour de la réunion de l'assemblée appelée à remplacer le Sénat.

Section IV. L'élaboration de la Constitution.

Article 98.

La Constitution est élaborée par le pouvoir constituant selon la procédure prévue par les dispositions qui suivent.

Article 99.

Aucune des chambres ne peut délibérer, si deux tiers au moins des membres qui la composent ne sont présents.

Nulle disposition n'est adoptée si elle ne réunit au moins les deux tiers des suffrages.

Article 100

La Constitution ne sera définitive qu'après avoir été approuvée par les assemblées provinciales, les deux tiers au moins de leurs membres étant présents.

Le vote des assemblées provinciales porte sur l'ensemble de la Constitution à approuver ou à rejeter par oui ou par non.

En cas de rejet de l'ensemble de la Constitution, l'assemblée provinciale est tenue de se prononcer à nouveau article par article.

En cas de rejet d'un article, l'assemblée provinciale est tenue de proposer le ou les amendements en vertu desquels elle peut approuver l'article rejeté par elle.

Article 101.

Lorsque le rejet d'une ou plusieurs assemblées provinciales porte uniquement sur un ou des articles, les chambres peuvent se limiter à l'examen des amendements proposés par les assemblées.

Au deuxième tour, les assemblées provinciales ne se prononcent que sur les articles rejetés au premier tour par elles.

En cas de nouveau rejet d'un ou de plusieurs articles, par une ou plusieurs des mêmes assemblées provinciales, la procédure est reprise une deuxième fois.

À partir du troisième tour, la Constitution est définitivement adoptée lorsqu'elle est approuvée par la majorité des assemblées provinciales.

Article 102.

Les chambres, convoquées par le Roi des Belges ainsi que prévu à l'article 9, se réuniront pour la première fois et avant le 30 juin, au lieu que le Roi détermine.

Elles décident en assemblée commune à la majorité des deux tiers des membres les composant, du choix de la localité appelée à devenir le siège des institutions nationales.

De la même manière, elles décident du ou des lieux où siégera la Constituante.

Article 103.

Un statut de zone neutre sera appliqué à la localité où siègent les chambres ou la Constituante.

Article 104.

La zone neutre est placée sous l'autorité d'un commissaire spécial représentant l'État, nommé et révoqué par le chef de l'État.

Une loi organisera, avant le 30 juin 1960, le statut de zone neutre et déterminera les compétences respectives du commissaire spécial et des autorités locales légalement établies.

Article 105.

Les chambres peuvent requérir la présence du commissaire spécial.

Le commissaire spécial doit être, à sa demande, entendu par l'assemblée de la province dans laquelle est instituée la zone neutre.

Il doit également être entendu, à sa demande, par les conseils locaux siégeant dans le ressort de la zone neutre.

Chapitre IV. Des institutions provinciales.

Section I. Le législatif provincial

Sous-section I. La constitution de l'assemblée et son fonctionnement

Article 106.

Il y a dans chaque province une assemblée.

Article 107.

L'assemblée comprend :

1° Des membres élus soit au suffrage universel direct, soit au second degré, selon la formule d'élection retenue pour chaque province, et ce conformément aux dispositions de la loi électorale du 23 mars 1960.

2° Des membres cooptés par les conseillers provinciaux visés au 1°, parmi les chefs coutumiers et notables conformément aux dispositions des articles 110, 111 et 112 de la présente loi.

Les termes « chefs coutumiers et notables » doivent être entendus dans le sens précisé à l'article 88.

Article 108.

Les conseillers visés au 1° de l'article 107 sont au nombre de :

- 60 dans les provinces de moins de 2 millions d'habitants ;
- 70 dans les provinces de 2 millions à moins de 2 500 000 habitants ;
- 80 dans les provinces de 2 500 000 à moins de 3 millions d'habitants ;
- 90 dans les provinces de 3 millions d'habitants et plus.

Le chiffre de la population à prendre en considération est celui qui figure aux statistiques officielles établies au 31 décembre 1959.

Sur décision du collège exécutif provincial, le nombre de conseillers cooptés est, pour chaque assemblée, fixé avant la constitution de cette assemblée à 10 ou 15 % du nombre des conseillers visés au premier alinéa du présent article, toute fraction étant arrondie à l'unité supérieure.

Article 109.

Avant le 30 juin 1960, les assemblées se réuniront pour la première fois, sur convocation du collège exécutif provincial, au chef-lieu de la province.

Exceptionnellement, le collège peut désigner une autre localité.

Article 110.

Les assemblées composées des membres visés au 1° de l'article 107 se réuniront, sous la présidence d'un président provisoire désigné par le sort, pour procéder à l'élection des conseillers cooptés.

L'élection se fait à un tour et au scrutin secret, les deux tiers au moins des membres qui composent l'assemblée étant présents.

Un amendement voté le 16-6-1960 ajoute : « Toutefois, si, après deux séances consécutives de l'Assemblée, la présence des deux tiers au moins des membres qui la composent n'a pu être obtenue lors du vote, l'Assemblée peut valablement se prononcer pour autant que la majorité des membres soit présente ».

Chaque conseiller n'a droit qu'à une voix.

Article 111.

Les chefs coutumiers et les notables qui se portent candidats à un mandat de conseiller provincial coopté, présentent leur candidature pour la première fois au collège exécutif provincial et ultérieurement au bureau de l'assemblée, le quatrième jour au plus tard avant le scrutin.

Leur candidature porte la signature d'au moins cinq chefs coutumiers ou notables de la province.

La liste des candidats est portée à la connaissance de l'assemblée trois jours francs au moins avant le scrutin.

Ils sont élus dans l'ordre des voix obtenues.

Si le nombre de candidats ne dépasse pas celui des mandats à pourvoir, ces candidats sont proclamés élus sans autre formalité.

Les candidats qui n'ont pas obtenu de mandat, sont appelés dans l'ordre du classement résultant du quatrième alinéa du présent article, à remplacer les membres titulaires dont le siège devient vacant ou qui sont élus en qualité de membre du gouvernement provincial.

Article 112.

Les élections visées à l'article 110 ne peuvent avoir lieu que lorsqu'il a été procédé à la vérification des pouvoirs de tous les conseillers visés au 1° de l'article 107.

Les élections visées aux articles 113 et 114 ne peuvent avoir lieur que lorsqu'il a été procédé à la vérification des pouvoirs de tous les conseillers provinciaux.

Article 113.

Dès leur complète constitution, les assemblées, sous la présidence de leur président provisoire, procèdent à la désignation de leur président, des deux vice-présidents et de leur bureau, selon la procédure établie par le Roi des Belges.

L'organisation administrative des services de l'assemblée est déterminée par le Roi des Belges, jusqu'à ce que celle-ci ait pu en décider par son règlement.

Article 144.

Après avoir procédé aux opérations prévues à l'article 113, l'assemblée élit les sénateurs appelés à représenter la province au Sénat, ainsi que les membres du gouvernement provincial.

L'élection se fait à un tour et au scrutin secret, les deux tiers au moins des membres qui la composent étant présents.

Un amendement voté le 16-6-1960 ajoute : « Toutefois si, après deux séances consécutives de l'Assemblée, la présence des deux tiers au moins des membres qui la composent n'a pu être obtenue lors du vote, l'Assemblée peut valablement se prononcer pour autant que la majorité des membres soit présente. »

Chaque conseiller n'a droit qu'à une voix.

Article 115.

Les opérations électorales ont lieu sous la direction du bureau de l'assemblée. Les deux conseillers les moins âgés de l'assemblée assistent le bureau dans le déroulement des opérations.

Le président de l'assemblée proclame successivement les résultats de chacune des élections visées à l'article 114.

Article 116.

Les candidats sénateurs, à l'exception de ceux à désigner au titre de chef coutumier ou de notable, doivent être présentés le quatrième jour au plus tard avant celui qui est fixé pour le scrutin, par un vingtième des conseillers provinciaux au moins.

Article 117.

Un candidat ne peut figurer, sur plus d'une liste pour la même élection, soit dans la même province, soit dans des provinces différentes.

Le candidat acceptant qui contrevient à cette interdiction est rayé d'office de toutes les listes où il figure.

Article 118.

Trois jours francs avant celui qui est fixé pour le scrutin, la liste des candidats est arrêtée, pour la première fois par le collège exécutif provincial et ultérieurement par le gouvernement provincial, et portée à la connaissance de l'assemblée.

Lorsque le nombre des candidats ne dépasse pas celui des mandats à conférer, ces candidats sont proclamés élus par l'autorité qui arrête la liste des candidats sans autre formalité.

Lorsque le nombre des candidates est supérieur au nombre des sièges à conférer, il est procédé aux opérations électorales selon le système de la représentation proportionnelle organisé par les articles 47 à 50 de la loi électorale du 23 mars 1960.

Article 119.

Les candidats sénateurs au titre de chef coutumier ou de notable doivent être présentés, sous réserve de l'article 121, quatrième alinéa, sur une liste double par les chefs coutumiers et les notables de la province, le quatrième jour au plus tard avant la date fixée pour le scrutin.

Tous les chefs coutumiers et notables sont convoqués et réunis par le collège exécutif provincial, au chef-lieu de la province ou en tout autre lieu que celui-ci détermine.

Les chefs coutumiers et les notables empêchés peuvent déléguer un représentant muni d'une procuration écrite et contresignée par deux membres du conseil de circonscription intéressé.

La liste des présentations est datée et signée par la moitié au moins des chefs coutumiers et des notables de la province, ou des personnes dûment mandatés par eux.

Les présentations indiquent les noms, les prénoms et la qualité des candidats ainsi que la circonscription dont ils relèvent.

Cette liste est présentée pour la première fois au collège exécutif provincial et ultérieurement au gouvernement provincial.

Article 120.

L'assemblée arrête dans les quarante-huit heures qui précèdent la réunion des chefs coutumiers et notables visés à l'article 119, le nombre de sièges qu'elle entend réserver aux sénateurs désignés au titre de chef coutumier ou de notable, en application de l'article 87.

À défaut de se prononcer dans ce délai, l'assemblée est censée arrêter ce nombre à trois.

Article 121.

Trois jours francs avant la date fixée pour le scrutin, la liste des candidats pour les sièges à pourvoir est portée à la connaissance de l'assemblée.

Le vote se fait à un tour.

Le ou les candidats sont désignés dans l'ordre des voix obtenues. En cas de partage des voix entre un chef coutumier et un notable, le chef coutumier l'emporte. En cas de partage des voix entre deux chefs coutumiers ou deux notables, le plus âgé l'emporte.

Si les chefs coutumiers et les notables n'ont pu présenter de liste double pour l'ensemble des sièges à pourvoir, l'assemblé peut :

- soit se prononcer sur la liste incomplète présentée ou entériner les candidatures proposées si le nombre des candidats correspond à celui de sièges à pourvoir ;
- soit renvoyer les présentations en vue de l'établissement d'une liste double complète.

Dans ce dernier cas, les chefs coutumiers et les notables sont tenus de présenter cette liste dans les quarante-huit heures qui suivent le renvoi.

Article 122.

Les procès-verbaux des élections prévues aux articles 118 et 121, rédigés et signés aussitôt par les membres du bureau siégeant conformément au premier alinéa de l'article 115, sont adressés immédiatement au greffe du Sénat avec les actes de présentation.

Des extraits du procès-verbal sont également adressés dans les deux jours aux élus, aux candidats non élus et aux conseillers provinciaux.

Article 123.

La procédure de désignation des membres du gouvernement provincial, dont la composition est prévue à l'article 163, comporte la présentation des candidatures devant l'assemblée et l'élection par celle-ci.

La présentation des candidatures se fait au bureau de l'assemblée conformément à l'article 116, toutefois, les candidats se présentent individuellement à l'exclusion de toute liste.

L'assemblée procède en premier lieu à l'élection du président du gouvernement provincial ; celui-ci est élu à la majorité absolue.

L'assemblée procède ensuite à l'élection des autres membres du gouvernement provincial.

Cette élection se fait à un tour.

Les candidats sont désignés dans l'ordre des voix obtenues.

En cas de partage portant sur le dernier siège, il est procédé à un tour de scrutin supplémentaire en vue de départager les deux candidats en présence.

En cas de nouveau partage, le plus âgé l'emporte.

Article 124.

Les membres du gouvernement provincial doivent réunir les conditions d'éligibilité exigées des conseillers provinciaux.

Article 125.

Les conseillers provinciaux représentent la province et non la circonscription électorale qui les a élus, ni la chefferie, le secteur ou le groupement dont ils sont issus.

Article 126.

L'interprétation des édits par voie d'autorité n'appartient qu'à l'assemblée.

Article 127.

Les articles 52 à 60, 62 et 63, sont applicables, mutatis mutandis, à l'assemblée.

Celle-ci détermine par son règlement d'ordre intérieur, le mode suivant lequel elle exerce ses attributions.

Article 128.

Aucun membre de l'assemblée ne peut être poursuivi, recherché, arrêté, détenu ou jugé à l'occasion des opinions et votes émis par lui dans l'exercice de ses fonctions.

Article 129.

Aucun membre de l'assemblée ne peut, pendant la durée de la session, être poursuivi ni arrêté en matière répressive qu'avec l'autorisation du bureau de l'assemblée, sauf les cas de flagrant délit.

Aucun membre de l'Assemblée ne peut, hors session, être arrêté qu'avec l'autorisation du bureau de l'Assemblée, sauf le cas de flagrant délit, de poursuite autorisée ou de condamnation définitive.

La détention ou la poursuite d'un membre de l'assemblée est suspendue si l'assemblée le requiert, sans que cette suspension puisse dépasser la durée de la session en cours.

Article 130.

La première législature des assemblées ne peut être inférieure à trois ans ni supérieure à quatre, sauf en cas de dissolution.

Article 131.

Le mandat des conseillers provinciaux prend fin la veille du jour de la réunion de l'assemblée appelée à remplacer celle organisée par la présente loi.

Sauf en cas de dissolution, cette nouvelle assemblée sera issue des élections organisées par la constitution provinciale élaborée dans le cadre des dispositions de la Constitution.

Article 132.

L'assemblée se réunit de plein droit, deux fois l'an en session ordinaire, sous réserve des dispositions de l'article 109, les premiers lundis d'avril et d'octobre, à moins qu'elle n'ait été réunie antérieurement, éventuellement à la demande du commissaire d'État, par le gouvernement provincial.

L'assemblée doit rester réunie au moins quinze jours par session ordinaire. Ce délai est porté à un mois jusqu'à l'élaboration complète de la constitution provinciale.

En aucun cas, la session ordinaire ne peut excéder deux mois. Toutefois, pour les sessions consacrées à l'élaboration de la constitution provinciale, le commissaire d'État peut proroger ce délai et en fixer lui-même la limite.

Article 133.

Sans préjudice à l'application de l'article 109, deuxième alinéa, l'assemblée provinciale siège au chef-lieu de la province à moins que pour cause d'évènement extraordinaire, elle soit autorisée par le chef de l'État à siéger dans une autre localité de la province.

Le choix de cette localité est proposé au chef de l'État par le président de l'assemblée ou, en cas de session extraordinaire, par le président du gouvernement provincial.

Article 134.

Le gouvernement provincial, éventuellement à la demande du commissaire d'État, peut convoquer l'assemblée en session extraordinaire.

Cette session ne peut excéder un mois.

Article 135.

Pour autant que deux moins au moins se soient écoulés depuis la clôture de la dernière session, le commissaire d'État est tenu, à la demande d'un tiers des conseillers provinciaux en fonction, de convoquer, immédiatement l'assemblée en session extraordinaire aux fins de permettre à celle-ci d'entendre le gouvernement provincial s'expliquer sur un point de sa gestion.

Cette session ne peut compter d'autres points à l'ordre du jour et ne peut en aucun cas excéder huit jours.

Article 136.

Toute réunion de l'assemblée en dehors du temps de la session ordinaire ou extraordinaire est nulle de plein droit.

Article 137.

La clôture des sessions ordinaires est prononcée, sur proposition du président de l'assemblée, par le gouvernement provincial sans préjudice à l'application des alinéas 2 et 3 de l'article 132.

La clôture des sessions extraordinaires est prononcée par le gouvernement provincial.

Article 138.

L'ajournement de l'assemblée peut être prononcé, en cours de session, par le commissaire d'État. L'ajournement ne peut excéder le terme d'un mois et ne peut être renouvelé au cours d'une même session.

Article 139.

Exceptionnellement et dans l'éventualité où l'assemblée ne parvient plus à remplir sa fonction d'une manière effective, le gouvernement provincial peut, après en avoir donné un avertissement à l'assemblée, demander au commissaire d'État la dissolution de celle-ci.

L'acte de dissolution contient la convocation des électeurs dans les trois mois et de l'assemblée dans les quatre mois.

Article 140.

Lorsque l'assemblée n'est pas dissoute ensuite de la dissolution du Sénat, elle est convoquée par le gouvernement provincial à la demande du commissaire d'État, dans le délai d'un mois fixé par l'article 72, deuxième alinéa, en vue de l'élection des sénateurs.

Article 141.

Les chambres réunies en assemblée commune aux termes de l'article 11 décident lors de leurs premières séances, de la langue de travail et de rédaction des documents officiels et des textes législatifs des assemblées provinciales.

Chaque assemblée provinciale fixe, par son règlement d'ordre intérieur, le mode suivant lequel la traduction dans la langue choisie, des interventions faites en d'autres langues admises par elle, sera assurée.

Jusqu'au moment où les chambres en auront ainsi décidé, la langue française sera provisoirement utilisée et la traduction en cette langue des interventions en swahili, lingala, kikongo, tshiluba sera assurée.

Article 142.

Chaque membre de l'assemblée jouit d'une indemnité annuelle. Celle-ci est fixée par l'assemblée provinciale et ne peut être supérieure à 100 000 francs.

Il a droit aux avantages énoncés aux alinéas 2, 3 et 4 de l'article 78 sous réserve d'entendre par « gouvernement », le gouvernement provincial.

Il a droit en outre aux avantages énoncés aux alinéas 2 et 3 de l'article 80.

L'assemblée détermine le montant des retenues qui peuvent être faites sur l'indemnité à titre de contribution aux caisses de retraite ou de pension qu'elle juge à propos d'instituer, et le montant des allocations familiales pour ceux qui n'en sont pas bénéficiaires.

Article 143.

Le président et les vice-présidents de l'assemblée jouissent d'une allocation complémentaire spéciale, respectivement fixée à 50 % et à 25 % de l'indemnité déterminée à l'article 142.

Article 144.

Les conseillers provinciaux ne peuvent participer aux délibérations auxquelles ils ont un intérêt personnel direct.

Article 145.

Le président a la police de l'assemblée.

Il peut, après en avoir donné l'avertissement, expulser à l'instant toute personne appartenant au public qui trouble l'ordre ou qui donne des marques d'approbation ou d'improbation.

Toute personne qui refuse d'obtempérer à un ordre d'expulsion peut être punie d'une peine de servitude pénale de quinze jours au maximum et d'une amende n'excédant pas cinq cents francs ou d'une de ces peines seulement.

Procès-verbal sera dressé par le président et envoyé à l'autorité judiciaire compétente.

Article 146.

Le président de l'assemblée peut exceptionnellement appeler en séance pour consultation les fonctionnaires et les représentants des administrations provinciales et établissements publics installés dans la province, que l'assemblée ou lui-même désigne.

Article 147.

L'assemblée peut former dans son sein des commissions à l'effet de préparer l'examen du budget et des autres questions inscrites à l'ordre du jour.

Les travaux des commissions ne sont pas publics. Leur président peut appeler en consultation les personnes visées à l'article 146 que la commission ou lui-même désigne.

Sous-section II. Des attributions

Article 148.

L'assemblée délibère sur toutes les affaires d'intérêt provincial.

Elle légifère par voie d'édit et dispose par voie d'édit-règlement pour la mise en œuvre de la loi.

Ses actes ne peuvent être contraires aux dispositions légales ou réglementaires édictées par les chambres ou le Gouvernement.

Article 149.

Les édits dans les matières exclusivement attribués à la compétence de la province, conformément aux dispositions du titre V, ne peuvent être contraires à la présente loi fondamentale, ni à la loi fondamentale relative aux libertés publiques, ni à la constitution provinciale.

Article 150.

Dans les autres matières, à l'exception de celles exclusivement attribuées au pouvoir central, l'assemblée peut prendre des édits pour autant que la loi ne règle pas complètement la matière.

Article 151.

Les peines dont l'assemblée peut sanctionner ses édits-règlements ne peuvent dépasser six mois de servitude pénale et six mille francs d'amende ou l'une de ces peines seulement, sauf disposition contraire de la loi.

Article 152.

L'assemblée arrête les programmes d'intérêt provincial.

Article 153.

L'assemblée vote annuellement et en séance publique le budget des dépenses de la province pour l'exercice suivant et les moyens d'y faire face.

Article 154.

Tout amendement au projet de budget proposé par un conseiller provincial entraînant un accroissement de dépenses doit prévoir les voies et moyens nécessaires et tout amendement entraînant une diminution de recettes qui aura pour effet de rompre l'équilibre du budget doit prévoir une diminution de dépenses correspondantes ou de nouvelles recettes.

Article 155.

L'édit budgétaire est exécutoire quarante jours après sa publication, à moins que dans ce délai le Premier ministre en demande la révision par l'assemblée.

La révision ne peut être demandée que :

- si l'équilibre du budget n'est pas effectivement assuré en telle sorte que son exécution puisse menacer la sécurité financière de l'État ;
- si l'affection de subventions allouées par l'État à des fins particulières n'est pas respectée.

Dans ce dernier cas, la demande de révision ne porte que sur les dispositions relatives à l'affectation de ces subventions.

Article 156.

Si l'édit budgétaire n'est pas adopté ni rendu exécutoire avant l'ouverture de l'exercice, l'assemblée ouvre au gouvernement provincial les crédits provisoires nécessaires.

Article 157.

L'assemblée peut, au nom de la province, contracter des emprunts dans les conditions qui seront déterminées par des dispositions particulières.

Article 158.

L'assemblée donne son avis sur toutes les questions que lui soumettent les organes du pouvoir central.

Le compte rendu des délibérations est transmis à l'autorité centrale qui a saisi l'assemblée.

Article 159.

La dénomination, la création, les limites et la suppression des circonscriptions administratives de la province ainsi que la détermination de leurs chefs-lieux sont fixés par l'assemblée.

Article 160.

Une constitution provinciale organisant la structure administrative et politique de chaque province dans le cadre des mesures générales fixées par la présente loi sera élaborée par chaque assemblée dans le plus bref délai.

L'assemblée ne pourra en délibérer si deux tiers au moins des membres qui la composent ne sont présents. Nulle disposition ni modification ne sera adoptée si elle ne réunit au moins les deux tiers des suffrages.

Article 161.

Le président de l'assemblée assure par sa signature l'authenticité des actes de l'assemblée.

Section II. Le gouvernement provincial

Article 162.

Dans chaque province, un gouvernement provincial est constitué avant le 30 juin 1960.

Article 163.

Ce gouvernement est élu par l'assemblée en son sein ou en dehors d'elle.

Il est composé d'un président et de cinq à dix membres selon la décision de l'assemblée.

Article 164.

L'élection du gouvernement provincial a lieu conformément à la procédure fixée aux articles 123 et 124 de la présente loi.

Article 165.

Le président du gouvernement coordonne et contrôle l'activité de l'équipe gouvernementale.

Il détermine les attributions de chacun des membres du gouvernement.

Il tranche souverainement tout conflit d'attribution surgissant entre les membres du gouvernement.

Il promulgue et publie les édits provinciaux et édits-règlements.

Il assure la liaison avec l'assemblée d'une part et avec le commissaire d'État d'autre part.

Article 166.

Les membres du gouvernement sont élus pour la période correspondant à la législature provinciale.

Article 167.

Le gouvernement est renouvelé après chaque renouvellement de l'assemblée.

Article 168.

Lorsque pour une des raisons déterminées à l'article 169, un ou plusieurs membres du gouvernement provincial cessent leur fonction au cours de leur mandat, il est procédé à une nouvelle élection par l'assemblée conformément aux dispositions des articles 123 et 124 de la présente loi.

Article 169.

Le mandat de membre du gouvernement provincial prend fin en cas de démission, de décès ou pour une des causes prévues à l'article 170.

Article 170.

Tout membre du gouvernement provincial cesse ses fonctions en cas de :

- perte d'une des conditions requises pour être élu ;
- motion de censure adoptée par l'assemblée, à la majorité des deux tiers de tous les membres qui la composent, et sur présentation de vingt conseillers au moins.

Article 171.

La démission est donnée par écrit au président du gouvernement qui la transmet au président de l'assemblée.

Le mandat prend fin à la date de la notification de la réception de la démission par le président de l'assemblée.

Article 172.

Le membre du gouvernement démissionnaire ou ayant fait l'objet d'une motion de censure assure l'expédition des affaires courantes jusqu'à la désignation de son successeur.

Article 173.

En cas de démission, de décès ou de cessation de fonctions du président du gouvernement, l'assemblée pourvoit à son remplacement.

Elle peut porter à la présidence un autre membre du gouvernement, auquel cas elle procède à l'élection du successeur de celui-ci.

Article 174.

Les membres du gouvernement provincial bénéficient d'une indemnité, dont le montant est fixé par l'assemblée.

Article 175.

Les membres du gouvernement provincial ont voix consultative à l'assemblée ; ils ont le droit d'y faire des propositions sur les objets en délibération.

Article 176.

Le gouvernement provincial dirige les affaires de la province conformément aux dispositions légales et réglementaires.

Il délibère en collège. Chaque membre du gouvernement provincial assure seul et sous sa propre responsabilité, sauf décision contraire du gouvernement provincial, l'exécution des décisions prises en collège et qui relèvent de ses attributions.

Par voie d'arrêtés, le gouvernement provincial assure notamment l'exécution :

– des édits, des édits-règlements et des programmes adoptés par l'assemblée ;
– des lois, ordonnances-loi et ordonnances dont il est chargé par le gouvernement central.

Il dirige toute l'administration de la province sous la haute surveillance de l'assemblée.

Il assure la tutelle des villes, communes, territoires et circonscriptions dans le cadre de l'autonomie reconnue à ces entités.

Il saisit l'assemblée, dont il prépare l'ordre du jour, notamment de projets d'édits et de programmes.

Il élabore annuellement un avant-projet de budget qu'il soumet à l'assemblée.

Article 177.

Les cours d'appel connaissent directement et sans appel des infractions commises par les membres du gouvernement provincial. Ceux-ci sont mis en accusation par le procureur général qui charge de l'instruction un magistrat de son parquet.

Article 178.

Aucun membre du gouvernement ne peut ni traiter une affaire, ni prendre part à une délibération à laquelle lui ou un de ses parents ou alliés, jusqu'au quatrième degré inclusivement, ont un intérêt personnel direct.

Cette prohibition ne s'étend pas au-delà des parents ou alliés jusqu'au deuxième degré, lorsqu'il s'agit de la présentation de candidats, de nominations aux emplois, révocations ou suspensions.

Article 179.

Le gouvernement provincial peut défendre en justice pour toute action intentée contre la province. Il peut intenter, sans délibération préalable de l'assemblée, les actions qui ont pour objet des biens meubles ainsi que les actions possessoires et faire tous actes conservatoires.

Le président du gouvernement provincial choisit les avocats de la province et les mandataires chargés de le représenter devant les tribunaux.

Les actions de la province, en demandant ou en défendant, sont exercées, au nom du gouvernement provincial, poursuites et diligences du président du gouvernement provincial.

Section III. Le commissaire d'État

Article 180.

Un commissaire d'État est, dans chaque province, le représentant du pouvoir central.

Article 181.

Le commissaire d'État est, pour chaque province, nommé par le chef de l'État, de l'assentiment du Sénat et après consultation du président du gouvernement provincial, ou à son défaut, du président de l'assemblée.

Il est révoqué par le chef de l'État.

Article 182.

Les commissaires d'État sont nommés pour une durée de trois ans.

Article 183.

Le commissaire d'État a le droit d'assister aux délibérations de l'assemblée ; il est entendu quand il le demande.

Article 184.

Outre les droits et prérogatives qui lui sont reconnus par les autres dispositions de la présente loi, le commissaire d'État :

- dirige les services de l'État existant dans la province ;
- assure les relations qu'appelle la coordination entre les institutions provinciales et centrales ;
- prend, en cas d'urgence dûment motivée et sous forme de règlement, les mesures d'exécution qu'impose à la province, une loi, une ordonnance-loi ou une ordonnance, si deux rappels successifs adressés, selon le cas, au président de l'assemblée ou au président du gouvernement provincial, sont restés sans suite.

Chapitre V. Du pouvoir judiciaire.

Article 185.

Les contestations qui ont pour objet des droits civils sont exclusivement du ressort des tribunaux.

Toutes autres contestations sont du ressort des tribunaux, sauf les exceptions établies par la loi.

Article 186.

Les audiences des tribunaux sont publiques à moins que cette publicité ne soit dangereuse pour l'ordre ou les mœurs ; dans ce cas, le tribunal le déclare par un jugement.

Article 187.

Le pouvoir exécutif ne peut empêcher, arrêter ou suspendre l'action des cours et tribunaux.

Toutefois le chef de l'État peut, pour des raisons graves de sûreté publique, et après avis du procureur général, suspendre dans une région et pour un temps qu'il détermine, l'action répressive des cours et tribunaux et y substituer celle des juridictions militaires. Le droit au double degré de juridiction ne peut être supprimé.

En cas d'urgence, le commissaire d'État a le même pouvoir. Il ne peut l'exercer qu'après avoir pris l'avis du procureur d'État ou de l'officier du ministère public délégué par le procureur d'État.

Article 188.

Tout jugement est motivé ; il est prononcé en audience publique.

Les arrêts et jugements sont exécutés au nom du chef de l'État.

Article 189.

Jusqu'à ce qu'une Cour de cassation soit légalement instituée, la Cour de cassation de Belgique fait fonction de Cour de cassation du Congo.

Elle connaît des pourvois formés contre :

a) les décisions rendues en dernier ressort par les cours d'appel et les tribunaux de première instance du Congo en matière civile et commerciale ;

b) les arrêts des cours d'appel mettant fin aux litiges en matière d'impôt personnel et d'impôt sur le revenu.

Elle ne connaît pas du fond des affaires.

La législation en vigueur relative aux pourvois contre les décisions rendues par les cours d'appel et les tribunaux de première instance du Congo demeure applicable.

Toutefois le renvoi se fait devant une Cour ou un tribunal du Congo.

La Cour de cassation de Belgique demeure saisie des pourvois formés contre les décisions des cours et tribunaux du Congo avant le 30 juin 1960.

Article 190.

Une loi peut déterminer, dans les limites de la compétence de la Cour de cassation de Belgique, les pourvois contre les décisions rendues en dernier ressort en d'autres matières par les cours d'appel et par les tribunaux de première instance du Congo dont la Cour de cassation de Belgique connaîtra.

Article 191.

Il y a au Congo des cours d'appel, des tribunaux de première instance, des tribunaux de district, des tribunaux de police et des tribunaux coutumiers. Leur organisation et leur compétence sont réglées par la loi.

Des lois règlent l'organisation des tribunaux militaires, leurs attributions, les droits et obligations des membres de ces tribunaux et la durée de leurs fonctions.

Article 192.

Le statut des magistrats est régi par la loi.

Les magistrats du siège sont inamovibles dans le cadre de leur statut.

Ils ne peuvent être déplacés que par une nomination nouvelle et de leur consentement ; ils ne peuvent être privés de leur place ni suspendus que par un jugement.

Article 193.

Les juges de police et magistrats de carrière sont nommés par le chef de l'État sur une liste double de candidats proposée par l'assemblée provinciale.

Article 194.

Les conseillers des cours d'appel, les présidents des tribunaux de première instance, les juges des tribunaux de première instance, les juges présidents et les juges des tribunaux de district sont nommés par le chef de l'État sur une liste double de candidats présentée par les cours d'appel, en assemblée générale.

Les cours choisissent dans leur sein les premiers présidents et présidents.

Article 195.

Le chef de l'État nomme, suspend et révoque les magistrats du parquet.

Article 196.

Les cours et tribunaux n'appliquent les ordonnances, édits-règlements, arrêtés et tous actes réglementaires que pour autant qu'ils soient conformes aux lois et aux édits.

Article 197.

Aucun juge ne peut accepter du Gouvernement central ou du gouvernement provincial des fonctions salariées, à moins qu'il ne les exerce gratuitement et sauf les cas d'incompatibilités déterminés par la loi.

Chapitre VI. Des incompatibilités.

Article 198.

On ne peut être à la fois membre des deux chambres.

Article 199.

Le membre de l'une des deux chambres ou d'une assemblée provinciale nommé par le Gouvernement central ou par le gouvernement provincial à toute fonction salariée autre que celle de ministre et qui l'accepte, cesse immédiatement de siéger et ne reprend ses fonctions qu'en vertu d'une nouvelle élection.

Article 200.

Sont incompatibles :

a) les fonctions de membre du gouvernement central et celles de membre du gouvernement provincial ou de l'assemblée provinciale ;
b) les fonctions de sénateur ou député et celles de membre du gouvernement provincial ou de l'assemblée provinciale ;
c) les fonctions de membre du gouvernement provincial et de membre de l'assemblée provinciale.

Article 201.

La fonction de commissaire d'État est incompatible avec toute autre fonction, qu'elle soit publique ou privée, rémunérée ou gratuite.

Article 202.

Sont incompatibles :

- les fonctions de premier bourgmestre ou de bourgmestre ou de membre du conseil communal ou de membre du conseil de ville d'une part, et celles de membre du Gouvernement central ou provincial d'autre part ;
- les fonctions de premier bourgmestre ou de bourgmestre d'une part, et celles de membre de l'assemblée provinciale d'autre part.

Article 203.

1. La fonction de membre du Gouvernement central ou du gouvernement provincial est incompatible avec un mandat d'administrateur ou de commissaire dans une société bénéficiant d'une concession du Gouvernement congolais ou dans laquelle il possède une participation.
2. Sans préjudice des dispositions de lois particulières organisant certains organes juridictionnels ou consultatifs, les magistrats de carrière, les agents des administrations publiques et les membres de la force publique, de la gendarmerie et de la police ne peuvent exercer aucune fonction dans le cadre des institutions organisées par les chapitres I, II, III, IV du titre III de la présente loi, autre que celle de ministre, membre du gouvernement provincial, ou commissaire de l'État. Dans ce dernier cas, ils ne peuvent rester en activité de service.

Titre IV. Les conseils économiques et sociaux.

Article 204.

Les conseils visés par le présent titre sont les conseils général et provincial de l'économie, le conseil supérieur du travail, le conseil supérieur de l'enseignement tels qu'ils sont organisés par la législation en vigueur.

Article 205.

Sans préjudice de l'application de l'article 63, ces conseils sont, sauf cas d'urgence, saisis obligatoirement, à l'échelon national, des projets de loi sur les matières de leur compétence que le Gouvernement présente aux chambres.

Ces conseils donnent également leur avis sur les projets d'actes réglementaires que le Gouvernement leur soumet.

Un membre de ces conseils peut être désigné par ceux-ci pour exposer devant les chambres et avec leur accord, l'avis des conseils sur les projets de loi qui leur ont été soumis.

Article 206.

Ces conseils peuvent également être consultés par le Gouvernement sur tout problème portant sur des matières de leur compétence.

Tout programme relevant de leur compétence et intéressant l'ensemble du pays leur est soumis pour avis.

Article 207.

À l'échelon des provinces, les règles énoncées aux articles 204, 205 et 206 sont d'application, mutatis mutandis, pour autant que les conseils économiques et sociaux y soient également organisés.

Titre V. De la détermination des compétences entre le pouvoir central et le pouvoir provincial.

Section I. Dispositions générales.

Article 208.

Dans le cadre de la répartition des matières attribuées exclusivement au pouvoir central d'une part et au pouvoir provincial d'autre part, telle que fixée au présent titre, le Parlement légifère pour tout ou partie du territoire congolais ; l'assemblée provinciale, pour tout ou partie de la province.

Article 209.

Sans préjudice de l'application de l'article 150, les chambres et l'assemblée provinciale peuvent légiférer, chacune dans leur ressort, pour toute matière ne figurant pas dans la liste de celles qui sont exclusivement attribuées.

Les dispositions des édits en contradiction avec la loi sont abrogées de plein droit.

Néanmoins, la loi peut disposer qu'elle n'est pas applicable à une ou plusieurs provinces dans lesquelles la matière demeure réglée par les édits qui y sont en vigueur.

Article 210.

Les chambres peuvent décider dans les conditions prévues à l'article 99 qu'une matière exclusivement attribuée au pouvoir central sera soit attribuée exclusivement au pouvoir provincial, soit laissée à la compétence concurrente du pouvoir central et des provinces.

Cette loi ne peut sortir ses effets qu'après avoir été approuvée par les assemblées provinciales, les deux tiers au moins des membres étant présents.

Lorsque la matière est exclusivement attribuée au pouvoir provincial, la loi cessera de sortir ses effets dans la province qui en aura réglé la matière par édit.

Article 211.

Les assemblées provinciales peuvent à la majorité des deux tiers des membres qui les composent, décider qu'une matière exclusivement attribuée au pouvoir provincial doit être, soit attribué exclusivement au pouvoir central, soit laissé à la compétence concurrente du pouvoir central et des provinces.

Cette décision ne peut sortir ses effets que si toutes les assemblées provinciales en décident ainsi et si les chambres marquent leur assentiment par une loi adoptée dans les conditions prévues à l'article 99.

Les édits réglant la matière demeurent en vigueur jusqu'à ce que la loi ait régi celle-ci.

Article 212.

Les matières énoncées à l'article 221 ne peuvent être retirées de la compétence concurrente de l'État ou des provinces au profit de la compétence exclusive soit de l'État soit des provinces que dans les conditions fixées aux articles 210 et 211.

L'exercice des compétences concurrentes est déterminé conformément aux règles énoncées à l'article 209.

Article 213.

Sur proposition du président du gouvernement provincial ou du commissaire d'État, le Sénat peut décider à la majorité des deux tiers de tous les membres qui le composent, et seulement en cas d'urgence ou de nécessité, qu'une matière exclusivement attribuée au pouvoir provincial soit réglée momentanément par la loi.

Lorsqu'une telle décision est prise, les chambres peuvent légiférer en cette matière pendant une période n'excédant pas un an.

À l'issue de ce délai ou dès que les mesures nécessaires ont été prises par la loi, cette matière ressortit à nouveau à la compétence exclusive de la province.

Article 214.

Les effets des lois prises en application de l'article 213 sont ceux prévus à l'article 209.

Article 215.

Lorsqu'une matière cesse de devoir être réglée par le pouvoir central en application des dispositions de l'article 213, les dispositions des lois promulguées en cette matière demeurent en vigueur dans chaque province intéressée jusqu'à ce que la matière en ait été réglée par édit.

Article 216.

Pour le temps qu'elle détermine, l'assemblée provinciale peut décider, à la majorité des deux tiers des membres qui la composent, qu'une matière qui lui est exclusivement attribuée sera réglée par la loi.

La loi promulguée en application de l'alinéa précédent n'a d'effet que pour la province intéressée.

Article 217.

Les effets des lois prises en application de l'article 216 sont, mutatis mutandis, ceux prévus aux articles 209 et 215.

Article 218.

La négociation des traités en des matières attribuées, expressément au pouvoir provincial, est de la compétence exclusive du pouvoir central.

Le Gouvernement consulte les gouvernements provinciaux intéressés, sauf le cas d'urgence ou si le secret des négociations y fait obstacle.

Le Sénat peut, à la majorité des deux tiers des membres qui le composent, décider que les chambres prendront, avant de se prononcer conformément à l'article 25, l'avis des assemblées provinciales.

Section II. Énumération des compétences exclusives.

Article 219.

Sans préjudice des dispositions particulières attribuant des compétences soit au pouvoir central soit au pouvoir provincial, sous la réserve qu'elles ne peuvent aller à l'encontre du présent article, les matières énumérées ci-après sont exclusivement attribuées au pouvoir central :

1. les relations extérieures et les traités ;
2. les forces armées ;
3. la gendarmerie, sous réserve des dispositions particulières qui organiseront l'assistance prêtée par ce corps au pouvoir provincial ;
4. la sûreté de l'État ;
5. la législation sur la nationalité ;
6. l'immigration et l'émigration ;
7. le droit pénal ;
8. l'établissement des règles relatives à l'organisation judiciaire et à la procédure ;
9. la nomination et le statut des magistrats ;
10. les finances de l'État, conformément aux dispositions de la loi particulière qui organisera la répartition des domaines financiers respectifs de l'État et des provinces ;
11. la monnaie ;
12. la politique des changes ;
13. le service des poids et mesures ;
14. les douanes ;
15. l'enseignement universitaire et supérieur ;
16. l'établissement des règles organisant l'équivalence des diplômes de l'enseignement primaire, moyen, technique et normal ;
17. l'établissement des règles tendant à assurer la qualité des membres du personnel enseignant ;
18. l'agrégation des inspecteurs provinciaux chargés du contrôle pédagogique de l'enseignement primaire, moyen, technique et normal ;
19. la législation sur l'art de guérir ;
20. la politique scientifique ;
21. la politique générale de l'économie ;
22. le Code de commerce ;
23. les règles générales relatives au régime foncier ;

24. les règles générales relatives à l'octroi des concessions agricoles et forestières sur le domaine de l'État ;
25. les règles générales relatives à l'exploration et à l'exploitation du sous-sol ;
26. les règles générales relatives à l'octroi des concessions minières décidées par les provinces ;
27. la coordination des sources d'énergie d'intérêt national, en ce compris l'équipement et les ressources hydro-électriques ;
28. les services de la géologie, de la géodésie, de la cartographie et de l'hydrographie ;
29. les voies maritimes et fluviales, en ce compris les ports et le balisage ;
30. les voies aériennes, en ce compris les aéroports et la protection aérienne ;
31. les chemins de fer d'intérêt national ;
32. les routes d'intérêt national ;
33. l'organisation générale du service postal, en ce compris l'émission des timbres-poste ;
34. les télécommunications et la radiodiffusion ;
35. les travaux publics d'intérêt national ;
36. le contrôle des institutions locales dans la mesure où elles sont chargées d'exécuter les tâches d'intérêt général leur conférées directement par le pouvoir central et pour compte de celui-ci, notamment en matière d'état-civil.

Article 220.

Sans préjudice des dispositions particulières attribuant des compétences soit au pouvoir central, soit au pouvoir provincial, sous la réserve qu'elles ne peuvent aller à l'encontre du présent article, les matières énumérées ci-après sont exclusivement attribuées au pouvoir provincial :

1. l'organisation des structures politiques de la province dans le cadre des principes généraux énoncés par la présente loi fondamentale ;
2. la police provinciale ;
3. la police judiciaire attachée aux parquets relevant de la province ;
4. les propositions de nomination des magistrats aux échelons inférieurs de l'organisation judiciaire, dans les conditions fixées au titre III, chapitre V ;
5. les propositions relatives à la désignation des entités administratives correspondant aux territoires actuels, à l'exception des villes, dans lesquelles des tribunaux de police seront présidés par un juge de carrière ;
6. les finances de la province, conformément aux dispositions de la loi particulière qui organisera la répartition des domaines financiers respectifs de l'État et des provinces ;
7. l'enseignement primaire, secondaire, technique et normal ;
8. la désignation des inspecteurs provinciaux chargés du contrôle pédagogique de l'enseignement primaire, moyen, technique et normal, sous réserve d'application de l'article 219, n° 18 ;
9. l'octroi et la surveillance des concessions agricoles ou forestières sur le domaine provincial ;
10. l'octroi des concessions minières, dans le cadre des règles générales visées à l'article 219, n° 26 ;
11. l'exploitation des sources d'énergie hydraulique destinées à satisfaire les besoins de la province ;
12. les chemins de fer d'intérêt provincial ou local ;

13. les routes d'intérêt provincial ou local ;
14. les travaux publics d'intérêt provincial ;
15. le contrôle des institutions locales sans préjudice à l'application de l'article 219, n° 36 ;
16. la détermination des peines qui sanctionnent l'exécution des édits.

Article 221.

Sans préjudice des dispositions particulières attribuant des compétences à la fois au pouvoir central et au pouvoir provincial, les matières énumérées ci-après relèvent expressément de l'un et de l'autre pouvoir :

1. la législation sociale et les règles relatives à la Sécurité Sociale ;
2. la fixation des minima de salaires.

Article 222.

L'énumération des matières énoncées dans les articles 219, 220 et 221 peut être complétée par la loi dans les conditions prévues à l'article 99 et de l'accord de la majorité des assemblées provinciales.

Section III. Mesures particulières.

Article 223.

Jusqu'à ce que la loi ait organisé le régime des terres, les cessions et concessions de terres, de forêts, de mines, d'eaux et de chemins de fer sont consenties, dans le cadre de la législation existante, par l'assemblée provinciale pour tout ce qui ressortit à la compétence du pouvoir législatif et par le gouvernement provincial pour tout ce qui ressortit à la compétence du pouvoir exécutif.

Toutefois, les concessions de ressources hydro-électriques ayant un potentiel national sont consenties par la loi.

Article 224.

La législation relative à l'exploitation du sous-sol visée à l'article 219, n° 25, organisera une participation directe et équitable des provinces où se situent les exploitations, dans les redevances perçues.

Article 225.

La législation relative à l'octroi des concessions minières devra organiser la juste et préalable indemnisation des personnes ou collectivités propriétaire du sol.

Titre VI. De la Cour constitutionnelle.

Article 226.

La Cour constitutionnelle est composée d'une Chambre de constitutionnalité, d'une Chambre des conflits et d'une Chambre d'administration.

Article 227.

La Cour constitutionnelle exerce les pouvoirs qui lui sont conférés par la présente loi.

Article 228.

Les décisions et les arrêts de la Cour constitutionnelle ne sont pas susceptibles de recours.

Article 229.

La procédure et l'organisation de cette Cour sont réglées par la loi.

Section I. La Chambre de constitutionnalité.

Article 230.

1. La Chambre de constitutionnalité émet des avis motivés ou se prononce par arrêt sur la conformité des mesures législatives centrales ou provinciales aux dispositions de la présente loi et de la loi fondamentale relative aux libertés publiques. Cette disposition ne s'applique pas aux lois et édits budgétaires.
2. Le Premier ministre, le président de la Chambre ou le président du Sénat peuvent demander des avis sur les projets et propositions de loi. Le président du gouvernement provincial, le commissaire d'État ou le président de l'assemblée provinciale peuvent demander des avis sur les projets de constitution provinciale et sur les projets et propositions d'édits.
3. La Chambre de constitutionnalité peut être appelée à donner cet avis à tout moment de la procédure, jusqu'au vote sur l'ensemble de la loi, de la constitution provinciale ou de l'édit.
4. La Chambre de constitutionnalité doit émettre des avis motivés sur les projets de loi avant leur promulgation ainsi que, sauf une urgence spéciale dûment constatée, sur les ordonnances-lois avant leur signature par le chef de l'État.

Article 231.

1. La Chambre de constitutionnalité doit se prononcer sur chaque constitution provinciale dès qu'elle a été adoptée par l'assemblée. Une constitution provinciale ou les dispositions de celle-ci qui sont déclarées non conformes ne peuvent être promulguées.
2. Le président d'un gouvernement provincial ou le président d'une assemblée peut demander à la Chambre de constitutionnalité de se prononcer sur toute loi ou ordonnance-loi. Toute loi ou ordonnance-loi déclarée non conforme est abrogée de plein droit.
3. La Chambre de constitutionnalité peut se prononcer sur les édits.
   Elle peut également vérifier s'ils ne sont pas contraires aux constitutions provinciales de même qu'aux lois, ordonnances-lois, règlements et ordonnances dans les matières relevant à la fois des pouvoirs central et provincial et sans préjudice de l'application de l'article 232.
   Elle est saisie par le président du gouvernement provincial ou par le commissaire d'État.
   Elle peut décider de suspendre l'exécution de l'édit dont elle est saisie, pour une durée maximum de trois mois.
   Tout édit déclaré non conforme ou contraire est abrogé de plein droit.
   La Chambre de constitutionnalité peut être saisie avant la promulgation de l'édit. Dans ce cas, si l'édit est déclaré non conforme ou contraire, il ne peut être promulgué.

4. La Chambre de constitutionnalité, appelée à se prononcer, examine d'office si l'acte dont elle est saisie est conforme ou n'est pas contraire, selon le cas, aux constitutions, lois, règlements ou ordonnances.

Section II. La Chambre des conflits.

Article 232.

La Chambre des conflits est chargée de trancher les conflits de compétence survenant entre le pouvoir central et le pouvoir provincial.

Elle se prononce notamment dans les contestations survenant à l'occasion de l'application des articles 209, 210, alinéa 3, 211, alinéa 3, 212, 214, 215 et 217.

Elle connaît également des conflits de compétence relatifs aux actes du pouvoir exécutif.

Article 233.

Pour l'application de l'article 232, la Chambre des conflits est saisie par

- le chef de l'État ;
- les présidents des chambres ;
- le Premier ministre ;
- les présidents des assemblées provinciales ;
- les présidents des gouvernements provinciaux ;
- les commissaires d'État.

Article 234.

La Chambre des conflits ne peut être saisie que si les parties intéressées n'ont pu aboutir au règlement du conflit qui les oppose.

Article 235.

Les dispositions législatives ou réglementaires que la Chambre des conflits déclare en opposition avec les dispositions du titre V relatif à la détermination des compétences entre le pouvoir central et le pouvoir provincial ne peuvent sortir leurs effets.

Section III. La Chambre d'administration.

Article 236.

1. La Chambre d'administration de la Cour constitutionnelle connaît, dans les cas où il n'existe pas d'autre juridiction compétente, des demandes d'indemnité relatives à la réparation d'un dommage exceptionnel résultant d'une mesure prise ou ordonnée par l'État, la province ou l'autorité locale, soit que l'exécution en ait été normale, soit qu'elle ait été défectueuse ou différée. La Chambre d'administration se prononce en équité par voie d'avis motivé, en tenant compte de toutes les circonstances d'intérêt public et privé.
2. La Chambre d'administration statue par voie d'arrêt sur les recours en annulation pour violation des formes, soit substantielles, soit prescrites à peine de nullité, excès ou détournement de pouvoir, formés contre les actes et règlements des diverses autorités administratives ou contre les décisions contentieuses administratives.

Titre VII. Finances.

Article 237.

Le franc est l'unité monétaire du Congo. Son poids en or est fixé par la loi.

Sur cette base, le chef de l'État a le droit de frapper des espèces métalliques en or dont il détermine le type, le diamètre, les empreintes et toutes les autres caractéristiques.

Il peut, de même, frapper des monnaies divisionnaires et d'appoint dont il détermine toutes les caractéristiques.

Article 238.

Aucun impôt au profit de l'État ne peut être établi que par une loi.

Aucun impôt provincial ne peut être établi que par un édit.

Article 239.

Les impôts au profit de l'État et des provinces sont votés annuellement.

Les lois et édits qui les établissent n'ont de force que pour un an, s'ils ne sont renouvelés.

Article 240.

Il ne peut être établi de privilège en matière d'impôts.

Nulle exemption ou modération d'impôts ne peut être établie que par une loi ou un édit. Dans des cas urgents, le chef de l'État ou le président du gouvernement provincial peut accorder des exemptions ou modérations temporaires d'impôts sous réserve du dépôt dans un délai de trois mois, d'un projet de loi ou d'édit d'approbation.

Article 241.

Le budget des recettes et des dépenses de l'État est arrêté chaque année par une loi. Celle-ci détermine la part des recettes perçues par l'État qui sera alloué à chaque province.

Si les chambres ne peuvent voter le budget avant l'ouverture de l'exercice, la loi ouvre au Gouvernement les crédits provisoires nécessaires.

L'État ne peut emprunter, garantir le capital ou les intérêts d'un emprunt, exécuter des travaux sur ressources extraordinaires que si une loi l'y autorise.

Dans la limite de l'emprunt autorisé, et si le service du Trésor l'exige, le chef de l'État peut créer ou renouveler des bons du Trésor portant intérêt et payables à une échéance qui ne dépassera pas cinq ans.

Article 242.

Le chef de l'État ordonne les virements et, en cas de besoins urgents, les dépenses supplémentaires nécessaires. Le ministre compétent transmet immédiatement une expédition de l'ordonnance à la Cour des comptes visée à l'article 243, et dépose dans les quatre mois un projet de loi d'approbation.

Article 243.

Le compte du budget de l'État est arrêté par la loi.

Une Cour des comptes est instituée dont l'organisation sera réglée par la loi.

Cette Cour est chargée de l'examen et de la liquidation des comptes de l'administration et de tous comptables envers le Trésor public. Elle examine si aucun article des dépenses du budget n'a été dépassé et si les virements et les dépenses supplémentaires ont été approuvés par la loi. Elle arrête les comptes de différentes administrations de l'État et est chargée de recueillir à cet effet, auprès des ministres compétents, tout renseignement et toute pièce comptable nécessaires.

Le compte général de l'État est communiqué aux chambres avec les observations de la Cour.

Article 244.

Les chambres déterminent le montant annuel de la liste civile revenant au chef de l'État, jusqu'à la mise en vigueur de la Constitution.

Article 245.

L'exercice budgétaire commence le 1er janvier et est clos le 31 mars de l'année suivante.

Article 246.

Sous réserver des articles 156 et 157, les dispositions des articles 241, 242 et 243 concernant les budgets, emprunts et comptes de l'État sont applicables aux budgets, emprunts et comptes des provinces, étant entendu que, dans ce cas, les attributions conférées au chef de l'État et aux chambres sont exercées respectivement par le président du gouvernement provincial et l'assemblée provinciale.

Titre VIII. Dispositions générales.

Section I. Des agents de l'État.

Article 247.

Les agents de l'État, des provinces ou autres entités publiques sont régis par un statut auquel il ne peut être dérogé par voie de mesures individuelles.

Article 248.

Ce statut traite notamment des devoirs des fonctionnaires, de leur carrière, du régime des incompatibilités, des congés, des modes d'interruption et de cessation des fonctions.

Il pose les principes de la rétribution et de l'avancement.

Article 249.

Tout fonctionnaire ou agent des administrations publiques a droit à une pension dans des conditions fixées par voie de dispositions législatives et en cas de cessation des fonctions.

Article 250.

Les fonctionnaires et agents belges, les officiers et sous-officiers belges de la force publique, les magistrats de carrière en service au Congo au 30 juin 1960 sont mis à la disposition du Gouvernement.

Les règles du statut qui seront applicables à ces agents et dont le respect est garanti, les modalités de leur mise à la disposition du Gouvernement ainsi que les garanties dont jouissent ces agents pendant l'exercice des fonctions qui leur seront confiées seront déterminées par voie de convention entre le Congo et la Belgique.

Section II. Des forces armées.

Article 251.

Le contingent des forces armées est fixé annuellement.
La loi qui le détermine n'a de force que pour un an, si elle n'est renouvelée.

Section III. De la publication des actes officiels.

Article 252.

Aucun acte législatif ou réglementaire n'est obligatoire qu'après avoir été publié dans les formes prescrites par la loi.

Section IV. Des dispositions transitoires.

Article 253.

Jusqu'à ce que la Cour constitutionnelle soit légalement organisée conformément aux articles 229, 230, 232 et 236, le Conseil d'État de Belgique exerce, selon la procédure qu'il détermine, les compétences de la Cour constitutionnelle telles qu'elles résultent des articles 229 à 235.

Article 254.

Jusqu'à ce que la Cour des comptes soit légalement organisée conformément à l'article 243, et en tout cas pour l'exercice 1960, la Cour des comptes de Belgique est chargée des opérations suivantes :

- elle examine si aucun article des dépenses du budget n'a été dépassé et si les virements et les dépenses supplémentaires ont été approuvés par la loi ;
- elle arrête les comptes des différentes administrations de l'État et recueille à cet effet, auprès des ministres compétents, tout renseignement et toute pièce comptable nécessaires ;
- elle formule ses observations au compte général de l'État, qui est communiqué aux chambres

Article 255.

Sauf disposition contraire, la loi électorale du 23 mars 1960 règle toute élection législative ou provinciale antérieure à la mise en vigueur de la Constitution.

Article 256.

1. Dans l'éventualité où le Gouvernement central ne serait pas constitué au 30 juin 1960 et jusqu'au jour de sa constitution, les affaires courantes de l'État sont traitées par un collège composé du président et des membres du collège exécutif général d'une part et de six sénateurs d'autre part.
   Ces sénateurs sont désignés à raison d'un par province par les sénateurs représentant celle-ci.
   La désignation de ces sénateurs se fait selon la procédure prévue par l'article 89.
2. Dans l'éventualité où le Gouvernement provincial ne serait pas constitué au 30 juin 1960 et jusqu'au jour de sa constitution, les affaires courantes de la province sont traitées par un collège composé du président et des membres du collège exécutif provincial d'une part et de trois conseillers provinciaux d'autre part.
   Ces conseillers provinciaux sont désignés par l'assemblée provinciale.

La désignation se fait en séance plénière à un tour de scrutin. Ces conseillers sont élus dans l'ordre des voix obtenues.
3. Ces collèges sont présidés respectivement par le président du collège exécutif général et par le président du collège exécutif provincial.

Section V. Dispositions finales.

Article 257.

À l'exception des dispositions de la présente rubrique qui entrent en vigueur le jour de la publication de la présente loi, le roi fixe la date d'entrée en vigueur des autres dispositions de cette loi.

Article 258.

Au fur et à mesure de la mise en vigueur des dispositions de la présente loi, les dispositions légales et réglementaires existantes qui leur sont contraires, identiques ou semblables, sont abrogées.

Article 259.

Sont abrogées au 30 juin 1960 :
- la loi du 18 octobre 1908, telle que modifiée à ce jour, sur le Gouvernement du Congo belge en tant qu'elle s'applique au Congo Léopoldville ;
- la loi du 21 mars 1959 portant institution du Conseil de législation du Congo belge.

Donné à Bruxelles, le 19 mai 1960.
BAUDOIN.

Par le Roi :
Le ministre du Congo belge et du Ruanda-Urundi,
DE SCHRYVER.

Vu et scellé du sceau de l'État :
Le ministre de la Justice,
MERCHIERS.

V.2. Loi fondamentale du 17 juin 1960 relative aux libertés publiques

Source : Moniteur Congolais, n° 26 du 27 juin 1960, p. 1916

BAUDOUIN,
Roi des Belges
À tous, présents et à venir,
Salut.
Les Chambres ont adopté et nous sanctionnons ce qui suit :

1. — La présente loi traduit l'indéfectible attachement des populations congolaises aux droits de l'homme et aux principes de la démocratie.

Elle s'inspire de leur primordial souci d'assurer le respect de la personne humaine sans distinction aucune de race, de couleur, de sexe, de langue, de religion, de nationalité, d'option politique ou autre, d'origine sociale, de fortune, de naissance ou de toute autre situation.

Elle a pour objet de définir les droits dont les individus jouissent au Congo et dont les autorités doivent assurer le respect ou favoriser la réalisation.

2. — Tous les habitants du Congo sont libres et égaux en dignité et en droits. La jouissance des droits politiques est toutefois réservée aux Congolais sauf les exceptions établies par la loi.

3. —

1. Toute personne a droit au respect et à la protection de sa vie et de son intégrité corporelle.
2. Nul ne peut être soumis à la torture ni à des peines ou traitements inhumains ou dégradants.
3. La mort ne peut être intentionnellement infligée qu'en exécution d'une sentence capitale prononcée par la juridiction compétente.
4. N'est pas considérée comme infligée en violation de cet article la mort qui résulterait d'un recours à la force rendu absolument nécessaire :
   a) pour assurer la légitime défense de soi-même ou d'autrui ;
   b) pour réprimer par des moyens légitimes une émeute ou une insurrection.

4. — Toute personne a droit à la liberté.

1. Nul ne peut être tenu en esclavage ni en servitude.
2. Nul ne peut être astreint à accomplir un travail forcé ou obligatoire sauf s'il s'agit :
   a) d'un travail requis normalement d'une personne soumise à la détention dans les conditions prévues à l'article 5 ;
   b) d'un service militaire ;
   c) d'un service requis dans le cas de crises ou de calamités qui menacent la vie ou le bien-être de la communauté ;
   d) d'un travail ou service faisant partie des obligations civiques imposées en vertu de la loi.

5. —

1. Nul ne peut être privé de sa liberté, sauf dans les cas suivants et selon les voies légales :
   a) s'il est détenu régulièrement après condamnation par un tribunal compétent ;
   b) s'il a fait l'objet d'une arrestation ou d'une détention régulière pour insoumission à une ordonnance rendue, conformément à une disposition législative par un tribunal ou en vue de garantir l'exécution prescrite par la loi ;
   c) s'il a été arrêté et détenu en vue d'être conduit devant l'autorité judiciaire compétente, lorsqu'il y a des raisons plausibles de soupçonner qu'il a commis une infraction ou qu'il y a des motifs raisonnables de croire à la nécessité de l'empêcher de commettre une infraction ou de s'enfuir après l'accomplissement de celle-ci.
   d) s'il s'agit de la détention régulière d'un mineur décidée en vue de le traduire devant l'autorité compétente ou d'assurer son éducation surveillée ;
   e) s'il s'agit de la détention régulière d'une personne susceptible de propager une maladie contagieuse, d'un aliéné, d'un alcoolique, d'un toxicomane ou d'un vagabond ;

f) s'il s'agit de l'arrestation ou de la détention régulière d'un étranger pour l'empêcher de pénétrer irrégulièrement dans le territoire ou contre lequel une procédure d'expulsion ou d'extradition est en cours.

2. Toute personne arrêtée doit être informée dans le plus court délai et au plus tard dans les 24 heures des raisons de son arrestation et de toute accusation portée contre elle. Ces raisons sont portées à sa connaissance dans une langue qu'elle comprend.
3. Toute personne arrêtée ou détenue dans les conditions prévues au § 1 c) du présent article doit être traduite aussitôt que possible devant un juge ou un autre magistrat habilité par la loi à exercer des fonctions judiciaires et a le droit d'être jugée dans un délai raisonnable ou libéré pendant la procédure. La mise en liberté peut être subordonnée à une garantie assurant la comparution de l'intéressé à l'audience.
4. Toute personne privée de sa liberté par arrestation ou détention a le droit d'introduire un recours devant un tribunal afin qu'il statue à bref délai sur la légalité de sa détention et ordonne sa libération si la détention est illégale.
5. Toute personne victime d'une arrestation ou d'une détention dans des conditions contraires aux dispositions de cet article a droit à réparation.

6. —

1. Toute personne a droit en pleine égalité à ce que sa cause soit entendue équitablement par un tribunal indépendant et impartial qui décidera par un jugement motivé rendu en séance publique, soit de ses droits et obligations, soit du bien-fondé de toute accusation en matière pénale dirigée contre elle, et éventuellement de la peine qu'elle doit subir.
2. Les débats sont publics sauf si les bonnes mœurs ou l'ordre public exigent le huis clos qui sera prononcé par jugement.
3. Nul ne peut être distrait contre son gré du juge que la loi lui assigne. Nul tribunal, nulle juridiction contentieuse, ne peut être établi qu'en vertu d'une loi. Il ne peut être créé de commission ni de tribunal extraordinaire sous quelque dénomination que ce soit.

7. —

1. Nul ne peut être poursuivi que dans les cas prévus par les lois et les édits et dans les formes prescrites au moment où l'infraction a été commise.
2. Nul ne peut être condamné pour une action ou une omission qui, au moment où elle a été commise, ne constituait pas une infraction. De même il ne peut être infligé une peine plus forte que celle qui était appliquée au moment où l'infraction a été commise.
3. Nulle peine ne peut être établie ni appliquée qu'en vertu d'une loi ou d'un édit.
4. Toute personne accusée d'une infraction est présumée innocente jusqu'à ce que sa culpabilité ait été établie.
5. Tout inculpé a droit notamment à :

   a) être informé d'une manière détaillée, dans le plus court délai et au plus tard dans les 24 heures, et dans une langue qu'il comprend, de la nature et de la cause de l'accusation portée contre lui ;

   b) disposer du temps et des facilités nécessaires à la préparation de sa défense ;

   c) se défendre lui-même ou avoir l'assistance d'un défenseur de son choix ;

   d) interroger ou faire interroger les témoins à charge et obtenir la convocation et l'interrogation des témoins à décharge dans les mêmes conditions que les témoins à charge ;

e) se faire assister gratuitement d'un interprète s'il ne comprend pas ou ne parle pas la langue employée à l'audience.

8. — Nulle autorisation préalable n'est nécessaire pour exercer des poursuites contre les fonctionnaires publics pour faits de leur administration, sous réserve des dispositions prévues, en ce qui concerne les ministres, par la loi fondamentale relative aux structures.

9. — Toute personne a droit au respect de l'inviolabilité de son domicile. Il ne peut y avoir ingérence d'une autorité publique dans l'exercice de ce droit que dans les cas prévus par la loi ou les édits et en vue de répondre aux nécessités qu'imposent dans une société démocratique, la sécurité nationale, la sûreté publique, la défense de l'ordre et la prévention des infractions pénales.

10. — Toute personne a droit au secret de sa correspondance, en ce compris ses communications télégraphiques et téléphoniques.

Il ne peut y avoir ingérence d'une autorité publique dans l'exercice de ce droit que dans les cas prévus par la loi ou les édits et en vue de répondre aux nécessités qu'imposent dans une société démocratique la sécurité nationale, la sûreté publique ainsi que la défense de l'ordre et la prévention des infractions pénales.

11. — À partir de l'âge nubile, l'homme et la femme ont le droit de se marier et de fonder une famille dans les conditions déterminées par la loi ou les édits, ainsi que par la coutume si celle-ci n'est pas contraire à l'ordre public.

Le mariage et la famille constituent la base naturelle et morale de la communauté humaine et ils sont placés sous la protection de l'Etat.

12. —

1. Toute personne a droit à la liberté de pensée, de conscience et de religion ; ce droit implique la liberté de changer de religion ou de conviction, ainsi que la liberté de manifester sa religion ou sa conviction individuellement ou collectivement, en public ou en privé, par le culte, la propagation, l'enseignement, les pratiques et l'accomplissement des rites.
2. Aucun élève d'un établissement d'enseignement ne sera astreint à suivre des cours d'instruction religieuse, à participer à une cérémonie religieuse ou à prendre part à un culte procédant d'une religion autre que la sienne.
3. Les dispositions ci-dessus ne font pas obstacle à l'application des mesures prévues par la loi ou les édits pour répondre aux nécessités imposées dans une société démocratique par la sécurité publique, la protection de l'ordre, de la santé ou de la morale publique ou de celle des droits et libertés d'autrui.

13. —

1. Le droit à l'instruction étant reconnu, les pouvoirs publics mettront tout en œuvre pour assurer à tous les enfants congolais l'accès à l'enseignement, en créant les établissements nécessaires, et en subsidiant les établissements privés présentant les garanties souhaitables.
2. L'enseignement est libre.
3. L'instruction organisée par les Pouvoirs publics est réglée par la loi ou les édits.

14. —

1. Le respect des biens acquis suivant la loi ou les édits ou les coutumes ainsi que le respect des investissements est garanti.
2. Nul ne peut être privé de sa propriété qu'en vertu d'un acte rendu exécutoire par une décision des Cours et tribunaux qui en vérifient la légalité.
3. Aucune mesure emportant la privation de la propriété ne peut être prise que pour cause d'utilité publique dans les cas et de la manière établie par la loi et après paiement d'une juste indemnité fixée par le juge.
4. La confiscation générale des biens est interdite.

15. — Chacun a le droit d'exprimer et de diffuser librement ses opinions notamment par la parole, la plume et l'image.

L'exercice de cette liberté peut être soumis à certaines formalités, conditions, restrictions ou sanctions qui, prévues par la loi ou les édits, constituent des mesures nécessaires dans une société démocratique, à la sécurité nationale à l'intégrité territoriale ou à la sûreté publique, à la défense de l'ordre et à la prévention du crime, à la protection de la santé ou de la morale, à la protection de la réputation ou des droits d'autrui, pour empêcher la divulgation d'informations confidentielles ou pour garantir l'autorité et l'impartialité du pouvoir judiciaire.

16. — Toute personne a droit à la liberté de réunion pacifique et à la liberté d'association, y compris le droit de fonder avec d'autres des syndicats et de s'affilier à des syndicats pour la défense de ses intérêts.

L'exercice de ces droits ne peut faire l'objet d'autres restrictions que celles qui, prévues par la loi, ou les édits constituent des mesures nécessaires dans une société démocratique, à la sécurité nationale, à la sûreté publique, à la défense de l'ordre et la prévention du crime, à la protection des droits et libertés d'autrui. Le présent article n'interdit pas que des restrictions légitimes soient imposées à l'exercice de ces droits par les membres des forces armées, de la police ou de l'administration de l'Etat :

17. —

1° Les pouvoirs publics doivent tendre à assurer à chacun :

a) le droit au travail, au libre choix de son travail et à la protection contre le chômage ;

b) des conditions décentes de travail ;

c) une rémunération équitable et satisfaisante assurant au travailleur ainsi qu'à sa famille une existence conforme à la dignité humaine, et complétée, s'il y a lieu, par tous autres moyens de protection sociale ;

d) un repos et des loisirs notamment par une limitation raisonnable de la durée du travail et des congés payés périodiques.

2° Nul ne peut être défavorisé dans son travail ou son emploi en raison de ses origines, de ses opinions ou de ses croyances.

3° Le droit de grève s'exerce dans le cadre des lois et des édits qui le régissent et ne peut en aucun cas porter atteinte à la liberté du travail ni au libre exercice du droit de propriété.

18. — En cas de guerre ou de troubles graves menaçant la sûreté intérieure de l'Etat, il sera loisible au Gouvernement ou aux pouvoirs provinciaux de prendre des dispositions dérogeant aux articles 5, § 2, 9, 15 et 16, dans la stricte mesure exigée pour le maintien ou le rétablissement de la paix publique, et de régler le paiement des réquisitions, sans être liés par les prescriptions de l'article 14, § 3.

19. — La présente loi ne peut être modifiée qu'aux conditions et selon la procédure fixée pour l'adoption des dispositions de la constitution du Congo.

20. — La présente loi abroge toutes dispositions moins amples ou contraires de la loi fondamentale du 18 octobre 1908.

21. — La présente loi entre en vigueur le jour de sa publication au Moniteur congolais.

Donné à Bruxelles, le 17 juin 1960,
BAUDOUIN.

Par le Roi :
Le ministre du Congo belge et du Ruanda-Urundi,
DE SCHRYVER.

Vu et scellé du sceau de l'Etat :
Le ministre de la Justice,
MERCHIERS.

V.3. Loi du 17 juin 1960 sur les enquêtes parlementaires

Source : Moniteur congolais n° 26 du 27 juin 1970, p ; 1913

Baudouin,
Roi des Belges,
À tous, présents et à venir,
Salut

1. Les chambres ont adopté et nous sanctionnons ce qui suit :
2. L'exercice du droit d'enquête conféré aux chambres par l'article 64 de la loi fondamentale relative aux structures du Congo est réglé par les dispositions suivantes.
3. Chaque membre exerce ce droit par elle-même ou par une commission formée dans son sien.
4. La commission est constituée et elle délibère conformément aux règles établies par la chambre.
5. Les séances où l'on entendra des témoins ou des experts sont publiques, à moins que la commission ne décide le contraire.
6. Si la chambre ou la commission estime devoir consulter les dossiers d'une instruction judiciaire relative aux faits dont elle est saisie, la commission en prendra connaissance dans le cabinet du procureur général et en présence de ce magistrat.
7. Si un tribunal est déjà saisi du dossier, la consultation aura lieu dans le cabinet du premier président de la Cour d'appel et en présence de ce magistrat.
8. Les pouvoirs attribués au Ministère public par le code de procédure pénale du Congo appartiennent à la Chambre ou à la commission d'enquête ainsi qu'à leur président.
9. Toutefois, la chambre a le droit, chaque fois qu'elle ordonne une enquête, de restreindre ces pouvoirs.

10. La chambre, ni la commission d'enquête, ni leur président ne disposent du droit d'arrestation.
11. Ces pouvoirs ne peuvent être délégués, sauf le droit de la chambre ou de sa commission de faire en cas de nécessité, procéder, par voie rogatoire, à des devoirs d'instruction spécialement déterminés.
12. Cette mission ne peut être confiée qu'à un conseiller de la cour d'appel, à un juge du tribunal de première instance ou à un juge président de tribunal de district du ressort dans lequel le devoir d'instruction doit être rempli.
13. Les citations sont faites par ministère d'huissier ou d'officier de police judiciaire à compétence générale à la requête, selon le cas, du président de la chambre, du président de la commission de la chambre, du président de la commission ou du magistrat commis ; délai sera de trois jours, sauf le cas d'urgence.
14. Le président de la chambre ou le président de la commission a la police de la séance.
15. Il l'exerce dans les limites des pouvoirs attribués aux présidents de cours et tribunaux.
16. les outrages et les violences envers les membres de la chambre qui procèdent à l'enquête sont punis conformément aux dispositions du Code pénal concernant les outrages et les violences envers les membres des chambres législatives.
17. les témoins, les interprètes et experts sont soumis, devant la chambre, la commission ou le magistrat commis, aux mêmes obligations que devant un tribunal et, en cas de refus ou de négligence d'y satisfaire, ils sont passibles des mêmes peines.
18. Le serment sera prêté d'après la formule usitée devant les tribunaux.
19. Le coupable de faux témoignage, l'interprète et l'expert coupable de fausses déclarations, le coupable de subornation de témoins, experts ou d'interprètes seront punis d'un emprisonnement de deux à trois ans et privés du droit de vote et d'éligibilité pendant cinq ans au moins et dix ans au plus.
20. Lorsque le faux témoin, l'expert ou l'interprète aura reçu de l'argent, une récompense quelconque ou des promesses, il sera condamné à une amende de 50 à 3 000 francs.
21. La même peine sera appliquée au suborneur, sans préjudice des autres peines.
22. Le faux témoignage est consommé lorsque le témoin ayant fait sa déposition a déclaré y persister.
23. Si le témoin est appelé pour être entendu de nouveau, le faux témoignage n'est consommé que par la dernière déclaration du témoin s'il persiste dans sa déposition.
24. Les procès-verbaux constatant seront transmis au procureur général près la Cour d'appel dans le ressort de laquelle elles auront été commises, pour y être donné telle suite que de droit.
25. S'il existe des circonstances atténuantes, les peines seront diminuées conformément au Code pénal.
26. Les indemnités dues aux personnes dont le concours a été requis dans l'enquête sont réglées conformément au tarif des frais en matière civile.
27. Les dépenses résultant de l'enquête sont imputées sur le budget de la chambre qui l'a ordonnée.
28. Les pouvoirs de la commission cessent en cas de dissolution de la chambre qui a ordonné l'enquête.

Donné à Bruxelles, le 17 juin 1960
BAUDOUIN

Par le Roi : le ministre du Congo belge et du Ruanda-Urundi,
DE SCHRYVER

Vu et scellé du sceau de l'Etat : le ministre de la Justice,
MERCHIERS.

V.4. Décret-loi constitutionnel du 29 septembre 1960, relatif à l'exercice des pouvoirs législatif et exécutif à l'échelon central

Source : Moniteur Congolais, n° 41 du 10 octobre 1960, p. 2535

Nous Joseph KASA-VUBU, Président de la République, le Conseil des commissaires généraux a adopté et nous sanctionnons ce qui suit :

Article premier.

Il est créé un conseil des commissaires généraux, suivant la proclamation du Chef de l'État en date du 29 septembre 1960.

Le Chef de l'État nomme et révoque les commissaires généraux et les commissaires généraux adjoints.

Article 2.

Jusqu'à l'accomplissement de la mission du conseil des commissaires généraux :

1) Les Chambres législatives sont ajournées ;
2) Le pouvoir législatif dévolu aux Chambres par la loi fondamentale du 19 mai 1960 est exercé par le Conseil des commissaires généraux sous forme de décrets-lois contresignés par le président du Conseil et le commissaire général intéressé ;
3) Le pouvoir exécutif dévolu au Premier ministre et aux ministres est exercé respectivement par le Président du Conseil des commissaires généraux et par les commissaires généraux.

Article 3.

Le président du Conseil est remplacé, en cas d'absence ou d'empêchement, par le vice-président et, à défaut, par le commissaire général désigné par le Conseil des commissaires.

Article 4.

Les commissaires généraux adjoints participent au Conseil ; ils ont également voix délibérative. Ils exercent en outre les attributions que leur délèguent les commissaires généraux auxquels ils sont subordonnés. Ils remplacent ceux-ci en cas d'absence ou d'empêchement.

Article 5.

La fin de la mission du Conseil des commissaires sera constatée par un décret-loi.

Article 6.

Le présent décret-loi constitutionnel entre en vigueur le jour de sa promulgation.

Promulguons le présent décret-loi constitutionnel et ordonnons qu'il soit publié par le Moniteur congolais.

Donné à Léopoldville, le 29 septembre 1960.
KASA-VUBU

Par le chef de l'État :
J. BOMBOKO

Le président du Conseil des commissaires généraux
M. LIHAU

Le commissaire général à la Justice

V.5. Décret-loi constitutionnel du 4 novembre 1960 relatif au pouvoir judiciaire

Source : Moniteur Congolais, n° 4 du 31 janvier 1961, p.29

EXPOSÉ DES MOTIFS

La situation actuelle de la magistrature au Congo ne permet pas de maintenir aux magistrats du siège des garanties d'indépendance du pouvoir exécutif leur accordées par la Loi fondamentale en ses articles 192, 193 et 194.

En effet, les nécessités du moment obligent le pouvoir central à procéder à des mutations des magistrats, à des révocations ou des suspensions, sans qu'il soit possible de tenir compte de leur consentement ou d'attendre un jugement.

Il est d'autre part urgent de procéder à des nominations des magistrats de carrière alors qu'il n'y a pas de Cour d'Appel pouvant présenter une liste double des candidats ni possibilité d'attendre la proposition des assemblées provinciales pour les nominations des juges de police de carrière, ou d'attendre la constitution des cours pour le choix des présidents ou du premier président.

Le présent décret-loi permet de mettre très rapidement en place tous les rouages judiciaires de la République

Le Commissaire général à la Justice,
M. LIHAU

Décret-loi constitutionnel du 4 novembre 1960 relatif au pouvoir judiciaire

Nous, Joseph Kasa-Vubu, Président de la République,
Le Conseil des Commissaires généraux a adopté et
nous sanctionnons ce qui suit :

Article unique

À dater de la promulgation du présent décret-loi jusqu'à l'accomplissement de la mission des Commissaires généraux, l'application des articles 193 et 194 de la Loi fondamentale du 19 mai 1960 est suspendue.

Pendant le temps, le Chef de l'Etat nomme, suspend et révoque les magistrats du siège.

Promulguons le présent décret-loi constitutionnel et ordonnons qu'il soit publié par le Moniteur Congolais.

Donné à Léopoldville, le 4 novembre 1960.

Par le Chef de l'Etat.
Le Président du Conseil des Commissaires généraux.

J. BOMBOKO.

Le Commissaire général à la Justice
M. LIHAU

V.6. Décret-loi constitutionnel du 7 janvier 1961, relatif au pouvoir judiciaire[38]

EXPOSÉ DES MOTIFS

La situation actuelle de la magistrature au Congo ne permet pas de maintenir aux magistrats du siège les garanties d'indépendance du pouvoir exécutif leur accordées par la loi fondamentale en ses articles 192, 193 et 194.

En effet, les nécessités du moment obligent le pouvoir central à procéder à des mutations de magistrats, à des révocations ou des suspensions, sans qu'il soit possible de tenir compte de leur consentement ou d'attendre un jugement.

Il est d'autre part urgent de procéder à des nominations de magistrats de carrière alors qu'il n'y a pas de Cour d'appel pouvant présenter une liste double de candidats ni possibilité d'attendre la proposition des assemblées provinciales pour les nominations des juges de police de carrière, ou d'attendre la constitution des cours pour le choix des présidents ou du premier président.

Le présent décret-loi permet de mettre très rapidement en place tous les rouages judiciaires.

Le commissaire général à la Justice, M. LIHAU

Le Conseil des commissaires généraux a adopté :

Le président de la République sanctionne et promulgue le décret-loi dont la teneur suit :

Article 1.

Le troisième alinéa de l'article 16 du décret du 8 mai 1958 portant code de l'organisation et de la compétence judiciaire est remplacé par les dispositions suivantes :

« Les magistrats auxiliaires des parquets sont désignés par le Président de la République parmi les agents de l'ordre administratif ou de l'ordre judiciaire ».

Article 2.

Les articles 30, 36, 37 et 42 du décret précité du 8 mai 1958 sont remplacés par les dispositions suivantes :

« Art. 30. Le Président de la République peut désigner un ou plusieurs agents de l'ordre administratif ou de l'ordre judiciaire en qualité de juges auxiliaires à chacun des tribunaux de police. Il peut limiter leur compétence tant matérielle que territoriale ».

« Art. 36. Le tribunal de district est composé d'un juge-président et d'au moins deux juges ou juges auxiliaires ».

« Art. 37. Les juges auxiliaires sont désignés par le président de la République parmi les fonctionnaires de l'ordre administratif ou de l'ordre judiciaire ».

« Art. 42. Le juge du tribunal de district siège avec l'assistance d'un greffier et le concours du ministère public s'il y a lieu.

En matière répressive, le tribunal siège au nombre de trois juges ».

[38] https://mjp.univ-perp.fr/constit/cd1961.htm.

Article 3.

L'article 43 du décret précité du 8 mai 1959 est abrogé.

Article 4.

L'article 45 du décret précité du 8 mai 1958 est remplacé par les dispositions suivantes :

« Art. 45. Le tribunal de première instance est composé d'un président et d'au moins deux juges ou juges auxiliaires ».

Article 5.

Dans le décret précité du 8 mai 1958, il est inséré un article 45 bis ainsi conçu :

« Art. 45 bis. Les juges auxiliaires sont désignés par le président de la République parmi les agents de l'ordre administratif ou de l'ordre judiciaire ».

Article 6.

L'article 47 du décret précité du 8 mai 1958 est complété par les mots « ou un juge auxiliaire ».

Article 7.

Le deuxième alinéa de l'article 50 du décret du 8 mai 1958 est remplacé par les dispositions suivantes : « En matière répressive, le tribunal siège au nombre de trois juges ».

Article 8.

L'article 51 du décret précité du 8 mai 1958 est abrogé.

Article 9.

Le présent décret-loi entre en vigueur le jour de sa promulgation.

Fait à Léopoldville, le 7 janvier 1961.
Joseph KASA-VUBU

Par le Président de la République,
Le Vice-président du Conseil des Commissaires généraux
NDELE

Pour le commissaire général à la Justice,
Le commissaire général adjoint à la Justice
E. TSHISEKEDI

V.7. Décret-loi constitutionnel du 9 février 1961 relatif à l'exercice des pouvoirs législatif et exécutif à l'échelon central

Source : Moniteur Congolais, n° 5 du 09 février 1961, p.39

Nous, Joseph KASA-VUBU,
Président de la République,

Faisons savoir à tous que le Conseil des Commissaires généraux a adopté et que nous sanctionnons ce qui suit :

1. Il est mis fin à la mission du Conseil des Commissaires généraux, institué par le décret-loi septembre 1960.
2. Jusqu'à la date fixée par le Chef de l'État, où les Chambres législatives seront en mesure de se réunir en comprenant les parlementaires de chaque province, le Gouvernement sera dénommé gouvernement provisoire.
3. Le pouvoir législatif dévolu aux Chambres par la loi fondamentale du 19 mai 1960 est exercé par le Gouvernement provisoire, sous forme de décrets-lois contresignés par le Premier ministre et le ministre intéressé.
4. Le présent décret-loi constitutionnel entre en vigueur ce jour.

Promulguons le présent décret-loi constitutionnel et ordonnons qu'il soit publié au Moniteur congolais.

Donné à Léopoldville, le 09 février 1961
Joseph KASA-VUBU

Par le Président de la République
Le Président des Commissaires généraux
J. BOMBOKO

Le Commissaire général à la Justice
M.LIHAU

V.8. Décret-loi constitutionnel du 07 juillet 1961 relatif à l'état d'exception

Source : Moniteur Congolais, n° 23 du 23 novembre 1961, p. 474

EXPOSÉ DES MOTIFS

Le décret du 20 octobre 1959 sur l'état d'exception permet, dans la région où l'état d'exception est instauré, de prendre deux ordres de mesures.

1° des mesures restrictives de libertés publiques, notamment :

- L'évaluation des personnes, leur éloignement, leur mise sous surveillance,
- L'interdiction ou la suspension des associations, des publications des réunions ou de la circulation (art. 4)

Les mesures précitées restent possibles et légales dans le cadre de la Loi fondamentale du 17 juin 1960 relative aux libertés publiques, car l'article 18 de cette loi dispose qu'en cas de troubles graves menaçant la sureté intérieure de l'État, il sera loisible au gouvernement ou aux pouvoirs provinciaux de prendre des dispositions qui dérogent « notamment aux libertés d'expression de la pensée, de réunion et d'association », dans la stricte mesure exigée pour le maintien ou le rétablissement de la paix publique ».

2° des mesures bouleversant le régime du pouvoir exécutif.

Ainsi l'article 2 du décret du 20 octobre 1959 permet au Chef de l'Etat :

- De confier aux autorités militaires la direction des services de l'administration civile ;

- De modifier l'organisation territoriale et administrative, notamment les pouvoirs et attributions des diverses autorités ;
- De commissionner tout argent civil ou militaire.

Or cette deuxième catégorie de mesures, qui a modifié le régime des autorités exécutives compétentes, va à l'encontre de la loi fondamentale du 19 mai 1960 relative aux structures de l'Etat.

En effet, cette loi fondamentale a instauré un régime d'autonomie provinciale. Chaque province dispose maintenant d'un gouvernement élu par l'assemblée provinciale, laquelle a été élue elle-même directement par la population de la province et contrôle ce gouvernement. Dès lors, dans la mesure de ses attributions, le gouvernement provincial n'a de compte à rendre qu'à l'assemblée qui l'a élu et il ne dépend pas du gouvernement central. Il serait contraire à la loi fondamentale de modifier ce régime des autorités et notamment que le gouvernement central désigne pour prendre le commandement civil d'une province, telle que personne à laquelle le gouvernement provincial serait subordonné.

En conséquence, les dispositions du décret du 20 octobre 1959 sur l'état d'exception, qui permettent de modifier le régime constitutionnel du pouvoir provincial, ont été abrogées implicitement par la loi fondamentale, article 258.

Dans l'état actuel des textes, il serait illégal de nommer une personne au commandement civil d'une province.

Mais sur le plan politique, cette mesure s'impose actuellement.

Dans plusieurs provinces, des troubles très graves menacent d'éclater entre les diverses populations. Pendant la période où il s'agira notamment pour le pouvoir central d'examiner s'il convient d'augmenter le nombre d'Etats ou de provinces et éventuellement de consulter les populations en cas de contestations, il est nécessaire, pour la neutre veille au maintien impartial de l'ordre et arbitre objectivement les conflits qui viendraient à naître.

Il faut donc modifier la loi pour permettre de désigner ces autorités neutres.

Sous quelle forme modifier la loi ?

Puisque le décret du 20 octobre 1959 (BO p.2412) donnait satisfaction avant la loi fondamentale et que celle-ci n'en a abrogé implicitement que certaines dispositions, laissant subsister d'autres, le plus simple est qu'un décret-loi décide d'en remettre en vigueur les dispositions abrogées. Ce décret-loi, modifiant indirectement la loi fondamentale, aura la qualification de décret-loi constitutionnel.

Le Gouvernement n'usera du pouvoir de nommer un Commissaire général extraordinaire avec tout pouvoir civil et militaire que dans les circonstances très grâces, afin de ne bouleverser l'autonomie provinciale que si l'intérêt des populations l'exige impérieusement.

Il est à signaler que la loi fondamentale prévoit l'institution dans chaque province d'un Commissaire d'Etat Permanent.

Le Commissaire d'Etat constitue, essentiellement, un pont entre le pouvoir central et le pouvoir provincial. En cas d'urgence, il peut même se substituer au pouvoir provincial pour prendre après deux rappels successifs, les mesures d'exécution que les actes du pouvoir central imposent à la province (art.184).

Mais outre qu'aucun commissaire d'Etat n'est encore entré en fonction, l'aspect procédurier et le caractère non général de son pouvoir de substituer ne permettent pas de faire face aux situations graves actuelles.

L'institution des commissaires d'Etats est insuffisante.

Il faut donc en revenir à l'institution du Commissaire général extraordinaire.

Cette nécessité s'imposait déjà en juillet 1960, lors des évènements politiques survenus au Katanga. Un projet de loi fut déposé en ce sens devant les chambres. Il fut examiné en commission le 23 juillet, puis le 12 septembre 1960, mais n'aboutit pas par suite de l'ajournement de chambres (Travaux parlementaires, Chambres de Représentants, session 1960, pages 32 à 34).

L'exposé des motifs ci-dessus et le décret-loi lui-même ne font que reprendre en substance les travaux parlementaires de juillet 1960.

DÉCRET-LOI

Le Conseil des ministres a adopté :

Le Président de la République sanctionne et promulgue le décret-loi constitutionnel dont la teneur suit :

1. les dispositions du décret du 20 octobre 1959 sur l'état d'exception qui ont été implicitement abrogées par la loi fondamentale du 19 mai 1960 sur les structures, sous remises en vigueur.
2. le présent décret-loi constitutionnel entre en vigueur le jour de sa signature.

Fait à Léopoldville le 7 juillet 1961
J. KASA-VUBU

Par le Président de la République
Le Premier ministre
C.ADOULA

Le Secrétaire d'Etat à la Justice
M.LIHAU

CHAPITRE II

LA CONSTITUTION DU 1er AOÛT 1964

I. CONTEXTE D'ÉLABORATION

La nouvelle Constitution, élaborée par une Commission constitutionnelle qui siégeait à Luluabourg (actuelle ville de Kananga) et adoptée par référendum populaire le 1er août 1964, était le résultat de longues années de tractations. Elle avait le mérite de régler, du moins théoriquement, les problèmes de conflits de compétences et la difficile applicabilité des mécanismes institutionnels de la Loi Fondamentale du 19 mai sur les structures du Congo.

La Loi fondamentale avait confié le pouvoir constituant à trois branches à avoir le Chef de l'État, la chambre des Représentants et le Sénat, conformément aux stipulations de l'article 4. Le pouvoir constituant ainsi organisé n'avait sa raison d'être que par rapport aux articles 98, 99 et 100 de la Loi fondamentale prévoyant l'élaboration d'une nouvelle Constitution appelée à régir le pays après le 30 juin 1960.

La procédure prévue pour l'élaboration de la nouvelle Constitution était la suivante : « La Constitution est élaborée par le pouvoir constituant… Aucune des chambres ne peut délibérer si deux tiers des membres qui la composent ne sont présents… »

À ces organes constituants centraux étaient également mêlées les Assemblées provinciales en application de l'article 100. « La Constitution ne sera définitive qu'après avoir été approuvée par les Assemblées provinciales ; les deux tiers au moins de leurs membres étant présents ».

Concrètement, on peut donc retenir que selon l'esprit de cette double formulation, la nouvelle constitution devait être élaborée et adoptée par les pouvoirs législatifs national et provincial en association avec le Chef de l'État, quelques faits saillants peuvent être rappelés dans le processus qui a conduit à la nouvelle constitution.

a. La sécession katangaise et ses conséquences d'une part et la rupture entre Kasa-Vubu et Lumumba d'autre part avaient fini par installer le pays dans une crise constitutionnelle indescriptible. Pour résoudre cette crise, plusieurs rencontres politiques furent organisées notamment à Tananarive en mars 1961 (qui connut la victoire des fédéralistes), de nouveau à Coquilathville en février 1963.

b. Les modifications sérieuses et intentionnelles portant modification d'importantes dispositions de la loi fondamentale par de simples lois (par exemple celle du 9 mars 1962, modifiant l'article 7 sur le nombre des provinces constitutives de l'État avait fini par ouvrir la voie à la création de nouvelles entités provinciales). C'est ainsi que, usant de son pouvoir législatif délégué, J. Kasa-Vubu se livra à la modification des articles 100 et 101 consacrés au rôle des provinces dans le processus d'élaboration de la Constitution, surtout en ce qui concerne leur pouvoir en matière de sa ratification. Tous les pouvoirs reconnus aux provinces en cette matière furent malmenés et supprimés.

C'est donc après que le Chef de l'État se soit assuré que toutes les garanties de succès pour une constitution « taillée sur mesure » qu'il mit le processus en marche notamment par la création en 1963 de la Commission constitutionnelle et la consultation du peuple par référendum en 1964.

L'élaboration de la Constitution congolaise de 1964 fut confiée à une commission en vertu de l'ordonnance n° 278 du 27 novembre 1963 du Chef de l'État. Celle-ci siégea à Luluabourg (actuellement Kananga), chef-lieu de la province du Kasaï occidental, sous la présidence de J. Ileo, conformément à l'ordonnance n° 295 du 13 décembre 1963. Elle fut convoquée à siéger par l'ordonnance n° 315 du 30 décembre 1963 pour le 10 janvier 1964. Ses membres furent nommés le même 10 janvier par l'ordonnance n° 316. M. J. Ileo fut assisté de M. Lihau, ancien commissaire général du collège de Mobutu chargé de la justice. Elle intégra dans sa composition :

- Les représentants des provinces (deux délégués tant pour le gouvernement que pour l'Assemblée provinciale) ;
- 4 délégués du Gouvernement central ;
- 6 délégués de l'église ;
- 2 représentants des associations des étudiants ;
- 2 représentants du Conseil National de la jeunesse ;
- 9 représentants des collectivités rurales.

La création de la Commission constitutionnelle apparaît de toute évidence comme l'œuvre personnelle de J. Kasa-Vubu. Ses aspirations étaient de plusieurs ordres. On retiendra seulement trois d'entre elles ; notamment la stabilisation des institutions, le souci d'éviter les crises institutionnelles du passé ainsi que son désir de renforcer son pouvoir personnel dans la nation.

II. LE RÉGIME TRANSITOIRE DE LA CONSTITUTION DU 1er AOÛT 1964

Après la mésaventure de l'État sécessionniste du Katanga, le retour de M. Tshombe au Congo, le 25 juin 1964, s'inscrit dans une perspective de gestion politique de la transition constitutionnelle opérée par la nouvelle Constitution du

Congo, élaborée à Luluabourg, adoptée par référendum le 10 juillet 1964 et promulguée le 1er août 1964.

Dans la théorie du droit constitutionnel, le concept de « transition constitutionnelle » a été largement étudié par le professeur Giuseppe de Vergottini[39], de l'Université de Pise, qui a porté un intérêt particulier pour les études comparées. Selon ce juriste italien, le concept de transition constitutionnelle

> *« N'a pas, du point de vue juridique, un sens univoque, même s'il apparaît évident qu'il se réfère à un changement par le passage d'un régime constitutionnel existant à un autre, qui s'affirme à sa place. En outre, la transition n'est pas nécessairement démocratique, elle peut également caractériser l'abandon d'une forme d'État démocratique en faveur d'une forme autocratique ».*

Toutefois, dans le contexte congolais, cette transition constitutionnelle marque la fin du régime provisoire institué par la Loi fondamentale du 19 mai 1960 et la période d'installation des nouvelles institutions politiques issues de la Constitution « définitive » du 1er août 1964. Cette Constitution ne marque pas une rupture fondamentale avec le cadre antérieur qu'elle succède. Elle ne change pas de « régime » constitutionnel. Elle opère des améliorations, corrige les « déviations constatées » et les inadéquations pratiques, en même temps qu'elle apporte un ingrédient « africain » dans le régime de séparation des pouvoirs.

La nouvelle constitution comprenait un titre XIV avec 24 articles (art. 179 à 202) qui formaient les dispositions transitoires ayant pour vocation à régenter la continuité de l'État, précisant les modalités de passage de relais entre les anciennes et les nouvelles institutions de l'État, car les ruptures sont possibles et même souhaitables, mais il importe d'éviter des vides qui créeraient un instant de non-droit ou de négation de droit[40].

Conformément aux articles 180, 181 et 182 de la Constitution, les chambres législatives élues en 1960 devaient être dissoutes de plein droit à la date de l'adoption de la nouvelle constitution ; c'est-à-dire à la date du 1er août 1964. Des élections législatives pour la Constitution de nouvelles chambres devaient intervenir six mois après l'adoption de la Constitution. La session extraordinaire de nouvelles chambres devait avoir lieu dans les soixante jours suivant la clôture du scrutin. Entre temps, le chef de l'État devenu Président de la République par application des dispositions transitoires, ses fonctions ne viendraient à expiration que lors de la prestation de serment du nouveau Président de la République qui devaient être élu six mois après la première réunion des chambres élues.

---

[39] Voir ces ouvrages sur le thème qui nous concerne :

– De Vergottini, G. « Transitions constitutionnelles et consolidation de la démocratie dans les ordonnancements d'Europe centre-orientale », in Jean du Bois de Gaudusson et al. (éd.) (2007), *Mélanges en l'honneur de Slobodan Milacic : démocratie et liberté, tension, dialogue, confrontation*, Bruxelles : Bruylant.

– De Vergottini. G. (1998). *Le transizioni costituzionali*, Bologne : Il Mulino.

[40] Boshab, E., « Les dispositions constitutionnelles transitoires relatives à la Cour constitutionnelle de la République Démocratique du Congo », *Fédéralisme Régionalisme* [en ligne], Numéro 1 Volume 7 : 2007,
URL : http://popups.ulg. ac.be/1374-3864/index.php ? id=561.

En outre, l'article 185 réglait le sort du gouvernement Adoula, prévoyant que « *Le gouvernement central actuellement en fonction sera réputé démissionnaire à la date d'adoption de la présente constitution* » et marquant déjà la configuration et la mission principale du nouveau gouvernement de transition, stipulant que « *Le Président de la République nommera un nouveau gouvernement qui sera composé de 19 membres au maximum et dont la tâche principale sera de préparer les élections prévues à l'article 181 (alinéa 1er) et celles prévues à l'article 186 (alinéa 2)* ». Aussi, M. Adoula, Premier ministre, avait-il annoncé dans une lettre adressée au président Kasa-Vubu le 15 juin 1964 son intention de remettre sa démission à la date du 30 juin, justifiant que :

> « *La première législature du Congo venant à expiration le 30 juin 1964, conformément aux articles 67 et 130 de la Loi fondamentale le mandat de mon gouvernement, qui est un gouvernement parlementaire, ne doit, selon l'usage consacré dans les démocraties parlementaires, excéder cette date. Soucieux de créer un précédent conforme aux meilleures traditions de la démocratie, j'ai l'intention de vous remettre la démission de mon gouvernement avant l'expiration de son mandat légal*[41] ».

Alors s'ouvrait la perspective d'installation d'un nouveau gouvernement de transition prescrite par l'article 185 de la nouvelle Constitution. Alors, qui serait le nouveau chef du gouvernement appelé à succéder à M. Adoula ? Ou au contraire, le chef de l'État prierait M. Adoula de diriger une nouvelle équipe plus réduite et d'organiser les élections locales et législatives avec un gouvernement de transition ? Les spéculations allaient dans tous sens. Mais les milieux diplomatiques occidentaux à Léopoldville ainsi que M. Cyrille Adoula lui-même croyaient à l'époque que le chef de l'État le prierait de poursuivre sa tache au-delà du 30 juin. [42]

La descente à Léopoldville de M. Tshombe s'inscrivait tout naturellement dans cette perspective de renouvellement de l'exécutif en vue d'assurer l'installation progressive de nouvelles institutions nationales et provinciales issues de la constitution de Luluabourg.

1. Les objectifs de la transition constitutionnelle : entre « réconciliation nationale » et « salut public »

Le retour de M. Tshombe s'opéra avec l'appui de la plupart des dirigeants congolais de la politique, de la sûreté et de l'armée et avec l'accord de M. Adoula, lui-même. Il était placé sous le signe de « la réconciliation nationale » envisagée sous deux angles superposés : d'une part, le retour des exilés politiques, parmi lesquels MM. Tshombe, Kalonji et Gizenga et d'autre part, la solution négociée et pacifique du problème de la rébellion, par opposition à ce qui s'était passé au Kwilu et au Kivu où l'ANC était fort engagée. Pour ce faire, les options opérationnelles les plus diverses étaient en discussion entre les acteurs politiques et les syndicats :

- Organisation d'une Conférence nationale d'Entente congolaise (Guillaume Lubaya-UDA ; CNL-Bocheley) ;

---

[41] Gérard-Libois, J et Van Lierde, J (dir) (1966), *Congo 1964*, Bruxelles : les dossiers du CRISP. p. 143.
[42] Idem.

- Amnistie générale, suivie d'une sincère réconciliation nationale (Siwa, Fédération générale des Travailleurs, Congolais-FGTK) ;
- Installation après adoption de la Constitution, d'un gouvernement transitoire comprenant des personnalités moins discutées (Intersyndicale du Congo) ;
- Retour des exilés politiques et Table ronde (J. Anany, ministre de la Défense, PDC) ;
- Amnistie générale et conférence nationale (Remy Mwamba, Alliance Balubakat-Conakat) ;
- Retour des exilés politiques et Table ronde (Alphonse Nguvulu, ministre du Travail).

D'autres éléments de conjoncture obligeaient les acteurs politiques à promouvoir la solution pacifique, privilégiant les formules politiques aux options militaires. En premier lieu, il convient de souligner l'effet psychologique causé par le retrait des effectifs de la mission de Nations Unies au Congo (ONUC) au second semestre de 1964, car les problèmes militaires et d'ordre sécuritaire subsistaient encore. Le non-renouvellement du mandat de l'ONUC privait le Congo d'un ultime recours au cas où de nouvelles tentatives de sécession se produiraient, notamment au sud Katanga et dans la province du Lualaba, dirigé par les fidèles de M. Tshombe[43].

Cette psychose concernant une nouvelle sécession au Katanga était alimentée d'une part, par l'impuissance manifeste de l'ANC devant la rébellion au Kivu et au Kwilu et d'autre part, par la présence des éléments de la gendarmerie katangaise et d'un noyau de mercenaires européens, positionnés en Angola.

Deux autres facteurs, non les moindres, ont pu jouer un rôle catalyseur de la réconciliation nationale. Il s'agit de la nécessité de libération d'Antoine Gizenga, revendications des mulelistes au Kwilu et du CNL d'une part, et d'autre part, les pressions et opinions extérieures en faveur de la réconciliation nationale.

2. Les étapes du régime transitoire

Concernant les étapes du régime transitoire, il faut, à ce stade, souligner l'ingéniosité juridique de M. Kasa-Vubu qui avait taillé sur mesure la Constitution de Luluabourg en liquidant, durant la transition, toutes les autres institutions, car, selon les dispositions transitoires, la seule autorité ancienne (issue de la Loi fondamentale du 19 mai 1960) qui resterait en fonction jusqu'à la prestation de serment du nouveau président élu était le Président de la République (art. 185 susmentionné).

Bien plus, il en était renforcé, car en plus du monopole du pouvoir exécutif, il exercerait, suivant les prescrits de l'article 183, le pouvoir législatif central par voie de décrets-lois, durant la période allant de la promulgation de Constitution et la première réunion des Chambres.

L'ensemble des dispositions transitoires (les 24 articles du titre XIV) réglaient trois aspects du passage au nouvel ordre constitutionnel de Luluabourg :

---

43 Gérard-Libois, J et Van Lierde, J (dir), *Congo 1965*, Op. Cit.

- La suppression, le maintien ou la prolongation temporaire des pouvoirs et des institutions nées de la Loi fondamentale du 19 mai 1960,
- La nomination d'un gouvernement de transition constitutionnelle,
- Les opérations à effectuer pour mettre progressivement en place les pouvoirs et les institutions par la nouvelle Constitution.

Une exégèse juridique de l'ensemble des dispositions transitoires révèle 6 étapes d'opérations à effectuer pour finaliser la transition constitutionnelle :

1. Dissolution de plein droit des Chambres élues en 1960 (art. 180) et démission du gouvernement en fonction à la date d'adoption de la Constitution (art.185) ;
2. Continuation des pouvoirs du président de la République actuellement en fonction qui viendront à expiration lors de la prestation de serment du président de la République nouvellement élu (Article 182) ;
3. Obligation pour le président de la République de nommer expressément un nouveau gouvernement de transition (Art. 185 ; alinéa 2) ;
4. Élections en vue de la constitution de nouvelles chambres législatives nationales et des assemblées provinciales (art. 181), dans un délai de 6 mois à compter de la date d'entrée en vigueur de la nouvelle constitution (prorogeables de trois mois au maximum)
5. Convocation en session extraordinaire des nouvelles chambres élues dans les 60 jours qui suivront la clôture du scrutin (art. 181, alinéa 2) ;
6. Élection et prestation de serment du président élu pour la première fois selon la Constitution. Cette première élection aura lieu six mois après la première réunion des Chambres législatives nationales nouvellement élues.

3. Controverse autour du régime transitoire de la Constitution de Luluabourg

La controverse qui opposa le président Kasa-Vubu à son Premier ministre Tshombe autour de l'interprétation du régime transitoire de la Constitution de Luluabourg se développe autour de deux points essentiels : l'étendue de la mission dévolue au gouvernement de « salut public » (compétences matérielles) d'une part, et d'autre part la durée de la mission (Extension temporaire).

3.1. L'étendue de la mission du gouvernement de « salut public »

Selon l'exégèse de l'article 185 de la Constitution, le gouvernement qui succéderait à Cyrille Adoula aurait pour tâche principale la préparation des élections législatives et provinciales (les mandats électifs). Après l'installation du nouveau gouvernement, le président Kasa-Vubu déclara au micro de la RTBF que c'était lui qui « traçait le programme et le calendrier, le Premier ministre et les ministres étant les exécutants [44]».

Cependant, les contingences politiques du moment étaient en distorsion avec ce mandat constitutionnel du gouvernement de transition. Le double enjeu de

[44] Gérard-Libois, J et Van Lierde, J (Dir), *Congo 1965*, Op. Cit.

reconquête et pacification des régions aux mains de la rébellion prolumumbiste et l'opportunité de positionnement face aux équilibres du pouvoir institués sous la constitution de Luluabourg, primait sur l'organisation des élections.

D'ailleurs, dans les faits et suivant ses ambitions personnelles, M. Tshombe ne se voyait pas dans la trempe d'un simple organisateur des élections législatives et provinciales. Déjà, la composition et la structure du gouvernement laissent déjà entrevoir les ambitions politiques de M. Tshombe et son entendement de la mission de son gouvernement. Conformément à l'ordonnance présidentielle n° 217 du 9 juillet, M. Tshombe[45]. Le propre Premier ministre cumulait, en plus de ses fonctions de Premier ministre, le portefeuille des affaires étrangères, plan, commerce extérieur, travail et d'information.

Au moment de l'installation du gouvernement dit de « salut public », le Congo était toujours en proie à des convulsions politiques. La réconciliation de Lovanium n'ayant pas donné les fruits escomptés. La crise économique avait atteint son zénith, tandis que la rébellion lumumbiste se radicalisait et allait de victoire en victoire.

Dans une Déclaration faite le 10 juillet 1965, M. Tshombe dégainait le bilan d'un an de gouvernement de salut public. Celle-ci visualise au moins les grands axes de l'action de son gouvernement. Comme on peut le constater, il s'agit des missions dévolues à un gouvernement de crise. L'appellation de « salut public » étant le plus expressif de ce caractère :

- L'action militaire contre la rébellion et le retour de l'ordre et de la légalité ;
- Le renforcement de la logistique de l'Armée nationale congolaise et la réintégration des soldats de la gendarmerie katangaise et de certaines unités de la gendarmerie du sud Kasaï ;
- L'organisation des élections législatives et provinciales ;
- Le regroupement des partis politiques dans un même ensemble pour une action politique commune (La CONACO) ;
- L'action internationale par la participation aux conférences internationales (Addis Abeba, Nairobi, New York et Lagos) ;
- Mesure de réorganisation de la Police nationale ;
- Programme social (assistance sociale, logement) ;
- Programme de relance économique (création de trois zones économiques) ;
- Programme d'investissement et d'aide économique.

---

[45] *Moïse Tshombe* (Conaco ex Conakat-Léo) : Premier ministre, Affaires étrangères, Information, Plan et Coordination, Travail, Postes et Télécommunications.

Godefroid Munongo (Conakat) : Intérieur et Fonction publique ; Dominique Ndinga (Abako) : Finance, Léon Mamboleo (CDA) : Justice ; Albert Kalonji (Radéco) : Agriculture ; Jean Ebosiri (CDA) : Économie, Jules-Léon Kidicho (Front Commun-MNC/L : Transports, Communications et Travaux publics ; Frédéric Baloji [CDA.] : Éducation nationale, Adolphe Kishwe [Front Commun-PRA] : Mines, Terres et Énergie ; Joseph Ndanu [Puna] : Jeunesse et Sports, André Lubaya [CNL. -UD] : Santé.

Sur le plan de l'action militaire contre la rébellion prolumumbiste, le succès de M. Tshombe fut net. La reconquête de Stanleyville et des principaux centres par les colonnes de l'Ommegang de colonel BEM Vandevalle en conjonction avec les opérations aéroportées de parachutistes belges des opérations Dragon Rouge (sur Stanleyville) et Dragon noir (sur Paulis-Isiro).

L'organisation des élections législatives et provinciales est à mettre à l'actif du gouvernement de M. Tshombe. Cependant, la gestion budgétaire était catastrophique malgré les proportions de l'aide extérieure reçue par M. Tshombe.

3.2. Controverse sur la durée de la mission (Extension temporaire) du gouvernement de « salut public »

La pierre d'achoppement entre les « deux grands du Congo » résultait de l'interprétation de l'extension temporaire de la mission de gestion de la transition politique dévolue au gouvernement de salut public présidé par M. Tshombe. Diamétralement opposées, les deux positions finirent par produire un bras de fer, qui sonna le glas du régime.

L'article 185 qui crée le Gouvernement de transition et qui est le seul à en parler ne dit rien quant à son échéance. Il précise seulement que la tâche principale de ce gouvernement de transition est de préparer les élections législatives et provinciales.

D'un côté, dans un message radiodiffusé du 30 avril 1965, précisant les étapes successives de mise en place d'institutions nouvelles issues de la Constitution de Luluabourg, le président Kasa-Vubu trancha sèchement que :

> *« Quant au gouvernement actuel, c'est une erreur de croire qu'en vertu de la Constitution, il est dissout de plein droit à la date de ce jour. Plus exactement, sa mission aura pris fin dès que les résultats définitifs des élections seront connus. À ce moment, il faudra s'atteler à la mise sur pied d'un gouvernement d'Union nationale dont la désignation sera soumise à l'approbation du Parlement au cours de cette même session ordinaire. »*

Cette interprétation présidentielle entraîne la démission du gouvernement le jour même de la proclamation des résultats définitifs des élections.

De l'autre côté, les thèses développées et soutenues par M. Tshombe, Premier ministre, Godefroid Munongo, ministre de l'Intérieur et la coalition politique du Premier ministre, la CONACO, elles s'articulaient sur 2 arguments :

La nature transitoire des compétences constitutionnelles continuées dévolues au Président en fonctions. En effet, en vertu de l'article 182 de la Constitution de Luluabourg, le Président de la République, jusqu'à la prestation de serment du premier Président élu conformément à l'article 56 de la Constitution, exerce les pouvoirs qu'il détient en vertu des dispositions transitoires. Ces pouvoirs généraux sont ainsi limités par le caractère transitoire du titulaire de la fonction : le président est maintenu en fonction pour assurer le fonctionnement de l'exécutif et la continuité de la légalité et en attendant la prestation de serment d'un président élu pour la première fois. Ce dernier, par sa prestation de serment, entrera en fonction pour exercer, non plus les pouvoirs transitoires, mais tous les pouvoirs qui lui sont conférés par les dispositions permanentes de la Constitution.

Le sort du Premier ministre est le même que celui du Président de la République : le gouvernement a été expressément nommé en vertu de l'article 185, alinéa 2, pour faire une transition constitutionnelle avec le Président de la République dont les pouvoirs sont continués en vertu de l'article 182. L'existence de ce gouvernement est par son origine indépendante de toute approbation parlementaire.

Suivant cette interprétation tshombiste qui assimile le sort de l'exécutif central dans son ensemble, comme une unité indissociable, le mandat du Président de la République, chef de l'exécutif, ne viendra à expiration que six mois après la première réunion du Parlement, les membres du gouvernement central exerçant constitutionnellement leurs fonctions jusqu'à la fin du mandat du Président de la République. En conséquence, ce n'est qu'au moment de l'installation du Gouvernement définitif désigné dans les formes et selon la procédure fixée par la Constitution que l'actuel Gouvernement de transition et de salut public sera appelé à se retirer devant l'équipe gouvernementale nommée par le Président de la République, élu et approuvé par les Chambres.

III. LE RÉGIME POLITIQUE MIS EN PLACE PAR LA CONSTITUTION DU 1er AOÛT 1964

La Constitution de Luluabourg ne peut être analysée isolément. Elle doit toujours être connectée à la Loi Fondamentale car elle est une réaction à celle-ci et constitue une solution aux problèmes institutionnels posés dans la pratique de la LF. Ainsi, dans la doctrine congolaise, l'approche comparative des deux Constitutions a toujours prévalu dans le traitement de la nature du régime de Luluabourg.

La thèse officielle, présentée par Mr Lihau, Secrétaire général de la Commission constitutionnelle, concluait que le régime politique mis en place par la Constitution de Luluabourg était présidentiel. Cette thèse articulait ses éléments essentiels autour de deux critères : l'autonomie acquise du pouvoir exécutif vis-à-vis du pouvoir législatif et le régime de responsabilité politique des membres du Gouvernement. En effet, le pouvoir exécutif central, qui comprend le président de la République et le Gouvernement central, était organisé par les Art. 54 à 73 :

- Le chef de L'Etat par sa personne et sa fonction représente la nation.
- Il est le chef de l'exécutif central
- Il détermine et conduit la politique de l'Etat.
- Il fixe le cadre de l'action du Gouvernement, veille à son application et informe le Parlement de son évolution.

Ce régime de l'autonomie du pouvoir exécutif était assuré sur deux points essentiels : l'élargissement de la base électorale du chef de l'Etat, détenteur exclusif du pouvoir exécutif d'une part, et le régime de responsabilité des membres de l'exécutif d'autre part.

Ainsi, contrairement à la LF, le chef de l'Etat était élu, non plus par les 2 chambres réunies en congrès, mais plutôt (conformément à l'Art. 56), par un corps électoral qui comprenait le Parlement, les délégués de la ville de Léopoldville et les membres des Assemblées provinciales. Il était élu pour un mandat de 5 ans qui expirait 6 mois après la législature. La philosophie qui fonde la conception de ce type d'élection est que le chef de l'Etat étant doté des pouvoirs exorbitants et d'une autorité considérable se doit de justifier son caractère représentatif, et partant, l'élection doit se faire sur une base excédant largement le cadre restreint des Assemblées parlementaires, afin que le Président, puisqu'il est chargé de conduire la politique de la nation, puisse légitimement prétendre à la qualité d'organe représentatif de celle-ci.[46]

Aussi, le régime de responsabilité politique des membres de l'exécutif central consacrait-il cette autonomie. En effet, conformément à l'Art. 62, le Président de la République nomme le Premier ministre et les autres membres du Gouvernement central. Il n'est tenu à respecter aucun critère, quitte à faire prévaloir son autorité devant le Parlement. Il met fin s'il en décide ainsi à la fonction du Premier ministre et des membres du Gouvernement (en cas de démission ou de sa propre initiative). Le Premier ministre et les autres membres du Gouvernement n'ont de compte à rendre à personne sinon au Président de la République devant qui ils sont respectivement responsables (Art. 69). En ce qui concerne la responsabilité politique des membres du Gouvernement, les chambres ne pourront plus émettre de vote de défiance ou de censure à l'égard du Gouvernement fédéral ou de ses membres. Les ministres seront politiquement responsables, aussi bien individuellement que collectivement devant le chef de l'Etat qui les nomme et les révoque.[47]

De plus, les éléments contenus dans le régime de contrôle et de collaboration ne font que consolider, selon le rapport de la Commission Lihau, la thèse d'un régime présidentiel. Il s'agit notamment de l'approbation de l'acte de nomination de l'équipe gouvernementale et le vote du budget.

En effet, conformément à l'Art. 66, le Gouvernement est proposé au Parlement par le Président de la République dans les 30 jours de sa Constitution si le Parlement était en vacances, dans les 30 jours de sa réunion. Le Parlement se réunit en Congrès pour approuver l'acte de nomination des membres du Gouvernement. Si le Congrès refuse, le Gouvernement est démissionnaire et le Président désigne à nouveau un Premier ministre qui compose un autre gouvernement pour approbation. Le Premier ministre n'est pas nécessairement une autre personne que celle qui avait été désignée antérieurement. Le texte dit « à nouveau » et non pas un nouveau. Toute modification dans une équipe ministérielle oblige le nouveau membre à demander l'approbation non du Congrès national, mais uniquement de la Chambre des députés.[48]

---

[46] Pactet, P., (1999), *Op Cit*, p. 150.

[47] Lire Mémoire Explicatif De La Constitution, présenté au Gouvernement de la République par le Secrétariat de la Commission constitutionnelle Gouvernementale : Lihau, M. (1965), *Mémoire explicatif de la Constitution du 1er août 1964*, Moniteur congolais, 6e année, n° spécial du 5 octobre 1965, p. 52.

[48] Promontorio, V. (1965), *Les institutions dans la constitutions congolaise*, Léopoldville : Concordia, p.21.

Cette approbation a tout au plus valeur de formalité et d'enregistrement (elle est donc inutile). La Constitution n'a pas prévu le droit de refus pour la Chambre des députés. Il s'agit à notre avis d'une caricature du système des États-Unis. Il s'assimile au contrôle du Sénat américain sur le choix des personnes : les postes des fonctionnaires fédéraux (quelque 60 000 emplois), qui ne peuvent être créés que par une loi, ne peuvent, à moins que la loi n'en dispose autrement, être pourvus de titulaires qu'avec l'avis et le consentement du Sénat.[49], les secrétaires d'État étant considérés comme des fonctionnaires fédéraux.

Concernant le vote du budget, il s'agit là d'un moyen de contrôle sur l'activité exécutive. Les Chambres seules peuvent autoriser les recettes et les dépenses, limiter par-là les moyens mis à la disposition du Président et de son équipe et affecter ces moyens à l'usage qui leur convient. C'est ce qui ressort de l'Art. 91. Le Parlement vote les projets de loi budgétaire après que ceux-ci aient été soumis pour avis au Conseil de Législation. Le Gouvernement central est tenu de déposer au plus tard à la session de septembre. Cependant, au cas où le Parlement n'aurait pas voté avant l'ouverture de l'exercice, un décret-loi peut imposer les dispositions budgétaires. De plus, si le projet de loi budgétaire d'un exercice n'est pas déposé en temps utile pour être promulgué avant le début de l'exercice, le Président de la République demande au Parlement les crédits provisoires nécessaires. Si dans les 15 jours de la demande, le Parlement ne s'est pas prononcé sur l'ouverture des crédits provisoires, ceux-ci peuvent faire l'objet d'un décret-loi.

Un autre point important en appui de cette thèse du régime présidentiel porte sur l'exercice du pouvoir législatif. En effet, conformément à l'Art. 90, l'initiative des lois nationales (c'est-à-dire le droit de proposer une loi à faire voter au Parlement) appartient concurremment au Président de la République (contrairement au système américain) et à chacun des membres du Parlement. Ce texte exclut donc la participation du Premier ministre et de ses ministres au pouvoir législatif.

Aussi la Constitution de Luluabourg prévoyait-elle la délégation temporaire de l'exercice du pouvoir législatif au Président de la République (Art. 95) ; cette disposition souligne que cette délégation, donnée pour un temps et une matière déterminée peut être provoquée par une demande du Président ou une initiative spontanée du Parlement.

Il faut aussi souligner l'aspect de la participation du Gouvernement central aux séances du Parlement en exécution de l'Art. 86 qui stipule que les membres du Gouvernement ont le droit d'assister aux séances du Parlement. Cependant s'ils sont requis, dit l'article 86, ils ont « *l'obligation d'assister aux séances des Chambres* ». En outre, poursuit le même article, « *Ils doivent être entendus chaque fois qu'ils le demandent. Ils peuvent se faire assister de commissaires du Gouvernement* ».

Cependant, les membres du Gouvernement ne prennent pas part au vote, disposition tout à fait logique en accord avec l'article 171 qui dit que « *les fonctions de membre du Gouvernement sont incompatibles avec tout mandat public électif* ». Le mandat parlementaire est par excellence un mandat public électif.

---

[49] Chantebout B. (2023), *Op. cit*, p 110.

Quant à la question relative à mise en accusation des membres de l'exécutif, il faut noter que la responsabilité pénale des membres du pouvoir exécutif était organisée par l'Art. 71 qui stipulait que les membres du pouvoir exécutif sont passibles de poursuites pénales pour haute trahison, violation intentionnelle de la Constitution, détournement, concussion ou corruption. Les poursuites sont conditionnées par la mise en accusation par une de deux Chambres se prononçant à la majorité absolue de ses membres et au scrutin secret. La cour constitutionnelle est compétente pour juger les cas de haute trahison ou de violation intentionnelle de la Constitution, la Cour suprême de justice dans les autres cas, étant donné que les membres du Gouvernement jouissaient du privilège de juridiction.

Par ailleurs, aux termes de l'Art. 60, Le Président promulgue la loi dans les dix jours de leur transmission au Gouvernement central par le Parlement. Toutefois au cours du délai de promulgation, le Président, peut, par un message motivé, demander au Parlement une nouvelle délibération de la loi ou de certains de ses articles. Cette demande de délibération est impérative ; si les propositions présidentielles ne sont pas acceptées, la loi ne sera définitivement adoptée qu'à la majorité des 2/3 dans chaque Chambre. Si le Président ne promulgue pas, le Président de la Chambre des députés y pourvoit.

1. Les atténuantes du régime de Luluabourg par rapport au présidentialisme africain

Le régime de Luluabourg n'avait pas encore atteint ces extrêmes du présidentialisme africain. Il est une démarche et une amorce timide vers ce type de régime et nous pouvons aussi annoncer sans peur d'être contredit que le constitutionnalisme autoritaire de la deuxième République (sous Mobutu) s'en était largement inspiré, car il était le précédent constitutionnel le plus immédiat.

Nous pouvons ainsi recenser cinq éléments qui témoignent de la distance entre le régime de Luluabourg et le présidentialisme de type africain :

Le dualisme de l'exécutif : Le plus souvent, les régimes présidentialistes africains ont un exécutif monocéphale incarné par le chef de L'Etat. Il n'en était pas ainsi sous le régime de Luluabourg, car conformément à l'Art. 67, le poste de Premier ministre ayant été maintenu, celui-ci dirigeait l'action du Gouvernement central dans le cadre du programme tracé et de décisions prises par le président de la République. Il tient le président de la République pleinement informé de la conduite des affaires du Gouvernement. En d'autres mots, le Premier ministre est l'agent d'exécution de la politique et du programme de gouvernement du président de la République.

La permanence du Parlement durant tout le cours de la législature : Conformément à l'Art. 76, la durée de la législature était de 5 ans et le Parlement était ainsi assuré de son indépendance par rapport au chef du pouvoir exécutif, car ce dernier n'avait aucun pouvoir de dissolution. Il s'agit d'un élément fondamental de distorsion du régime de Luluabourg par rapport aux caractéristiques du présidentialisme africain.

La prohibition du monopartisme : en effet, la Constitution consacrait le pluralisme politique, car elle stipulait en son Art. 30 que tout Congolais avait le droit de créer un parti politique ou de s'y affilier et que nul ne pouvait imposer de parti unique sur tout ou partie du territoire de la République. Il faut aussi considérer que le fonctionnement pratique du système politique congolais avait démontré que le Congo ne supportait qu'un régime multipartisan où la majorité ne pouvait se dégager qu'à partir des alliances ou cartels.

La participation de l'institution parlementaire dans l'élection du président de la République. Contrairement à la logique du régime présidentiel, le chef de l'Etat n'était pas élu au suffrage universel direct. L'Art. 56 de la Constitution de Luluabourg stipulait que le président de la République était élu par un corps électoral qui comprenait le Parlement, les délégués de la ville de Léopoldville et les membres des Assemblées provinciales. Cette intervention de l'institution parlementaire est un fait politique majeur qui appelle un crédit et une autorité morale qui pèse sur le président de la République.

L'acte d'approbation du Gouvernement par le Parlement. Comme il était dit à l'Art. 66 de la Constitution de Luluabourg, le Parlement se réunit en Congrès national pour approuver l'acte de nomination des membres du Gouvernement. Il s'agit d'un pouvoir de contrôle bien que n'ayant pas une conséquence politique qui dériverait à assumer, pour les membres du Gouvernement, une quelconque responsabilité politique. Même s'il s'agit d'un acte de formalité, sa portée politique n'était pas négligeable au cas où le Parlement n'aurait pas autorisé l'entrée en fonction dudit gouvernement. Le président serait obligé d'entamer des négociations politiques qui le diminueraient dans ses compétences. Le cas du Premier ministre nommé Evariste Kimba illustrait bien cette capacité du Parlement à paralyser l'entrée en fonction du Gouvernement nommé par le chef de L'Etat.

Ces considérations émises, essentiellement basées sur la confrontation de la pure exégèse juridique de la Constitution de Luluabourg aux différentes options de la théorie constitutionnelle, nous amènent à deux conclusions :

Premièrement, l'étude du processus constituant de Luluabourg a visualisé le panorama excessivement conflictuel entre le pouvoir exécutif et l'institution parlementaire. La Constitution de Luluabourg étant la résultante des forces politiques en présence fut l'aboutissement d'une conception prépondérante de l'institution présidentielle. Elle est la manifestation juridique du renforcement du pouvoir exécutif dans son autorité et ses prérogatives. Aussi, inversement, a-t-elle consacré indiscutablement l'éclipse du Parlement en tant que centre de la vie politique nationale.

Deuxièmement, cette même méthode a démontré que la Constitution de Luluabourg n'avait pas instauré un régime présidentiel, contrairement aux thèses officielles[50]. Le système de Luluabourg était une démarche timide, sinon l'amorce

[50] Nous adhérons ainsi aux thèses soutenues par les professeurs Ilunga Kabongo et Ngoy Ndouba citées plus haut.

de la mise en place d'un régime présidentialiste de type africain dont le régime de Mobutu sous la deuxième République serait la perfection.

IV. LA FORME DE L'ÉTAT INSTITUÉE PAR LA CONSTITUTION DU 1er AOÛT 1964

1. L'hypothèse d'une forme fédérale de l'État

Dans le mémoire de M. Lihau accompagnant le projet de Constitution à l'intention du gouvernement, il est clairement dit[51] :

> *« Si les membres de la Commission se sont rendu compte que l'État congolais, suivant le projet de Constitution qu'ils élaboraient, aurait une structure sans nul doute fédérale, ils se sont cependant mis d'accord pour ne pas utiliser une terminologie qui ferait songer à un régime fédéral. Ceci dans le but d'apaiser les esprits… » Aussi, la Commission a proposé que la terminologie utilisée fût celle d'un État unitaire dans un premier projet de constitution dont le texte entrerait en vigueur immédiatement après le référendum. Un second projet contenant une terminologie propre à un régime fédéral sera joint à ce premier projet… »*

M. Prélot et J. Boulouis définissent l'État fédéral comme suit : « À la différence de l'État unitaire décentralisé, l'État fédéral n'est plus seulement un État complexe, mais un État composé. Il forme, dit Karl Strupp, une union de droit constitutionnel par opposition aux unions de droit international… D'ordinaire, l'union de droit constitutionnel naît formellement d'une constitution ou d'un autre acte de droit public interne… » Pour ces auteurs, « l'analyse des structures peut, seule, fournir une qualification exacte. On réservera, alors, la dénomination d'État fédéral à l'État où se rencontre une pluralité d'ordonnancements constitutionnels, avec un ordonnancement constitutionnel majeur, auquel sont ordonnés, mais aussi participent, les organes des ordonnancements mineurs.

L'État fédéral possède les caractères généraux que lui fournit tantôt le droit international, tantôt le droit interne. Sur le plan international, l'État fédéral postule l'unité de l'État. Il est donc le seul qui existe dans les relations internationales ; ceci implique l'unité de la personnalité internationale, l'unité de nationalité et enfin unité de territoire national. Sur le plan du droit constitutionnel interne, l'État fédéral apparaît comme une unité politique caractérisée par un ordonnancement constitutionnel propre, les organes fédéraux édictant une législation nationale, détenant les pouvoirs d'administration ainsi que le droit de justice[52] reposant en particulier sur une cour Suprême chargée de trancher les conflits avec les États fédérés.

L'État fédéral est marqué aussi par l'autonomie constitutionnelle des États fédérés qui se manifeste et s'exprime par quatre caractères ci-après : un ordonnancement constitutionnel qui est son œuvre propre, la formation d'un système étatique complet, avoir à leurs têtes non pas des agents de l'État fédéral,

---

[51] Lihau, M. ; (1965), *Mémoire explicatif de la Constitution du 1er août 1964*, Op.Cit.
[52]Prelot, M. et Boulouis, J. (1990). *Institutions politiques et droit constitutionnel*, *op. cit*, p. 263.

mais en fait et en droit des vrais gouvernants élus et enfin le fait que l'ordonnancement politique de l'État fédéré est constitutionnellement de type rigide[53]. Tels sont rapidement décrits les traits essentiels d'un État fédéral dont, au total, la nature juridique et sociologique peut conduire à visualiser deux types de modèles : le modèle coopératif et le modèle dualiste dont nous ne saurions approfondir les aspects saillants à cette étape de l'analyse.

Les caractéristiques du modèle théorique d'un État fédéral sont notamment l'existence de deux ordres institutionnels (le pouvoir central et le pouvoir provincial), la répartition des compétences exclusives entre l'État et la Province, le contrôle de la légalité par des juridictions de l'État et enfin le caractère coopératif entre le pouvoir central et le pouvoir provincial par le biais de la conférence des gouverneurs des provinces.

Comme nous venons de le voir, le modèle théorique fédéral repose nécessairement sur le dualisme des ordres institutionnels. De ce dualisme découle l'autonomie des institutions appelées par exemple à diriger l'État fédéré sauf évidemment dans le cas du contrôle de constitutionnalité et de légalité dans les exercices des fonctions politiques et législatives d'une manière générale. Il en est ainsi du conseil de législation et de la cour constitutionnelle instituée dans ce sens par la constitution de 1964. Cette Constitution par ses articles 101, 103, 104 et 106, introduit dans le modèle un certain nombre de prérogatives au profit du pouvoir central, au détriment de la province, qui enlèvent au modèle toute la valeur tant au point de vue théorique que pratique.

En voici l'esprit :

a) **Article 101, alinéa 3** : « lorsque l'état de siège ou d'urgence a été proclamé ou lorsque l'Assemblée provinciale le demande, le Président de la République nomme, par décret, un comité présidé par un haut-commissaire de la République qui est chargé de diriger la province ». Ainsi, cette disposition est de nature à vider de toutes leurs substances les principes de dualisme institutionnel et d'autonomie préconisée dans le modèle théorique examiné. L'on conviendra aisément que cela ne se passe pas de cette manière aux États-Unis d'Amérique.

b) **Article 103** : « le gouverneur de province est le Chef de l'Exécutif provincial ; il représente le Président de la République dans la province ». La question est de savoir si dans un État fédéral le Chef de l'État a besoin d'avoir un représentant. Le 4e alinéa de l'article 104 va dans le même sens en renforçant la disposition précédente au profit du Chef de l'État : « après son élection, le gouverneur est de droit investi des pouvoirs de représentant du Chef de l'État dans la province, par le Président de la République ». Dans la pratique, il est arrivé que le Chef de l'État ait refusé d'investir un ou plusieurs gouverneurs pour des raisons d'antagonisme politique.

   Cela est-il possible aux États-Unis d'Amérique ? Ensuite, le dernier alinéa du même article 104 prescrivait aux gouverneurs des provinces de prêter

---

[53] Cavaré, L. (1961). *Le droit international public positif, tome 1, La notion de droit international public, structure de la société internationale*, Paris : Pedone, 2ème édition revue et augmentée.

de serment entre les mains du Chef de l'État. Toutes ces formules indiquent que la dépendance du pouvoir provincial à l'égard du pouvoir central était bien établie.

c) **Article 106, alinéas 3 et 4** : « En cas d'absence ou d'empêchement, le gouverneur est remplacé par un membre du gouvernement désigné par lui ou à défaut, par le conseil de cabinet. En cas de vacance du poste de gouverneur pour quelque cause que ce soit ou d'empêchement définitif constaté par la cour constitutionnelle saisie par le Président de la République, par le Président de l'Assemblée provinciale ou par le Conseil de Cabinet, les fonctions de gouverneur de province sont exercées provisoirement par un membre du gouvernement désigné par le Conseil de Cabinet… »

Comme on le voit, ces genres d'interventions entamaient dangereusement l'intégrité même du principe d'autonomie du pouvoir provincial. Ce qui permet de douter du caractère normal du soi-disant État fédéral issu de la Constitution de Luluabourg. L'on se demande dès lors : étant donné que la peur en direction des nationalistes unitaristes à l'époque a interdit, ainsi que le dit M. Lihau de dire au peuple que la nouvelle constitution a institué un État fédéral, la crainte de la réaction, des fédéralistes ont justifié un autre camouflage en contournant la forme réelle de l'État qui ne serait pas, à notre humble avis, et compte tenu de toutes les déviations apportées au modèle théorique examiné, de la catégorie des États fédéraux. Faute de mieux, il faudrait trouver pour cet État un modèle de qualification théorique convenable en rapport avec la théorie générale du Droit administratif.

2. L'hypothèse d'un État unitaire complexe

Il ressort de l'analyse que du point de vue de sa forme, l'État issu de la Constitution de 1964, serait plutôt à identifier comme relevant de la catégorie des États unitaires complexes pour la bonne et simple raison qu'il résulte d'un mélange des critères de qualification juridique propre aux États fédéraux avec ceux d'un État unitaire décentralisé.

Ayant déjà examiné l'État fédéral, voyons maintenant en quoi il y a rapprochement et mélange dans l'appréciation définitive de la forme congolaise et cela à partir de la définition de la décentralisation.

Pour Georges Vedel, « la décentralisation consiste à remettre des pouvoirs de décision à ces organes autres que de simples agents du pouvoir central, non soumis au devoir d'obéissance hiérarchique et qui sont souvent élus par les citoyens intéressés. Ces auteurs énumèrent comme suit les conditions de la décentralisation[54].

a. L'existence autonome de certains intérêts en eux-mêmes généraux, mais d'une généralité moins large que ceux dont l'État a la charge ;

[54] Vedel, G., (1958), *Droit administratif*, 2 Tomes (Themis), Paris : Presses universitaires de France.

b. La gestion des intérêts autonomes est conférée à des organes ayant une réelle indépendance par rapport au pouvoir central ; l'élection est par excellence la technique qui assure cette autonomie ;
c. L'attribution de la personnalité morale et l'autonomie financière[55].

On ajoutera à cette liste le contrôle de tutelle susceptible de s'exercer soit sur les organes soit sur les actes accomplis par ces organes. Le but de ce contrôle consiste à faire respecter la légalité ou à constater l'opportunité.

À partir de cette brève caractérisation, il y a lieu de tenter un rapprochement entre l'État fédéral et l'État décentralisé.

a) Aussi bien dans l'État fédéral que dans l'État décentralisé, on trouve une répartition des compétences entre l'État et l'autre entité c'est-à-dire l'État fédéré ou la province décentralisée ;
b) Dans les deux formes, le pouvoir est généralement confié aux organes élus tant au niveau central qu'au niveau de l'entité inférieure.

S'agissant des points de différence dans les cas observés, on sait que la Constitution de 1964 ne crée pas un système de tutelle administrative ; ce qui fait que la décentralisation ne serait parfaite dans ce cas. Mais par contre, il existe dans cette Constitution une institution qui pourrait de toute évidence être assimilée à un système de tutelle généralisée, ne fût-ce que par l'importance des conséquences de ses décisions sur le plan juridique et même politique. Cette idée est importante à préciser parce que dans tout État fédéral, à moins d'une erreur d'appréciation de notre part, le contrôle a priori ou a posteriori en matière de légalité revient à une juridiction supérieure. Or, dans le cas sous examen ; la Constitution a créé à l'article 137 un conseil de législation, juridiquement qualifié de « organisme consultatif qui relève de la Conférence des gouverneurs » dont les compétences sont définies à l'article 138 de la manière suivante :

Le Président de la République et les gouverneurs des provinces, chacun en ce qui concerne les projets de ses actes, le président de chaque chambre ou de chaque Assemblée provinciale, chacun en ce qui concerne les propositions de loi émanant des membres de l'Assemblée qu'il préside, doivent soumettre au Conseil, pour avis motivé, tout projet, toute proposition de loi ou d'autres actes législatifs, tout projet de décret, d'ordonnance ou d'arrêté.

Sauf le cas prévu à l'alinéa suivant, toute loi, tout acte ayant force de loi, hormis le décret-loi pris dans les cas prévus aux articles 96 et 97, tout décret, toute ordonnance et/ou arrêté de gouverneur, dont la proposition ou le projet n'a pas été soumis pour avis au Conseil, est nul.

Une loi nationale fixe le délai dans lequel le conseil donne son avis. Si le conseil ne donne pas son avis dans le délai légal, les autorités prévues à l'alinéa 1er peuvent statuer sans attendre l'avis du conseil.

Les membres du gouvernement central et des gouvernements provinciaux peuvent soumettre au conseil de législation la rédaction d'un texte d'avant-projet de tout acte législatif ou réglementaire. Quelle serait vraiment l'importance d'une telle

[55] Boulouis, J (1951). *Essai sur la politique des subventions administratives*, Paris : Armand Colin.

institution dès lors que la même Constitution avait prévu la création d'une cour Constitutionnelle (articles 165, 166 et 167) pour un contrôle approprié ?

Article 167 :

La Cour Constitutionnelle est compétente pour connaître :

a) 1° des recours en appréciation de la constitutionnalité des lois et des actes ayant force de loi ;
b) 2° des recours en interprétation de la présente Constitution, formés à l'occasion des conflits de compétence portant sur l'étendue des pouvoirs attribués et des obligations imposées par la présente Constitution aux organes nationaux ou provinciaux visés dans l'alinéa 2 de l'article 168 ;
c) 3° de toutes les affaires à l'égard desquelles la présente Constitution lui attribue compétence ;
d) 4° de toutes les affaires à l'égard desquelles la législation nationale lui attribue compétence.

La cour constitutionnelle veille à la régularité de l'élection du président de la République et des gouverneurs des provinces. Elle examine les réclamations, et, dans le cas de l'élection du président de la République, proclame les résultats du scrutin.

La Cour statue, en cas de contestation, sur la régularité des élections des membres du parlement et des Assemblées provinciales ainsi que sur la décision du Parlement et des Assemblées provinciales prononçant la déchéance ou la démission d'office de leurs membres conformément aux articles 78 et 120. Elle veille à la régularité des opérations de référendum et en proclame les résultats.

Il y a peut-être lieu de relativiser notre appréciation en disant que le Conseil de législation assumait le contrôle a priori alors qu'il revenait à la cour Constitutionnelle de remplir a posteriori la fonction contentieuse. Cette relativisation ne dissipe pas totalement la confusion provenant d'une dangereuse imbrication de deux ordres. D'où il est possible de dire que du point de vue de sa forme, l'État de 1964 avait les caractères propres à la fois aux États fédéraux et aux États décentralisés. C'était donc un État fédéral par sa vocation et unitaire par la complexité de son organisation constitutionnelle et administrative.

V. TEXTE DE LA CONSTITUTION

Constitution du 1er août 1964

Source : Moniteur Congolais, Numéro spécial du 1er août 1964

La Commission constitutionnelle, ayant siégé à Luluabourg du 10 janvier au 11 avril 1964, a proposé ;

Le peuple congolais, par le référendum constitutionnel organisé du 25 juin au 10 juillet 1964, a adopté ;

Le Président de la République promulgue la Constitution dont la teneur suit :

Préambule.

Proclamant notre adhésion à la Déclaration universelle des droits de l'homme ;

Soucieux de sauvegarder les valeurs qui nous sont propres et de garantir à la famille, base naturelle de toute société humaine, une protection particulière des pouvoirs publics de manière à en assurer la cohésion et la stabilité ;

Affirmant notre détermination de consolider notre unité nationale dans le respect de nos particularités régionales, en vue de promouvoir, dans la voie de la justice, notre bien-être matériel, notre épanouissement moral et spirituel ;

Nous, Peuple congolais

Conscient de nos responsabilités devant Dieu, la nation, l'Afrique et le Monde ;

Déclarons solennellement adopter la présente Constitution.

Titre premier. Dispositions générales.

Section I. Du territoire et de la souveraineté de la République.

Article premier.

La République Démocratique du Congo constitue, dans ses frontières au 30 juin 1960, un État souverain, indivisible, démocratique et social.

L'emblème de la République est le drapeau bleu ciel, orné d'une étoile jaune dans le coin supérieur gauche et traversé en biais d'une bande rouge finement encadrée de jaune.

Sa devise est : Justice, Paix, Travail.

Ses armoiries se composent d'une tête de léopard encadrée à gauche d'une branche de palmier et d'une flèche et, à droite, d'une pointe d'ivoire et d'une lance, le tout reposant sur une pierre.

Article 2.

Nul ne peut porter atteinte à l'intégrité du territoire de la République. Toutes les autorités de la République et des provinces ont le devoir de sauvegarder l'intégrité du territoire de la République.

Article 3.

Tout pouvoir émane du peuple qui l'exerce par ses représentants ou par la voie du référendum.

Aucune section du peuple ni aucun individu ne peut s'en attribuer l'exercice.

Article 4.

La République Démocratique du Congo se compose de la ville de Léopoldville et des provinces autonomes énumérées ci-après :

1. Les provinces de la Cuvette centrale
2. Du Haut-Congo ;
3. Du Katanga oriental ;
4. Du Kibali-Ituri ;
5. Du Kivu central ;
6. Du Kongo central ;
7. Du Kwango ;
8. Du Kwilu ;
9. Du Lac Léopold II ;
10. Du Lomami ;

11. Du Lualaba ;
12. De Luluabourg ;
13. Du Maniema ;
14. Du Moyen-Congo ;
15. Du Nord-Katanga ;
16. Du Nord-Kivu ;
17. Du Sankuru ;
18. Du Sud-Kasaï ;
19. De Ubangi ;
20. De l'Uele ;
21. Et de l'Unité kasaïenne.

Les limites des provinces et celles de la ville de Léopoldville sont fixées par une loi organique nationale.

Il ne peut être formé de provinces nouvelles par le démembrement d'une ou de plusieurs provinces que moyennant la révision de l'alinéa premier du présent article, à laquelle il sera procédé conformément aux dispositions des articles 175 à 177. Toutefois cette révision ne devient définitive que si elle recueille l'accord des populations intéressées consultées par la voie du référendum.

Il ne peut être formé de provinces nouvelles par la fusion de deux ou de plusieurs provinces ou parties de provinces que si les assemblées provinciales intéressées le demandent. Le président de la République, saisi de la requête desdites assemblées par leurs présidents, soumet à l'approbation des populations intéressées, consultées par la voie du référendum, un projet d'amendement rédigé conformément à la requête dont il est saisi. Si le référendum conclut à l'adoption du projet d'amendement, le président de la République le promulgue dans le délai prévu à l'article 94 (alinéa 1).

Dans chacun des cas visés dans les deux alinéas précédents, les limites de la nouvelle province sont fixées par une loi organique nationale modifiant la loi dont il est question à l'alinéa 2 du présent article.

Une loi organique nationale détermine les règles d'application du présent article et précise les modalités de mise en place des institutions de la province nouvellement créée.

Article 5.

Les provinces sont autonomes dans les limites fixées par la présente Constitution.

Chaque province a la personnalité juridique. Toutefois, seule la République a la personnalité juridique internationale.

Léopoldville, capitale de la République nationale, est le siège des institutions nationales visées aux numéros 1 et 4 de l'article 53.

La ville de Léopoldville relève exclusivement du pouvoir central qui en fixe le statut par une loi organique nationale.

Section II. De la nationalité.

Article 6.

Il existe une seule nationalité congolaise.

Elle est attribuée, à la date du 30 juin 1960, à toute personne dont un des ascendants est ou a été membre d'une tribu ou d'une partie de tribu établie sur le territoire du Congo avant le 18 octobre 1908.

Toutefois, celles des personnes visées à l'alinéa 2 du présent article qui possèdent une nationalité étrangère à la date de l'entrée en vigueur de la présente Constitution, n'acquièrent la nationalité congolaise que si elles la réclament par une déclaration faite dans la forme déterminée par la loi nationale et que si, du fait de cette déclaration, elles perdent la nationalité étrangère.

Elles devront faire la déclaration dans le délai de douze mois à compter de la date d'entrée en vigueur de la présente Constitution si elles sont âgées de 21 ans au moins à cette date ; si elles ne sont pas âgées de 21 ans, elles devront faire la déclaration dans le délai de douze mois à compter du jour où elles auront atteint cet âge.

Article 7.

La nationalité congolaise s'acquiert par la filiation, la naturalisation, l'option ou par la présomption légale, dans les conditions fixées par une loi organique nationale. La même loi détermine les conditions de perte de la nationalité congolaise.

Tout Congolais qui acquiert volontairement la nationalité d'un autre État perd la nationalité congolaise.

Tout Congolais qui, à l'âge de 21 ans, possède à la fois la nationalité congolaise et celle d'un autre État perd la nationalité congolaise à moins qu'il n'ait déclaré, dans les formes prescrites par loi nationale, vouloir conserver la nationalité congolaise.

Section III. Des traités et accords internationaux.

Article 8.

Le Président de la République négocie et ratifie les traités et accords internationaux au nom de la République.

Les traités de paix, les traités de commerce, les traités et accords relatifs aux organisations internationales et aux règlements des conflits internationaux, ceux qui engagent les finances publiques, ceux qui modifient des dispositions législatives et ceux qui sont relatifs à l'état des personnes, ne peuvent être ratifiés qu'en vertu d'une loi nationale.

Les traités ou accords internationaux qui comportent cession, échange ou adjonction de territoire ne peuvent être ratifiés ou approuvés que moyennant la révision des articles premier (alinéa 1er) et 4 (alinéa 1er) de la présente Constitution et l'accord des populations intéressées consultées par la voie du référendum.

Lorsqu'un traité ou un accord international affecte les intérêts d'une province, le gouvernement de la province intéressée doit être consulté avant qu'il ne soit conclu.

Article 9.

Les traités ou accords internationaux régulièrement ratifiés ont, dès leur publication, une autorité supérieure à celles des lois sous réserve, pour chaque traité ou accord, de son application par l'autre partie.

Article 10.

Si la Cour constitutionnelle, saisie par l'une des Chambres du Parlement, par le président de l'une ou de l'autre Chambre, par un gouverneur de province ou par le président d'une assemblée provinciale, déclare qu'un engagement international comporte une clause contraire à la présente Constitution, l'autorisation de le ratifier ou de l'approuver ne peut intervenir qu'après la révision de la Constitution.

Titre II. Des droits fondamentaux.

Article 11.

Dans le présent titre, le mot « loi » non suivi du mot « nationale » désigne tant les lois nationales que les lois provinciales.

Article 12.

Le respect des droits consacrés dans la présente Constitution s'impose aux pouvoirs législatif, exécutif et judiciaire de la République et des provinces.

Lorsque l'état d'urgence est proclamé conformément aux dispositions de l'article 97, il ne pourra, en aucun cas, être dérogé aux dispositions du présent article et des articles 13, 14, 15 (alinéas 2 et 3), 16, 20 (alinéas 1 à 3), 22 (alinéa 2), 23, 24, 29, 30 (alinéa 2), 31 à 37, 39 à 43.

Article 13.

Tous les Congolais sont égaux devant la loi et ont droit à une égale protection des lois.

Article 14.

Aucun Congolais ne peut, en matière d'éducation et d'accès aux fonctions publiques dans la République, faire l'objet d'une mesure discriminatoire, qu'elle résulte d'une loi ou d'un acte du pouvoir exécutif, en raison de sa religion, de son appartenance tribale, de son sexe, de son ascendance, de son lieu de naissance ou de sa résidence.

Article 15.

Toute personne a droit au respect et à la protection de sa vie et à l'inviolabilité de sa personne.

Nul ne peut être soumis à la torture ni à des peines ou traitements inhumains ou dégradants.

Nul ne peut être mis à mort si ce n'est dans les cas prévus par la loi nationale et dans les formes qu'elle prescrit.

Article 16.

Nul ne peut être tenu en esclavage ou en servitude ni dans une condition analogue.

Nul ne peut être astreint à un travail forcé ou obligatoire sauf dans les cas prévus par la loi.

Article 17.

La liberté individuelle est garantie.

Nul ne peut être arrêté ni détenu qu'en vertu de la loi et dans la forme qu'elle prescrit.

Article 18.

Toute personne arrêtée doit être informée immédiatement ou au plus tard dans les 24 heures, des motifs de son arrestation et de toute accusation portée contre elle, et ce dans la langue qu'elle comprend.

Elle ne peut être maintenue en détention préventive qu'en vertu d'une ordonnance du juge compétent et dans les cas et pour la durée expressément prévue par la loi.

Elle a le droit de recours contre les ordonnances rendues en matière de détention préventive.

Article 19.

Toute personne victime d'une arrestation ou d'une détention dans les conditions contraires aux dispositions des articles 17 et 18 ci-dessus a droit à une juste réparation du préjudice qui lui a été causé ou à une indemnité équitable.

Article 20.

Toute personne a droit à ce que sa cause soit entendue équitablement et dans un délai raisonnable par le juge compétent.

Elle a le droit de se défendre elle-même ou de se faire assister d'un défenseur de son choix.

Nul ne peut être distrait contre son gré du juge que la loi nationale lui assigne.

Une loi nationale détermine les conditions d'indigence et le taux de peine qui justifie une assistance judiciaire.

Article 21.

Les audiences des cours et tribunaux sont publiques à moins que cette publicité ne soit dangereuse pour l'ordre public et les bonnes mœurs ; dans ce cas, le tribunal ordonne le huis clos par un jugement écrit et motivé.

Article 22.

Nul ne peut être poursuivi si ce n'est dans les cas prévus par la loi et dans les formes qu'elle prescrit.

Nul ne peut être poursuivi pour une action ou une omission qui ne constituent pas une infraction à la fois au moment où elle a été commise et au moment des poursuites.

Article 23.

Toute personne accusée d'une infraction est présumée innocente jusqu'à ce que sa culpabilité ait été établie par un jugement définitif.

Tout jugement est prononcé en audience publique. Il est écrit et motivé.

Nulle peine ne peut être prononcée ou appliquée si ce n'est en vertu d'une loi.

Nul ne peut être condamné pour une action ou une omission qui ne constitue pas une infraction à la fois au moment où elle a été commise et au moment de la condamnation.

Il ne peut être infligé de peine plus forte que celle applicable au moment où l'infraction a été commise.

Si la loi en vigueur punit une infraction d'une peine moindre que celle que prévoyait la loi en vigueur au moment où l'infraction a été commise, le juge applique la peine la plus légère.

Une loi nationale détermine les causes de justification, d'excuse et de non-imputabilité.

Le droit de former un recours contre un jugement est garanti à tous conformément à la loi.

Article 24.

Toute personne a droit à la liberté de pensée, de conscience et de religion.

Dans la République, il n'y a pas de religion d'État.

Toute personne devenue majeure a le droit de changer de religion ou de conviction.

Toute personne a le droit de manifester sa religion ou ses convictions, seule ou en commun tant en public qu'en privé, par le culte, l'enseignement, les pratiques, l'accomplissement de rites et l'état de vie religieuse, sous réserve du respect de l'ordre public et des bonnes mœurs.

Article 25.

Toute personne a droit à la liberté d'expression.

Ce droit implique la liberté d'exprimer ses opinions et ses sentiments, notamment par la parole, l'écrit et l'image, sous réserve du respect de l'ordre public et des bonnes mœurs.

Article 26.

La liberté de presse est garantie à tous les Congolais.

Aucune autorisation de paraître n'est requise et la censure ne peut être établie.

Les formalités de déclaration de parution seront prévues par la loi.

La loi ne peut soumettre l'exercice de la liberté de presse à des restrictions que pour assurer la sauvegarde de l'ordre public, de la sécurité publique et des bonnes mœurs ainsi que le respect des droits d'autrui.

Lorsque l'auteur est connu et qu'il a sa résidence dans la République, l'éditeur, l'imprimeur ou le directeur ne peuvent être poursuivis.

Article 27.

Le droit d'émission par la radio et par la télévision s'exerce conformément à la loi nationale.

La radiodiffusion et la télévision organisées par les pouvoirs publics sont des services publics dont le statut établi par une loi nationale garantit, dans leurs émissions, l'impartialité et le respect de toutes les convictions.

Article 28.

Tous les Congolais ont le droit de se réunir paisiblement et sans armes, et de fonder des syndicats ou autres associations ou de s'y affilier pour promouvoir leur bien-être et assurer la défense de leurs intérêts politiques, sociaux, économiques, religieux et autres.

Le droit de grève est garanti. La loi en règle la procédure et fixe les conditions dans lesquelles sera assuré le fonctionnement des services publics ou d'intérêt public vitaux qui ne peuvent souffrir d'interruption, même en cas de grève ou de lock-out.

Article 29.

Les membres des forces armées, de la gendarmerie et de la police ne peuvent fonder des syndicats ni des associations ayant une activité à caractère politique ni s'y affilier. Ils ne peuvent participer à aucune grève.

Article 30.

Tout Congolais a le droit de créer un parti politique ou de s'y affilier.

Nul ne peut imposer de parti unique sur tout ou partie du territoire de la République.

Les partis ou groupements politiques concourent à l'expression du suffrage. Ils se forment et exercent leur activité librement. Ils doivent respecter les principes de la souveraineté nationale, de la démocratie et les lois de la République.

Article 31.

Toute personne a le droit de se marier avec la personne de son choix et de fonder une famille.

La famille sera organisée de manière à ce que soient assurées son unité et sa stabilité.

Elle est placée sous la protection particulière des pouvoirs publics. Les soins et l'éducation à donner aux enfants constituent pour les parents un droit naturel et un devoir qu'ils exercent sous la surveillance et avec l'aide des pouvoirs publics.

Article 32.

Les pouvoirs publics doivent protéger la jeunesse contre l'exploitation et l'abandon moral.

Les organisations de la jeunesse et leurs organes de coordination doivent avoir un rôle éducatif. Les pouvoirs publics doivent leur apporter leur soutien moral.

Article 33.

Tous les Congolais ont droit à l'éducation. Les parents ont, par priorité, le droit de choisir le genre d'éducation à donner à leurs enfants.

L'enseignement est obligatoire et gratuit jusqu'au niveau d'études et jusqu'à l'âge prévu par la loi.

Article 34.

L'enseignement est libre.

Il est toutefois soumis à la surveillance des pouvoirs publics dans les conditions fixées par la loi nationale.

Article 35.

Les pouvoirs publics ont l'obligation de mettre à la disposition de tous les Congolais un enseignement national.

L'enseignement national comprend les établissements d'enseignement organisés par les pouvoirs publics et les établissements d'enseignement agréés, organisés par des particuliers.

La création des écoles par les pouvoirs publics et l'agréation par ceux-ci, des écoles organisées par les particuliers se font, compte tenu d'une planification scolaire d'ensemble.

Les écoles faisant partie de l'enseignement national sont régies par un statut établi par la loi.

Le fonctionnement des écoles faisant partie de l'enseignement national est à charge des pouvoirs publics.

Les fonds publics affectés au fonctionnement de l'enseignement national sont répartis entre ces écoles, compte tenu du nombre effectif de leurs élèves.

Article 36.

Tous les Congolais ont accès aux établissements d'enseignement national sans distinction de lieu, d'origine, de religion, de race ou d'opinion politique ou philosophique.

Les établissements d'enseignement national assurent, en collaboration avec les autorités religieuses intéressées, à leurs élèves mineurs dont les parents le demandent et à leurs élèves majeurs qui le demandent, une éducation conforme à leur conviction religieuse. Une loi nationale précise les modalités d'application du présent alinéa.

Article 37.

Les écoles créées par les particuliers sont, à la demande des intéressés, agréées par les autorités publiques compétentes comme faisant partie de l'enseignement national, lorsqu'elles ne sont pas inférieures aux écoles créées par les pouvoirs publics sous le rapport du niveau des études et des qualifications du personnel enseignant et qu'elles répondent aux normes fixées par la loi conformément aux dispositions de la présente Constitution qui concernent la matière de l'enseignement.

Les pouvoirs publics subviendront aux frais de construction des écoles à créer par les particuliers, à la demande de ceux-ci lorsque ces particuliers justifient avoir rempli les conditions requises par la loi.

Article 38.

L'exercice de l'art et la recherche scientifique sont libres, sous réserve du respect de l'ordre public et de bonnes mœurs.

Article 39.

Toute personne a droit à l'inviolabilité de son domicile.

Les autorités publiques ne peuvent porter atteinte à ce droit que dans les cas définis par la loi et dans la forme qu'elle prescrit.

Article 40.

Aucun Congolais ne peut être expulsé du territoire de la République.

Tous les Congolais ont le droit de quitter librement le territoire de la République et d'y revenir.

L'exercice de ce droit ne peut être limité que par une loi nationale et seulement dans la mesure où la présente Constitution autorise une restriction des libertés individuelles.

Article 41.

Tout Congolais a le droit de changer de domicile et de se fixer librement en un lieu quelconque du territoire de la République et d'y jouir de tous les droits qui lui sont reconnus par la présente Constitution.

L'exercice de ce droit ne peut être limité que par une loi nationale et seulement dans l'intérêt de l'ordre public ou lorsque la lutte contre les risques d'épidémie ou la prévention d'infractions pénales l'exigent.

Article 42.

Toute personne a droit au secret de sa correspondance et de toute autre forme de communication.

Les autorités publiques ne peuvent porter atteinte à ce droit que dans les cas définis par la loi.

Article 43.

Les droits de propriété, qu'ils aient été acquis en vertu du droit coutumier ou du droit écrit, sont garantis conformément aux lois nationales.

Nul ne peut être privé de ses biens meubles ou immeubles justement acquis en une région quelconque du territoire de la République que pour des motifs d'intérêt général et en vertu d'une loi nationale prévoyant le versement préalable d'une indemnité équitable ainsi que le droit pour l'intéressé de saisir, en cas de contestation, les tribunaux de l'ordre judiciaire pour qu'ils se prononcent sur ses droits et fixent le montant de l'indemnité.

La loi nationale peut transférer à la République, à une province ou à une collectivité publique, la propriété de certaines entreprises privées qui présentent un intérêt national essentiel.

Par dérogation aux dispositions des trois alinéas précédents, une loi nationale réglera souverainement le régime juridique des cessions et des concessions foncières faites avant le 30 juin 1960.

Article 44.

L'exercice du commerce est garanti à tous les Congolais sur tout le territoire de la République dans les conditions fixées par la loi nationale.

La circulation des biens est libre sur toute l'étendue de la République.

Article 45.

Sans préjudice de l'action récursoire dont ils disposent le cas échéant, à l'égard de leurs organes en vertu de la loi, les pouvoirs publics sont civilement responsables des actes accomplis par leurs organes dans l'exercice de leur mandat ou de leurs fonctions.

Un recours juridictionnel est ouvert à toute personne lésée dans ses droits par les pouvoirs publics. Sauf dispositions contraires en vertu de la présente Constitution, ce recours est de la compétence des tribunaux ordinaires.

Article 46.

Tout étranger qui se trouve sur le territoire de la République jouit de la protection accordée aux personnes et aux biens en vertu de la présente Constitution, sauf les exceptions établies par la loi nationale.

Il ne jouit des droits réservés aux Congolais par la présente Constitution que dans la mesure fixée par la loi nationale.

Titre III. De la répartition des compétences entre la République et les provinces.

Article 47.

La répartition des compétences entre la République et les provinces est fixée par la présente Constitution.

Les matières sont de la compétence exclusive de la République, de la compétence concurrente de la République et des provinces, ou de la compétence exclusive des provinces.

Article 48.

Sans préjudice des autres dispositions de la présente Constitution, les matières suivantes sont de la compétence exclusive de la République :

1° Les affaires étrangères comprenant les relations diplomatiques ainsi que les traités et accords internationaux ;
2° La réglementation du commerce extérieur ;
3° La nationalité, le statut et la police des étrangers ;
4° L'extradition, l'immigration, l'émigration et la délivrance des passeports et des visas ;
5° La sûreté extérieure ;
6° La défense nationale ;
7° La police de la capitale ;
8° La fonction publique nationale ;
9° Les finances publiques de la République ;

10° L'établissement des impôts sur le revenu, des impôts sur les sociétés et des impôts personnels conformément à l'article 144 ;
11° La dette publique de la République ;
12° Les emprunts extérieurs pour les besoins de la République ou des provinces ;
13° Les emprunts intérieurs pour les besoins de la République ;
14° La monnaie, l'émission de la monnaie et le pouvoir libératoire de la monnaie ;
15° Les poids et mesure ;
16° Les douanes et les droits d'importation et d'exportation ;
17° Le code de commerce, y compris les assurances ;
18° La réglementation concernant les banques et les opérations bancaires ;
19° Le contrôle des changes ;
20° La propriété littéraire, artistique et industrielle et les brevets ;
21° Les postes et les télécommunications, y compris les téléphones et télégraphes, la radiodiffusion et la télévision ;
22° La navigation maritime et intérieure, les lignes aériennes, les chemins de fer, les routes et autres voies de communication, naturelles ou artificielles qui relient deux ou plusieurs provinces ou le territoire de la République à un territoire étranger ou qu'une loi nationale a déclaré d'intérêt national bien qu'elles soient entièrement situées sur le territoire d'une province ;
23° Les universités et autres établissements d'enseignement scientifique ou professionnel supérieur créés ou subventionnés par le Gouvernement central ou par les gouvernements provinciaux et qu'une loi nationale a déclarés d'intérêt national ;
24° L'établissement des normes d'enseignement applicable dans tout le territoire de la République ;
25° Le Code pénal, le régime pénitentiaire ;
26° La procédure suivie devant les cours et tribunaux ;
27° L'acquisition des biens pour les besoins de la République, sans préjudice des dispositions de l'article 43 ;
28° Les professions juridiques et médicales ;
29° La législation du travail comprenant notamment les lois régissant les relations entre employeurs et travailleurs, la sécurité des travailleurs, les règles relatives à la Sécurité sociale et, en particulier, les règles relatives aux assurances sociales et au chômage obligatoire ;
30° La législation économique comprenant notamment les lois concernant les mines, minéraux et huiles minérales, l'industrie, les sources d'énergie et la conservation des ressources naturelles ;
31° La législation sur les arts et métiers ;
32° La législation médicale et l'art de guérir, la médecine préventive, notamment l'hygiène, la salubrité publique et la protection matérielle et infantile, la législation sur la profession de pharmacien, sur le commerce pharmaceutique, sur l'immigration et le transit, les règlements sanitaires bilatéraux et internationaux, la législation sur l'hygiène du travail, la répartition des médecins ;
33° L'élaboration des programmes agricoles et forestiers d'intérêt national et la coordination des programmes d'intérêt provincial ; les offices des produits agricoles et les organismes assimilés ainsi que la répartition du personnel de cadre conformément aux dispositions du statut général des agents de l'administration publique ; la législation générale sur les régimes agricoles et forestiers, sur la chasse et la pêche, sur la conservation de la nature (faune et

flore), sur la capture, sur l'élevage, sur les denrées alimentaires d'origine animale et sur l'art vétérinaire ;

34° Le patrimoine historique, les monuments publics et les parcs déclarés d'intérêt national ;

35° Les services de la météorologie et la coordination technique des services de la géodésie, de la cartographie et de l'hydrographie.

Article 49.

Sans préjudice des autres dispositions de la présente Constitution, les matières suivantes sont de la compétence concurrente de la République et des provinces :

1° La mise en œuvre et la sauvegarde des droits fondamentaux consacrés dans la présente Constitution ;

2° Le droit civil et le droit coutumier ;

3° Les statistiques et le recensement ;

4° La sécurité intérieure ;

5° L'administration des cours et tribunaux, les maisons d'arrêt et les prisons pour peines

6° La vie culturelle ;

7° L'établissement des impôts, y compris les droits d'accise et de consommation, à l'exclusion des impôts visés à l'article 48 ;

8° l'exécution des mesures sur la police des étrangers ;

9° La recherche scientifique ainsi que les institutions de recherche scientifique ;

10° Les institutions médicales et philanthropiques, l'engagement du personnel médical et agricole de cadre.

Article 50.

Sans préjudice des autres dispositions de la présente Constitution, toutes les matières autres que celles qui sont énumérées aux articles 48 et 49 sont de la compétence exclusive des provinces et notamment les matières suivantes :

1° Les institutions politiques et administratives provinciales ;

2° La fonction publique provinciale ;

3° La loi électorale provinciale ;

4° Les finances publiques provinciales ;

5° La dette publique provinciale ;

6° Les emprunts intérieurs pour les besoins des provinces ;

7° L'octroi de concession et de baux sur les terres, mines, minéraux, huiles minérales, ressources hydrauliques, forêts et autres biens nationaux ;

8° Les travaux publics d'intérêt local ;

9° La police provinciale,

10° L'enseignement autre que celui qui est visé à l'article 48 ;

11° Les institutions locales ;

12° L'acquisition des biens pour les besoins des provinces sans préjudice des dispositions de l'article 43 ;

13° L'établissement des peines d'amende ou de prison pour assurer le respect des lois provinciales ;

14° les communications intérieures des provinces ;

15° Les taxes et droits locaux ;

16° Le placement des travailleurs et la fixation des salaires minima dans le respect de la législation nationale ; la discipline du personnel de l'inspection du travail conformément au statut des agents de l'administration publique ; la surveillance des services et des agents de l'organisme national de sécurité sociale conformément au statut de ces agents ;

17° L'affectation du personnel médical conformément au statut des agents de l'administration publique, l'établissement des programmes d'assainissement et de campagne de lutte contre les maladies endémo-épidémiques conformément au planning national, l'organisation des services d'hygiène et de prophylaxie provinciale, l'application et le contrôle de la législation médicale et pharmaceutique nationale, ainsi que l'organisation des services pharmaceutiques, la médecine curative, les entreprises médicales philanthropiques et missionnaires ainsi que les laboratoires médicaux ;

18° L'élaboration des programmes agricoles et forestiers et leur exécution conformément aux normes générales du planning national. L'affectation du personnel agricole de cadre conformément aux dispositions du statut général des agents de l'administration publique ; l'application de la législation nationale en matière agricole, forestière, en élevage, en chasse et pêche, à la conservation de la nature et à la capture, sans préjudice des dispositions de l'article 48 (33°) ;

19° Le patrimoine historique, les monuments publics et les parcs autres que ceux visés à l'article 48 (34°) ;

20° Le contrôle administratif des services de la géodésie, de la cartographie et de l'hydrographie.

Article 51.

Une assemblée provinciale ne peut légiférer sur les matières de la compétence exclusive du Parlement. Réciproquement, le Parlement ne peut légiférer sur les matières de la compétence exclusive d'une assemblée provinciale.

Toutefois, le Parlement peut, par une loi, habiliter une assemblée provinciale à légiférer sur des matières de sa compétence exclusive. Lorsque le Parlement met fin à la délégation de pouvoir ainsi donnée à l'assemblée, les dispositions des lois provinciales promulguées en des matières de la compétence exclusive du Parlement, en vertu de cette délégation de pouvoir, demeurent cependant en vigueur dans la province intéressée jusqu'à ce qu'une loi nationale ait réglé ces matières.

Pareillement, une assemblée provinciale peut, par une loi, habiliter le Parlement à légiférer sur des matières de sa compétence exclusive. Lorsque l'assemblée met fin à la délégation de pouvoir ainsi donnée au Parlement, les dispositions des lois nationales promulguées en des matières de la compétence exclusive des assemblées, en vertu de cette délégation de pouvoir, demeurent cependant en vigueur dans la province intéressée jusqu'à ce qu'une loi provinciale les ait réglées.

Dans les matières relevant de la compétence concurrente de la République et des provinces, toute loi provinciale incompatible avec les lois et règlements d'exécution nationaux est nulle, ou abrogée de plein droit, dans la mesure où il y a incompatibilité.

Le droit national prime sur le droit provincial.

Article 52.

Sauf dispositions contraires de la législation nationale, les gouvernements provinciaux exécutent, par l'intermédiaire de leurs services, les lois et les règlements nationaux.

Titre IV. Des institutions nationales.

Article 53.

Les principales institutions nationales sont :

1° Le Président de la République ;

2° Le Gouvernement, dirigé par un Premier ministre ;

3° Le Parlement, composé de deux Chambres ;

4° La Cour constitutionnelle ;

5° Les cours et les tribunaux.

Section I. Du pouvoir exécutif central.

§1. Le président de la République.

Article 54.

Le Président de la République représente la Nation.

Il est le chef de l'exécutif central. Il détermine et conduit la politique de l'État. Il fixe le cadre de l'action du gouvernement, veille à son application et informe le Parlement de son évolution.

Article 55.

Le Président de la République est élu pour cinq ans.

Son mandat expire six mois après la fin de la législature.

Tout citoyen congolais de naissance, âgé de 40 ans révolus et qui remplit les conditions d'éligibilité au Sénat, peut être élu président de la République.

Le Président de la République n'est rééligible immédiatement qu'une fois.

Article 56.

Le Président de la République est élu par un corps électoral composé des membres du Parlement et des délégués de la ville de Léopoldville qui votent dans la capitale, ainsi que des membres des assemblées provinciales, qui votent chacun au chef-lieu de la province qu'il représente.

La ville de Léopoldville désigne un nombre d'électeurs du président équivalent au nombre des conseillers provinciaux auquel cette ville aurait droit si elle était constituée en province.

Le scrutin est ouvert sur convocation du président de la Chambre des députés trente jours au moins et soixante jours au plus avant l'expiration du mandat du président de la République en exercice.

Les déclarations de candidature à la présidence de la République sont déposées sur le bureau de la Chambre des députés quatre-vingt-dix jours au moins et cent vingt jours au plus avant l'expiration du mandat du président en exercice.

L'élection a lieu à la majorité absolue des suffrages aux deux premiers tours de scrutin, à la majorité relative au troisième tour. Au deuxième tour, seuls restent en compétition les deux candidats qui ont recueilli le plus grand nombre de voix au premier tour.

Avant d'entrer en fonction, le Président de la République prête, devant le président de la Cour constitutionnelle, en présence du Parlement réuni en Congrès national, des gouverneurs des provinces et des membres de la Cour constitutionnelle le serment suivant :

« Moi X..... Élu Président de la République Démocratique du Congo, je jure d'observer la Constitution et les lois de la République Démocratique du Congo, de maintenir l'indépendance nationale et l'intégrité du territoire ».

Une loi organique nationale précise les modalités d'application du présent article.

Article 57.

En cas de vacance de la présidence, par décès, démission ou pour quelque cause que ce soit, ou d'empêchement, constaté par la Cour constitutionnelle saisie par le Premier ministre, ou, à défaut, par son remplaçant désigné conformément à l'alinéa 2 de l'article 67, les fonctions de président de la République sont provisoirement exercées par le président du Sénat. Le Président de la République peut faire constater la fin de l'empêchement par la Cour constitutionnelle.

En cas de vacance ou lorsque l'empêchement est déclaré définitif par la Cour constitutionnelle, l'élection du nouveau président de la République a lieu sur convocation du président de la Chambre des députés soixante jours au moins et quatre-vingt-dix jours au plus après l'ouverture de la vacance ou la déclaration du caractère définitif de l'empêchement.

Les déclarations de candidature sont déposées sur le bureau de la Chambre des députés dans les soixante jours de l'ouverture de la vacance ou de la déclaration du caractère définitif de l'empêchement.

Si la durée du mandat présidentiel restant à courir est égale ou supérieure à trois ans, le nouveau président de la République est élu conformément aux dispositions des alinéas 1, 2 et 5 de l'article 56.

Si la durée du mandat présidentiel restant à courir est inférieure à trois ans, le nouveau président est élu par un corps électoral composé des membres du Parlement, de cinq conseillers par assemblée provinciale et de cinq délégués désignés, en son sein, par l'assemblée des électeurs présidentiels de la ville de Léopoldville visés à l'alinéa 2 de l'article 56. Le corps électoral se réunit en assemblée dans la capitale et l'élection a lieu conformément aux dispositions de l'alinéa 5 de l'article 56.

Le Président de la République élu conformément aux dispositions du présent article exerce ses fonctions jusqu'à l'expiration de la durée normale du mandat de son prédécesseur. Les dispositions de l'alinéa 4 de l'article 55 ne lui sont applicables qu'après ce mandat.

Article 58.

Le président de la République dirige et contrôle la politique étrangère de la République.

Il accrédite les ambassadeurs et les envoyés extraordinaires auprès des puissances étrangères ; les ambassadeurs et les envoyés extraordinaires sont accrédités auprès de lui.

Article 59.

Le président de la République communique avec les deux Chambres soit directement, soit par des messages qu'il fait lire et qui ne donnent lieu à aucun débat.

Il prononce au moins une fois par an devant les Chambres réunies en Congrès national un discours dans lequel il expose la politique du Gouvernement central.

Article 60.

Le Président de la République promulgue les lois nationales dans les conditions fixées par la présente Constitution.

Sauf dans les cas prévus à l'alinéa 6 de l'article 95 et à l'alinéa 7 de l'article 97, il peut, par un message motivé adressé au Parlement, avant l'expiration du délai de promulgation, demander aux Chambres une nouvelle délibération de la loi ou de certains de ses articles.

Cette nouvelle délibération ne peut être refusée. À moins qu'elle n'ait été modifiée conformément aux propositions contenues dans le message du président de la République, la loi n'est définitivement adoptée que si elle recueille, dans chacune des Chambres, les 2/3 des voix de tous les membres qui la composent. Si la loi est adoptée, le président de la République la promulgue dans le délai fixé à l'article 94 (alinéa 1er).

À défaut de promulgation de la loi nationale par le Président de la République dans le délai fixé par la présente Constitution, il y est pourvu par le président de la Chambre des députés.

Article 61.

Le Président de la République assure l'exécution des lois nationales et fait les règlements nationaux de police et d'organisation interne de l'administration centrale. Il exerce ce pouvoir par voie d'ordonnance ou de décrets.

Il peut, dans les conditions fixées aux articles 95 à 97, prendre des décrets ayant force de loi nationale.

Dans tous les cas, les décrets sont délibérés en Conseil des ministres.

Article 62.

Le président de la République nomme le Premier ministre et les autres membres du Gouvernement central.

Il met fin aux fonctions du Premier ministre, d'un ou de plusieurs membres du Gouvernement central, sur présentation par eux de leur démission ou sur proposition du Premier ministre.

Il peut également, de sa propre initiative, mettre aux fonctions du Premier ministre, d'un ou de plusieurs membres du Gouvernement central, notamment lorsqu'un conflit grave l'oppose à eux.

Il tranche souverainement les conflits qui surviennent entre le Premier ministre et les autres membres du Gouvernement.

Article 63.

Le président de la République investit les gouverneurs des provinces du pouvoir de le représenter dans la province.

Il est le Chef suprême des forces armées. Il nomme et révoque, conformément à la loi nationale, le commandant en chef et les autres officiers des forces armées.

Il nomme, conformément à la loi nationale, les conseillers à la Cour constitutionnelle, les conseillers à la Cour suprême de justice, aux cours d'appel et aux autres cours ainsi que les juges de tous les autres tribunaux.

Il nomme et révoque les hauts fonctionnaires de l'administration nationale conformément à la loi nationale.

Le président de la République et son gouvernement disposent de l'administration centrale et des forces armées dans les conditions fixées par la loi nationale.

Il reçoit le serment des membres du Gouvernement central, des gouverneurs des provinces, des conseillers à la Cour constitutionnelle et à la Cour suprême de justice, du commandant en chef des forces armées et des autres officiers supérieurs.

Il peut remettre, commuer et réduire les peines. Toutefois, il ne peut faire grâce à un membre du Gouvernement central ou d'un gouvernement provincial condamné par la

Cour constitutionnelle ou par la Cour suprême de justice que moyennant avis conforme du Conseil supérieur de la magistrature.

Il confère les grades dans les ordres nationaux, conformément à la loi nationale, et les décorations de la République.

Il a le droit de battre monnaie et d'émettre du papier-monnaie en exécution de la loi nationale.

§. 2.— Le Gouvernement central.

Article 64.

Le Gouvernement central se compose du Premier ministre et des ministres dont le nombre ne dépassera pas quinze.

Il peut comprendre en outre, au maximum, trois secrétaires d'État adjoints au Premier ministre ou à un ministre.

Article 65.

Le Premier ministre est nommé par le président.

Les membres du Gouvernement central sont nommés par le président de la République, sur proposition du Premier ministre.

Les portefeuilles ministériels sont, sur proposition du Premier ministre, répartis entre les membres du Gouvernement central par le Président de la République.

Après leur nomination, les membres du Gouvernement central prêtent, devant le Président de la République, le serment suivant :

«Je jure d'observer la Constitution et les lois de la République démocratique du Congo et de remplir loyalement et fidèlement les fonctions qui me sont confiées.»

Article 66.

Le Président de la République doit dans les trente jours de la constitution de l'équipe gouvernementale, si les Chambres sont en session au moment de la formation du Gouvernement, ou dans les trente jours à compter de la réunion des Chambres, si celles-ci étaient en vacances au moment de la formation du Gouvernement, soumettre à l'approbation du Parlement réuni en Congrès national, l'acte de nomination des membres du Gouvernement.

Si le Congrès refuse de donner son approbation, le Gouvernement est réputé démissionnaire et le Président de la République désigne à nouveau un Premier ministre qui compose un autre gouvernement dont l'acte de nomination des membres devra être approuvé conformément à l'alinéa précédent.

Tout nouveau membre nommé par le Président de la République pour faire partie d'une équipe ministérielle en faveur de laquelle le Congrès a donné son approbation comme prévu au premier alinéa du présent article n'entre en fonction qu'après l'approbation de sa nomination par la Chambre des députés.

Sans préjudice des autres dispositions de la présente Constitution, les membres du Gouvernement central exercent leurs fonctions jusqu'à la fin du mandat du Président de la République.

Article 67.

Le Premier ministre dirige l'action du gouvernement central dans le cadre du programme tracé et des décisions prises par le Président de la République. Il tient le Président de la République pleinement informé de la conduite des affaires du gouvernement.

Le Premier ministre, ou en son absence, le ministre désigné par lui, ou à défaut par le cabinet, préside le Conseil de cabinet. Il tranche les conflits qui surviennent entre les membres du gouvernement.

Article 68.

Les ministres sont les chefs de leurs départements. Ils appliquent chacun dans leur département, sous la direction du Premier ministre, le programme fixé et les décisions prises par le président de la République. Ils prennent, dans ces limites, toutes les décisions relatives à la gestion des services publics relevant de leur département. Les secrétaires d'État exercent sous l'autorité du ministre auquel ils sont adjoints les attributions qui leur sont expressément dévolues par le Président de la République. Ils remplacent les ministres pendant leur absence et contresignent, dans ce cas, les actes du Président de la République.

Article 69.

Sous réserve des autres dispositions de la présente Constitution, les membres du gouvernement central ne sont responsables que devant le Président de la République. Ils s'engagent, par le contreseing qu'ils apposent aux actes du président de la République, à exécuter ces actes.

Sous réserve des autres dispositions de la présente Constitution, les moyens de contrôle du Parlement sur le Gouvernement central sont : la question orale, ou écrite, l'interpellation, l'audition par les commissions, la commission d'enquête, l'avertissement ou la remontrance.

Article 70.

En cas d'empêchement permanent du Premier ministre, constaté par le Président de la République, ou lorsqu'il est mis fin aux fonctions du Premier ministre en application des dispositions de l'article 62 (alinéas 2 et 3), le Gouvernement central est réputé démissionnaire.

Le Gouvernement central est réputé démissionnaire à l'expiration du mandat du Président de la République.

Dans tous les cas où le Gouvernement central est démissionnaire, ou réputé démissionnaire, il expédie les affaires courantes jusqu'à la formation d'un gouvernement conformément aux dispositions des articles 64 et 65.

§3. Dispositions communes relatives au président de la République et aux membres du gouvernement central.

Article 71.

Le Président de la République et les membres du Gouvernement central sont pénalement responsables des actes accomplis dans l'exercice de leurs fonctions en cas de haute trahison, de violation intentionnelle de la présente Constitution, de détournement, de concussion ou de corruption et dans les autres cas prévus par une loi organique nationale.

Tout acte contraire à la Constitution nationale par lequel le Président de la République ou un membre du Gouvernement central porte atteinte à l'indépendance nationale ou à l'intégrité du territoire ou par lequel il se substitue ou tente de se substituer aux Chambres, à la Cour constitutionnelle, aux cours et tribunaux, à un gouvernement provincial ou à une assemblée provinciale ou par lequel il les empêche ou tente de les empêcher d'exercer les attributions qui leur sont dévolues par la présente Constitution, est un crime de haute trahison au sens de l'alinéa précédent. Tout acte contraire à la Constitution nationale par lequel le Premier ministre ou un membre du Gouvernement central se substitue ou tente de se substituer au Président de la République ou par lequel il l'empêche ou tente de l'empêcher d'exercer les attributions qui lui sont dévolues par la présente Constitution, est également un crime de haute trahison.

La loi organique nationale visée à l'alinéa premier du présent article définit les autres infractions audit alinéa.

Article 72.

Le Président de la République ou les membres du Gouvernement central ne peuvent être poursuivis pour les infractions prévues au premier alinéa de l'article 71 ni pour aucune autre infraction aux lois pénales que s'ils ont été mis en accusation par une des Chambres se prononçant à la majorité absolue de ses membres et au scrutin secret.

Ils sont traduits devant la Cour constitutionnelle, en cas de haute trahison ou de violation intentionnelle de la présente Constitution, devant la Cour suprême de justice, dans tous les autres cas.

Lorsqu'ils ont condamné pour haute trahison, ou pour violation intentionnelle de la présente Constitution ou lorsqu'ils sont frappés d'une condamnation qui entraîne, aux termes de la loi électorale nationale, la privation du droit d'être élu sénateur, la Cour constitutionnelle prononce leur destitution.

Une loi nationale détermine les peines applicables au crime de haute trahison et les modalités d'application du présent article.

§ 4. La Conférence des gouverneurs des provinces.

Article 73.

La conférence des gouverneurs des provinces se compose du Président de la République qui la préside, du Premier ministre et des gouverneurs des provinces.

Sans préjudice des autres dispositions de la présente Constitution, la conférence a un rôle consultatif.

Elle se réunit au moins une fois par an sur convocation de son président.

La conférence des gouverneurs des provinces a pour but de renforcer l'unité de la République et de faciliter la coordination de la politique des provinces.

Une loi organique nationale détermine les modalités d'application du présent article.

Section II. Du pouvoir législatif national.

1. La composition et le fonctionnement du Parlement.

Article 74.

Le Parlement national se compose de la Chambre des députés et du Sénat.

Les députés représentent la Nation.

Les sénateurs élus par les assemblées provinciales représentent chacun la province à laquelle appartient l'assemblée qui les a élus. Les sénateurs élus par la ville de Léopoldville représentent chacun celle-ci.

Article 75.

Les députés sont élus au suffrage universel direct et secret à raison d'un député par 100 000 habitants ; chaque fraction de population égale ou supérieure à 50 000 donne droit à un député de plus.

La ville de Léopoldville et chacune des provinces sont représentées par six sénateurs. Les sénateurs représentant les provinces sont élus par les assemblées provinciales. L'un des six sénateurs représentant chaque province est un chef coutumier ou un notable élu en cette qualité.

Les sénateurs de la ville de Léopoldville sont élus au suffrage universel direct et secret.

En sus des sénateurs visés au 2e alinéa du présent article, font de droit, partie à vie du Sénat les anciens présidents de la République.

Article 76.

La durée de la législature est de cinq ans.

Les pouvoirs des Chambres expirent le 15 juin de la cinquième année qui suit leur élection.

L'élection des nouvelles Chambres a lieu soixante jours au moins et quatre-vingt-dix jours au plus avant la fin de la législature.

Pour être électeur, il faut être Congolais, être âgé de 18 ans révolus et ne pas se trouver dans un des cas d'exclusion prévus par la loi électorale nationale.

Pour être éligible à la Chambre des députés, il faut être Congolais, être âgé de 25 ans révolus et ne pas se trouver dans un des cas d'exclusion prévus par la loi électorale nationale.

Pour être éligible au Sénat, il faut être Congolais, âgé de 30 ans révolus et ne pas se trouver dans un des cas d'exclusion prévus par la loi électorale nationale.

La loi électorale fixe les modalités des opérations électorales et les conditions dans lesquelles sont désignées les personnes appelées, en cas de vacance du siège, à remplacer les membres de l'une ou l'autre Chambre jusqu'au renouvellement du Parlement.

Article 77.

Chaque Chambre vérifie les pouvoirs de ses membres.

En cas de contestation, la Cour constitutionnelle statue conformément à la législation nationale.

Article 78.

Le mandat d'un parlementaire prend fin par la mort, la démission, l'incapacité permanente, l'absence non motivée et non autorisée à plus d'un quart des séances d'une session ordinaire ou lorsque le parlementaire tombe dans un des cas d'exclusion prévus par la loi électorale nationale.

Article 79.

Chaque Chambre adopte son règlement d'ordre intérieur. Avant d'être mis en application, le règlement d'ordre intérieur est communiqué par le Président de la Chambre intéressée à la Cour constitutionnelle qui se prononce sur la conformité de ce règlement à la présente Constitution. Les dispositions déclarées non conformes ne peuvent être mises en application.

Toute modification ultérieure du règlement est soumise à la même procédure.

Chaque Chambre définit, dans le cadre de son règlement d'ordre intérieur, l'organisation administrative de ses services.

Les services administratifs de chaque Chambre sont placés sous la haute autorité d'un secrétaire général nommé conformément aux règles du statut des fonctionnaires du Parlement. Le secrétaire général gère les fonds de l'Assemblée. Il a la garde des archives de la Chambre.

Une loi nationale fixe le statut des fonctionnaires du Parlement conformément aux dispositions de l'article 156.

Article 80.

Les Chambres se réunissent en session ordinaire deux fois par an.

La première session s'ouvre le premier lundi de mars et prend fin le premier lundi de juin si l'ordre du jour n'est pas épuisé plus tôt ; la seconde session s'ouvre le premier lundi de septembre et prend fin le premier lundi de décembre si l'ordre du jour n'est pas épuisé plus tôt.

Les Chambres sont convoquées en session extraordinaire par le président de la République agissant de sa propre initiative ou à la demande du quart des membres de l'une ou l'autre Chambre.

Chaque Chambre est convoquée en session extraordinaire par son président à la demande du tiers des membres qui la composent. Dans ce cas, l'autre Chambre se réunit de plein droit.

Dans les cas visés aux deux alinéas précédents, l'acte de convocation fixe l'ordre du jour de la session.

Les Chambres se réunissent de plein droit en session extraordinaire le lendemain du jour où expirent les pouvoirs des chambres précédentes en vue de constituer leur bureau.

Le Président de la République déclare la clôture des sessions ordinaires, sur proposition des bureaux des Chambres et celle des sessions extraordinaires dès que les Chambres ont épuisé l'ordre du jour.

Les sessions de l'une et l'autre Chambre sont simultanées. Toute réunion de l'une d'elles tenue hors du temps des sessions est nulle de plein droit.

Article 81.

Les séances des Chambres sont publiques. Chaque Chambre peut décider de siéger à huis clos ; il lui est permis, en ce cas de décider ensuite si la séance doit être reprise en public sur le même sujet.

Le président a la police de l'assemblée. Il peut, après en avoir donné l'avertissement, expulser à l'instant toute personne appartenant au public qui trouble l'ordre ou qui donne des marques d'approbation ou de désapprobation.

Toute personne qui refuse d'obtempérer à un ordre d'expulsion est passible de la peine prévue par la loi nationale.

Il est tenu un compte rendu et un procès-verbal des séances, qui sont publiés dans les conditions déterminées par une loi nationale.

Le Président de chaque Chambre assure par sa signature l'authenticité des actes de la Chambre.

Article 82.

Chaque année, à la session ordinaire de mars, chaque Chambre élit son bureau qui comprend un président, un vice-président et deux secrétaires.

Article 83.

Les Chambres ne se réunissent en congrès national que dans les cas expressément prévus par la présente Constitution.

Lorsque les Chambres siègent en Congrès national, le bureau du congrès est celui de la Chambre des députés et le président du congrès est à tour de rôle le président du Sénat et le président de la Chambre des députés.

L'article 79 (alinéas 1, 2 et 3) est applicable mutatis mutandis au congrès national.

Article 84.

Outre les commissions permanentes de chaque Chambre, les deux Chambres constituent une ou plusieurs commissions parlementaires permanentes mixtes composées de membres élus, en nombre égal, par chacune des deux Chambres.

Les commissions permanentes mixtes compétentes se réunissent pour concilier les points de vue lorsque les Chambres sont en désaccord au sujet d'une question sur laquelle elles doivent adopter la même décision pour que celle-ci soit valide.

Article 85.

Les membres du Parlement exercent leur mandat en toute indépendance.

Tout mandat impératif est nul et le droit de vote est personnel.

Les membres du Parlement ne peuvent assister aux débats relatifs à des questions dans lesquelles ils ont un intérêt personnel.

Article 86.

Les membres du gouvernement central ont le droit et, s'ils en sont requis, l'obligation d'assister aux séances des Chambres. Ils doivent être entendus chaque fois qu'ils le demandent. Ils peuvent se faire assister de commissaires du gouvernement. Ils ne prennent pas part au vote.

Article 87.

Pour les séances de chaque Chambre ou du Parlement réuni en congrès national, un tiers des membres constitue le quorum. Toutefois, sous réserve des autres dispositions de la présente Constitution, chacune des deux Chambres ou le Parlement réuni en congrès national ne prennent leurs décisions qu'autant que la majorité absolue de leurs membres se trouve réunie.

Sous réserve des autres dispositions de la présente Constitution, toute résolution, toute décision est prise à la majorité des suffrages.

Article 88.

Les votes sont émis soit à haute voix, soit par assis et levé. Sur l'ensemble d'un texte de loi, il est voté par appel nominal et à haute voix.

Les votes peuvent également être émis par un système technique donnant des garanties équivalentes.

Sous réserve des autres dispositions de la présente Constitution, chaque Chambre peut décider le secret du vote pour l'adoption d'une résolution déterminée. Les présentations et élections de candidats se font au scrutin secret.

Article 89.

Le Français est la langue officielle du Parlement, chacune des Chambres peut admettre également d'autres langues de travail.

2. L'élaboration des lois

Article 90.

Le pouvoir législatif national est exercé collectivement par la Chambre des députés et le Sénat.

L'initiative des lois nationales appartient concurremment au président de la République et à chacun des membres du Parlement.

Les avant-projets ou propositions de loi nationale sont d'abord soumis pour avis au Conseil de législation.

Le Conseil renvoie les avant-projets de loi au gouvernement central et les propositions de loi au bureau de la Chambre qui les lui a transmises. Dans l'un et l'autre cas, il présente un rapport.

Le projet ou proposition de loi sur lequel le Conseil de législation a donné son avis est examiné successivement par l'une et l'autre Chambre en vue de l'adoption d'un texte identique.

Les membres du gouvernement central ont le droit d'amendement.

Dans chaque Chambre, tout projet ou proposition de loi est d'abord examiné par la commission compétente qui le présente à l'assemblée avec un rapport motivé. Il est ensuite discuté par l'assemblée qui statue à son sujet article par article et se prononce sur son adoption par un vote final portant sur l'ensemble des articles.

Article 91.

Le Parlement vote les projets de loi budgétaire qui doivent être déposés sur les bureaux des Chambres au plus tard à la session de septembre. Il procède conformément aux dispositions de l'article 90.

Tout amendement au projet de budget entraînant un accroissement de dépenses doit prévoir les voies et moyens nécessaires et tout amendement entraînant une diminution de recettes qui aura pour effet de rompre l'équilibre du budget doit prévoir une diminution de dépenses correspondantes ou des recettes nouvelles.

Si le Parlement ne s'est pas prononcé sur le projet présenté par le gouvernement avant l'ouverture du nouvel exercice, les dispositions de ce projet peuvent être mises en vigueur par décret-loi.

Si le projet de loi budgétaire d'un exercice n'a pas été déposé en temps utile pour être promulgué avant le début de cet exercice, le président de la République demande au Parlement l'ouverture des crédits provisoires nécessaires. Dans le cas où le Parlement ne se prononce pas dans les quinze jours sur l'ouverture des crédits provisoires, les dispositions du projet prévoyant ces crédits sont mises en vigueur par décret-loi.

Si jusqu'à l'ouverture de la session de mars, le gouvernement n'a pas déposé son projet de budget, il est réputé démissionnaire.

Si jusqu'à la clôture de la session de mars, le Parlement n'a pas voté le projet de budget présenté par le gouvernement soixante jours, au moins auparavant, le président de la République met les dispositions du projet en vigueur par décret-loi.

Article 92.

La loi électorale nationale, la loi sur la nationalité et les lois nationales auxquelles la présente Constitution confère le caractère de lois organiques ne sont adoptées par chaque Chambre qu'à la majorité absolue, au moins, de ses membres. Elles sont modifiées dans les mêmes conditions.

Elles ne peuvent être promulguées qu'après avoir été soumises à la Cour constitutionnelle qui en vérifie, dans le délai d'un mois, la conformité à la présente Constitution.

Article 93.

Si un projet ou une proposition de loi est déclaré urgent par le président de la République, il est examiné par priorité, dans chaque Chambre, par la commission compétente suivant une procédure prévue par une loi organique nationale. La même loi détermine les formes de publicité des travaux de la commission et le délai dans lequel la commission et la Chambre doivent se prononcer sur ce projet ou sur cette proposition urgente.

Si la commission ou la Chambre ne se prononce pas dans le délai fixé, le projet ou la proposition est réputé adopté, suivant le cas, par la commission ou la Chambre.

La procédure normale doit être appliquée aux projets ou aux propositions de loi portant amendement de la présente Constitution ou modifiant les lois organiques, la loi électorale et la loi sur la nationalité ainsi qu'aux projets ou aux propositions de loi relatives à la délégation de pouvoir prévue à l'article 95.

Article 94.

Sous réserve des dispositions de l'alinéa 2 de l'article 60, les lois nationales sont promulguées par le président de la République, dans les dix jours de leur transmission au gouvernement central par le président de la Chambre dont le vote a entraîné leur adoption définitive.

Les lois nationales sont revêtues du sceau de la République et publiées au journal officiel de la République immédiatement après leur promulgation.

À moins qu'elle n'en dispose autrement, une loi nationale entre en vigueur trente jours après sa publication au journal officiel.

Article 95.

Les Chambres peuvent, soit de leur propre initiative, soit à la demande du président de la République, déléguer à celui-ci par une loi, l'exercice du pouvoir législatif national pour certaines matières déterminées et pour la durée qu'elles fixent.

Le président de la République exerce le pouvoir qui lui est ainsi délégué par voie de décrets-lois délibérés en Conseil des ministres. Les Chambres peuvent demander au gouvernement central de communiquer à leurs bureaux dans le délai qu'elles fixent les décrets-lois délibérés en Conseil des ministres.

Si un décret-loi est rejeté par l'une ou l'autre Chambre dans le délai fixé par la loi visée au premier alinéa, le président de la République ne peut le promulguer.

Les décrets-lois sont publiés dans les mêmes conditions que les lois nationales et ont force de loi nationale.

Les Chambres peuvent à tout moment modifier ou retirer, par une loi, les pouvoirs délégués au Président de la République.

Article 96.

Dans les cas extraordinaires de nécessité et d'urgence, autres que ceux visés à l'article 97, le Président de la République peut prendre des décrets ayant force de loi.

Il les présente, dans les 24 heures de leur signature, aux bureaux des Chambres en vue de leur approbation par une loi et à la Cour constitutionnelle qui vérifie leur conformité à la présente Constitution.

Lorsque les Chambres ne sont pas en session, le président de la République les convoque en session extraordinaire. Les décrets-lois qui ne sont pas approuvés dans un délai de soixante jours à compter de leur publication cessent de produire leurs effets.

Article 97.

En temps de guerre, le président de la République proclame l'état de siège. Lorsqu'un danger extérieur menace la République ou que le fonctionnement régulier des institutions de la République ou d'une province est interrompu, le président de la République proclame l'état d'urgence. Il prend alors les mesures urgentes nécessaires pour faire face à la situation.

Le Président de la République dépose la déclaration de l'état de siège ou d'urgence ainsi que chacune des mesures qui sont normalement du domaine de la loi ou qui dérogent à la présente Constitution, immédiatement après leur signature, sur les bureaux des Chambres, en vue de leur approbation par le Parlement. Si les Chambres ne sont pas en session, il les convoque à cet effet.

Les mesures d'urgence sont, dès leur signature, soumises à la Cour constitutionnelle qui déclare si elles dérogent ou non à la présente Constitution.

Avant la réunion des Chambres, la Cour constitutionnelle examine, en outre, à la demande du bureau de l'une ou l'autre Chambre, si les mesures prises sont entachées d'excès de pouvoir. Elle déclare nulle et non avenue toute mesure entachée d'excès de pouvoir.

La proclamation de l'état de siège ou d'urgence et les mesures d'urgence qui sont du domaine de la loi cessent, de plein droit, de produire leurs effets si les Chambres les rejettent ou, en tout cas, ne les approuvent pas dans un délai de soixante jours à compter de leur dépôt sur les bureaux des Chambres, si celle-ci est en session, ou de la réunion des Chambres, si celles-ci sont en vacances au moment de la proclamation de l'état de siège ou d'urgence. Les mesures déclarées dérogatoires à la présente Constitution par la Cour constitutionnelle ne sont approuvées qu'à la majorité de deux tiers de chaque Chambre et le délai de soixante jours mentionnés ci-dessus est, dans ce cas, réduit à quinze jours.

L'état de siège ou d'urgence peut être proclamé sur tout ou partie du territoire de la République pour une période de six mois au maximum. Il peut être prorogé pour des périodes successives de trois mois dans les mêmes conditions qu'il est proclamé.

Les Chambres peuvent à tout moment mettre fin par une loi à l'état de siège ou d'urgence.

3. Dispositions particulières.

Article 98.

Il ne peut être présenté de pétition aux Chambres que par écrit.

Chaque Chambre a le droit d'envoyer aux membres du gouvernement central les pétitions qui lui sont adressées.

Les membres du gouvernement central sont tenus de donner des explications en réponse au contenu des pétitions chaque fois que l'une des Chambres l'exige.

Article 99.

Aucun membre du Parlement ne peut être poursuivi, arrêté, détenu ou jugé en raison des opinions ou votes émis par lui dans l'exercice de ses fonctions.

Aucun membre du Parlement ne peut, pendant la durée d'une session, être poursuivi ou arrêté, en matière répressive, qu'avec l'autorisation de la Chambre dont il fait partie, sauf le cas de flagrant délit.

La détention d'un membre du Parlement ou les poursuites contre un membre du Parlement sont suspendues si la Chambre dont il fait partie le requiert, mais cette suspension ne peut dépasser la durée de la session en cours.

En dehors des sessions, aucun membre du Parlement ne peut être arrêté sans l'autorisation du bureau de la Chambre dont il fait partie, sauf les cas de flagrant délit ou d'attentat contre la vie ou l'intégrité corporelle, de corruption, ou encore s'il s'agit de poursuites autorisées ou de l'exécution d'une condamnation.

Titre V. Des institutions provinciales.

Section I. Dispositions générales.

Article 100.

Les provinces sont subdivisées en entités administratives dénommées : Arrondissements ou villes, communes et chefferies.

Les principaux organes de la province sont les suivants :

1° Le gouvernement provincial ;

2° L'assemblée provinciale.

Article 101.

Les provinces et les autorités qui en dépendent sont tenues au respect de la présente Constitution ainsi que des mesures prises par les autorités centrales conformément à ladite Constitution.

Sous réserve des autres dispositions de la présente Constitution, chaque province organise ses institutions et édicte sa propre législation.

Lorsque l'état de siège ou d'urgence a été proclamé ou lorsque l'assemblée provinciale le demande, le Président de la République nomme, par décret, un comité présidé par un haut-commissaire de la République qui est chargé de diriger la province.

Section II. Du gouvernement provincial.

Article 102.

Le gouvernement provincial se compose du gouverneur de province et des membres dont le nombre fixé par une loi provinciale ne peut être supérieur à six.

Pour être désigné gouverneur ou membre d'un gouvernement provincial, il faut remplir les conditions d'éligibilité à l'assemblée provinciale.

Article 103.

Le gouverneur de province est le chef de l'exécutif provincial ; il représente le président de la République dans la province.

Article 104.

Le gouverneur de province est élu par l'assemblée provinciale en son sein ou en dehors d'elle, à la majorité des trois quarts des membres composant l'assemblée aux deux premiers tours. Après deux tours de scrutin, seuls restent en compétition, les deux candidats qui ont recueilli le plus grand nombre de voix au deuxième tour et l'élection a lieu à la majorité des deux tiers de l'assemblée.

La date du scrutin est fixée par le président de l'assemblée provinciale. Le scrutin doit avoir lieu huit jours au moins et trente jours au plus à compter de la date de la constitution du bureau de l'assemblée.

Si le gouverneur n'est pas élu dans un délai d'un mois à compter de l'ouverture du scrutin, le Président de la République proclame l'état d'urgence ; celui-ci prend fin dès que le gouverneur de province est élu.

Après son élection, le gouverneur est de droit investi des pouvoirs de représentant du chef de l'État dans la province, par le Président de la République.

Avant d'entrer en fonction, il prête le serment suivant entre les mains du Président de la République : « Je jure d'observer la Constitution de la République Démocratique du

Congo, ainsi que les lois nationales et provinciales prises conformément à cette Constitution et de remplir loyalement et fidèlement les fonctions qui me sont confiées ».

Article 105.

Le gouverneur de province dirige la politique de la province en collaboration avec l'équipe gouvernementale qu'il préside.

Il coordonne et contrôle l'activité des autres membres du gouvernement et détermine les attributions de chacun de ceux-ci.

Il tranche souverainement tout conflit d'attribution qui surgit entre les membres du gouvernement.

Il élabore chaque année un projet du budget qu'il soumet à l'assemblée.

Il promulgue et publie les lois provinciales.

Il assure l'exécution des lois provinciales et fait les règlements provinciaux de la police et d'organisation interne de l'administration provinciale. Il exerce ce pouvoir par voie d'arrêtés.

Il dispose des services provinciaux dans les conditions fixées par la loi provinciale.

Il prend, en cas d'urgence dûment constatée et sous forme d'arrêtés-loi, les mesures législatives qu'impose à la province une loi nationale, un décret-loi ou une ordonnance, si deux rappels successifs à l'assemblée sont restés sans suite.

Il assure l'exécution des actes législatifs et réglementaires nationaux dont il est chargé par le gouvernement central.

Il dirige les services administratifs nationaux qui existent dans la province et les relations qu'appelle la coordination entre les institutions centrales et provinciales.

Il peut défendre en justice à toute action intentée contre la province. Il peut intenter sans délibération préalable de l'assemblée, les actions qui ont pour objet des biens meubles ainsi que les actions possessoires et faire tous les actes conservatoires.

Il choisit les avocats et les mandataires chargés de représenter la province devant les tribunaux.

Les actions de la province, en demandant ou en défendant, sont exercées par le gouverneur de province.

Article 106.

La durée normale du mandat du gouverneur de province correspond à une législature.

Son mandat prend fin par le décès, la démission ou la destitution ou au début de chaque nouvelle législature au moment de la prestation du serment du nouveau gouverneur. La démission n'est valable que si elle est acceptée par l'assemblée provinciale.

En cas d'absence ou d'empêchement, le gouverneur est remplacé par un membre du Gouvernement désigné par lui ou à défaut, par le Conseil de cabinet.

En cas de vacance du poste de gouverneur, pour quelque cause que ce soit, ou d'empêchement définitif constaté par la Cour constitutionnelle saisie par le Président de la République, par le Président de l'assemblée provinciale ou par le Conseil de cabinet, les fonctions du gouverneur de province sont exercées provisoirement par un membre du gouvernement désigné par le Conseil de cabinet.

L'élection du nouveau gouverneur a lieu sur convocation du Président de l'assemblée provinciale, au plus tard le trentième jour après l'ouverture de la vacance ou la constatation de l'empêchement définitif.

Article 107.

Les membres du gouvernement provincial sont nommés par le gouverneur de province au sein ou en dehors de l'assemblée provinciale. Ils n'entrent en fonction qu'après l'approbation de leur nomination par l'assemblée provinciale et la prestation de serment entre les mains du Gouverneur.

Si l'assemblée provinciale refuse d'approuver la nomination des membres nommés par le gouvernement, celui-ci doit composer une autre équipe gouvernementale à présenter devant l'assemblée.

La fonction de membre du gouvernement provincial prend fin par le décès, la démission acceptée par le gouverneur ou la destitution prononcée conformément à l'article 110, ou lorsque le mandat du gouvernement prend fin, pour quelque cause que ce soit.

Le gouvernement sortant expédie les affaires courantes jusqu'à l'entrée en fonction d'un nouveau gouverneur.

Article 108.

Le gouverneur de province et les autres membres du gouvernement provincial répondent pénalement de tout acte contraire à la présente Constitution ou à la constitution provinciale par lequel ils se substituent ou tentent de se substituer au président de la République, au gouvernement central, aux Chambres législatives, à la Cour constitutionnelle, aux cours et tribunaux ou à l'assemblée provinciale, ou par lequel ils empêchent ou tentent d'empêcher les autorités ou corps constitués susdits d'exercer les attributions qui leur sont confiées par la présente Constitution ou par la constitution provinciale.

Ils ne peuvent être mis en accusation pour les faits prévus ci-dessus que par le Président de la République ou par l'assemblée provinciale statuant au scrutin secret et à la majorité absolue de ses membres. Néanmoins, les membres du gouvernement provincial autres que le gouverneur de province peuvent également être mis en accusation par ce dernier.

Les membres du gouvernement provincial mis en accusation conformément aux dispositions du présent article sont jugés par la Cour constitutionnelle.

Une loi nationale déterminera le mode de procéder contre les accusés ainsi que les peines qui leur seront applicables.

Article 109.

Le gouverneur de province et les autres membres du gouvernement provincial ne peuvent faire l'objet de poursuite pour infraction de droit commun que s'ils ont été mis en accusation par le président de la République ou par l'assemblée provinciale statuant dans les conditions prévues au deuxième alinéa de l'article précédent. Ils sont, dans ce cas, jugés par la Cour suprême de justice.

Une loi nationale déterminera le mode de procéder contre les accusés.

Article 110.

En cas de condamnation par la Cour constitutionnelle ou lorsqu'il a été frappé, par la Cour suprême de justice, d'une condamnation qui entraîne, aux termes de la loi électorale nationale, la privation du droit d'être élu conseiller provincial, le gouverneur de province est destitué par le Président de la République ; les autres membres du gouvernement provincial sont, dans les mêmes cas, destitués par le gouverneur de province.

Section III. De l'assemblée provinciale.

Article 111.

L'assemblée provinciale se compose :

1° Des conseillers provinciaux élus au suffrage universel direct et au scrutin secret ;
2° Des conseillers provinciaux cooptés par les conseillers élus parmi les notables et les chefs coutumiers.

L'assemblée compte un représentant élu pour 25 000 habitants. Chaque fraction de la population égale ou supérieure à 12 500 donne droit à un représentant élu de plus. Le nombre de membres élus d'une assemblée ne peut être inférieur à quinze.

Le nombre de chefs et notables cooptés est égal au cinquième du nombre des conseillers élus sans toutefois être inférieur à trois.

Les conseillers provinciaux représentent la province et non la circonscription électorale, ni aucune autre entité électorale, ni aucune autre entité administrative dont ils sont issus.

Article 112.

La durée de la législature est de cinq ans. Les pouvoirs de l'Assemblée expirent le 15 mai de la cinquième année qui suit son élection.

L'élection des conseillers provinciaux a lieu trente jours au moins et soixante jours au plus avant la fin de la législature.

Pour être électeur, il faut remplir les conditions prévues à l'article 76 (alinéa 3) et avoir sa résidence habituelle dans la province depuis un an.

Pour être éligible à l'assemblée provinciale, il faut remplir les conditions prévues par l'article 76 (alinéa 4) pour être éligible à la Chambre des députés.

Les modalités de l'élection et de la cooptation des conseillers provinciaux sont déterminées par la loi provinciale. La même loi fixe les conditions dans lesquelles sont élues ou cooptées les personnes appelées à assurer, en cas de vacance du siège, le remplacement des conseillers provinciaux jusqu'au renouvellement de l'assemblée.

Article 113.

Chaque année, l'assemblée provinciale se réunit de plein droit en deux sessions ordinaires, les premiers lundis d'avril et d'octobre. La durée de chaque session ordinaire est de quinze jours au moins et de soixante jours au plus.

La clôture des sessions ordinaires est prononcée, sur proposition du président de l'assemblée, par le gouverneur de province.

Chaque année, à la session ordinaire d'avril, l'assemblée élit son bureau qui comprend un président, un vice-président et deux secrétaires.

La première session de la législature est convoquée par le gouverneur en exercice dans les quinze jours qui suivent la clôture du scrutin pour l'élection des conseillers provinciaux. L'assemblée procède à la vérification des pouvoirs de ses membres avant d'élire le bureau définitif.

L'assemblée se réunit en session extraordinaire sur convocation du gouverneur de province ou du président de l'assemblée pour un ordre du jour déterminé. Le président de l'assemblée doit convoquer celle-ci si un cinquième des conseillers provinciaux le demandent. La session extraordinaire est close par arrêté du gouverneur dès que l'ordre du jour est épuisé. Toute réunion de l'assemblée en dehors de la session ordinaire ou extraordinaire est nulle de plein droit.

Article 114.

L'assemblée provinciale se réunit au chef-lieu de la province à moins que pour cause d'évènement extraordinaire, elle ne soit autorisée par le gouverneur à siéger dans une autre localité de la province.

Article 115.

À la première session de la législature, l'assemblée, après avoir procédé aux opérations prévues à l'alinéa 4 de l'article 113, élit les sénateurs appelés à représenter la province au Sénat.

L'élection se fait conformément à la loi électorale nationale.

Article 116.

Lorsque l'assemblée est appelée, en vertu de la présente Constitution, à approuver un acte d'une autorité du pouvoir central ou lorsqu'elle demande au Président de la République de prendre les mesures prévues aux articles 4 (alinéa 4) et 101 (alinéa 3), elle statue à la majorité absolue des membres qui la composent.

Article 117.

Dans les limites de l'autonomie reconnue aux provinces par la présente Constitution, la Constitution et les lois provinciales sont adoptées par l'assemblée provinciale.

L'initiative de la révision de la Constitution et des lois provinciales appartient concurremment au gouverneur de province et à chacun des membres de l'assemblée.

La Constitution provinciale ainsi que toute loi constitutionnelle provinciale qui la modifie est, avant sa promulgation, soumise par le gouverneur à la Cour constitutionnelle qui se prononce dans un délai de soixante jours, sur sa conformité à la présente Constitution.

Article 118.

L'assemblée donne son avis sur toutes les questions que lui soumet le Premier ministre, ainsi que chaque Chambre.

Article 119.

Le président de l'Assemblée assure par sa signature l'authenticité des actes de l'Assemblée.

Article 120.

Les dispositions des articles 77, 78, 79, 81 (alinéas 1 à 5), 85, 88, 90 (alinéas 3, 4, 6 et 7), 91, 93, 94 et 99 sont applicables mutatis mutandis aux assemblées provinciales et à leurs membres.

Section IV. Des rapports entre le gouvernement et l'Assemblée provinciale.

Article 121.

Les dispositions des articles 59, 69 (alinéa 2), 86 et 95 sont applicables, mutatis mutandis, au gouverneur et aux membres du gouvernement provincial dans leurs rapports avec l'assemblée provinciale.

Titre VI. Du pouvoir judiciaire.

Section I. Dispositions générales.

Article 122.

Le pouvoir judiciaire est indépendant des pouvoirs législatif et exécutif. Il est dévolu aux cours et tribunaux.

En aucun cas, il ne peut être exercé par les organes du pouvoir législatif ou du pouvoir exécutif.

Les cours et tribunaux ne peuvent être institués que par la loi nationale. Il ne peut être créé des commissions ni des tribunaux extraordinaires sous quelques dénominations que ce soit.

La justice est rendue sur le territoire de la République au nom du peuple.

Les arrêts et les jugements, les ordonnances des cours et tribunaux sont exécutés au nom du Président de la République.

Article 123.

Les cours et tribunaux appliquent la loi et la coutume pour autant que celle-ci soit conforme aux lois, à l'ordre public et aux bonnes mœurs.

Les cours et tribunaux n'appliquent les actes réglementaires que pour autant qu'ils sont conformes aux lois.

Article 124.

En temps de paix, les tribunaux militaires ne connaissent que des infractions commises par les membres des forces armées.

Le Président de la République peut, lorsque l'état de siège ou d'urgence a été proclamé et après avis conforme du procureur général près la Cour suprême de justice, suspendre dans une partie de la République et pour la durée qu'il fixe, l'action répressive des cours et tribunaux et y substituer celle des juridictions militaires pour les infractions pénales qu'il détermine.

Dans les cas où l'action des juridictions militaires est substituée à celle des cours et tribunaux de droit commun, les droits de défense et de recours ne peuvent être supprimés.

Section II. Des cours et tribunaux.

Article 125.

L'ensemble des cours et tribunaux comprend une Cour suprême de justice, des cours d'appel, des cours militaires et les tribunaux institués par la loi nationale.

L'organisation, la compétence des cours et des tribunaux ainsi que la procédure suivie sont réglées par la loi nationale.

Article 126.

La Cour suprême de justice comporte deux sections :

- La section judiciaire
- La section administrative.

La section judiciaire est compétente notamment :

1° Pour connaître des pourvois en cassation formés pour violation de la loi contre les décisions rendues en dernier ressort par la section judiciaire des cours d'appel et par les tribunaux ; dans ce cas, elle ne connaît pas du fond des affaires.

2° Pour juger le président de la République, les membres du Gouvernement central, les gouverneurs des provinces et les membres des gouvernements provinciaux dans les cas prévus par la présente Constitution.

La section administrative est compétente notamment :

1° Pour connaître en premier et dernier ressort des recours en annulation pour violation de la loi, formés contre les actes, règlements et décisions des autorités administratives centrales ;
2° Pour connaître de l'appel des décisions rendues par les sections administratives des cours d'appel sur les recours en annulation pour violation de la loi, formés contre les actes, règlements et décisions des autorités administratives provinciales et des autorités administratives locales ;
3° Pour connaître, dans les cas où il n'existe pas d'autres juridictions compétentes, de demandes d'indemnités relatives à la réparation d'un dommage exceptionnel résultant d'une mesure prise ou ordonnée par la République, la province ou l'autorité locale ; la section administrative de la cour se prononce en équité par voie d'avis motivé en tenant compte de toutes les circonstances d'intérêt public ou privé.

Article 127.

La compétence de la Cour suprême de Justice s'exerce sur toute l'étendue du territoire de la République. Les arrêts de la Cour suprême de justice sont obligatoires pour les cours et tribunaux inférieurs et ne sont susceptibles d'aucun recours.

Article 128.

Les cours d'appel comprennent une section judiciaire et une section administrative.

La section administrative est compétente pour connaître en premier ressort des recours en annulation pour violation de la loi, formés contre les actes, règlements et décisions des autorités administratives provinciales et des autorités administratives locales.

Section III. Des magistrats et du Conseil supérieur de la magistrature.

Article 129.

Le statut des magistrats est fixé par une loi nationale. Leur nomination ne peut se faire qu'en vertu d'une loi nationale.

Le magistrat du siège est inamovible ; il ne peut être déplacé que par une nomination nouvelle et de son consentement. Il est nommé à vie.

Le Président de la République nomme, suspend et révoque les magistrats du parquet.

Article 130.

Le Conseil supérieur de la magistrature comprend :

1° Un membre désigné par la Cour constitutionnelle, en son sein ou en dehors d'elle, parmi les magistrats du siège ;
2° Le premier président de la Cour suprême de justice et un autre membre de ladite cour ;
3° Trois magistrats du siège élus par les délégués des cours d'appel ;
4° Sept magistrats du siège élus par les délégués des autres tribunaux.

Le Conseil supérieur est présidé par le Président de la République. Le ministre de la Justice en est le vice-président de droit. Il peut suppléer le président de la République.

Le Conseil supérieur de la magistrature donne son avis sur les nominations des magistrats du siège des cours et des tribunaux. Il est consulté sur les grâces.

Le Conseil supérieur de la magistrature statue comme conseil de discipline des magistrats du siège. Il est alors présidé par le premier président de la Cour suprême de justice.

Une loi nationale détermine le nombre des délégués des cours d'appel et celui des délégués des tribunaux appelés à élire les membres du Conseil visés aux numéros 3 et 4 de l'alinéa premier, ainsi que les modalités de désignations de ces délégués.

Elle déterminera également dans quelles conditions le conseil donne son avis en matière de nomination des magistrats du siège ainsi qu'en matière de grâce.

Titre VII. Des organismes auxiliaires.

Section I. Des conseils économiques et sociaux.

Article 131. Il est créé auprès des autorités centrales une assemblée consultative dénommée : « Conseil économique et social national ».

Le conseil se compose des représentants des principales activités économiques et sociales du pays et des représentants des conseils provinciaux visés à l'article suivant.

Il comprend une section de l'enseignement et des sections chargées de l'étude des principaux problèmes intéressant les différentes activités économiques et sociales.

La section de l'enseignement comprend des sous-sections spécialisées chacune dans les problèmes relatifs à l'un des ordres de l'enseignement. Elle se compose notamment des délégués du ministère de l'Éducation nationale, des représentants de chaque réseau, de l'enseignement national et de l'enseignement privé, des représentants du corps enseignant et des parents des élèves de chaque réseau de l'enseignement national.

La section de l'enseignement donne son avis et fait des propositions concernant les programmes scolaires, les méthodes pédagogiques, la planification et la coordination scolaire ainsi que les mesures propres à assurer le respect des dispositions des articles 33 à 37.

Article 132.

Il est créé auprès des autorités provinciales un Conseil économique et social composé des sections dont le nombre est déterminé par la loi provinciale.

Article 133.

Le Conseil économique et social national est consulté par le Gouvernement central ou par l'une des Chambres sur tout problème économique et social intéressant la République.

Les conseils économiques et sociaux provinciaux sont consultés par les gouvernements provinciaux ou par les assemblées provinciales sur tout problème économique et social intéressant la province.

Le Conseil national et les conseils provinciaux examinent pour avis, tout programme, tout projet ou proposition de loi à caractère économique ou social intéressant soit la République, soit la province, suivant le cas, qui leur est soumis par le Gouvernement central ou le gouvernement provincial, le président de l'une des Chambres ou le président de l'assemblée provinciale.

Toute loi adoptée sans avis du Conseil national ou du Conseil provincial est nulle, sauf les cas urgents prévus par une loi organique nationale. La même loi organique fixe le délai dans lequel le Conseil national et les conseils provinciaux donnent leurs avis. Si les conseils ne donnent pas leurs avis dans ce délai, les Chambres et les assemblées provinciales peuvent adopter la loi sans l'avis du Conseil.

Le Conseil économique et social national et les conseils provinciaux peuvent, de leur propre initiative, appeler l'attention des gouvernements sur les réformes qui leur paraissent de nature à favoriser le développement économique et social du pays.

Ils peuvent charger un de leurs membres d'exposer devant les chambres ou les assemblées provinciales, l'avis du Conseil sur le projet ou la proposition de loi qui leur a été soumise.

Article 134.

Le Conseil économique et social national ainsi que les conseils provinciaux se réunissent de plein droit en session ordinaire deux fois l'an, respectivement le premier lundi de janvier et le premier lundi de février, ainsi que le premier lundi de juillet et le premier lundi d'août.

À l'ouverture de la session, le Conseil économique et social national et les conseils provinciaux élisent en leur sein un président, un vice-président et deux secrétaires.

Article 135.

La durée du mandat des membres du Conseil économique et social national et des conseils provinciaux est de six ans. Pendant la durée des sessions, les membres jouissent des mêmes indemnités que celles allouées aux parlementaires.

Une loi nationale règle la composition ainsi que le fonctionnement du Conseil économique et social national et des conseils provinciaux.

Section II. De la Commission paritaire spéciale, fixant les indemnités et traitements.

Article 136.

Une commission paritaire spéciale fixe, à charge des finances publiques, le montant maximum des indemnités et traitements des membres du Parlement, des assemblées provinciales, du Gouvernement central et des gouvernements provinciaux.

La commission statue à la majorité des deux tiers de ses membres.

Elle se compose à concurrence de la moitié, des représentants des pouvoirs publics nationaux et provinciaux et de l'autre moitié, des délégués désignés par le Conseil économique et social national, en son sein.

Une loi organique nationale règle l'organisation et le fonctionnement de la commission.

Section III. Du Conseil de législation.

Article 137.

Le Conseil de Législation est un organisme consultatif qui relève de l'autorité de la Conférence des gouverneurs.

Ses membres sont nommés par le président de la République, sur proposition de la Conférence des gouverneurs.

Le Conseil comprend des sections établies dans la capitale et aux chefs-lieux des provinces.

Une loi organique nationale règle l'organisation et le fonctionnement du Conseil ainsi que le statut de ses membres.

Article 138.

Le Président de la République et les gouverneurs des provinces, chacun en ce qui concerne les projets de ses actes, le président de chaque Chambre ou de chaque assemblée provinciale, chacun en ce qui concerne les propositions de loi émanant des membres de l'assemblée qu'il préside, doivent soumettre au Conseil, pour avis motivé, tout projet, toute proposition de loi ou d'autres actes législatifs, tout projet de décret, d'ordonnance ou d'arrêté.

Sauf le cas prévu à l'alinéa suivant, toute loi, tout acte ayant force de loi hormis les décrets-lois pris dans les cas prévus aux articles 96 et 97, tout décret, toute ordonnance et/ou tout arrêté de gouverneur dont la proposition ou le projet n'a pas été soumis pour avis au conseil est nul.

Une loi nationale fixe le délai dans lequel le Conseil donne son avis. Si le Conseil ne donne pas avis dans le délai légal, les autorités prévues à l'alinéa 1er peuvent statuer sans attendre l'avis du Conseil.

Les membres du Gouvernement central et des gouvernements provinciaux peuvent soumettre au conseil, pour avis, tout projet de leurs actes. Ils peuvent également charger le Conseil de législation de la rédaction d'un texte d'avant-projet de tout acte législatif ou réglementaire.

Titre VIII. Des finances publiques.

Article 139.

Le Franc est l'unité monétaire de la République.

Il a un pouvoir libératoire sur tout le territoire de la République. Son poids en or est fixé par une loi nationale.

Tout projet ou proposition de loi modifiant la valeur du Franc est soumis au préalable à l'avis du Conseil économique et social national et de la Commission nationale des finances.

Article 140.

Les finances de la République et des provinces sont distinctes.

Article 141.

La Banque Nationale a la garde des fonds publics. Elle est l'institut d'émission pour toute la République.

L'organisation et le fonctionnement de la Banque Nationale sont régis par une loi nationale dont le projet ou la proposition est préalablement soumis à l'avis de la Commission nationale des Finances et du Conseil économique et social national.

Le service national des chèques postaux a son siège dans la capitale. Chaque province peut y ouvrir un compte.

Les provinces où il n'existe aucune succursale ou agence de la Banque Nationale peuvent confier la garde de leurs fonds à une autre banque.

Article 142.

Il ne peut être établi d'impôt que par la loi.

La contribution aux charges publiques constitue un devoir pour chaque citoyen.

Il ne peut être établi d'exemption ou allégement fiscaux que par une loi.

Article 143.

Les biens, les bénéfices ou revenus d'activités industrielles ou commerciales des provinces ne peuvent être assujettis par la République à aucun impôt ni ceux de la République par les provinces.

Toute imposition, par les provinces, de marchandises importées, exportées ou faisant l'objet d'un commerce interprovincial, est interdite.

Article 144.

Seul le Parlement peut établir des droits de douane, des impôts sur le revenu, des impôts, les sociétés et des impôts personnels.

Tous les autres impôts, y compris les droits d'accise et de consommation, peuvent être établis tant par le Parlement que par les assemblées provinciales.

Article 145.

Les droits de douane, les droits d'accise et de consommation nationaux ainsi que les impôts sur les sociétés sont recouvrés par les autorités fiscales centrales.

Sauf dispositions contraires de la législation nationale, tous les autres impôts nationaux sont recouvrés par les autorités fiscales provinciales. Cependant, le Parlement peut, par une loi, déléguer à une province le pouvoir de recouvrer les droits d'accise et de consommation ou les impôts sur les sociétés. Une province peut, par une loi, déléguer à des collectivités locales le pouvoir de recouvrer les impôts sur son territoire.

Article 146.

1) Le produit des droits d'importation appartient à la République.
2) Le produit des impôts personnels et des impôts sur le revenu appartient aux provinces intéressées.
3) Le produit des droits d'exportation, des droits d'accise et de consommation nationaux et des impôts sur les sociétés est réparti entre la République et les provinces de la manière suivante :

A) La quote-part d'une province déterminée varie entre un minimum de 45 % et un maximum de 75 % selon un taux progressif variant en fonction inverse du total desdits impôts ayant leur source dans la province intéressée ;

Lorsque ce total est égal ou supérieur au montant maximum fixé par une loi nationale, la part revenant à la province intéressée est de 45 % dudit total ;

Lorsque ce total est inférieur ou égal au maximum fixé suivant les mêmes modalités, la part revenant à la province intéressée est de 75 % dudit total.

La loi nationale visée aux deux alinéas précédents détermine les totaux d'impôts intermédiaires et les taux progressifs y afférents pour le calcul de la quote-part.

Par province intéressée, au sens de l'alinéa 1er du présent litera, il faut entendre :

- en ce qui concerne les droits d'exportation, la province d'où proviennent les produits exportés ;
- en ce qui concerne les droits d'accise et de consommation, la province où sont produites les matières imposées ou la province où sont consommées les matières importées ;
- en ce qui concerne les impôts sur les sociétés, la province où se trouvent les sièges d'exploitation ayant réalisé les bénéfices imposés.

B) La part qui n'est pas attribuée à la province revient à la République.

Le produit de tous les autres impôts, droits et taxes, appartient à la République, aux provinces ou aux collectivités locales, suivant qu'ils sont établis par la République, les provinces ou les collectivités locales.

Article 147 :

Chaque province peut consentir des baux fonciers ainsi que des concessions sur les mines et minéraux, y compris les huiles minérales.

Tous les loyers et redevances provenant desdits baux et concessions sont payables au Gouvernement central.

Le Gouvernement central verse à chaque province 50 % du produit net des loyers et redevances qu'il perçoit sur les minéraux et les huiles minérales extraites sur le territoire de la province, y compris son plateau continental.

Article 148.

L'exercice budgétaire de la République et des provinces commence le 1er janvier et se termine le 31 décembre.

Le compte général de la République est arrêté par la loi nationale, le compte général de chaque province est arrêté par une loi provinciale.

Article 149.

Chaque province assure elle-même l'équilibre de son budget ordinaire. Cependant, dans des cas exceptionnels et pour des raisons dûment justifiées, le Parlement peut, pour une loi, accorder une aide financière à une province pour équilibrer le budget ordinaire de celle-ci.

Article 150.

Sur proposition du Président de la République, le Parlement peut, par une loi, autoriser l'intervention de la République dans les dépenses d'investissement d'une province.

Article 151.

La République ne peut emprunter ni garantir le principal ou les intérêts d'un emprunt ni exécuter des travaux sur des ressources extraordinaires que si une loi nationale l'y autorise.

Cependant, si les besoins du trésor l'exigent, le Président de la République peut, sans autorisation préalable, créer ou renouveler des bons du Trésor portant intérêt et échéance de 5 ans au maximum.

Les provinces ne peuvent contracter aucun emprunt qui ne soit autorisé par une loi provinciale.

Article 152.

Il est institué dans la République une Cour des comptes composée de conseillers nommés à concurrence de la moitié, par chacune des Chambres et dont le mandat est de six ans et est renouvelable.

Pour être nommé conseiller à la Cour des comptes, le candidat doit justifier d'une formation de niveau universitaire ou d'un niveau équivalent, reçue dans un institut d'enseignement supérieur ou dans une école supérieure de comptabilité, et avoir travaillé pendant cinq ans au moins dans un service financier.

L'organisation et le fonctionnement de la Cour des comptes sont régis par une loi nationale.

Article 153.

La Cour des comptes a pour mission :

1° D'examiner et de liquider les comptes de l'administration centrale et des administrations provinciales ainsi que les comptes de tous les comptables envers le trésor de la République et les trésors des provinces ;

2° De contrôler les comptes des établissements publics de la République et des provinces ainsi que les comptes des autres organismes et associations de droit public.

Elle s'assure que les crédits ouverts pour les divers articles de dépenses n'ont pas été dépassés et que, le cas échéant, les budgets additionnels et les dépenses supplémentaires ont été approuvés conformément à la loi.

Elle arrête les comptes des différents services de la République ou des provinces et, à cet effet, elle demande aux autorités compétentes tous les renseignements et toutes les pièces nécessaires.

Le compte général de la République est soumis toutes les années au Parlement avec les observations de la Cour.

Les comptes généraux des provinces sont soumis tous les ans aux assemblées provinciales intéressées avec les observations de la Cour.

Article 154.

Il est institué une Commission nationale des finances composée d'un président et de huit membres nommés par le Président de la République.

La manière dont les membres de la commission sont choisis et les titres requis d'eux sont fixés par la loi nationale.

La commission arrête sa procédure et s'acquitte des fonctions qui lui sont dévolues conformément à l'article 155 de la présente Constitution.

Article 155.

La commission nationale des finances a pour tâche de faire des recommandations au président de la République en ce qui concerne :

1° La répartition entre la République et les provinces du produit des impôts qu'elles partagent et l'attribution aux diverses provinces de la part qui leur revient ;

2° Les principes sur lesquels le Gouvernement central doit se baser lorsqu'il envisage d'accorder les subventions à une province en application de l'article 148 ;

3° Toute autre question de nature financière ou économique que lui soumet le Président de la République.

Le Président de la République communique tous les ans au Parlement diverses recommandations présentées par la Commission nationale des Finances en application du présent article, en même temps qu'un mémoire explicatif sur la suite qui leur a été donnée.

Titre IX. De l'administration.

Article 156.

Le personnel administratif des services publics nationaux et provinciaux, celui du Parlement et des assemblées provinciales, des cours et tribunaux, des organismes auxiliaires, de la Cour des comptes et de la Cour constitutionnelle, est régi par un statut déterminé par la loi nationale.

Ce statut règle notamment les conditions de recrutement, d'interruption et de cessation des fonctions, les droits et les devoirs des fonctionnaires, leur carrière, le régime des incompatibilités, de congé et de pension.

Il pose les principes qui régissent les traitements et l'avancement.

Le personnel administratif des services publics nationaux, celui du Parlement et des cours sont à charge du pouvoir national, celui des services publics provinciaux, des assemblées provinciales et des tribunaux sont à charge des pouvoirs provinciaux.

Le personnel des organismes de droit public bénéficie des avantages sociaux reconnus aux agents des administrations publiques.

Titre X. Des forces de l'ordre.

Section I. De la police.

Article 157.

Il est organisé une force de police du Gouvernement central pour la ville de Léopoldville.

Chaque province dispose de sa propre force de police.

Les effectifs, l'équipement, l'armement ainsi que les principes de bases de l'organisation de la police sont déterminés par une loi nationale organique.

La discipline des forces de police, le contrôle de ces forces, le recrutement et les conditions de service de leurs membres sont régis par une loi nationale dans le cas des forces de police de la ville de Léopoldville et par une loi provinciale dans le cas des forces de police provinciale.

Section II. De la gendarmerie et des forces armées.

1. De la gendarmerie.

Article 158.

La Gendarmerie fait partie de l'armée nationale et relève du pouvoir central.

Elle ne peut intervenir dans les affaires intérieures d'une province que dans le cas prévu à l'article 163 de la présente Constitution.

Le gouverneur de province ou ses délégués ont le droit de réquisitionner la gendarmerie conformément à la loi nationale et dans les cas et les conditions prévus par la loi provinciale.

2. Des forces armées.

Article 159.

Dans la République, il n'y a qu'une seule Armée nationale comprenant notamment : les forces de terre, de mer et de l'air.

L'armée est au service de la Nation congolaise tout entière.

Aucune autorité ne peut la détourner de ses fins propres.

Nul ne peut organiser des formations militaires, paramilitaires, ou des milices privées ni entretenir une jeunesse armée ou subversive.

Article 160.

Une loi nationale fixe les modalités de recrutement, l'organisation, les règles de discipline, les conditions de service ainsi que les droits et obligations des militaires.

Le service militaire est obligatoire ; son organisation est réglée par une loi nationale.

Article 161.

Il est institué dans la République, un Conseil de la Défense, dont l'organisation, le fonctionnement et la compétence sont réglés par une loi nationale.

Article 162.

L'établissement de bases étrangères sur le territoire de la République est interdit.

Aucune troupe étrangère ne peut occuper ni traverser le territoire de la République si ce n'est en vertu d'une loi nationale.

L'armée ne peut être appelée à opérer à l'extérieur du pays que dans les conditions fixées par une loi nationale.

Article 163.

Les forces armées ne peuvent intervenir dans les affaires intérieures d'une province et suppléer ainsi les forces de police que dans les cas fixés par la loi nationale.

Article 164.

Le Président de la République confère les grades dans l'armée et dans la gendarmerie.

Nul ne peut être promu au grade supérieur ni être privé de ses grades, honneurs et pensions que dans les conditions fixées par une loi nationale.

Seuls les Congolais sont admis à faire leur service militaire dans l'armée nationale.

Titre XI. De la Cour constitutionnelle.

Article 165.

La Cour constitutionnelle comprend douze conseillers dont le mandat dure neuf ans et n'est pas renouvelable immédiatement.

Elle se renouvelle par tiers tous les trois ans.

Les conseillers à la Cour constitutionnelle sont nommés sur propositions, pour un tiers des conseillers, par la conférence des gouverneurs, pour un autre tiers, par les deux bureaux réunis des Chambres législatives nationales et, pour un dernier tiers, par le Conseil supérieur de la magistrature.

Nul ne peut être nommé conseiller à la Cour s'il n'est Congolais, s'il ne remplit les conditions requises pour être éligible au Sénat et s'il n'a, pendant au moins dix ans, suivi le barreau ou exercé des fonctions judiciaires ou juridiques ou enseigné le droit dans une université ou dans un établissement d'enseignement supérieur.

Sans préjudice des autres dispositions de la présente Constitution, les fonctions de conseiller à la Cour constitutionnelle sont incompatibles avec celles de membres du Gouvernement central ou d'un gouvernement provincial et avec le mandat de membre du Parlement ou d'une assemblée provinciale. Les autres cas d'incompatibilité sont prévus par une loi organique nationale.

La cour élit son président parmi ses membres.

Une loi organique nationale fixe les règles d'organisation et de fonctionnement de la Cour constitutionnelle ainsi que la procédure suivie devant celle-ci.

Article 166.

Avant d'entrer en fonction, les conseillers à la Cour constitutionnelle prêtent le serment suivant devant le président de la République en présence du Parlement, du Gouvernement central, des gouverneurs des provinces et de la Cour suprême de justice :

« *Je jure de bien et fidèlement remplir mes fonctions, de les exercer en toute impartialité dans le respect de la Constitution nationale, de garder le secret des délibérations et des votes et de ne prendre aucune position publique, de ne donner aucune consultation sur les questions relevant de la compétence de la Cour constitutionnelle* ».

Article 167.

La Cour constitutionnelle est compétente pour connaître :

1° Des recours en appréciation de la constitutionnalité des lois et des actes ayant force de loi ;

2° Des recours en interprétation de la présente Constitution, formés à l'occasion des conflits de compétence portant sur l'étendue des pouvoirs attribués et des obligations imposées par la présente Constitution aux organes nationaux ou provinciaux visés à l'alinéa 2 de l'article 168 ;

3° De toutes les affaires à l'égard desquelles la présente Constitution lui attribue compétence ;

4° De toutes les affaires à l'égard desquelles la législation nationale lui attribue compétence.

La Cour constitutionnelle veille à la régularité de l'élection du Président de la République et des gouverneurs des provinces. Elle examine les réclamations et, dans le cas de l'élection du président de la République, proclame les résultats du scrutin.

La Cour statue, en cas de contestation, sur la régularité des élections des membres du Parlement et des assemblées provinciales ainsi que sur la décision du Parlement et des assemblées provinciales prononçant la déchéance ou la démission d'office de leurs membres, conformément aux articles 78 et 120.

Elle veille à la régularité des opérations de référendum et en proclame les résultats.

Article 168.

Peuvent saisir la Cour constitutionnelle d'un recours en appréciation de la constitutionnalité :

a) Des lois nationales : Le président de la République, les présidents des assemblées provinciales et les gouverneurs des provinces ;

b) Des actes du président de la République ayant valeur de loi nationale : les présidents des Chambres législatives, les présidents des assemblées provinciales et les gouverneurs des provinces ;

c) Des lois provinciales : le président de la République, les présidents des Chambres législatives et les gouverneurs des provinces ;

d) Des actes des gouverneurs des provinces ayant valeur de loi provinciale : Le président de la République, les présidents des Chambres législatives et les présidents des assemblées provinciales ;

e) Des lois nationales, des actes du président de la République ayant valeur de loi nationale, des lois provinciales et des actes des gouverneurs des provinces ayant valeur de loi provinciale : la Cour suprême de justice lorsqu'une exception d'inconstitutionnalité est soulevée devant elle.

Peuvent saisir la Cour constitutionnelle d'un recours en interprétation : le Président de la République, les présidents des assemblées provinciales et les gouverneurs des provinces.

Article 169.

Les décisions de la Cour constitutionnelle ne sont susceptibles d'aucun recours.

Tout acte déclaré non conforme à la présente Constitution est abrogé de plein droit.

L'inconstitutionnalité d'une ou de plusieurs dispositions d'un acte n'entraîne pas nécessairement l'abrogation de tout l'acte. Le pouvoir d'appréciation de la Cour est souverain en cette matière.

Titre XII. Des incompatibilités.

Article 170.

La fonction de président de la République est incompatible avec toute autre fonction publique ou privée, rémunérée ou gratuite.

Les dispositions de l'alinéa précédent ne visent pas les fonctions que le président de la République peut être appelé à exercer dans le cadre des organisations et des institutions internationales.

Article 171.

Nul ne peut être en même temps membre du Gouvernement central et membre d'un gouvernement provincial.

Les fonctions de membre du Gouvernement central ou d'un gouvernement provincial sont incompatibles avec tout mandat public électif et avec l'exercice de toute autre fonction publique. Toutefois, un membre du Gouvernement central élu au Parlement ou à une assemblée provinciale aux élections législatives intervenant avant la fin du mandat dudit gouvernement peut continuer à exercer ses fonctions ministérielles jusqu'à la formation du gouvernement appelé à remplacer celui dont il fait partie. Dans ce cas, il ne jouit pas de l'indemnité parlementaire.

Aucun membre du Gouvernement central ou d'un gouvernement provincial ne peut exercer directement le commerce. Une loi nationale organique détermine les activités professionnelles incompatibles avec les fonctions de membre du Gouvernement central ou d'un gouvernement provincial.

Article 172.

Nul ne peut être à la fois membre de la Chambre des députés et membre du Sénat.

Le mandat de membre du Parlement ou de membre d'une assemblée provinciale est incompatible avec tout mandat pûblic électif. Il est également incompatible avec l'exercice de toute fonction publique ; toutefois, un chef coutumier traditionnel élu ou coopté membre d'une assemblée provinciale ou du Parlement continue à exercer dans la chefferie qu'il administre, les fonctions qui lui sont confiées et à bénéficier des avantages qui y sont afférents.

Tout membre du Parlement ou d'une assemblée provinciale nommé membre du Gouvernement central ou d'un gouvernement provincial ou élu gouverneur de province et qui l'accepte perd son mandat d'élu après l'approbation, par le Parlement ou par l'assemblée provinciale, de l'acte de nomination des membres du gouvernement dont il fait partie.

Article 173.

Aucun magistrat ne peut accepter du Gouvernement central ou d'un gouvernement provincial des fonctions salariées, à moins qu'il ne les exerce gratuitement.

Les fonctions de magistrat sont incompatibles avec tout mandat public électif.

Les fonctions de conseillers à la Cour des comptes sont incompatibles avec toute fonction publique ou privée et avec tout mandat électif.

Article 174.

Une loi nationale organique prévoit d'autres cas d'incompatibilités.

Titre XIII. De la révision constitutionnelle.

Article 175.

L'initiative de la révision de la Constitution appartient concurremment au Président de la République, à la conférence des gouverneurs, à chaque Chambre du Parlement et au quart des assemblées provinciales.

Article 176.

Le projet de révision doit être adopté par chacune des Chambres à la majorité des deux tiers au moins des membres qui la composent.

Le projet de révision doit être approuvé par les deux tiers au moins de toutes les assemblées provinciales s'il tend à modifier les dispositions :

1° De la section première du titre premier ;
2° Des titres II et III ;
3° Des articles 54 à 57, 60, 62, 65 à 70, 71 à 74 (alinéa 2), 76, 78, 90, 92, 95, 97 et 99 ;
4° Du titre V ;
5° De la section première du titre VI ;
6° Du titre VII ;
7° Des articles 142, 143, 145 à 148, 151 à 153, 162 ;
8° Des titres XI et XIII.

Lorsque ces conditions sont remplies, le président de la République promulgue, conformément à l'article 94, le texte qui entre en vigueur dans les conditions prévues au même article.

Article 177.

Le vote des assemblées provinciales porte sur l'ensemble du projet de révision à approuver ou à rejeter par oui ou par non.

En cas de rejet d'un projet de révision qui comporte plusieurs articles, l'assemblée est tenue de se prononcer à nouveau article par article.

Lorsque l'assemblée rejette un article, elle est tenue de proposer, par une résolution, des amendements à l'article rejeté par elle.

Dans le cas où les amendements proposés par les assemblées provinciales portent uniquement sur un ou quelques articles du projet, les Chambres peuvent se limiter à l'examen de ces amendements.

Elles s'adjoignent, à raison de deux conseillers par assemblée, une délégation des assemblées provinciales, qu'elles consulteront pour l'élaboration d'un nouveau texte. Celui-ci n'est adopté par les Chambres qu'à la majorité prévue à l'alinéa 1er de l'article 176 et doit être soumis, pour approbation, aux assemblées provinciales.

Au deuxième tour, la révision est acquise lorsque le projet est approuvé par la majorité absolue de toutes les assemblées.

Article 178.

La terminologie correspondant aux structures politiques qui sont organisées par la présente Constitution sera utilisée dans les actes officiels, à partir de la troisième législature suivant l'entrée en vigueur de la présente Constitution.

Le texte de constitution contenant cette terminologie et annexé à la présente Constitution entrera en vigueur au début de la troisième législature.

Titre XIV. Dispositions transitoires.

Article 179.

Tous les textes législatifs et réglementaires existant à la date d'entrée en vigueur de la présente Constitution resteront en vigueur aussi longtemps qu'ils ne seront pas abrogés.

Nonobstant les dispositions de l'alinéa ci-dessus, aucun texte législatif ou réglementaire ne produira d'effet s'il est incompatible avec l'une quelconque des dispositions de la présente Constitution.

L'expression « textes législatifs et réglementaires existants » désigne tous les textes législatifs ou réglementaires édictés au Congo par une autorité compétente, législative ou autre, avant l'entrée en vigueur de la présente Constitution.

Aucune disposition du présent article ne sera interprétée comme prorogeant une loi provisoire au-delà de la date fixée pour son expiration ou qui aurait cessé des effets si la présente Constitution n'était pas entrée en vigueur.

Article 180.

Les Chambres législatives élues en 1960 seront dissoutes de plein droit à la date d'adoption de la présente Constitution.

Article 181.

Des élections en vue de la constitution de nouvelles Chambres auront lieu dans un délai de six mois à compter de la date d'entrée en vigueur de la présente Constitution. Ce délai pourra être prorogé de trois mois au maximum par le président de la République.

Dans les soixante jours qui suivront la clôture du scrutin, les nouvelles Chambres seront convoquées en session extraordinaire par le président de la République, en vue de constituer leur bureau.

Article 182.

Les pouvoirs du président de la République actuellement en fonction ne viendront à expiration que lors de la prestation de serment du président de la République qui sera élu, pour la première fois, conformément aux dispositions de l'article 56 de la présente Constitution. Cette première élection aura lieu six mois après la première réunion des Chambres élues en vertu de l'alinéa 2 de l'article 181.

Article 183.

Jusqu'à la première réunion des Chambres législatives élues en vertu de l'alinéa 2 de l'article 181, le président de la République exercera le pouvoir législatif central par voie de décrets-lois.

Article 184.

Dans les quatre mois qui suivront la date d'entrée en vigueur de la présente Constitution, le président de la République fixera, par décrets-lois, le régime des élections prévues à l'article 181 (alinéa 1er) et celui des élections prévues à l'article 186 (alinéa 2).

Article 185.

Le Gouvernement central actuellement en fonction sera réputé démissionnaire à la date d'adoption de la présente Constitution.

Le Président de la République nommera un nouveau gouvernement qui sera composé de 19 membres au maximum et dont la tâche principale sera de préparer les élections prévues à l'article 181 (alinéa 1er) et celles prévues à l'article 186 (alinéa 2).

Article 186.

Les assemblées provinciales actuellement en fonction continueront d'exercer leurs fonctions jusqu'à la première réunion des assemblées appelées à les remplacer.

Des élections en vue de la constitution des nouvelles assemblées auront lieu en même temps que les élections prévues à l'article 181 (alinéa 1er).

Dans les trente jours qui suivront la clôture du scrutin, les nouvelles assemblées seront convoquées en session extraordinaire, par les gouverneurs de province, en vue de constituer leur bureau.

Article 187.

À la date d'entrée en vigueur de la présente Constitution, les présidents des gouvernements provinciaux deviendront de plein droit gouverneurs de province. Leurs pouvoirs en cette qualité viendront à expiration le jour de la prestation de serment des gouverneurs appelés à les remplacer, lesquels seront élus par les nouvelles assemblées dans le délai prévu à l'article 104 (alinéa 2).

Les autres membres des gouvernements provinciaux actuellement en fonction continueront d'exercer leurs fonctions jusqu'au jour où les pouvoirs des gouverneurs de province expireront en vertu de l'alinéa qui précède.

Article 188.

Pour la préparation et le contrôle des élections prévues à l'article 181 (alinéa 1er) et de celles prévues à l'article 186 (alinéa 2), il est créé dans chaque province et dans la ville de Léopoldville une commission spéciale qui, pour l'accomplissement de sa mission, dispose des forces de l'ordre.

Cette commission sera composée de six membres, à savoir :

a) Deux seront choisis parmi les fonctionnaires statisticiens et démographes en dehors des candidats aux élections ;
b) Deux membres seront choisis parmi les représentants des organisations économiques et sociales nationales ayant participé à l'élaboration de la présente Constitution. Ils ne peuvent être originaires de la province où siège la commission dont ils sont membres.

Les membres visés aux literas a) et b) ci-dessus sont nommés par le président de la République ;

c) Deux membres désignés par l'assemblée provinciale à raison d'un membre représentant le groupe favorable au gouvernement et d'un membre représentant le groupe de l'opposition.

Toutefois, la commission siégeant à Léopoldville comprendra, au lieu des deux membres visés au litera c) deux membres supplémentaires choisis conformément aux dispositions du litera b).

Article 189.

Le Président de la République est autorisé à prendre les mesures nécessaires pour pourvoir à son remplacement en cas d'absence ou d'empêchement.

Ces mesures cesseront de plein droit de produire leurs effets à la date de la prestation de serment du président élu conformément aux dispositions de l'article 182.

Article 190.

Le terme Congolais prévu aux articles 76 et 112 s'applique aussi bien aux hommes qu'aux femmes.

Toutefois, seuls les électeurs du sexe masculin pourront participer aux élections qui auront lieu pour la première fois après la date de l'entrée en vigueur de la présente Constitution.

Article 191.

La procédure suivie par les assemblées provinciales pour l'élection de leur bureau provisoire et de leur bureau définitif, pour la validation des pouvoirs de leurs membres ainsi que pour la désignation des conseillers provinciaux cooptés, sera réglée par décret-loi aussi longtemps que les assemblées provinciales n'auront pas elles-mêmes réglé ces matières.

Les dispositions de l'article 87 sont applicables mutatis mutandis, aux assemblées provinciales, aussi longtemps que ces dernières n'ont pas réglé la matière.

Article 192 :

À dater de l'année budgétaire qui suit celle de l'adoption de la présente Constitution et pendant une période de dix ans, la répartition du produit des droits d'exportation, des droits de consommation et des impôts sur les sociétés prévues au paragraphe 3 de l'article 146 se fera de la manière suivante :

- 30 à 40 % à la République ;
- 30 à 40 % aux provinces intéressées ;
- 30 à 40 % à répartir entre toutes les provinces.

Article 193.

La part réservée à toutes les provinces est versée à un compte spécial. Elle est destinée à couvrir principalement les dépenses de fonctionnement et éventuellement celles d'investissement.

Elle est répartie entre les provinces suivant notamment la capacité fiscale, les besoins et les nécessités des provinces.

Article 194.

Durant l'année budgétaire en cours, le système de subvention reste d'application.

Article 195.

Jusqu'à ce qu'elle soit constituée conformément aux dispositions de l'article 165, la Cour constitutionnelle comprend sept conseillers dont quatre au moins sont Congolais.

Le président de la République nomme les membres de la Cour constitutionnelle sur présentation des candidats par la conférence des gouverneurs.

La Cour élit son président parmi ses membres. Nul ne peut être élu président de la Cour constitutionnelle s'il n'est Congolais, âgé de 40 ans révolus.

Les fonctions de président et de conseiller de la Cour constitutionnelle ne sont pas incompatibles avec celles exercées dans d'autres cours et tribunaux.

Article 196.

En attendant la création de la Cour constitutionnelle, la Cour d'appel de Léopoldville exerce les attributions dévolues par la présente Constitution à la Cour constitutionnelle.

Article 197.

La Cour constitutionnelle sera constituée conformément aux dispositions de l'article 165 dans les douze années qui suivront l'entrée en vigueur de la présente Constitution.

La première Cour constitutionnelle composée conformément aux dispositions de l'article 165 comprend quatre membres désignés pour trois ans, quatre membres désignés pour six ans et quatre membres désignés pour neuf ans.

Article 198.

Jusqu'à ce que la Cour suprême de justice soit légalement instituée :

1° Les cours d'appel sont compétentes pour juger les personnes visées aux articles 72 et 109 ;

2° Les procureurs généraux près les cours d'appel sont compétents pour donner l'avis prévu par l'article 124 (alinéa 2).

Article 199.

À dater de l'entrée en vigueur de la présente constitution et pendant une période de douze ans, peuvent être nommés conseillers à la Cour des comptes :

1) Les personnes visées à l'article 152 (alinéa 2) de la Constitution et ayant exercé des fonctions pendant au moins deux ans dans un service financier ;
2) Les titulaires d'un diplôme de six ans post-primaires et d'un diplôme de comptable reconnu par l'État et qui ont dirigé pendant au moins deux ans un service financier dans un organisme public ou privé. Les candidats sont tenus, en outre, de présenter un examen d'admission ;
3) Les étrangers qui répondent aux critères prévus à l'article 152 (alinéa 2), dont le nombre ne peut dépasser le tiers de celui des membres de la Cour. Le mandat du conseiller étranger n'est renouvelable que s'il n'y a pas de candidat national répondant aux critères prévus à l'article 152 (alinéa 2).

Les fonctions de président et de vice-président ne peuvent être exercées par un étranger.

Article 200.

Jusqu'à ce qu'il soit constitué conformément aux dispositions de l'article 137, le Conseil de législation comprendra une section centrale établie dans la capitale et des sections interprovinciales.

Le conseil sera constitué conformément aux dispositions de l'article 137 dans les dix années qui suivront l'entrée en vigueur de la présente Constitution.

Dans les provinces aux chefs-lieux desquelles ne se trouve pas établie une section interprovinciale, les projets de loi ou d'arrêté des gouverneurs pourront, dans les cas d'urgence prévus par une loi organique nationale, être pris sans l'avis du conseil.

Article 201.

À partir de l'entrée en vigueur de la présente Constitution, tout territoire placé sous l'administration d'une province, mais situé géographiquement dans une autre province, cesse de plein droit d'être soumis à l'administration de la province où il est actuellement rattaché en vertu des lois qui ont créé les provinces ; il relèvera de l'administration de la province où il se trouve géographiquement situé.

Il ne sera plus constitué de telles enclaves dans l'avenir.

Article 202.

En attendant la réorganisation judiciaire qui mettra des magistrats de carrière en place dans tous les cours et tribunaux, les délits de presse, les délits politiques et les infractions commises à l'occasion des conflits de travail relèvent de la compétence du tribunal de première instance.

Titre XV. Dispositions finales.

Article 203.

La loi fondamentale du 19 mai 1960 relative aux structures du Congo et la loi fondamentale du 17 juin 1960 relative aux libertés publiques sont abrogées.

Article 204.

La présente Constitution entre en vigueur le jour de sa promulgation.

Fait à Léopoldville, le 1er août 1964.

J. KASA-VUBU

Par le Président de la République :
Le Premier ministre
Moïse TSHOMBE

Le ministre de l'Intérieur
Godefroid MUNONGO

Le ministre de la Justice,
Léon MAMBOLEO

CHAPITRE III

LA RUPTURE DE LA LÉGALITÉ CONSTITUTIONNELLE DE 1964

Le bras de fer qui opposa le président Kasa-Vubu à son Premier ministre, M. Tshombe, aura des conséquences irréversibles dans le cours de l'histoire politique du Congo. La démission forcée de M. Tshombe, lors de la rentrée solennelle de la session parlementaire d'octobre 1965, avait ravivé les antagonismes au sein de l'hémicycle parlementaire. Le formateur désigné par M. Kasa-Vubu, en remplacement de M. Tshombe, ne put obtenir les votes nécessaires pour son investiture. Malgré ce recalage, M. Kasa-Vubu s'obstina dans son choix et pria Kimba de solliciter de nouveau l'investiture du Parlement, après avoir modifié son cabinet initial. Ce vide politique assombrit davantage le paysage politique du Congo et suscita des inquiétudes fondées sur l'avenir du pays. Il fit le lit au coup d'État militaire perpétré, sans effusion de sang, par le Haut Commandement militaire de l'Armée nationale congolaise (ANC) avec le général Mobutu à sa tête, coup d'État qui prétendit éviter le pire.

I. LES RAISONS DE LA RUPTURE DE LA LÉGALITÉ CONSTITUTIONNELLE

L'arrivée des militaires au pouvoir a toujours été accompagnée par la rupture totale de l'ordre constitutionnel en vigueur jusqu'alors. Très souvent, les premières mesures annoncées immédiatement portent l'abrogation ou au moins la suspension de la Constitution et la dissolution des partis et groupements politiques. Le Doyen Dmitri-Georges Lavroff, dans son essai sur « la constitutionnalisation des régimes militaires en Afrique noire »,[56] explique ce comportement à partir de trois considérations.

La première tient compte du fait que les règles constitutionnelles en vigueur au moment du coup d'État ne correspondaient pas aux nouvelles conditions

[56] Lavroff, D.G, « La constitutionnalisation des régimes militaires en Afrique noire », dans Seurin, J.L (1984) (dir), Le *constitutionnalisme aujourd'hui*, Paris, Economica, coll. « politique comparée », pp.200-213.

d'exercice du pouvoir par les militaires. Cette raison, importante sans doute, n'était pas exclusive, car on aurait très bien pu concevoir que les gouvernements militaires se glissent dans les fonctions définies par le texte constitutionnel, ou encore qu'ils se contentent de modifier partiellement ou adoptent rapidement une nouvelle Constitution.

La deuxième raison a trait à la conceptualisation des fonctions de la Constitution par les militaires. En effet, pour le doyen Lavroff, les militaires africains ont constamment manifesté un profond mépris pour les textes juridiques en général, et tout particulièrement des règles constitutionnelles. Ils ont toujours établi leur pouvoir sur des textes très laconiques, composés de quelques articles, et réduit les organes de gouvernement au minimum, généralement composé d'un comité militaire de quelques membres faisant office de gouvernement. On peut voir dans ce comportement l'expression de la volonté autoritaire qui exclut les organes de représentation du peuple et ceux de la culture politique des militaires pour qui la soumission à des procédures complexes est un facteur d'inefficacité et parfois même de malhonnêteté, car elles voilent les véritables responsabilités des chefs qui doivent avoir un pouvoir sans limites pour assumer leurs fonctions.

Enfin, la troisième considération renvoie au fait que l'abrogation des constitutions manifestait le rejet du constitutionnalisme comme principe d'organisation de la société politique.

Paradoxalement, l'arrivée à la tête du pays du général Joseph Mobutu est d'abord perçue, tant à l'intérieur de la R.D.C. que dans certains pays occidentaux favorables à Mobutu, comme une occasion de stabiliser la situation congolaise.

La proclamation du haut commandement de l'Armée nationale congolaise du 24 novembre 1965 annonce, dans les 13 points de ladite Déclaration, quatre décisions importantes qu'il convient d'épingler au vu de leur transcendance dans l'ordre constitutionnel congolais :

i. Monsieur Joseph Kasa-Vubu est destitué de ses fonctions de président de la République ;
ii. Monsieur Évariste Kimba, député national, est déchargé de ses fonctions de formateur du Gouvernement ;
iii. Le lieutenant-général Joseph Désiré Mobutu assumera les prérogatives constitutionnelles du chef de l'État ;
iv. Les institutions démocratiques de la République, telles qu'elles sont prévues par la Constitution du 1er août 1964, continueraient à fonctionner et à siéger en exerçant leurs prérogatives. Tel est notamment le cas de la Chambre des députés, du Sénat et des institutions provinciales[57].

Cette proclamation ne fait pas mention d'une durée précise quant à l'exercice du pouvoir.

À ces 4 décisions, il faudrait ajouter la première ordonnance du nouveau chef de l'État, contresignée par les 13 « membres » du haut commandement de l'ANC, les « compagnons de la révolution », nommant le colonel Léonard Mulamba aux

---

[57] Moniteur congolais, n° spécial, 1965, p.1.

fonctions de Premier ministre et le chargeant de former un « *gouvernement représentatif formé d'union nationale dont fera partie au moins un membre de chacune des 21 provinces de la République Démocratique du Congo et de la ville de Léopoldville* ».

La Déclaration du Haut commandement de l'ANC opéra une claire rupture de la légalité constitutionnelle en vigueur au motif que « les dirigeants politiques se sont cantonnés dans une lutte stérile pour accéder au pouvoir sans aucune considération pour le bien-être des citoyens de ce pays [...]. La course au pouvoir des politiciens risquant à nouveau de faire couler le sang congolais ». Cette Déclaration a suspendu « le fonctionnement normal du droit pour instaurer un nouvel ordre, bafouant les règles démocratiques ».

Dans les « attendus » de son message aux Chambres législatives réunies en Congrès le 25 novembre, lu par le président du Sénat, Sylvestre Mundingayi, le Lieutenant-général Mobutu, précisa encore en détail les fondements du coup d'État :

> *« Attendu que depuis cinq ans les politiciens nationaux n'ont pas su mettre fin à l'anarchie qui règne sur toute l'étendue de la République Démocratique du Congo ; vu que cette situation est intentionnellement maintenue par les politiciens ; qu'elle est exploitée par certains étrangers ; que la mise en garde du quartier général de l'Armée nationale congolaise n'a pas pu réduire la course effrénée des civils au pouvoir[58] ! »*

Cependant, il est surprenant que ce coup d'État ait reçu des « applaudissements discrets ». S'il n'a pas été ouvertement souhaité, au moins, il a été secrètement attendu[59]. S'agit-il d'une réponse aux attentes du peuple ? Cette question appelle à saisir les fondements théoriques et les fonctions de ce coup d'État « bienveillant ».

Depuis 1960, l'armée avait fini par devenir l'arbitre principal des crises politiques : à ce titre, comme presque partout en Afrique depuis les indépendances, elle est devenue un facteur important de l'équation politique au Congo[60]. Jean-Marie Breton[61] affirme que :

> *« Les coups d'État militaires apparaissent souvent comme la seule alternative à un pouvoir bloqué ou en déshérence, générant des régimes en rupture avec les présupposés de l'ordre constitutionnel pouvant aller dans certains cas jusqu'à l'institutionnalisation du pouvoir de l'armée par l'ancrage de gouvernements militaires dans des régimes non constitutionnels. ».*

Cette formulation fort pertinente oriente la réflexion sur les fonctions des coups d'État en rapport avec leur conséquence immédiate : la rupture de la légalité constitutionnelle.

---

[58] Mobutu (1975), *Discours, allocutions et messages*, Paris, Editions J.A ; p. 17.

[59] Massina, P, « Le coup d'État, entre déshonneur et bienveillance », *Afrilex, Revue d'étude et de recherche sur le droit et l'administration dans les pays d'Afrique,* Université Montesquieu — Bordeaux IV, décembre 2016.

[60] Kamukuni, A, *op.cit*, p.371.

[61] Breton, J. M., « Trente ans de constitutionnalisme d'importation dans les pays d'Afrique noire francophone entre mimétisme et réception critique : cohérences et incohérences (1960-1990) ». *Actes du 6e congrès français de droit constitutionnel, Montpellier*, juin 2005.
http://www.droitconstitutionnel.org/congresmtp/accongres.html.

Depuis très longtemps, la science politique s'est saisie de ce phénomène dans ses variations historiques. Roberto Nigro[62], par exemple, dans ses « Quelques considérations sur la fonction et la théorie du coup d'État », retrace l'évolution sémantique du concept de coup d'État. Remontant aux origines de la maxime latine « *Necessitas legem non habet* », l'auteur théorise deux acceptions historiques du coup d'État.

Dans un premier temps, se situant dans la perspective du Florentin Machiavel, l'auteur assimile le coup d'État à la manifestation de la raison d'État. Il argue qu'au XVIIe siècle, le coup d'État jouit d'une bonne considération, puisqu'il est interprété comme une réaction contre le danger, comme une tentative de restaurer l'ordre, comme un coup de majesté. « Acte de violence qui excède les lois, le coup d'État n'est pas en rupture avec la raison d'État ». Car, « il y a des moments où la raison d'État ne peut plus se servir des lois, où elle est obligée par quelque évènement pressant et urgent de s'affranchir de ces lois au nom du salut de l'État ».

Dans un deuxième temps, dans les décennies qui précèdent et qui suivent la Révolution française, la notion de coup d'État perd graduellement sa signification d'acte extraordinaire, d'acte légitime et d'acte nécessaire pour être enfin qualifiée d'un acte illégitime, d'un acte terrible. La révolution va alors assumer une signification positive. Avec la Révolution française, le coup d'État vient maintenant signifier l'acte qui remplace les gouvernants et le souverain, « l'acte qui fait tomber la tête du roi, l'acte qui introduit une rupture, une discontinuité dans l'exercice du pouvoir ».

Partant de ces deux acceptions, Roberto Nigro tente de cerner les bornes, délimitant la révolution du coup d'État. Il en conclut que si la révolution met en question l'ordre constitutionnel tout en agissant d'en bas, le coup d'État agit d'en haut : autrement dit, si la révolution est affaire des masses ou du peuple, le coup d'État est une opération des gouvernants, des appareils d'État, etc. Ainsi, on peut dire qu'un coup d'État est une action perpétrée par des appareils d'État, tandis que la révolution est un acte qui vient de l'extérieur (du peuple, de la multitude, des masses). Une autre dimension qui fait la différence entre les deux concepts est que le coup d'État n'a pas de répercussion sur la dimension sociale ; autrement dit, il ne vise pas le changement de la structure sociale, il ne va pas au-delà d'un changement de la forme de gouvernement. Au contraire, « une révolution est le produit de l'action de gens qui ne veulent plus être gouvernés ainsi. L'influence d'une révolution est plus importante, plus marquée, elle a des effets de longue durée, produit des modifications non seulement du gouvernement, mais aussi de la structure sociale ».

De nos jours, l'intrusion de militaires dans la vie politique est toujours condamnée, quel que soit l'objectif poursuivi par les militaires. Le premier devoir du militaire est de protéger l'État contre des menaces extérieures et l'armée est subordonnée au pouvoir politique, pour ce faire, elle doit afficher une parfaite neutralité par rapport aux différentes options politiques en présence.

---

[62] Nigro, R. (2013). « Quelques considérations sur la fonction et la théorie du coup d'État », *Rue Descartes*, 77 (1), pp. 69-81.

II. LE PARADOXE DE LA RUPTURE DE LA LÉGALITÉ CONSTITUTIONNELLE

Le plus grand paradoxe de cette rupture consiste en l'aval donné par les deux Chambres réunies au coup d'État militaire. Les Chambres ont donc acclamé la déclaration du Haut commandement militaire, et approuvé les premières mesures de la légalité constitutionnelle, le 25 novembre 1965.

La plus grande entorse portée à l'encontre de la Constitution de Luluabourg du 1er août 1964 fut, bien sûr, l'infraction sur le mode de sélection du personnel politique appelé à diriger l'institution exécutive, en commençant par le chef de l'État lui-même. Dès lors, le manque de légitimité démocratique des nouveaux dirigeants était une première donne de cette rupture de la légalité constitutionnelle.

En outre, aux fins de pallier cette rupture, les nouveaux dirigeants avaient opté pour une cohabitation et pour la continuité des autres institutions électives nationales et provinciales, car, conformément au point 4 de la Déclaration du Haut Commandement militaire : « Les institutions démocratiques de la République, telles qu'elles sont prévues par la Constitution du 1er août 1964, continueront à fonctionner et à siéger en exerçant leurs prérogatives. Tel est le cas de la Chambre des députés, du Sénat et des institutions provinciales ».

Aussi, l'article 9 des dispositions fondamentales prises par le Haut commandement militaire lues au Congrès, signées le 25 novembre, énonçait la structure provisoire de la Cour constitutionnelle. Elle sera « constituée de 12 conseillers dont 9 au moins sont congolais. Le Président de la République nomme les membres de la Cour constitutionnelle sur présentation des candidats pour un tiers par les deux bureaux réunis des Chambres législatives nationales, par le gouvernement central pour un autre tiers et pour un dernier tiers par les deux Cours d'appel de la République Démocratique du Congo. La Cour élit son président parmi ses membres ».

L'article 3 des mêmes dispositions fondamentales décide du sursis à l'application, pendant toute la durée de la législature, des articles suivants de la Constitution :

- Article 56 : Organisation et procédure du corps électoral chargé de l'élection du chef de l'État et modalité d'entrée en fonction (prestation de serment) ;
- Article 64 : Composition du Gouvernement central ;
- Article 82 : « Chaque année, à la session ordinaire de mars, chaque Chambre élit son bureau qui comprend un président, un vice-président et deux secrétaires » ;
- Article 83, alinéa 1 : « Les Chambres ne se réunissent en congrès national que dans les cas expressément prévus par la présente Constitution » ;
- Article 137, alinéas 1 et 2 (modifié par l'article 7 de ces Dispositions fondamentales). Antérieurement, le Conseil de Législation était un organisme consultatif qui relevait de l'autorité de la Conférence des gouverneurs. Ses membres étaient nommés par le Président de la République, sur proposition de la Conférence des gouverneurs.

Avec cette modification opérée, il est devenu un organe consultatif composé de 24 membres nommés par le Président de la République sur proposition pour une moitié par les deux bureaux réunis des Chambres législatives nationales, et pour une autre moitié par le Gouvernement central).

- Article 165, alinéas 3 et 4 « Les conseillers à la Cour constitutionnelle sont nommés sur propositions, pour un tiers des conseillers, par la conférence des gouverneurs, pour un autre tiers, par les deux bureaux des Chambres législatives nationales réunies et, pour un dernier tiers, par le Conseil supérieur de la magistrature. » « Nul ne peut être nommé conseiller à la Cour s'il n'est Congolais, s'il ne remplit les conditions requises pour être éligibles au Sénat et s'il n'a, pendant au moins dix ans, suivi le barreau ou exercer des fonctions judiciaires ou juridiques ou enseigner le droit dans une université ou dans un établissement d'enseignement supérieur ».
- Article 171, alinéa 2 : « Les fonctions de membre du Gouvernement central ou d'un gouvernement provincial sont incompatibles avec tout mandat public électif et avec l'exercice de toute autre fonction publique. Toutefois, un membre du Gouvernement central élu au Parlement ou à une assemblée provinciale aux élections législatives intervenant avant la fin du mandat dudit gouvernement peut continuer à exercer ses fonctions ministérielles jusqu'à la formation du Gouvernement appelé à remplacer celui dont il fait partie. Dans ce cas, il ne jouit pas de l'indemnité parlementaire. »
- Article 173, alinéa 3 : « Tout membre du Parlement ou d'une assemblée provinciale nommé membre du Gouvernement central ou d'un gouvernement provincial ou élu gouverneur de province, et qui l'accepte, perd son mandat d'élu après l'approbation, par le Parlement ou par l'assemblée provinciale, de l'acte de nomination des membres du Gouvernement dont il fait partie ».
- Article 182 : « Les pouvoirs du président de la République actuellement en fonction ne viendront à expiration que lors de la prestation de serment du président de la République qui sera élu, pour la première fois, conformément aux dispositions de l'Art. 56 de la présente Constitution. Cette première élection aura lieu six mois après la première réunion des Chambres élues en vertu de l'alinéa 2 de l'Art. 181 ».
- Article 189 : « Le Président de la République est autorisé à prendre les mesures nécessaires pour pourvoir à son remplacement en cas d'absence ou d'empêchement. Ces mesures cesseront de plein droit de produire leurs effets à la date de la prestation de serment du président élu conformément aux dispositions de l'article 182 ».
- Article 195, alinéas 1, 2, et 3 : « Jusqu'à ce qu'elle soit constituée conformément aux dispositions de l'Art. 165, la Cour constitutionnelle comprend sept conseillers dont quatre au moins sont Congolais.

Le président de la République nomme les membres de la Cour constitutionnelle sur présentation des candidats par la conférence des gouverneurs.
La Cour élit son président parmi ses membres. Nul ne peut être élu président de la Cour constitutionnelle s'il n'est Congolais, âgé de 40 ans révolus.
Les fonctions de président et de conseiller de la Cour constitutionnelle ne sont pas incompatibles avec celles exercées dans d'autres cours et tribunaux ».

- Article 197 : « La Cour constitutionnelle sera constituée conformément aux dispositions de l'Art. 165 dans les douze années qui suivront l'entrée en vigueur de la présente Constitution.
  La première Cour constitutionnelle composée conformément aux dispositions de l'Art. 165 comprend quatre membres désignés pour trois ans, quatre membres désignés pour six ans et quatre membres désignés pour neuf ans. »
- Article 200, alinéas 1 et 2 : « Jusqu'à ce qu'il soit constitué conformément aux dispositions de l'Art. 137, le Conseil de législation comprendra une section centrale établie dans la capitale et des sections interprovinciales.

Le conseil sera constitué conformément aux dispositions de l'article 137 dans les dix années qui suivront l'entrée en vigueur de la présente Constitution.

Dans les provinces aux chefs-lieux desquels ne se trouve pas établie une section interprovinciale, les projets de loi ou d'arrêtés des gouverneurs pourront, dans les cas d'urgence prévus par une loi organique nationale, être pris sans l'avis du conseil ».

III. LA RUPTURE CONSTITUTIONNELLE ET LES BASES D'UN CONSTITUTIONNALISME AUTORITAIRE AU CONGO-KINSHASA

Le conflit au sommet entre le chef de l'État Kasa-Vubu et son Premier ministre Tshombe avait donné, nous l'avons précisé, voie libre au coup d'État du Général Mobutu le 24 novembre 1965. La transcendance des enjeux politiques du moment couplée de la polarisation de la vie politique a fini par discréditer définitivement la classe politique congolaise. Les fondements institutionnels de la Première République avaient été secoués.

L'histoire politique congolaise retiendra que ces 2 constitutions avaient instauré des régimes politiques les plus démocratiques qu'a connus le Congo depuis l'indépendance jusqu'à ce jour. À partir de la prise du pouvoir par le Général Mobutu le 24 novembre 1965, jusqu'à sa chute en mai 1997, le Congo-Zaïre a expérimenté un processus inédit de l'autocratie.

D'un point de strictement constitutionnel, la Deuxième République aura évolué en trois régimes distincts, mais téléologiquement cohérents dans la perspective de la consolidation et personnification du pouvoir de M. Mobutu.

IV. LES LOIS CONSTITUTIONNELLES DU RÉGIME DES « PLEINS POUVOIRS » (1965-1967)

Au plan pratique, le régime de « pleins pouvoirs » permettait d'édicter des Décrets — lois dans tous les secteurs de la vie nationale. Il s'agit donc d'une rupture pure et simple avec le constitutionnalisme démocratique de la I° République. L'histoire de cette rupture est marquée par des violations flagrantes jusqu'à l'approbation de la constitution du 24 juin 1967. Les violations les plus indicatives sont chronologiquement les suivantes :

- Promulgation de l'Ordonnance-loi n° 7 du 30 novembre 1965 donnant à M. Mobutu le droit de prendre par ordonnances-lois des mesures relevant normalement du « domaine de la loi », mais en ajoutant que ces ordonnances-lois seront soumises au Parlement dans les deux mois pour approbation.
- Promulgation de l'Ordonnance-loi n° 66-92 bis du 7 mars 1966, attribuant le pouvoir législatif au Président de la République et supprimant l'obligation de soumettre dans les deux mois au Parlement les décisions présidentielles pour confirmation. Dès ce moment, tout le pouvoir législatif couplé au pouvoir exécutif est entre les mains du Général Mobutu. Tous ces pouvoirs ne relevaient ni de la procédure de délégation du pouvoir, ni d'habilitation (Article 95 de la Constitution de Luluabourg). Ce n'était pas, non plus, une prérogative justifiée par un cas d'urgence (Article. 96. de la constitution de Luluabourg).
- Le 12 décembre 1965, le Général Mobutu annoncera l'interdiction des partis politiques pour une durée de 5 ans.
- Le 26 octobre 1966, il met fin au bicéphalisme de l'exécutif qui, selon la Constitution de Luluabourg, comprenait le Président de la République et le Premier ministre. À cette occasion, il supprime le poste de Premier ministre et démet le général Léonard Mulamba de ses fonctions. Dès cet instant, jusqu'à la Constitution du 24 juin 1967, l'exécutif sera piloté exclusivement et personnellement par le lieutenant général Mobutu.
- La dissolution du Parlement élu en 1965 et l'abrogation de la Constitution de Luluabourg comme conséquence directe de la promulgation de la Constitution du 24 juin 1967.

IV.1. Proclamation du haut commandement de l'Armée nationale congolaise

Source : Moniteur Congolais, Numéro spécial, décembre 1965, p.1

À L'invitation du Lieutenant général Mobutu, Commandant en Chef de l'Armée nationale congolaise, les autorités supérieures de l'Armée se sont réunies le 24 novembre 1965, en sa résidence.

Ils ont fait un tour d'horizon de la situation politique et militaire dans le pays. Ils ont constaté que, si la situation militaire était satisfaisante, la faillite était complète dans le domaine politique. Dès l'accession du pays à l'indépendance, l'Armée nationale congolaise n'a jamais ménagé ses efforts désintéressés pour assurer un sort meilleur à la population. Les dirigeants politiques, par contre, se sont cantonnés dans une lutte stérile pour accéder au pouvoir sans aucune considération pour le bien-être des citoyens de ce pays.

Depuis plus d'un an, l'Armée nationale congolaise a lutté contre la rébellion qui, à un moment donné, a occupé près des deux tiers du territoire de la République. Alors qu'elle est presque vaincue, le Haut Commandement de l'Armée constate avec regret qu'aucun effort n'a été fait du côté des autorités politiques pour en venir en aide aux populations éprouvées qui sortent maintenant en niasse de la brousse, en faisant confiance à l'Armée nationale congolaise. La course au pouvoir des politiciens risquant à nouveau de faire couler le sang congolais, les autorités supérieures de l'Armée réunies ce mercredi 24 novembre de 1965 autour de leur Commandant en Chef ont pris, en considération de ce qui précède, les graves décisions suivantes :

1. Monsieur Joseph Kasa-Vubu est destitué de ses fonctions de Président de la République.
2. Monsieur Évariste Kimba, député national, est déchargé de ses fonctions de formateur du Gouvernement.
3. Le Lieutenant général Joseph Désiré Mobutu assurera les prérogatives constitutionnelles du Chef de l'État.
4. Les institutions démocratiques de la République, telles qu'elles sont prévues par la Constitution du 1er août 1964, continueront à fonctionner et à siéger en exerçant leurs prérogatives. Tel est notamment le cas de la Chambre des députés, du sénat et des institutions provinciales.
5. La République Démocratique du Congo proclame son adhésion à la Charte de l'Organisation des Nations Unies et de l'organisation de l'Unité africaine.
6. Tous les accords conclus jusqu'ici avec les pays amis seront respectés.
7. Sauf si le Parlement en décide autrement, les accords concernant l'adhésion de la République démocratique du Congo à la Charte de l'organisation commune africaine et malgache seront respectés.
8. La politique internationale du Congo, pays africain, sera inspirée par les intérêts du continent africain tout entier. Dans cet ordre d'idées, la politique d'entente entre le Congo et les pays africains sera poursuivie et continue.
9. Aucune ingérence dans les affaires intérieures de l'État, de quelque nature que ce soit, ne sera tolérée.
10. Toutes les mesures d'interdiction qui ont frappé dernièrement certaines publications tant congolaises qu'étrangères sont levées à partir de ce jour. Le Haut Commandement de l'Armée nationale congolaise invite les propriétaires des publications dont les installations ont été saccagées à se présenter au quartier général en vue d'obtenir les dédommagements des dégâts causés par certains éléments irresponsables.
11. Les droits et les libertés garantis par la Constitution du 1er août 1964, comme prévu dans ses articles 24, 25, 26, 27 et 28, seront respectés. Il en est notamment ainsi de la liberté de pensée, de conscience, de religion, d'expression, de presse, de réunion et d'association.
12. L'Armée nationale congolaise s'étant tenue en dehors et au-dessus des activités politiques, tous les détenus politiques seront libérés. Cette décision ne s'applique pas

aux membres des bandes insurrectionnelles ayant commis une atteinte à la sûreté intérieure de l'État.
13. Il n'est point besoin de préciser que l'Armée nationale congolaise, gardienne de la sécurité des biens et des personnes, tant congolaises qu'étrangères, continuera à la garantir.

En prenant ces graves décisions, le Haut Commandement de l'Armée nationale congolaise espère que le Peuple congolais lui en sera reconnaissant, car son seul but est de lui assurer la paix, le calme, la tranquillité et la prospérité qui lui ont fait si cruellement défaut depuis l'accession du pays à l'indépendance. Le Haut Commandement de l'Armée nationale congolaise demande à tous les Congolais de lui faire confiance. Il demande également que le fonctionnement régulier des institutions, de l'administration et de l'économie du pays soit assuré par la présence de tous sur le lieu de leur travail.

Le lieutenant général Joseph Désiré Mobutu, assumant les prérogatives de Président de la République, prend les décisions suivantes :

1. Le colonel Léonard Mulamba assumera les fonctions de Premier ministre ;
2. Le Colonel Léonard Mulamba est chargé de former un gouvernement représentatif d'union nationale dont fera partie au moins un membre de chacune des vingt et une provinces de la République Démocratique du Congo et de la ville de Léopoldville ;
3. Pendant toute la durée durant laquelle le lieutenant général Mobutu exercera les prérogatives de Président de la République, le Général major Louis Bobozo remplira les fonctions de commandant en chef de l'Armée nationale congolaise.

Fait à Léopoldville, le 24 novembre 1965.

Signé :

Lieutenant général Joseph-Désiré MOBUTU	Lieutenant-colonel I. BASUKI
Lieutenant-colonel J. TSHATSHI	Général major Louis BOBOZO
Lieutenant-colonel A. SINGA	Colonel L. MASIALA
Lieutenant-colonel A. TUKUZU	Colonel D. NZOIGBA
Lieutenant-colonel F. MALILA	Colonel A. BANGALA
Lieutenant-colonel P.-N. INGILA	Colonel L. MULAMBA
Lieutenant-colonel A. MONYANGO	Colonel F. ITAMBO

IV.2. Ordonnance-loi n° 7 du 30 novembre 1965 accordant des pouvoirs spéciaux au Président de la République

Source : Moniteur Congolais, n° 1 du 4 janvier 1966, p. 2

Vu la proclamation du Haut Commandement de l'Armée nationale congolaise en date du 24 novembre 1965,

Vu la Constitution

Ordonne

Article unique : à partir de ce jour et jusqu'à ce qu'il en soit disposé autrement, le Président de la République peut prendre, par ordonnance-loi, des mesures qui sont normalement du domaine de la loi.

Les ordonnances-lois rendues dans ces conditions sont déposées, dans les deux mois suivant la date de leur signature, sur le bureau de l'une de deux chambres législatives.

Elles restent en vigueur aussi longtemps qu'elles ne sont pas abrogées par un acte légitime.

Fait à Léopoldville, le 30 novembre 1965

Mobutu J.D Lieutenant-colonel

IV.3. Ordonnance-loi n° 66/92 bis du 7 mars 1966 attribuant le pouvoir législatif au Président de la République

Source : Moniteur Congolais N° 7 du 15 avril 1966, p. 158

Vu le premier alinéa 90 de la constitution :

Vu l'ordonnance-loi n° 7 du 30 novembre 1965, accordant des pouvoirs spéciaux au Président de la République ;

Ordonne :

1. Le pouvoir législatif est attribué au Président de la République, qui l'exerce par ordonnance-lois.
2. Les ordonnances-lois sont transmises pour informations à la Chambre des députés et au Sénat dans les deux mois qui suivent la date de leur signature.
3. L'ordonnance-loi n° 7 du 30 novembre 1965 accordant des pouvoirs spéciaux au Président de la République est abrogée.
4. la présente ordonnance-loi est immédiatement exécutoire

Fait à Léopoldville, le 7 mars 1966
J.D. MOBUTU
Lieutenant-Général

IV.4. Ordonnance-loi n° 66/621 du 21 octobre 1966 relative aux pouvoirs du Président de la République

1. Le pouvoir de voter la loi est restitué au Parlement.
2. En cas d'urgence, le Président de la République est autorisé à prendre, par ordonnance-loi, toutes mesures qui, d'après la Constitution, sont du domaine de la loi. Les ordonnances ne sont soumises à aucune approbation ou ratification. Elles restent en vigueur aussi longtemps qu'elles ne sont pas abrogées.
3. L'ordonnance-loi n° 66/92 bis est abrogée.
4. La présente ordonnance-loi entre en vigueur à la date de sa signature.

Fait à Léopoldville, le 21 octobre 1966
J.D. MOBUTU
Lieutenant-Général

PARTIE II

LA DEUXIÈME RÉPUBLIQUE

INTRODUCTION

La Deuxième République commence le 24 novembre 1965, date du coup d'État militaire qui a porté le général Mobutu au pouvoir et se termine le 24 avril 1990, date à laquelle correspond le début de la Transition démocratique à la Troisième république. La durée de la Deuxième République est d'à peu près tente ans.

La Constitution de 1967 a connu une évolution marquée par d'importantes étapes dans le sens du renforcement des pouvoirs du Président de la République. La première étape est marquée par le texte initial de la Constitution qui met en place un régime présidentialiste, fortement centralisé sur le plan de l'administration du territoire. Le texte établissait d'ailleurs un bipartisme dans son article 4.

La révision constitutionnelle du 23 décembre 1970 avait mis fin au bipartisme théorique et avait procédé à l'institutionnalisation et à la suprématie du MPR. Elle inaugure le monocratisme partisan, qui est une dictature institutionnalisée.

Par la suite, l'article 8 de la Constitution de la République du Zaïre, annexée à la loi n° 74-020 du 15 août 1974 portant révision de la Constitution 24 juin 1967 disposait que toute formation d'un autre parti politique était interdite et que tout Zaïrois était obligatoirement membre du Mouvement populaire de la Révolution. Ainsi, toutes les réformes politiques qui interviendront par la suite seront orientées uniquement vers le renforcement du MPR (Mouvement Populaire de la Révolution), le Parti crée par Mobutu le 20 mai 1967, au détriment d'autres institutions de la République. Ce rôle prépondérant assigné au Parti entraînait, par voie de conséquence, un réaménagement de l'équilibre des pouvoirs vers la fonction présidentielle. Les congrès extraordinaire et ordinaire de 1970 et 1972 avaient d'ailleurs affirmé la suprématie du Parti et de son Président-Fondateur. Par ces décisions du Congrès, le MPR était devenu l'institution suprême de la RD Congo, toutes les institutions de la République étaient subordonnées au MPR et fonctionnaient sous son contrôle.

Une analyse minutieuse de cette révision constitutionnelle nous amène à conclure qu'il est dès lors difficile de soutenir la prolongation du régime présidentialiste de 1967 pendant la période de décembre 1970 à août 1974, puisque le régime présidentialiste désigne le régime de suprématie du Président. Le régime instauré par la révision constitutionnelle du 23 décembre 1970 est celui de la suprématie du MPR, parti unique. Le monopartisme d'État s'affine en 1974 en monopartisme intégral, faisant du MPR le « parti-Etat ».

La plus importante révision de la Constitution de 1967 était intervenue en 1982. Elle avait été opérée par la loi n° 82/004 du 31 décembre 1982. Bien que depuis le 15 août 1974, le MPR était déjà l'unique institution (article 28), cette révision consacrait la plénitude du rôle dirigeant du Parti dans tous les secteurs de la vie nationale. Par ce fait, le MPR n'était plus la première institution, mais plutôt le Parti-État.

Sous ce régime, le MPR commandait et orientait l'État qui était devenu son instrument pour la réalisation de ces objectifs. Sur le plan des rapports organiques, les organes partisans classiques jouissaient d'une autorité incontestable tant sur le Conseil législatif que sur le Conseil judiciaire.

De cette évolution on peut distinguer, sans faute, deux régimes jusqu'à la réforme de 1982. Le premier régime s'inscrivait dans la logique du régime présidentialiste. La forme politique de l'État qui lui correspond est celle d'un État unitaire centralisé, « article 1er : La République Démocratique du Congo est un État unitaire, démocratique et social ». Le deuxième régime est celui qui transparaît à la lecture des textes issus de la réforme de 1982, instituant le système de Parti État. Ce qui correspond à un régime monocratique caractérisé par un monopartisme dangereux dont l'objectif final est l'absorption de l'État et des masses populaires constitutives de la Nation. Cette réforme opérée en 1982 a, de toute évidence, fini par apporter à la Nation les techniques linguistiques, psychologiques, sociologiques, politiques et juridiques de « déification » d'un homme : le Président de la République, Président du Conseil législatif, Président du Conseil Exécutif, Président du Conseil judiciaire, etc. Cela nous paraît plus important dans la mesure où, sur le plan technico-idéologique, l'intention a été de ressembler à ce qui se passait dans les dictatures prolétariennes avec cette seule différence qu'ici, l'expérience se déroulait au profit d'une classe des conservateurs, véritables ennemis du peuple. En réalité, il s'est agi de reproduire le modèle napoléonien, césarien, hitlérien, mussolinien, stalinien, etc., dans une période spéciale marquée par l'élargissement du capitalisme de crise doublée de la récession à l'échelle mondiale.

La tendance principale est de rechercher la personnification de l'individu, devenu timonier, guide, etc., l'écartement des contre-pouvoirs, notamment les églises, les syndicats, les associations estudiantines, les assurances, les associations de jeunesse, les partis politiques, etc., en vue, précisément de permettre une réelle domestication du peuple et de l'État aussi bien à l'intérieur que dans les relations internationales.

I. L'INFLATION RÉVISIONNISTE DE LA CONSTITUTION DU 24 JUIN 1967

1. Le pouvoir constituant dérivé de la constitution du 24 juin 1967

Le pouvoir de révision de la constitution, connu dans la théorie générale de la Constitution comme le pouvoir constituant dérivé ou institué, est la prérogative reconnue à une autorité, à un organe de l'Etat désigné par la constitution elle-même, pour modifier éventuellement le texte constitutionnel. Ce pouvoir répond principalement à la nécessité d'adapter le statut de l'Etat aux réalités changeantes de l'environnement social, politique et économique.

Le pouvoir de révision est en quelque sorte conditionné par les caractéristiques mêmes de la Constitution. C'est donc sur la base de la procédure de révision instituée dans la propre constitution que se fonde la distinction entre la constitution rigide et la constitution souple. Si la constitution, écrite ou coutumière, est révisable aussi facilement que la loi, on parlera d'une constitution souple. Dans ce cas, la procédure de révision ne débouche sur aucune conséquence juridique pratique. Par contre, si la procédure de révision obéit aux critères manifestant la suprématie de la Constitution, c'est-à-dire, par une procédure différente de la législative ordinaire, elle sera appelée une constitution rigide. Généralement, la rigidité de la constitution s'opère sur la base de trois critères exigés, non nécessairement concurrents, pour effectuer la révision du texte constitutionnel : soit une majorité plus difficile à atteindre (majorité qualifiée), soit par l'intervention d'une Assemblée spéciale, soit du fait du recours direct au peuple. Ainsi, peut-on constater que la rigidité constitutionnelle protège les minorités contre la loi du nombre.

La constitution du 14 juin 1967 rentre dans la catégorie des constitutions souples. Les articles 74 et 75 de la Constitution réglaient la question de la révision constitutionnelle :

- L'initiative de la révision constitutionnelle : elles appartenaient concurremment au Président de la République et à la moitié des membres de l'Assemble nationale. Donc il s'agit d'une révision par le biais d'une procédure législative ordinaire.
- Le quorum pour l'adoption du projet : le projet de révision est adopté par l'Assemble nationale à la majorité des deux tiers de ses membres (des membres composant l'Assemblée nationale).
- Promulgation : le texte constitutionnel adopté est promulgué par le Président de la République et publié au Journal Officiel

Par ailleurs, l'article 75 prévoyait également la possibilité d'un recours au référendum constitutionnel. Pour ce faire, il renvoyait à l'article 28 qui disposait que « le Président de la République peut, après en avoir informé l'Assemblée nationale par un message et après avoir pris l'avis du bureau de celle-ci, soumettre au référendum tout texte qui lui paraît devoir exiger la consultation directe du peuple.

Lorsque le référendum a conclu à l'adoption du projet, le Président de la République le promulgue dans les délais prévus à l'article 51 ».

2. Les types de révisions constitutionnelles de la IIème République

Le texte constitutionnel de 1967 avait connu au total 17 révisons. À ce sujet, dans ses analyses de la base juridique de la IIème République Faustin Toengaho Lokundo deux grilles de révisions[63] :

D'une part, les révisions mineures, qui vont de 1970 à 1973, exception faite de la loi n° 70-001 du 23 décembre 1970 portant révision de la constitution qui consacre l'institutionnalisation du Mouvement Populaire de la Révolution (M.P.R) comme le seul parti politique de la République et institution suprême du pays. L'objet de ces révisions consistait principalement à remplacer, dans le texte constitutionnel et les actes législatifs ou réglementaires les mots « République démocratique du Congo et « congolais » par « République du Zaïre » et « Zaïrois », le remplacement des emblèmes et du drapeau, les appellations des provinces comme par exemple, Katanga qui devient Shaba ainsi que l'adaptation de la constitution, selon la décision prise par le Bureau politique du MPR, aux nouvelles appellations intervenues dans les structures politico-administratives et territoriales du pays, c'est-à-dire, l'adaptation de l'ordre juridique à l'évolution politique de la Nation.

D'autre part, les révisions importantes (majeures) qui vont de 1974 à 1990 ; portant principalement sur la structuration constitutionnelle du Mouvement Populaire de la Révolution., de ses organes et de ses rapports avec l'Etat. Ces révisions font du MPR et du Mobutisme des références fondamentales de la vie nationale. Désormais la tendance sera celle de consacrer l'affirmation constitutionnelle du rôle dirigeant du MPR et la subordination de l'Etat à ses objectifs et à son idéologie, jusqu'« à ériger le MPR en parti-Etat[64].

3. Inventaire des lois constitutionnelles portant révision de la constitution du 24 juin 1967

1) Loi n° 70-025 du 17 avril 1970 portant modification des dispositions de l'alinéa 1er de l'article 2 de la constitution du 24 juin 1967
2) Loi n° 70-001 du 23 décembre 1970 portant révision de la constitution.
3) Loi n° 71-006 du 29 octobre 1971 portant révision de la constitution
4) Loi n° 71-007 du 19 novembre 1971 portant révision de la constitution
5) Loi n° 71-008 du 31 décembre 1971 portant révision de la constitution
6) Loi n° 72-003 du 5 janvier 1972 portant révision de la constitution
7) Loi n° 72-008 du 3 juillet 1972 portant révision de l'article 60 de la constitution
8) Loi n° 73-014 du 5 janvier 1973 portant harmonisation de la constitution ainsi que celle de tous les textes législatifs et réglementaires en rapport avec les nouvelles appellations intervenues dans les structures politico-administratives du pays et modifiant l'article 46 de la constitution.

---

[63] Toengaho Lokundo, F. (2008), *Les constitutions de la République démocratique du Congo. De Joseph Kasa-Vubu à Joseph Kabila*, Op.Cit, p.17-18.

[64] Voir à ce sujet la Décision d'Etat n° 32/CC/83 du 1er avril 1983 (Journal Officiel du Zaïre du 15 juillet 1983, n°14, p.89).

9) Loi n° 74/020 du 15 août 1974 portant révision de la constitution du 24 juin 1967. (Constitution du 15 août 1974)
10) Loi n° 078-010 du 15 février 1978 portant révision de la constitution
11) Loi n° 80-007 du 19 février 1980 portant modification de la constitution
12) Loi n° 80-012 du 15 novembre 1980 modifiant et complétant quelques dispositions de la constitution
13) Loi n° 82-004 du 31 décembre 1982 portant modification de certaines dispositions.
14) Loi n° 88-004 du 29 janvier 1988 portant révision de certaines dispositions de la constitution
15) Loi n° 88-009 du 27 juin 1988 portant révision de l'article 2 de la constitution
16) Loi n° 90-002 du 5 juillet 1990 du 5 juillet 1990 portant révision de certaines dispositions de la Constitution
17) Loi n° 90-008 du 25 novembre 1990 portant révision d'une disposition de la constitution

II. LE STATUT DES PROVINCES SOUS LA IIe RÉPUBLIQUE

Ce sujet qui nous a beaucoup préoccupés sur le plan de la discussion théorique semble ne pas poser des problèmes particuliers dans sa formulation dans la Constitution sous examen. L'article 1er dispose que la République Démocratique du Congo est un État unitaire. Une autre disposition de la Constitution en rapport avec les prérogatives du Président de la République indique que celui-ci « nomme et révoque les gouverneurs de provinces… »

Cette orientation montre que nous étions bel et bien revenus à l'État centralisé d'avant l'indépendance. Les provinces avaient ainsi perdu leur autonomie, leur personnalité civile ainsi que leur statut soit d'État fédéré, soit d'entité régionalisée soit en fin d'entité décentralisée ; choses qui n'ont du reste pas été convenablement explicitées comme il se devait dans la doctrine congolaise de droits publics.

M. Umba di Lutete explicite de la manière suivante la signification de l'article 1er de la Constitution consacrée à la forme de l'État[65] :

1. Un seul centre d'impulsion et de décision politiques

La forme de l'État est fixée par l'article 1er qui dispose que la République du Zaïre est un État unitaire. L'article 2 précise que la République est divisée en huit régions, plus la capitale, Kinshasa, qui aux termes de l'article 73, alinéa 2, a un statut autonome déterminé et organisé par la loi.

[65] Umba di Lutete (1974), *Introduction à la Constitution zaïroise*, exposé ronéotypé à la 1re session de l'école du parti, Kinshasa 1974.

Sous ce rapport, la forme de l'État se présente de la manière classique et doit pouvoir être complétée et nuancée en regard des autres dispositions de la Constitution.

La forme unitaire signifie que la plénitude du pouvoir politique appartient à la seule personne morale de l'État, ou, si l'on préfère, à l'ensemble du peuple zaïrois ou encore du Mouvement populaire de la Révolution. Il n'y a donc pas de fractionnement du pouvoir entre les différentes subdivisions territoriales, fussent-elles régionales ou inférieures.

Il y a ainsi un seul territoire Zaïrois, une seule nationalité, un seul Président, un seul Parlement (en l'occurrence le Conseil législatif), un seul gouvernement (ici le Conseil exécutif), une seule Cour suprême de justice pour assurer l'unité d'interprétation de la loi. On trouve sur toute l'étendue de la République, les mêmes directives générales, les mêmes mots d'ordre, les mêmes lois découlant d'une même Constitution et édictées par un même législateur.

2. Nature des subdivisions territoriales

Le régime d'État unitaire s'oppose à ce qu'on appelle un État composé, comme un État fédéral, où coexistent, à côté du pouvoir central, plusieurs autres centres d'impulsion et de décision politique, puisque les États ou les provinces composant l'État fédéral ont des matières spéciales, réservées de par la Constitution, dans lesquelles le pouvoir central ne peut s'immiscer.

En ce qui nous concerne, n'est réservé aux entités territoriales que ce que le Mouvement populaire de la Révolution voudra bien leur donner, le pouvoir au demeurant que le Mouvement populaire de la Révolution peut retirer à tout instant sans modifier la Constitution. Ces entités territoriales apparaissent comme de simples découpages administratifs dont l'organisation et les compétences sont laissées à la sollicitude de la loi[66].

La décentralisation administrative était l'unique mode d'administration du territoire qui pouvait s'accommoder d'avec la nouvelle nature du pouvoir central. Elle visait plus la double unification territoriale et fonctionnelle dans le but, précisément de faciliter la dictature, le contrôle de tous les éléments situés dans la Nation étant dès lors rendu possible par la centralisation.

Dans une étude fort intéressante consacrée à « la Constitution du Zaïre révisée », le professeur Mulumba Lukoji a pu donner les objectifs réels du nouveau régime en rapport avec la situation interne du pays[67].

Analysant en 1972 l'évolution politique des États africains et leur État de mutation permanente depuis leur indépendance, nous avions caractérisé l'ensemble de leurs problèmes comme un problème de survie et de croissance[68]. Qu'il s'agisse des décisions économiques, de mesure de réorganisation administrative ou territoriale, ou encore de réforme institutionnelle et constitutionnelle, l'on est toujours amené à déceler un aspect de la recherche par le jeune, de créer un ordre social, un ordre

---

[66] Umba di Lutete (1974), *Introduction à la Constitution zaïroise*, Op. Cit., p. 43 et 44.

[67] Mulumba Lukoji, C « La Constitution du Zaïre révisée », *Zaïre-Afrique* n° 90, Kinshasa : Cepas, décembre 1974, pp. 599-608.

[68] Mavungu, M., journal « Étoile », 7 et 8 novembre 1967.

politique nouveau plus à même de satisfaire aux exigences de développement qu'il s'est assigné.

C'est dans ce même contexte que nous situons la décision du Zaïre d'abandonner en 1967, la « Constitution de Luluabourg » et d'adopter une nouvelle Constitution, plus conforme aux réalités politiques postérieures à la proclamation du Haut-Commandement le 24 novembre 1965.

Dans deux études fort intéressantes consacrées à la Constitution du 24 juin 1967, les professeurs Lihau[69] et Kalombo Mbanga[70] avaient souligné les caractéristiques saillantes de cette Constitution, qui la distinguaient du reste, de la Constitution de Luluabourg.

En effet, la forme fédérale de l'État, consacrée par la Loi fondamentale de 1960 et la Constitution de Luluabourg du 1er août 1964, avait été écartée au profit d'une structure unitaire de l'État zaïrois.

Ensuite, le Président de la République, élu au suffrage universel, est devenu Chef de l'exécutif ; l'on avait ainsi mis fin à l'exécutif dualiste ou bicéphale organisé par les premières constitutions. Les membres du Gouvernement, au lieu de constituer un organe distinct doté d'un certain nombre de pouvoirs par rapport au Président qui a été mis au rang de collaborateurs de ce dernier.

Enfin, quant au législatif, il n'était composé que d'une seule chambre et se trouvait soumis au principe de séparation des pouvoirs. En effet, la Constitution de 1967 avait retiré au législatif le pouvoir que lui avaient reconnu la Loi fondamentale ou la Constitution de Luluabourg de faire démissionner le gouvernement à la suite d'une motion de défiance.

En s'écartant des principes constitutionnels de la loi fondamentale et de la Constitution de Luluabourg, le constituant zaïrois recherchait surtout à garantir au pays la stabilité politique qui lui avait fait défaut depuis son accession à l'indépendance en juin 1960. Pour cela, il fallait un exécutif fort et un État unitaire.

3. La déconcentration administrative comme résultat d'une falsification

Dans ses analyses des expériences de la déconcentration en RDC (1982 – 1998), Mabiala Mantuba-Ngoma nous rappelle qu'en 1982, le Président Mobutu fit le constat de deux facteurs majeurs qui l'amenèrent à repenser le modèle d'organisation territoriale du pouvoir d'État : « d'une part qu'une centralisation trop forte et trop durable des pouvoirs risquait à la longue d'asphyxier le système politique, administratif et économique du pays et d'autre part, que compte tenu de l'immensité du territoire national, il était impossible, par une centralisation outrancière, d'assurer un développement harmonieux et équilibré des régions. Comme à partir de Kinshasa, il était difficile d'appréhender correctement les problèmes des entités régionales et locales et d'y apporter des solutions, il était

[69] Lihau, M. (1968), « La nouvelle Constitution de la République du Congo, avec mémoire explicatif, » *in Études congolaises*, vol. XI, n°3, 1968, pp 28- 59.

[70] Kalombo Mbanga, « La Constitution congolaise du 24 juin 1967 », *Zaïre – Afrique*, n° 18, octobre 1967, pp. 373 – 389.

urgent de rapprocher le pouvoir du peuple et de redonner une impulsion nouvelle au développement du pays[71] ».

C'est dans cet esprit que fut promulguée l'ordonnance-loi n 82-006 du 25 février 1982 portant organisation territoriale, politique et administrative de la République du Zaïre, inspirée par le professeur Vunduawe te Pemako[72]. Il fut institué un système d'administration territoriale qualifié de « Décentralisation » administrative. La loi organisait bel et bien une répartition de compétences entre l'État et les entités concernés ainsi qu'un système de perception de taxes. Il fut également reconnu en faveur des provinces et de la ville de Kinshasa, la personnalité civile.

En approfondissant l'étude de la loi sous examen, on constatera, malheureusement, que celle-ci a tout simplement mis en place une « déconcentration administrative » à la place d'une « vraie » « décentralisation ».

Les éléments importants de disqualification sont les suivants :

a) Alors que dans une vraie décentralisation, l'organe dirigeant (en occurrence le Gouverneur) de l'entité décentralisée est élu par une assemblée délibérante, dans le cas de loi de 1982, le Gouverneur était nommé et révoqué par le Président de la République dont il était du reste, représentant en région ;
b) Malgré que les assemblées élues eussent bel et bien le pouvoir de contrôle à l'égard des organes exécutifs, elles ne pouvaient en aucune manière contrôler et décider de la révocation des organes exécutifs en cas de faute ou de manquement. Cette prérogative étant de l'apanage du pouvoir central ;
c) Les taxes publiques étaient perçues au profil de l'État, les organes exécutifs compétents des entités décentralisées n'en avaient aucune compétence autonome de gestion.

Le maintien de l'entité administrative appelée « Sous-Région », entité non décentralisée ayant pour mission de contrôle, d'inspection et de coordination des activités des entités inférieures élues (zone, collectivité) qui, elles sont élues vicie la concorde des critères théoriques et pratiques quant à la définition de la décentralisation, et sa mise en pratique.

Autant d'éléments qui montrent que nous avions à faire non pas à la décentralisation, mais bien au contraire à un système déconcentré qui d'ailleurs s'accommodait du régime politique mis en place, de par sa nature même. Nous évoquons ce fait juste pour permettre l'ouverture d'une nouvelle direction de recherche sur la réalité ainsi évoquée.

---

[71] Mabiala Mantuba-Ngoma, P. « Le processus actuel de décentralisation en R.D.C. : enjeux et défis », Mabiala Mantuba-Ngoma, P. (2009) (dir), *Le processus de décentralisation en République Démocratique du Congo*, Kinshasa, Fondation Konrad Adenauer.

[72] Vunduawe te Pemako, F. « L'administration locale au Zaïre de 1885 à 1982 », *Zaïre-Afrique*, 165 (mai 1982), pp. 261-273.

Vunduawe te Pemako, F., « La nouvelle organisation territoriale, politique et administrative du Zaïre », *Zaïre-Afrique*, 166 (juin — juillet — août 1982), pp. 327-343.

CHAPITRE I

LE RÉGIME PRÉSIDENTIALISTE (1967-1970)

I. LA NATURE DU RÉGIME INSTITUÉ

La Constitution de 1967 s'écarte des principes constitutionnels énoncés dans les 2 précédentes Constitutions. Elle recherchait la stabilité qui faisait défaut au Congo.

La Constitution de 1967 a connu une évolution par d'importantes étapes dans le sens de renforcer les pouvoirs du Président de la République. Elle instaura un régime présidentialiste. Dans un premier temps, elle préconisait un bipartisme qui ne fut jamais appliqué. Il instaurait aussi un État unitaire centralisé.

Elle organisait 4 institutions politiques centrales.

1. Le président de la République : élu au suffrage universel pour 7 ans : Il était le chef de l'exécutif. Il nommait et révoquait les membres du Gouvernement. Il déterminait leurs attributions respectives.
2. Le gouvernement : les ministres étaient les chefs des départements. Ils appliquaient chacun dans son département le programme fixé et les décisions prises par le Président de la République. Ils répondaient de leurs actes devant le Président de la République.
3. Le pouvoir législatif correspondait au Parlement qui est composé d'une chambre unique appelée Assemblée nationale. La durée de la législature était de 5 ans. Ce parlement n'avait aucun pouvoir de faire démissionner le gouvernement à la suite d'une motion de défiance.
4. Le pouvoir judiciaire était dévolu aux cours et tribunaux. Il était indépendant du pouvoir exécutif et du pouvoir législatif.

II. TEXTES CONSTITUTIONNELS DU CADRE INITIAL DE LA DEUXIÈME RÉPUBLIQUE

II.1. Mémoire explicatif de la constitution du 24 juin 1967

Moniteur Congolais, N 14 du 15 juillet 1967, pp ; 549-564

Mémoire explicatif du projet de Constitution établi sur base du texte de l'avant-projet présenté au Président de la République et sur la base des discussions de la Commission politique du Gouvernement.

PREMIÈRE PARTIE : CONSIDÉRATIONS GÉNÉRALES

Le présent projet de constitution se différencie de la Constitution du 1er août 1964 par sa brièveté : on a visé spécialement à être concis et clair.

Ce projet prévoit un régime politique, dans l'ensemble, très différent de celui établi en 1964 par la Constitution de Luluabourg.

Préoccupés par les problèmes concrets que pose la structuration de l'Etat congolais, ses auteurs ont voulu éviter que le système politique puisse être paralysé par des luttes stériles de factions. Ils ont cherché à doter le Congo d'un régime politique qui en favorise le développement et l'indépendance économique et qui en même temps aide la vraie démocratie adaptée aux réalités africaines. Ce régime devrait, en outre, préserver la population congolaise de l'emprise des politiciens contre-révolutionnaires qui se serviraient d'elle dans leurs intérêts personnels et entraveraient son progrès.

* * *

Une fois adaptée, notre constitution fera du Congo un Etat unitaire. Il n'existera plus qu'un centre politique concrétisé par un seul législatif et un seul exécutif : les provinces ne seront plus que les simples entités administratives. En cela, lorsqu'elle entrera en vigueur, la nouvelle constitution ne fera, à vrai dire, que consacrer les réformes politiques et administratives récemment entreprises par le Gouvernement de la République.

Le régime constitutionnel proposé n'est cependant pas incompatible avec une déconcentration et même, une décentralisation administrative organisée au profit des provinces ou d'autres collectivités régionales ou locales. Mais ce sont, en tous cas, les autorités civiles qui, par voie de lois ou de règlements pris conformément à ces lois, décideront souverainement de cette déconcentration ou de cette décentralisation.

Le système politique proposé est le régime présidentiel : l'Etat est doté d'un exécutif véritablement moteur dirigé par un Président de la République, nanti de très larges pouvoirs, à la fois Chef de l'Etat, Chef de l'Exécutif et Chef du Gouvernement.

Quant au Parlement, pour des raisons d'efficacités, il se compose d'une Chambre unique appelée l'Assemblée nationale.

L'Exécutif dispose à l'égard du législatif d'une très grande autonomie.

Cette autonomie se concrétisera dans le mode de désignation du Chef de l'Exécutif, dans cette autonomie, se concrétisera dans la durée de son mandat, surtout dans le régime de responsabilité politique de membres du Gouvernement.

Le Président de la République est élu au suffrage universel direct et pour sept ans et alors que l'Assemblée nationale n'est élue que pour cinq ans. Les membres du Gouvernement sont politiquement responsables devant le Président de la République. Chef du Gouvernement qui les nomme et les révoque.

Ils entrent e fonction sans que leur nomination doive recueillir, au préalable, l'approbation du Parlement, comme c'était le cas sous le régime de la Constitution du 1er août 1964.

Il ne s'agit cependant pas d'un régime absolu de séparation de pouvoirs. Le législateur et l'exécutif doivent collaborer étroitement, ils disposent, en outre, chacun à l'égard de l'autre, des moyens de contrôle organisés ;

L'Assemblée nationale peut, en particulier, exercer un contrôle sur l'exécutif à l'occasion du vote des lois ou du budget ; elle peut également mettre les membres de l'exécutif en accusation. De son côté, indécemment du pouvoir qu'il a de saisir directement le peuple d'un projet de loi par référendum, le Chef de l'exécutif dispose d'un important moyen de pression sur le corps législatif : il peut opposer un véto suspensif aux lois votées par l'Assemblée nationale.

La collaboration entre le législatif et l'exécutif est prévue spécialement en matière législative : le Président de la République possède, concurremment avec les membres de l'Assemblée nationale, le droit d'initiative. Les membres du Gouvernement peuvent (et doivent même parfois) assister aux séances de l'assemblée et y être entendus.

Le Président de la République peut être habilité à exercer exceptionnellement un pouvoir législatif soit en vertu d'une délégation qui lui aura été accordée par l'Assemblée sous forme de loi, soit d'office lorsqu'il aura proclamé l'état de siège ou l'état d'urgence. Les auteurs du projet de constitution ont été particulièrement attentifs à des difficultés inhérentes à tout régime présidentiel du type classique. Dans ce système politique, on le sait, le parlement ne peut pas renverser le gouvernement et le chef de l'exécutif et si l'une et l'autre de ces branches du pouvoir refusent toute concession, le conflit risque d'entrainer la paralyse de l'Etat. Aussi, a-t-on prévu que dans ce cas le Président de la République pourrait recourir directement l'arbitrage du peuple en organisant un référendum, le corps électoral sera appelé à se prononcer sur les grandes lignes d'une politique à mettre en œuvre et pourra également. S'il le veut, présenter au référendum un projet de loi destiné à réglementer directement une manière bien déterminée.

Si le référendum aboutit à l'adoption du projet de loi proposé par le Président de la République, cette loi ne pourra, pendant la législature durant laquelle le peuple s'est prononcé à son sujet, être modifiée qu'avec l'accord du Président de la République.

On remarquera que l'initiative du référendum n'appartient qu'au Président de la République, l'Assemblée nationale n'a, en effet, pas besoin de recourir à une instance pour exercer le pouvoir législatif qui est précisément une de ses principales attributions.

Le projet de construction intègre les partis politiques dans la structure gouvernementale du pays. On a cherché à simplifier la vie politique congolaise, à placer le corps électoral devant des options claires ayant une signification politique précise. Dans ce but, il est prévu qu'il ne pourra être créé plus de deux partis dans la République.

On a également veillé à éviter qu'auprès s'être présenté sur la liste d'un parti, un candidat, une fois élu, ne change trop facilement de couleur politique au mépris des engagements qu'il aurait pris devant le corps électoral avant son élection.

Ce jeu répété par un certain nombre de députés risquerait de provoquer l'effritement de la majorité. Aussi prévoit-on que lorsqu'un député cesse membre du parti sur la liste duquel il a été élu, il perd d'office son mandat à l'Assemblée nationale et y est remplacé par son suppléant.

* * *

Le projet de constitution comprend huit titres principaux qui sont précédés d'un court préambule et suivis des dispositions transitoires (titre IX) et des dispositions finales (titres X).

Le titre premier fixe les principes fondamentaux de l'organisation de l'Etat et des pouvoirs publics.

Viennent ensuite, au titre II, des dispositions limitant l'entendue des pouvoirs des autorités publiques à l'égard des particuliers.

Le titre III organise les trois pouvoirs traditionnels de l'Etat : le législatif, l'exécutif et le judiciaire.

Les dispositions du titre IV énoncent les principes de base de l'organisation des collectivités provinciales, régionales et locales.

Les titres V à VIII concernent les matières particulières : les finances publiques, les traités et accords internationaux, le contrôle de la constitutionnalité et la révision de la constitution.

DEUXIÈME PARTIE

Commentaire article par article

Préambule

Le préambule conservera dans la nouvelle constitution de la République la même portée juridique que celle de 1964. Aussi le rapporteur se borne-t-il à reproduire ici ce qu'il avait écrit à propos du préambule de la constitution de 1964 (voir le numéro spécial du Moniteur congolais du 5 octobre 1965, p.54).

« Le préambule du projet de constitution est conçu comme une déclaration de principes. Il ne s'agit donc pas, à proprement parler, des règles de droit positif ».

« il ne pose pas de problème particulier »

« on notera cependant que le mot "Dieu", qui y figure, n'implique nullement la reconnaissance d'une quelconque religion d'état, pas plus d'ailleurs qu'il ne s'oppose à la liberté d'opinion philosophique ni à l'athéisme. Le préambule enregistre là simplement la croyance d'un Etat suprême à laquelle participe la quasi-totalité des Congolais ».

TITRE PREMIER

DU TERRITOIRE ET DE LA SOUVERAINETÉ DE LA RÉPUBLIQUE

L'article 1er définit la nature de l'Etat Congolais qui devient un Etat unitaire. Par les mots « la République Démocratique du Congo est un Etat démocratique et social », il indique, en outre, que l'Etat devra s'inspirer des principes de la démocratie dite économie et sociale qui se réfère à des hommes concrètement situés dans le temps et dans l'espace et non pas à l'homme impersonnel et abstrait des doctrines libérales.

* * *

L'article 3 vise la sauvegarde de l'unité de la République et l'intégrité de son territoire. Il impose des obligations tant aux particuliers qu'aux autorités publiques.

* * *

Les dispositions de l'article 4 visent à placer l'électeur devant choix précis entre deux programmes. On évitera ainsi le foisonnement des groupements politiques fondés exclusivement sur des sentiments tribalistes ou régionalistes.

L'alinéa 2 fixe un maximum. Il ne pas exclu qu'en fait, au moins pendant quelque temps, un seul parti ait une si large audience dans l'opinion publique qu'il dispose de tous les sièges de l'Assemblée nationale.

Ce qui serait contraire à la constitution c'est que la majorité parlementaire ou le gouvernement édictent les dispositions législatives ou réglementaires interdisant la formation d'un second parti ou encore que les particuliers usent des voies de fait pour empêcher la formation d'un second parti.

TITRE II

DES DROITS FONDAMENTAUX

L'article 5 proclame le principe de l'inégalité des Congolais, qu'il s'agisse des hommes ou des femmes. Cet article a une portée générale : les cas prévus à l'alinéa 2 ne sont pas les seuls où le principe d'égalité qui signifie que se trouvant dans les mêmes conditions, tous les Congolais doivent être traités de la même manière ; cet article n'interdit pas qu'en raison même de leur nature, certaines fonctions soient réservées en priorité ou exclusivement aux femmes ou aux hommes.

* * *

Les articles 6 à 9 n'ont pas soulevé de problèmes particuliers d'interprétation lors de l'élaboration du projet de constitution.

* * *

L'article 10 proclame un des principes fondamentaux du système constitutionnel proposé : le principe de la laïcité de l'Etat. Comme dans la constitution de 1964, la neutralité de l'Etat en matière philosophique et religieuse est maintenue. En raison de sa position neutre, l'Etat devra donc reconnaitre à chacun aussi longtemps qu'il ne porte pas atteinte à l'ordre public le droit de vivre conformément à ses convictions.

* * *

L'article 11 classe la liberté de presse parmi les droits qui découlent de la liberté d'expression. Il appartiendra à la loi d'organiser la liberté de presse et de déterminer le cadre dans lequel elle s'exercera.

Pour **l'article 12,** on a repris les dispositions de l'article 31 de la constitution de 1964, mais on en a interverti l'ordre et on les a fait précéder d'un principe direct.

La portée de l'article restant la même, le rapporteur se contente de reproduire ici, avec quelques légères modifications, ce qu'il avait consigné dans le mémoire explicatif de la constitution de 1964, concernant l'article 31.

« Le premier et quatrième alinéa de l'article 12 énoncent plutôt des principes directs. Le deuxième alinéa, par contre, est une disposition de droit positif qui confère aussi bien aux nationaux qu'aux étrangers établis au Congo un véritable droit subjectif. Ainsi, les règles concernant les conditions de fond et de forme du mariage ne peuvent pas aboutir à faire une famille. Il importe peu d'ailleurs que ces règles concernant les conditions de fond et de forme soient coutumières ou écrites. Dans le cas où, en vertu d'une règle coutumière, les personnes intéressées se trouveraient dans l'impossibilité de jouir et d'exercer ce droit, elles devront pouvoir se marier conformément au droit écrit, quel que soit le statut personnel auquel ils seraient soumis.

Il est bien entendu que ce droit n'exclut pas pour le législateur le pouvoir de poser des conditions quant à l'âge, quant au degré de parenté, quant au délai de viduité, etc.

***

Les dispositions de **l'article 13** s'inspirent de plusieurs considérations, dont les principes concernant :

- Le droit pour chaque citoyen d'être formé et de se développer dans toutes les dimensions et dans toute sa plénitude humaine ;
- L'obligation qui incombe à chaque citoyen de pouvoir à son éducation afin d'être à même de jouer pleinement son rôle dans l'Etat au bénéfice de toute la communauté ;
- La liberté de conscience, qui garantit à chaque élève le droit d'être éduqué conformément à ses convictions dans l'exercice de sa profession ;
- Le principe de la laïcité de l'Etat ne doit pas, en tant que tel, appuyer une opinion philosophique ou religieuse à l'exécution de l'autre.
- La nécessité pour le pouvoir public d'intervenir en vue de planifier l'organisation scolaire dans le but de mettre à la disposition de chacun, dans les limites des finances publiques, tous les moyens nécessaires à sa formation.

L'article 13 concerne l'organisation et le fonctionnement des écoles qui seront totalement ou particulièrement à charge des pouvoirs publics. Il est proposé, comme dans la constitution de 1964, d'adopter la solution d'un enseignement national mis à la disposition de tous les Congolais.

Toutefois, il pourra subsister des écoles créées par des particuliers, non intégrées dans l'enseignement national et ne bénéficiant pas d'une aide financière de l'Etat ; mais ces écoles privées devront répondre aux exigences imposées par la loi.

L'enseignement national comprendra toutes les écoles organisées par les pouvoirs publics et les écoles organisées par les particuliers, agréées par les pouvoirs publics dans les conditions fixées par la loi. Celle-ci, au terme de l'alinéa 2 de l'article 13, fixera un statut applicable aux écoles qui, organisées par les particuliers, feront partie de l'enseignement national.

Suivant l'alinéa 3, toutes les écoles prises en charge entièrement ou partiellement par les pouvoirs publics doivent être ouvertes à tous les Congolais sans distinction. Ceci n'exclut cependant pas l'existence d'un règlement intérieur propre à chaque école, mais ce règlement ne pourra pas interdire les dispositions législatives concernant l'enseignement national et devra, en outre, respecter les opinions religieuses et philosophiques de chaque élève ainsi que le principe de l'égalité des Congolais.

L'alinéa 4 de l'article 13 vise à sauvegarder la liberté de conscience dans ses rapports avec le droit à l'éducation. Ainsi dans tous les établissements d'enseignement national, elle sera assurée à tous les élèves majeurs qui le demandent et à tous les élèves mineurs dont les parents le demandent, une éducation conforme à leurs convictions philosophiques et religieuses. En raison du principe de la laïcité de l'Etat, cette formation sera dispensée par les autorités religieuses intéressées qui, dans chaque établissement d'enseignement national, collaboreront avec les dirigeants de l'établissement.

Assurer aux élèves, quel que soit le niveau d'enseignement où ils se trouvent, une éducation conforme à leurs convictions philosophiques et religieuses dans une école ouverte à tous signifie que le corps professoral s'abstiendra dans son enseignement de heurter d'une manière systématique les convictions des élèves. Par ailleurs, les branches de formation religieuses proprement dites seront données par des professeurs rétribués comme les autres, mais désignés par les autorités religieuses intéressées.

Par rapport à la constitution de 1964, l'esprit du texte ne change pas. Il ne s'agit donc pas seulement de cours d'instruction religieuse, mais réellement d'une éducation complète. Cela suppose, en plus des cours d'instructions religieuses, la possibilité réelle d'assister aux cérémonies religieuses, de participer aux activités de formation, cela suppose aussi l'organisation d'aumôneries, de cercles de formation morale et religieuse, etc.

L'article 13 ne précise pas quel sera le contenu du statut applicable aux écoles agréées par les pouvoirs publics.

Il appartient à la loi de déterminer les attributions respectives des pouvoirs publics et des particuliers, organisateurs de ces écoles dans la direction et le fonctionnement de ces établissements d'enseignement.

L'article 13 n'empêche pas les pouvoirs publics de se réserver le monopole de créer des écoles de certaines catégories.

* * *

Par les mots « droits de propriété » l'article 14 vise non seulement le droit de propriété au sens du code civil, mais également tout droit ayant pour objet une chose et qui impliquent la possession de cette chose soit par une personne physique, soit par une personne morale, publique ou privée.

Il est prévu à l'alinéa 2 que celui qui est privé de ses biens mobiliers ou immobiliers par les pouvoirs publics lorsque l'intérêt général l'exige et qu'une loi le prévoit a droit à une indemnité équitable. Cela signifie que l'intéressé (au sens traditionnel) aura droit à une indemnité fixée compte tenu de toutes les considérations de justice, d'équité et l'intérêt général. Il ne s'agit donc pas de la valeur du bien ; l'indemnité pourra être ou même plus grande que cette valeur.

En cas de contestation l'intéressé pourra, bien entendu, saisir les tribunaux pour qu'ils se prononcent sur ses droits et fixent le montant de l'indemnité.

Si l'alinéa 2 vise les biens mobiliers ou immobiliers, l'alinéa 3 vise les entreprises. Les deux régimes prévus ne pas les mêmes en raison, en particulier, de la plus grande valeur des entreprises et des problèmes spécifiques soulevés par la nationalisation.

* * *

Le droit reconnu aux Congolais à l'article 14 inclut celui des Conseillers se trouvant à l'étranger de revenir au Congo et le droit pour chaque Congolais de changer de domicile.

Ce droit, pour le Congolais de revenir dans la République, laisse applicables les condamnations qu'ils auraient encourues devant les juridictions congolaises, lorsqu'ils se trouvaient à l'étranger, et laissent subsister les infractions qu'ils auraient commises à l'étranger.

* * *

L'article 16 n'a pas soulevé de problème particulier de son élaboration.

* * *

L'article 17 se rapporte aux droits des travailleurs et de ceux qui, en raison des circonstances indépendantes de leur volonté, se trouvent privés de travail. Le travailleur (entendu dans un sens large), y compris notamment l'employeur peut exercer l'action syndicale et recourir à la grève, mais ce droit est limité par la loi.

À l'article 18, le mot « groupement » inclut les associations, les sociétés et tout groupe de quelque nature que ce soit.

* * *

TITRE III

DES POUVOIRS

L'article 19 établit un certain ordre d'importance des principales institutions de la République.

§1. LE PRÉSIDENT 0E LA RÉPUBLIQUE

L'article 20 détermine les principales attributions du Président de la République qui sera non seulement Chef de l'Etat et Chef de l'exécutif, mais également Chef du Gouvernement.

En qualité de Chef du Gouvernement, il sera l'élément moteur du gouvernement. Ainsi il déterminera le programme gouvernemental, conduire la politique de l'Etat aussi bien dans le domaine interne que dans le domaine international, contrôlera toute l'action gouvernementale et informera l'Assemblée nationale de la politique de l'Etat.

Il est à remarquer que l'Assemblée nationale n'exercera qu'un simple contrôle sur le Président de la République et le Gouvernement, elle dispose à cet effet, du pouvoir législatif, du contrôle budgétaire et d'autres moyens de contrôle prévus à l'article 32. Par contre, l'Assemblée nationale n'a pas le pouvoir de destituer le Président de la République ou les membres du Gouvernement.

* * *

L'article 21 prévoit que l'élection du Président de la République se fera désormais au suffrage universel direct. On vise à conférer au Président de la République une légitimité populaire incontestable. Ainsi il pourra assurer, avec un très large appui populaire, le rôle de guide de la Nation.

En raison du zèle qu'il est appelé à assumer dans la Nation, le Président de la République devra remplir les mêmes conditions que les députés.

Il est prévu à l'alinéa 3 que l'élection doit avoir lieu à la majorité absolue des suffrages exprimés. Sur le plan sociologique, le Président de la République, par cette disposition, tiendra ses pouvoirs d'une large fraction de la population. Les suffrages exprimés sont les suffrages valables à l'exclusion des bulletins blancs ou nuls.

Pour que le corps électoral puisse se prononcer clairement, il convient de le mettre devant un choix net. Ainsi a-t-on prévu qu'au deuxième tour, en tout cas, le corps électoral n'aura à se prononcer qu'entre deux candidats.

* * *

Par le serment prévu à **l'article 22**, le Président de la République prendra un engagement solennel d'exercer ses attributions en se conformant aux principes de la constitution. Cet engagement, il le prendra devant la Cour constitutionnelle chargée de veiller au respect de la constitution.

* * *

Lorsque le mandat d'un Président de la République prend fin pour quelque cause que ce soit, il sera procédé, aux termes de l'article 23, à l'élection d'un nouveau Président qui obtiendra un mandat plein de 7 ans. Cette solution se justifie par le fait que le mandai résidentiel est devenu indépendant de la législature proprement dite.

Il y a empêchement, au sein de l'article 23, lorsque le Président de la République ne se trouve vraiment pas en mesure d'exercer ses fonctions. Un voyage à l'étranger, par exemple, ou une maladie d'une certaine durée ne constitueraient pas des cas d'empêchement au sens de cet article.

* * *

Les articles 24 et 25 sont des applications des alinéas 1 et 3 de l'article 20. Ils n'ont pas soulevé de problèmes particuliers d'interprétation lors de leur élaboration.

L'article 26 prévoit des aménagements dans le régime de séparation des pouvoirs prévus par le présent projet de constitution. Si l'on instituait une séparation absolue des pouvoirs, le Chef de l'Exécutif aurait pu suivre sa seule volonté, se refuser à appliquer les lois votées par Assemblée nationale. Mais ici l'article 26 oblige le Président de la République à promulguer les lois dans un certain délai. Toutefois, le droit a été accordé au Président de la République d'opposer un veto à la loi. Il lui appartiendra déjuger de l'opportunité d'exercer ce pouvoir. Une fois que le Président de la République oppose un veto à la loi, l'Assemblée nationale ne pourra le lever qu'à la majorité des 2/3 des membres qui la composent.

* * *

L'article 27 confère au Président de la République, Chef de l'exécutif (voir l'article 10), le pouvoir réglementaire général et détermine le contenu de ce pouvoir.

* * *

Le recours au référendum par le Président de la République dans les conditions fixées par l'article 28 a été prévu dans le but d'empêcher qu'un conflit entre l'exécutif et le législatif n'aboutisse à la paralysie de l'Etat.

Le corps électoral consulté devrait pouvoir se prononcer en connaissance de cause. C'est pourquoi il est nécessaire qu'il soit informé des positions en présence : celle du Président de la République et celle de l'Assemblée nationale.

Il sera informé du point de vue du Chef de l'exécutif et de celui de l'Assemblée grâce à la publicité dont devra faire l'objet le message présidentiel prévu à l'alinéa 1er et toutes les séances de l'Assemblée nationale.

Une loi organique prise sur la base du dernier alinéa de l'article 46 pourrait également prévoir d'autres procédés par lesquels le corps électoral serait informé

L'article 29 confère au Président de la République les pouvoirs les plus étendus dans l'organisation et la direction de l'équipe ministérielle ainsi que dans le contrôle de l'action du gouvernement. Chef du Gouvernement, il a seul le pouvoir de nommer et, sous réserve du cas d'empêchement prévu à l'article 35, de révoquer les membres du Gouvernement.

* * *

L'article 29 lui permet de structurer l'équipe ministérielle de manière à l'adapter aux circonstances. Il pourra ainsi établir une hiérarchie entre les membres du Gouvernement, en vue d'assurer une meilleure coordination de l'action de l'équipe ministérielle, nommer ministres sans portefeuille chargés de certaines missions, etc.

* * *

L'article 30 énumère celles des principales attributions du Président de la République qui n'ont pas été prévues par les articles précédents de la session. L'énumération de l'article 30 n'est pas limitative. La loi peut étendre les attributions du Président de la République.

Aux termes de l'alinéa 2, c'est le Président de la République qui prononce la révocation des magistrats du siège, mais il le fait sur avis du Conseil supérieur de la magistrature.

§2. LE GOUVERNEMENT

Le mot « décision » qui figure à l'article 31 (alinéa 1er) doit être entendu dans un sens très large. Il peut s'agir de décisions prises sous d'autres formes que celle d'ordonnances : déclarations à la radio, au Conseil des ministres, etc.

L'article 31 est une conséquence des articles 19 et 20 (alinéa 3) qui confèrent au Président de la République la qualité de Chef du Gouvernement.

* * *

L'article 32 (à mettre en rapport avec l'alinéa 2 de l'article 31) ne laisse à l'Assemblée nationale qu'un pouvoir de contrôle à l'égard du Gouvernement : les ministres seront politiquement responsables devant le Président de la République.

On remarquera qu'entre l'avertissement et la remontrance, il n'existe qu'une différence de degré, la remontrance ayant un contenu à caractère plus comminatoire.

* * *

L'alinéa 2 de l'article 33 s'applique également au cas où le Gouvernement est réputé démissionnaire.

§3. DISPOSITIONS COMMUNES RELATIVES AU PRÉSIDENT DE LA RÉPUBLIQUE ET AUX MEMBRES DU GOUVERNEMENT

Aux termes de l'article 34, le Président de la République ne sera pénalement responsable pour les actes qu'il accomplit dans l'exercice de ses fonctions que dans le cas de violation intentionnelle de la Constitution et dans celui de haute trahison (qui n'est, à vrai dire, qu'un cas de violation intentionnelle de la Constitution). Le crime de haute trahison comme celui de violation intentionnelle de la Constitution comportent le dol spécial comme élément constitutif. Il ne suffit donc pas que le Président de la République ait dépassé ses pouvoirs pour qu'il soit condamné par la Cour Constitutionnelle, il s'agirait, dans ce cas, d'un problème d'excès de pouvoir qui n'aurait comme conséquence, le cas échéant, que l'annulation de l'acte. Il faut que le Président de la République ait eu réellement l'intention de violer la Constitution.

En attendant qu'une loi définisse le crime de haute trahison, la Cour Constitutionnelle le comprendra dans le sens fixé à l'article 71 (alinéa 2) de la Constitution de 1964.

En dehors de ses fonctions, le Président de la République est responsable des fractions aux lois pénales ; mais il ne peut être mis en accusation que par l'Assemblée nationale se prononçant dans les conditions prévues à l'alinéa 2.

La seule juridiction compétente pour juger le Président de la République est la Cour Constitutionnelle. On a veillé à tenir la Cour Suprême de Justice (et, par ricochet, les autres juridictions de l'ordre judiciaire au sommet desquelles se trouve la Cour Suprême de Justice) en dehors de répercussions politiques que pourrait avoir une action pénale intentée entre le personnage le plus important de l'Etat.

* * *

Le régime pénal des membres du gouvernement, prévu à l'article 35, pour les infractions qu'ils commettent dans l'exercice de leurs fonctions, diffère de celui applicable au Président

La République dans les mêmes circonstances. Les membres du gouvernement, aux mes de l'alinéa 1er, seront pénalement responsables des actes accomplis dans l'exercice de leur fonction dans les cas prévus par les lois pénales. Mais, dans l'intention des auteurs du projet de Constitution, ils ne seront responsables que pour les infractions dont le maximum de peine de servitude pénale est fixé à au moins cinq ans.

En dehors de leurs fonctions, ils sont, d'après l'alinéa 2, soumis au droit commun ; mais ne peuvent être mis en accusation que par le Président de la République. De plus, la juridiction pénale compétente la plus élevée de l'ordre judiciaire ;

Cour Suprême de Justice. En matière pénale, on a voulu faire comparaître les membres de gouvernement, uniquement devant les magistrats jouissant d'un grand prestige et qui, de fait, se sentiront assez libres pour statuer en toute indépendance.

Section II : DU POUVOIR LÉGISLATIF

§ 1. LA COMPOSITION ET LE FONCTIONNEMENT DU PARLEMENT

Il est proposé, à l'article 36, d'adopter un système parlementaire monocaméral. Le but poursuivi est de réduire la longueur des procédures parlementaires et d'atteindre ainsi à une très grande efficacité du corps législatif. Toutefois, pour assurer une très large présentation des diverses parties composantes de la République, il est proposé de doubler le nombre des députés.

* * *

À l'article 37, le délai prévu à l'alinéa 2 doit être celui à partir du 15 juin de la cinquième année qui suit l'élection de l'Assemblée nationale.

Le dernier alinéa de cet article renvoie à la loi électorale pour une série des matières, les incompatibilités, dans la Constitution de 1964, étaient réglées par la constitution même.

Aux termes de l'article 38, l'Assemblée nationale conserve la compétence de vérifier les avoirs de ses membres.

Mais en cas de contestation, la Cour Constitutionnelle est également chargée (voir les alinéas de l'article 71) de statuer sur la régularité des élections des membres de l'Assemblée nationale.

La manière dont il faudra combiner les articles 38 et 71 est indiquée au commentaire de l'article 71.

* * *

Dans l'esprit de **l'article 39,** lorsqu'un candidat se présente sur la liste d'un parti, il reprendre, par-là même, l'engagement devant ce parti et devant le corps électoral de respecter les statuts et le programme de ce parti. Il ne pourra donc pas, une fois élu, changer de parti ou se libérer de son gré, l'engagement qu'il a pris de respecter les statuts et le programme de son parti.

C'est pourquoi, lorsqu'un député membre cesse d'être membre d'un parti, il perd son combat à l'Assemblée nationale et il y est remplacé par son suppléant.

Lorsque saisie conformément aux dispositions de l'article 71 (dernier alinéa), la Cour constitutionnelle est appelée à se prononcer c'est, bien entendu, sur les dispositions des statuts du parti en question qu'elle appuiera son arrêt.

* * *

À l'article 40, l'incapacité permanente suppose soit une maladie, soit une infirmité qui met le Parlement dans l'impossibilité d'exercer normalement ses fonctions.

Quant aux absences, c'est le règlement d'ordre intérieur de l'Assemblée nationale qui précisera les circonstances dans lesquelles une absence doit être considérée comme non motivée.

* * *

Aux termes de **l'article 41** (alinéa 2), les sessions ordinaires s'ouvrent de plein droit aux dates prévues. Si l'Assemblée nationale se trouve déjà réunie en une session extraordinaire, celle-ci est de plein droit close et remplacée par une session ordinaire à la date de son ouverture.

* * *

L'article 43 vise à assurer la collaboration entre l'exécutif et le législatif. Chacun des membres du gouvernement peut prendre part aux débats de l'Assemblée et aux travaux des commissions. L'Assemblée nationale peut obliger les membres du gouvernement à assister ; à ses séances. Mais il ne pourrait inviter le Président de la République à comparaître devant elle : il faut, en effet, éviter que le Chef de l'Etat et l'Assemblée nationale s'affrontent directement.

Les dispositions de l'article 44 distinguent trois quorums à ne pas confondre : le quorum des présences requis pour que l'Assemblée nationale puisse valablement siéger et engager des débats ; le quorum des présences requis pour qu'elle puisse, au terme d'un débat, prendre une décision ou adopter une résolution ; le quorum des voix requis pour l'adoption d'une décision ou d'une résolution par l'Assemblée.

Concernant le dernier alinéa de l'article, il est à remarquer que la Cour Constitutionnelle a le pouvoir (voir l'article 72), alinéa 1er, lit. A) de contrôler la constitutionnalité du règlement d'ordre intérieur de l'Assemblée.

* * *

§2. L'ÉLABORATION DES LOIS

L'article 45 fait de l'Assemblée « Nationale le législateur ordinaire. Toutefois, aux tenues des articles 52 à 54, le Président de la République sera exceptionnellement habileté à exercer le pouvoir législatif soit par délégation de l'Assemblée, soit dans les autres cas expressément prévus par la Constitution. L'intervention du Président de la République dans le domaine législatif permet de rendre plus efficace l'action des pouvoirs publics, dans certaines circonstances.

De plus la collaboration entre l'exécutif et le législatif devra être assurée dans l'élaboration des lois ordinaires.

Ainsi le Président de la République disposera du droit d'initiative et du droit de veto et les membres du gouvernement pourront prendre part aux travaux de l'Assemblée et des sessions.

* * *

L'article 46 fixe d'une manière restrictive le domaine de la loi. Le pouvoir législatif est d'attribution ; le pouvoir réglementaire et résiduaire.

Les matières énumérées à l'alinéa 1er relèvent dans leur intégralité de la loi. Dans ces manières les actes réglementaires ne peuvent intervenir que pour appliquer la loi. Les matières énumérées à l'alinéa 2 ne relèvent de la loi que pour les principes fondamentaux. Le concept même de principes fondamentaux peut présenter des difficultés d'interprétation. L'Assemblée nationale est, en tout cas, habilitée par le dernier alinéa à en préciser la signification par une loi organique.

L'article 46 prévoit que la loi fixe les règles concernant le régime électoral de l'Assemblée nationale. Cette disposition est à rapprocher de celle de l'article 49 qui impose une majorité qualifiée pour l'élaboration et la modification de la loi électorale. La loi fixe les règles concernant la création de catégories d'établissements publics, mais la création d'établissements publics n'appartient ainsi pas au domaine réservé à la loi. Le dernier alinéa de l'article confère à l'Assemblée nationale le pouvoir par une loi inique, d'étendre le domaine réservé à la loi.

* * *

Aux termes de **l'article 47,** lorsqu'une loi régit une matière qui relève du domaine du règlement, cette loi est valable. Elle pourra cependant être modifiée par le Président de la République par simples ordonnances si, consultée à son sujet, la Cour Constitutionnelle déclare que la matière qu'elle réglemente ne relève pas du domaine réservé à la loi.

* * *

Le pouvoir budgétaire conféré à l'Assemblée nationale par l'article 48 constitue un des importants moyens de contrôle dont l'Assemblée nationale dispose à l'égard de l'exécutif. À l'occasion du vote annuel du budget, l'Assemblée nationale est à même de contrôle et d'orienter l'action du Gouvernement.

L'alinéa 2 vise à assurer l'équilibre du budget. On a tenu à empêcher les parlementaires de livrer à la démagogie, en présentant des amendements qui accroîtraient les dépenses d'État sans permettre au Gouvernement de créer ou d'augmenter des impôts pour faire à l'accroissement des dépenses.

Comme celles des alinéas 3 et 4 de l'article 91 de la Constitution de 1964, les propositions des alinéas 3 et 4 ont pour but d'assurer le fonctionnement normal des services publics. Aussi le rapporteur reproduira ici, avec quelques légères modifications, ce qu'il est écrit le mémoire explicatif concernant la Constitution de 1964. Si le Parlement ne se prononce pas sur le projet du budget avant l'ouverture d'un "el exercice, il faut que le gouvernement puisse percevoir des impôts. C'est pourquoi il est prévu que les dispositions du projet du budget pourront être mises en vigueur par une ordonnance-loi.

Une fois que cette ordonnance-loi est entrée en vigueur, le Parlement ne peut plus… en empêcher l'application".

Le fonctionnement des services publics ne pourra pas non plus être arrêté dans le cas du gouvernement n'aurait pas présenté le budget en temps utile. Le Parlement devra, dans ces cas, ouvrir au gouvernement des crédits provisoires.

Si le Parlement se refuse d'ouvrir au gouvernement des crédits provisoires, le Président de la République peut mettre en vigueur, par ordonnance-loi, les dispositions du projet des lois accordant des crédits provisoires et cette ordonnance-loi est soumise au même régime que celui prévu pour l'ordonnance-loi visée à l'alinéa 3 ».

* * *

L'article 49 donne les deux traits caractéristiques des lois organiques : elles règlent l'organisation et le fonctionnement des pouvoirs publics el elles sont élaborées dans les conditions prévues par l'article 49.

Si l'Assemblée nationale réglait par une loi ordinaire une matière relevant du domaine réservé aux lois organiques, la loi ainsi adoptée serait inconstitutionnelle.

La loi fixant le régime électoral de l'Assemblée nationale et la loi sur la nationalité sont soumises au régime que les lois organiques. Toutes les autres lois, même celles fixant le régime électoral des Conseils régionaux ou locaux, sont des lois ordinaires.

* * *

L'article 50 n'a pas soulevé de difficultés d'interprétation au moment de son élaboration.

* * *

L'alinéa 3 de **l'article 51** permet d'utiliser des modes variés de publication des lois : insertion au journal officiel de la République, mais aussi, outre l'insertion au journal officiel, affichage, déclaration à la radio, insertion dans quelques journaux, etc.

L'article 52 répond aux nécessités d'un Etat moderne où il faudra édicter des dispositions législatives de plus en plus nombreuses portant sur des matières de plus en plus techniques. Dans ces conditions, les Assemblées ne sont plus en mesure d'élaborer tous les textes législatifs nécessaires.

Si elle porte sur une des matières soumises au régime de l'article 52, la délégation de pouvoir législatif devra être donnée par une loi organique. Les ordonnances-lois prises en ces matières seront appelées ordonnances-lois organiques.

* * *

Concernant **l'article 53**, l'état de guerre, au sens juridique du mot, prend fin de la même manière qu'il a été déclaré. Il s'agit d'une application de la théorie de l'acte contraire. Par conséquent, l'état de guerre prend fin par une déclaration faite, sous forme d'ordonnance. Par le Président de la République, moyennant autorisation de l'Assemblée nationale.

* * *

L'article 54 procède des mêmes préoccupations que l'article 97 de la Constitution de 1964.

Le commentaire de l'article 97 de la Constitution de 1964 reste, dans les grandes lignes, valable pour ce qui concerne l'article 54 du présent projet de constitution. Une bonne partie du texte se trouve reprise ici et adaptée.

L'article 54 procède de l'idée que, dans les cas où il existe une menace grave de désordre, l'Exécutif a pour obligation première d'assurer l'ordre public et le fonctionnement des services publics. Aussi doit-il pouvoir prendre des mesures qui, en temps normal, non seulement serait de la compétence du Parlement, mais encore ne pourraient être prises qu'en violation de la constitution.

Les cas dans lesquels le Président de la République disposera de ces pouvoirs exceptionnels sont limitativement énumérés à l'alinéa premier. Il s'agit des circonstances graves qui menacent d'une manière immédiate l'indépendance de la nation, des circonstances qui provoquent l'interruption du fonctionnement régulier des institutions de la République, et des circonstances qui risquent de porter atteinte aux intérêts vitaux (le l'Étal (par exemple, en menaçant de désagrégation l'infrastructure économique en place).

Après avoir proclamé l'état d'urgence, le Président de la République peut prendre toutes les mesures qu'il estime nécessaires pour Taire face à la situation,

Dans l'esprit des auteurs du projet de constitution. Ces mesures devront être inspirées par une volonté d'assurer aux pouvoirs publics, dans les moindres délais, les moyens d'accomplir leur mission.

Le Président de la République devra informer la Nation des circonstances exceptionnelles justifiant d'un état d'urgence et des mesures prises. Il devra, en outre, convoquer l'Assemblée nationale en session extraordinaire de manière à pouvoir, à tout instant durant l'état d'urgence, la consulter, s'il l'estime nécessaire ou même simplement utile.

* * *

L'article 55 organise les immunités parlementaires. Le texte reste fondamentalement le même que celui de la Constitution de 1964. Aussi le rapporteur reproduit-il ici, avec quelques légères retouches, le commentaire de cette Constitution, à propos des immunités parlementaires.

L'alinéa 1er organise une irresponsabilité pénale et civile complète au profit des membres du Parlement. Il s'agit de leur permettre d'exercer librement leur mandat, dans le respect des engagements qu'ils ont pris devant le corps électoral. Mais cette irresponsabilité s'étend qu'aux actes formellement prévus : les opinions et les votes émis par les parlementaires dans l'exercice de leur mandat public.

Les alinéas 2 à 4 organisent l'inviolabilité parlementaire. Il s'agit d'éviter que le gouvernement ordonne au ministère public hiérarchiquement subordonné au ministre de la Justice de poursuivre certains parlementaires qui lui paraîtraient gênants et ainsi les empêche d'exercer leur mandat.

Pendant la durée de la session, le parlementaire ne pourra être poursuivi ou arrêté en matière répressive qu'avec l'autorisation de l'Assemblée nationale. Cette autorisation ne sera cependant pas nécessaire dans le cas de flagrant délit. Que le parlementaire ait été arrêté avec ou sans autorisation de l'Assemblée nationale, celle-ci pourra toujours requérir que les poursuites ou la détention soient suspendues, même pour la durée de la session en cours.

En dehors des sessions parlementaires, les membres du Parlement pourront être poursuivis sans aucune autorisation. Par contre, ils ne pourront être arrêtés qu'avec autorisation du bureau de l'Assemblée nationale, sauf le cas de flagrant délit, de poursuites autorisées par l'Assemblée ou d'une condamnation devenue définitive. Ces exceptions traditionnelles ont été complétées par d'autres, afin de lutter contre les abus dans les matières extrêmement graves. Ces exceptions additionnelles sont le cas d'attentat contre vie ou l'intégrité corporelle et le cas de corruption. Pour terminer, on notera que les alinéas 2 à 4 ne visent que les poursuites répressives. En matière civile, le parlementaire est permis au droit commun.

* * *

Section III : DU POUVOIR JUDICIAIRE

§ 1. DISPOSITIONS GÉNÉRALES

L'article 56 proclame le principe de l'indépendance du pouvoir judiciaire.

L'interdiction prononcée par l'alinéa 3 de créer des commissions et des tribunaux extraordinaires doit être comprise en ce sens qu'il ne pourra être créé de juridictions chargées de connaître uniquement des infractions politiques ou de juger une personne visée à titre individuel. Ainsi on ne pourra créer occasionnellement des juridictions à caractère politique qui seraient uniquement chargées déjuger des personnes visées à titre individuel, pour des infractions politiques. Elle ne s'étend pas aux juridictions militaires (prévues d'ailleurs par l'article 58) régies par des dispositions législatives et réglementaires impersonnelles.

* * *

L'article 57 résout le problème de la hiérarchie à établir d'une part entre le droit écrit et la coutume (alinéa 1er) et d'autre part entre la loi et le règlement.

L'ordre public de l'Etat doit être entendu comme l'ordre nécessaire dans le cadre de l'Etat. La coutume sera subordonnée à cet ordre et non à un ordre qui serait limité à une région. L'idée de base est que l'ordre public national doit l'emporter sur les diverses coutumes régionales ou locales.

* * *

L'article 58, en son alinéa 1er, n'exclut pas le pouvoir, pour l'Assemblée nationale, de prévoir des juridictions spéciales autres que les juridictions militaires et de les habiliter à suivre des procédures rapides adaptées aux circonstances exceptionnelles qui justifieraient la proclamation de l'état de siège ou de l'état d'urgence.

Dans tous les cas cependant, le Président de la République pourra suspendre l'action répressive des cours et tribunaux (y compris celle des juridictions spéciales dont il est question à l'alinéa précédent) et y substituer l'action des juridictions militaires, pour les infractions qu'il détermine.

L'alinéa 2 garantit formellement les droits de défense el ceux de recours en appel, lorsque l'action des juridictions militaires est substituée à celle des Cours et Tribunaux ordinaires. Le recours en appel pourrait être porté devant des juridictions militaires du second degré où pourraient d'ailleurs se dérouler des procédures rapides.

* * *

Le projet ne détermine pas quelles sont les juridictions inférieures de l'ordre judiciaire, il laisse ce soin au législateur ordinaire. La loi pourrait donc, en particulier, créer des juridictions spéciales pour le règlement de questions touchant une matière particulière telle que la législation du travail et de la Sécurité sociale.

À l'article 59, le mot « tribunaux » recouvre aussi bien les juridictions ordinaires que les juridictions militaires d'échelons inférieurs.

§2. DES COURS ET TRIBUNAUX

L'économie générale des dispositions de ce paragraphe reste la même que celle de la section qui se rapportait aux Cours et Tribunaux dans la Constitution de 1964. Le rapporteur reprend ici de ce fait, avec de légères modifications, une partie du texte du mémoire explicatif commentant cette Constitution et concernant l'organisation des Cours et Tribunaux.

L'organisation des juridictions supérieures de l'ordre judiciaire présente une particularité qu'il convient de souligner. La Cour Suprême de Justice de même que les cours d'appel comprendront chacune deux sections : une section judiciaire et une section administrative.

La section judiciaire correspondra aux juridictions supérieures de l'ordre judiciaire français et belge ; la section administrative correspondra aux juridictions de l'ordre administratif françaises et belges.

Cette formule a été adoptée afin de restreindre le nombre de juridictions et de réduire, par le fait même, les dépenses de fonctionnement de l'appareil judiciaire. Elle présente par ailleurs l'avantage de permettre à des magistrats des Cours de siéger tantôt dans les instances des affaires traditionnellement appelées judiciaires, tantôt dans celle des affaires administratives, étant donné que les magistrats sont affectés à la Cour et que les sections judiciaires, et administratives ne sont que des divisions d'une même Cour.

Elle peut cependant être à l'origine de difficultés lors du règlement des conflits de compétence. On peut imaginer, en effet, le cas où la section administrative d'une Cour l'appel, saisi d'une requête en annulation d'un acte administratif, se déclare incompétente Dour le motif qu'il s'agit d'une affaire de droit civil et où le tribunal de première instance saisi par la suite, se déclare à son tour également incompétent. L'appel du jugement d'incompétence rendu par le tribunal de première instance sera éventuellement porté devant à la section judiciaire de la Cour d'appel, si celle-ci confirme le jugement, elle rendra un arrêt contraire à celui prononcé par la section administrative. Il appartiendra alors à la Cour suprême de Justice, si elle est saisie de l'affaire, de mettre fin à ce conflit de compétence. Afin d'abréger la série de procédures à suivre, la loi pourrait prévoir, en s'appuyant sur les articles 59 (alinéa 2) et 62 (alinéa 3) que dans l'hypothèse envisagée, l'appel du jugement de première instance relèvera de la Cour d'appel siégeant toutes sections réunies.

L'alinéa 2 de **l'article 60** détermine la compétence de la section judiciaire de la Cour suprême de Justice. Cette section connaîtra des pourvois en cassation formés contre les arrêts ou jugements rendus en dernier ressort par la section judiciaire des cours d'appel et par les tribunaux. Elle connaîtra également dans les cas prévus par la loi, des pourvois en passation formés contre les arrêts ou jugements rendus en dernier ressort par les cours d'appel, toutes sections réunies. Elle sera, enfin, compétente pour juger les membres du gouvernement dans les cas prévus par la Constitution.

La juridiction administrative compétente au premier degré sera la section administrative es Cours d'appel, s'il s'agit de recours formés contre les actes, règlements et décisions des autorités administratives provinciales et locales.

Suivant la tendance de certaines jurisprudences étrangères contemporaines, les auteurs d'un projet de constitution proposent, à l'alinéa 3, qu'en matière « de demandes d'indemnités relatives à la réparation d'un dommage exceptionnel matériel ou moral résultant d'une mesure prise ou ordonnée par les autorités de la République, des provinces ou des collectivités locales, la section judiciaire de la Cour Suprême statue par voie d'arrêts.

En ce qui concerne les recours en annulation des actes des personnes morales décentralisées, la loi indiquera pour chaque catégorie de ces personnes morales, celle des cours (Cour Suprême et Cours d'appel) dont la section administrative est compétente.

L'alinéa 3 de l'article 61 dispose que les Cours et Tribunaux devant lesquels sont envoyées les affaires ayant donné lieu à cassation devront se conformer aux arrêts de la Cour Suprême de Justice. Ces arrêts de la Cour suprême n'ont cependant pas valeur de règlement général pour les Cours et Tribunaux.

§3. DES MAGISTRATS ET DU CONSEIL, SUPÉRIEUR DE LA MAGISTRATURE

L'alinéa 3 de **l'article 63** déclare que le magistrat du siège est inamovible et que par conséquent, il ne peut être déplacé que par une nomination nouvelle. Le magistrat du parquet n'est pas inamovible. Il peut donc être déplacé par le ministre dont il relève sans l'intervienne nécessairement une ordonnance de nomination nouvelle.

Le principe d'inamovibilité n'exclut pas des mesures disciplinaires telles que le déplacement d'office et la révocation. Mais ces mesures seront décidées par le Conseil supérieur de la magistrature et. S'il s'agit de la révocation, elle ne pourra, conformément à l'article 30 (alinéa 2), être prononcée que par le Président de la République, sur avis du Conseil supérieur de la magistrature.

Aux termes de **l'article 64,** le Conseil supérieur, dont la mission consiste à assurer l'indépendance des magistrats du siège, donnera des avis sur les nominations des magistrats du siège et a statuer sur les mesures disciplinaires à prendre à leur égard.

Il appartiendra à la loi de fixer la composition, l'organisation et le mode de fonctionnement du Conseil supérieur de la magistrature. Mais le Président de la République et le ministre de la Justice devront être respectivement Président et Vice-Présidents du Conseil.

Seuls les magistrats du siège jouiront des garanties prévues aux articles 63 et 64. Il s'agit d'ailleurs uniquement de magistrats de carrière formés en droit. Les juges des diverses juridictions inférieures ne pourront bénéficier de ces garanties que dans la mesure où la loi le prévoit d'une manière expresse.

Il est proposé, en outre, que soit accélérée la formation des magistrats de carrière pour qu'à tous les échelons, dans un avenir proche, toutes les juridictions soient composées de magistrats du siège ayant reçu une formation juridique suffisante.

TITRE IV DES COLLECTIVITÉS RÉGIONALES ET LOCALES

À **l'article 65**, l'expression » collectivités régionales » est utilisée dans un sens très large. Elle recouvre les districts, les territoires, les communes… et des entités à caractère économique qui pourraient être créés comme les zones de développement.

Comme sous le régime de la Constitution de 1964, Kinshasa restera soumis en tant que Capitale, à un statut spécial et ne relèvera des autorités d'aucune province.

***

TITRE V. DES FINANCES PUBLIQUES

Aux termes de l'article 66, les impôts ainsi que les exemptions ou allégements fiscaux ne seront établis qu'en vertu de la loi. Ils ne pourront donc l'être par des règlements que lorsqu'une loi le prévoit.

* * *

TITRE VI. DES TRAITES ET ACCORDS INTERNATIONAUX

L'article 68, dont les dispositions se retrouvent dans un bon nombre de Constitutions, étrangères, prévoit une procédure de conclusion des traités variant suivant les matières.

Formellement, c'est le Président de la République qui négocie les traités et les accords internationaux. Cela n'exclut pas la négociation de traités ou d'accords internationaux par des délégués agissant au nom du Chef de l'Etat. Formellement., c'est également le Président de la République qui ratifie les traités et accords internationaux, mais on n'a pas expressément voulu exclure les accords en forme simplifiée qui seraient seulement signés, par le ministre des Affaires étrangères ou par d'autres délégués du Chef de l'Etat, exception faite toutefois des cas prévus aux alinéas 2 et 3.

Les traités conclus dans les matières prévues à l'alinéa 2 ne pourront être ratifiés par le Président de la République qu'en vertu d'une disposition législative.

Les traités conclus dans les matières prévues à l'alinéa *3* ne pourront être ratifiés que moyennant l'accord des populations intéressées qui sont consultées par voie de référendum.

Aux termes de l'article VI des dispositions transitoires, l'alinéa 4 ne s'applique pas aux traités et aux accords internationaux conclus par la Belgique au nom du Congo avant le 30 juin 1960. Ces traités et accords ne resteront en vigueur que pour autant que des dispositions législatives ou réglementaires selon les matières (voir l'article 46), ne les auront pas modifiés.

* * *

L'article 69 est une déclaration solennelle qui consacre la politique suivie par le nouveau régime.

TITRE VII

DE LA COUR CONSTITUTIONNELLE ET DU CONTRÔLE DE LA CONSTITUTIONNALITÉ

Le problème de la constitutionnalité des actes législatifs, celui de l'interprétation de la Constitution et celui du jugement du Président de la République ont retenu tout particulièrement l'attention des auteurs du projet de constitution.

Ces questions présentent un caractère politique trop accentué pour qu'une juridiction de l'ordre judiciaire puisse en connaître. C'est pourquoi on a prévu une juridiction spéciale dénommée Cour Constitutionnelle.

La Cour Constitutionnelle est appelée à censurer les actes de l'Assemblée nationale. Il est dès lors nécessaire que la Constitution elle-même (et non pas la loi) détermine la composition et la compétence de la Cour ainsi que les autorités habilitées à la saisir. Ces différents points sont réglés par les articles 70 à 72.

* * *

L'alinéa 3 de l'article 70 a été conçu dans le souci d'assurer une représentation équilibrée des trois pouvoirs de l'Etat dans la Cour Constitutionnelle.

Tous les trois ans, le Président de la République nomme de sa propre initiative un Conseiller et l'Assemblée nationale ainsi que le Conseil supérieur de la magistrature, chacun un candidat qui sera nommé par le Président de la République. En matière d'interprétation de la Constitution, la Cour, aux termes de l'article 7 1, ne sera habilité à intervenir que si elle a été saisie d'un recours et seulement dans le cas prévu à cet article.

L'alinéa 4 de l'article 71 donne compétence à la Cour de statuer sur la régularité de l'élection des députés. Par ailleurs, l'article 38 dispose que l'Assemblée nationale vérifie les pouvoirs de ses membres et, qu'en cas de contestation, la Cour Constitutionnelle statue conformément à la loi électorale. Il y a lieu de combiner comme suit les deux dispositions : les personnes qui contestent la régularité des élections (contestation portant sur la qualité d'électeur, la qualité d'éligible, les opérations électorales, etc.) peuvent avant la validation des pouvoirs adresser une réclamation devant la Cour Constitutionnelle, la décision de la Cour devra être respectée par la Chambre (voir le commentaire de l'article 73) au moment où celle-ci procédera à la vérification des pouvoirs. Si la Cour n'a pas la vérification des pouvoirs. Si la Cour n'a pas été saisie avant la validation des pouvoirs, la résolution de l'Assemblée validant ou invalidant les pouvoirs de ses membres pourra être attaquée devant la Cour Constitutionnelle par les députés intéressés ou par les candidats dont les pouvoirs n'ont pas été validés par l'Assemblée.

***

En ce qui concerne **l'article 72,** il est à remarquer que les particuliers (personnes physiques ou morales) ne sont pas habilités à saisir eux-mêmes la Cour Constitutionnelle. Ils peuvent néanmoins soulever une exception d'inconstitutionnalité de la loi devant la Cour suprême de Justice lorsqu'ils y introduisent un pourvoi en cassation.

Dans ce cas, si elle estime que la disposition législative attaquée par le requérant est inconstitutionnelle, la Cour Suprême pourra, elle, saisir la Cour Constitutionnelle d'une demande en appréciation de la constitutionnalité. Aux termes de l'article 72 (litera e) de l'aliéna 1er). Il est clair que la Cour suprême pourra, émanant d'un particulier, saisir de sa propre initiative la Cour Constitutionnelle d'une demande en appréciation de la constitutionnalité. La loi pourra au surplus habiliter les autres juridictions à adresser une requête à la Cour Suprême, à l'occasion d'un litige dont elles connaissent, pour que celle-ci saisisse la Cour Constitutionnelle.

En tout cas, la Cour Suprême de Justice ne sera pas elle-même compétente pour déclarer une loi conforme ou non à la Constitution. Elle ne pourra, dès lors, invoquer l'inconstitutionnalité d'une disposition législative dans un de ses arrêts que lorsque la Cour Constitutionnelle aura déclaré cette disposition inconstitutionnelle. Lorsque, par conséquent, à l'occasion d'un pourvoi en cassation, elle saisira la Cour Constitutionnelle d'une demande en appréciation de la constitutionnalité, elle devra surseoir à son jugement jusqu'à ce que la Cour Constitutionnelle ait rendu l'arrêt d'appréciation de constitutionnalité.

Aux termes de **l'article 73**, les décisions, de quelque nature que ce soit, prises par la Cour Constitutionnelle, doivent être respectées par tous les organes et toute autorité de la République, sauf dans le cas d'une révision de la Constitution. Ce principe découle de la mission essentielle de la Cour qui est d'interpréter la Constitution.

La déclaration d'inconstitutionnalité a pour effet non pas seulement d'empêcher l'application de la disposition en question, mais de faire disparaître cette disposition pour l'avenir, lorsqu'elle est déjà entrée en vigueur ou de la réduire à néant ab initio, lorsqu'elle n'est pas encore entrée en vigueur.

Les articles 74 et 75 prévoient que la révision constitutionnelle se fera par une loi constitutionnelle adoptée soir par l'Assemblée nationale dans les conditions prévues l'article 74, soit par référendum dans les conditions prévues à l'article 28.

À l'article 74, les quorums prévus aux deux premiers alinéas sont fixés en se référant au nombre des membres composant l'Assemblée nationale.

* * *

TITRE IX DISPOSITIONS TRANSITOIRES

L'entrée en vigueur de la nouvelle Constitution ne peut entraîner la suspension de toute la législation antérieure. Sinon, en attendant que soient pris des lois et des règlements appliquant la Constitution, la vie de l'Etat en serait paralysée.

Aussi l'article 1 maintient en vigueur tous les textes pris sous les régimes antérieurs (y compris le régime colonial et celui de l'Etat Indépendant du Congo) et qui n'ont pas encore été abrogés. Ces textes demeurent en vigueur tant qu'ils n'auront pas été abrogés.

Il va de soi que les dispositions législatives ou réglementaires contraires à la Constitution sont abrogées de plein droit. De même, les dispositions législatives et réglementaires provisoires cesseront d'exister, en tout état de cause, à la date prévue par leur expiration. Les textes législatifs et réglementaires maintenus en vigueur dans les conditions prévues à l'article 1er comprennent notamment les décrets-lois pris en 1960 et en 1961 sous le Gouvernement provisoire et sous le régime des Commissaires généraux, les ordonnances-lois prises en 1963 et en 1964 lorsque le Parlement a été mis dans l'impossibilité de se réunir ainsi que les ordonnances-lois prises sous le nouveau régime depuis 1965 jusqu'à la date d'entrée en vigueur de la nouvelle Constitution.

* * *

Les articles II et III n'ont pas soulevé de difficultés d'interprétation au moment de leur élaboration.

* * *

L'alinéa 2 de l'article IV confère au Président de la République un véritable pouvoir constituant, toutefois il lui permet seulement de modifier les dispositions transitoires de la Constitution et de les compléter par d'autres dispositions, et ce, jusqu'à la date de la mise en place de l'Assemblée nationale, qui sera élue conformément à la nouvelle Constitution.

Dans les matières qui ne relèveront plus du domaine de la loi, le président de la République pourra, aux tenues de l'article V, modifier, par ordonnances, les dispositions relatives intervenues avant l'entrée en vigueur de la nouvelle Constitution et cela sans qu'il doive demander l'avis de la Cour Constitutionnelle prévu à l'alinéa 2 de l'article 47.

Pour ce qui concerne l'article VI, les textes des traités ou accords internationaux conclus sous le régime colonial pourront être modifiés par voie de loi s'ils règlent des matières qui relèveront du domaine de la loi ou par voie d'actes réglementaires dans le cas contraire. Il faudra tenir compte ici, en particulier des articles 47 et 48 et de l'article V.

* * *

L'article VII rend possible, l'application de l'article 70. Il est stipulé à l'alinéa 1er de l'article 70 que la durée du mandat des conseillers à îa Cour Constitutionnelle est de 9 ans cl .1 l'alinéa 2 que la Cour se renouvelle pat tiers tous les trois ans. L'alinéa 2 ne pourra s'appliquer que si au moment de la mise en place de la Cour tous les conseillers ne sont pas nommés pour 9 ans. Aussi il faudra prévoir une exception à l'alinéa 1er en décidant, par exemple, qu'au départ trois conseillers seront nommés pour trois ans et trois autres conseillers pour six. C'est, notamment, pour cette raison qu'il est stipulé à l'article VII que le législateur, afin de faciliter l'installation de la Cour Constitutionnelle, pourra prévoir toute disposition jugée opportune, même dérogatoire à tout l'article 70.

* * *

Les articles VIII à X n'ont pas soulevé de problèmes particuliers d'interprétation au moment de leur élaboration.

II.2. Constitution de la République démocratique du Congo du 24 juin 1967

Source : Moniteur Congolais, Numéro 14 du 15 juillet 1967, p. 564

Le Gouvernement de la République a proposé ;
Le peuple congolais, lors du référendum organisé du 4 au 24 juin 1967 a adopté ;
Le Président de la République promulgue la Constitution dont la teneur suit :

Préambule.

Nous, Peuple congolais ;
Proclamant notre adhésion à la Déclaration universelle des droits de l'homme ;
Convaincu qu'il n'y a point de grandeur dans la servitude et la dépendance ;
Convaincu que seule la mobilisation des masses, sous l'égide d'un gouvernement révolutionnaire, peut nous permettre de garantir notre indépendance économique, de promouvoir les valeurs qui nous sont propres et de consolider l'unité et l'intégrité nationales ;
Mû par la volonté d'assurer à chacun une part équitable des richesses nationales ainsi que le bien-être matériel et de créer les conditions propices à l'épanouissement moral et spirituel de tous les citoyens ;
Convaincu que les peuples d'Afrique ne pourront se libérer totalement de l'emprise étrangère que par la voie de l'unité africaine ;
Conscient de nos responsabilités devant Dieu, la Nation et l'Afrique ;
Déclarons solennellement adopter la présente Constitution.

Titre I. Du territoire et de la souveraineté de la République.

Article premier.

La République Démocratique du Congo est un Etat unitaire, démocratique et social.

La République comprend la ville de Kinshasa (la capitale) et les huit provinces administratives énumérées ci-après : Bandundu, Equateur, Kasaï occidental, Kasaï oriental, Katanga, Kivu, Kongo central, province Orientale.

L'emblème de la République est le drapeau bleu ciel, orné d'une étoile jaune dans le coin supérieur gauche et traversé en biais d'une bande rouge finement encadrée de jaune.

Sa devise est : Paix, Justice, Travail.

Ses armoiries se composent d'une tête de léopard encadrée à gauche d'une branche de palmier et d'une flèche et à droite, d'une pointe d'ivoire et d'une lance, le tout reposant sur une pierre.

Son hymne national est : la Congolaise.

Article 2.

Tout pouvoir émane du peuple qui l'exerce par ses représentants ou par la voie du référendum.

Aucune fraction du peuple ni aucun individu ne peut s'en attribuer l'exercice.

Article 3.

Tout acte de discrimination raciale, ethnique ou religieuse, ainsi que toute propagande régionaliste susceptible de porter atteinte à la sécurité intérieure de l'Etat ou à l'intégrité du territoire de la République sont prohibés.

Toutes les autorités publiques congolaises ont le devoir de sauvegarder l'unité de la République et l'intégrité de son territoire.

Article 4.

Les partis politiques concourent à l'expression du suffrage.

Il ne peut être créé plus de deux partis dans la République. Ces partis s'organisent et exercent leurs activités librement. Ils doivent respecter les principes de la souveraineté nationale, de la démocratie et les lois de la République

Titre II. Des droits fondamentaux.

Article 5.

Tous les Congolais, hommes et femmes, sont égaux devant la loi et ont droit à une égale protection des lois.

Aucun Congolais ne peut, en matière d'éducation et d'accès aux fonctions publiques, faire l'objet d'une mesure discriminatoire, qu'elle résulte d'une loi ou d'un acte du pouvoir exécutif, en raison de sa religion, de son appartenance tribale, de son sexe, de son ascendance, de son lieu de naissance ou de sa résidence.

Article 6.

Toute personne a droit à la vie et à l'intégrité physique.

Nul ne peut être soumis à la torture ni à des traitements inhumains ou dégradants.

Nul ne peut être mis à mort si ce n'est dans les cas prévus par la loi et dans les formes qu'elle prescrit.

Article 7.

Toute personne a droit au libre développement de sa personnalité, pourvu qu'elle ne viole pas le droit d'autrui ni n'enfreigne l'ordre de la loi.

Nul ne peut être tenu en esclavage ou en servitude ni dans une condition analogue.

Nul ne peut être astreint à un travail forcé ou obligatoire, sauf dans les cas prévus par la loi.

Tout Congolais est astreint au service militaire ; celui-ci peut être remplacé par un service civique dans les conditions fixées par la loi.

Article 8.

La liberté individuelle est garantie.

Nul ne peut être poursuivi, arrêté, ni détenu qu'en vertu de la loi et dans la forme qu'elle prescrit.

Nul ne peut être poursuivi pour une action ou une omission qui ne constituent pas une infraction à la loi au moment où elle a été commise et au moment des poursuites.

Chacun a le droit de se défendre lui-même ou de se faire assister d'un défenseur de son choix.

Nul ne peut être distrait contre son gré du juge que la loi lui assigne.

Article 9.

Toute personne accusée d'une infraction est présumée innocente jusqu'à ce que sa culpabilité ait été établie par un jugement définitif.

Tout jugement est motivé. Il est prononcé en audience publique.

Il ne peut être infligé de peine plus forte que celle applicable au moment où l'infraction a été commise.

Article 10.

Toute personne a droit à la liberté de pensée, de conscience et de religion.

Dans la République, il n'y a pas de religion d'Etat.

Toute personne a le droit de manifester sa religion ou ses convictions, seule ou en commun, tant en public qu'en privé, par le culte, l'enseignement, les pratiques, l'accomplissement de rites et l'état de vie religieuse, sous réserve de l'ordre public et des bonnes mœurs.

Article 11.

Tout Congolais a droit à la liberté d'expression.

Ce droit implique la liberté d'exprimer ses opinions et ses sentiments, notamment par la parole, l'écrit et l'image. Il trouve sa limite dans les prescriptions de la loi et les règlements qui appliquent celle-ci.

Article 12.

La famille, base naturelle de la communauté humaine, est placée sous la protection de l'Etat.

Elle sera organisée de manière à ce que soient assurées son unité et sa stabilité.

Toute personne a le droit de se marier avec la personne de son choix et de fonder une famille.

Les soins et l'éducation à donner aux enfants constituent, pour les parents, un droit et un devoir qu'ils exercent sous la surveillance et avec l'aide des pouvoirs publics.

Article 13.

Il est pourvu à l'éducation de la jeunesse par l'enseignement national.

L'enseignement national comprend les écoles publiques ainsi que des écoles agréées contrôlées, prises en charge par les pouvoirs publics et soumises à un statut fixé par la loi.

Tous les Congolais ont accès aux établissements d'enseignement national sans distinction d'origine, de religion, de race ou d'opinion politique ou philosophique.

Les établissements d'enseignement national assurent, en collaboration avec les autorités religieuses intéressées, à leurs élèves mineurs dont les parents le demandent ou à leurs élèves majeurs qui le demandent, une éducation répondant à leurs convictions religieuses.

Des écoles privées peuvent être ouvertes lorsque se trouvent remplies les conditions fixées par la loi.

Article 14.

Les droits de propriété individuelle ou collective, qu'ils aient été acquis en vertu du droit coutumier ou du droit écrit, sont garantis.

Il ne peut être porté atteinte à ces droits que pour des motifs d'intérêt général et en vertu d'une loi, sous réserve d'une indemnité équitable à verser au titulaire lésé de ces droits.

La propriété des entreprises privées qui présentent un intérêt national essentiel peut être transférée en vertu d'une loi, à la République, à une collectivité ou à une personne morale publique moyennant une indemnité équitable de leurs propriétaires.

Article 15.

Aucun Congolais ne peut être expulsé du territoire de la République.

Tout Congolais a le droit de se fixer librement en un lieu quelconque du territoire de la République et d'y jouir de tous les droits qui lui sont reconnus par la présente Constitution. Ce droit ne peut être limité qu'en vertu de la loi.

Article 16.

Toute personne a droit à l'inviolabilité de son domicile.

Les autorités publiques ne peuvent porter atteinte à ce droit qu'en vertu de la loi et dans les formes qu'elle prescrit.

Article 17.

Tous les Congolais ont le droit et le devoir de travailler. Nul ne peut être lésé dans son travail, en raison de ses origines, de ses opinions ou de ses croyances.

Le travailleur peut défendre ses droits par l'action syndicale.

Le droit de grève est reconnu. Il s'exerce conformément aux lois.

Les pouvoirs publics fixent les conditions d'assistance et de protection que l'Etat accorde à ses membres.

Article 18.

Tous les Congolais ont le droit de constituer des associations et des sociétés.

Les groupements dont le but ou l'activité seraient contraires aux lois et dirigés contre l'ordre public sont prohibés.

Titre III. Les pouvoirs.

Article 19.

Les principales institutions de la République sont :

1° Le Président de la République — chef du gouvernement ;

2° L'Assemblée nationale ;

3° Le gouvernement ;

4° La Cour constitutionnelle ;

5° Les cours et tribunaux.

Section I. Du pouvoir exécutif.

1. Le Président de la République.

Article 20.

Le Président de la République représente l'Etat. Il est le chef de l'exécutif.

Il détermine et conduit la politique de la nation. Il fixe le programme d'action du gouvernement, veille à son application et informe l'Assemblée nationale de son évolution.

Article 21.

Le Président de la République est élu pour 7 ans au suffrage universel direct.

Tout citoyen congolais de naissance, âgé de 40 ans révolus et qui remplit les conditions d'éligibilité à l'Assemblée nationale, peut être élu Président de la République.

L'élection a lieu à la majorité absolue des suffrages exprimés.

Au deuxième tour, seuls restent en compétition, les deux candidats qui ont recueilli le plus grand nombre de voix au premier tour.

Une loi organique fixe les conditions des déclarations des candidatures, du déroulement du scrutin, du dépouillement et des proclamations des résultats.

Article 22.

Avant d'entrer en fonctions, le Président de la République prête, devant le président de la Cour constitutionnelle, en présence de l'Assemblée nationale et des membres de la Cour Constitutionnelle, le serment suivant :

« Moi X...... élu Président de la République Démocratique du Congo, je jure d'observer la Constitution et les lois de la République, de maintenir l'indépendance nationale et l'intégrité du territoire ».

Article 23.

En cas de vacance de la présidence par décès, démission ou pour quelque cause que ce soit, ou d'empêchement constaté par la Cour constitutionnelle saisie par le gouvernement, les fonctions de Président de la République sont provisoirement exercées par le président de l'Assemblée nationale.

En cas de vacance ou lorsque l'empêchement est déclaré définitif par la Cour constitutionnelle, l'élection du nouveau Président de la République a lieu sur convocation du président de l'Assemblée nationale 60 jours au moins et 90 jours au plus après l'ouverture de la vacance ou la déclaration du caractère définitif de l'empêchement.

Article 24.

Le Président de la République dirige et contrôle la politique étrangère de la République.

Il accrédite les ambassadeurs et les envoyés extraordinaires auprès des puissances étrangères ; les ambassadeurs et les envoyés extraordinaires sont accrédités auprès de lui.

Article 25.

Le Président de la République communique avec l'Assemblée nationale soit directement, soit par des messages qui ne donnent lieu à aucun débat. Il prononce au moins une fois par an devant l'Assemblée nationale, un discours dans lequel il expose la politique du gouvernement.

Article 26.

Le Président de la République promulgue les lois dans les conditions fixées par l'article 51. Sauf dans les cas prévus à l'alinéa 2 de l'article 52, il peut, par un message motivé, adressé à l'Assemblée nationale, avant l'expiration du délai de promulgation, opposer un veto à la loi. À moins qu'elle n'ait été modifiée conformément aux propositions contenues dans le message du Président de la République, la loi n'est définitivement adoptée que si elle recueille les 2/3 des voix des membres de l'Assemblée nationale.

Article 27.

Le Président de la République assure l'exécution des lois et fait les règlements de police et d'organisation interne de l'administration. Il exerce ce pouvoir par voie d'ordonnance.

Article 28.

Le Président de la République peut, après en avoir informé l'Assemblée nationale par un message et après avoir pris l'avis du bureau de celle-ci, soumettre au référendum tout texte qui lui paraît devoir exiger la consultation directe du peuple.

Lorsque le référendum a conclu à l'adoption du projet, le Président de la République le promulgue dans les délais prévus à l'article 51.

La loi ainsi adoptée ne pourra au cours de la législature durant laquelle le référendum a été organisé, être modifiée que moyennant accord du Président de la République.

Article 29.

Le Président de la République nomme et révoque les membres du gouvernement.

Il détermine leurs attributions respectives.

Il fixe souverainement les conditions dans lesquelles l'action du gouvernement sera coordonnée.

Avant d'entrer en fonction, les membres du gouvernement prêtent serment devant le Président de la République.

Article 30.

Le Président de la République nomme et révoque les gouverneurs des provinces. Il nomme les magistrats du siège et il les révoque sur avis du Conseil supérieur de la magistrature. Il nomme et révoque les magistrats du Parquet. Il est le chef suprême des forces armées et de la police. Il nomme et révoque les officiers des forces armées et de la police. Il nomme et révoque les hauts fonctionnaires de l'administration. Il reçoit le serment des membres du gouvernement, des gouverneurs des provinces, des conseillers à la Cour constitutionnelle, à la Cour suprême de Justice et des officiers des forces armées et de la police. Il peut remettre, commuer et réduire les peines. Il confère, conformément à la loi, les grades dans les ordres nationaux et les décorations de la République. Il a le droit de battre la monnaie et d'émettre du papier-monnaie en exécution de la loi.

2. Le Gouvernement

Article 31.

Les ministres sont les chefs de leurs départements. Ils appliquent chacun dans leurs départements le programme fixé et les décisions prises par le Président de la République.

Ils répondent de leurs actes devant le Président de la République.

Article 32.

Sous réserve des autres dispositions de la présente Constitution, les moyens de contrôle du Parlement sur le gouvernement sont : la question orale ou écrite, l'interpellation, l'audition par les commissions, la commission d'enquête, l'avertissement ou la remontrance.

Article 33.

Le gouvernement est réputé démissionnaire chaque fois que les fonctions de président de la République prennent fin.

Dans tous les cas où le gouvernement est démissionnaire, il expédie les affaires courantes jusqu'à la formation d'un nouveau gouvernement.

3. Dispositions communes relatives au Président de la République et aux membres du gouvernement.

Article 34.

Le Président de la République n'est pénalement responsable des actes accomplis dans l'exercice de ses fonctions qu'en cas de haute trahison ou de violation intentionnelle de la présente Constitution.

Le Président de la République ne peut être poursuivi pour les infractions prévues à l'alinéa précédent ni pour aucune autre infraction aux lois pénales commise en dehors de ses fonctions que s'il a été mis en accusation par l'Assemblée nationale se prononçant à la majorité des 2/3 de ses membres et au scrutin public.

Il est alors traduit en justice devant la Cour constitutionnelle.

Lorsqu'il est condamné pour haute trahison ou pour violation intentionnelle de la présente Constitution ou s'il est frappé d'une condamnation qui entraîne au terme de la loi électorale la privation du droit d'être élu député, la Cour constitutionnelle prononce sa destitution.

Une loi définit le crime de haute trahison, détermine les peines applicables aux crimes de haute trahison et de violation intentionnelle de la Constitution et la procédure à suivre devant la Cour constitutionnelle.

Article 35.

Les membres du gouvernement sont pénalement responsables des actes accomplis dans l'exercice de leurs fonctions dans les cas prévus par les lois pénales.

Ils ne peuvent être poursuivis pour les infractions visées à l'alinéa précédent ni pour aucune autre infraction aux lois pénales commises en dehors de leurs fonctions que s'ils ont été mis en accusation par le Président de la République.

Ils sont alors traduits devant la Cour suprême de justice.

Lorsqu'ils sont frappés d'une condamnation qui entraîne au terme de la loi électorale la privation du droit d'être élu député, le Président de la République prononce leur destitution.

Une loi définit la procédure à suivre devant la Cour suprême de justice.

Section II. Du pouvoir législatif.

1. La composition et le fonctionnement du Parlement

Article 36.

Le Parlement est constitué d'une chambre unique appelée : Assemblée nationale.

Les députés à l'Assemblée nationale représentent la Nation.

Ils sont élus au suffrage universel direct et secret, à raison d'un député par 50 000 habitants ; chaque fraction de la population égale ou supérieure à 25 000 donne droit à un député de plus.

Article 37.

La durée de la législature est de cinq ans.

Les pouvoirs de l'Assemblée nationale expirent le 15 juin de la cinquième année qui suit son élection.

L'élection de la nouvelle Assemblée nationale a lieu soixante jours au moins et quatre-vingt-dix jours au plus avant la fin de la législature.

Pour être électeur, il faut être Congolais, être âgé de 18 ans révolus et ne pas se trouver dans un des cas d'exclusion prévus par la loi électorale.

Pour être éligible à l'Assemblée nationale, il faut être Congolais, être âgé de 25 ans et ne pas se trouver dans un des cas d'exclusion prévus par la loi électorale.

La loi électorale fixe les conditions d'agréation des deux partis nationaux visés à l'article 4 (alinéa 2), le régime des incompatibilités, les modalités des opérations électorales et les conditions dans lesquelles sont désignées les personnes appelées, en cas de vacance du siège, à remplacer les membres de l'Assemblée nationale jusqu'au renouvellement du Parlement.

Article 38.

L'Assemblée nationale vérifie les pouvoirs de ses membres.

En cas de contestation, la Cour constitutionnelle statue conformément à la loi électorale.

Article 39.

Lorsque s'étant présenté sur la liste d'un parti politique, un député cesse d'appartenir à ce parti, il perd son mandat à l'Assemblée nationale et y est remplacé par son suppléant.

Article 40.

Le mandat d'un parlementaire prend fin par la mort, la démission, l'incapacité permanente, l'absence non motivée et non autorisée à plus d'un quart des séances d'une session ordinaire ou lorsque le parlementaire tombe dans un des cas d'exclusion prévus par la loi électorale.

Article 41.

L'Assemblée nationale se réunit en session ordinaire deux fois par an. La première session s'ouvre le premier lundi d'avril et prend fin le premier lundi de juillet si l'ordre du jour n'est pas épuisé plus tôt ; la seconde session s'ouvre le premier lundi d'octobre et prend fin le premier lundi de janvier si l'ordre du jour n'est pas épuisé plus tôt.

L'Assemblée nationale est convoquée en session extraordinaire par le Président de la République ou, à la demande d'un tiers de ses membres, par le président de l'Assemblée.

Dans les cas visés à l'alinéa précédent, l'acte de convocation fixe l'ordre du jour de la session.

L'Assemblée nationale se réunit de plein droit en session extraordinaire le lendemain du jour où expirent les pouvoirs de l'Assemblée précédente en vue de constituer son bureau.

Le Président de la République déclare la clôture des sessions ordinaires sur proposition du bureau de l'Assemblée nationale et celle des sessions extraordinaires dès que l'Assemblée a épuisé l'ordre du jour.

Article 42.

Chaque année, à la session ordinaire d'avril, l'Assemblée nationale élit son bureau qui comprend un président, deux vice-présidents et quatre secrétaires.

Article 43.

Les membres du gouvernement ont le droit et s'ils en sont requis, l'obligation d'assister aux séances de l'Assemblée nationale. Ils doivent être entendus chaque fois qu'ils le demandent.

Article 44.

Pour les séances de l'Assemblée nationale, un tiers des membres constitue le quorum. Toutefois, sous réserve des autres dispositions de la présente Constitution, l'Assemblée nationale ne prend ses décisions qu'autant que la majorité absolue de ses membres se trouve réunie.

Sous réserve des autres dispositions de la présente Constitution, et sauf ce qui sera établi par le règlement de l'Assemblée nationale à l'égard des élections et présentations, toute résolution, toute décision est prise à la majorité absolue des suffrages.

L'Assemblée nationale fixe son règlement d'ordre intérieur.

2. L'élaboration de la loi.

Article 45.

Le pouvoir législatif est exercé par l'Assemblée nationale.

L'initiative des lois appartient concurremment au président de la République et à chacun des membres de l'Assemblée nationale.

Les membres de l'Assemblée et ceux du gouvernement ont le droit d'amendement au cours de toute la procédure législative.

Article 46.

La loi fixe les règles concernant :

- Les droits civiques, les obligations civiques et militaires ;
- La nationalité, l'état et la capacité des personnes, les régimes matrimoniaux, les successions et les libéralités ;
- La détermination des infractions qui entraînent des peines d'une durée dépassant 6 mois, l'amnistie, la création de nouveaux ordres de juridiction et le statut des magistrats ;
- L'assiette, le taux et les modalités de recouvrement des impositions de toutes natures, le régime d'émission de la monnaie ;
- Le régime électoral de l'Assemblée nationale ainsi que celui des conseils provinciaux et locaux ;
- La création de catégories d'établissements publics. La loi fixe également les principes fondamentaux :
- De l'organisation générale de la défense nationale ;
- De la libre administration des provinces et des collectivités locales, de leurs compétences et de leurs ressources ;
- De l'enseignement ;
- Du régime de la propriété, des droits et des obligations civiles et commerciales ;
- Du droit du travail, du droit syndical et de la Sécurité sociale ;

- Des garanties fondamentales accordées aux fonctionnaires civils et militaires de l'Etat ;
- De l'aliénation du domaine privé et de la gestion du domaine de l'Etat ;
- De la mutualité et de l'épargne ;
- De l'organisation de la production ;
- Du régime des transports et des télécommunications.

Les lois de finances déterminent les ressources et les charges de l'Etat dans les conditions prévues par une loi organique.

La loi détermine les objectifs de l'action économique et sociale de l'Etat. Le plan est approuvé par la loi.

Les dispositions du présent article pourront être précisées et complétées par une loi organique.

Article 47.

Sans préjudice des autres dispositions de la présente Constitution, les matières autres que celles qui sont du domaine de la loi ont un caractère réglementaire.

Les textes législatifs intervenus en ces matières peuvent être modifiés par ordonnances prises après avis de la Cour constitutionnelle.

Article 48.

L'Assemblée nationale vote les projets de loi budgétaire qui doivent être déposés sur son bureau au plus tard à la session d'octobre.

Tout amendement au projet de budget entraînant un accroissement de dépenses doit prévoir les voies et moyens nécessaires et tout amendement entraînant une diminution de recettes qui aura pour effet de rompre l'équilibre du budget doit prévoir une diminution de dépenses correspondantes ou des recettes nouvelles.

Si l'Assemblée nationale ne s'est pas prononcée sur le projet présenté par le gouvernement avant l'ouverture du nouvel exercice, les dispositions de ce projet peuvent être mises en vigueur par une ordonnance-loi.

Si le projet de loi budgétaire d'un exercice n'a pas été déposé en temps utile pour être promulgué avant le début de cet exercice, le Président de la République demande à l'Assemblée nationale l'ouverture des crédits provisoires nécessaires. Dans le cas où l'Assemblée nationale ne se prononce pas dans les quinze jours sur l'ouverture des crédits provisoires, les dispositions du projet prévoyant ces crédits sont mises en vigueur par ordonnance-loi.

Article 49.

La loi électorale, la loi sur la nationalité et les lois auxquelles la présente Constitution confère le caractère de lois organiques ne sont adoptées par l'Assemblée nationale qu'à la majorité absolue de ses membres.

Elles sont modifiées dans les mêmes conditions.

Article 50.

Si un projet ou une proposition de loi est déclaré urgent par le président de la République, il est examiné par priorité par l'Assemblée nationale.

Article 51.

Les lois sont promulguées par le président de la République dans les vingt jours de leur transmission au gouvernement par le président de l'Assemblée nationale.

Elles sont revêtues du sceau de l'Etat et publiées au journal officiel de la République.

À moins qu'elles n'en disposent autrement, les lois entrent en vigueur trente jours après leur publication au journal officiel.

Article 52.

L'Assemblée nationale peut soit de sa propre initiative soit à la demande du Président de la République, habiliter celui-ci, par une loi, à prendre, pendant un délai limité, par ordonnances-lois, des mesures qui sont du domaine de la loi.

L'Assemblée nationale peut à tout moment, par une loi, modifier ou retirer le pouvoir ainsi délégué au Président de la République.

Article 53.

La déclaration de guerre est autorisée par l'Assemblée nationale.

Lorsque la guerre est déclarée, le président de la République peut proclamer l'état de siège et, jusqu'à ce que l'état de guerre prenne fin, exercer les mêmes pouvoirs que sous un régime de l'état d'urgence.

Article 54.

Lorsque des circonstances graves menacent d'une manière immédiate l'indépendance de la Nation ou qu'elles provoquent l'interruption du fonctionnement régulier des institutions de la République ou encore lorsqu'elles risquent de porter atteinte aux intérêts vitaux de l'Etat, le Président de la République, après consultation du bureau de l'Assemblée nationale, proclame l'état d'urgence pour une durée qui n'excédera pas 6 mois.

Il prend alors les mesures exigées par les circonstances. Il en informe la Nation par un message.

Lorsque l'Assemblée nationale n'est pas en session, le Président de la République la convoque en session extraordinaire.

Article 55.

Aucun membre de l'Assemblée nationale ne peut être poursuivi, arrêté, détenu ou jugé en raison des opinions ou votes émis par lui dans l'exercice de ses fonctions.

Aucun membre de l'Assemblée nationale ne peut, pendant la durée d'une session, être poursuivi ou arrêté, en matière répressive, qu'avec l'autorisation de l'Assemblée nationale, sauf le cas de flagrant délit.

La détention d'un membre de l'Assemblée nationale ou les poursuites contre un membre de l'Assemblée nationale sont suspendues si celle-ci le requiert, mais cette suspension ne peut dépasser la durée de la session en cours.

En dehors des sessions, aucun membre de l'Assemblée ne peut être arrêté sans autorisation du bureau de l'Assemblée sauf le cas de flagrant délit ou d'attentat contre la vie ou l'intégrité corporelle, de corruption, ou encore s'il s'agit de poursuites autorisées ou de l'exécution d'une condamnation.

Section III. Du pouvoir judiciaire.

1. Dispositions générales.

Article 56.

Le pouvoir judiciaire est indépendant des pouvoirs législatif et exécutif.

Il est dévolu aux cours et tribunaux. Il ne peut créer de commissions ni de tribunaux extraordinaires sous quelque dénomination que ce soit.

Les arrêts et jugements ainsi que les ordonnances des cours et tribunaux sont exécutés au nom du Président de la République.

Article 57.

Les cours et tribunaux appliquent la loi et la coutume pour autant que celle-ci soit conforme aux lois et à l'ordre public de l'Etat.

Les cours et tribunaux n'appliquent les actes des autorités administratives que pour autant qu'ils soient conformes aux lois.

Article 58.

Le Président de la République peut, lorsque l'état de siège ou d'urgence a été proclamé, suspendre sur tout ou partie du territoire de la République et pour la durée qu'il fixe, l'action répressive des cours et tribunaux et y substituer celle des juridictions militaires pour les infractions qu'il détermine.

Dans le cas où l'action des juridictions militaires est substituée à celles des cours et tribunaux de droit commun, les droits de défense et de recours en appel ne peuvent être supprimés.

2. Des cours et des tribunaux.

Article 59.

L'ensemble des cours et tribunaux comprend une Cour suprême de justice, des cours d'appel, des cours militaires et des tribunaux.

L'organisation, la compétence des cours et des tribunaux ainsi que la procédure à suivre sont réglées par la loi.

Article 60.

La Cour suprême de justice comporte deux sections :

- La section judiciaire ;
- La section administrative.

La section judiciaire est compétente notamment :

1° Pour connaître des pourvois en cassation, formés pour violation de la loi et de la coutume, contre les décisions rendues en dernier ressort par la section judiciaire des cours d'appel et par les tribunaux. Elle ne connaît pas du fond des affaires ;

2° Pour juger les membres du gouvernement, dans les cas visés par l'article 35 de la présente Constitution.

La section administrative est compétente notamment :

1° Pour connaître en premier et en dernier ressort des recours en annulation pour violation de la loi, formés contre les actes, règlements et décisions des autorités centrales ;

2° Pour connaître de l'appel des décisions rendues par les sections administratives des cours d'appel sur les recours en annulation pour violation de la loi, formés contre les actes, règlements et décisions des autorités administratives provinciales et locales ;

3° Pour connaître, dans les cas où il n'existe pas d'autres juridictions compétentes, de demandes d'indemnités relatives à la réparation d'un dommage exceptionnel matériel ou moral résultant d'une mesure prise ou ordonnée par les autorités de la République. Elle se prononce en équité en tenant compte de toutes les circonstances d'intérêt public ou privé.

Article 61.

La Cour suprême de justice siège toutes sections réunies dans les cas prévus par la loi.

La compétence de la Cour s'exerce sur toute l'étendue du territoire de la République.

Les cours et tribunaux inférieurs sont tenus de se conformer aux arrêts de la Cour suprême de justice.

Article 62.

Les cours d'appel comprennent une section judiciaire et une section administrative.

La section administrative est compétente pour connaître en premier ressort des recours en annulation pour violation de la loi, formés contre les actes, règlements et décisions des autorités administratives provinciales et locales.

Les cours d'appel siègent toutes sections réunies dans les cas prévus par la loi.

3. Des magistrats et du Conseil supérieur de la magistrature

Article 63.

Le statut des magistrats est fixé par une loi.

Le magistrat du siège est inamovible ; il ne peut être déplacé que par une nomination nouvelle.

Article 64.

La composition, l'organisation et le fonctionnement du Conseil supérieur de la magistrature sont fixés par la loi.

Le Conseil supérieur de la magistrature est la juridiction disciplinaire des magistrats du siège.

Il est consulté sur les nominations des magistrats du siège des cours et des tribunaux.

Titre IV. Des collectivités régionales et locales.

Article 65.

Les provinces ainsi que les autres collectivités régionales et locales de l'Etat sont organisées par la loi.

La loi détermine les principes fondamentaux de leurs attributions, de leur compétence et de leurs ressources.

Kinshasa, capitale de la République, ne relève d'aucune province. Une loi organique spéciale fixe son statut.

Titre V. Des finances publiques.

Article 66.

Il ne peut être établi d'impôt qu'en vertu de la loi.

La contribution aux charges publiques constitue un devoir pour chaque citoyen.

Il ne peut être établi d'exemption ou allègement fiscal qu'en vertu de la loi.

Article 67.

Il est institué dans la République une Cour des comptes dont la composition, l'organisation et le fonctionnement sont régis par la loi.

Les conseillers à la Cour sont nommés par le Président de la République.

La Cour contrôle, dans les conditions fixées par la loi qui l'a organisée, la gestion des finances publiques.

Titre VI. Des traités et accords internationaux.

Article 68.

Le Président de la République négocie et ratifie les traités et accords internationaux.

Les traités de paix, les traités de commerce, les traités et accords relatifs aux organisations internationales et aux règlements des conflits internationaux, ceux qui engagent les finances publiques, ceux qui modifient des dispositions législatives et ceux qui sont relatifs à l'état des personnes, ceux qui comportent échange ou adjonction de territoire, ne peuvent être ratifiés qu'en vertu d'une loi.

Nul échange, nulle adjonction de territoire, n'est valable sans l'accord des populations intéressées consultées par la voie du référendum.

Si la Cour constitutionnelle, consultée par le président de la République ou par l'Assemblée nationale, déclare qu'un traité ou un accord international comporte une clause contraire à la Constitution, la ratification ne peut intervenir qu'après la révision de la Constitution.

Les traités ou accords internationaux régulièrement ratifiés ou approuvés ont, dès leur publication, une autorité supérieure à celle des lois, sous réserve pour chaque traité ou accord, de son application par l'autre partie.

Article 69.

En vue de promouvoir l'unité africaine, la République peut conclure des traités et accords d'association comportant l'abandon partiel de sa souveraineté.

Titre VII. De la Cour constitutionnelle et du contrôle de la constitutionnalité.

Article 70.

La Cour constitutionnelle comprend neuf conseillers dont le mandat dure neuf ans et n'est pas renouvelable immédiatement.

Elle se renouvelle par tiers tous les trois ans.

Les conseillers de la Cour constitutionnelle sont nommés par le président de la République, pour un tiers des conseillers, sur sa propre initiative, pour un autre tiers, sur proposition de l'Assemblée nationale, et pour un dernier tiers, sur proposition du Conseil supérieur de la magistrature.

La Cour élit son président parmi ses membres.

Une loi organique fixe les règles d'organisation et de fonctionnement de la Cour constitutionnelle ainsi que la procédure suivie devant celle-ci.

Article 71.

La Cour constitutionnelle est compétente pour connaître :

1° Des recours en appréciation de la constitutionnalité des lois et des actes ayant force de loi ;

2° Des recours en interprétation de la présente Constitution, formés à l'occasion des différends portant sur l'étendue des pouvoirs attribués et des obligations imposées par la présente Constitution respectivement au président de la République, à l'Assemblée nationale ou aux cours et tribunaux ;

3° De toutes les affaires à l'égard desquelles la présente Constitution ou la loi lui attribuent compétence.

La Cour constitutionnelle est compétente pour juger le président de la République dans les cas visés par l'article 34 de la présente Constitution.

La Cour veille à la régularité de l'élection du président de la République. Elle examine les réclamations et statue sur celles-ci ; elle proclame les résultats du scrutin.

La Cour statue, en cas de contestation, sur la régularité des élections des membres de l'Assemblée nationale ainsi que sur l'acte de l'Assemblée nationale constatant la démission d'office d'un de ses membres, en application de l'article 39, ou la fin du mandat d'un de ses membres pour l'une des causes prévues à l'article 40.

Article 72.

Peuvent saisir la Cour constitutionnelle d'un recours en appréciation de la constitutionnalité :

a. Des lois et du règlement de l'Assemblée nationale : le Président de la République ;
b. Des actes du Président de la République ayant valeur de loi : le bureau de l'Assemblée nationale ;
c. Des lois et des actes du président de la République ayant valeur de loi : La Cour suprême de justice, de sa propre initiative, ou lorsqu'une exception d'inconstitutionnalité est soulevée devant elle.

Peuvent saisir la Cour constitutionnelle d'un recours en interprétation : le Président de la République, le bureau de l'Assemblée nationale et la Cour suprême de justice.

Article 73.

Les décisions de la Cour constitutionnelle ne sont susceptibles d'aucun recours.

Tout acte déclaré non conforme à la présente Constitution est abrogé de plein droit.

L'inconstitutionnalité d'une ou de plusieurs dispositions d'un acte n'entraîne pas nécessairement l'abrogation de tout l'acte. Le pouvoir d'appréciation de la Cour est souverain en cette matière.

Titre VIII. De la révision de la Constitution.

Article 74.

L'initiative de la révision de la Constitution appartient concurremment au Président de la République et à la moitié des membres de l'Assemble nationale. Le projet de révision est adopté par l'Assemble nationale à la majorité des deux tiers de ses membres. Le Président de la République promulgue, conformément à l'article 51, le texte adopté qui entre en vigueur dans les conditions prévues au même article.

Article 75.

La révision de la Constitution peut également s'opérer dans les conditions prévues à l'article 28.

Titre IX. Dispositions transitoires.

Article I.

Pour autant qu'ils ne soient pas contraires aux dispositions de la présente Constitution, les textes législatifs et réglementaires existant à la date d'entrée en vigueur de la présente Constitution restent maintenus jusqu'au moment de leur abrogation. Toutefois, les lois et les actes réglementaires provisoires cesseront, sauf s'ils sont prorogés, de produire leurs effets à la date fixée pour leur expiration.

Article II.

Sauf le cas prévu à l'article 23, les pouvoirs du Président de la République actuellement en fonction ne viendront à expiration qu'au moment de la prestation de serment du président de la République qui sera élu, pour la première fois, conformément aux dispositions de l'article 21. Cette première élection aura lieu 90 jours à dater du 24 novembre 1970.

Avant l'élection de l'Assemblée nationale, en cas de vacance de la présidence par décès, démission ou pour quelque cause que ce soit, ou d'empêchement constaté par la Cour constitutionnelle saisie par le gouvernement, les fonctions du Président de la République seront provisoirement exercées par le gouvernement.

Article III.

Les pouvoirs des Chambres législatives actuellement en place expirent à la date d'entrée en vigueur de la présente Constitution.

Dans les 60 jours qui suivront la clôture du scrutin, l'Assemblée nationale qui sera élue, à la date fixée par ordonnance, en remplacement des Chambres législatives actuellement en place, sera convoquée en session par le Président de la République.

Article IV.

Le Président de la République actuellement en fonction exercera le pouvoir législatif par voie d'ordonnance-loi jusqu'à la date de la constitution de l'Assemblée nationale élue conformément aux dispositions de l'article III.

Jusqu'à la même date, le Président de la République est habilité à modifier les dispositions du titre IX de la présente Constitution.

Article V.

Les textes législatifs intervenus antérieurement dans les matières qui, d'après les dispositions de la présente Constitution, relèvent du domaine de la loi pourront, à partir de la date d'entrée en vigueur de la présente Constitution, être modifiés par voie d'ordonnances.

Les textes réglementaires intervenus antérieurement dans les matières qui, d'après les dispositions de la présente Constitution, relèvent du domaine de la loi ne pourront, à partir de la date d'entrée en vigueur de la présente Constitution, être modifiés que par voie de lois.

Article VI.

Les traités ou accords internationaux conclus avant le 30 juin 1960 ne resteront valables que pour autant qu'ils n'auront pas été modifiés par la législation nationale.

Article VII.

En attendant la création de la Cour constitutionnelle et de la Cour suprême de justice, la Cour d'appel de Kinshasa exerce les attributions dévolues à ces Cours par la présente Constitution.

Si la Cour suprême de justice est créée avant la Cour constitutionnelle, elle exercera, en attendant la création de celle-ci, les attributions de la Cour constitutionnelle.

La loi organique fixant les règles d'organisation et de fonctionnement de la Cour constitutionnelle pourra porter toutes dispositions transitoires, même dérogatoires à l'article 70, en vue de rendre possible l'application intégrale des dispositions du titre VII et de faciliter la mise en place de la Cour.

Article VIII.

Avant la mise en place du Conseil supérieur de la magistrature, la Cour suprême de justice et, en attendant la création de cette Cour, la Cour d'appel de Kinshasa exercera provisoirement les attributions dévolues au Conseil.

Titre X. Dispositions finales.

Article IX.

La Constitution de la République Démocratique du Congo du 1er août 1964 est abrogée.

Article X.

La présente Constitution entre en vigueur le jour de sa promulgation.

Fait à Kinshasa, le 24 juin 1967.

J.D. MOBUTU
Lieutenant général

Par le Président de la République

Le ministre de l'Intérieur,
E. TSHISEKEDI

Le ministre de la Justice
J. N'SINGA

II.3. Loi n° 70-025 du 17 avril 1970 portant modification des dispositions de l'alinéa 1er de l'article 2 de la constitution du 24 juin 1967

Source : Moniteur Congolais, n° 9 du 1er mai 1970

Le Président de la République.

Vu la Constitution, spécialement l'article IV du titre IX ;

Vu l'ordonnance n° 70 du 17 avril 1970 portant fixation des dates de la période électorale et des opérations de vote.

ORDONNE

1. Au premier alinéa de l'article II du Titre IX de la Constitution, la phrase : « Cette première élection aura lieu 90 jours à dater du 24 novembre 1970 » est remplacée par la disposition suivante : « Cette première élection aura lieu dans les 90 jours à dater du 24 novembre
2. La présence Ordonnance-Loi entre en vigueur à la date de sa signature.

Fait à Kinshasa, le 17 avril 1970

J.D. MOBUTU
Lieutenant général

CHAPITRE II

RÉGIME DE MONOPARTISME CONSTITUTIONNEL : L'INSTITUTIONNALISATION DU MOUVEMENT POPULAIRE DE LA RÉVOLUTION (1970-1974)

I. LE RÉGIME POLITIQUE INSTITUÉ

La doctrine distingue deux périodes du monopartisme du MPR. La première période, allant du 23 décembre 1970 au 14 août 1974, instaure le régime du monopartisme constitutionnel tandis que la deuxième période, qui va du 15 août 1974 au 4 juillet 1990, établit le régime du monopartisme intégral dit "parti-État"[73].

Suivant la ligne de la Loi fondamentale du 19 mai 1960, la Constitution de Luluabourg du 1er août 1964 avait encouragé et protégé le pluralisme politique, affirmant dans son article 30 que "Tout Congolais a le droit de créer un parti politique ou de s'y affilier. Nul ne peut imposer de parti unique sur tout ou partie du territoire de la République". Cependant, le régime Mobutu commençait à considérer, à l'instar des autres pays africains, que la mise en pratique du libéralisme politique était, dans une certaine mesure, incompatible avec le projet de consolidation de l'unité nationale du pays.

C'est dans cette optique que l'on peut comprendre l'effort réformiste et de rationalisation des forces politiques de l'État, opérée par la Constitution du 24 juin 1967. Celle-ci réalisait une restriction des partis politiques, qui, selon l'alinéa 2 de l'article 4 de la Constitution, ne peuvent en aucun cas dépasser le nombre de deux :

> *"Il ne peut être créé plus de deux partis dans la République...". Le mémoire explicatif qui accompagnait la Constitution précisait à ce sujet "qu'il n'est pas exclu qu'en fait, au moins pendant quelque temps, un seul parti ait une si large audience dans l'opinion publique qu'il dispose de tous les sièges à l'Assemblée nationale. Ce qui serait contraire à la Constitution, c'est que la majorité parlementaire ou le Gouvernement édictent des dispositions législatives ou réglementaires interdisant*

[73] Voir à ce sujet, Vunduawe te Pemako, F. (2000). *À l'ombre du Léopard. Vérités sur le Régime de Mobutu Sese Seko*, Bruxelles ; Editions du Zaïre Libre, pp. 171-183.

la formation d'un second parti ou encore que les particuliers usent de voies de fait pour empêcher la formation d'un second parti[74]" (mémoire explicatif, art. 4).

Dans les faits, il ne se trouve actuellement qu'un seul parti, le Mouvement populaire de la Révolution (M.P.R.), qui interprète l'idéologie ou tout au moins le programme du chef de l'Etat, de façon à éclairer, encadrer et guider la masse populaire, étant donné que personne n'a réussi à former un parti d'opposition. Une opposition dans l'immédiat serait interprétée comme dirigée contre le chef de l'État lui-même, qui est le fondateur et chef du M.P. R[75].

Toutes les réformes constitutionnelles faites ultérieurement le seront dans le but de détruire une évolution vers un deuxième parti politique, car se fondant sur cette disposition de l'article 4, les Lumumbistes avec Kiwewa à leur tête avaient déjà entamé devant l'Hôtel de Ville de Kinshasa, une démarche tendant à la reprise des activités du MNCL. Ce contre quoi s'opposa avec énergie le gouvernement. Or, bien avant cela, le Président Mobutu avait déjà lancé le M.P.R en mai 1967, lequel était chargé d'organiser politiquement le peuple.

La loi n° 70-001 du 23 décembre 1970 portant révision de la Constitution du 24 juin 1967 fut la deuxième révision constitutionnelle, après celle du 17 avril 1970, réalisée par voie d'ordonnance-loi en vertu des dispositions transitoires de la constitution, à travers laquelle la date des premières élections législatives fut modifiée. Toutefois, c'est cette loi du 23 décembre 1970 qui procède à l'institutionnalisation du MPR et à sa suprématie. Ainsi cette loi change fondamentalement l'identité de celle-ci à travers ses articles 4, 19, 21, 37 et 39. Les nouvelles dispositions sont les suivantes :

- Article 4 : Le Mouvement Populaire de la Révolution est le seul parti politique de la République démocratique du Congo.
- Article 19 : Les principales institutions de la République sont : Le Mouvement Populaire de la Révolution, le Président de la République (Président du Parti et chef du Gouvernement), l'Assemblée nationale, le Gouvernement, la Cour constitutionnelle et les Cours et tribunaux.
- Article 19 bis : Le Mouvement Populaire de la Révolution est l'institution suprême de la République. Il est représenté par son Président.
- Article 21 (alinéa 5) : Une loi organique fixe les conditions de la présentation du candidat, du déroulement du scrutin, du dépouillement et des proclamations des résultats.
- Article 37 : La loi électorale fixe les conditions de présentation des candidats, le régime des incompatibilités, les modalités des opérations électorales et les conditions dans lesquelles sont désignées les personnes appelées, en cas de vacance du siège, à remplacer les membres de l'Assemblée nationale jusqu'au renouvellement du Parlement.

---

[74] *Mémoire explicatif du projet de Constitution établi sur base du texte de l'avant-projet présenté au Président de la République et sur base des discussions de la Commission politique du Gouvernement.* (Moniteur Congolais, n° 14, 15 juillet 1967), p. 551.

[75] Azami S.M., « Le système constitutionnel de la République démocratique du Congo », *Op. Cit.,* p.339.

– Article 39 : Lorsqu'un député se rend coupable de manquement grave à la discipline du Parti, il perd son mandat à l'Assemblée nationale et y est remplacé par un suppléant.[76]

Il ressort de toutes ces dispositions révisées que la loi du 23 décembre 1970 institutionnalise le MPR comme le seul parti existant sur le territoire congolais. Ce passage du bipartisme au monopartisme peut être considéré comme un changement de régime politique[77]. Ce monopartisme corsète les droits des citoyens et consacre un véritable recul démocratique ouvrant la voie à l'émergence de la dictature.

La création du M.P.R s'inscrivait aussi d'après Mulumba Lukoji "dans le cadre plus large de l'instauration d'un régime politique garant de la stabilité et servant de centre unique de décision[78]". Un tel régime pouvait-il tolérer d'autres partis en face de lui avec des voix dissonantes ? Toutes les réformes constitutionnelles qui interviendront par la suite dans l'histoire politique du pays seront orientées uniquement vers le renforcement du M.P.R. au détriment d'autres institutions de la République. "L'évolution progressive du parti démontra que celui-ci était appelé à supplanter le gouvernement".

En effet, ses décisions n'étaient soumises au "Conseil des ministres" que pour simple ratification : le parti par le Bureau politique décide, le gouvernement exécute » d'après cet auteur, « ce rôle prépondérant assigné au parti se consolida de 1967 à 1969, entraînant d'ailleurs un réaménagement de l'équilibre des pouvoirs orienté vers la fonction présidentielle[79] ».

On citera en premier lieu les décisions des Congrès extraordinaires et ordinaires du M.P.R respectivement en 1970 et 1972 qui ont tour à tour affirmé la suprématie du Parti et de son Président fondateur[80].

L'une des résolutions du Congrès extraordinaire de 1970 précisa comme suit la place du M.P.R dans le paysage institutionnel de la République :

---

[76] Voir à ce sujet Aaron Djengo (2015) : *De l'efficacité des limites du pouvoir de révision constitutionnelle en droit positif congolais*, Université de Kinshasa (Mémoire de Licence). https://www.memoireonline.com/01/16/9410/m_De-lefficacite-des-limites-du-pouvoir-de-revision-constitutionnelle-en-droit-positif-congolais36.html (consulté le 28 septembre 2020).

[77] Djoli Eseng'Ekeli, J. (2013), *Droit constitutionnel. L'expérience congolaise (RDC)*, Paris : L'Harmattan, p. 230.

[78] Mulumba Lukoji, C. « Le Mouvement populaire de la Révolution : création et signification politique », *Zaïre — Afrique*, n° 66, juin — juillet 1972, pp.323-337.

[79] Empenge-Osako Djelo, C. (1990), *L'impact de la coutume sur l'exercice du pouvoir en Afrique noire : le cas du Zaïre*, Louvain-la-Neuve : Bel élan, p. 86 et suivants.

[80] Mulumba Lukoji, C. « Le premier congrès ordinaire du MPR », *Zaïre — Afrique*, n° 67 août, septembre 1972, pp. 409 – 417.

« Le Mouvement Populaire de la Révolution est l'institution suprême de la République Démocratique du Congo ;

Toutes les institutions de la République sont subordonnées au MPR et fonctionnent sous son contrôle ;

Le M.P.R est le seul parti politique de la République Démocratique du Congo ».

Le Congrès ordinaire du M.P.R de 1970 a eu pour mission principale de définir les fonctions des principaux organes ; le Président, le Bureau politique et le Congrès.

Le Président est, en définitive, l'organe central de décision et de contrôle. Il est épaulé dans l'exercice de ses prérogatives d'une part et de façon permanente par le Bureau politique et, d'autre part et de façon périodique, par le Congrès.

Le Bureau politique et l'organe de décision, de direction et de conception dans tous les domaines de l'activité de la vie nationale. Il exerce son pouvoir de décision, d'orientation et de conception sous la direction du Président qui convoque et préside ses réunions. Dès lors, il établit un rapport de subordination du Bureau politique vis-à-vis du Président en tant qu'entité et organe suprême du M.P.R.

Le Congrès entend les rapports du bureau politique et examine les questions d'ordre politique, économique et social qui se posent au pays. Il exprime des vœux et des résolutions.

Le Professeur Mulumba Lukoji en tire les conséquences suivantes : « La suprématie du parti et la prééminence du Président se sont traduites, sur le plan constitutionnel, par le renforcement du pouvoir de l'exécutif, surtout de celui de son chef. Il s'agissait d'une modification importante apportée à la Constitution de 1967 qui nécessitait de ce fait l'adaptation de celle-ci de façon à rendre conforme aux options de base nouvelles ».

Une première réforme constitutionnelle intervient le 15 août 1974. La loi n° 74/020 révisait la Constitution du 24 juin 1967 en rendant ainsi obligatoires et exécutoires les modifications ci-dessus adoptées par les deux Congrès susmentionnés. Cette réforme s'est ordonnée principalement autour des institutions ; le tout dans le but de consacrer davantage la suprématie du parti. On avait ainsi le Mouvement populaire de la Révolution, le Président, le Bureau politique, le Congrès, le Conseil législatif, le Conseil exécutif et le Conseil judiciaire.

II. LES LOIS CONSTITUTIONNELLES DU RÉGIME DE MONOPARTISME CONSTITUTIONNEL

II.1. Loi n° 70-001 du 23 décembre 1970 portant révision de la Constitution

Source : Moniteur Congolais n° 1 du 1er janvier 1971, p.5

L'Assemblée nationale a adopté, le Président de la République promulgue la loi dont la teneur suit :

Article premier.

L'article 4 de la Constitution est remplacé par la disposition suivante :

« Le Mouvement populaire de la révolution est le seul parti politique de la République ».

Article 2.

L'article 19 de la Constitution est remplacé par les dispositions suivantes :

« Les principales institutions de la République sont :

1° Le Mouvement populaire de la révolution ;

2° Le Président de la République, Président du parti et chef du Gouvernement ;

3° L'Assemblée nationale ;

4° Le Gouvernement ;

5° La Cour constitutionnelle ;

6° Les cours et tribunaux.

Article 3.

Les sections I, II et III de la Constitution deviennent respectivement les sections II, III et IV dudit titre.

Article 4.

Il est inséré dans le titre III de la Constitution une section 1 intitulée : « Du Mouvement Populaire de la Révolution » et comprenant un article 19 bis ainsi conçu :

« Article 19 bis. Le Mouvement Populaire de la Révolution est l'institution suprême de la République. Il est représenté par son président.

"Toutes les autres institutions lui sont subordonnées et fonctionnent sous son contrôle ».

« Les structures et organes du Mouvement Populaire de la Révolution sont déterminés par ses statuts et règlements ».

Article 5.

L'alinéa 4 de l'article 21 de la Constitution est supprimé.

L'alinéa 5 du même article est remplacé par la disposition suivante :

« Une loi organique fixe les conditions de la présentation du candidat, du déroulement du scrutin, du dépouillement et des proclamations des résultats ».

Article 6.

L'article 22 de la Constitution est remplacé par les dispositions suivantes : « Avant d'entrer en fonction, le Président de la République prête le serment suivant devant la Cour constitutionnelle, en présence de l'Assemblée nationale :

"Moi....... élu Président de la République Démocratique du Congo, je jure d'observer la Constitution et les lois de la République, de maintenir l'indépendance nationale et l'intégrité du territoire ».

Article 7.

Le sixième alinéa de l'article 37 de la Constitution est remplacé par la disposition suivante :

« La loi électorale fixe les conditions de présentation des candidats, le régime des incompatibilités, les modalités des opérations électorales et les conditions dans lesquelles sont désignées les personnes appelées, en cas de vacance du siège, à remplacer les membres de l'Assemblée nationale jusqu'au renouvellement du Parlement ».

Article 8.

L'article 39 de la Constitution est remplacé par la disposition suivante :

« Lorsqu'un député se rend coupable de manquement grave à la discipline du parti, il perd son mandat à l'Assemblée nationale et y est remplacé par un suppléant ».

Article 9.

La présente loi entre en vigueur à la date de sa promulgation.

La présente loi sera exécutée comme loi de l'Etat.

Fait à Kinshasa, le 23 décembre 1970

Se/J. D. MOBUTU
Lieutenant général.

II.2. Loi n° 71-006 du 29 octobre 1971 portant révision de la constitution

Source : Moniteur Congolais, numéro 21 du 1er novembre 1971

EXPOSÉ DES MOTIFS

L'appellation « CONGO » que porte notre pays provient du majestueux fleuve qui, prenant sa source au Lualaba dans la province du Katanga, traverse successivement la province du Kivu, la province orientale, la province de l'Équateur, la province de Bandundu, la ville de Kinshasa, la province du Kongo Central et se jette dans l'océan Atlantique sans sortir en aucun endroit du territoire national.

Il est donc normal que ce fleuve, trait d'union naturel entre les différentes régions du pays, donne son nom à la République.

Or historiquement, l'appellation « Congo » désignait l'ancien royaume « Ne Kongo » et non le fleuve, du nom de « ZAIRE ».

Compte tenu de cette analyse du vocable « Congo » et dans la recherche permanente de notre authenticité, le Président de la République, fidèle aux options fondamentales de notre révolution amorcée le 24 novembre 1965 et afin d'écarter définitivement toute confusion, nous a chargé de présenter à l'Assemblée nationale un projet de loi portant révision de la constitution et tendant à remplacer la dénomination de notre pays par celle de « République du Zaïre » et les appellations « Kongo Central » et « province Orientale » par celles de « Base-Zaïre » et « Haut-Zaïre ».

LOI

L'Assemblée nationale adoptée,

Le Président de la République promulgue la loi dont la teneur suit :

1. Dans le texte de la Constitution et de tous les actes législatifs et réglementaires, les mots « République du Congo » et « Congolais » sont remplacés respectivement par « République du Zaïre et Zaïrois ».
2. dans le texte de l'article 1er, alinéa 2, de la Constitution, les mots « Kongo Central » et « province Orientale » sont remplacés par « Bas-Zaïre » et « Haut-Zaïre »
3. La présente loi sort ses effets le 27 octobre 1971.

La présente loi sera exécutée comme loi de l'Etat.

Fait à Kinshasa, le 23 décembre 1970

J.D. MOBUTU,
Lieutenant général.

II.3. Loi n° 71-007 du 19 novembre 1971 portant révision de la constitution

Source : Moniteur Congolais, numéro 24 du 15 décembre 1971, p. 1095

L'Assemblée nationale a adopté.

Le Président de la République promulgue la loi dont la teneur suit :

1. L'article 1er, alinéa 3 de la Constitution, est remplacé par la disposition suivante : « l'emblème de la République est e drapeau vert clair, orné au centre d'un cercle jaune dans lequel figure une main tenant un flambeau à la flamme rouge ».
2. La présente loi entrera en vigueur à la date de sa promulgation

La présente loi sera exécutée comme loi de l'Etat.

Fait à Kinshasa, le 19 novembre 1970

J.D. MOBUTU
Lieutenant général

II.4. Loi n° 71-008 du 31 décembre 1971 portant révision de la constitution

Source : Journal Officiel, numéro 2 du 15 janvier 1972, p. 37

L'Assemblée nationale a adopté

Le Président de la République promulgue la loi dont la teneur suit :

1. Il est inséré dans la Constitution un article 14 bis libellé comme suit :

« Le sol et le sous-sol ainsi que leurs produits naturels appartiennent à l'Etat.

La loi fixe les conditions de leurs cessions et concessions, de leur reprise et rétrocession. Toutefois, la reprise de la rétrocession de loi entre en vigueur à la date de sa signature.

La présente loi sera exécutée comme loi de l'Etat.

Fait à Kinshasa, le 19 novembre 1970

J.D. MOBUTU
Lieutenant général

II.5. Loi n° 72-003 du 5 janvier 1972 portant révision de la constitution

Source : Journal Officiel, numéro 2 du 15 janvier 1972, p. 49

La loi n° 72-003 du 05 janvier 1972 avait révisé l'article 1er alinéa 2 de la Constitution du 24 juin 1967 en remplacement du mot « Katanga » par le mot « Shaba ».

L'Assemblée nationale a adopté.

Le Président de la République promulgue la loi dont la teneur suit :

1. Dans le texte de l'article premier, alinéa 2 de la Constitution, le mot KATANGA est remplacé par SHABA.
2. La présente loi sort ses effets rétroactivement à la date du 1er janvier 1972

La présente loi sera exécutée comme loi de l'Etat.

Fait à Kinshasa, le 05 janvier 1972.

J.D MOBUTU
Général de corps d'Armée

II.6. Loi n° 72-008 du 3 juillet 1972 portant révision de l'article 60 de la constitution

Source : Journal Officiel, numéro 15 du 1er août 1972, p. 453

L'Assemblée nationale a adopté.

Le Président de la République promulgue la loi dont la teneur suit :

1. — L'alinéa premier de l'article 60 de la Constitution est modifié comme suit :

« La Cour suprême de la justice comporte trois sections :

- La section judiciaire
- La section administrative
- La section de législation

2. — Le 2e de l'alinéa de l'article 60 de la Constitution est modifié comme suit :

La section judiciaire est compétente, notamment :

2° pour juger :

a) Les membres du Bureau politique ;
b) Les membres de l'Assemblée nationale ;

c) Les membres du Gouvernement, dans les cas visés par l'article 35 de la Constitution.
d) Les membres du Comité exécutif du Mouvement Populaire de la Révolution ;
e) Les membres de la Cour constitutionnelle ;
f) Les membres de la Cour suprême de justice ;
g) Les membres du parquet général de la République.

Toutefois, les membres du Bureau politique ne peuvent être poursuivis pour les infractions aux lois pénales commises dans ou en dehors de l'exercice de leurs fonctions que s'ils ont mis en accusation par le Président du Bureau politique.

3. — Il est ajouté un alinéa 4 à l'article 60 de la constitution, ainsi conçu :
La section de législation est compétente, pour donner, dans le délai fixé par la loi, à la demande soit du Président de la République ou de ses délégués, soit du Bureau de l'Assemblée nationale — chacun en ce qui le concerne — des avis consultatifs portant sur les projets ou propositions de loi, les projets d'ordonnances — lois, d'ordonnances et d'arrêtés à caractère réglementaire. Une loi fixera la procédure devant la Cour suprême de justice en matière d'avis consultatifs. L'objet de la demande d'avis doit être précisé.

4. — La présente loi entre en vigueur trente jours après sa promulgation au Journal Officiel.

La présente loi sera exécutée comme loi de l'Etat.

Fait à Kinshasa, le 19 novembre 1970

J.D. MOBUTU
Lieutenant général

II.7. Loi n° 73-014 du 5 janvier 1973 portant harmonisation de la constitution ainsi que celle de tous les textes législatifs et règlementaires en rapport avec les nouvelles appellations intervenues dans les structures politico-administratives du pays et modifiant l'article 46 de la constitution

Source : Journal Officiel, numéro 5 du mars 1973, p. 302

EXPOSÉ DES MOTIFS

La présente loi constitutionnelle a pour objet, notamment, de consacrer par un texte approprié la décision prise par le Bureau politique relative aux nouvelles appellations intervenues dans les structures politico-administratives et territoriales du pays. Question d'adapter l'ordre juridique à l'évolution politique de la Nation.

Il convient de relever ici que depuis que cette décision a été prise, les textes constitutionnels, légaux et réglementaires, eux, n'ont pas été harmonisés en conséquence. Ce texte vient donc bien à propos et établit, en effet, l'harmonie nécessaire entre l'ordre juridique et la réalité sociopolitique de notre pays.

D'un autre côté., il fallait compte tenu de nouvelles structures sur l'organisation territoriale et administrative de la République, supprimer certains organes propres à l'ancienne organisation, en l'occurrence, les conseils provinciaux et locaux prévus à l'ancien article 46, premier paragraphe, cinquième trait.

LOI

Le Conseil Législatif National a adopté.

Le Président de la République promulgue la loi dont la teneur suit ;

1. — Dans le texte de la Constitution ainsi que dans textes législatifs et réglementaires les mots : « Assemblée nationale », « Député », « Gouvernement », « Ministère », « Ministre », « Province », « Gouverneur de province », « Gouverneur de la ville », sont respectivement remplacés par les mots : « Conseil Législatif National », « Commissaire du Peuple », « Conseil Exécutif National », « Département », « Commissaire d'Etat », « région », « Commissaire de région », « Commissaire Urbain ».

En outre, les mots : « District », « Commissaire de District », « Territoire », « administrateur de territoire », « Commune », « Bourgmestre » « Collectivité locale », et « Chef de Collectivité locale », respectivement remplacés par les mots : « Sous-Région », « Commissaire sous-régional », « Zone », « Commissaire de Zone », « Collectivité » et « Chef de Collectivité » ou « Chef de cité ».

2. — Le cinquième trait du premier paragraphe de l'article 46 de la Constitution anciennement libellé :

« La loi fixe les règles concernant :

- Le régime électoral de l'Assemblée nationale ainsi que celui des conseils provinciaux et locaux », devient :

« La loi fixe les règles concernant :

- Le régime électoral du Conseil Législatif National ».

3. — La présente loi entre en vigueur à la date de sa promulgation.

La présente loi sera exécutée comme loi de l'Etat

Fait à Kinshasa, le 05 janvier 1973

MOBUTU SESE SEKO
Général de Corps d'Armée.

CHAPITRE III

LE RÉGIME DE MONOPARTISME INTÉGRAL (1974-1990)

I. LA NATURE DU RÉGIME POLITIQUE INSTITUÉ

Une réforme, de loin la plus importante de toutes, est intervenue en 1982. Elle fait du MPR non plus la première institution, mais le « Parti-État ». La loi n° 82/004 du 31 décembre 1982 a porté cette réforme conformément à la décision d'État n° 31/C. C/ 82.

Cette réforme consacre la plénitude du rôle dirigeant du parti dans tous les secteurs de la vie nationale. C'est par la décision d'État du 1er avril 1986 du Comité central relative au rôle dirigeant du parti État que l'on peut avec honneur en savoir ce que cela veut dire. Cette décision dit carrément et sans détour :

- Le MPR commande et oriente l'État qui est devenu son instrument pour la réalisation de ses objectifs ;
- Rien de ce qui touche à la vie de la nation ne doit échapper à l'autorité du MPR ;
- Il ne peut y avoir dichotomie ni opposition entre l'État et le MPR.

Au sujet de la primauté du Parti-État, le Professeur Djelo Impenge Osako[81] pense qu'elle « résulte de la prépondérance des organes partisans classiques (Congrès, Comité central, Bureau politique) sur ceux de l'État (Conseil exécutif, conseil législatif, Conseil judiciaire) dans leurs rapports organiques et fonctionnels.

Voyons ci-après les explications du professeur Djelo en ce qui concerne les rapports organiques et fonctionnels dans la manifestation et l'expression de la primauté du Parti sur l'État. C'est pour nous une réflexion d'une grande portée théorique.

1. Les rapports organiques

Cette primauté s'articule sur le plan organique par la place de choix qu'occupent ces organes dans la pyramide structurelle du MPR et surtout de son chef qui est de droit Président de la République.

Il en résulte que les organes partisans classiques jouissent d'une autorité incontestable tant sur le Conseil exécutif que le Conseil judiciaire (art. 64).

La désignation des membres du Conseil législatif à travers l'endossement des candidatures permet grâce à sa double qualité du MPR et de Président de la République,

[81] Empenge-Osako Djelo, C. (1990), *L'impact de la coutume sur l'exercice du pouvoir en Afrique noire : le cas du Zaïre*, Op. Cit.

le Parti joue, à travers le chef de l'État, un rôle important dans le choix des cadres dont il s'assure au préalable le militantisme.

La suprématie du Parti apparaît également du fait que les commissaires d'État, membres du Comité central, occupent les postes clés au sein du Conseil exécutif dans lequel leur influence est généralement indéniable sur les autres membres du Conseil exécutif.

Nonobstant l'indépendance dans leur mission de dire de droit (art. 101), les magistrats du Parquet et du siège sont nommés et, le cas échéant, relevés de leur fonction par le chef du Parti.

En matière disciplinaire, la jurisprudence du Comité central connaît de nombreux cas de révocation des magistrats, voire même des avocats en cas de « manquement grave aux idéaux et à la discipline du Parti-État ».

Autant que les rapports organiques, les rapports fonctionnels qu'entretiennent les organes du Parti et ceux de l'État font ressortir la prééminence du Parti sur l'État.

2. Les rapports fonctionnels

L'élaboration des lois par le Conseil législatif se fait conformément aux idéaux et à la doctrine du MPR (art. 33, alinéa 2) dont le Comité central est le dépositaire et le garant (art. 63).

L'article 2 de l'ordonnance n° 86-311 du 27 décembre 1986 portant procédure de contrôle des décisions du MPR, permet au Bureau politique d'examiner la conformité aux idéaux et à la doctrine du Parti-État des décisions prises par les organes du MPR.

Les commissaires d'État qui ne répondent de leurs actes que devant le Président du MPR, Président de la République (art. 98, alinéa 2), appliquent dans leurs départements, le programme fixé et les décisions prises par le Président du MPR, Président de la République (art. 97) tandis que le Premier commissaire d'État coordonne l'action du Conseil exécutif dans le cadre du programme et des directives données par le Président de MPR, Président de la République (art. 96).

L'indépendance de la magistrature consacrée par l'article 101 de la Constitution n'a pas empêché le Comité central de réaffirmer avec force, par sa décision d'État n° 14/CC que « les décisions d'État prises par le Comité central dans le cadre de ses prérogatives matière politique ou disciplinaire s'imposent à tous les organes inférieurs sans aucune exception ». Telle est la signification de la promotion du MPR en tant que Parti-État, c'est-à-dire une absorption pure et simple de l'État en tant qu'institution classique. Nous allons voir dans le sous-chapitre suivant comment cette absorption a pu se traduire et s'exprimer dans les faits concrètement.

3. Le pouvoir de l'État sous le parti-État

Il s'agit d'examiner l'exercice du pouvoir politique dans le cadre du monopartisme institutionnel au triple plan de l'organisation, de l'exercice et du contrôle des actes au sein de l'État, étant entendu que le Mouvement Populaire de la Révolution (MPR), promu au rang de Parti-État, avait fini par absorber tous les organes de l'État. La prise en compte de cette réalité a fait nettement ressembler la République à un État patrimonial. L'organisation et l'exercice du pouvoir durant cette période sont très proches des grandes monocraties connues dans l'histoire.

C'est vers l'exposé des motifs justificatifs de la révision constitutionnelle du 15 novembre 1980 qu'il faudrait se tourner pour connaître avec précision les causes qui ont entouré l'élaboration et l'adoption de la Constitution de 1967 et son importance historique dans l'histoire constitutionnelle du Zaïre. Il est notamment écrit lors de la révision de 1980.

Du 31 juillet au 4 août 1980, le Bureau politique du Mouvement populaire de la Révolution s'est réuni en conclave en vue d'examiner les problèmes politiques, économiques et sociaux qui se posaient à la Nation. À l'issue des travaux de ce conclave, d'importantes décisions touchant à tous les secteurs de la vie nationale ont été prises, entraînant notamment, au plan politique, la restructuration du Mouvement Populaire de la Révolution.

Cette réforme a été guidée par le souci de réaffirmer la primauté et le rôle directeur du Mouvement dans la dynamique de la construction du développement de la Nation, d'assurer la meilleure application du principe de l'unité de commandement et de poursuivre méthodiquement le processus de libéralisation de la démocratie amorcée après le discours présidentiel du 1er juillet 1977.

Aussi, est-il apparu opportun de réaménager et de redéfinir la hiérarchie et le fonctionnement des organes et des branches spécialisées du MPR. La création de trois nouveaux organes découlant de cette structuration implique l'introduction des nouvelles dispositions dans notre Constitution, ainsi que la modification de celles qui ne sont plus conformes au nouvel esprit.

Telles sont les raisons qui, d'après, l'exposé des motifs de loi n° 80-012 du 15 novembre 1980 portant révision de la Constitution en vigueur à l'époque ont justifié l'élaboration de celle-ci par les instances dirigeantes du pays.

4. Les innovations introduites[82]

- Le Président du MPR, qui est en même temps Président de la République, est, contrairement au texte de 1967, élevé au rang de premier organe du MPR. Ce qui fait que le pouvoir qui, d'après la Constitution, émane du peuple est en effet exercé par lui ou sous sa direction.
- Le texte constitutionnel de 1980 crée trois organes nouveaux au sein du Parti : il s'agit en premier lieu de la présidence du MPR, du Comité central et enfin du Comité exécutif.
- Le Congrès, anciennement considéré comme premier organe du Parti, occupe désormais la deuxième position avant le Comité central. Le Bureau politique devient l'organe permanent du parti chargé d'assister le Président du MPR et de contrôler l'application des différentes du parti. Le Comité exécutif qui y apparaît en quatrième position est défini « comme organe du MPR chargé de la coordination des branches spécialisées et du contrôle des activités des organes subordonnés du MPR de la région à la cellule ».
- En matière judiciaire, la Cour suprême de justice qui ne jugeait jusque-là en premier et dernier ressorts que les seuls commissaires politiques, les Commissaires du peuple, les commissaires d'État, les magistrats de la Cour suprême et du Parquet général de la République a vu ses attributions s'étendre aux membres du Comité central, du Comité exécutif, des secrétaires d'État et des gouverneurs de région.
- Les régions ainsi que les autres entités territoriales de la République, considérées comme des entités territoriales décentralisées, sont organisées par une loi qui détermine en même temps les principes fondamentaux de leurs attributions, de leurs compétences et de leurs ressources[83].

---

[82] Voir l'exposé des motifs de loi n° 80-012 du 15 novembre 1980 portant révision de la Constitution, JOZ, n 1, 1er janvier 1981, pp. 4-6.

[83] Article 110 de la Constitution révisée le 15 novembre 1980.

- La révision de la Constitution se fait selon les conditions d'initiative et de vote prévues dans l'ancien texte après avis non plus du Bureau politique, mais du Congrès ou du Comité central.

5. Maintien des caractéristiques anciennes

Cette Constitution a pour caractéristiques fondamentales[84] :

- La création d'un État unitaire, démocratique, social et laïc comprenant la ville de Kinshasa qui est en même temps la capitale de la République et huit régions : Bandundu, Bas-Zaïre, Équateur, haut-Zaïre, Kasaï-Oriental, Kasaï-Occidental, Kivu et Shaba.
- Le maintien du monopartisme entraîne trois conséquences majeures se rapportant respectivement au peuple, à la Nation et au pouvoir. Ainsi, le peuple zaïrois est un et organisé au sein du MPR. Le pouvoir émane du peuple qui l'exerce par le Président de MPR qui est de droit Président de la République, et par les autres organes du MPR ou par voie de référendum. Le MPR est défini comme la Nation zaïroise organisée politiquement.
- Le maintien du Mobutisme, comme doctrine du MPR, celui-ci est défini comme « l'ensemble des paroles, des écrits et des enseignements du Président Fondateur du parti, le Maréchal Mobutu ». Seuls les membres du Comité central sont les dépositaires et garants du Mobutisme.
- La consécration du principe de la propriété exclusive du sol et du sous-sol en faveur de l'État. La nationalité zaïroise reste une et exclusive.
- Le maintien du principe de l'abandon partiel de la souveraineté de la République au profit de l'unité africaine.
- La souplesse en matière de révision, car il suffit que la proposition atteigne au Conseil législatif national une majorité de deux tiers de ses membres pour que la Constitution soit amendée.

6. Les organes de l'Etat

Selon l'article 9 de la Constitution (titre 1er), le pouvoir émane du peuple qui l'exerce par le Président du MPR. Le Président de la République et par les autres organes du MPR ou par voie de référendum. Il en découle que le peuple demeure la source principale (originaire) du pouvoir dont il confie l'exercice au Président du MPR et aux autres organes du parti. Mais ce peuple, en s'organisant de la sorte, ne se dépouille pas entièrement, car il garde pour lui seul le droit d'intervenir dans l'exercice du pouvoir à des occasions bien précises, notamment en cas de référendum populaire.

Comme le Président du MPR, Président de la République est aussi un organe du parti, il s'agit d'examiner dans ce chapitre les attributions des différents organes, leur organisation et leur fonctionnement et enfin leurs moyens d'action réciproques. Qu'on ne perd pas de vue qu'au Zaïre il n'existait qu'une seule institution politique, le m P R. promu par décision d'État de son comité central au rang de parti-État ! C'est donc le Parti qui exerce le pouvoir par l'intermédiaire de ses différents organes. Ces organes sont le Président du MPR, Président de la République, le Congrès, le Comité central, le comité exécutif, le bureau politique, le conseil législatif, le conseil exécutif et enfin le conseil judiciaire.

---

[84] cf. Les articles : 1, 2, 8, 9, 33, 63, 10, 11, 110, 111.

II. LES LOIS CONSTITUTIONNELLES DU RÉGIME DE MONOPARTISME INTÉGRAL

II.1. Loi n° 74/020 du 15 août 1974 portant révision de la Constitution du 24 juin 1967 (Constitution du 15 août 1974)

Source : Journal Officiel, numéro spécial, août 1976

EXPOSÉ DES MOTIFS

La présente révision constitutionnelle vise à tirer toutes les conséquences de l'institutionnalisation du Mouvement Populaire de la Révolution décidée lors du Premier Congrès extraordinaire qui a eu lieu à N'Sele en mai 1970 d'adapter le texte de base qui régit notre pays à nos réalités.

La constitution révisée consacre le Mobutisme comme doctrine du Mouvement Populaire de la Révolution :

Cette doctrine a comme contenu la pensée, les enseignements et l'action du Président Fondateur du Mouvement Populaire de la Révolution, qui ont fait du Zaïre et des Zaïrois ce qu'ils sont aujourd'hui.

En effet, avant 1965, nous avons connu des guerres fratricides, la dislocation de l'unité nationale, le marasme de l'économie, bref la démission du pouvoir et la faillite de l'Etat.

Devant cette situation, un vaillant fils de ce pays a pris ses responsabilités, il s'agit du Général MOBUTU SESE SEKO KUKU NGBENDU WAZA BANGA, alors commandant en Chef de l'Armée. C'était le 24 novembre 1965.

Depuis lors, tout le processus a été déclenché : pacification du pays, recouvrement de l'unité nationale, démarche, pour l'affirmation de l'indépendance économique et la création d'un nouveau type d'homme, démuni de toute aliénation mentale, grâce à la prise de conscience nationale et à la philosophie politique du recours à l'authenticité ; c'est pour toutes ces raisons et tant d'autres encore que, en vue de rendre un vibrant hommage au créateur du MOBUTISME, il a plu à la Grande Famille zaïroise de donner l'occasion au Président-Fondateur du Mouvement Populaire de la Révolution de poursuivre l'œuvre grandiose entreprise depuis le 24 novembre 1965. D'où la raison d'être des dispositions spéciales relatives au Président-Fondateur.

1. PRÉAMBULE

Le préambule ne soulève pas de problèmes particuliers. On notera cependant la mise en relief, à ce niveau déjà, de la consécration du MOBUTISME comme doctrine du Mouvement Populaire de la Révolution, ainsi que la référence à nos ancêtres à côté de la notion de Dieu. Ce dernier trait confirme davantage le caractère authentique de notre démarche philosophique.

2. TITRE I

Pour mettre en relief la cité de l'Etat, il est prévu à l'article 1er que l'Etat zaïrois est laïc. Cette disposition doit être rapprochée de celles de l'article 18, qui garantissent la liberté de pensée, dé conscience et de religion.

L'Etat zaïrois garantit certes cette liberté, mais il n'a de préférence pour aucune tendance, il est au-dessus des tendances religieuses et autres.

L'article 8 instaure une organisation politiquement zaïroise. Les dispositions de cet article sont précisées et complétées par celles du Titre 111.

Aux termes de l'article 9, le Président du Mouvement Populaire de la Révolution incarne la Nation. Il est le Chef de la Grande Famille zaïroise et est de droit le Président de la République. À ce titre, il exerce pleinement le pouvoir étatique au nom du peuple.

3. TITRE II

L'article 17 consacre expressément le caractère public des audiences des cours et tribunaux.

L'alinéa 1er de l'article 25 proclame l'obligation faite à tout Zaïrois de contribuer à l'œuvre de construction nationale.

Dans une Constitution révolutionnaire, il est nécessaire de marquer le devoir de tout citoyen de participer à l'œuvre de construction nationale au lieu de se limiter à affirmer les droits des citoyens qui ne sont, du reste, pas contestés.

4. TITRE III

Comme dit au titre I., le régime politique adopté est authentiquement zaïrois. Il diffère à plusieurs égards de celui instauré en 1967, en ce qu'il ne comprend plus qu'une seule institution, le Mouvement Populaire de la Révolution, qui détient la plénitude du pouvoir et dont le Président est l'incarnation.

En conséquence, toutes les anciennes institutions sont devenues des organes du Mouvement Populaire de la Révolution fonctionnant sous la responsabilité, la direction et la présidence du Président du Mouvement Populaire de la Révolution. Le Président du Mouvement Populaire de la Révolution a donc la plénitude du pouvoir.

Compte tenu de l'étendue des pouvoirs dévolus au Président du Mouvement Populaire de la Révolution, il y a lieu de craindre de sa part, non seulement l'usure du pouvoir, mais aussi des abus et des cas de déviationnisme.

C'est pourquoi la durée du mandat du Président du Mouvement Populaire de la Révolution a été limitée à 7. Ans. Il ne sera rééligible qu'une seule fois.

Toutefois, toutes ces restrictions ne concernent pas le Fondateur du Mouvement Populaire de la Révolution, la grande famille zaïroise lui demande en effet d'assurer la continuité de l'œuvre salvatrice qu'il a entreprise.

Quant aux organes du Mouvement Populaire de la Révolution, leur nombre a été fixé à cinq, à savoir :

- le Bureau politique ;
- le Congrès ;
- le Conseil Législatif ;
- le Conseil Exécutif ;
- le Conseil Judiciaire.

a. Le Bureau politique

Le Bureau politique demeure l'organe de conception, d'inspiration, d'orientation et de décision du Mouvement populaire de la Révolution. Bien plus, le Bureau politique devient le dépositaire et le garant de la constitution : MOBUTISME.

C'est à ce titre que le Bureau politique désigne le candidat à la présidence du Mouvement Populaire de la Révolution, lequel sera élu au suffrage universel.

De même, Il est de sa compétence de constater la vacance par décès, démission ou pour quelque que ce soit, ainsi que le cas d'empêchement. Dans tous ces cas, il est prévu que les fonctions du Président du Mouvement Populaire de la Révolution sont exercées par le Commissaire politique le plus âgé.

Le Bureau politique est en outre appelé à connaitre de tout cas de nature à porter atteinte à la doctrine du mouvement Populaire de la Révolution, même dans le chef Président du Mouvement Populaire de la Révolution.

C'est en vertu de tout ce qui précède que cet organe occupe la première place dans notre ordonnancement 7 que.

Pareilles responsabilités appellent de la part de la constitution une protection spéciale des Commissaires politiques.

C'est pourquoi la Constitution révisée prévoit que le Président du Mouvement Populaire de la Révolution n'est pas autorisé à modifier la composition du Bureau politique de plus de 1/3 au cours de son mandat.

Il y a lieu de noter que la composition du Bureau politique a été arrêtée à 30 membres.

C'est pourquoi la Constitution révisée prévoit que le Président du Mouvement Populaire de la Révolution n'est pas autorisé à modifier la composition du Bureau politique de plus de 1/3 au cours de son mandat.

Il y a aussi lieu de noter que l'organe officiel d'information dont il est question à l'article 62, alinéa 3, est l'Agence zaïroise de Presse : « AZAP » à qui revient désormais la tâche de diffuser fidèlement les textes légaux.

b. Le Congrès

Le Congrès rassemble toutes les forces vives du pays et se réunit tous les cinq ans. C'est l'occasion qui est donnée aux cadres dirigeants du mouvement populaire de la révolution de faire le point de la situation générale du pays.

c. Le Conseil Législatif

La tâche principale du Conseil Législatif sera d'élaborer des lois dont la responsabilité incombe au Président du Mouvement Populaire de la Révolution.

C'est pour cette raison que le Président du Mouvement populaire de la Révolution préside le Conseil Législatif. Toutefois, pour des raisons pratiques, le. Président du Mouvement Populaire de la Révolution ne peut présider effectivement les débats législatifs pendant trois mois ; c'est pourquoi les fonctions de Président du Conseil Législatif ont été maintenues et seront exercées par délégation.

Par ailleurs, pour des raisons d'option politique, il a été décidé que le calcul pour le nombre des Commissaires du peuple sera d'un Commissaire du Peuple pour 100 000 habitants au lieu de 50 000 comme avant.

d. Le Conseil Exécutif.

Le Conseil Exécutif est l'organe d'exécution du Mouvement Populaire de la Révolution. Il est donc normal et logique que ses membres, c'est-à-dire les Commissaires d'Etat, travaillent sur base d'un programme arrêté et des décisions prises par le Président du Mouvement Populaire dévolution.

e. Le Conseil Judiciaire.

L'appellation « Conseil Judiciaire » a été préférée à d'autres pour des raisons d'option politique.

Le Conseil Judiciaire a pour mission de dire le droit et de rendre la justice dans la Grande Famille du Mouvement Populaire de la Révolution.

Conformément à notre authenticité, cette justice doit être rendue au nom et sous l'autorité de celui qui incarne la Nation, c'est-à-dire, le Président du Mouvement Populaire de la Révolution.

Désormais, le contrôle de la constitutionnalité des lois relève de la compétence de la Cour Suprême de Justice.

5. TITRE VI

L'article 75 apporte une importante innovation. Désormais, la procédure d'autorisation préalable de la loi pour la ratification de certains traités et accords internationaux, jugés d'intérêt supérieur, est ainsi abolie, dès lors que le pouvoir législatif est exercé par le Président du Mouvement Populaire de la Révolution avec le concours du Conseil Législatif.

LOI

Le Conseil Législatif a adopté,
Le Président de la République promulgue la loi dont la teneur suit :

Article premier.

La Constitution du 24 juin 1967 est modifiée conformément au texte annexé à la présente loi.

Article 2.

La présente loi entre en vigueur à la date de sa promulgation.

Fait à Kinshasa, le 15 août 1974

MOBUTU SESE SEKO KUKU NGBENDU WA ZA BANGA
Général de Corps d'Armée

Constitution

Préambule.

Nous, peuple zaïrois, réuni au sein du Mouvement populaire de la révolution ;
Guidé par le Mobutisme ;
Convaincu de nos options fondamentales telles que définies dans le Manifeste de la N'Sele ;
Conscient que seule la politique de recours à l'authenticité nous permet d'affirmer notre personnalité, de réaliser nos objectifs et de contribuer efficacement à la civilisation de l'universel ;
Mû par la volonté de garantir l'unité et l'intégrité territoriale, d'assurer à chacun le bien-être matériel et de créer les conditions propices à l'épanouissement moral et spirituel de tous les Zaïrois ;
Convaincu que seule la mobilisation des masses, sous l'égide du Mouvement Populaire de la Révolution, permet au peuple zaïrois de garantir son indépendance politique, économique, sociale et culturelle ;
Convaincu qu'il n'y a point de grandeur dans la servitude et la dépendance ;
Convaincu que les peuples d'Afrique ne pourraient se libérer totalement de l'emprise étrangère que par la voie de l'unité africaine ;
Proclamant notre adhésion à la Déclaration universelle des droits de l'homme ;
Conscient de nos responsabilités devant Dieu, les ancêtres, l'Afrique et le Monde ;
Déclarons solennellement adopter la présente Constitution.

Titre I. Du territoire et de la souveraineté de la République.

Article premier.

La République du Zaïre est un État unitaire, démocratique, social et laïque.

Article 2.

La République du Zaïre comprend la ville de Kinshasa et les huit régions énumérées ci-après : Bandundu, Bas-Zaïre, Équateur, Haut-Zaïre, Kasaï-Occidental, Kasaï-Oriental, Kivu, Shaba.

Article 3.

Kinshasa est la capitale de la République du Zaïre.

Article 4.

L'emblème de la République est le drapeau vert clair, orné au centre d'un cercle jaune dans lequel figure une main droite tenant un flambeau à la flamme rouge.

Article 5.

Sa devise est : Paix, Justice, Travail.

Article 6.

Ses armoiries se composent d'une tête de Léopard encadrée, à gauche, d'une branche de palmier et d'une flèche et, à droite, d'une pointe d'ivoire et d'une lance, le tout reposant sur une pierre.

Article 7.

Son hymne national est : la Zaïroise.

Article 8.

Le peuple zaïrois est organisé au sein du Mouvement Populaire de la Révolution.

Article 9.

Le pouvoir émane du peuple qui l'exerce par le Président du Mouvement Populaire de la Révolution, qui est de droit Président de la République, avec le concours des organes du Mouvement Populaire de la Révolution.

Aucune fraction du peuple ni aucun individu ne peut s'en attribuer l'exercice.

Article 10.

Tout acte de discrimination raciale, ethnique et religieuse, ainsi que toute propagande régionaliste susceptible de porter atteinte à la sécurité intérieure de l'État ou à l'intégrité du territoire de la République sont prohibés.

Article 11.

Le sol et le sous-sol zaïrois ainsi que leurs produits naturels appartiennent à l'État. Les conditions de concession sont fixées par la loi.

Titre II. Des droits fondamentaux et des devoirs du citoyen.

Article 12.

Tous les Zaïrois, hommes et femmes, sont égaux devant la loi et ont droit à une égale protection des lois.

La loi fixe les règles sur la nationalité.

Aucun Zaïrois ne peut, en matière d'éducation et d'accès aux fonctions publiques, faire l'objet d'une mesure discriminatoire, qu'elle résulte d'une loi ou d'un acte de l'exécutif en raison de sa religion, de son appartenance ethnique, de son sexe, de son lieu de naissance ou de sa résidence.

Article 13.

Toute personne a droit à la vie et à l'intégrité physique.

Nul ne peut être soumis à la torture ni à des traitements inhumains ou dégradants.

Nul ne peut être mis à mort si ce n'est dans les cas prévus par la loi et dans les formes qu'elle prescrit.

Article 14.

Toute personne a droit au libre développement de sa personnalité sous réserve du droit d'autrui et de l'ordre public.

Nul ne peut être tenu en esclavage ou en servitude ou dans une condition analogue.

Nul ne peut être astreint à un travail forcé ou obligatoire, sauf dans les cas prévus par la loi.

Tout Zaïrois est astreint au service militaire ; celui-ci peut être remplacé par un service civique dans les conditions fixées par la loi.

Article 15.

La liberté individuelle est garantie.

Nul ne peut être poursuivi, arrêté, ni détenu qu'en vertu de la loi et dans la forme qu'elle prescrit.

Nul ne peut être poursuivi pour une action ou une omission qui ne constituent pas une infraction à la loi au moment où elle a été commise et au moment des poursuites.

Chacun a le droit de se défendre lui-même ou de se faire assister d'un défenseur de son choix.

Nul ne peut être distrait contre son gré du juge que la loi lui assigne.

Article 16.

Toute personne accusée d'une infraction est présumée innocente jusqu'à ce que sa culpabilité ait été établie par un jugement définitif.

Il ne peut être infligé de peine plus forte que celle applicable au moment où l'infraction a été commise.

Article 17.

Tout jugement est motivé. Il est prononcé en audience publique.

Les audiences des cours et tribunaux sont publiques, à moins que cette publicité ne soit dangereuse pour l'ordre public ou les bonnes mœurs ; dans ce cas, le tribunal ordonne le huis clos.

Article 18.

Dans la République, il n'y a pas de religion d'État.

Toute personne a droit à la liberté de pensée, de conscience et de religion.

Toute personne a le droit de manifester sa religion ou ses convictions, seule ou en commun, tant en public qu'en privé, par le culte, l'enseignement, les pratiques, l'accomplissement de rites et l'état de vie religieuse, sous réserve de l'ordre public et des bonnes mœurs.

La loi fixe les conditions de constitution des sectes religieuses.

Article 19.

Tout Zaïrois a droit à la liberté d'expression. Ce droit implique la liberté d'exprimer sa pensée et ses sentiments notamment par la parole, l'écrit et l'image.

Il trouve sa limite dans les prescriptions de la loi et les règlements qui appliquent celle-ci.

Article 20.

La famille, base naturelle de la communauté humaine, est placée sous la protection du Mouvement Populaire de la Révolution. Elle sera organisée de manière à ce que soient assurées son unité et sa stabilité.

Tout Zaïrois a le droit de se marier et de fonder une famille. La loi fixe les règles sur le mariage.

Les soins et l'éducation à donner aux enfants constituent, pour les parents, un droit et un devoir qu'ils exercent sous l'autorité et avec l'aide du Mouvement Populaire de la Révolution.

Article 21.

Il est pourvu à l'éducation de la jeunesse par l'enseignement national.

L'enseignement national comprend les écoles publiques placées sous le contrôle du Mouvement populaire de la révolution et soumises à un statut fixé par la loi.

Tous les Zaïrois ont accès aux établissements d'enseignement sans distinction d'origine, de religion, de race ou d'opinion philosophique.

Article 22.

Les droits de propriété individuelle ou collective, qu'ils aient été acquis en vertu du droit coutumier ou du droit écrit, sont garantis. Il ne peut être porté atteinte à ces droits que pour des motifs d'intérêt général et en vertu d'une loi, sous réserve d'une indemnité équitable à verser au titulaire lésé dans ses droits.

La propriété des entreprises privées qui présentent un intérêt national essentiel peut être transférée, en vertu d'une loi, à la République ou à une personne morale publique moyennant une indemnité équitable à leurs propriétaires.

Article 23.

Aucun Zaïrois ne peut être expulsé du territoire de la République.

Tout Zaïrois a le droit de se fixer librement en un lieu quelconque du territoire de la République et d'y jouir de tous les droits qui lui sont reconnus par la présente Constitution.

Ce droit ne peut être limité qu'en vertu de la loi.

Article 24.

Toute personne a droit à l'inviolabilité de son domicile.

Les autorités publiques ne peuvent porter atteinte à ce droit qu'en vertu de la loi et dans les formes qu'elle prescrit.

Article 25.

Tout Zaïrois a le devoir de contribuer, par le travail, à la construction et à la prospérité de son pays.

Nul ne peut être lésé dans son travail en raison de ses origines ou de ses croyances.

Le droit de grève est reconnu au travailleur qui l'exerce par l'action syndicale conformément aux lois.

Article 26.

Tous les Zaïrois ont le droit de constituer des associations et des sociétés.

Les groupements dont le but et/ou l'activité seraient contraires aux lois et dirigés contre l'ordre public sont prohibés.

Article 27.

Tout Zaïrois a la responsabilité de la bonne marche des activités du Mouvement populaire de la révolution.

À ce titre, il a le devoir, par une vigilance de tous les instants :

1. De soutenir la révolution et d'en défendre les acquis ;
2. De sauvegarder l'unité nationale et l'intégrité du territoire.

Titre III. Du Mouvement populaire de la Révolution, du président du Mouvement populaire de la Révolution et des organes du mouvement populaire de la Révolution.

Section I. Du Mouvement Populaire de la Révolution.

Article 28.

En République du Zaïre, il n'existe qu'une seule institution, le Mouvement Populaire de la Révolution, qu'incarne son Président.

Article 29.

Le Mouvement Populaire de la Révolution est la nation zaïroise organisée politiquement.

Section II. Du président du Mouvement populaire de la Révolution.

Article 30.

Le Président du Mouvement Populaire de la Révolution est de droit Président de la République et détient la plénitude de l'exercice du pouvoir.

Il préside le Bureau politique, le Congrès, le Conseil Législatif, le Conseil Exécutif et le Conseil Judiciaire.

Article 31.

Le Président du Mouvement Populaire de la Révolution est élu pour cinq ans au suffrage universel direct.

Il n'est rééligible qu'une seule fois. Tout citoyen zaïrois de naissance, âgé de 40 ans révolus et qui remplit les conditions d'éligibilité au Conseil Législatif, peut-être élu Président du Mouvement Populaire de la Révolution, Président de la République.

L'élection a lieu à la majorité absolue des suffrages exprimés.

Une loi fixe les conditions des déclarations des candidatures, du déroulement du scrutin, du dépouillement et de la proclamation des résultats.

Article 32.

Avant d'entrer en fonction, le Président du Mouvement Populaire de la Révolution prête le serment suivant, devant la Nation représentée par le Congrès, en présence de la Cour suprême de justice qui en prend acte.

« Moi, X…, élu Président du Mouvement populaire de la révolution et de droit Président de la République du Zaïre, je jure d'observer la Constitution et les lois de la République, de maintenir l'indépendance nationale et l'intégrité du territoire ».

Article 33.

En cas de vacance par décès, démission ou pour quelque cause que ce soit, ou d'empêchement constaté par le bureau politique, les fonctions de Président du Mouvement Populaire de la Révolution sont provisoirement exercées par le commissaire politique le plus âgé.

Lorsqu'il s'agit de démission, celle-ci est reçue par le Bureau politique qui en informe la Nation.

En cas de vacance ou lorsque l'empêchement est déclaré définitif par le Bureau politique, l'élection du nouveau Président du Mouvement Populaire de la Révolution a lieu sur convocation du Bureau politique 30 jours au moins et 60 jours au plus après l'ouverture de la vacance ou après la déclaration du caractère définitif de l'empêchement.

La candidature au poste de Président du Mouvement Populaire de la Révolution est reçue, examinée, approuvée et présentée par le Bureau politique.

Article 34.

Le Président fixe les structures du Mouvement Populaire de la Révolution qui ne sont pas contenues dans la présente Constitution.

Article 35.

Le Président du Mouvement Populaire de la Révolution dirige et contrôle la politique étrangère de la République.

Il accrédite les ambassadeurs et les envoyés extraordinaires auprès des puissances étrangères ; les ambassadeurs et les envoyés extraordinaires des puissances étrangères sont accrédités auprès de lui.

Article 36.

Le Président du Mouvement Populaire de la Révolution communique avec le peuple soit directement, soit par des messages et prononce au moins une fois par an un discours de politique générale.

Article 37.

Le Président du Mouvement Populaire de la Révolution exerce le pouvoir de légiférer avec le concours du Conseil Législatif.

Il promulgue les lois dans les conditions fixées par l'article 62.

Article 38.

Le Président du Mouvement Populaire de la Révolution assure l'exécution des lois et fait les règlements de police et d'organisation interne de l'administration. Il exerce ce pouvoir par voie d'ordonnance.

Article 39.

Le Président du Mouvement Populaire de la Révolution nomme et révoque les commissaires politiques.

Toutefois, hormis les cas de flagrant délit ou de forfaiture notamment constatés par les cours et tribunaux à la suite d'une infraction de droit commun, il ne pourra, au cours de son mandat, procéder au changement de plus du tiers des membres du Bureau politique, dont le nombre est fixé à trente.

Le Président du Mouvement populaire de la révolution nomme et révoque les membres du Conseil Exécutif et détermine leurs attributions respectives.

Il détermine et conduit la politique de la Nation. Il fixe le programme d'action du Conseil Exécutif et veille à son application.

Article 40.

Le Président du Mouvement Populaire de la Révolution nomme et révoque les commissaires de région.

Il nomme et révoque les magistrats du siège et du parquet.

Il est le Chef suprême des forces armées. Il nomme et révoque les officiers des forces armées.

Il nomme et révoque les fonctionnaires de commandement de l'administration.

Il reçoit le serment des membres du Bureau politique et du Conseil Exécutif, des magistrats de la Cour Suprême de Justice, des Commissaires de région et des officiers des forces armées.

Il peut remettre, commuer et réduire les peines.

Il confère les grades dans les ordres nationaux et les décorations de la République.

Il a le droit de battre la monnaie et d'émettre du papier-monnaie.

Article 41.

La déclaration de guerre est proclamée par le Président du Mouvement Populaire de la Révolution qui en informe la Nation par un message, après que le Bureau politique eut été informé préalablement.

Lorsque la guerre est déclarée, le Président du Mouvement Populaire de la Révolution peut proclamer l'état de siège.

Article 42.

Lorsque des circonstances graves menacent d'une manière immédiate l'indépendance de la Nation ou qu'elles provoquent l'interruption du fonctionnement régulier des organes de la République ou encore lorsqu'elles risquent de porter atteinte aux intérêts vitaux de l'État, le Président du Mouvement populaire de la révolution informe le Bureau politique et proclame l'état d'urgence.

Il prend alors les mesures exigées par les circonstances.

Il en informe la Nation par un message.

Section III. Des organes du Mouvement populaire de la Révolution.

Article 43.

Les organes du Mouvement populaire de la révolution sont ;
1. Le Bureau politique ;
2. Le Congrès ;
3. Le Conseil Législatif ;
4. Le Conseil Exécutif ;
5. Le Conseil Judiciaire.

Chapitre I. Du Bureau politique.

Article 44.

Le Bureau politique est l'organe de conception, d'inspiration, d'orientation et de décision du Mouvement politique de la révolution.

Ses membres sont appelés commissaires politiques.

Le Bureau politique est présidé par le Président du Mouvement Populaire de la Révolution.

Il statue par voie de décision d'État. Les décisions d'État obligent, selon le cas, le Conseil Législatif ou le Conseil Exécutif à préparer les textes législatifs ou à élaborer les règlements conformes.

En attendant leur publication au journal officiel, les décisions d'État ont force obligatoire dès leur diffusion par l'agence officielle d'information.

Article 45.

L'organisation et le fonctionnement du Bureau politique sont fixés par son règlement d'ordre intérieur.

Article 46.

Le Bureau politique est le dépositaire et le garant du Mobutisme.

À ce titre, il est compétent pour connaître de tout acte de nature à porter atteinte à la doctrine du Mouvement Populaire de la Révolution, même dans le chef du Président du Mouvement Populaire de la Révolution.

L'acte posé par le Président du Mouvement Populaire de la Révolution dans le cadre des dispositions de l'alinéa précédent est qualifié de déviationnisme.

Dans ce dernier cas, le Bureau politique, saisi par une motion remise au Secrétaire Permanent du Bureau politique par un de ses membres, se réunit de plein droit sous la présidence du Commissaire politique le plus âgé.

Une loi déterminera le cas de déviationnisme.

Le Secrétaire permanent du Bureau politique, saisi par la motion, en informe le Président du Mouvement Populaire de la Révolution, qui fournit ses moyens de défense.

Lorsque le déviationnisme est constaté par le Bureau politique, celui-ci prononce la destitution du Président du Mouvement Populaire de la Révolution.

La vacance ainsi créée entraîne l'application des dispositions prévues à l'article 33.

Article 47.

Les commissaires politiques ne peuvent être poursuivis qu'avec l'autorisation du Président du Mouvement Populaire de la Révolution ou s'ils sont mis en accusation par ce dernier.

Toutefois, ils ne peuvent être inquiétés ni poursuivis en raison des opinions émises conformément à l'article 46.

Chapitre II. Du Congrès.

Article 48.

Le Congrès est composé de membres représentant toutes les forces vives de la Nation ; ces membres sont désignés par le Bureau politique.

Il est présidé par le Président du Mouvement populaire de la Révolution.

Article 49.

Le Président du Mouvement Populaire de la Révolution convoque le Congrès en réunion ordinaire tous les cinq ans.

Il peut également le convoquer en réunion extraordinaire.

Le Congrès adopte des résolutions sur les problèmes figurant à son ordre du jour.

Article 50.

L'organisation, le fonctionnement et le déroulement des travaux du Congrès sont déterminés par son règlement d'ordre intérieur.

Chapitre III. Du Conseil législatif.

Article 51.

Le Conseil législatif est l'organe chargé de l'élaboration des lois dans les conditions fixées par l'article 37, alinéa premier.

Il est constitué d'une Chambre unique. Ses membres sont appelés commissaires du peuple ; leur mandat est national.

L'organisation et le fonctionnement du Conseil législatif sont fixés par son règlement d'ordre intérieur.

Article 52.

Les commissaires du peuple sont élus au suffrage universel direct, à raison d'un commissaire du peuple pour 100 000 habitants ; chaque fraction de la population égale ou supérieure à 50 000 habitants donne droit à un commissaire du peuple de plus.

Toutefois, par dérogation à l'alinéa précédent, la circonscription électorale qui ne totaliserait pas le chiffre de 100 000 habitants a d'office droit à un siège.

Article 53.

La durée de la législature est de cinq ans.

Les pouvoirs du Conseil législatif expirent le 31 mars de la sixième année à partir de son élection.

L'élection du nouveau Conseil législatif a lieu trente jours au moins et soixante jours au plus avant la fin de la législature.

Pour être électeur, il faut être Zaïrois, être âgé de 18 ans au moins et ne pas se trouver dans un des cas d'exclusion prévus par la loi électorale.

Pour être éligible au Conseil législatif, il faut être Zaïrois, être âgé de 25 ans au moins et ne pas se trouver dans un des cas d'exclusion prévus par la loi électorale.

La loi électorale fixe les conditions de présentation des candidats, le régime des incompatibilités, les modalités des opérations électorales et les conditions dans lesquelles sont désignées les personnes appelées, en cas de vacance du siège, à remplacer les membres du Conseil législatif jusqu'au renouvellement du Conseil.

Article 54.

Le Conseil législatif vérifie les pouvoirs de ses membres.

En cas de contestation, le Bureau politique statue conformément à la loi électorale.

Article 55.

Lorsqu'un commissaire du peuple se rend coupable de manquement grave à la discipline du Mouvement Populaire de la Révolution, il perd son mandat au Conseil législatif et y est remplacé par un suppléant.

Article 56.

Le mandat d'un commissaire du peuple prend fin par la mort, la démission, l'incapacité permanente, l'absence non motivée ou non autorisée à plus d'un quart des séances d'une session ou lorsque le commissaire du peuple tombe dans un des cas d'exclusion prévus par la loi électorale.

Article 57.

Le Conseil législatif se réunit sur convocation du Président du Mouvement Populaire de la Révolution.

Le Président du Mouvement Populaire de la Révolution déclare la clôture des sessions sur proposition du Bureau permanent du Conseil législatif.

Article 58.

Sur proposition du Bureau politique, le Conseil Législatif élit son Bureau permanent qui comprend un Président, deux vice-présidents et deux Secrétaires.

Sans préjudice des dispositions prévues à l'article 30, alinéa 2, le Président du Bureau permanent du Conseil législatif exerce ses fonctions par délégation du Président du Mouvement Populaire de la Révolution.

Article 59.

L'initiative des lois appartient concurremment au Président du Mouvement Populaire de la Révolution et à chacun des membres du Conseil Législatif.

Si un projet ou une proposition de loi est déclaré urgent par le Président du Mouvement Populaire de la Révolution, il est examiné par priorité par le Conseil législatif.

Article 60.

Pour les séances du Conseil législatif, la moitié des membres constitue le quorum.

Toutefois, sous réserve des autres dispositions de la présente Constitution, le Conseil législatif ne prend ses décisions qu'autant que la majorité de deux tiers de ses membres se trouve réunie.

Sous réserve des autres dispositions de la présente Constitution, et sauf ce qui sera établi par le règlement d'ordre intérieur du Conseil législatif à propos des élections et présentations, toute résolution, toute décision est prise à la majorité absolue des suffrages.

Article 61.

Les membres du Conseil exécutif ont le droit et, s'ils en sont requis, l'obligation d'assister aux séances du Conseil législatif. Ils doivent être entendus chaque fois qu'ils le demandent.

Ils ont le droit d'amendement au cours de toute la procédure législative.

Article 62.

Les lois sont promulguées par le Président du Mouvement Populaire de la Révolution.

Elles sont revêtues du sceau de l'État et publiées au Journal Officiel de la République.

À moins qu'elles n'en disposent autrement, les lois entrent en vigueur dès leur diffusion par l'agence officielle d'information.

Article 63.

Aucun membre du Conseil législatif ne peut être poursuivi, arrêté, détenu ou jugé en raison des opinions ou votes émis par lui dans l'exercice de ses fonctions.

Les membres du Conseil Législatif ne peuvent être poursuivis qu'avec l'autorisation du Président du Mouvement populaire de la Révolution ou s'ils sont mis en accusation par ce dernier.

Chapitre IV. Du Conseil exécutif.

Article 64.

Le Conseil exécutif est l'organe d'exécution du Mouvement Populaire de la Révolution.

Il est présidé par le Président du Mouvement Populaire de la Révolution.

Ses membres sont appelés commissaires d'État.

Article 65.

Les commissaires d'État sont les chefs de leurs départements. Ils appliquent dans leurs départements le programme fixé et les décisions prises par le Président du Mouvement Populaire de la Révolution.

Ils répondent de leurs actes devant le Président du Mouvement Populaire de la Révolution.

Ils sont réputés démissionnaires chaque fois que les fonctions du Président du Mouvement Populaire de la Révolution prennent fin.

Dans ce cas, le Conseil exécutif expédie les affaires courantes jusqu'à la formation d'un nouveau Conseil exécutif.

Les commissaires d'État ne peuvent être poursuivis qu'après autorisation du Président du Mouvement Populaire de la Révolution ou s'ils sont mis en accusation par ce dernier.

Chapitre V. Du Conseil judiciaire.

1. Dispositions générales.

Article 66.

L'ensemble des cours et tribunaux forme le Conseil judiciaire.

Le Conseil judiciaire comprend la Cour suprême de Justice, le Conseil de Guerre général, les cours d'appel, la Cour de Sûreté de l'État, les tribunaux civils et les Conseils de guerre.

L'organisation, la compétence des cours et tribunaux ainsi que la procédure à suivre sont réglées par la loi.

Article 67.

La mission de dire le droit est dévolue au Conseil Judiciaire. Le magistrat, dans l'exercice de cette mission, est indépendant.

Il ne peut être créé de commission ni de tribunaux extraordinaires sous quelque dénomination que ce soit.

Les arrêts et jugements ainsi que les ordonnances des cours et tribunaux sont exécutés au nom du Président du Mouvement Populaire de la Révolution.

Article 68.

Les cours et tribunaux appliquent la loi et la coutume pour autant que celle-ci soit conforme aux lois et à l'ordre public.

Les cours et tribunaux n'appliquent les actes des autorités administratives que pour autant qu'ils soient conformes aux lois.

Article 69.

Le Président du Mouvement Populaire de la Révolution peut, lorsque l'état de siège ou d'urgence a été proclamé, suspendre sur tout ou partie du territoire de la République et pour la durée qu'il fixe, l'action répressive des juridictions civiles et y substituer celle des juridictions militaires pour les infractions qu'il détermine.

Dans le cas où l'action des juridictions militaires est substituée à celle des juridictions civiles, les droits de défense et de recours en appel ne peuvent être supprimés.

2. De la Cour suprême de Justice

Article 70.

L'organisation, la compétence de la Cour suprême de justice et la procédure à suivre sont réglées par la loi.

Le contrôle de la constitutionnalité des lois relève de la Cour suprême de justice.

La compétence de la Cour s'exerce sur toute l'étendue du territoire de la République.

Les cours et tribunaux inférieurs sont tenus de se conformer aux arrêts de la Cour suprême de justice.

3. Des magistrats et du Conseil supérieur de la Magistrature

Article 71.

Le statut des magistrats est fixé par une loi.

Article 72.

Le Conseil supérieur de la magistrature est la juridiction disciplinaire des magistrats du siège.

La composition, l'organisation et le fonctionnement du Conseil supérieur de la magistrature sont fixés par la loi.

Titre IV. Des entités régionales.

Article 73.

Les entités régionales sont organisées par la loi.

La loi détermine les principes fondamentaux de leurs attributions, de leurs compétences et de leurs ressources.

La capitale de la République ne relève d'aucune région. Une loi fixe son statut.

Titre V. Des finances publiques.

Article 74.

Il ne peut être établi d'impôt qu'en vertu de la loi. La contribution aux charges publiques constitue un devoir pour chaque citoyen.

Il ne peut être d'exemption ou allégement fiscal qu'en vertu de la loi.

Article 75.

Il est institué dans la République une Cour des comptes dont la composition, l'organisation et le fonctionnement sont régis par la loi.

Les conseillers à la Cour sont nommés par le Président du Mouvement Populaire de la Révolution.

La Cour contrôle, dans les conditions fixées par la loi qui l'a organisée, la gestion des finances publiques.

Titre VI. Des traités et accords internationaux.

Article 76.

Le Président du Mouvement Populaire de la Révolution négocie et ratifie les traités et accords internationaux.

Il peut habiliter d'autres organes du Mouvement Populaire de la révolution à négocier en son nom et à conclure un accord international non soumis à ratification. Il est tenu informé du contenu de tout accord international non soumis à ratification.

Nul échange, nulle adjonction de territoire n'est valable sans l'accord des populations intéressées consultées par la voie du référendum.

Si la Cour suprême de justice, consultée par le Président du Mouvement Populaire de la Révolution, déclare qu'un traité ou un accord international comporte une clause contraire à la Constitution, la ratification ne peut intervenir qu'après la révision de la Constitution.

Les traités ou accords internationaux régulièrement ratifiés ou approuvés ont, dès leur publication, une autorité supérieure à celle des lois, sous réserve pour chaque traité ou accord, de son application par l'autre partie.

Article 77.

En vue de promouvoir l'unité africaine, la République peut conclure des traités et accords d'association comportant l'abandon partiel de sa souveraineté.

Titre VII. De la révision de la Constitution.

Article 78.

L'initiative de la révision de la Constitution appartient concurremment au Président du Mouvement Populaire de la Révolution, après avis conforme du Bureau politique et à la moitié des membres du Conseil législatif.

Le projet de révision est adopté par le Conseil législatif à la majorité des deux tiers de ses membres.

Le Président du Mouvement Populaire de la Révolution promulgue, conformément à l'article 62, le texte adopté qui entre en vigueur dans les conditions prévues au même article.

Titre VIII. Dispositions spéciales.

Article unique.

Les dispositions des articles 31, 39, alinéa 2 et 46 de la présente Constitution ne s'appliquent pas au Président Fondateur du Mouvement Populaire de la Révolution.

De même, l'avis conforme dont il est question à l'alinéa premier de l'article 78 n'est pas requis en ce qui concerne le Président Fondateur du Mouvement Populaire de la Révolution.

Titre IX. Dispositions transitoires.

Article I.

Pour autant qu'ils ne soient pas contraires aux dispositions de la présente Constitution, les textes législatifs et réglementaires existant à la date d'entrée en vigueur de la présente Constitution restent maintenus jusqu'au moment de leur abrogation.

Toutefois, les lois et les actes réglementaires provisoires cesseront, sauf s'ils sont prorogés, de produire leurs effets à la date fixée pour leur expiration.

Article II.

Les traités ou accords internationaux conclus avant le 30 juin 1960 ne resteront valables que pour autant qu'ils n'auront pas été modifiés par la législation nationale.

Article III.

La reprise ou la rétrocession de terres intervenues en vertu de l'article 11 ne donne lieu, en cas de non-mise en valeur, à aucune indemnité.

Article IV.

Nonobstant les dispositions prévues aux articles 52, 53 alinéas 1 et 3, et 58 de la présente Constitution, la présente législature expire le 31 mars 1975.

II.2. Loi n° 078-010 du 15 février 1978 portant révision de la constitution

Source : Journal Officiel, numéro 05 du 1er mars 1978, p. 7

EXPOSÉ DES MOTIFS

Le 1er juillet et le 25 novembre 1977, le Président-Fondateur du Mouvement Populaire de la Révolution, Président de la République, présentait respectivement devant les corps constitués, puis devant le IIème Congrès ordinaire du Mouvement Populaire de la Révolution, les grandes lignes de la réforme qui devait être apportée à l'organisation et à l'exercice du pouvoir au sein du Mouvement Populaire de la Révolution ;

Les changements semblaient s'être opérés quelque peu en marge de la Constitution. La seule motivation était celle de l'efficacité.

Il est donc nécessaire de conformer les dispositions de la Charte fondamentale à cette vision nouvelle de l'exercice du pouvoir. Telle est la raison d'être du projet de révision constitutionnelle que le Président-Fondateur du Mouvement Populaire de la Révolution, Président de la République, a soumis à nos débats, après en avoir discuté, le Bureau politique conformément à l'article 78 de la constitution a adopté les amendements proposés dans ce projet :

1. TITRE I

Le titre premier n'appelle aucun amendement substantiel à part les dispositions de l'article 9 relatif à l'exercice du pouvoir. Le souci de libéraliser notre démocratie et de rendre responsables tous les organes de l'Etat a amené, dans le cadre de ce projet, à proposer l'abandon de la plénitude de l'exercice du pouvoir reconnu au Président du Mouvement Populaire de Révolution, Président de la République, par le texte constitutionnel issu de la révision de 1974.

Aussi est-il apparu nécessaire de substituer à la formule selon laquelle le peuple exerce le pouvoir par le Président du Mouvement Populaire de la Révolution avec le concours des organisations du Mouvement Populaire de la Révolution une autre formule stipulant que l'exercice du pouvoir se fait tant par le Président du Mouvement populaire de la Révolution que par des organes de ce Mouvement Populaire, chacun suivant la répartition des compétences et attributions établies au titre III de la Constitution.

Par cette modification s'annonce donc la volonté de revenir désormais au système classique de la séparation de l'exercice du pouvoir au sein du Mouvement Populaire de la Révolution.

Dans cette même perspective de renforcement de la démocratie, il a paru utile de prévoir également la possibilité d'une consultation directe du peuple par la voie du référendum. Il est cependant bien entendu que contrairement à ce qui est le cas dans d'autres pays, cette procédure n'est pas conçue dans la perspective de permettre la solution des conflits éventuels pouvant surgir entre le Président du Mouvement Populaire de la Révolution, Président de la République et l'un des quelconques organes du Mouvement Populaire de la Révolution. Notre seul souci est d'assurer, quand cela est nécessaire, la participation directe du peuple à la prise de décisions importantes.

En effet, la préoccupation du Président-Fondateur du Mouvement Populaire de la Révolution, Président de la République, a été d'éviter par tous les moyens les sources de conflits entre le Président du Mouvement Populaire de la Révolution et les organes de ce mouvement.

2. TITRE II

Concernant le titre II consacré aux droits fondamentaux et aux devoirs des citoyens, l'adhésion de notre pays à la Déclaration universelle des droits de l'homme ne peut permettre aucune révision de son contenu. Bien plus, comparé au texte issu de la révision constitutionnelle de 1974, ce titre a fait l'objet des innovations, notamment le droit de vote, la détermination de l'âge pour le service militaire, la protection par la Constitution des droits reconnus aux étrangers habitant notre Pays ainsi que le droit à l'indemnité préalable et équitable en cas d'expropriation pour cause d'utilité publique.

3. TITRE III

C'est dans ce titre que se sont opérés de profonds changements en ce qui concerne les modalités d'organisation et d'exercice du pouvoir au sein du Mouvement Populaire de la Révolution, changements qui consistent dans le partage effectif du pouvoir entre le Président du Mouvement Populaire de la Révolution, Président de la République, et les organes de ce Mouvement.

Le Président du Mouvement Populaire de la Révolution n'est pas à assimiler à un quelconque organe de ce Mouvement dont il est le moteur, l'animateur principal.

Concernant les dispositions relatives au Président du Mouvement Populaire de la Révolution, les principales innovations portent sur les questions suivantes :

- Nonobstant le partage du pouvoir avec les organes, le Président du Mouvement Populaire de la Révolution conserve l'initiative des lois (article 41) et de la révision constitutionnelle (article 109) concurremment avec le Conseil Législatif.
- En outre, il légifère par voie d'ordonnance-loi, en dehors des sessions du Conseil législatif (article 41), et cela sans une quelconque habilitation.
- Enfin il demeure, conformément à la forme présidentielle de gouvernement, le Chef de l'Exécutif malgré l'institution d'un Premier Commissaire d'Etat.

Le mandat du président du Mouvement Populaire de la Révolution, Président de la République, a été fixé et la limitation du droit au renouvellement du mandat présidentiel a été abandonnée laissant au Bureau politique, au Congrès et au peuple appelés à statuer sur les : candidatures, le soin de déterminer s'il y a lieu de renouveler leur confiance au Président en exercice qui sollicite à nouveau leurs suffrages.

L'examen des candidatures au poste de Président du mouvement Populaire de la Révolution continuera à être fait par le Bureau politique. Toutefois, la candidature retenue et devra au préalable être soumise au Congrès qui, représentant toutes les forces vives de la Nation, aura à la soumettre à son tour au suffrage du peuple.

La formule du serment constitutionnel du Président du Mouvement Populaire de la Révolution, Président de la République, a été élargie afin d'y inclure l'obligation de poursuivre et de sauvegarder en toute circonstance la doctrine et les idéaux du Mouvement Populaire de la révolution, mission dont la violation pourra entraîner la destitution pour déviationnisme, le texte prévoit en outre, le serment du Président du Mouvement Populaire de révolution, Président de la République, sera prêté devant la Nation en présence de la Cour suprême de justice qui prendra acte ; la référence au Congrès a été abandonnée que l'absence de cet organe ne puisse affecter la validité de ce serment, en pratique, le serment sera prêté devant les corps constitués.

La matière de la vacance du poste de Président du Mouvement Populaire de la Révolution, Président de la République, et de l'intérim qui doit être assuré durant cette vacance, a subi également une innovation importante : le texte constitutionnel issu de la révision de 1974 prévoyait l'exercice provisoire des fonctions présidentielles par le plus âgé des Commissaires Politiques sans qu'aucune restriction ne soit apportée à ses pouvoirs. Désormais, il est prévu qu'il ne peut exercer les attributions prévues à l'article 40. Sa mission essentielle consistera à organiser l'élection présidentielle dans les délais prévus par la constitution.

Enfin, compte tenu de l'importance des attributions, attachées aux fonctions de Président du Mouvement Populaire de la Révolution, Président de la République et que ce dernier représente la Nation, il a paru utile de disposer que sa personne soit inviolable. Cette inviolabilité est conforme à notre authenticité qui veut que la personnalité du Chef soit sacrée.

Dans cette même perspective, il est apparu i nt du Mouvement Populaire de la Révolution, Président de la République, Chef suprême du Parti et de la Nation ; peut se rendre coupable dans le sens traditionnel du… ni du crime de haute trahison ni d'aucune infraction aux lois pénales. Il ne peut que « dévier » de la doctrine et aux idéaux de notre Parti. C'est pourquoi, il n'est prévu que des poursuites à son encontre que pour manquement aux dispositions de l'article 62 du texte.

Concernant les organes du Mouvement Populaire de la Révolution, et outre les dispositions dont il a été fait état ci-dessus, plusieurs innovations importantes sont à souligner.

Tout d'abord, il est apparu logique, compte tenu de sa représentativité de prévoir que le Congrès doit être considéré désormais comme l'organe suprême du Mouvement populaire de la Révolution. Et conformément à la pratique suivie depuis dix ans, il sera appelé à statuer sur toutes les questions relatives aux options fondamentales du Mouvement Populaire de la Révolution et à sa doctrine. À ce titre, il sera également désigné comme étant le dépositaire et le garant du Mobutisme. Mais la périodicité de ses réunions — qui ont lieu tous les cinq ans — rend une telle formule impossible. C'est pourquoi cette dernière mission a été confiée au Bureau politique.

Le Bureau politique est réaffirmé comme étant l'organe de conception, d'inspiration, d'orientation et du Mouvement Populaire de la Révolution, chargé spécialement de veiller au respect des options fondamentales du Mouvement Populaire de la Révolution et à l'application des résolutions du Congrès.

C'est à ce titre qu'il est investi au nom de la Nation de veiller sur la doctrine du Mouvement populaire de la Révolution. Certes, en réalité c'est le peuple qui est le véritable dépositaire et garant du Mobutisme et le Bureau politique n'exerce cette mission que par délégation du peuple.

La composition du Bureau politique a été fixée à trente membres dont dix-huit sont élus au suffrage universel et douze désignés par le Président du Mouvement Populaire de la Révolution. Cette composition a été conçue tant pour assurer la représentation directe du peuple au sein de cet organe que pour y inclure également ceux qui par leur compétence, leur expérience et leur militantisme sont jugés dignes d'y siéger valablement.

Mais, pour marquer qu'il n'existe aucune différence entre les membres du Bureau politique, tous feront l'objet d'une nomination par le Président du Mouvement Populaire de la Révolution, Président de la République. Par cette nomination, le Président du Mouvement Populaire de la Révolution, Président de la République, prendra acte de la volonté du peuple et validera les pouvoirs des membres élus, tandis qu'il les investira les uns et les autres de l'exercice des prérogatives qui leur sont reconnues.

L'âge de trente-cinq ans révolus exigé pour être élu membre du Bureau politique ne concerne évidemment que ceux qui sollicitent les suffrages du peuple. Le Président du Mouvement Populaire de la Révolution, Président de la République, demeure libre de désigner les autres membres en se référant uniquement à leur compétence, expérience et militantisme.

Les Commissaires Politiques conformément à l'article 59 sont de droits Commissaires du Peuple,

Le mandat de chaque Commissaire politique est de cinq ans et ne prend fin que pour un des motifs énumérés à l'article 64.

Concernant le Conseil Législatif, les innovations portent sur les points suivants :

- Tout d'abord, ainsi qu'il a été dit, cet organe exercera désormais pleinement sa mission de législateur, mais en plus il lui est reconnu désormais le contrôle des activités du Conseil Exécutif, du Conseil Judiciaire et des services publics de l'Etat, contrôle qui s'exercera par les questions orales ou écrites, l'interpellation ou les commissions d'enquête. Il est normal, en effet, que cet organe qui vote le budget en contrôle également l'utilisation. Mais il importe de souligner l'importante innovation selon laquelle ce contrôle ne s'exerce pas seulement sur le Conseil Exécutif, mais aussi sur le Conseil Judiciaire et les services publics de l'Etat ;
- Quant aux autres innovations concernant cet organe, on remarquera notamment qu'il a paru utile de laisser au domaine de la loi le soin de déterminer le nombre d'habitants pouvant donner droit à un siège au Conseil Législatif, afin de tenir compte des contingences fluctuantes propres à notre Nation ;
- La durée de la législature a été prévue pour cinq ans et le mandat de Commissaire du Peuple ne peut prendre fin que pour un des motifs énumérés à l'article 72. Compte tenu de ce que le Conseil Législatif n'a pas le pouvoir de censurer, l'action du Conseil Exécutif, le Chef de l'Exécutif n'a pas non plus le pouvoir de dissoudre le Conseil Législatif avant la fin normale de la législature.

Le texte constitutionnel consacre également, ainsi qu'il a été dit, que le Conseil Législatif soit placé sous la présidence directe d'un de ses membres. Celui-ci ainsi que ceux qui sont appelés à l'assister au sein du Bureau du Conseil législatif seront librement élus par leurs pairs.

Le Bureau du Conseil Législatif est élu pour la durée de la législature. Toutefois, il peut être renouvelé lorsque les deux tiers des membres du Conseil Législatif le requièrent.

Le domaine de la loi a été précisé afin de marquer clairement les limites du pouvoir législatif et du pouvoir réglementaire. Mais l'énumération des matières qui en est faite étant nécessairement incomplète, il est prévu que ces dispositions pourront être complétées par la loi ou une décision d'Etat.

Concernant le vote du budget, il a paru nécessaire également de prévoir en faveur du Président du Mouvement Populaire de la Révolution, Président de la République, la possibilité de mettre en vigueur les dispositions du projet de loi budgétaire si le Conseil Législatif ne s'est pas prononcé avant l'ouverture de l'exercice. 11 est de même en ce qui concerne les crédits provisoires qui seraient éventuellement sollicités si le projet de loi budgétaire n'a pas été déposé à temps.

Le problème de la publicité des lois a fait l'objet d'un nouvel examen. En vue d'assurer la sécurité juridique, il a paru préférable d'abandonner le système de publication par l'organe officiel d'information et d'en revenir uniquement à la publication par insertion au Journal Officiel.

Quant à la participation des membres du Conseil Exécutif AUX débats du Conseil Législatif, celle-ci a été réaffirmée comme un droit et même une obligation si le Conseil Législatif le demande. Il est évident ici aussi que si les Commissaires d'Etat peuvent proposer des amendements aux propositions de loi, ils ne peuvent par contre que défendre les projets qui tous émanent du Président du Mouvement Populaire de la Révolution, Président de la République, quitte à s'en remettre à sa décision pour tout amendement jugé nécessaire.

Enfin, on a réaffirmé à nouveau l'immunité des membres du Conseil Législatif et on leur a laissé le soin d'autoriser ou de suspendre les poursuites contre un des leurs afin de mieux garantir leur liberté de parole.

Le Conseil Exécutif n'a fait l'objet d'aucune disposition nouvelle fondamentale hormis l'institution d'un Premier Commissaire d'Etat chargé d'assurer la coordination à son action. Conformément au caractère présidentiel de notre régime politique, le Premier Commissaire d'Etat n'assure pas la direction de la politique du Conseil Exécutif. Sa mission est exclusivement de veiller au respect et à l'application, par tous les Commissaires d'Etat, des directions présidentielles. Il doit à ce titre tenir le Président du Mouvement Populaire de la Révolution, Président de la République, pleinement informé de la conduite des affaires de l'État. On remarquera enfin que, comme pour tous les autres organes, la formule du serment des membres du Conseil Exécutif a été prévue dans le texte.

Le Conseil Judiciaire, enfin, a subi une réforme importante du fait de la création à sa tête d'un Président permanent et qui est un magistrat (article 95). Cette structure nouvelle renforce l'unité de commandement et permet d'assurer au mieux le fonctionnement du Conseil Judiciaire.

Pour cela, il est reconnu au Président du Conseil Judiciaire le contrôle des sentences des Cours et tribunaux, la possibilité d'en suspendre l'exécution et de les faire réformer par la CSJ, les parties au procès entendues, d'édicter des directives s'imposant aux juges dans l'exercice de leur ; attributions juridictionnelles auxquelles ils ne peuvent déroger que par motivation spéciale.

4. TITRES IV A VII

Le contenu de ces titres n'appelle aucune observation particulière.

Les réformes concernant les entités territoriales sont en effet du domaine de la loi. La Cour des comptes est prévue, et le texte constitutionnel indique également que le compte général de la République est arrêté par le pouvoir législatif. Les dispositions relatives à la ratification des traités et accords internationaux ont été également revues en fonction du partage de l'exercice du pouvoir.

Il y a lieu de souligner, en ce qui concerne la révision de la Constitution, que toutes les initiatives en ce domaine, qu'elles émanent du Président du Mouvement populaire Révolution, Président de la République, ou des membres du Conseil Législatif, devront désormais être soumis aux avis du Congrès ou du Bureau politique,

5. TITRE VIII

Conformément à la tradition instaurée par le constituant de 1974, il a paru utile de prévoir encore en faveur du Président-Fondateur du Mouvement Populaire de la Réunion, Président de la République, certaines dispositions constitutionnelles particulières. Ces dispositions sont dans les strictes limites de la nécessité de lui permettre d'assurer l'achèvement de la mise en place progressive des institutions en restant constamment à l'écoute des aspirations du peuple.

C'est pourquoi, il est prévu non seulement qu'il ne peut faire l'objet d'une procédure en destitution pour déviationnisme étant donné qu'il est le Fondateur du Mouvement Populaire de la Révolution et de sa doctrine, mais aussi qu'il peut, sans devoir modifier la Constitution, réorganiser le Bureau politique et proposer une révision constitutionnelle sans nécessité de recueillir préalablement l'avis du Congrès ou du Bureau politique, ni de s'y conformer.

LOI

Le Conseil Législatif a adopté ;

Président-Fondateur du Mouvement Populaire de la révolution, Président de la République, promulgue la loi dont la teneur suit :

Article premier : La Constitution du 24 juin 1967 telle que revue à ce jour est modifiée conformément au texte annexé à la présente loi.

Article 2 : La présente loi entre en vigueur à la date de sa promulgation

Fait à Kinshasa, le 15 février 1978

MOBUTU SESE SEKO KUKU NGBENDU WA ZABANGA
Général de Corps d'Armée

ANNEXE CONSTITUTION

PRÉAMBULE

Nous, peuple zaïrois, réuni au sein du Mouvement Populaire de la Révolution ;

Guidé par le Mobutisme ;

Convaincu de nos options fondamentales telles que définies dans le Manifeste de la N'Sele ;

Conscient que seule la politique de recours à l'authenticité nous permet d'affirmer notre personnalité, de réaliser nos objectifs et de contribuer efficacement à la civilisation de l'universel ;

Mu par la volonté de garantir l'unité et l'intégrité territoriale, d'assurer à chacun le bien-être matériel et de créer les conditions propices à l'épanouissement moral et spirituel de tous les Zaïrois ;

Convaincu que seule la mobilisation des masses, sous l'égide du Mouvement Populaire de la Révolution, permet au peuple zaïrois de garantir son indépendance politique, économique, sociale et culturelle ;

Convaincu qu'il n'y a point de grandeur dans la servitude et la dépendance ;

Convaincu que les peuples d'Afrique ne pourraient se libérer totalement de l'emprise étrangère que par la voie de l'unité africaine ;

Proclamant notre adhésion à la Déclaration universelle des droits de l'homme ;

Conscient de nos responsabilités devant Dieu, les ancêtres, l'Afrique et le Monde

DÉCLARONS solennellement adopter la présente Constitution.

DU TERRITOIRE ET DE LA SOUVERAINETÉ DE LA RÉPUBLIQUE

1. — La République du Zaïre est un Etat unitaire, démocratique, social et laïque.

2. — La République du Zaïre comprend la Ville de Kinshasa ei les huit Régions énumérées ci-après ; Bandundu, Bus-Zaïre, Équateur, Haut-Zaïre, Kasaï-Occidental, Kasaï-Oriental, Kivu, Shaba.

Les limites de la Ville de Kinshasa et celles des régions sont fixées par la loi.

3. — Kinshasa est la Capitale de la République du Zaïre.

4. — L'emblème de la République est le drapeau vert clair, orne au centre d'un cercle jaune dans lequel figure une main droite tenant un flambeau et la flamme rouge.

5. — Sa devise est : **PAIX, JUSTICE, TRAVAIL.**

6. — Ses armoiries se composent d'une tête de léopard encadrée, à gauche d'une branche de palmier et d'une flèche et, à droite, d'une pointe d'ivoire et d'une lance, le tout reposant sur une pierre.

7. — Son hymne est : **la ZAÏROISE.**

8. — Le peuple zaïrois est organisé au sein du Mouvement Populaire de la Révolution.

9. — Le pouvoir émane du peuple qui l'exerce par le Président du Mouvement Populaire de la Révolution, qui est de droit Président de la République, et par les organes du Mouvement Populaire de la Révolution ou par voie du référendum.

Aucune fraction du peuple ni aucun individu ne peut s'en attribuer l'exercice.

10. — Le sol et le sous-sol zaïrois appartiennent à l'Etat.

Les conditions de leur concession sont fixées par la loi…

TITRE I

11. — La nationalité zaïroise est une et exclusive. Elle peut être détenue concurremment avec

La loi fixe les conditions de reconnaissance, d'acquisition et de perte de la nationalité zaïroise.

TITRE II. DES DROITS FONDAMENTAUX ET DES DEVOIRS DES CITOYENS

12. — Tous les Zaïrois sont égaux devant la loi et ont… à une égale protection des lois.

Aucun Zaïrois ne peut, en matière d'éducation et d'accès aux fonctions publiques ni en aucune autre matière… objet d'une mesure discriminatoire, qu'elle résulte de loi ou d'un acte de l'Exécutif, en raison de sa religion, ou son appartenance raciale ou ethnique, de son sexe, de soc-lieu de naissance ou de sa résidence.

13. — Toute personne a droit à la vie et à l'intégrité physique.

Nul ne peut être soumis à la torture ni à des traitements inhumains ou dégradants.

Nul ne peut être mis à mort si ce n'est dans les cas prévus par la loi et dans les formes qu'elle prescrit.

14. — Toute personne a droit au libre développement et sa personnalité sous réserve du droit d'autrui et de l'ordre public. Nul ne peut être tenu en esclavage ou en servitude ou dans une condition analogue.

Nul ne peut être astreint à un travail forcé ou obligatoire sauf dans les cas prévus par la loi.

15. — La liberté individuelle est garantie.

Nul ne peut être poursuivi, arrêté, ni détenu qu'en vertu de la loi et dans la forme qu'elle prescrit. Nul ne peut être poursuivi pour une action ou une omission qui ne constituent pas une infraction à la loi au moment où elle a été commise et au moment des poursuites.

Toute personne accusée d'une infraction est présumée innocente jusqu'à ce que sa culpabilité ait été établie par un jugement définitif.

16. — Les cours et tribunaux légalement constitués ont seuls qualité de dire le droit. Il ne peut être créé de commission ni des tribunaux extraordinaires sous quelque dénomination que ce soit. Il ne peut être infligé de peine plus forte que celle applicable au moment où l'infraction a été commise.

Tout jugement est motivé. Il est prononcé en audience publique.

Les audiences des Cours et tribunaux sont publiques à moins que cette publicité ne soit dangereuse pour l'ordre public ou les bonnes mœurs ; en ce cas, les cours et tribunaux ordonnent le huis clos.

Chacun a le droit de se défendre lui-même ou de se faire assister d'un défenseur de son choix.

Nul ne peut être distrait contre son gré du juge que la loi lui assigne.

17. — Dans la République, il n'y a pas de religion d'Etat.

Toute personne a le droit à la liberté de pensée, de conscience et de religion.

Toute personne a le droit de manifester sa religion ou ses convictions, seule ou en commun, tant en public qu'en privé, par le culte, l'enseignement, les pratiques, l'accomplissement des rites et l'état de vie religieuse, sous réserve de l'ordre public et des bonnes mœurs.

La loi fixe les conditions de constitution des sectes religieuses.

18. — Tout Zaïrois a droit à la liberté d'expression.

Ce droit implique la liberté d'exprimer ses opinions et ses sentiments, notamment par la parole, l'écrit et l'image, sous réserve du respect de l'ordre public et des bonnes mœurs.

19. — La famille, base naturelle de la communauté humaine, est placée sous la protection du Mouvement Populaire de la Révolution. Elle sera organisée de manière à ce que soient assurées son unité et sa stabilité.

Tout Zaïrois a le droit de se marier et de fonder une famille. La loi fixe les règles sur le mariage.

Les soins et l'éducation à donner aux enfants constituent, pour les parents, un droit et un devoir qu'ils exercent sous l'autorité et avec l'aide du Mouvement Populaire de la Révolution.

20. — Il est pourvu à l'éducation de la jeunesse par l'enseignement national. L'enseignement national comprend les écoles publiques ainsi que les écoles privées agrées et contrôlées par le Mouvement Populaire de la Révolution. La loi fixe les conditions de création et de fonctionnement des établissements d'enseignement.

21. — Les droits de propriété individuelle ou collective sont garantis. Il ne peut être porté atteinte à ces droits qu'en vertu d'une loi et pour des motifs d'intérêt général, sous réserve d'une préalable et équitable indemnité à verser au titulaire lésé dans ses droits.

22. — Tout Zaïrois a droit à l'inviolabilité de son domicile.

Les autorités publiques ne peuvent porter atteinte que dans les cas définis par la loi et dans la forme qu'elle prescrit.

23. — Toute personne a droit au secret de sa correspondance et de toute forme de communication.

Il ne peut être porté atteinte à ce droit que dans les cas définis par la loi.

24. — L'exercice de l'art ; du commerce et de l'industrie ainsi que la libre circulation des biens sont garantis à tous les Zaïrois sur toute l'étendue du territoire de la République, dans les conditions fixées par la loi ;

25. — Aucun Zaïrois ne peut être expulsé du territoire de la république.

Tout Zaïrois a le droit de fixer librement son domicile ou sa résidence en un lieu quelconque du territoire de la République et d'y jouir de tous les droits qui lui sont reconnus par la présente constitution et par les lois.

Ce droit ne peut être limité qu'en vertu de la loi et dans les cas qu'elle détermine.

26. — Tous les Zaïrois ont le droit de constituer des associations et des sociétés.

Les groupements dont le but ou l'activité sont contraires aux lois ou dirigés contre l'ordre public sont prohibés.

27. — Tout Zaïrois a le droit et le devoir de contribuer, par son travail, à la construction et à la prospérité de la Nation.

Nul ne peut être lésé dans son travail en raison de ses origines, de son sexe ou de ses croyances.

Le droit de grève est reconnu au travailleur qui l'exerce dans le cadre de l'action syndicale et conformément aux lois,

28. — Tout Zaïrois a la responsabilité de la bonne marche des activités du Mouvement Populaire de la Révolution,

À ce titre, il a le devoir, par une vigilance de tous les instants, de soutenir la révolution, d'en défendre les acquis et de sauvegarder l'unité nationale et l'intégrité du territoire.

29. — Tout Zaïrois est électeur à l'âge de dix-huit ans révolus.

Une loi fixe les conditions pour être électeur.

30. — Tout Zaïrois, âgé de dix-huit ans révolus, est astreint au service militaire ; celui-ci peut être remplacé par un service civique dans les conditions fixées par la loi,

31. — Tout étranger, qui se trouve sur le territoire de la République, jouit de la protection accordée aux personnes et aux biens en vertu de la présente Constitution, sauf les exceptions établies par la loi.

Il ne peut jouir des droits réservés aux Zaïrois par la présente Constitution que dans les cas définis et dans les conditions déterminées par la loi.

TITRE III. DE L'ORGANISATION ET DE L'EXERCICE DU POUVOIR

CHAPITRE I. DU MOUVEMENT POPULAIRE DE LA Révolution

32. — En République du Zaïre, il n'existe qu'une seule institution, le Mouvement Populaire de la Révolution.

33. — Le Mouvement Populaire de la Révolution est la Nation zaïroise organisée politiquement.

Sa doctrine est le Mobutisme.

Tout Zaïrois est membre du Mouvement Populaire de la Révolution.

CHAPITRE II. DU PRÉSIDENT DU MOUVEMENT POPULAIRE DE LA RÉVOLUTION, PRÉSIDENT DE LA RÉPUBLIQUE

34. — Le Président du Mouvement Populaire de la révolution est de droit Président de la République.

Il représente la Nation.

Il est le garant de l'indépendance nationale et de l'intégrité du territoire.

Il veille au bon fonctionnement de tous les organes du Mouvement Populaire de la Révolution. , II est le Chef de l'Exécutif. Il détermine et conduit la politique de l'Etat, fixe le programme d'action du Conseil Exécutif et veille à son application.

Il préside le Congrès, le Bureau politique et exécutif.

35. — Le Président du Mouvement Populaire de la Résolution, Président de la République, est élu pour sept r au suffrage universel, direct et secret.

Tout citoyen zaïrois de naissance, âgé de quarante ans révolus, peut être élu Président du Mouvement Populaire de la Révolution, Président de la République.

36. — Les candidatures au poste de Président du Mouvement Populaire de la Révolution, Président de la République, sont reçues et examinées par le Bureau politique.

Bureau politique retient une candidature et la présente Congrès qui la propose au suffrage du peuple. L'élection a lieu à la majorité des suffrages exprimés.

La loi fixe les conditions d'éligibilité, de déclaration des candidatures, du déroulement du scrutin, du dépouillement et de la proclamation des résultats,

37. — Avant d'entrer en fonction, le Président du Mouvement Populaire de la Révolution, Président de la République. Prête devant la Nation en présence de la Cour suprême de justice qui en prend acte, le serment suivant ;

« Moi X…, élu Président du Mouvement Populaire de la "Dévolution et de droit Président de la République, je jure observer la Constitution et les lois de la République du Zaïre, de maintenir l'indépendance de la Nation et l'intégrité du territoire, de poursuivre et de sauvegarder en toutes circonstances la doctrine et les idéaux du Mouvement [5] — glaire de la Révolution ».

38. — Les fonctions du Président du Mouvement Populaire de la Révolution, Président de la République, prennent fin par décès, démission, destitution ou empêchement définitif.

Bureau politique constate le décès et l'empêchement définitif ; il prend acte de la démission ; il prononce la destitution conformément à l'article 62 de la présente Constitution.

Dans tous les cas énumérés à l'article 1er, le Bureau politique informe la Nation par un message.

Lorsque la vacance est constatée par le Bureau politique, les fonctions de Président du Mouvement Populaire de la révolution, Président de la République, sont provisoirement exercées par le plus âgé des Commissaires. Toutefois, les dispositions de l'article 40 de la présente Constitution ne lui sont pas applicables.

L'élection du nouveau Président du Mouvement Populaire de la Révolution, Président de la République, a lieu trente jours au moins et soixante jours au plus après l'ouverture de la vacance.

39. — Le Président du Mouvement Populaire de la Révolution, Président de la République, fixe les structures du Mouvement Populaire de la Révolution qui ne sont pas déterminées par la présente Constitution.

40. — Le Président du Mouvement Populaire de la Révolution, Président de la République, nomme et révoque les membres du Bureau politique dans les conditions déterminées par la présente Constitution.

Il nomme et révoque le Premier Commissaire d'Etat, les Commissaires d'Etat, les Officiers de Forces armées, les Ambassadeurs et Envoyés extraordinaires auprès des Puissances étrangères, les Commissaires de Région ainsi que les fonctionnaires de commandement de l'Administration publique et les responsables des organismes parastataux.

Il nomme et révoque le Président du Conseil Judiciaire, les Magistrats du Siège et du parquet.

Il nomme et révoque les membres de la. Cour des comptes.

Il reçoit le serment des membres du Bureau politique et du Conseil Exécutif, du Président du Conseil Judiciaire, des Magistrats de la Cour suprême de justice et du Parquet près cette Cour, des membres de la Cour des comptes, des Directeurs généraux de l'Administration publique, des Commissaires de Région et des Officiers des Forces armées.

Il est le Chef suprême des Forces armées.

41. — Le Président du Mouvement Populaire de la Révolution, Président de la République, a l'initiative des lois.

Il peut, lorsque le Conseil Législatif n'est pas en session et en cas d'urgence, prendre par ordonnance-loi des dispositions qui sont normalement du domaine de la loi.

Il assure la promulgation des lois dans les conditions déterminées par l'article 83 de la présente Constitution.

42. — Le Président du Mouvement Populaire de la Révolution, Président de la République, assure l'exécution des lois et fait les règlements de police et d'Administration publique. Il exerce ce pouvoir par voie d'ordonnance.

43. — Le Président du Mouvement Populaire de la Révolution, Président de la République, est le garant de l'indépendance du Conseil Judiciaire.

Il peut remettre, commuer ou réduire les peines.

44. — Le Président du Mouvement Populaire de la Révolution, Président de la République, dirige et contrôle la politique étrangère de la République.

Il accrédite les ambassadeurs et envoyés extraordinaires auprès des puissances étrangères.

Il reçoit les lettres de créance des ambassadeurs et envoyés extraordinaires des puissances étrangères auprès de la République du Zaïre.

45. — Le Président du Mouvement Populaire de la Révolution, Président de la République, confère les grades dans les ordres nationaux et les décorations nationales conformément à la loi.

46. — Le Président du Mouvement Populaire de la Révolution, Président de la République, a le droit de battre la monnaie et d'émettre du papier-monnaie en exécution de la loi.

47. — Le Président du Mouvement Populaire de la Révolution, Président de la République, déclare la guerre, après avis du Bureau politique.

Il en informe la Nation par un message.

Lorsque la guerre est déclarée, le Président du Mouvement Populaire de la Révolution, Président de la République, peut proclamer l'état de siège.

48. — Lorsque des circonstances graves menacent d'une manière immédiate l'indépendance ou l'intégrité de la Nation, ou qu'elles provoquent l'interruption du fonctionnement régulier des organes du Mouvement Populaire de la Révolution, ou encore lorsqu'elles risquent de porter atteinte aux intérêts vitaux de l'Etat, le Président du Mouvement Populaire de la Révolution, Président de la République, peut proclamer l'état d'urgence, après avis du Bureau politique.

Il en informe la Nation par un message.

49. — Lorsque l'état de siège ou d'urgence a été proclamer le Président du Mouvement Populaire de la Révolution le Président de la République, est habilité à prendre toupies mesures exigées par les circonstances.

Il peut notamment porter des restrictions à l'exercice des libertés individuelles et à la jouissance de certains droits fondamentaux dans les conditions déterminées par la présente Constitution et par les lois.

Il peut de même suspendre sur tout ou partie du territoire national et pour la durée et les infractions qu'il détermine l'action répressive des juridictions ordinaires et y substituer celle des juridictions militaires. Toutefois, il ne peut porter atteinte aux droits de défense et de recours en appel.

50. — Le Président du Mouvement Populaire de la Révolution, Président de la République, communique avec le Conseil Législatif et avec le peuple, soit directement par des messages qu'il fait lire et qui ne donnent lieu à aucun débat. Il prononce au moins une fois par an un discours de politique générale.

51. — La personne du Président du Mouvement Populaire de la Révolution, Président de la République, est inviolable.

Le Président du Mouvement Populaire de la Révolution, Président de la République, ne peut être poursuivi que pour déviationnisme, conformément aux dispositions de l'article 62 de la présente Constitution.

CHAPITRE III : DES ORGANES DU MOUVEMENT POPULAIRE DE LA RÉVOLUTION

52. — Les organes du Mouvement Populaire de la Révolution sont :

1. Le Congrès ;

2. Le Bureau politique ;

3. Le Conseil Législatif ;

4. Le Conseil Exécutif ;

5. Le Conseil Judiciaire.

Section I — Du Congrès

53. — Le Congrès est l'organe suprême du Mouvement populaire de la Révolution.

Il statue sur toutes les questions relatives aux options fondamentales du Mouvement Populaire de la Révolution et de sa doctrine.

54. — Le Congrès est composé de membres représentant toutes les forces vives de la Nation. Leur mode de désignation est fixé par le Bureau politique.

55. — Le Congrès se réunit en session ordinaire et en session extraordinaire sur convocation du Président du Mouvement Populaire de la Révolution, Président de la République.

La session ordinaire a lieu tous les cinq ans ; la session extraordinaire chaque fois qu'une question d'intérêt national l'exige.

56. — A chaque session ordinaire du Congrès, le Président du Mouvement Populaire de la Révolution, Président de la République, présente un rapport sur la situation générale des affaires de l'Etat.

57. — L'organisation, le fonctionnement et le déroulement des travaux du Congrès sont déterminés par son règlement intérieur.

Section II — Du Bureau politique

58. — Le Bureau politique est l'organe de conception... inspiration, d'orientation et de décision du Mouvement populaire de la révolution.

Il veille au respect des options fondamentales du Mouvement Populaire de la Révolution et à l'application des résolutions prises par le Congrès.

L'organisation, le fonctionnement et le déroulement des travaux du Bureau politique sont fixés par son règlement intérieur.

59. — Le Bureau politique compte trente membres Commissaires Politiques.

Il se compose de dix-huit membres élus au suffrage universel direct et secret à raison de deux sièges par région, y compris la Ville de Kinshasa ainsi que douze membres désignés par le Président du Mouvement Populaire de la Révolution, Président de la République.

Les Commissaires Politiques sont nommés par le Président du Mouvement Populaire de la Révolution, Président de la République.

En cette qualité, ils sont de droits Commissaires du Peuple.

Hormis le Président du Conseil Législatif, les dispositions de l'article 80 de la présente Constitution ne leur sont pas applicables.

60. — Tout citoyen zaïrois de naissance, âgé de trente-cinq ans révolus, peut être élu membre du Bureau politique.

Les conditions de présentation des candidatures, le régime des incompatibilités et les modalités des opérations sont fixés par une loi.

61. — Avant d'entrer en fonction, le Commissaire politique prête devant, le Président du Mouvement Populaire de la Révolution, Président de la République qui lui en donne acte, le serment suivant : « Je jure fidélité au Président du Mouvement Populaire de la Révolution, Président de la République, obéissance à la Constitution et aux lois de la République du Zaïre et je prends l'engagement solennel d'être dépositaire et garant du Mobutisme, fondement de notre révolution ».

62. — Le Bureau politique est le dépositaire et le garant du Mobutisme.

À ce titre, il est compétent pour connaître de tout acte de nature à porter atteinte à la doctrine du Mouvement Populaire de la Révolution, même dans le chef du Président du Mouvement Populaire de la Révolution, Président de la République.

L'acte posé par le Président du Mouvement Populaire de la Révolution, Président de la République, dans le cadre des dispositions de l'alinéa précédent, est qualifié de déviationnisme.

Dans ce dernier cas, le Bureau politique, saisi par une motion remise par un de ses membres au Commissaire politique le plus âgé, se réunit de plein droit sous la présidence de ce dernier.

Le Commissaire politique le plus âgé notifie cette motion au Président du Mouvement Populaire de la Révolution, Président de la République, qui fournit ses moyens de défense.

Lorsque le déviationnisme est établi, le Bureau politique prononce la destitution du Président du Mouvement Populaire de la Révolution, Président de la République.

La vacance ainsi créée entraîne l'application des dispositions prévues à l'article 38.

Une loi déterminera les cas de déviationnisme et la procédure à suivre en ce qui concerne les cadres autres que le Président du Mouvement Populaire de la Révolution, Président de la République.

63. — Le Bureau politique statue par décision d'Etat,

Les décisions d'Etat obligent, selon le cas, le Conseil Législatif ou le Conseil Exécutif à élaborer les textes législatifs ou réglementaires.

64. — Le mandat d'un Commissaire politique est de cinq ans. Il prend fin par le décès, la démission, l'incapacité permanente constatée par le Bureau politique ; la déchéance du mandat prononcée par le Président du Mouvement Populaire de la Révolution, Président de la République, si le Commissaire politique s'est rendu coupable de haute trahison, de déviationnisme ou de manquement grave à la discipline du Mouvement Populaire de la Révolution ou lorsqu'il tombe dans un des cas d'exclusion prévus par la loi électorale.

65. — Le Commissaire politique ne peut être poursuivi qu'avec l'autorisation du Président du Mouvement Populaire de la Révolution, Président de la République, ou s'il est mis en accusation par ce dernier.

Section III — Du Conseil Législatif

66. — Le Conseil Législatif est l'organe du Mouvement Populaire de la Révolution chargé d'élaborer les lois. Il est composé d'une Chambre unique,

ses membres sont appelés Commissaires du Peuple. Le mandat du Commissaire du Peuple est national.

67. — Les Commissaires du peuple sont élus au suffrage universel direct et secret dans les circonscriptions électorales déterminées par la loi.

68. — Pour être éligible au Conseil Législatif, il faut être Zaïrois et âgé de vingt-cinq ans au moins.

69. — Les conditions de présentation des candidatures du régime des incompatibilités, les modalités des opérations électorales sont fixées par une loi.

70. — Le Conseil Législatif vérifie et valide les pouvoirs de ses membres.

71. — La durée de la législature est de cinq ans.

L'élection du nouveau Conseil Législatif a lieu trente jours au moins et soixante jours au plus avant la fin de la législature.

72. — Le mandat du Commissaire du Peuple prend fin par la déchéance prononcée par la déchéance prononcée par le Bureau politique en cas de manquement grave à la discipline du Mouvement populaire de la Révolution, par le décès, la démission, l'incapacité permanente, l'absence injustifiée à plus d'un quart des séances d'une session, ou lorsque le Commissaire du Peuple tombe dans l'un des cas d'exclusion prévus par la loi électorale.

73. — Le Conseil Législatif se réunit de plein droit en session ordinaire deux fois par an.

La première session s'ouvre le premier lundi d'avril deuxième, le premier lundi d'octobre.

Les sessions prennent fin respectivement le premier lundi de juillet et le premier lundi de janvier, si l'ordre du jour n'a pu être épuisé plus tôt.

74. — Le Conseil Législatif se réunit de plein droit en session extraordinaire le lendemain du jour où expire, les pouvoirs du Conseil Législatif précédent, en vue d'élire les membres de son bureau.

Le Bureau du Conseil Législatif est élu pour la durée de la législature. Toutefois, il peut être renouvelé à la demande d'un tiers des membres qui composent le Conseil Législatif.

Il comprend : un Président, deux Vice-présidents et deux secrétaires

75. — Le Conseil Législatif peut être convoqué en session extraordinaire par le Président du Mouvement Populaire de la Révolution, Président de la République. L'acte de convocation fixe l'ordre du jour de la session.

76. — Pour les séances du Conseil Législatif, la moitié des membres constitue te quorum. Toutefois, le Conseil Législatif ne prend ses décisions qu'à la majorité absolue des suffrages et pour autant que les deux tiers de ses membres se trouvent réunis.

77. — Le Président du Mouvement Populaire de la Révolution, Président de la République, déclare la clôture des sessions ordinaires sur proposition du Bureau du Conseiller Législatif et celle des sessions extraordinaires dès que le Conseil Législatif a épuisé son ordre du jour.

78. — L'organisation et le fonctionnement du Conseil Législatif sont fixés par son règlement intérieur.

79. — Le Conseil Législatif élabore les lois en se conformant aux idéaux et à la doctrine du Mouvement Populaire de la Révolution.

80. — L'initiative des lois appartient concurremment au Président du Mouvement Populaire de la Révolution, Président de la République, et à chacun des membres du Conseil Législatif.

Si un projet ou une proposition de loi est déclaré urgent par le Président du Mouvement Populaire de la Révolution, Président de la République, II est examiné par priorité par le Conseil Législatif.

81. — La loi fixe les règles concernant : les droits civiques, les obligations civiques et militaires ; la nationalité, Tétât et la capacité des personnes, les régimes matrimoniaux, les successions et les libéralités ; la détermination des infractions qui entraînent des peines privatives de liberté d'une durée supérieure à six mois, la création de liberté d'une durée supérieure à six mois, la création de nouveaux ordres de juridiction, et le statut des magistrats ;

- l'assiette, le taux et les modalités de recouvrement des impositions de toutes natures, le régime d'émission de la monnaie ;
- le régime des élections prévues par la présente Constitution ;
- la création de catégories d'établissements publics.

La loi fixe également les principes fondamentaux :

- de l'organisation générale de la défense nationale ;
- de l'administration des entités régionales, de leurs compétences et de leurs ressources ;
- de renseignement ;
- du régime de la propriété, des droits et des obligations civiles et commerciales ;
- du droit du travail, du droit syndical et de la Sécurité sociale ;

– des garanties fondamentales accordées aux fonctionnaires civils et militaires de l'Etat ;
– de l'aliénation du domaine privé et de la gestion du domaine public de l'Etat ;
– de la mutualité et de l'épargne ;
– de l'organisation de la production ;
– du régime des transports et des télécommunications.
– Les lois des finances déterminent les ressources et les charges de l'Etat.

La loi détermine les objectifs de l'action économique et sociale de l'Etat. Le plan est approuvé par la loi.

Sans préjudice des autres dispositions de la présente Constitution, les matières, autres que celles qui sont du domaine de la loi, ont un caractère réglementaire. Les textes législatifs intervenus dans ces matières peuvent être modifiés par ordonnance.

Les dispositions du présent article pourront être précisées et complétées par la loi ou par une décision d'Etat.

82. — Dans sa session d'octobre, le Conseil Législatif vote le projet de loi budgétaire.

Tout amendement au projet de budget entraînant un accroissement des dépenses doit en prévoir les voies et moyens nécessaires.

Tout amendement entraînant une diminution des recettes qui aura pour effet de rompre l'équilibre du budget doit prévoir une diminution de dépenses correspondantes ou des recettes nouvelles.

Si le Conseil Législatif ne s'est pas prononcé sur le projet présenté par le Conseil Exécutif avant l'ouverture du nouvel exercice, les dispositions de ce projet peuvent être mises en vigueur par le Président du Mouvement Populaire de la Révolution, Président de la République.

Si le projet de loi budgétaire d'un exercice n'a pas été déposé en temps utile pour être promulgué avant le début de cet exercice, le Président du Mouvement Populaire de la Révolution, Président de la République, demande au Conseil Législatif l'ouverture des crédits provisoires, les dispositions du projet prévoyant ces crédits sont mises en vigueur par le Président du Mouvement Populaire de la Révolution, Président de la République.

83. — Les lois sont promulguées par le Président du Mouvement Populaire de la Révolution, Président de la République. Elles sont revêtues du sceau de l'Etat et publiées au Journal Officiel.

84. — Le Conseil Législatif dispose du pouvoir de contrôle sur le Conseil Exécutif, le Conseil Judiciaire et les services publics de l'Etat.

Il exerce ce contrôle soit par la question orale ou écrite, soit par l'interpellation, soit par les commissions d'enquête instituées en son sein.

Les conditions d'organisation et de déroulement du contrôle du Conseil Législatif sont déterminées par la loi.

85. — Les membres du Conseil exécutif ont le droit et, s'ils en sont requis, l'obligation d'assister aux séances du Conseil Législatif, d'y prendre la parole et de donner aux Commissaires du Peuple tous les éclaircissements qu'ils jugent utiles.

Ils ont le droit de proposer des amendements aux propositions de loi en discussion, mais ne participent pas au vote.

86. — Aucun membre du Conseil Législatif ne peut être poursuivi, arrêté, détenu ou jugé en raison des opinions ou votes émis par lui dans l'exercice de ses fonctions.

Aucun membre du Conseil Législatif ne peut, pendant la durée d'une session, être poursuivi ou arrêté en matière répressive, sans l'autorisation du Conseil Législatif, sauf le cas de flagrant délit.

La détention d'un membre du Conseil Législatif ou les poursuites contre un membre du Conseil Législatif sont suspendues si le Conseil Législatif le requiert, mais cette suspension ne peut dépasser la durée de la session en cours.

En dehors des sessions, aucun membre du Conseil Législatif ne peut être arrêté sans l'autorisation du Bureau du Conseil Législatif, sauf le cas de flagrant délit, d'atteinte à la sûreté de l'Etat, contre la vie ou l'intégrité corporelle de corruption, ou encore s'il s'agit de poursuites autorisées ou de l'exécution d'une condamnation.

Section IV — Du Conseil Exécutif

87. — Le Conseil Exécutif est l'organe d'exécution du Mouvement Populaire de la Révolution.

Il est présidé par le Président du Mouvement Populaire : la Révolution, Président de la République,

88. — Le Conseil Exécutif est composé d'un Premier Commissaire d'Etat et de Commissaires d'Etat.

Le Premier Commissaire d'Etat est nommé par le Président du Mouvement Populaire de la Révolution, Président de la République.

Les Commissaires d'Etat sont nommés par le Président du Mouvement Populaire de la Révolution, Président de la République, sur proposition du Premier Commissaire d'Etat.

Leur nombre et leurs attributions sont fixés par le Président du Mouvement Populaire de la Révolution, Président de la République.

89. — Avant d'entrer en fonction, le Premier commissaire d'Etat et les Commissaires d'Etat prêtent, devant le Président du Mouvement Populaire de la Révolution président de la République, qui leur en donne acte, le serment suivant :

« Je jure fidélité au Président du Mouvement Populaire de la Révolution, Président de la République ; Obéissance à la Constitution et aux Lois de la République du Zaïre et de remplir loyalement et fidèlement les fonctions qui me sont confiées ».

90. — Le Premier Commissaire d'Etat coordonne l'action du Conseil Exécutif dans le cadre du programme tracé et des directives données par le Président du Mouvement Populaire de la Révolution, Président de la République.

Il tient le Président du Mouvement Populaire de la Révolution, Président de la République, pleinement informé de la conduite des affaires de l'État.

91. — Les Commissaires d'Etat sont les chefs de leurs départements.

Ils appliquent, dans leurs départements, le programme fixé et les décisions prises par le Président du Mouvement Populaire de la Révolution, Président de la République.

92 — Le Premier Commissaire d'Etat et les Commissaires d'Etat statuent par voie d'arrêtés.

Sans préjudice du pouvoir de contrôle reconnu au Conseil législatif par l'article 84, le Premier Commissaire d'Etat et les Commissaires d'Etat répondent de leurs actes devant le Président du Mouvement Populaire de la Révolution, Président de la République.

Ils sont réputés démissionnaires chaque fois que les foncions du Président du Mouvement Populaire de la Révolution, Président de la République prennent fin ou en cas de vacance créée par la démission, l'empêchement définitif ou la révocation du Premier Commissaire d'Etat.

Dans ce cas, le Conseil Exécutif expédie les affaires courantes jusqu'à la formation d'un nouveau Conseil.

93. — Le Premier Commissaire d'Etat et les Commissaires d'Etat ne peuvent être poursuivis qu'après l'autorisation du Président du Mouvement Populaire de la Révolution, Président de la République, ou s'ils sont mis en accusation par ce dernier.

Section — Du Conseil Judiciaire

94. — L'ensemble des cours et tribunaux ainsi que le Ministère public forment le Conseil Judiciaire.

Le Conseil Judiciaire comprend : la Cour suprême de jus — : e, le Conseil de Guerre général, les cours d'appel, la Cour de Sûreté de l'Etat, les tribunaux et le Conseil de Guerre ainsi que le Ministère public institué près ces juridictions.

L'organisation, la compétence des cours et tribunaux ainsi que la procédure à suivre sont fixées par la loi.

95. — Le Conseil Judiciaire est présidé par un haut magistrat qui porte le titre de Président du Conseil Judiciaire. Il est nommé par le Président du Mouvement Populaire de la Révolution, Président de la République.

96. — Avant d'entrer en fonction, le Président du Conseil Judiciaire prête devant le Président du Mouvement Populaire de la Révolution, Président de la République, qui lui en donne acte, le serment suivant :

« Je jure fidélité au Président du Mouvement Populaire de la Révolution, Président de la République, obéissance à la Constitution et aux lois de la République du Zaïre ».

97. — Le Président du Conseil Judiciaire participe aux délibérations du Conseil Exécutif.

98. — Le Président du Conseil Judiciaire exerce le contrôle général de l'activité de la politique des sentences des Cours et tribunaux.

Il peut, nonobstant l'expiration des délais de recours, les parties au procès entendues, suspendre l'exécution et requérir de la Cour Suprême de Justice la modification en fait comme en droit de toute décision judiciaire qui lui paraît non conforme à l'administration d'une bonne justice et peut, en vue d'assurer l'unité de la jurisprudence, émettre des directives ayant le caractère de règlement d'ordre général.

Les cours et tribunaux ne peuvent aller à l'encontre de ces directives qu'en vertu d'une décision spécialement motivée. Les modalités d'exercice de ces prérogatives sont fixées par la loi.

99. — La mission de dire le droit est dévolue au Conseil Judiciaire.

Le magistrat, dans l'exercice de cette mission, est indépendant.

Les arrêts et jugements ainsi que les ordonnances des cours et tribunaux sont exécutés au nom du Président du Mouvement Populaire de la Révolution, Président de la République.

100. — Les cours et tribunaux appliquent la loi et la coutume pour autant que celle-ci soit conforme aux lois et à l'ordre public. Les cours et tribunaux n'appliquent les actes des autorités administratives que pour autant qu'ils soient conformes aux lois.

101. — Sans préjudice des autres compétences qui lui sont reconnues par la présente Constitution, ou par les lois, la Cour suprême de justice connaît des recours en appréciation de la constitutionnalité des lois et des actes ayant force de loi ainsi que des recours en interprétation de la présente Constitution, des pourvois en cassation formés contre les décisions rendues en dernier ressort par les cours et tribunaux, des recours en annulation des actes et décisions des autorités centrales de la République ainsi que des contestations électorales.

Elle juge en premier et dernier ressort les Commissaires Politiques, les Commissaires du Peuple, les Commissaires d'Etat et les magistrats de la Cour suprême de justice et du Parquet général de la République.

Elle donne des avis consultatifs sur les projets ou proposition à de lois ou d'actes réglementaires.

En cas de renvoi après cassation, les Cours et Tribunaux inférieurs sont tenus de se conformer à l'arrêt de la Cour suprême de justice sur le point de droit jugé par cette dernière.

102. — Le statut des magistrats est fixé par une loi.

TITRE IV DES ENTITÉS TERRITORIALES

103. — Les Régions ainsi que les autres entités territoriales de la République sont organisées par la loi.

La loi détermine les principes fondamentaux de leurs attributions, de leurs compétences et de leurs ressources. La capitale de la République du Zaïre ne relève d'une Région.

Une loi fixe son statut.

TITRE V.

DES FINANCES PUBLIQUES

104. — Il ne peut être établi d'impôt qu'en vertu de la loi la contribution aux charges publiques constitue un devoir pour chaque citoyen et chaque habitant de la République du Zaïre.

Il ne peut être établi d'exemption ou allégement fiscal qu'en vertu de la loi.

105. — Il est institué dans la République une Cour des comptes. La Cour des comptes contrôle dans les conditions fixées par la gestion des finances publiques et les comptes de tous les organismes d'Etat.

Les membres de la Cour des comptes sont nommés par le Président du Mouvement Populaire de la Révolution, Président de la République.

La loi fixe la composition, l'organisation et le fonctionna ment de la Cour des comptes.

106. — L'exercice budgétaire de la République commence le premier janvier et se termine le trente et un décembre.

Le compte général de la République est arrêté par la loi et est soumis chaque année au Conseil Législatif par la Cour des comptes avec ses observations.

TITRE VI

DES TRAITES ET DES ACCORDS INTERNATIONAUX

107. — Le Président du Mouvement Populaire de révolution, Président de la République, négocie et ratifie les traités et accords internationaux.

Les Traités de paix, les traités de commerce, les traite « accords relatifs, aux règlements » des conflits internationaux, ceux qui engagent les finances publiques, ceux qui modifient les dispositions législatives et ceux qui sont relatifs à l'état des personnes, ceux qui comportent échange ou adjonction de territoire, ne peuvent être ratifiés qu'en vertu d'une loi,

nul échange, nulle adjonction de territoire, n'est valable sans l'accord des populations intéressées consultées par la voie du référendum.

Si la Cour Suprême de Justice, consultée par le Président Mouvement Populaire de la Révolution, Président de la République, ou par le Conseil législatif, déclare qu'un traité ou accord international comporte une clause contraire à la Constitution, la ratification ne peut intervenir qu'après révision de la Constitution.

Les traités et accords internationaux régulièrement ratifiés ou approuvés ont, dès leur publication, une autorité supérieure à celle des lois, sous réserve pour chaque traité, accord de son application par l'autre partie.

108. — En vue de promouvoir l'unité africaine, la République peut conclure des traités et accords d'association comptant abandon partiel de sa souveraineté.

TITRE VII

DE LA REVISION DE LA CONSTITUTION

109. — L'initiative de la révision de la Constitution appartient concurremment au Président du Mouvement Populaire de la Révolution, Président de la République, et à la moitié des membres du Conseil Législatif, après avis du Congrès ou du Bureau politique.

Le projet ou la proposition de révision est adopté par le Conseil Législatif à la majorité des deux tiers de ses membres. Le Président du Mouvement Populaire de la Révolution. Président de la République, promulgue, conformément à l'article 83 de la présente Constitution, le texte adopté qui entre en vigueur dans les conditions prévues au même article.

TITRE VIII DISPOSITIONS SPÉCIALES

110. — Les dispositions des articles 59, alinéa 1 et 2, 62 et 109 ainsi que celles de l'article 71 relatives à la durée de la législature ne sont pas applicables au Président-Fondateur du Mouvement Populaire de la Révolution, Président de la République.

TITRE IX DISPOSITIONS TRANSITOIRES

I. — Pour autant qu'ils ne soient pas contraires aux dispositions de la présente Constitution, les textes législatifs et réglementaires existant à la date d'entrée en vigueur de la présente Constitution restent maintenus jusqu'au moment de leur abrogation.

Toutefois, les lois et les actes réglementaires cesseront de produire leurs effets, à moins qu'ils n'aient été prorogés à la date fixée pour leur expiration.

II. — Les traités ou accords internationaux conclus avant le 30 juin 1960 ne resteront valables que pour autant qu'ils n'auront pas été modifiés par la législation nationale.

III. — La reprise ou la rétrocession des terres intervenue en vertu de l'article 10 de la présente Constitution ne donne lieu en cas de non mise en valeur à aucune indemnité

Fait à Kinshasa, le 15 février 1978.

MOBUTU SESE SEKO
Général de Corps d'Armée

II.3. Loi n° 80-007 du 19 février 1980 portant modification de la constitution

Source : Journal Officiel, numéro 5 bis du 1er mars 1980, p. 3

EXPOSÉ DES MOTIFS

Le message que le Président-Fondateur du Mouvement populaire de la Révolution, Président de la République a adressé à la Nation le 4 février 1980, portait sur un bon nombre d'aspects relatifs au fonctionnement des Organes du Mouvement Populaire de la Révolution et entraîne la modification de certaines dispositions constitutionnelles.

D'abord en ce qui concerne le serment des Commissaires Politiques et des Commissaires d'Etat, il a paru nécessaire de ne pas reprendre la formule sacramentelle, celle-ci devant s'adapter aux circonstances.

Par ailleurs, si les dispositions spéciales prévues à l'article 110 doivent être supprimées conformément au souci exprimé par le Président-Fondateur du Mouvement Populaire de la Révolution, Président de la République, dans son message prémentionné, il en est autrement en ce qui concerne la disposition spéciale relative à la durée de la législature. En effet, le Président du Mouvement Populaire de la Révolution, Président de la République étant le garant du bon fonctionnement de tous les Organes du Mouvement Populaire de la Révolution, doit disposer des pouvoirs constitutionnels nécessaires à l'accomplissement de cette mission.

À la différence de l'esprit qui a été à la base des dispositions spéciales, cette prérogative ne sera pas réservée uniquement au Président-Fondateur en tant que tel, mais à tout Président du Mouvement Populaire de la Révolution, Président de la République.

Il importe que le Président du Mouvement Populaire de la Révolution, Président de la République, dès lors que les intérêts de la Nation se trouvent menacés, puisse prendre toutes les mesures qu'imposent le rétablissement de l'ordre et le bon fonctionnement des Organes du Mouvement Populaire de la Révolution.

Voilà pourquoi il paraît logique que le Président du Mouvement Populaire de la Révolution, Président de la République, ne soit pas tenu au délai de 5 ans prévu pour la Législature.

C'est ainsi qu'il est prévu un article 41 bis donnant à tout Président du Mouvement Populaire de la Révolution, Président de la République, le pouvoir de dissoudre le Conseil Législatif.

Mais, l'acte de dissolution devra intervenir après consultation du Bureau du Conseil Législatif et prévoir l'organisation de nouvelles élections législatives dans un délai maximum de 60 jours.

Quant à l'article 59, il résulte clairement de la décision prise par le Président-Fondateur du Mouvement Populaire de la Révolution, Président de la République, concernant la composition des membres du Bureau politique que ceux-ci seront plus élus.

D'autre part, le principe du non-cumul de fonctions justifie à suffisance la suppression de la deuxième partie de l'alinéa 3 de l'article 59 ancien.

Compte tenu des modifications intervenues à l'article 59 particulièrement en ce qui concerne le mode de désignation des Commissaires Politiques, l'article 60 a été abrogé, tandis que l'article 64 a subi quelques aménagements par la suppression de la durée du mandat des Commissaire-Politiques et des conditions de déchéance de leur mandant : le pouvoir de nommer et, le cas échéant, de relever I ;. Commissaires Politiques de leurs fonctions revenant à ; seule discrétion du Président du Mouvement Populaire de la Révolution, Président de la République.

L'abrogation de l'article 60 a entraîné aussi la modification dans la numérotation des autres articles.

À l'article 74, il a été prévu un 2ème alinéa pour qu'en cas de dissolution, le nouveau Conseil Législatif se réunie de plein droit le deuxième lundi qui suit son élection.

Par ailleurs, la restructuration opérée au niveau de l'appareil judiciaire par la suppression du Conseil Judiciaire, en tant que Département, a entraîné :

- la suppression des articles 95, 96, 97 et 98. D'où les articles 99 à 109, suite à la suppression de l'article 60, deviennent respectivement 94, 95, 96, 97, 98, 99, 100, 101, 102, 103 et 104 ;
- la suppression au 3ème et 5ème alinéa de l'article 40 des termes « Président du Conseil Judiciaire ».

Il convient cependant de souligner que les termes « Conseil Judiciaire » entendus au sens des « Cours et Tribunaux » ont été maintenus.

Enfin pour ne pas donner l'impression que le Président Fondateur du Mouvement Populaire de la Révolution. Président de la République, il se trouve au-dessus des lois régissant son pays, l'article 110 Titre VIII de la Constitution concernant les dispositions spéciales au Président-Fondateur du Mouvement Populaire de la Révolution, Président de la République, a été supprimé.

LOI

Le Conseil Législatif a adopté.

Le Président-Fondateur du Mouvement Populaire de la Révolution, Président de la République, promulgue la loi dont le teneur suit :

1. — L'article 40 est modifié comme suit : « Le Président du Mouvement Populaire de la Révolution, Président de la République, nomme et révoque les membres du Bureau politique, II nomme et révoque le Premier Commissaire d'Etat, les Commissaires d'Etat, les Officiers des Forces armées, les Ambassadeurs et Envoyés extraordinaires auprès des Puissances étrangères, les Commissaires de Région ainsi que les fonctionnaires de commandement de l'Administration publique et les responsables des organismes parastataux. Il nomme et révoque les « Magistrats du siège et du parquet. Il nomme et révolue les membres de la Cour des comptes. Il reçoit le serment des membres du Bureau politique et du Conseil Exécutif, des Magistrats de la Cour Suprême de Justice et du Parquet général près cette Cour, des membres de la Cour des comptes, des Secrétaires d'État de l'Administration publique, des Commissaires de Région et des Officiers des Forces armées. Il est le Chef suprême des Forces armées ».

2. — Il est ajouté à l'article 41 un article 41 bis ainsi libellé : « Le Président du Mouvement Populaire de la Révolution, Président de la République peut, après consultation du Bureau du Conseil Législatif, prononcer la dissolution du Conseil Législatif. L'acte de dissolution porte la convocation du corps électoral dans les soixante jours au plus tard après la dissolution ».

3. — L'article 59 nouveau est libellé comme suit :

« Avant d'entrer en fonction, le Commissaire politique prêle serment devant le Président du Mouvement Populaire de la Révolution, Président de la République, qui lui en donne acte ».

6. — L'article 64 se lit comme suit :

« Les fonctions d'un Commissaire politique prennent fin par le décès, la démission, l'incapacité permanente constatée par le Bureau politique ou la révocation par le Président du Mouvement Populaire de la Révolution, Président de la République ».

7. — Il est ajouté à l'article 74 un 2ème alinéa ainsi libellé :

« En cas de dissolution, le Conseil Législatif se réunit de' plein droit le deuxième lundi qui suit son élection ».

8. — L'article 89 est ainsi libellé :

« Avant d'entrer en fonction, le Premier Commissaire d'Etat et les Commissaires d'Etat prêtent serment devant le Président du Mouvement Populaire de la Révolution, Président de la République, qui leur en donne acte ».

9. — Les articles 95 à 98 sont supprimés.

10. — Le Titre VIII relatif aux dispositions spéciales, en ce compris l'article 110, est abrogé.

11. — Le Titre IX devient le Titre VIII.

12. — Les articles 61 à 94 deviennent 60 à 93. Les articles 99 à 109 deviennent 94 à 104.

13. — La présente loi entre en vigueur à la date de sa promulgation.

Fait à Kinshasa, le 19 février 1980.

MOBUTU SESE SEKO
Général de Corps d'Armée

II.4. Loi n° 80-012 du 15 novembre 1980 modifiant et complétant quelques dispositions de la constitution

Source : Journal Officiel, numéro 1 du 1er janvier 1981, p. 7

EXPOSÉ DES MOTIFS

Du 31 juillet au 04 août 1980, le Bureau politique du Mouvement Populaire de la Révolution s'est réuni en conclave en vue d'examiner les problèmes politiques, économiques et sociaux qui se posaient à la Nation.

À l'issue des travaux de ce conclave, d'importantes décisions touchant à tous les secteurs de la vie nationale ont été prises, entraînant notamment, au plan politique, la restructuration du Mouvement Populaire de la Révolution.

Cette réforme a été guidée par le souci de réaffirmer la primauté et le rôle directeur du Mouvement dans la dynamique de la construction et du développement de la Nation, d'assurer la meilleure application du principe de l'unité de commandement et de poursuivre méthodiquement le processus de la libéralisation de la démocratie amorcée après le discours présidentiel du 1er juillet 1977.

Aussi, est-il apparu opportun de réaménager et de redéfinir la hiérarchie et le fonctionnement des organes et des branches spécialisées du Mouvement Population de la Révolution.

La création de trois nouveaux organes découlant de cette restructuration implique l'introduction de nouvelles dispositions dans notre Constitution, ainsi que la modification de celles qui ne sont plus conformes au nouvel esprit

C'est pour ces raisons que la présente loi a été élaborée. Les principales innovations de cette restructuration portent notamment sur l'exercice du pouvoir, la redéfinition de la hiérarchie des organes et leur fonctionnement.

En ce qui concerne l'exercice du pouvoir, il est à noter que le Président du Mouvement Populaire de la Révolution, Président de la République qui, jusqu'ici ne constituait pas un organe du Mouvement a été élevé à ce rang et situé au niveau correspondant au rôle capital qu'il doit jouer dans la bonne marche des activités du Mouvement que l'Etat. Ainsi, le pouvoir qui émane du peuple sera — : — il est exercé par le Président du Mouvement Populaire de la Révolution, Président de la République et par les autres ; organes du Mouvement.

La redéfinition de la hiérarchie et du fonctionnement dei-organes du Mouvement Populaire de la Révolution a entraîné également la mise sur pied de trois nouveaux organes, qui sont le Président du Mouvement Populaire de la Révolution, Président de la République, le Comité central et le Comité exécutif, portant ainsi à huit le nombre total des organes du Mouvement Populaire de la Révolution.

C'est dans ce domaine que des changements notables ont été opérés.

Le Président qui devient le premier organe du Mouvement Populaire de la Révolution se définit désormais comme organe central de décision et de contrôle des activités d_. Parti, car c'est lui qui représente la Nation, veille au bon fonctionnement du tous les organes du Mouvement Populaire de la Révolution, et de surcroît préside le Congrès, — ; Comité central, le Bureau politique, le Comité exécutif et le Conseil Exécutif.

La déclaration de guerre et la proclamation d'état d'urgence continueront à être faites par le Président du Mouvement Populaire de la Révolution, Président de la République, non plus après avis du Bureau politique, mais âpre, celui du Comité central.

Le Congrès qui se place comme deuxième organe du Mouvement Populaire de la Révolution après le Président du Mouvement Populaire de la Révolution, Président de la République, n'a subi de modification ni dans sa nature ni dans sr rôle. On notera cependant que le mode de désignation de se : membres est fixé par le Comité central et non plus par « . » — . Bureau politique.

S'agissant du Comité central, il devient, après le Président du Mouvement Populaire de la Révolution, Président de la République et le Congrès, l'organe le plus important du Mouvement Populaire de la Révolution.

Dans sa forme actuelle, il exerce les prérogatives constitutionnelles anciennement dévolues au Bureau politique, autrement dit, il est l'organe de conception, d'orientation, d'inspiration et les décisions du Mouvement Populaire de la dévolution. De ce fait, il devient le garant et le dépositaire du Mobutisme.

Les décisions du Comité central sont appelées décisions d'Etat. Elles obligent non seulement le Conseil Législatif, mais également le Conseil Exécutif à élaborer, selon le cas, les textes législatifs ou réglementaires, mais aussi le Comité exécutif à prendre les directives ou instructions.

Par ailleurs, les anciennes attributions du Bureau politique ayant été confiées au Comité central, le rôle dévolu *æ* Bureau politique dans le cadre de la présente réforme est celui d'organe permanent du Mouvement Populaire de la Révolution qui assiste le Président du Mouvement populaire de la Révolution, Président de la République, et qui contrôle l'application des différentes décisions du Parti.

L'insertion du Comité exécutif dans la hiérarchie des organes constitutionnels justifie la création, au chapitre II, d'une sixième section intitulée « du Comité Exécutif ».

Celui-ci se définit comme organe du Mouvement Populaire de la Révolution chargé de la coordination des bran-.r.es spécialisées' et du contrôle des activités des organisions subordonnées du Mouvement Populaire de la Révolution de la Région à la Cellule.

Au même titre que le membre du Conseil Exécutif, celui du Comité exécutif ne peut être poursuivi qu'avec l'autorisation du Président du Mouvement Populaire de la Révolution, Président de la République, ou s'il est mis en accusation par ce dernier.

La Cour Suprême de Justice, qui jusqu'à ce jour jugeait en premier et dernier ressort les Commissaires Politiques, les Commissaires du Peuple, les Commissaires d'Etat, les Magistrats de la Cour Suprême et du Parquet général de la République, voit sa compétence s'étendre aux cas des membres du Comité central, du Comité exécutif, des Secrétaires d'Etat et des Gouverneurs de Région.

Enfin, l'initiative de la révision constitutionnelle appartient toujours concurremment au Président du Mouvement Populaire de la Révolution Président de la République cl à la moitié des membres du Conseil Législatif, mais l'avis qui est exigé n'est plus celui du Bureau politique, mais bien du Comité central, conformément au nouveau rôle dévolu à ce dernier organe.

LOI

Le Conseil Législatif a adopté.

Le Président-Fondateur du Mouvement Populaire de la Révolution, Président de la République, promulgue la loi dont la teneur suit :

1. — L'article 9 de la Constitution est modifié et complété comme suit :

Le pouvoir émane du peuple qui l'exerce par le Président du Mouvement Populaire de la Révolution, qui est de droit Président de la République, et par les autres organes du Mouvement Populaire de la Révolution ou par voie de référendum. Aucune fraction du peuple ni aucun Individu ne peut s'en attribuer l'exercice.

2. — Le Chapitre III ancien du Titre III devient Chapitre II et est ainsi libellé :

« DES ORGANES DU MOUVEMENT POPULAIRE DE LA RÉVOLUTION ».

3. — L'article 52 devient l'article 34 et est modifié et complété comme suit :

Les Organes du Mouvement Populaire de la Révolution sont :

1. Le Président du Mouvement Populaire de la Révolution, Président de la République ;
2. Le Congrès ;
3. Le Comité central ;
4. Le Bureau politique ;
5. Le Conseil Législatif ;
6. Le Comité exécutif ;
7. Le Conseil Exécutif ;
8. Le Conseil Judiciaire.

4. — Le chapitre II ancien du titre III devient Section I qui est ainsi libellée :

Du Président du Mouvement Populaire de la Révolution, Président de la République.

5. — Il est ajouté un article 35 ainsi libellé :

Le Président du Mouvement Populaire de la Révolution, Président de la République, est l'organe central de décision et de contrôle des activités du Mouvement Populaire de la Révolution.

6. — L'article 34 devient l'article 36 et est modifié comme suit :

Le Président du Mouvement Populaire de la Révolution est de droit Président de la République.

Il représente la Nation.

Il est le garant de l'indépendance nationale et de l'intégrité du territoire.

Il veille au bon fonctionnement de tous les organes du Mouvement Populaire de la Révolution.

Il est le Chef de l'Exécutif. Il détermine et conduit la politique de l'Etat, fixe le programme d'action du Conseil Exécutif et veille à son application.

Il préside le Congrès, le Comité central, le Bureau politique, le Comité exécutif et le Conseil Exécutif.

7. — L'article 35 devient 37.

8. — L'article 36 devient l'article 38 et est modifié comme suit :

Les candidatures au poste du président du Mouvement Populaire de la Révolution, Président de la République, sont reçues et examinées par le Comité central.

Le Comité central retient une candidature et la présente au Congrès qui la propose au suffrage du peuple. L'élection a lieu à la majorité des suffrages exprimés.

Une loi fixe les conditions d'éligibilité, de déclaration des candidatures, du déroulement du scrutin, du dépouillement et de la proclamation des résultats.

9. — L'article 37 devient l'article 39.

10. — L'article 38 devient 40 et est modifié comme suit :

Les fonctions du Président du Mouvement Populaire de la Révolution, Président de la République, prennent fin par décès, démission, destitution ou empêchement définitif.

Le Comité central constate le décès et l'empêchement définitif, il prend acte de la démission ; il prononce la destitution conformément à l'article 63 de la présente constitution.

Dans tous les cas énumérés à l'alinéa 1er, le Comité central informe la Nation par un message.

Lorsque la vacance est constatée par le Comité central, les fonctions du Président du Mouvement Populaire de la Révolution, Président de la République, sont provisoirement exercées par le plus âgé du Comité central.

L'élection du nouveau Président du Mouvement Populaire de la Révolution, Président de la République, a lieu trente jours au moins et soixante jours au plus après l'ouverture de la vacance.

11. — L'article 39 devient l'article 41.

12. — L'article 40 devient l'article 42 et est modifié comme suit :

Le Président du Mouvement Populaire de la Révolution, Président de la République, nomme et révoque les membres du Comité central, du Bureau politique et du Comité exécutif.

Il nomme et révoque le Premier Commissaire d'Etat, les Commissaires d'Etat, les Secrétaires d'Etat, les Officiers des Forces armées, les Ambassadeurs et Envoyés extraordinaires auprès des puissances étrangères, les Gouverneurs de Région, les Commissaires de Région ainsi que les Fonctionnaires de Commandement de l'Administration publique et les responsables des organismes parastataux.

Il nomme et révoque les Magistrats du siège et du parquet

Il nomme et révoque les membres de la Cour des comptes

Il reçoit le serment des membres du Comité central exécutif, des Magistrats de la Cour Suprême de Justice et du Parquet général près cette Cour, des membres de la Cour des comptes, des secrétaires d'Etats, des Gouverneurs de Région, des Commissions de Région et des Officiers des Forces armées.

Il est le Chef suprême des Forces armées.

13. — les articles 41, 41 bis, 42, 43, 44, 45, et 46 deviennent respectivement les articles 43, 44, 45, 46, 47, 48 et 49.

14. — l'article 47 devient l'article 50 et est modifié comme suit :

Le Président du Mouvement Populaire de la Révolution, Président de la République, déclare la guerre, après avis du Comité central.

Il en informe la Nation par un message.

Lorsque la guerre est déclarée, le Président du Mouvement Populaire de la Révolution, président de la République, peut proclamer l'état de siège.

15. — lorsque des circonstances graves menacent d'une manière immédiate l'indépendance ou l'intégrité de la Nation, ou qu'elles provoquent l'interruption du fonctionnement régulier des organes du Mouvement Populaire de la Révolution ou encore lorsqu'elles risquent de porter atteinte aux intérêts vitaux de l'Etat, le Président du Mouvement Populaire de la Révolution, Président de la République, peut proclamer l'état d'urgence, après avis du Conseil Central. Il en informe la Nation par message.

16. — Les articles 49, 50 et 51 deviennent respectivement les articles 52, 53, et 54.

17. — La section I du Chapitre III ancien devient Section II du chapitre II et est ainsi libellée :

Du Congrès

18. — L'article 53 devient l'article 55 et est modifié comme suit :

Le congrès est l'organe du Mouvement Populaire de la Révolution chargé de statuer sur toutes les questions relatives aux options fondamentales du Mouvement Populaire de la Révolution et à sa doctrine.

19. — L'article 54 devient l'article 56 et est modifié comme suit :

Le congrès est composé de membres représentant toutes les forces vives de la Nation, leur mode de désignation est fixé par le Comité central.

20. — Les articles 55, 56, 57 deviennent respectivement les articles 57, 58, 59.

21. — La section II du Chapitre III ancien devient Section II du Chapitre II et est ainsi libellée.

Du Comité central

22. — L'article 58 devient l'article 60 et est modifié comme suit :

Le comité central est l'organe de conception, d'inspiration, d'orientation et de décision du Mouvement Populaire de la Révolution.

Il veille au respect des options fondamentales du Mouvement Populaire de la Révolution et à l'application des résolutions prises par le congrès.

L'organisation, le fonctionnement et le déroulement des travaux du comité central sont fixés par son règlement intérieur.

23. — L'article 59 devient l'article 61 et est modifié comme suit :

Le comité central est composé de membres appelés membres du comité central.

Les membres du comité central sont nommés et, le cas échéant, relevés de leurs fonctions par le Président du Mouvement Populaire de la Révolution, Président de la République

24. — L'article 60 devient l'article 62 et est modifié comme suit :

Avant d'entrer en fonction, le membre du comité central prête serment devant le Président du Mouvement Populaire de la Révolution, Président de la République, qui lui en donne acte.

25. — L'article 61 devient l'article 63 et est modifié comme suit :

Le comité central est le dépositaire et le garant du Mobutisme.

À ce titre, il est compétent pour connaitre de tout acte de nature à porter atteinte à la doctrine du Mouvement Populaire de la Révolution, Président de la République

L'acte posé par le Président du Mouvement Populaire de la Révolution, Président de la République, dans le cadre des dispositions de l'alinéa précédent, est qualifié de déviationnisme.

Dans ce dernier cas, le comité central, saisi par une motion remise par un de ses membres au membre du comité central le plus âgé, se réunit de plein droit sous la présidence de dernier.

Le membre du comité central le plus âgé notifie cette motion au Président du Mouvement Populaire de la Révolution, qui fournit ses moyens de défense.

Lorsque le déviationnisme est établi, le comité central prononce la destitution du Président du Mouvement Populaire de la Révolution, Président de la République.

La vacance ainsi créée entraîne l'application des dispositions prévues à l'article 40.

Une loi déterminera les cas de déviationnisme et la procédure à suivre en ce qui concerne les cadres autres que le Président du Mouvement Populaire de la Révolution, Président de la République.

26. — l'article 62 devient l'article 64 et est modifié et complété comme suit :

Le comité central statue par décision d'Etat.

Les décisions d'Etat obligent, selon le cas, le Conseil Législatif ou le conseil exécutif à élaborer les textes législatifs ou réglementaires, le Comité exécutif à prendre les directives ou instructions.

27. — L'article 63 devient l'article 65 et est modifié comme suit :

Las fonctions d'un membre du comité central prennent fin par le décès, la démission, l'incapacité permanente constatée par le comité central ou la révocation par le Président du Mouvement Populaire de la Révolution, Président de la République.

28. — l'article 64 devient l'article 66 et est modifié comme suit :

Le membre du comité central ne peut être poursuivi qu'avec l'autorisation du Président Mouvement Populaire de la Révolution, Président de la République, ou s'il est mis en accusation par ce dernier.

29. — la section II du Chapitre III ancien devient Section II du Chapitre II et est ainsi libellée : « du Bureau politique ».

30. — L'article 67 est libellé comme suit :

Le Bureau politique est l'organe permanent de contrôle des décisions du Mouvement Populaire de la Révolution. L'organisation, le fonctionnement et le déroulement des travaux du Bureau politique sont fixés par son règlement intérieur.

31. — L'article 68 se lit comme suit :

Le bureau politique est composé de membres appelés Commissaires Politiques.

Les Commissaires Politiques sont nommés et, le cas échéant, relevés de leurs fonctions par le Président du Mouvement Populaire de la Révolution.

32. — L'article 69 est ainsi conçu :

Avant d'entrer en fonction, le Commissaire politique prête serment devant le Président du Mouvement Populaire de la Révolution, Président de la République, qui lui en donne acte.

33. — L'article 70 est ainsi libellé.

Les fonctions d'un Commissaire politique prennent fin par le décès, la démission, l'incapacité permanente constatée par le Bureau politique ou la révocation par le Président du Mouvement Populaire de la Révolution, Président de la République.

34. — L'article 71 se lit comme suit :

Le commissaire politique ne peut être poursuivi qu'avec l'autorisation du Président du Mouvement Populaire de la Révolution, Président de la République, ou s'il est mis en accusation par ce dernier.

35. — La Section VI du Chapitre III ancien devient Section V du Chapitre II qui est ainsi libellé : « du Conseil législatif ».

36. — Les articles 65, 66, 67, 68, 89, 70 deviennent respectivement les articles 72, 73, 74, 75, 76 et 77.

37. — L'article 71 devient l'article 78 et est modifié de la manière suivante :

Le mandat du Commissaire du Peuple prend fin par la déchéance prononcée par le comité central en cas de manquement grave à la discipline du Mouvement Populaire de la Révolution, par le décès, la démission, l'incapacité permanente, l'absence injustifiée à plus d'un quart des séances d'une session, ou lorsque le Commissaire du Peuple tombe dans l'un des cas d'exclusion prévus par la loi électorale.

38. — Les articles 72, 73, 74, 75, 77, 79, 80, 81, 82, 83, 84 et 85 deviennent respectivement les articles 79, 80, 81, 82, 83, 84, 85, 87, 89, 90, 91 et 92.

39. — Il est ajouté une sixième section inutile : « du Comité exécutif ».

40. — L'article 93 est ainsi conçu :

Le comité exécutif est l'organe du Mouvement Populaire de la Révolution chargé de la coordination de branches spécialisées et du contrôle des activités des organisations subordonnées de la Région à la Cellule.

L'organisation, le fonctionnement et le déroulement des travaux du Comité exécutif sont fixés par son règlement intérieur.

41. — L'article 94 se lit comme suit :

Les membres du Comité exécutif sont nommés et, le cas échéant, relevés de leur fonction par le Président du Mouvement Populaire de la Révolution, Président de la République.

42. — L'article 95 est ainsi libellé :

« Avant d'entrer en fonction, le membre du Comité exécutif du Mouvement Populaire de la Révolution prête serment devant le Président du Mouvement Populaire de la Révolution, Président de la République, qui lui en donne acte. »

43. — L'article 96 se lit de la manière suivante :

« Les fonctions d'un membre du Comité exécutif prennent fin par le décès, la démission, l'incapacité permanente constatée par le Comité exécutif, ou la révocation par le Président du Mouvement Populaire de la Révolution, Président de la République. »

44. — L'article 97 est ainsi libellé :

« Le membre du Comité exécutif du Mouvement Populaire de la Révolution ne peut être poursuivi qu'avec l'autorisation du Mouvement Populaire de la Révolution, Président de la République, ou s'il est mis en accusation par ce dernier. »

45. — La Section IV du Chapitre III ancien devient Section VII du Chapitre II qui est libellé :

« Du Conseil Exécutif ».

46. — Les articles 86, 87, 88, 89, 90, 91 et 92 deviennent respectivement les articles 98, 99, 100, 101, 102, 103 et 104.

47. — La Section V du Chapitre II ancien devient Section VIII du Chapitre II ainsi libellée : « Du Conseil Judiciaire ».

48. — Les articles 93,94 et 95 deviennent respectivement les articles 105, 106 et 107.

49. — L'article 96 devient l'article 108 et est modifié et complété comme suit :

« sans préjudice des autres compétences qui lui sont reconnues par la présente Constitution ou par les lois, la Cour Suprême de Justice connait des recours en appréciation de la constitutionnalité des lois et des actes ayant force de loi ainsi que des recours en interprétation de la présente Constitution, des pourvois en cassation formés contre les décisions rendues en dernier ressort par les cours et tribunaux, des recours d'annulations des actes et décisions des autorités centrales de la République ainsi que des contestations électoraux ;

Elle juge en premier et dernier ressort les membres du Comité central, les Commissaires Politiques, les Commissaires du Peuple, les membres du Comité exécutif, les Commissaires d'Etats, les Magistrats de la Cour Suprême de Justice et du Parquet général de la République, les secrétariats d'État et les Gouverneurs de Région.

Elle donne des avis consultatifs sur les projets ou propositions de lois ou d'actes réglementaires.

En cas de renvoi après cassation, les cours et tribunaux inférieurs sont tenus de se conformer à l'arrêt de la Cour Suprême de Justice sur le point de droit jugé par cette dernière ».

50. — L'article 97 devient l'article 109.

51. — L'article 98 du Titre IV devient l'article 110.

52. — Les articles 99, 100 et 101 du Titre V deviennent respectivement les articles 111, 112, et 113.

53. — Les 102 et 103 du Titre VI deviennent les articles 114 et 115.

54. — L'article 104 du Titre VII devient l'article 116 et est modifié comme suit :

« L'initiative de la révision de la Constitution appartient concurremment au Président du Mouvement Populaire de la Révolution, Président de la République, et à la moitié des membres du Conseil Législatif, après avis du Congrès ou du Comité central.

Le projet ou la proposition de révision et adopté par le Conseil Législatif à la majorité de deux tiers de ses membres.

Président du Mouvement Populaire de la Révolution, Président de la République, promulgue, conformément à l'article 89 de la présente Constitution, le texte adopté qui entre en vigueur dans les conditions prévues au même article. »

55. — La présente loi entre en vigueur à la date de sa promulgation.

Fait à Kinshasa, le 15 novembre 1980

MOBUTU SESE SEKO KUKU
NGBENDU WAZABANGA
Général de Corps d'Armée

II.5. Loi n° 82-004 du 31 décembre 1982 portant modification de certaines dispositions

Source : Journal Officiel, numéro 1 du 1er janvier 1983

EXPOSÉ DES MOTIFS

La décision d'Etat n° 31/CC/82, en ce qu'elle porte suppression du Comité exécutif du Mouvement Populaire de la Révolution, changement d'appellation de « Commissaire politique » en « membre du Bureau Politique » et qu'elle désigne le Comité central pour assumer les fonctions de Président du Mouvement Populaire de la Révolution, Président de la République, en cas de vacance, entraine la modification de certaines dispositions constitutionnelles.

L'occasion permet, en outre, d'harmoniser certaines dispositions constitutionnelles relatives à la fin de la législature et à l'installation du nouveau Conseil Législatif.

En effet, la suppression du Comité exécutif du Mouvement Populaire de la Révolution ramène à sept, les organes du Mouvement Populaire de la Révolution qui étaient initialement prévus à huit, ce qui conduit à l'abrogation des articles 93 à 97 de la section VI, chapitre II, titre III de la Constitution.

S'agissant de la vacance prévue à l'article 40 de la Constitution, il a paru important de préciser que les fonctions de Président du Mouvement Populaire de la Révolution, Président de la République, sont provisoirement assumées par le Comité central en tant qu'organe, mais, qui les exerce par le plus âgé de ses membres.

Cette précision est importante dans la mesure où la décision d'Etat dont question a voulu rendre le Comité central seul responsable devant le Peuple et le Parti de la bonne marche des activités du Mouvement Populaire de la Révolution et des affaires de l'Etat pendant cette période transitoire.

C'est la raison pour laquelle, le plus âgé de ses membres qui serait appelé à exercer ces fonctions au nom du Comité central ne peut en cette qualité et en cette période, assumer les prérogatives dévolues au Président du Mouvement Populaire de la Révolution, Président de la République, prévues à l'article 42 de la Constitution.

La présente modification constitutionnelle prévoit également la suppression de l'appellation « Commissaire politique » ; les membres de cet Organe du Parti seront appelés désormais « membres du Bureau politique ».

En ce qui concerne le Conseil Législatif, les modifications apportées visent à faire coïncider la fin de la législature avec l'élection et l'installation, du nouveau Conseil Législatif avant la session ordinaire d'octobre, laquelle, comme on le sait, est consacrée principalement à l'examen du budget de l'État.

De plus, il a paru utile de prévoir qu'aussitôt après la publication des résultats des élections, les élus se réunissent sur convocation du Président du Mouvement Populaire de la Révolution, Président de la République, et non plus de plein droit comme le prévoyait l'article 80, alinéa 1 de l'ancien texte. Ceci permettra de tenir compte du souci exprimé ci-haut.

L'harmonisation des autres dispositions répond à la préoccupation d'établir une suite chronologique des faits dans le processus d'installation du nouveau Conseil Législatifs.

Enfin, avec la suppression du Comité exécutif du Mouvement Populaire de la Révolution, les dispositions constitutionnelles, initialement consacrées en 118 articles, sont ramenées à 111.

LOI

Le Conseil Législatif a adopté,

Le Président-Fondateur du Mouvement Populaire de la Révolution, Président de la République, promulgue la loi dont la teneur suit :

1. — L'article 34 est modifié comme suit :

Les Organes du Mouvement Populaire de la Révolution sont :

Le Président du Mouvement Populaire de la Révolution, Président de la République ;

- Le Congrès ;
- Le Comité politique ;
- Le Bureau politique ;
- Le Conseil Législatif ;
- Le Conseil Exécutif ;
- Le Conseil Judiciaire.

2. — L'article 36 est modifié comme suit :

Le Président du Mouvement Populaire de la Révolution est de droit Président de la République.

Il représente la Nation

Il est le garant de l'indépendance nationale et de l'intégrité du Territoire.

Il veille au bon fonctionnement de tous les organes du Mouvement Populaire de la Révolution.

Il est le Chef de l'Exécutif, il détermine et conduite la politique de l'Etat, fixe le programme d'action du Conseil Exécutif et veille à son application.

Il préside le Congrès, le Comité central, le Bureau politique et le Conseil Exécutif.

3. — L'article 40 est modifié comme suit :

Les fonctions de Président du Mouvement Populaire de la Révolution, Président de la République, prennent fin par décès, démission, destitution ou empêchement définitif.

Le Comité central constate le décès et l'empêchement définitif ; il prend acte de la démission ; il prononce la destitution conformément à l'article 63 de la présente Constitution.

Dans tous les cas énumérés à l'alinéa 1er, le Comité central informe la Nation par un message.

Lorsque la vacance est constatée par le Comité central, les fonctions de Président du Mouvement Populaire de la Révolution, Président de la République, sont provisoirement assumées par le Comité central qui les exerce par le plus âgé de ses membres. Toutefois, les dispositions de l'article 42 de la présence Constitution ne lui sont pas applicables.

L'élection du nouveau Président du Mouvement Populaire de la Révolution, Président de la Révolution, a lieu trente jours au moins et soixante jours au plus après l'ouverture de la vacance.

– L'article 42 est modifié comme suit :

Le Président du Mouvement Populaire de la Révolution, Président de la République, nomme et révoque les membres du Comité central et du Bureau politique.

Il nomme et révoque le Premier Commissaire d'Etat, les Commissaires d'Etat, les Secrétaires d'Etat, les Officiers des Forces armées, les Ambassadeurs et Envoyés extraordinaires auprès des puissances étrangères, les gouverneurs de Région ainsi que les fonctionnaires de commandement de l'Administration publique et les responsables des organismes parastataux.

Il nomme et révoque les Magistrats du Siège et du Parquet.

Il nomme et révoque les membres de la Cour des comptes.

Il reçoit le serment des membres de la Cour des comptes.

Il reçoit le serment des membres du Comité central, du Bureau politique et du Conseil Exécutif, es Magistrats de la Cour Suprême de Justice et du Parquet général près cette cour, des membres de la Cour des Comptes, des Secrétaires d'Etat, des Gouverneurs de Région, des Vice-Gouverneurs de Région et des Officiers des Forces armées.

Il est le Chef suprême des Formes armées.

4. — L'article 64 est modifié comme suit :

Le Comité central statue par décision d'Etat.

Les décisions d'Etat obligent, selon le cas, le Conseil Législatif ou le Conseil Exécutif à élaborer les textes législatifs ou réglementaires.

5. — L'article 68 est modifié comme suit :

Le Bureau politique est composé des membres appelés « membres du Bureau politique »

Les membres du Bureau politique sont nommés et les cas échéants, relevés de leurs fonctions par le Président du Mouvement Populaire de la Révolution, Président de la République.

6. — L'article 69

Avant d'entrer en fonction, le membre du bureau politique prête serment devant le Président du Mouvement Populaire de la Révolution, Président de la République, qui lui en donne acte

7. — L'article 70 est modifié comme suit :

Enfin par le décès, la démission, l'incapacité permanente constatée par le Bureau politique ou la révocation par le Président du Mouvement Populaire de la Révolution, Président de la République.

8. — L'article 71 est modifié comme suit :

Le membre du Bureau politique ne peut être poursuivi qu'avec l'autorisation du Président du Mouvement Populaire de la Révolution, Président de la République, ou s'il est mis en accusation par ce dernier.

9. — L'article 77 est modifié comme suit :

La durée de la législature est de cinq ans.

L'élection du nouveau Conseil Législatif a lieu trente jours au plus tard avant le mois d'octobre de la dernière année de la législature.

10. — L'article 80 devient l'article 78 et est modifié comme suit :

Aussitôt après la publication des résultats du scrutin, le Président du Mouvement Populaire de la Révolution, Président de la République, convoque le Conseil Législatif en session extraordinaire en vue de vérifier de valider les pouvoirs de ses membres et de constituer son Bureau.

Le Bureau du Conseil Législatif est élu pour une durée de la législature.

Toutefois, il peut être renouvelé à la demande de deux tiers des membres qui composent le Conseil Législatif. Il comprend : un Président, deux Vice-présidents et deux Secrétaires.

11. — Les articles 78 et 79 deviennent respectivement 79 et 80.

12. — Les articles 93 à 97 de la Section VI, chapitre 11 Titre III sont abrogés.

13. — La section VII devient la section VI.

Les articles 98 à 104 deviennent respectivement 93 à 99

14. — La section VIII devient la section VII.

Les articles 105 à 107 deviennent respectivement 100 à 102.

15. — L'article 108 devient l'article 103 et est modifié comme suit :

Sans préjudice des autres compétences qui lui sont reconnues par la présente Constitution ou par les lois, la Cour Suprême de Justice connait des recours en appréciation de la constitutionnalité des lois et des actes ayant force de loi ainsi que des recours en interprétation de la présente Constitution, des pourvois en cassation formés contre les décisions rendues en dernier ressort par les Cours et tribunaux, des recours en annulation des actes et décisions des autorités centrales de la République ainsi que des contestations électorales.

Elle juge en premier et dernier ressort les membres du Comité central, les membres du Bureau politique, les Commissaires du Peuple, les Commissaires d'Etat, les Magistrats de la Cour Suprême de Justice et du Parquet général de la République, les Secrétaires d'État et les Gouverneurs de Région.

Elle donne des avis consultatifs sur les projets ou propositions de lois ou d'actes réglementaires.

En cas de renvoi après cassation, les Cours et Tribunaux inférieurs sont tenus de se conformer à l'arrêt de la Cour Suprême de Justice sur le point de droit jugé par cette dernière.

16. — L'article 109 devient l'article 104.

17. — Les articles 110 à 116 des Titres IV, V et VII deviennent les articles 105 à 111.

18. — La présente loi entre en vigueur à la date de sa promulgation.

Fait à Kinshasa, le 31 décembre 1982

MOBUTU SESE SEKO
Maréchal

II.6. Loi n° 88-004 du 29 janvier 1988 portant révision de certaines dispositions de la constitution

Source : Journal Officiel, numéro 3 du 1er février 1988, p. 20

EXPOSÉ DES MOTIFS

Dans son discours d'Ouverture de la réunion spéciale du Comité central qui s'est tenue à N'sele du 17 au 20 août 1987, le Président du Mouvement Populaire de la Révolution, Président de la République, avait exprimé des préoccupations sur les lacunes et les manquements constatés sans l'organisation des élections des membres des Conseils de Zone et de Collectivité des mois de mai et juillet 1987.

Faisant suite à ces préoccupations, le Comité central a recommandé, dans sa déclaration n° 10/CC/87 du 28 août 1987, notamment que des membres de cet organe du Parti-Etat soient compétents pour connaitre des recours contre les résultats électoraux. Ce qui implique qu'en matière de contentieux électoral, le recours judiciaire est remplacé par le recours politique.

En effet, le contentieux électoral étant une matière essentiellement politique, il est hautement indiqué qu'il soit vidé par un organe politique.

Ainsi, par la Décision d'Etat n° 59/CC/87 du 16 décembre 1987, le Comité central, conformément à l'article 111 de la Constitution, a émis un avis favorable sur l'initiative du Président-Fondateur du Mouvement Populaire de la Révolution, Président de la République, de modifier les articles 60 et 103 de la Constitution.

Aux termes de cette révision constitutionnelle, le contentieux électoral est de la compétence exclusive du Comité central du Mouvement Populaire de la Révolution.

Cette réforme de notre système électoral sera parachevée par la mise sur pied de la procédure devant le Comité central siégeant en matière de contestation électorale.

LOI

Le Conseil Législatif a adopté,

Le Président-Fondateur du Mouvement Populaire de la Révolution, Président de la République, promulgue la loi dont la teneur suit :

1. — L'article 60 de la Constitution est modifié et complété comme suit :

« **Article 60 :** le Comité central est l'Organe de conception, d'inscription, d'orientation et de décision du Mouvement Populaire de la Révolution.

Il veille au respect des options fondamentales du Mouvement Populaire de la Révolution et à l'application des Résolutions prises par le Congrès.

Il connait des contestations électorales.

L'organisation, le fonctionnement et le déroulement des travaux du Comité central sont fixés par son Règlement intérieur. »

2. — L'alinéa premier de l'article 103 de la Constitution

« **Article 103,** alinéa 1er : Sans préjudice des autres compétences qui lui sont reconnues par la présente Constitution ou par les lois, la Cour Suprême de Justice connaît des recours en appréciation de la constitutionnalité des lois et des actes ayant force de loi ainsi que des recours en interprétation de la présente Constitution, des pourvois en cassation formés contre les décisions rendues en dernier ressort par les Cours et Tribunaux et des recours en annulation des actes et décisions des autorités centrales de la République.

3. — La présente loi entre en vigueur le jour de sa promulgation.

Fait à Goma, le 29 janvier 1988

MOBUTU SESE SEKO

Maréchal

II.7. Loi n° 88-009 du 27 juin 1988 portant révision de l'article 2 de la constitution[85]

EXPOSÉ DE MOTIFS

Dans son discours prononcé le 6 décembre 1982, à l'ouverture du 3ème Congrès ordinaire du M.P.R, le Président-Fondateur du Mouvement Populaire de la Révolution, Président de la République, avait relevé que le territoire national était sous-administré à cause de son étendue qui nécessite une décentralisation administrative effective.

À l'ouverture solennelle du 4ème Congrès ordinaire tenu à N'sele du 16 au 20 mai 1988, le Président-Fondateur du Mouvement Populaire de la Révolution, Président de la

[85] Iyelesa, M. (1991), *Recueil de textes*, Kinshasa, ISE-CONSULT, p. 131

République, est revenu, dans son discours d'orientation, sur les préoccupations du 3e Congrès ordinaire qui souhaitait voir l'Administration se rapprocher de l'administré. Il a par ailleurs préconisé de ramener certaines entités à des dimensions géographiques, culturelles et économiques facilement administrables par la création progressive de nouvelles Régions. Ainsi, le problème de découpage territorial a-t-il été inscrit à l'ordre du jour et consacré dans la résolution du Congrès relative à la politique générale.

Dès lors, la création de nouvelles entités administratives nécessite la révision de l'article 2 de la Constitution.

Étant donné que la création de nouvelles Régions se fera progressivement, il ne paraît pas indiqué que l'article 2 soit continuellement révisé à cette occasion.

C'est pourquoi il a été jugé opportun de rédiger l'article 2 de manière à le concilier avec l'article 103, en laissant à la loi compétence de fixer les limites de la Ville de Kinshasa et des Régions ainsi que le nombre et la dénomination de celles-ci.

LOI

Le Conseil Législatif a adopté

Le Président-Fondateur du Mouvement Populaire de la Révolution, Président de la République, promulgue la loi dont la teneur suit :

1. — L'article 2 de la Constitution est modifié et complété comme suit :

La République du Zaïre comprend la Ville de Kinshasa et les Régions.

Les limites de la Ville de Kinshasa et des Régions ainsi que le nombre et la dénomination de celles-ci sont fixés par la Loi.

2. — La présente Loi entre en vigueur à la date de sa promulgation.

Fait à Kinshasa, le 27 juin 1988

MOBUTU SESE SEKO KUKU NGBENDU WA ZABANGA
Maréchal

II.8. Loi n° 90-002 du 5 juillet 1990 du 5 juillet 1990 portant révision de certaines dispositions de la constitution

Source : Journal Officiel, numéro spécial, juillet 1990

EXPOSÉ DES MOTIFS

Le 24 avril 1990, à l'issue de la consultation populaire sur le fonctionnement des institutions politiques organisée de janvier à avril 1990, le Président de la République a adressé un message à la Nation conformément à l'article 53 de la Constitution.

Dans ce discours, le Président de la République a annoncé au Peuple zaïrois plusieurs orientations notamment :

1° L'introduction au Zaïre du multipartisme à trois et du pluralisme syndical ;

2° L'abolition de l'institutionnalisation du Mouvement Populaire de la Révolution avec comme conséquence :
   - la suppression de son rôle dirigeant et de toute référence à celui-ci ;
   - la séparation nette entre le Parti et l'Etat ;
   - la réhabilitation des trois pouvoirs traditionnels, à savoir : le législatif, l'Exécutif et le judiciaire, comme les seules institutions constitutionnelles ;

3° L'instauration d'une période de transition allant jusqu'au 30 avril 1991, d'où la nécessité impérieuse de modifier la constitution en vue de l'adapter à cette période de transition ;
4° L'élaboration, par une Commission constituante, d'une constitution définitive devant être soumise à un référendum et appelée à régir la troisième République.

La présente loi vise essentiellement la révision de la constitution dont elle modifie et abroge certaines dispositions.

Les modifications introduites concernent :
- la consécration du pluralisme politique et syndical ; ce principe a été énoncé dans le texte pour traduire l'option du multipartisme comme annoncé dans le discours. Il sert de base juridique à la loi devant organiser les partis politiques ;
- l'organisation du référendum par une loi ;
- la réhabilitation des trois pouvoirs traditionnels de l'Etat à travers les quatre institutions de la République qui sont :
  a) le Président de la République ;
  b) l'Assemblée nationale ;
  c) le Gouvernement ;
  d) les Cours et Tribunaux.
- la définition des attributions respectives du Président de la République et du Gouvernement, compte tenu du fait que le Président de la République n'est plus Chef du Gouvernement, spécialement en ce qui concerne la détermination de la politique générale de l'Etat, la présidence du Conseil des ministres, l'association du gouvernement, la nomination de certains hauts responsables du pays, la spécification de toutes les attributions du Chef de gouvernement qui est le Premier ministre ;
- la responsabilité du Gouvernement devant l'Assemblée nationale ayant comme conséquence la mise en accusation des membres de cette institution par l'Assemblée nationale sans l'autorisation préalable du Président de République ;
- le renforcement des pouvoirs de l'Assemblée nationale notamment par la mise en accusation du Chef de l'Etat et du Gouvernement ;
- la poursuite du député en matière répressive qui doit se faire désormais avec l'autorisation de l'Assemblée nationale ou de son Bureau, nonobstant le flagrant délit ;
- le droit reconnu au Président de l'Assemblée nationale d'assumer le mandat de Président de la République en cas de vacance due au décès à l'empêchement définitif ou la destitution de ce dernier ;
- le contrôle parlementaire des Cours et Tribunaux qui se limite seulement à un contrôle politico-administratif, le contrôle juridictionnel ne pouvant pas se concevoir compte tenu du principe de l'indépendance de Cours et Tribunaux dans leur mission de dire le droit ;
- la tutelle de la Cour des comptes : celle-ci relève désormais de l'Assemblée nationale. Mais ses membres continuent à être nommés et relevés de leurs fonctions par le Président de la République sans l'avis de l'Assemblée nationale ;
- les précisions sur le contenu du pouvoir judiciaire qui désormais ne comprend que les Cours et Tribunaux ;
- l'extension des compétences de la Cour Suprême de Justice appelée à connaître également des contestations électorales avec comme particularité de ne régler que

les contestations nées de seules élections présidentielles, législatives et du référendum.

La Cour Suprême de Justice est aussi, compétente pour juger, en plus des personnes citées à l'alinéa 2ème de l'article 03, le Président de la République et les Présidents des Assemblées régionales

Elle est également compétente pour prendre acte de la démission du Président de la République, constater son décès ou son empêchement définitif et prononcer sa destitution.

Hormis les modifications de fond évoquées ci-dessus, la loi s'attèle à adapter certaines terminologies telles qu'assemblée nationale et Député en lieu et place de Conseil Législatif et Commissaire et ministre en lieu et place du Conseil Exécutif, Premier Commissaire d'Etat et Commissaires d'Etat ».

Pour régler pendant la période de transition, la situation de l'actuel Président de la République qui a cessé d'être Président du Mouvement Populaire de la Révolution, mais demeure Président de la République jusqu'aux prochaines élections, le sort des membres du Conseil législatif de la législature en cours qui doivent demeurer aussi jusqu'aux prochaines élections ainsi que le sort des organes délibérants des entités territoriales appelées à rester en place jusqu'aux prochaines élections municipales et locales, la loi revoit des dispositions transitoires à ce sujet.

Elle précise également dans les mêmes dispositions transitoires que les anciennes appellations et terminologies contenues dans les différents actes législatifs et réglementaires doivent être comprises dans le sens des dispositions de la présente constitution.

Enfin comme conséquence de l'abolition de l'institutionnalisation du Mouvement Populaire de la Révolution et de la suppression de toute référence à celle-ci, certains articles de la constitution ont été abrogés. Il s'agit des articles 32, 33, 35, 41, 55, 56, 59, 60, 61, 62, 63, 64, 65, 67, 68, 69,70 et 71.

Ce sont là les grandes modifications contenues dans la présente loi.

PRÉAMBULE

Nous, Peuple zaïrois

Conscient de nos responsabilités devant Dieu, la Nation, l'Afrique et le monde ;

Convaincu qu'il n'y a point de grandeur dans la servitude et la dépendance ;

Convaincu que les peuples ne peuvent se libérer totalement de l'emprise étrangère que par la voie de l'Unité africaine ;

Soucieux de sauvegarder et de promouvoir les valeurs qui nous sont propres, de garantir notre indépendance politique, économique et culturelle, d'assurer les bienfaits de la liberté à nous-mêmes et à notre postérité ;

Mu par la volonté d'assurer à chacun le bien-être matériel et créer les conditions propices à l'épanouissement moral et spirituel de tous les Citoyens ;

Affirmant notre détermination de consolider l'unité et l'intégrité nationales ;

Proclamant notre adhésion à la Déclaration universelle des droits de l'homme et à la Charte africaine des Droits de l'Homme et des Peuples ;

Déclarons solennellement adopter la présente Constitution.

LOI

Le Conseil Législatif a adopté,

Le Président de la République promulgue la loi dont la teneur suit :

1. — Les articles 8 - 9 - 19 - 20 - 26 - 28 - 34 - 37 – 38 - 39 - 40 - 42 - 43 - 44 - 45 - 46 - 47 - 48 - 49 - 50 -51 — 52 - 53 - 54 - 72 - 73 - 74 - 76 - 77 - 78 - 79 - 80 - 81 - 82 - 83 — — 84 - 86 - 87 - 88 - 89 - 90 - 9 1 - 92 -93 — 94 - 95 -96 — 97 -98 -99 -100 -101 -103 -107 — 109 et 111 de la Constitution sont modifiées comme suit :

TITRE I

DU TERRITOIRE ET DE LA SOUVERAINETÉ DE LA RÉPUBLIQUE

8. — Le pluralisme des partis politiques est reconnu en République du Zaïre. Il ne peut être créé plus de trois partis politiques.

La loi fixe l'organisation et le fonctionnement des partis politiques.

9. — Le pouvoir émane du peuple qui l'exerce par ses représentants ou par la voie de référendum.

Aucune fraction du peuple ni aucun individu ne peut s'en attribuer l'exercice.

La loi fixe l'organisation du référendum.

TITRE II

DES DROITS FONDAMENTAUX ET DES DEVOIRS DES CITOYENS

19. — . La famille, base naturelle de la communauté humaine, est placée sous la protection de l'Etat.

Elle sera organisée de manière à ce que soient assurées son unité et sa stabilité.

Tout Zaïrois a le droit de se marier avec la personne de son choix et de fonder une famille. La loi fixe les règles sur le mariage.

Les soins et l'éducation à donner aux enfants constituent pour les parents un droit et un devoir qu'ils exercent sous la surveillance et avec l'aide des pouvoirs publics.

20. — Il est pourvu à l'éducation de la jeunesse par l'enseignement national. L'enseignement national comprend les écoles publiques ainsi que les écoles privées agréées et contrôlées par l'Etat.

La loi fixe les conditions de création et de fonctionnement des établissements d'enseignement.

26. — Tous les Zaïrois ont le droit de constituer des syndicats, des associations et des sociétés.

Les groupements dont le but ou l'activité sont contraires aux lois ou dirigés contre l'ordre public sont prohibés.

28. — Tout Zaïrois a le devoir de défendre le patrimoine de la Nation et de sauvegarder l'unité nationale et l'intégrité du territoire.

TITRE III. DE L'ORGANISATION ET DE L'EXERCICE DU POUVOIR

34. — Les institutions de la République sont :

1° le Président de la République ;

2° l'Assemblée nationale ;

3° Le Gouvernement ;

4° Les Cours et Tribunaux.

Section I — Du Président de la République

36. — Le Président de la République représente la Nation.

Il est le garant de l'indépendance, de l'unité nationale, de l'intégrité et de la sécurité du territoire.

Il peut présider le conseil des ministres.

Il est le chef suprême des Forces armées ; à ce titre, il préside le conseil supérieur de la défense.

37. — Le Président de la République est élu pour sept ans au suffrage universel direct et secret. Tout citoyen zaïrois de naissance, âgé de quarante ans révolus, peut être élu Président de la République.

38. — Les candidatures au poste de Président sont reçues et examinées par la Cour Suprême de Justice. L'élection a lieu à la majorité des suffrages exprimés.

Une loi fixe les conditions d'éligibilité, de déclaration des candidatures, du déroulement du scrutin, du dépouillement et de la proclamation des résultats.

39. — Avant d'entrer en fonction, le Président de la République prête devant la Nation, en présence de la Cour suprême de Justice, qui en prend acte, le serment suivant :

« Moi X…. , élu Président de la République du Zaïre, je jure d'observer la constitution et les lois de la République. »

40. — les fonctions du Président de la République prennent fin par démission, décès, empêchement définitif ou destitution. La Cour Suprême de Justice prend acte de démission, constate le décès et l'empêchement définitif et prononce la destitution.

Dans tous les cas énumérés à l'alinéa 1er, la Cour Suprême de Justice informe la Nation par un message.

Lorsque la vacance est constatée par la Cour Suprême de Justice, les fonctions de Président de la République sont provisoirement assumées par le Président de l'Assemblée nationale.

Les dispositions de l'article 42 de la présente constitution ne lui sont pas applicables.

L'élection du nouveau Président de la République a lieu trente jours au moins et soixante jours au plus après l'ouverture de la vacance.

42. Le Président de la République nomme le Premier ministre et met fin à ses fonctions.

Il nomme les autres membres du Gouvernement et met fin à leurs fonctions, sur proposition du Premier ministre. Il nomme et révoque les officiers des Forces armées.

Il nomme et révoque, sur proposition du Gouvernement, les Ambassadeurs, et Envoyés extraordinaires auprès des puissances étrangères.

Il nomme et révoque, sur proposition du Gouvernement, les Gouvernements de Région, les Vices-gouvernement de Région, ainsi que les fonctionnaires de commandement de l'Administration publique et les responsables des organismes et parastataux.

Il nomme et révoque les magistrats du siège et du parquet, sur proposition du Conseil Supérieur de la Magistrature. Il nomme et révoque les membres de la Cour des comptes.

Il reçoit le serment des membres du Gouvernement, de magistrats de la Cour des Comptes, des gouverneurs de Région, des vice-gouverneurs des Régions et des Officiers des Forces armées.

43. — le Président de la République à l'initiative des lois.

Il peut, lorsque l'Assemblée nationale n'est pas en session et en cas d'urgence, prendre par ordonnance-loi des dispositions qui sont normalement du domaine de la loi.

Il assure la promulgation des lois dans les conditions déterminées par l'article 89 de la présente constitution.

44. — Le Président de la République peut, après consultation du Bureau de l'Assemblée nationale, prononcer la dissolution de celle-ci.

L'acte de dissolution porte convocation du corps électoral dans les soixante jours au plus tard après dissolution.

45. — Le président de la République assure l'exécution des lois et les règlements de police et d'administration publique. Il exerce ce pouvoir par voie d'ordonnance.

46. — Le Président de la République est le garant de l'indépendance des Cours et Tribunaux.

Il peut remettre, commuer ou réduire les peines.

47. — Le Président de la République accrédite les ambassadeurs et Envoyés extraordinaires des puissances étrangères.

Il revoit les lettres de créance des Ambassadeurs et Envoyés extraordinaires des puissances étrangères auprès de la République du zaïre ?

48. — Le Président de la République confère les grades dans les ordres nationaux et les décorations nationales, conformément à la loi.

49. — Le Président de la République a le droit de battre la monnaie et d'émettre du papier-monnaie, en exécution de la loi.

50. — Le Président de la République déclare la guerre, après avis de l'Assemblée nationale.

Il en informe la Nation par un message.

Lorsque la guerre est déclarée, le Président de la République peut proclamer l'état de siège.

51. — Lorsque les circonstances graves menacent d'une manière immédiate l'indépendance ou l'intégrité de la Nation ou qu'elles provoquent l'interruption du fonctionnement régulier des institutions de l'Etat ou encore lorsqu'elles risquent de porter atteinte aux intérêts vitaux de la République, le Président de la République peut proclamer l'état d'urgence, après l'avis de l'Assemblée nationale.

Il en informe la Nation par un message.

52. — Lorsque l'état de siège ou d'urgence a été proclamé, le Président de la République est habilité à prendre toutes les mesures exigées par les circonstances.

Il peut notamment porter des restrictions à l'exercice des libertés individuelles et à la jouissance de certains droits fondamentaux dans les conditions déterminées par la présente Constitution et par les lois.

Il peut de même suspendre sur tout ou partie du territoire national et pour la durée et les infractions qu'il détermine, l'action répressive des juridictions ordinaires et y substituer celle des juridictions militaires. Toutefois, il ne peut porter atteinte aux droits de la défense et recours en appel.

53. — Le Président de la République communique avec l'Assemblée nationale et avec le peuple, soit directement, soit par des messages qu'il fait lire et qui ne donnent lieu à aucun débat.

Il prononce au moins une fois par un discours de politique générale.

54. — La personne du Président de la République est inviolable. Le Président de la République n'est pénalement responsable des actes accomplis dans l'exercice de ses fonctions qu'en cas de haute trahison.

Il ne peut être poursuivi pour les infractions prévues à l'alinéa précédent ni pour aucune autre infraction aux lois rénales commises en dehors de ses fonctions que s'il a été mis en accusation par l'Assemblée nationale, se prononçant à la majorité des deux tiers de ses membres et au scrutin public. Il est alors traduit devant la Cour Suprême de Justice.

Une loi détermine les modalités de mise en accusation par l'Assemblée nationale.

Section 2 — De l'Assemblée nationale

72. — L'Assemblée nationale est l'institution chargée d'élaborer des lois et d'exercer le contrôle.

Elle est composée d'une chambre unique.

Ses membres sont appelés Députés. Le Mandat du député est national.

73. — Les Députés sont élus au suffrage universel direct et secret dans les circonscriptions électorales déterminées la loi.

74. — Pour être éligible à l'Assemblée nationale, il faut être zaïrois et âgé de vingt-cinq ans au moins.

76. — L'Assemblée nationale vérifie et valide les pouvoirs de ses membres.

77. — La durée de la législature est de cinq ans.

L'élection de la nouvelle Assemblée nationale a lieu trente jours au plus tard avant le mois d'octobre de la dernière année de la législature.

78. — Aussitôt après la publication des résultats du scrutin, le Président de la République convoque l'Assemblée nationale en session extraordinaire en vue de vérifier, de valider les pouvoirs de ses membres et de constituer son Bureau. Le Bureau de l'Assemblée nationale est élu pour la durée de la législature.

Toutefois, il peut être renouvelé à la demande des deux tiers des membres qui composent l'Assemblée nationale. Il comprend : un Président, deux Vice-présidents et deux Secrétaires.

79. — Le mandat du Député prend fin par le décès a démission, l'incapacité permanente, l'absence injustifiée à plus d'un quart des séances d'une session ou lorsqu'un Député tombe dans l'un des cas d'exclusion prévus par la loi électorale.

80. — L'Assemblée nationale se réunit de plein droit en session ordinaire deux fois par an.

La première session s'ouvre le premier lundi d'avril, le deuxième, le premier lundi d'octobre.

Les sessions prennent fin respectivement le premier lundi de juillet et le premier lundi de janvier, si l'ordre du jour n'a pu être épuisé plus tôt.

81. — L'Assemblée nationale peut être convoquée en session extraordinaire par le Président de la Republier, en ce cas, l'acte de convocation fixe l'ordre du jour de la session.

82. — pour les séances de l'Assemblée nationale, la moitié de ses membres constitue le quorum.

Toutefois, l'Assemblée nationale ne prend ses décisions qu'à la majorité absolue des suffrages et pour autant que les deux tiers de ses membres se trouvant réunis.

83. — Le Président de la République déclare la clôture les sessions ordinaires sur proposition du Bureau de l'Assemblée nationale et celle des sessions extraordinaires dès que l'Assemblée nationale a épuisé son ordre du jour.

84. — L'organisation et le fonctionnement de L'Assemblée nationale sont fixés par son règlement intérieur.

85. — L'initiative des lois appartient concurremment au Président de la République et à chacun des membres de l'Assemblée nationale.

86. — Une proposition ou un projet de loi est déclaré urgent par le Président de la République, il est examiné par priorité par l'Assemblée nationale.

87. — La loi fixe notamment :

1° les règles concernant : les droits civiques, les obligations civiques et militaires.

- La nationalité, l'état et la capacité des personnes, les régimes matrimoniaux, les successions et les libéralités ;
- La détermination des infractions qui entraînent des peines privatives de liberté d'une durée supérieure à six mois ;
- L'amnistie, la création de nouveaux ordres de juridiction et le statut des magistrats ;
- L'assiette, le taux et les modalités de recouvrement des impositions de toutes natures, le régime d'émission de la monnaie ;

– Le régime des élections prévues par la présente Constitution ;
– La création des catégories d'établissements publics.

2° les principes fondamentaux :
– de l'organisation du bureau, de l'assistance et de la représentation en justice ;
– de l'administration des entités régionales, de leurs compétences et de leurs ressources
– de l'enseignement
– du régime de la propriété, des droits et des obligations civiles et commerciales ;
– du droit du travail, du droit syndical et de la Sécurité sociale ;
– des garanties fondamentales accordées aux fonctionnaires civils et militaires de l'Etat ;
– de l'aliénation du domaine privé et de la gestion du domaine public de l'Etat ;
– de la mutualité et de l'épargne ;
– de l'organisation de la production ;
– du régime des transports et des télécommunications.

La loi détermine les objectifs de l'action économique et sociale de l'État dont le plan est approuvé par la loi.

Sans préjudice des autres dispositions de la présente Constitution, les matières, autres que celles qui sont du domaine de la loi ont un caractère réglementaire.

Les dispositions du présent article pourront être précisées et complétées par la loi.

88. — Au cours de sa session d'octobre, l'Assemblée nationale vote le projet de loi budgétaire, tout amendement au projet de budget entraînant accroissement des dépenses doit en prévoir les voies et moyens nécessaires. Tout amendement entraînant une diminution des recettes qui aura pour effet de rompre l'équilibre du budget doit prévoir une diminution de dépenses correspondantes on des recettes nouvelles.

Si l'Assemblée nationale ne s'est pas prononcée sur le projet présenté par le Gouvernement avant l'ouverture du nouvel exercice, les dispositions de ce projet peuvent être mises en vigueur par le Président de la République,

Si le projet de loi budgétaire d'un exercice n'a été déposé en temps utile pour être promulgué avant le début de cet exercice, le Président de la République demande à l'Assemblée nationale l'ouverture des crédits provisoires. Dans le cas où l'Assemblée nationale ne se prononce pas dans les quinze jours sur l'ouverture des crédits provisoires, les dispositions du projet prévoyant ces crédits sont mises en vigueur par le Président de la République.

89. — Les lois sont promulguées par le Président de la République dans les trente jours de leur transmission par le Président de l'Assemblée nationale.

Avant l'expiration du délai de promulgation, le Président de la République peut demander à l'Assemblée nationale une nouvelle délibération de la loi ou de certaines de ses dispositions.

Les lois sont revêtues du sceau de l'Etat et publiées au Journal Officiel.

90. — L'Assemblée nationale dispose de pouvoir de contrôle sur le Gouvernement, les Cours et Tribunaux et les Services publics de l'Etat.

Elle exerce ce contrôle soit par la question orale ou écrite, soit par l'interpellation, soit par les commissions d'enquête instituées en son sein.

Les conditions d'organisation et de déroulement du contrôle de l'Assemblée nationale sont déterminées par la loi.

91. — Les membres du Gouvernement ont le droit et, s'ils en sont requis, l'obligation d'assister aux séances de l'Assemblée nationale, d'y prendre la parole et de donner aux

Députés tous les éclaircissements qu'ils jugent utiles. Ils ont le droit de proposer des amendements aux propositions de loi en discussion, mais ne participent pas au vote.

92. — Aucun Député ne peut être poursuivi, arrêté, détenu ou jugé en raison des opinions ou votes émis par lui dans l'exercice de ses fonctions.

Aucun Député ne peut être poursuivi ou arrêté en matière répressive, sans l'autorisation de l'Assemblée nationale pendant la durée de la session, ou celle de son Bureau en dehors des sessions. Le Bureau en informe l'Assemblée nationale à la prochaine session.

La détention d'un député ou les poursuites contre lui sont suspendues si l'Assemblée nationale le requiert, mais cette suspension ne peut dépasser la durée de la session en cours.

Section 3 — Du Gouvernement

93. — Le Gouvernement est l'institution chargée de l'exécution des lois et la conduite de la politique de l'Etat. Il détermine la politique de l'Etat en accord avec le Président de la République.

Il est responsable devant l'Assemblée nationale.

94. — Le Gouvernement est composé d'un Premier ministre, des ministres et des Secrétaires d'Etats.

Le Premier ministre est nommé par le Président de la République.

Les ministres et les Secrétaires d'Etat sont nommés par le Président de la République, sur proposition du Premier ministre

Leur nombre et leurs attributions sont fixés par le Président de la République, sur proposition du Premier ministre

95. — Avant d'entrer en fonction, le Premier Ministre. Les ministres et les Secrétaires d'Etat prêtent serment devant le Président de la République qui leur en donne acte.

96. — Le Premier ministre est le Chef du Gouvernement.

Il préside le Conseil des ministres.

Il dirige l'action du Gouvernement.

Il tient le Président de la République pleinement informé de la conduite des affaires de l'État.

97. — Le Premier ministre, les ministres et les Secrétaires d'Etat répondent de leurs actes devant l'Assemblée nationale. Les ministres sont les chefs de leurs ministres. Ils appliquent le programme fixé et les décisions prises par le Gouvernement.

Le Premier ministre et les ministres statuent par voie d'arrêté.

98. — Le Premier ministre, les ministres et les Secrétaires d'Etat sont démissionnaires chaque fois que les fonctions du Président de la République prennent fin ou en de vacances créées par la démission, l'empêchement définitif, le décès ou la révocation du Premier ministre.

Dans ce cas, le Gouvernement expédie les affaires courantes jusqu'à la formation d'un nouveau gouvernement.

Les membres du Gouvernement ne peuvent être poursuivis qu'après autorisation du Président de la République ou pour les actes commis dans l'exercice de leurs fonctions que s'ils sont mis en accusation par ce dernier à l'Assemblée nationale.

Section 4 — Des Cours et Tribunaux

100. — L'ensemble des Cours et Tribunaux forment le pouvoir judiciaire.

Les Cours et Tribunaux comprennent : la Cour Suprême de Justice, le Conseil de Guerre Général, les cours d'appel, la Cour de Sûreté de l'Etat, les Tribunaux et les Conseils de Guerre.

L'organisation, la compétence des Cours et Tribunaux ainsi que la procédure à suivre sont fixées par la loi.

101. — La mission de dire le droit est dévolue aux Cours et Tribunaux. Le magistrat dans l'exercice de cette mission est indépendant,

Les arrêts et jugements ainsi que les ordonnances des Cours Tribunaux sont exécutés au nom du Président de la République

102. — Sans préjudice des autres compétences qui lui sont reconnues par la présente Constitution ou par les lois, la Cour Suprême de Justice connaît des recours en appréciation de la constitutionnalité des lois et des actes ayant force de loi ainsi que des recours en interprétation de la présente Constitution des pourvois en cassation formés contre les décisions rendues en dernier ressort par les Cours et Tribunaux et des recours en annulation des actes et délions des autorités centrales de la République ainsi que des contestations nées des élections présidentielles, légistes et du référendum.

Elle juge en premier et dernier ressort le Président de la République, les Députés, les membres du Gouvernement, les Magistrats de la Cour Suprême de Justice et du Parquet général de la République, les Gouverneurs de Région et les Présidents des Assemblées régionales.

En cas de renvoi après cassation, les Cours et Tribunaux

Intérieurs sont tenus de se conformer à l'arrêt de la Cour Suprême sur le point de droit par cette dernière.

Elle donne les avis consultatifs sur les projets ou propositions de lois ou d'actes réglementaires,

TITRE V DES FINANCES PUBLIQUES

107. — II si institué dans la République une Cour des comptes

La Cour des comptes contrôle, dans les conditions fixées par la loi. La gestion des finances publiques et les comptes de tous ses organismes d'Etat.

Elle relève de l'Assemblée nationale.

Les membres de la Cour des comptes sont nommés par le Président de la République.

La loi fixe la composition, l'organisation et le fonctionnement de la Cour des comptes.

L'exercice budgétaire de la République commence le premier janvier et se termine le trente-et-un décembre,

Le compte général de la République est soumis chaque année à « Assemblée nationale par la Cour des Comptes avec ses observations. Il est arrêté par la loi.

TITRE VI. DES TRAITES ET DES ACCORDS INTERNATIONAUX

109. — Le Président de la République négocie et ratifie les traités et accords internationaux. Les traités de prix, les traités de commerce, les traités et accords relatifs aux organisations internationales et aux règlements des conflits internationaux, ceux qui engagent les finances publiques, ceux qui modifient les dispositions législatives et ceux qui sont relatifs à l'état des personnes, ceux qui comportent échange ou adjonction de territoire, ne peuvent être ratifiés qu'en vertu d'une loi.

Nul échange, nulle adjonction de territoire, n'est valable sans l'accord des populations intéressées, consultées par la voie du référendum.

Si la Cour Suprême de Justice, consultée par le Président de la République ou par l'Assemblée nationale, déclare qu'un Traité ou accord international comporte une clause contraire à la Constitution, la ratification ne peut intervenir qu'après révision de la Constitution.

Les traités et accords internationaux régulièrement ratifiés ou approuvés dès leur publication ont une autorité à celle supérieure à celle des lois, sous réserve pour chaque traité ou accord, de son application par l'autre partie.

TITRE VII. DE LA REVISION CONSTITUTIONNELLE

111. — L'initiative de la révision de la Constitution appartient concurremment au Président de la République et à la moitié des membres de l'Assemblée nationale.

Le projet ou la proposition de révision est adopté par l'Assemblée nationale à la majorité des deux tiers de ses membres.

Le Président de la République promulgue, conformément à l'article 89 de la présente constitution, le texte adopté qui entre en vigueur dans les conditions prévues au même article.

TITRE VIII DISPOSITIONS TRANSITOIRES ET FINALES

Article.4. Le Président de la République actuellement en fonction demeure Président de la République jusqu'à la prochaine élection.

Il en est de même des membres du Conseil Législatif de la législature en cours. Les membres des organes délibérants des entités territoriales demeurent également en place jusqu'aux prochaines élections municipales et locales.

Article -5. Les anciennes appellations et terminologies contenues dans les actes législatifs et réglementaires antérieurs à la présente constitution doivent être comprises dans le sens de la présente loi.

3. — Les articles 32 - 33 - 35 - 41 - 55 - 56 - 57 – 58 - 59 - 60 - 61 - 62 - 63 - 64 - 65 - 66 - 67 - 68 - 69 – 70 - 71-85 de la Constitution sont abrogés.

4. — La présente loi entre en vigueur à la date de sa promulgation.

Fait à Lubumbashi, le 05 juillet 1990

MOBUTU SESE SEKO KUKU NGBENDU WA ZABANGA
Maréchal

II.9. Loi n° 90-008 du 25 novembre 1990 portant révision d'une disposition de la constitution

Source : Journal Officiel, numéro spécial, novembre 1990

EXPOSÉ DES MOTIFS

La présente loi vise la modification de l'article 8 de la Constitution telle que modifiée par la loi n° 90-002 du 5 juillet 1990 qui instituait un multipartisme à trois.

Cette modification répond au souci d'adapter la loi à la solution de la situation sociopolitique du pays.

En effet, la limitation du nombre de partis à trois n'a pas recueilli l'assentiment de différentes catégories sociopolitique, économique et culturelle du pays qui ont formulé des réflexions, observations et suggestions dans le sens de l'instauration du multipartisme intégral qui permet le plein exercice de la démocratie.

Devant cette réalité, le Président de la République, dans le souci de garantir la paix sociale et un environnement politique serein, a proposé l'introduction du multipartisme dans le système politique zaïrois.

Il devenait ainsi impérieux de procéder à la modification de l'article 8 de la Constitution en supprimant la limitation du nombre de partis à trois

C'est là la grande modification contenue dans la présente loi.

LA LOI

L'Assemblée nationale a adopté

Le Président de la République promulgue la teneur suit :

1. — L'article 8 de la Constitution est modifié comme suit :

« Article 8. Le multipartisme est reconnu en République du Zaïre.

La loi fixe l'organisation et le fonctionnement des partis politiques ».

2. — La présente loi entre en vigueur à la date de sa promulgation.

Fait à Goma, le 25 novembre 1990

MOBUTU SESE SEKO KUKU NGBENU WA ZABANGA
Maréchal

PARTIE III

LA TRANSITION DÉMOCRATIQUE (1990-2006)

INTRODUCTION

Initiée par le discours historique du Président Mobutu du 24 avril 1990, la transition démocratique s'allongera jusqu'en 2006, date de la célébration du référendum constitutionnel et des élections législatives et présidentielles, et partant, de la mise en place des institutions politiques de la IIIe République régies par la Constitution du 18 février 2006. La transition démocratique aura duré au total 16 longues années, faite d'incertitudes, de revirements spectaculaires du contexte politique ainsi que des conflits armés ayant mis en mal la propre survie de l'État congolais. C'est aussi une période de convulsion politique aigüe qui avait nécessité d'une mobilisation décisive de la Communauté internationale.

L'objectif de toute transition démocratique est l'instauration d'un nouvel ordre démocratique durable et d'apporter des améliorations substantielles dans le domaine des libertés civiles et politiques, de promotion sociale et économique des membres de la communauté nationale et du contrôle citoyen du pouvoir politique. Cependant, le développement et l'issue d'une transition démocratique sont à la fois tributaires et résultants des contraintes structurelles et de la stratégie des acteurs mobilisés sur le champ politique transitionnel. C'est d'ailleurs ces facteurs qui expliquent les trajectoires divergentes des transitions démocratiques suivies par les États en crise, car, « à la sortie de l'autoritarisme, en fonction d'une configuration particulière donnée par le jeu entre contraintes structurelles, héritages du passé, architectures institutionnelles et stratégies des acteurs, un pays peut se doter d'institutions démocratiques durables ou, au contraire, retomber dans l'autoritarisme[86] ». Ce qui implique clairement de considérer la transition politique comme une phase distincte de la consolidation démocratique.

La transition démocratique en RD Congo est, à ce jour, une expérience très intéressante tant du point de vue des sciences politiques que du droit constitutionnel pour trois raisons principales. Elle est d'abord, par rapport à son

[86] Gazibo, M. (2005) : *Les paradoxes de la démocratisation en Afrique. Analyse institutionnelle et stratégique*, Montréal : Presses universitaires de Montréal, p. 19.

extension temporelle, une de plus longues périodes de transition politique qui peut se diviser, au regard des faits politiques et des acteurs mobilisés en trois grandes périodes : 1) la transition manquée (1990-1997)[87], 2) la transition autoritaire (1997-2003), 3) la transition négociée, inclusive et réussie (2003-2006). Ensuite, elle retient le record des textes constitutionnels régissant la période transitoire : 5 textes constitutionnels au total. Elle est également marquée par une suite incessante de gouvernements de transition avec 10 Premiers ministres au total (respectivement, Lunda Bululu, Mulumba Lukoji, Tshisekedi 1, Mungul Diaka, Nguz Karl I Bond, Tshisekedi bis, Birindwa, Tshisekedi ter, Kengo et Likulia). Enfin, elle a expérimenté presque tous les modes de transition démocratique élaborés par la science politique : la transition par la reforme — imposée par la Conférence nationale souveraine sans recours à la force —, la transition imposée — décision unilatérale des élites par la force (la restauration mobutiste par l'Acte constitutionnel harmonisé ainsi la dictature de la transition kabiliste) et enfin la transition pactée (compromis multilatéral des élites à travers l'Accord global et inclusif de Sun City).

Cette multiplicité des textes suggère de la nature conflictuelle et fluctuante de la transition congolaise ainsi que de l'instabilité institutionnelle qui a marqué cette période historique. À la litanie des gouvernements de transition, il faut ajouter le phénomène de dédoublement continu d'institutions, d'une croissance prolifique de familles et d'alliances politiques, d'une multiplication et d'une dislocation maladives de partis politiques et d'organisations de la société civile[88].

Ces éléments qui ont défini et caractérisé ce processus politique congolais permettent non seulement de saisir et de contextualiser l'expérience congolaise dans sa spécificité et dans sa singularité, mais également de « situer » ce cas d'étude dans le contexte global et africain des dynamiques de la « troisième vague de la démocratisation[89] ». En effet, l'expérience congolaise de la transition démocratique fournit des pistes intéressantes dans l'analyse des processus de démocratisation des régimes politiques africains. Cette expérience réaffirme l'importance d'appréhender singulièrement deux variables interdépendantes pour comprendre et anticiper le cours d'une transition à la démocratie : d'une part, l'analyse des rapports de force entre les différents acteurs mobilisés dans ce processus, notamment de la position des tenants du pouvoir (en crise), d'autre part, l'analyse spécifique des contraintes structurelles ayant cristallisé et matérialisé les revendications démocratiques. En réalité, ce sont ces contraintes qui influencent la nature et la qualité des interactions entre les acteurs et déterminent les marges de manœuvre dont disposent les protagonistes du jeu politique.

---

[87] De Villiers, G. et Omasombo, J. (1998). *Zaïre, la transition manquée 1990-1997*, Cahiers n° 27-28-29, Paris : Harmattan.

[88] Ya Rubango, N. « L'agonie de la Deuxième République », *Revue canadienne des Études africaines,* Vol. 33, No. 2/3, Spécial Issue : French-Speaking Central Africa: Political Dynamics of Identities and Representations (1999), pp. 696-704.

[89] Huntington, S.P (1991), *The Third Wave: Democratization in the Late. Twentieth Century*, Norman: University of Oklahoma Press.

Ainsi, la conjugaison et l'équilibre de ces deux variables — stratégies des acteurs et contraintes structurelles de crise — trouvent très souvent leur reflet dans le texte constitutionnel transitoire, puisque la Constitution est l'outil qui permet à la fois d'encadrer ce passage à la démocratie et de fixer les règles à suivre une fois qu'il est amorcé. Dans ce sens, la Constitution de transition visualise non seulement l'ampleur de la contestation contre le régime autoritaire, mais également l'issue des négociations entre les forces politiques mobilisées dans la crise ayant délégitimé le pouvoir autoritaire en place. Prise sous ce prisme, la Constitution devient une pièce fondamentale pour analyser et comprendre certains fondements et les chances de la consolidation des institutions du nouvel ordre post-autoritaire.

D'autre part, du point de vue du droit constitutionnel de transition, la transition congolaise est marquée par une inflation des textes constitutionnels, car cinq textes constitutionnels consécutifs avaient vu le jour et constituaient le cadre juridique et institutionnel de l'exercice du pouvoir politique. Il s'agit des textes suivants :

- L'Acte portant dispositions constitutionnelles relatives à la période de transition du 4 août 1992, adopté par la Conférence nationale souveraine. Ce texte n'avait jamais été promulgué par le Président Mobutu et ses institutions n'avaient pas été mises en place.
- L'Acte constitutionnel harmonisé relatif à la période de transition (Loi numéro 93-001 du 2 avril 1993).
- Acte constitutionnel de la transition (9 avril 1994)
- Le décret-loi constitutionnel n° 003 du 27 mai 1997 relatif à l'organisation et à l'exercice du pouvoir en République Démocratique du Congo.
- La Constitution de la transition promulguée le 4 avril 2003.

L'analyse des processus de démocratisation d'un régime autoritaire serait incomplète si elle ne tient pas compte des implications du droit constitutionnel de transition. Cependant, si la science politique s'est investie à fond pour saisir, dans les différents contextes géographiques, les dynamiques de démocratisation, le droit constitutionnel peine à scruter l'impact ou mieux, la relation entre les caractéristiques formelles de l'écriture des constitutions postautoritaires et le potentiel de réussite de la consolidation démocratique. En effet,

> *« l'analyse des processus complexes, conduisant à la disparition d'un régime politique autoritaire et à l'instauration d'un régime démocratique, impose au juriste d'étudier l'ensemble des normes, matériellement et formellement constitutionnelles, qui contribuent au changement axiologique de l'ordre juridique. La succession de deux ordres constitutionnels ne saurait pas se réduire, en effet, à l'abrogation formelle de l'ancien ordre et à l'entrée en vigueur du nouveau. Bien au contraire, la transition se caractérise par des phases, marquées par l'adoption d'une pluralité d'actes juridiques, qui mettent fin au régime précédent, instaurent un régime intermédiaire et provisoire et conduisent à*

l'adoption de la nouvelle Constitution. La consolidation des institutions démocratiques conclut le processus transitionnel[90] ».

C'est là tout l'intérêt du juriste-constitutionnaliste qui désormais se propose d'appréhender comment et à quel degré les aspects formels des constitutions post- autoritaires influencent-ils la transformation réussie des constitutions matérielles dans les scénarios post-autoritaires ? Une telle question pose la nécessité de faire dialoguer les théories des « *democratization studies* » avec le droit constitutionnel, mais elle souligne également combien il n'est pas si aisé de saisir l'essence même du droit constitutionnel de transition.

Suivant les formulations de Perlo Nicoleta[91], deux objections majeures peuvent suffire pour établir les prémisses qui justifient l'incertitude de l'objet du droit constitutionnel transitoire. En premier lieu, puisque la constitution comprend une fonction centralisatrice et structurante de l'ordre juridique, elle a une vocation de permanence et de stabilisation. Or, la transition étant un stade intermédiaire, examiné comme « *interrègne constitutionnel*[92]», elle a toujours été considérée par la doctrine comme relevant du pur fait et non pas du droit, étant donné que, dans cette phase, aucune norme fondamentale établie ne semble fonder un ordre juridique globalement efficace et sanctionné. Ensuite, certains profils des constitutions provisoires contredisent la catégorie normative traditionnelle de « constitution ». Elles ne sont pas adoptées pour durer dans le temps, ayant, bien au contraire, une validité limitée. En outre, des doutes persistent quant à la forme constitutionnelle qu'elles adoptent, étant donné que, le plus souvent, elles sont produites par des actes infraconstitutionnels. Toutefois, leur contenu est matériellement constitutionnel et présente des caractéristiques uniques, qui font des Constitutions provisoires une catégorie normative atypique du droit constitutionnel[93].

Ces objections s'alignent également avec les théorisations d'Emmanuel Cartier sur le droit constitutionnel transitoire[94]. Cet auteur recourt à l'expression « petite Constitution » conceptualisée par Marcel Prélot[95], pour se référer aux constitutions provisoires édictées en vue de l'adoption d'une Constitution définitive, le plus souvent après une rupture avec la Constitution précédente. Partant de l'analyse de l'histoire constitutionnelle française et du droit comparé, Cartier s'interroge sur

---

[90] Perlo, N. « Les Constitutions provisoires, une catégorie normative atypique au cœur des transitions constitutionnelles en Méditerranée », *Revue méditerranéenne de droit public*, Volume III, 2015 http://lm-dp.org/un-extrait-de-la-rmdp-iii-les-constitutions-provisoires-n-perlo/ (Consulté le 20 décembre 2020).

[91] Idem.

[92] Carré de Malberg, R. (1922), *Contribution à la théorie générale de l'État* ; Paris : Sirey, (réimpression par CNRS 1962), p. 497.

[93] Perlo, N. « Les Constitutions provisoires, une catégorie normative atypique au cœur des transitions constitutionnelles en Méditerranée », *Op. Cit.* 19.

[94] Cartier, E. (2007). « Les petites Constitutions : contribution à l'analyse du droit constitutionnel transitoire », *Revue française de droit constitutionnel*, 71 (3), pp. 513-534, p. 514 et suivants. https://doi-org.proxy.bibliotheques.uqam.ca/10.3917/rfdc.071.0513

[95] Prelot, M. (1949). *Précis de droit constitutionnel*, Paris : Dalloz, p. 307.
Cet auteur l'appliqua à la loi constitutionnelle du 2 novembre 1945 en 1949 dans son Précis de droit constitutionnel avant de développer le concept en 1961 dans son Précis d'institutions politiques et de droit constitutionnel.

l'existence de tels actes en tant que catégories normatives propres au droit constitutionnel ainsi que sur l'intérêt que peut représenter leur étude pour la théorie du droit en particulier et pour la matière constitutionnelle en général. Et pour mieux cerner cette notion de « petite Constitution », il énonce une double fonctionnalité de toute Constitution provisoire : d'abord la fonction structurante, commune à toutes les constitutions et ensuite une fonction « préconstituante » consistant à fixer les modalités de production de la Constitution définitive après avoir déterminé l'organe titulaire du pouvoir constituant selon le type de légitimité revendiqué par la rupture politique que le plus souvent elles sous-tendent. Il en en conclut que ces Constitutions sont donc à la fois *provisoires* par leur durée et transitoires du fait qu'elles permettent le passage d'une Constitution à une autre, c'est-à-dire la succession de deux ordres juridiques. Elles sont censées épuiser l'ensemble de leurs effets dans l'accomplissement de leur fonction dite « préconstituante », sous réserve de la prorogation de certaines de leurs dispositions par la *Constitution définitive*, qui leur confère ainsi une continuité matérielle sous une forme nouvelle[96].

Pour Emanuel Cartier, les constitutions provisoires ou transitoires s'inscrivent dans une triple dimension temporelle. Par rapport au passé d'abord. Elles sont issues d'une rupture avec l'ordre juridique précédent et partant, elles participent à la réception d'une partie de ses composantes dans un ordre nouveau. Ensuite, par rapport au présent. Elles organisent à titre provisoire les rapports entre les pouvoirs publics, sur la base d'un texte non nécessairement de forme constitutionnelle, et contribuent de ce fait à la définition d'un ordre juridique de transition, relais plus ou moins formalisé. Enfin, par rapport au futur. Elles participent à la détermination du titulaire du pouvoir constituant dit « originaire » en définissant les modalités de production de la Constitution définitive. Ce faisant, les *petites Constitutions* contribuent à la définition d'un droit transitoire matériellement constitutionnel.

Pour sa part, le professeur Hourquebie assimile les constitutions transitoires aux « constitutions de sortie de crise », car elles ont vocation à régenter cette période et cette zone grise constitutionnelle appelée « transition », qui suivent les crises politiques. Durant cette période,

> « *la définition d'un nouveau modèle politique et constitutionnel devient une priorité avec des exigences somme toute assez classiques, mais indispensables : adoption d'un régime politique bien souvent de type présidentiel ou semi-présidentiel ; émergence du pluralisme politique et d'élections concurrencées ; promotion des droits fondamentaux et instauration des cours constitutionnelles véritables gardiennes de ces droits et garantes de la démocratisation de l'État*[97] »

[96] Cartier, E. (2007). « Les petites Constitutions : contribution à l'analyse du droit constitutionnel transitoire », *Revue française de droit constitutionnel*, 71 (3), pp. 513-534, p. 515.

[97] Hourquebie F. « Néo-constitutionnalisme et contenu des constitutions de transition : quelle marge de manœuvre pour les constitutions de transition ? » *Annuaire international de justice constitutionnelle*, 30-2014, 2015. Juges constitutionnels et doctrine - Constitutions et transitions, pp. 587-602, p. 587.
https://doi.org/10.3406/aijc.2015.2258

CHAPITRE I

ACTE PORTANT DISPOSITIONS CONSTITUTIONNELLES RELATIVES À LA PÉRIODE DE TRANSITION DU 4 AOÛT 1992

I. CONTEXTE D'ÉLABORATION

1. De la « Conférence constitutionnelle » à la « Conférence nationale souveraine »

La Conférence nationale souveraine zaïroise (CNS) reste jusqu'à ce jour la plus longue d'Afrique, mais dont les résolutions n'ont pas été appliquées. Convoquées par l'Ordonnance n° 91-097[98] signée par le Président Mobutu, les assises de la Conférence nationale souveraine avaient débuté effectivement le 6 avril 1991 dans une euphorie générale et se sont clôturées le 6 décembre 1991. Elles ont duré exactement 8 mois. La Conférence nationale souveraine « était ressentie par la population zaïroise comme un moment privilégié et déterminant de son histoire passée et future. Un moment, une occasion unique de sortir de la dictature pour embrasser la démocratie, et pour sceller la réconciliation nationale. [99]»

D'emblée, l'ordonnance par laquelle était convoquée la CNS marquait une première grande concession politique faite par le Maréchal Mobutu. Après moult pressions, il accepta de transformer sa « Conférence constitutionnelle » en une Conférence nationale. Cependant, les divergences de vues persistaient quant à la nature et aux objectifs de ces assises malgré cette grande concession. Pour le Maréchal Mobutu, il n'était pas question que cette Assemblée soit souveraine, car

---

[98] Cf. Acte constitutif n° 91-097 du 11 avril 1991 portant création et composition de la Conférence nationale.
https://mjp.univ-perp.fr/constit/cd1991.htm#1.
En plus de l'Ordonnance n° 91-097 instituant la Conférence nationale, il convient de rappeler que la polarisation de la vie politique et la mobilisation citoyenne activée par une opposition bien présente dans les rues de grandes villes avaient obligé Mobutu de signer, à la fin, l'Ordonnance n° 91-020, relative à l'immunité des délégués à la Conférence nationale et l'Ordonnance n° 91-021 reconnaissant la souveraineté de la Conférence nationale.

[99] Bureau d'Études et de Recherches Consulting international — BERCI — (2001). *Les leçons à tirer de la conférence nationale souveraine et ses implications pour le dialogue intercongolais,* Kinshasa : BERCI, p. 23.
https://www.ndi.org/sites/default/files/1296_cd_natconf2001_0.pdf

la constitution de la Deuxième République — amendée par la loi du 5 juillet 1990-restait en vigueur. C'est d'ailleurs pour cette raison qu'il entendait limiter le rôle de la CNS à l'élaboration d'un projet de constitution ainsi qu'à l'organisation (rapide) d'un référendum constitutionnel et des élections aux différents niveaux. Le libellé de l'article 2 de l'ordonnance susmentionnée étant très clair à ce sujet, le président Mobutu assignait trois fonctions principales à cette nouvelle institution :

- Discuter de toutes les questions d'intérêt national en vue de la démocratisation et des options fondamentales de la troisième République ;
- Élaborer un projet de constitution à soumettre au référendum populaire ;
- Déterminer le contenu de la loi électorale et élaborer un calendrier électoral.

Cependant, une fois mise en orbite, la CNS s'était autoproclamée « souveraine » par des allures révolutionnaires[100], outrepassant les finalités initialement prescrites par cette ordonnance de convocation. Ainsi trois orientations avaient guidé les travaux de la CNS. D'abord, la lecture de toute l'histoire nationale, ensuite, le diagnostic de la nature et des causes profondes de la crise multiforme et enfin, baliser le futur avec la mise en place des fondamentaux d'un État de droit, démocratique et pluraliste.

Les différentes résolutions de la Conférence nationale souveraine avaient permis non seulement la rédaction du Projet de la Constitution de la troisième République, mais également la suppression du MPR, parti — État ainsi que la proclamation de l'indépendance de la magistrature de manière à permettre au pouvoir judiciaire de jouer correctement son rôle de troisième pouvoir. Les résolutions avaient également porté sur la dynamisation et la réorganisation de l'armée.

2. Polarisation des assises et divergences des approches des acteurs mobilisés

Le contexte politique dans lequel s'inscrivait la CNS fut prédominé par le principe du « partage équitable et équilibré » du pouvoir entre deux principales forces politiques qui s'alignaient sur la scène politique : d'une part le cartel de l'opposition « l'Union sacrée » de l'opposition et alliés (USORAL), créé en juillet 1991, dont le *Lider Maximo* était sans nul doute M. Etienne Tshisekedi ; et d'autre part, le cartel des partis de la « Mouvance présidentielle » constitué par les Forces démocratiques unies (FDU) qui se mueront plus tard en Force Politiques du Conclave (FPC), avec à sa tête le président Mobutu. Ce sociogramme des acteurs de la CNS serait incomplet si l'on n'ajoutait pas L'Église Catholique et la hiérarchie ecclésiastique que Mgr Monsengwo, archevêque de Kisangani représentait, car elle joua un rôle majeur dans la conduite et l'orientation de

---

[100] Cf. Acte fondamental proclamant la souveraineté de la Conférence nationale (5 mai 1992). https://mjp.univ-perp.fr/constit/cd1991.htm#2
Voir à ce sujet Gbanda Za mboko Atumba, H. (1993) : *La problématique de la souveraineté des conférences nationales souveraines d'Afrique* », Kinshasa.

l'agenda de la CNS. En effet, en tant qu'actrice de la scène politique, la hiérarchie catholique avait une approche tout à fait différente de celle de deux acteurs politiques précités. Elle assignait aux assises de la CNS le *deal* d'une grande « palabre africaine ». Pour l'Église catholique, la principale mission de la CNS était celle

> *« de résorber et de surmonter les conflits au sein de la société en pratiquant une catharsis collective, en faisant tous ensemble un retour sur l'histoire du pays à travers un examen de conscience à l'échelle de la Nation, de chacune des composantes, de chaque individu. Et il s'agit de parvenir, par consensus, à la "conversion" à de nouvelles valeurs, et à l'élaboration d'un projet de société »*[101].

Pour cette raison, la hiérarchie des princes de l'Église catholique fustigeait que :

> *« La CNS n'est une arène de propagande électorale ni de conquête du pouvoir. C'est plutôt le lieu d'où doivent être sélectionnées les meilleures pierres de fondation de la nouvelle société zaïroise ainsi que les nouveaux critères de jugement et de comportement*[102] *».*

Cette approche des prélats catholiques était au fait un rappel à l'ordre en rapport avec les ambiguïtés « voulues » quant à la nature des assises de la CNS. En effet, pour certains délégués, tirant les conséquences de la déclaration de sa souveraineté, la CNS était avant toute chose, une assemblée constituante qui n'était susceptible d'aucun encadrement juridique autre que celle émanant d'elle (Approche de supraconstitutionnalité de la CNS). Sous cet angle, la CNS déclenchait la révolution contre l'ordre mobutiste. Cette approche révolutionnaire élevait l'institution de la CNS en une instance inquisitoire populaire et par ricochet, de propagande électorale. Pour d'autres qui adoptaient une approche modérée, la CNS devrait limiter ses débats et délibérations aux aspects essentiellement inhérents aux bases des réformes démocratiques pacifiques et à l'ordre électoral conduisant à la IIIème République.

La divergence aigüe entre ces deux approches conduisit inévitablement à l'échec des assises de la CNS. En effet, le « moment politique » de la CNS s'est estompé pour déboucher aux règlements de compte personnel, aux luttes de positionnement et aux stratégies de récupération tantôt par le blocage, l'intimidation et la corruption de la part du pouvoir, tantôt par le jeu des majorités arithmétiques automatiques sur des questions déterminantes et l'exploitation politicienne par l'opposition des commissions dites « sensibles » dont celle des biens mal acquis et des assassinats politiques[103]. »

Par ailleurs, au passif des assises de la CNS, il faut aussi ajouter l'élargissement excessif du champ du débat politique. Ce manque de méthode explique aussi l'extension temporelle démesurée des assises, car le débat politique, régi sous les principes de « consensus » et de « l'unanimisme », oscillait entre deux extrêmes : d'une part, la relecture de l'histoire nationale et d'autre part, l'élaboration d'un projet de société multisectoriel. Entre les deux extrêmes, une fixation obsessionnelle des débats sur la personne du maréchal Mobutu était de mise tout

---

101 Déclaration de la Conférence épiscopale du 27 janvier 1992.

102 Déclaration de la Conférence épiscopale du 21 juin 1991.

103 Bureau d'Études et de Recherches Consulting international — BERCI — (2001). *Op. Cit.* p. 60.

en désorientant l'agenda de la CNS vers des questions purement personnelles. Autre aspect pouvant constituer une pesanteur majeure ayant joué négativement sur les résultats de la CNS était sans nul doute, l'absence de garantie de bonne fin, qui se traduisait par l'hostilité manifeste du pouvoir mobutien et le manque de soutien de la hiérarchie militaire demeuré fidèle au Maréchal Mobutu.

II. LE RÉGIME POLITIQUE ÉTABLI PAR LE TEXTE CONSTITUTIONNEL

À l'issue de la Conférence nationale souveraine, un texte constitutionnel régissant la période de transition fut adopté. Il s'agit de l'Acte portant dispositions constitutionnelles relatives à la période de transition du 4 août 1992[104]. Le préambule de ce texte constitutionnel évoquait d'emblée le contexte sociopolitique chaotique qui justifiait la rupture totale avec la philosophie politique et les institutions de la IIème République. Il constatait d'abord « la crise profonde, multiforme et persistante à laquelle le pays est confronté depuis de nombreuses années » et ensuite, il étalait la litanie des « malheurs » des époques du président Mobutu :

> « *la paupérisation de la population, le ravalement et l'inversion des valeurs morales et spirituelles, la chute vertigineuse de la monnaie, le recul sans cesse croissant de la production nationale, le règne des maux tels que l'arbitraire, la corruption, le népotisme, le tribalisme, la dislocation de l'appareil sanitaire, l'effondrement du système éducatif, la confiscation des libertés individuelles et collectives, le détournement systématique des biens publics et la spoliation des biens privés, l'incivisme et l'anarchie.* »

Somme toute, la rupture avec la IIème république était plus que nécessaire par le constat objectif de l'incapacité totale des institutions en place d'apporter des solutions à cette situation tragique. Aux plus claires, il s'agissait d'une véritable crise du régime politique instauré par la constitution du 20 mai 1967. En plus d'opérer la rupture, l'objectif de ce texte constitutionnel consistait donc à « préparer dans la paix et la concorde, l'avènement d'une IIIème République réellement démocratique garantissant un développement intégral et harmonieux de la Nation ».

L'article 38 de l'Acte portant dispositions constitutionnelles relatives à la période de transition du 4 août 1992 établissait 4 institutions politiques pour cette période de transition :

- Le Président de la République
- Le Haut Conseil de la République
- Le Gouvernement
- Les Cours et Tribunaux.

Sous l'emprise de l'Acte portant dispositions constitutionnelles relatives à la période de transition du 4 août 1992, le statut constitutionnel du chef de l'État

[104] Ce texte constitutionnel n'a jamais été promulgué par le Chef de l'État Mobutu.

était considérablement réduit à sa plus simple expression. Tel un monarque dans les régimes parlementaires dualistes, il « régnait », mais ne gouvernait pas.

Le Haut Conseil de la République, émanation de la Conférence nationale souveraine, était présidé par Monseigneur Laurent Mosengwo. Composé de 359 membres ayant le titre de « Conseiller de la République », avec statut et mandat assimilable au « député national », il lui était reconnu 6 missions principales :

- Suivre et contrôler l'exécution des actes de la Conférence nationale souveraine ;
- Élaborer les lois ;
- Contrôler le Gouvernement ;
- Émettre des avis aux articles 42[105], 44[106] et 46 dans le délai de 15 jours à compter de la date de réception des dossiers, passé ce délai, l'avis favorable est acquis d'office ;
- Interpréter les actes de la Conférence nationale souveraine autres que le présent Acte.

Un gouvernement dirigé par M. E. Tshisekedi était investi à la Conférence nationale souveraine. Conformément à l'Article 66 de l'Acte, le Gouvernement conduit la politique de la Nation telle que définie par Conférence nationale souveraine. Il exécute les actes de la Conférence nationale souveraine et les lois de la République.

Le Premier ministre est le chef du Gouvernement. Il est élu par la Conférence nationale souveraine et investi par ordonnance du Président de la République dans les quarante-huit heures de son élection. Passé ce délai, le Premier ministre entre en fonction.

Le Premier ministre préside le Conseil des ministres. Toutefois, à l'initiative du Gouvernement ou à l'invitation du Président de la République, des réunions de concertation peuvent se tenir entre ce dernier et le Gouvernement. Les décisions qui en découlent engagent le Gouvernement.

Le Premier ministre exerce le pouvoir réglementaire par voie de décrets délibérés en Conseil des ministres. Les actes qu'il prend dans ce cadre sont contresignés, le cas échéant, par le ministre chargé de leur exécution.

---

[105] **Article 42 :** Le Président de la République accrédite les ambassadeurs et les envoyés extraordinaires auprès des puissances étrangères et des organisations internationales sur proposition du Gouvernement après avis conforme du Haut Conseil de la République. Les ambassadeurs et les envoyés extraordinaires étrangers sont accrédités auprès de lui.

[106] **Article 44** : Le Président de la République nomme et révoque par ordonnance sur proposition du Gouvernement et après avis du Haut Conseil de la République :

Les ambassadeurs et les envoyés extraordinaires ; les officiers supérieurs et généraux des forces armées et des forces de l'ordre ; le chef d'État-major général (ou le commandant en chef) ;les chefs d'État-major et les commandants des grandes unités des forces armées ; les hauts fonctionnaires, du directeur au secrétaire général de l'Administration publique ; les mandataires publics dans les entreprises et les organismes publics et dans les sociétés d'économie mixte, excepté les commissaires aux comptes.

III. LE TEXTE CONSTITUTIONNEL

Acte portant dispositions constitutionnelles relatives à la période de transition, 4 août 1992[107]

Préambule.

Nous, Peuple congolais, réuni en Conférence nationale souveraine ;

Constatant la crise profonde, multiforme et persistante à laquelle le pays est confronté depuis de nombreuses années ;

Considérant la paupérisation de la population, le ravalement et l'inversion des valeurs morales et spirituelles, la chute vertigineuse de la monnaie, le recul sans cesse croissant de la production nationale, le règne des maux tels que l'arbitraire, la corruption, le népotisme, le tribalisme, la dislocation de l'appareil sanitaire, l'effondrement du système éducatif, la confiscation des libertés individuelles et collectives, le détournement systématique des biens publics et la spoliation des biens privés, l'incivisme et l'anarchie ;

Convaincu de l'incapacité totale des institutions en place d'apporter des solutions à cette situation tragique ;

Convaincu de la nécessité de rompre avec l'ordre ancien et de préparer dans la paix et la concorde, l'avènement d'une 3e République réellement démocratique garantissant un développement intégral et harmonieux de la Nation ;

Considérant que la Transition doit être proche de la IIIe République dont elle doit constituer la préfiguration ;

Soucieux de restaurer les valeurs morales et spirituelles au sein de notre société ;

Affirmant notre détermination de consolider notre unité et notre intégrité nationales ;

Proclamant notre adhésion à la Déclaration universelle des droits de l'homme et à la Charte africaine des Droits de l'Homme et des Peuples ;

Conscient de nos responsabilités devant Dieu, la Nation, l'Afrique et le Monde ;

Vu le Règlement intérieur de la Conférence nationale souveraine, spécialement en ses articles 3 et 44 ;

Décidons solennellement d'adopter le présent Acte portant dispositions constitutionnelles relatives à la période de transition.

Titre I. Du territoire et de la souveraineté de la République.

Article premier.

La République du Congo est, dans ses frontières du 30 juin 1960, un État indépendant, souverain, indivisible, démocratique, social et laïc.

Son emblème est le drapeau bleu ciel, orné d'une étoile jaune dans le coin supérieur gauche et traversé en biais d'une bande rouge finement encadrée de jaune.

Sa devise est : « Paix-Justice-Travail ».

---

[107] Le Président de la République n'avait jamais promulgué ce texte et partant, celui-ci n'a pas fait l'objet d'une publication au Journal Officiel. Notre source est la digithèque de l'université de Perpignan :
https://mjp.univ-perp.fr/constit/cd1992.htm#:~:text=Tout%20Congolais%20a%20droit%20%C3%A0,cas%20pr%C3%A9vus%20par%20la%20loi.
Le recueil des textes constitutionnels de la République du Zaïre du 19 mai 1960 au 28 avril 1991, publié par Iyeleza Mozu-Mbey, Masika Katsuva et isengingo Kambere-Ng'les (1991) aux éditions Isc- Consult, peut-être aussi considéré comme une autre source.

Ses armoiries se composent d'une tête de léopard, encadrée à gauche d'une branche de palmier et d'une flèche et, à droite, d'une pointe d'ivoire et d'une lance, le tout reposant sur une pierre.

Son hymne national est l'hymne de l'indépendance. Sans préjudice des langues nationales, sa langue officielle est le français.

Article 2.

La République du Congo est composée de la ville de Kinshasa et des provinces dotées de la personnalité civile ci-après : Bandundu, Bas-Congo, Équateur, Haut-Congo, Kasaï occidental, Kasaï Oriental, Maniema, Nord-Kivu, Sud-Kivu et Katanga.

Les limites, l'organisation et le fonctionnement de la ville de Kinshasa ainsi que des provinces sont fixés par la loi.

Kinshasa est la capitale de la République.

Article 3.

Le sol et sous-sol appartiennent à l'État. Les conditions de leur concession sont fixées par la loi.

Article 4.

Nul ne peut porter atteinte à l'intégrité du territoire de la République.

Article 5.

Tout pouvoir émane de la nation.

Il est exercé par le peuple par voie de référendum ou par ses représentants.

Aucune fraction du peuple ni aucun individu ne peut s'en attribuer l'exercice.

Article 6.

Le suffrage est universel et secret.

Sont électeurs dans les conditions déterminées par la loi, tous les Congolais des deux sexes, âgés de 18 ans révolus et jouissant de leurs droits civiques et politiques.

Article 7.

Les partis politiques concourent à l'expression du suffrage. Ils se forment et exercent librement leurs activités dans le respect de la loi.

Ils sont tenus au respect des principes de démocratie pluraliste, de l'unité et de la souveraineté nationale.

Article 8.

La nationalité congolaise est une et exclusive. Elle ne peut être détenue concurremment avec une autre nationalité.

La loi fixe les conditions de reconnaissance, d'acquisition et de perte de la nationalité congolaise.

Titre II. Des droits fondamentaux de la personne et des devoirs des citoyens.

Article 9.

La personne humaine est sacrée. L'État a l'obligation de la respecter et de la protéger.

Toute personne a droit à la vie et à l'intégrité physique.

Nul ne peut être soumis à la torture ni à des traitements inhumains ou dégradants.

Nul ne peut être mis à mort si ce n'est dans le cas prévu par la loi et dans les formes qu'elle prescrit.

Article 10.

La République du Congo garantit l'exercice des droits et libertés individuels et collectifs, notamment les libertés de circulation, d'entreprise, d'information, d'association, de réunion, de cortège et de manifestation, sous réserve du respect de la loi, de l'ordre public et des bonnes mœurs.

Article 11.

Tous les Congolais sont égaux devant la loi et ont droit à une égale protection des lois.

Aucun Congolais ne peut, en matière d'éducation et d'accès aux fonctions publiques ni en aucune autre matière, faire l'objet d'une mesure discriminatoire, qu'elle résulte de la loi ou d'un acte de l'Exécutif, en raison de sa religion, de son appartenance raciale ou ethnique, de son sexe, de son lieu de naissance, de sa résidence ou de ses convictions politiques.

Article 12.

Toute personne a droit au libre développement de sa personnalité, sans préjudice du droit d'autrui et de l'ordre public.

Tout Congolais a droit à la paix, au développement et au patrimoine commun de l'humanité.

Nul ne peut être tenu en esclavage ou en servitude ou dans une condition analogue.

Nul ne peut être astreint à un travail forcé ou obligatoire, sauf dans les cas prévus par la loi.

Article 13.

La liberté de la personne humaine est inviolable.

Nul ne peut être poursuivi, arrêté, ni détenu qu'en vertu de la loi et dans les formes qu'elle prescrit.

Nul ne peut être poursuivi pour une action ou une omission qui ne constituent pas une infraction à la loi au moment où elle a été commise et au moment des poursuites.

Toute personne accusée d'une infraction est présumée innocente jusqu'à ce que sa culpabilité ait été établie par un jugement définitif.

Article 14.

Toute personne privée de sa liberté par arrestation ou détention a le droit d'introduire un recours devant un tribunal afin qu'il statue à bref délai sur la légalité de sa détention et ordonne sa libération si la détention est illégale.

Toute personne a le droit d'être jugée dans un délai raisonnable par une juridiction impartiale et légalement instituée.

Tout jugement doit être écrit et motivé. Il est prononcé en audience publique.

Article 15.

Toute personne arrêtée doit être immédiatement informée, dans la langue qu'elle comprend, des motifs de son arrestation.

Une personne victime d'une arrestation ou d'une détention illégale a droit à une juste et équitable réparation du préjudice qui lui a été causé.

Toute personne a le droit de se défendre seule ou de se faire assister par un défenseur de son choix.

Toute personne poursuivie a le droit d'exiger d'être entendue en présence d'un avocat, d'un défenseur judiciaire ou de toute autre personne de son choix, et ce, à tous les niveaux de la procédure pénale.

La loi détermine les modalités d'exercice de ce droit.

Article 16.

Nul n'est tenu d'exécuter un ordre manifestement illégal lorsque celui-ci porte atteinte aux droits et libertés de la personne humaine.

Article 17.

Dans la République, il n'y a pas de religion d'État.

Toute personne a droit à la liberté de pensée, de conscience et de religion. Toute personne a le droit de manifester sa religion ou ses convictions, seule ou en commun tant en public qu'en privé par le culte, l'enseignement, les pratiques, l'accomplissement des rites et l'état de vie religieuse, sous réserve de l'ordre public et de bonnes mœurs.

La loi fixe les conditions de constitution des associations religieuses.

Article 18.

Tout Congolais a droit à la liberté d'expression.

Ce droit implique la liberté d'exprimer ses opinions et ses sentiments, notamment par la parole, l'écrit et l'image sous réserve de l'ordre public, des droits d'autrui et des bonnes mœurs.

Une loi fixe les modalités de l'exercice de la liberté de la presse.

Article 19.

Le droit de pétition est reconnu aux Congolais.

Article 20.

La famille, base naturelle de la communauté humaine, est placée sous la protection de l'État. Elle sera organisée de manière à ce que soient assurées son unité et sa stabilité.

Tout Congolais a le droit de se marier et de fonder une famille.

La loi fixe les règles sur le mariage.

Les soins et l'éducation à donner aux enfants constituent, pour les parents, un droit et un devoir qu'ils exercent avec l'aide de l'État.

Article 21.

Il est pourvu à l'éducation de la jeunesse par l'enseignement national. L'enseignement national comprend les écoles publiques ainsi que les écoles privées agréées et contrôlées par l'État.

La loi fixe les conditions de création et de fonctionnement des établissements d'enseignement.

Article 22.

Les droits de propriété individuelle ou collective sont garantis.

Il ne peut être porté atteinte à ces droits qu'en vertu d'une loi pour des motifs d'intérêt général, sous réserve d'un préalable et équitable indemnité à verser à la personne lésée dans ses droits.

Article 23.

Le domicile est inviolable. Il ne peut y être effectué de visites domiciliaires ou de perquisitions que dans les formes et conditions prévues par la loi.

Article 24.

Toute personne a droit au secret de sa correspondance, de télécommunication ou de toute forme de communication. Il ne peut être porté atteinte à ces droits que dans les cas définis par la loi.

Article 25.

L'exercice de l'art, du commerce et de l'industrie ainsi que la libre circulation des biens sont garantis à tous les Congolais sur toute l'étendue du territoire de la République, dans les conditions fixées par la loi.

Article 26.

Aucun Congolais ne peut être expulsé du territoire de la République.

Aucun citoyen ne peut être contraint, pour des raisons politiques à résider hors de son lieu de résidence habituelle ou à l'exil.

Tout Congolais a le droit de fixer librement son domicile ou sa résidence en un lieu quelconque du territoire de la République et d'y jouir de tous les droits qui lui sont reconnus par le présent Acte et par les lois. Ce droit ne peut être limité qu'en vertu de la loi et dans les cas qu'elle détermine.

Article 27.

Tous les Congolais sont égaux en droit et en dignité. Tout acte qui accorde des privilèges à des nationaux ou qui limite leurs droits en raison de l'origine ethnique, tribale ou régionale, de l'opinion politique ou philosophique, de la religion ou du sexe est contraire au présent Acte fondamental et est puni de puni des peines prévues par la loi.

Tout acte de provocation ou toute attitude visant à inciter à la violence ou à la haine ethnique ou tribale ou à semer la discorde entre nationaux, est contraire au présent Acte et puni des peines prévues par la loi.

Article 28.

Le travail est un droit et un devoir sacré. Tout Congolais a le devoir de contribuer par son travail à la construction et à la prospérité de la Nation. Tout travailleur est libre d'adhérer au syndicat de son choix.

Article 29.

Le droit de grève est reconnu et garanti. Il s'exerce dans les conditions fixées par la loi.

Article 30.

Toute personne a droit à un environnement sain. Elle a le devoir de le défendre. L'État veille à la protection de l'environnement.

Article 31.

Tous les Congolais ont le devoir de se conformer à l'Acte fondamental, aux lois et règlements de la République, de s'acquitter de leurs contributions fiscales et de remplir leurs obligations sociales.

Article 32.

Les biens publics sont sacrés et inviolables. Les citoyens doivent les respecter scrupuleusement et les protéger.

Article 33.

L'État protège les droits et intérêts légitimes des Congolais résidant à l'étranger.

Article 34.

Les étrangers bénéficient sur le territoire de la République du Congo des mêmes droits et libertés que les Congolais, dans les conditions déterminées par les traités et les lois, sous réserve de la réciprocité. Ils sont tenus de se conformer aux lois et règlements de la République.

Article 35.

L'État a le devoir d'assurer la diffusion et l'enseignement de l'Acte fondamental, de la Déclaration universelle des Droits de l'Homme, de la Charte africaine des Droits de l'Homme et des Peuples, ainsi que de tous les instruments internationaux dûment ratifiés et relatifs aux droits de l'homme. L'État a l'obligation d'intégrer les droits de la personne humaine dans tous programmes de formation des Forces armées et de Services de Sécurité.

Article 36.

La République accorde le droit d'asile, sur son territoire, aux ressortissants étrangers poursuivis en raison de la lutte de libération nationale, de la liberté du travail scientifique et culturel et pour la défense des droits de l'homme et des peuples, conformément aux lois et règlements en vigueur.

Titre III. De l'organisation et de l'exercice du pouvoir.

Chapitre premier. Dispositions générales.

Article 37.

Durant la période de Transition, les pouvoirs sont exercés de la manière établie par le présent Acte fondamental. Tout Congolais a le droit et le devoir sacré de défendre la Nation et son intégrité territoriale, de désobéir et de résister à tout individu ou groupe d'individus qui prend le pouvoir par la force ou l'exerce en violation des dispositions du présent Acte fondamental.

Chapitre II. Des institutions de la République.

Article 38.

Les institutions de la République pendant la transition sont :

1. le Président de la République ;
2. le Haut Conseil de la République ;
3. le Gouvernement ;

4. les cours et tribunaux.

Sans préjudice des dispositions de l'article 90, Kinshasa, la capitale, est le siège de toutes les institutions de la République.

Section I. Du président de la République.

Article 39.

Le Président de la République représente la Nation.

Il promulgue les lois votées par le Haut Conseil de la République dans les quinze jours qui suivent leur réception. Passé ce délai, les lois deviennent exécutoires.

Article 40.

Le Président de la République est le Chef suprême des Forces armées.

Il préside le Conseil Supérieur de la Défense.

Le Président du Haut Conseil de la République et le Premier ministre sont de droit membres du Conseil Supérieur de la Défense.

Une loi détermine les attributions, la composition, l'organisation et le fonctionnement du Conseil Supérieur de la Défense.

Article 41.

Le Président de la République confère les grades dans les ordres nationaux et les décorations conformément à la loi.

Il statue par voie d'ordonnance dans le cadre de ses prérogatives qui lui sont reconnues par le présent Acte.

Article 42.

Le Président de la République accrédite les ambassadeurs et les envoyés extraordinaires auprès des puissances étrangères et des organisations internationales sur proposition du Gouvernement après avis conforme du Haut Conseil de la République. Les ambassadeurs et les envoyés extraordinaires étrangers sont accrédités auprès de lui.

Article 43.

Le Président de la République a le droit de grâce.

Il peut remettre, commuer ou réduire les peines sur proposition du gouvernement, le Conseil supérieur de la Magistrature entendu.

Il exerce ces prérogatives dans les conditions définies par la loi.

Article 44.

Le Président de la République nomme et révoque par ordonnance sur proposition du Gouvernement et après avis du Haut Conseil de la République :

- les ambassadeurs et les envoyés extraordinaires ;
- les officiers supérieurs et généraux des forces armées et des forces de l'ordre ;
- le chef d'État-major général (ou le commandant en chef) ;
- les chefs d'État-major et les commandants des grandes unités des forces armées ;
- les hauts fonctionnaires, du directeur au secrétaire général de l'Administration publique ;
- les mandataires publics dans les entreprises et les organismes publics et dans les sociétés d'économie mixte, excepté les commissaires aux comptes.

Il nomme et révoque par ordonnance les magistrats du siège et du Parquet sur proposition du Conseil Supérieur de la Magistrature et après avis conforme du Haut Conseil de la République.

Dans tous les cas énumérés ci-dessus, les ordonnances sont contresignées par le ministre compétent.

Si dans les sept jours de leur transmission, les projets d'ordonnance ne sont pas signés par le Président de la République, le Premier ministre entérine ces nominations et révocations par décret contresigné par le ministre compétent.

Article 45.

Le Président de la République investit par ordonnance suivant la procédure prévue à l'article 44 du présent Acte fondamental, les Gouverneurs de provinces élus par les conseils provinciaux. Ces ordonnances sont contresignées par le ministre compétent.

Article 46.

À la demande du Gouvernement et après avis conforme du Haut Conseil de la République, le Président de la République déclare la guerre. Il en informe la Nation par un message.

Lorsque la guerre est déclarée, le Président de la République peut proclamer l'état de siège.

Article 47.

La charge du Président de la République est incompatible avec :

- toute fonction civile ou militaire ;
- toute activité commerciale ou autre rémunérée.

Article 48.

Le Président de la République bénéficie d'une liste civile fixée par le Haut Conseil de la République.

Article 49.

Les fonctions du Président de la République prennent fin par démission, décès, empêchement définitif, déchéance prononcée par la Cour Suprême de Justice dans les conditions déterminées par le présent Acte, ou à la fin de la Transition.

La vacance est constatée par la Cour Suprême de Justice saisie par le Haut Conseil de la République et qui en informe la Nation par un message.

Article 50.

En cas de vacance, les fonctions du Président de la République sont exercées par le Haut Conseil de la République jusqu'à l'installation effective des institutions de la IIIe République issues des élections prévues par la Conférence nationale souveraine.

L'exercice des fonctions du Président de la République dans ce cas est incompatible avec l'exercice, dans le même temps, des fonctions du Président du Haut Conseil de la République.

Section II. Du Haut Conseil de la République.

Article 51.

Le Haut Conseil de la République est l'émanation de la Conférence nationale souveraine.

Sans préjudice d'autres prérogatives à lui reconnues par le présent Acte fondamental, il a pour mission de :

- suivre et contrôler l'exécution des actes de la Conférence nationale souveraine ;
- élaborer les lois ;
- contrôler le Gouvernement ;
- émettre des avis aux articles 42, 44 et 46 dans le délai de 15 jours à compter de la date de réception des dossiers ; passé ce délai, l'avis favorable est acquis d'office ;
- interpréter les actes de la Conférence nationale souveraine autres que le présent Acte.

Le Haut Conseil de la République exerce une mission générale de médiation et de modération entre les différentes institutions de la République, les forces politiques et sociales.

Article 52.

Le Haut Conseil de la République est composé de 359 membres à raison de :

- un membre par zone, soit 218 membres ; — cinquante membres issus de la société civile ;
- quarante membres issus des partis politiques ;
- trente membres issus des institutions publiques ;
- dix membres issus des invités de la Conférence nationale souveraine ;
- les onze membres du bureau de la Conférence nationale souveraine.

Les membres du Haut Conseil de la République sont élus par l'assemblée plénière parmi les conférenciers ayant fait acte de candidature.

Au niveau de chaque zone, le candidat est proposé par les conférenciers ressortissants de cette zone.

Il en est de même pour chaque composante de la Conférence nationale souveraine énumérée ci-dessus.

Article 53.

Les membres du Haut Conseil de la République portent le titre de « Conseiller de la République » et ont le statut de député national.

La durée de leur mandat correspond à celle de la Transition. Toutefois, le mandat d'un conseiller de la République peut prendre fin par le décès, la démission, l'incapacité permanente ou l'absence injustifiée à plus d'un quart des séances d'une session.

Article 54.

Les Conseillers de la République ont droit à une indemnité équitable qui assure leur indépendance. Cette indemnité est fixée par une commission paritaire composée de membres du Haut Conseil de la République et du Gouvernement.

Article 55.

Sont incompatibles avec le mandat de Conseiller de la République, les fonctions et mandats de :

- membre du Gouvernement ;
- membre des Forces armées ;
- magistrat ;
- fonctionnaire de l'État ;
- cadre politico-administratif de la territoriale ;
- mandataire public.

Article 56.

Le bureau du Haut Conseil de la République comprend :

- un Président ;
- un vice-président ;
- deux secrétaires rapporteurs.

Le Président du Haut Conseil de la République est élu par la Conférence nationale souveraine.

Les autres membres du bureau sont élus par le Haut Conseil de la République.

Article 57.

Le Haut Conseil de la République se réunit en sessions ordinaires et extraordinaires.

La périodicité des sessions ordinaires est fixée par le règlement intérieur.

Le Haut Conseil de la République se réunit en session extraordinaire à la demande du Gouvernement ou du tiers de ses membres, sur un ordre du jour déterminé.

Article 58.

Sans préjudice des autres dispositions du présent Acte fondamental, le Haut Conseil de la République ne siège valablement qu'à la majorité absolue de ses membres.

Les séances du Haut Conseil de la République sont publiques, sauf si le huis clos est prononcé.

Article 59.

L'organisation et le fonctionnement du Haut Conseil de la République sont fixés par son règlement intérieur.

Article 60.

La loi fixe :

1. Les règles concernant :

- les droits civiques et les garanties accordées aux citoyens pour l'exercice des libertés publiques ;
- les sujétions imposées aux citoyens en leur personne pour la défense nationale et le développement et en leurs biens ;
- la nationalité, l'état et la capacité des personnes, les régimes matrimoniaux, les successions et les libéralités ;
- la détermination des infractions ainsi que les peines qui leur sont applicables ;
- l'amnistie, le statut des magistrats et le régime juridique du Conseil de la magistrature, la procédure suivie devant les juridictions, les droits de la défense ;

- l'assiette, le taux et les modalités de recouvrement des impôts ; les emprunts et les engagements financiers de l'État et des provinces, le régime d'émission de la monnaie ;
- la création des établissements publics, le statut de la fonction publique, le droit du travail et de la Sécurité sociale ;
- le plan de développement économique et social ;
- les obligations civiles et les droits commerciaux ;
- l'organisation de la défense nationale, le mode de recrutement des membres des forces armées, l'avancement, les droits et obligations militaires ;
- le régime des élections.

2. Les principes fondamentaux :
- de la décentralisation ;
- de la nationalisation, de la dénationalisation et de la privatisation d'entreprises ;
- du régime foncier et minier ;
- de la mutualité et de l'épargne ;
- de l'enseignement et de la santé ;
- du régime pénitentiaire ;
- du pluralisme politique et syndical
- du droit de grève ;

Article 61.

Les lois des finances déterminent les ressources et les charges de l'État.

Article 62.

Sans préjudice des dispositions du présent Acte, les matières autres que celles qui sont du domaine de la loi ont un caractère réglementaire.

Article 63.

Le Haut Conseil de la République vote le projet de loi budgétaire.

Tout amendement au projet de budget entraînant un accroissement des dépenses doit en prévoir les voies et moyens nécessaires.

Tout amendement entraînant une diminution des recettes qui aura pour effet de rompre l'équilibre du budget doit prévoir une diminution des dépenses correspondantes ou des recettes nouvelles.

Si le Haut Conseil de la République ne s'est pas prononcé sur le projet présenté par le Gouvernement avant l'ouverture du nouvel exercice, les dispositions de projet peuvent être mises en vigueur par le Premier ministre.

Si le projet de loi budgétaire d'un exercice n'a pas été déposé en temps utile pour être promulgué avant le début de l'exercice, le gouvernement demande au Haut Conseil de la République l'ouverture de crédits provisoires.

Dans le cas où le Haut Conseil de la République ne se prononcerait pas dans les quinze jours sur l'ouverture des crédits provisoires, les dispositions du projet prévoyant ces crédits sont mises en vigueur par le Premier ministre.

Article 64.

Les membres du Haut Conseil de la République ne peuvent être poursuivis, arrêtés, ni traduits en justice en raison des opinions ou votes émis dans l'exercice de leurs fonctions.

Ils ne peuvent l'être, pendant la durée d'une session, en matière pénale, qu'avec l'autorisation du Haut Conseil de la République, sauf en cas de flagrant délit.

Article 65.

La détention ou les poursuites contre un membre du Haut Conseil de la République sont suspendues si le Haut Conseil de la République le requiert ; mais cette suspension ne peut dépasser la durée de la session en cours.

En dehors des sessions, aucun membre du Haut Conseil de la République ne peut être arrêté sans l'autorisation du bureau du Haut Conseil de la République, sauf le cas de flagrant délit.

Section III. Du Gouvernement.

Article 66.

Le Gouvernement conduit la politique de la Nation telle que définie par la Conférence nationale souveraine.

Il exécute les actes de la Conférence nationale souveraine et les lois de la République.

Il dispose de l'Administration et de la force armée.

Il est responsable devant le Haut Conseil de la République dans les conditions définies par le présent Acte fondamental.

Article 67.

Le Gouvernement procède aux nominations des cadres de commandement autres que ceux visés à l'article 44 du présent Acte fondamental par décret du Premier ministre délibéré en Conseil des ministres et contresigné par le ministre compétent. Il en informe le Haut Conseil de la République.

Article 68.

Lorsque des circonstances graves menacent d'une manière immédiate l'indépendance ou l'intégrité de la Nation ou qu'elles provoquent l'interruption du fonctionnement régulier des Institutions de l'État ou encore lorsqu'elles risquent de porter atteinte aux intérêts vitaux de la République, le Gouvernement, après concertation avec le Président de la République et après autorisation du Haut Conseil de la République, peut proclamer l'état d'urgence.

Il en informe la Nation par un message.

Le Haut Conseil de la République détermine dans son autorisation la durée et l'étendue des pouvoirs exceptionnels reconnus au Gouvernement.

Article 69.

Lorsque l'état de siège est proclamé, le Gouvernement est habilité à prendre toutes les mesures exigées par les circonstances dans les limites fixées par la loi.

Il met les troupes en mouvement dans les conditions définies à l'article 68 et à l'alinéa précédent.

Article 70.

Lorsque l'état de siège ou d'urgence a été proclamé, le Gouvernement peut suspendre dans une partie de la République et pour la durée qu'il fixe l'action répressive des cours et tribunaux et y substituer celle des juridictions militaires pour les infractions qu'il détermine. Dans le cas où l'action des juridictions militaires est substituée à celle des cours et tribunaux de droit commun, les droits de la défense et de recours ne peuvent être supprimés.

Article 71.

Le Premier ministre est le chef du Gouvernement.

Il est élu par la Conférence nationale souveraine et investi par ordonnance du Président de la République dans les quarante-huit heures de son élection. Passé ce délai, le Premier ministre entre en fonction.

Article 72.

Les fonctions de Premier ministre prennent fin par démission, décès, empêchement définitif, vote de défiance par le Haut Conseil de la République ou à l'expiration de la Transition. Dans tous ces cas, le Haut Conseil de la République élit un nouveau Premier ministre.

Article 73.

Le Premier ministre préside le Conseil des ministres. Toutefois, à l'initiative du Gouvernement ou à l'invitation du Président de la République, des réunions de concertation peuvent se tenir entre ce dernier et le Gouvernement. Les décisions qui en découlent engagent le Gouvernement.

Le Premier ministre exerce le pouvoir réglementaire par voie de décrets délibérés en Conseil des ministres. Les actes qu'il prend dans ce cadre sont contresignés, le cas échéant, par le ministre chargé de leur exécution.

Il peut déléguer certains de ses pouvoirs aux ministres.

Article 74.

Sur proposition du Premier ministre, le Président de la République nomme et décharge de leurs fonctions, les autres membres du Gouvernement.

Dans ce cas les ordonnances du Président de la République sont contresignées par le Premier ministre. Si dans le délai prévu à l'article 71 du présent Acte fondamental, les projets d'ordonnances ne sont pas signés par le Président de la République, le Premier ministre y pourvoit par voie de décret.

Les membres du Gouvernement sont réputés démissionnaires chaque fois que les fonctions de Premier ministre prennent fin.

Article 75.

Les ministres sont les chefs de leurs ministères, ils appliquent dans leurs ministères les programmes fixés et les décisions prises par le Gouvernement. Sans préjudice des dispositions de l'article 85 du présent Acte, les ministres répondent de leurs actes devant le Premier ministre.

Article 76.

Les fonctions de membre du Gouvernement sont incompatibles avec celles de membre du Haut Conseil de la République et tout emploi public ou privé rémunéré.

Article 77.

Durant leurs fonctions, les membres du Gouvernement ne peuvent par eux-mêmes, ni par personne interposée, rien acheter ou louer qui appartienne au domaine de l'État.

Ils sont tenus, lors de leur entrée en fonction et à l'expiration de celle-ci, de faire sur l'honneur une déclaration écrite de tous leurs biens adressée au bureau du Haut Conseil de la République.

Article 78.

Le Premier ministre tient le Président de la République régulièrement informé de l'activité gouvernementale.

Section IV. Des rapports entre le Haut Conseil de la République et le pouvoir exécutif.

Article 79.

L'initiative des lois appartient concurremment à chacun des membres du Haut Conseil de la République et au Gouvernement.

Les projets de loi adoptés par le Conseil des ministres sont déposés sur le bureau du Haut Conseil de la République.

Article 80.

Les propositions de loi sont, avant délibération et vote, notifiées pour information au Gouvernement qui adresse ses observations éventuelles au bureau du Haut Conseil de la République dans les dix jours de la notification.

Article 81.

Le Gouvernement peut, pour l'exécution de son programme d'action, demander au Haut Conseil de la République, l'autorisation de prendre par décret pendant un délai limité, des mesures qui sont normalement du domaine de la loi.

Cette autorisation est accordée à la majorité des deux tiers des membres du Haut Conseil de la République. À l'exception du délai visé, à l'alinéa premier du présent article, les décrets ne peuvent être modifiés dans leurs dispositions que par la loi.

Les décrets sont pris en Conseil des ministres. Ils entrent en vigueur dès leur publication et deviennent caducs si le projet de loi de ratification n'est pas déposé devant le Haut Conseil de la République avant la date limite fixée par la loi d'habilitation.

Article 82.

Les membres du Gouvernement ont le droit et, s'ils en sont requis, l'obligation d'assister aux séances du Haut Conseil de la République, d'y prendre la parole et de donner aux Conseillers de la République les éclaircissements qu'ils jugent utiles. Ils ont le droit de proposer des amendements aux propositions de loi en discussion, mais ne participent pas au vote.

Article 83.

Les moyens d'information et de contrôle du Haut Conseil de la République sur le Gouvernement sont la question écrite, la question orale avec ou sans débat non suivie de vote, la commission d'enquête et l'interpellation.

Ces moyens s'exercent dans les conditions déterminées par la loi et le règlement intérieur du Haut Conseil de la République.

Article 84.

Le Premier ministre et les membres du Gouvernement sont tenus de fournir au Haut Conseil de la République toutes les explications qui leur sont demandées sur leurs activités.

Article 85.

Le Haut Conseil de la République peut mettre en cause la responsabilité du Gouvernement ou d'un membre du Gouvernement par une motion de censure.

Une telle motion n'est recevable que si elle est signée par le quart au moins des membres du Haut Conseil de la République.

La motion de censure ne peut être adoptée qu'à la majorité des deux tiers des membres du Haut Conseil de la République.

Si la motion de censure est rejetée, ses signataires ne peuvent en proposer une nouvelle au cours de la même session.

L'adoption d'une motion de censure par le Haut Conseil de la République entraîne la démission du Gouvernement.

Dans ce cas, le Haut Conseil de la République élit un nouveau Premier ministre. Lorsque le Haut Conseil de la République émet un vote de défiance contre un membre du Gouvernement, ce dernier est tenu de remettre sa démission au Premier ministre qui pourvoit à son remplacement conformément à l'article 74 du présent Acte fondamental.

Article 86.

Le Président de la République, le Premier ministre et les autres membres du Gouvernement engagent leur responsabilité personnelle notamment en cas de haute trahison, de détournement, de concussion ou de corruption.

Avant d'entrer en fonction, le Premier ministre présente officiellement les membres du Gouvernement au Président de la République lors d'une cérémonie solennelle.

Article 87.

Il y a haute trahison notamment lorsque le Président de la République, le Premier ministre ou tout autre membre du Gouvernement porte atteinte à l'indépendance nationale ou à l'intégrité du territoire national, se substitue ou tente de se substituer aux pouvoirs constitutionnels ou de les empêcher d'exercer les attributions qui leur sont dévolues par le présent Acte fondamental.

Article 88.

Dans les cas prévus aux articles 86 et 87 du présent Acte fondamental, le Président de la République, le Premier ministre ou les autres membres du Gouvernement ne peuvent être poursuivis que lorsqu'ils sont mis en accusation devant la Cour Suprême de Justice par le Haut Conseil de la République à la majorité des deux tiers de ses membres.

Section V. Des cours et tribunaux.

Article 89.

L'ensemble des cours, tribunaux et conseils de guerre forment le pouvoir judiciaire. Le pouvoir judiciaire est indépendant du pouvoir législatif et du pouvoir exécutif.

Article 90.

Les cours, tribunaux et conseils de guerre ne peuvent être institués que par la loi. Il ne peut être créé des commissions ni des tribunaux d'exception, sous quelques dénominations que ce soit. La nature, la compétence, l'organisation, le fonctionnement et les sièges des cours, tribunaux et conseils de guerre ainsi que la procédure à suivre sont fixés par la loi.

Article 91.

La mission de dire le droit est dévolue aux cours, tribunaux et conseils de guerre. Le magistrat, dans l'exercice de cette mission, est indépendant. Il n'est soumis, dans l'exercice de ses fonctions, qu'à l'autorité de la loi.

Article 92.

Les cours, tribunaux et conseils de guerre appliquent la loi et la coutume pour autant que celle-ci soit conforme à l'ordre public et aux bonnes mœurs. Ils n'appliquent les actes réglementaires que pour autant qu'ils soient conformes aux lois.

Article 93.

La justice est rendue sur le territoire de la République au nom du Peuple.

Les arrêts, les jugements et ordonnances des cours, tribunaux et conseils de guerre sont exécutés au nom du Président de la République.

Article 94.

Le Conseil Supérieur de la Magistrature est la juridiction disciplinaire des Magistrats. La composition, l'organisation, le fonctionnement du Conseil Supérieur de la Magistrature sont fixés par la loi. Il est consulté en matière de grâce, de commutation ou de réduction des peines.

Article 95.

Le statut des Magistrats est fixé par la loi.

Article 96.

Sans préjudice des autres compétences qui lui sont reconnues par le présent Acte fondamental ou par les lois, la Cour Suprême de Justice connaît des recours en appréciation de la constitutionnalité des lois et des actes ayant force de loi, ainsi que des recours en interprétation du présent Acte fondamental, des pourvois en cassation formés contre les décisions rendues en dernier ressort par les cours et tribunaux et de recours en annulation des actes et décisions des autorités centrales de la République ainsi que des contestations nées des élections et du référendum.

Elle juge, en premier et dernier ressort, le Président de la République, les membres du Haut Conseil de la République, les membres du Gouvernement, les Magistrats de la Cour Suprême de Justice et du Parquet général de la République, les Gouverneurs de Province et les Présidents des Conseils provinciaux.

En cas de renvoi, après cassation, les cours et tribunaux inférieurs sont tenus de se conformer à l'arrêt de la Cour Suprême de Justice sur le point de droit jugé par cette dernière.

Elle donne des avis consultatifs sur les projets ou propositions de loi ou d'actes réglementaires.

Titre IV. Des institutions provinciales et locales.

Article 97.

Les institutions provinciales sont :

1. le Conseil provincial ;
2. le Collège exécutif provincial ;
3. le Collège exécutif urbain ;
4. le Collège exécutif communal ou territorial ;
5. le Collège exécutif de collectivité.

Article 98.

La loi sur la décentralisation détermine la composition, l'organisation et le fonctionnement des institutions provinciales et locales.

Article 99.

L'État veille au développement harmonieux de toutes les entités décentralisées sur base de la solidarité nationale.

Ces entités s'administrent librement dans les conditions prévues par un acte de la Conférence nationale souveraine ainsi que par la loi sur la décentralisation.

Titre V. Des finances publiques.

Article 100.

L'exercice budgétaire de la République commence le 1er janvier et se termine le 31 décembre.

Le Compte général de la République est soumis chaque année au Haut Conseil de la République par la Cour des comptes avec ses observations.

Le Compte général de la République est arrêté par la loi.

Article 101.

Il ne peut être établi d'impôt qu'en vertu de la loi.

La contribution aux charges publiques constitue un devoir pour chaque citoyen et chaque habitant de la République du Congo.

Il ne peut être établi d'exemption ou d'allégement fiscal qu'en vertu de la loi.

Article 102.

Il est institué dans la République une Cour des comptes.

La Cour des comptes contrôle, dans les conditions fixées par la loi, la gestion des finances publiques et les comptes de toutes les entreprises et organismes publics.

Elle relève du Haut Conseil de la République.

Les membres de la Cour des comptes sont nommés et révoqués le cas échéant, par le Président de la République sur proposition du Haut Conseil de la République.

La loi fixe la composition, l'organisation et le fonctionnement de la Cour des comptes.

Titre VI. Des traités et accords internationaux.

Article 103.

Le Gouvernement négocie les traités et accords internationaux sous l'autorité du Président de la République.

Après autorisation du Haut Conseil de la République, le Président de la République ratifie les traités.

Le Gouvernement signe les accords internationaux.

Il en informe le Haut Conseil de la République.

Article 104.

Les traités de paix, les traités de commerce, les traités et accords relatifs aux organisations internationales et aux règlements des conflits internationaux, ceux qui engagent les finances publiques, ceux qui modifient les dispositions législatives, ceux qui sont relatifs à l'état des personnes, ceux qui comportent échange ou adjonction de territoire ne peuvent être ratifiés ou approuvés qu'en vertu d'une loi.

Nul échange, nulle adjonction de territoire n'est valable sans l'accord des populations intéressées, consultées par voie de référendum.

Article 105.

Les traités et accords internationaux régulièrement ratifiés ou approuvés ont, dès leur publication, une autorité supérieure à celle des lois, sous réserve pour chaque traité ou accord, de son application par l'autre partie.

Article 106.

Si la Cour Suprême de Justice, consultée par le Haut Conseil de la République ou par le Gouvernement, déclare qu'un traité ou accord international comporte une clause contraire au présent Acte fondamental, la ratification ou l'approbation ne peut intervenir qu'après révision de l'Acte fondamental.

Article 107.

Les traités et accords internationaux régulièrement conclus et ratifiés par la République du Congo demeurent en vigueur.

Article 108.

En vue de consolider l'unité africaine, la République peut conclure des traités et accords d'association comportant l'abandon partiel de sa souveraineté.

Titre VII. Des dispositions finales.

Article 109.

La durée de la transition est de vingt-quatre mois à dater de l'adoption du présent Acte.

Article 110.

Les institutions de la période de transition fonctionnent jusqu'à l'installation effective des institutions de la Troisième République.

Article 111.

Le Président de la République actuellement en fonction demeure Président de la République jusqu'à la fin de la période de Transition. Il exerce les prérogatives dévolues au Président de la République par le présent acte.

Article 112.

Toutes les dispositions constitutionnelles légales et réglementaires contraires au présent Acte sont abrogées.

Article 113.

Le présent Acte entre en vigueur à la date de son adoption. Ainsi adopté par la Conférence nationale souveraine, à Kinshasa, le 04 août 1992.

CHAPITRE II

L'ACTE CONSTITUTIONNEL HARMONISÉ RELATIF À LA PÉRIODE DE TRANSITION DU 2 AVRIL 1993

I. CONTEXTE D'ÉLABORATION

Les divergences d'opinion et d'autres contradictions d'intérêt qui ont surgi à propos de la mise en place des institutions prévues dans l'Acte portant dispositions constitutionnelles relatives à la période de transition du 4 août 1992 avaient conduit la classe politique à rechercher d'autres ententes dont le Président Mobutu et Mgr Monsengwo furent de grands artisans. Ces ententes devaient être négociées et conclues au Conclave politique de Kinshasa qui n'avait pu réunir malheureusement qu'une partie seulement de la classe politique : principalement celle évoluant dans l'orbite de la mouvance présidentielle.

À l'issue des travaux de ce Conclave, convoqué, ouvert et clôturé par le Président Mobutu, une nouvelle Constitution a été adoptée par l'Assemblée nationale, réveillée pour la circonstance et promulguée par le Président de la République[108]. Après cette même nouvelle Constitution, l'Assemblée nationale s'est recréée et un gouvernement dirigé par Faustin Birindwa mis sur pied.

Sur le plan politique, l'entrée en vigueur et la mise en place des institutions politiques issues de l'Acte constitutionnel harmonisé relatif à la période de transition marquaient le chaos total et imbroglio tous azimuts : deux textes constitutionnels, deux Assemblées législatives, deux gouvernements et un seul Président de la République. Tel était le bilan de l'immaturité de la classe politique. Cette classe n'avait pu faire tout cela qu'en se réclamant du peuple, alors qu'une consultation préalable n'a été organisée en direction de celui-ci.

De l'intérieur des querelles et de guerres de légalité et de légitimité qui se sont merveilleusement organisées, mal soutenu par une presse irresponsable se sont transportées à l'extérieur avec toutes les conséquences que cela comporte. L'OUA, l'ONU, l'Union européenne, les États-Unis, etc., en furent des témoins privilégiés. Les médiateurs de tous genres et de toutes nationalités se sont mêlés de cette affaire sans y trouver des solutions durables. La crise était totale. Tous

[108] L'Acte constitutionnel harmonisé relatif à la période de transition. Loi numéro 93-001 du 2 avril 1993. *Journal officiel de la République du Zaïre*. 34e année. Numéro spécial. Avril 1993.

les principaux secteurs de la vie nationale se sont trouvés concernés pendant que le peuple, véritable calembour de l'histoire, ne savait plus où mettre la tête. À travers le monde, le Zaïre devenait un objet de moquerie et toutes coopérations avec le monde extérieur finirent par cesser, la crise devenait multiforme et meurtrière.

L'Acte constitutionnel harmonisé relatif à la période de transition peut être considéré comme un réflexe de survie politique du président Mobutu. En effet, on se souviendra que l'Acte portant dispositions constitutionnelles relatives à la période de transition du 4 août 1992 adopté par la CNS réduisait le statut politique du Président Mobutu à un rôle purement protocolaire et symbolique du Chef de l'État, comparable à un monarque qui « règne », mais ne « gouverne » pas dans les régimes parlementaires dualistes. Cependant, comme toutes les résolutions de la Conférence nationale souveraine, l'Acte constitutionnel n'avait jamais été promulgué par le Chef de l'Etat Mobutu ni publié au Journal officiel. On peut donc dire, que cette Constitution, qui jouissait pourtant d'une légitimité politique incontestable, était dépouillée de toute force légale. Juridiquement il n'est jamais entré en vigueur et partant, les institutions politiques issues de la CNS n'avaient qu'une existence symbolique et partant, ineffectifs.

Face aux invectives de la CNS contre la personne et la famille politique de M. Mobutu, les rédacteurs de l'Acte constitutionnel harmonisé relatif à la période de transition soutenaient l'idée selon laquelle la transition devait être conduite dans la « neutralité » et gérée dans un esprit de collaboration entre toutes les institutions sans exclusive ni militantisme partisan. Ils proclamaient la nécessité d'organiser une transition « non conflictuelle » pour en faire une période de rassemblement de toutes les filles et tous les fils du pays.[109]

C'est dans ce sens que l'exposé des motifs de ce document constitutionnel informe que l'objet cet Acte consiste à clarifier la base juridique du fonctionnement des institutions pendant cette transition, puisqu'il était nécessaire d'une part, de « trouver une solution à la situation confuse née notamment de l'existence concomitante dans notre pays, au lendemain de la clôture de la Conférence nationale souveraine, de trois textes dont l'harmonisation s'est avérée opportune[110] et d'autre part, il était impérieux de consolider un ordre institutionnel démocratique ; de restaurer le respect et le prestige des institutions de la République.

Pour l'essentiel, l'Acte constitutionnel harmonisé relatif à la période de transition établit 5 institutions de la République :

- Le Président de la République ;
- L'Assemblée nationale ;
- Le Haut Conseil de la République ;
- Le Gouvernement ;

---

[109] Voir le préambule de l'Acte constitutionnel harmonisé relatif à la période de transition.

[110] Il s'agit de :

- La Constitution du 24 juin 1967, telle que révisée à ce jour ;
- Acte portant dispositions constitutionnelles relatives à la période de la transition élaborée par la Conférence nationale et non promulgué par le Président de la République ;
- Le compromis politique global du 31 juillet 1992.

– Les cours et tribunaux.

En plus de proclamer le principe d'assomption de la responsabilité et la plénitude des attributions constitutionnelles dans un esprit d'étroite collaboration entre toutes les institutions de la République, dans l'organisation et l'exercice du pouvoir politique, l'Acte accorde à M. Mobutu des prérogatives essentielles, comme la nomination du Premier ministre, et confirme le régime parlementaire, mais au profit de l'Assemblée nationale qui est rétablie dans sa fonction législative et reçoit le pouvoir de censurer le Gouvernement, tandis que le Haut Conseil de la République ne joue plus qu'un rôle secondaire. Les cours et tribunaux demeurent indépendants afin d'assurer le respect des libertés essentielles.

II. LE TEXTE CONSTITUTIONNEL

Loi n° 93-001 du 2 avril 1993 portant Acte constitutionnel harmonisé relatif à la période de transition

Source : Journal Officiel, numéro spécial, 1993

Préambule.

Nous, Représentants du Peuple zaïrois ;

Mus par la volonté de conduire notre pays à l'établissement d'un État de droit reposant sur des institutions démocratiques ;

Constatant la crise profonde, multiforme et persistante à laquelle le pays est confronté ;

Convaincus qu'il n'y a point de grandeur dans la servitude et la dépendance ;

Soucieux de sauvegarder et de promouvoir les valeurs qui nous sont propres, de garantir notre indépendance politique, économique et culturelle, d'assurer les bienfaits de la liberté à nous-mêmes et à notre postérité ;

Affirmant notre détermination de consolider notre unité et notre intégrité nationales dans le respect de nos particularités régionales en vue de promouvoir, dans la voie de la justice, notre bien-être matériel, notre épanouissement moral et spirituel ;

Considérant que la transition doit être proche de la Troisième République dont elle doit constituer la préfiguration ;

Convaincus que la transition doit être conduite dans la neutralité et gérée dans un esprit de collaboration entre toutes les institutions sans exclusive ni militantisme partisan ;

Affirmant notre volonté d'organiser une transition non conflictuelle pour en faire une période de rassemblement de toutes les filles et tous les fils du pays ;

Proclamant notre adhésion à la Déclaration universelle des droits de l'homme et à la Charte africaine des Droits de l'Homme et des Peuples ;

Déclarons solennellement adopter la présente loi portant Acte constitutionnel harmonisé relatif à la période de transition.

Exposé des motifs.

L'évolution politique dans notre pays depuis le déclenchement du processus de démocratisation a révélé la nécessité d'adapter l'ordre juridique à la gestion de la Transition.

La présente loi portant Acte constitutionnel harmonisé relatif à la période de Transition répond à la préoccupation de clarifier la base juridique du fonctionnement des institutions pendant cette transition.

Il fallait donc trouver une solution à la situation confuse née notamment de l'existence concomitante dans notre pays, au lendemain de la clôture de la Conférence nationale souveraine, de trois textes dont l'harmonisation s'est avérée opportune.

Il s'agit :

1°) de la Constitution du 24 juin 1967, telle que révisée à ce jour ;

2°) de l'Acte portant dispositions constitutionnelles relatives à la période de la transition élaborée par la Conférence nationale et non promulguée par le Président de la République ;

3°) du compromis politique Global du 31 juillet 1992.

Il devenait ainsi impérieux de consolider un ordre institutionnel démocratique dans notre pays et de restaurer le respect et le prestige des institutions de la République.

Devant cette réalité, le Conclave politique National, réuni à Kinshasa au Palais de la Nation du 09 au 19 mars 1993, a pris la résolution d'élaborer un projet de texte constitutionnel unique et complet devant régir la Transition. La législation présentée prend en considération le cadre juridique de la transition recommandé par le Conclave.

Soucieux de garantir la paix sociale et de prévenir tout conflit de compétence au sommet de l'État, le Président de la République a entériné les décisions du Conclave, ce qui a conduit à la présente loi qui met en œuvre les options ci-après

1°) Les Institutions de la République sont :
   - Le Président de la République ; L'Assemblée nationale ;
   - Le Haut Conseil de la République ;
   - Le Gouvernement ;
   - Les cours et tribunaux.

2°) Le Président de la République, l'Assemblée nationale, le Haut Conseil de la République et le Gouvernement, assument chacun pour sa part et sous sa responsabilité, la plénitude de leurs attributions dans un esprit d'étroite collaboration ;

3°) Les cours et tribunaux demeurent indépendants afin d'assurer le respect des libertés essentielles ;

4°) Le Gouvernement est responsable devant l'Assemblée nationale et le Président de la République.

Ce sont là les principales options contenues dans la présente loi.

Loi n° 93-001 du 2 avril 1993 portant Acte constitutionnel harmonisé relatif à la période de transition.

L'Assemblée nationale a adopté,

Le Président de la République promulgue la loi dont la teneur suit :

Titre I. Du territoire et de la souveraineté de la République.

Article premier.

La République du Zaïre est un État indépendant, souverain, indivisible, démocratique, social et laïc.

Son emblème est le drapeau vert clair, orné au centre d'un cercle jaune dans lequel figure une main tenant un flambeau à la flamme rouge.

Son hymne est la Zaïroise.

Sa devise est Paix-Justice-Travail.

Ses armoiries se composent d'une tête de léopard, encadrée à gauche d'une branche de palmier et d'une flèche et, à droite, d'une pointe d'ivoire et d'une lance, le tout reposant sur une pierre.

Article 2.

La République du Zaïre comprend la ville de Kinshasa et dix régions autonomes et dotées de la personnalité civile. Ces Régions sont : Bandundu, Bas-Zaïre, Équateur, Haut — Zaïre, Kasaï occidental, Kasaï Oriental, Maniema, Nord-Kivu, Shaba et Sud-Kivu.

Les limites, l'organisation et le fonctionnement de la ville de Kinshasa et des régions sont fixés par la loi.

Article 3.

Kinshasa est la capitale de la République du Zaïre.

Article 4.

Le sol et sous-sol appartiennent à l'État. Les conditions de leur concession sont fixées par la loi.

Article 5.

Nul ne peut porter atteinte à l'intégrité du territoire de la République.

Article 6.

Tout pouvoir émane du peuple qui l'exerce par voie de référendum ou par ses représentants.

Aucune fraction du peuple ni aucun individu ne peut s'en attribuer l'exercice.

La loi fixe l'organisation du référendum.

Article 7.

Le suffrage est universel et secret. Il peut être direct ou indirect.

Sont électeurs dans les conditions déterminées par la loi, tous les Zaïrois des deux sexes âgés de dix-huit ans révolus et jouissant de leurs droits civils et politiques.

Article 8.

Les partis politiques concourent à l'expression du suffrage. Ils se forment et exercent librement leurs activités dans le respect de la loi. Ils sont tenus au respect des principes de démocratie pluraliste, de l'unité et de la souveraineté nationale.

Article 9.

La nationalité zaïroise est une et exclusive. Elle ne peut être détenue concurremment avec une autre nationalité.

La loi fixe les conditions de reconnaissance, d'acquisition et de perte de la nationalité zaïroise.

Titre II. Des droits fondamentaux et des devoirs des citoyens.

Article 10.

La personne humaine est sacrée. L'État a l'obligation de la respecter et de la protéger.

Toute personne a droit à la vie et à l'intégrité physique.

Nul ne peut être soumis à la torture ni à des traitements inhumains ou dégradants.

Nul ne peut être mis à mort si ce n'est dans le cas prévu par la loi et dans les formes qu'elle prescrit.

Article 11.

La République du Zaïre garantit l'exercice des droits et libertés individuels et collectifs, notamment les libertés de circulation, d'entreprise, d'information, d'association, de réunion, de cortège et de manifestation, sous réserve du respect de la loi, de l'ordre public et des bonnes mœurs.

Article 12.

Tous les Zaïrois sont égaux devant la loi et ont droit à une égale protection des lois.

Aucun Zaïrois ne peut, en matière d'éducation et d'accès aux fonctions publiques ni en aucune autre matière, faire l'objet d'une mesure discriminatoire, qu'elle résulte de la loi ou d'un acte de l'Exécutif, en raison de sa religion, de son appartenance raciale ou ethnique, de son sexe, de son lieu de naissance, de sa résidence ou de ses convictions politiques.

Article 13.

Toute personne a droit au libre développement de sa personnalité, sans préjudice du droit d'autrui et de l'ordre public.

Tout Zaïrois a droit à la paix, au développement et au patrimoine commun de l'humanité.

Nul ne peut être tenu en esclavage ou en servitude ou dans une condition analogue.

Nul ne peut être astreint à un travail forcé ou obligatoire, sauf dans les cas prévus par la loi.

Article 14.

La liberté de la personne humaine est inviolable.

Nul ne peut être poursuivi, arrêté, ni détenu qu'en vertu de la loi et dans la forme qu'elle prescrit.

Nul ne peut être poursuivi pour une action ou une omission qui ne constituent pas une infraction à la loi au moment où elle a été commise et au moment des poursuites.

Toute personne accusée d'une infraction est présumée innocente jusqu'à ce que sa culpabilité ait été établie par un jugement définitif.

Article 15.

Toute personne privée de sa liberté par arrestation ou détention a le droit d'introduire un recours devant un tribunal afin qu'il statue à bref délai sur la légalité de sa détention et ordonne sa libération si la détention est illégale.

Toute personne a le droit d'être jugée dans un délai raisonnable par une juridiction impartiale et légalement instituée.

Tout jugement doit être écrit et motivé. Il est prononcé en audience publique.

Article 16.

Toute personne arrêtée doit être immédiatement informée, dans la langue qu'elle comprend, des motifs de son arrestation.

Une personne, victime d'une arrestation ou d'une détention illégale a droit à une juste et équitable réparation du préjudice qui lui a été causé.

Toute personne a le droit de se défendre seule ou de se faire assister par un défenseur de son choix.

Toute personne poursuivie a le droit d'exiger d'être entendue en présence d'un avocat, d'un défenseur judiciaire ou de toute autre personne de son choix, et ce, à tous les niveaux de la procédure pénale.

La loi détermine les modalités d'exercice de ce droit.

Article 17.

Dans la République, il n'y a pas de religion d'État.

Toute personne a droit à la liberté de pensée, de conscience et de religion.

Toute personne a le droit de manifester sa religion ou ses convictions, seule ou en commun tant en public qu'en privé par le culte, l'enseignement, les pratiques, l'accomplissement des rites et l'état de vie religieuse, sous réserve de l'ordre public et de bonnes mœurs.

La loi fixe les conditions de constitution des associations religieuses.

Article 18.

Tout Zaïrois a droit à la liberté d'expression.

Ce droit implique la liberté d'exprimer ses opinions et ses sentiments, notamment par la parole, l'écrit et l'image sous réserve de l'ordre public, des droits d'autrui et des bonnes mœurs.

Une loi fixe les modalités de l'exercice de la liberté de la presse.

Article 19.

La famille, base naturelle de la communauté humaine, est placée sous la protection de l'État. Elle sera organisée de manière à ce que soient assurées son unité et sa stabilité.

Tout Zaïrois a le droit de se marier et de fonder une famille avec la personne de son choix et de sexe opposé.

La loi fixe les règles sur le mariage et l'organisation de la famille.

Les soins et l'éducation à donner aux enfants constituent, pour les parents, un droit et un devoir qu'ils exercent avec l'aide des pouvoirs publics.

Les soins et l'assistance à donner aux parents constituent pour les enfants un devoir qu'ils exercent avec l'aide des pouvoirs publics.

Article 20.

Il est pourvu à l'éducation de la jeunesse par l'enseignement national. L'enseignement national comprend les écoles publiques ainsi que les écoles privées agréées et contrôlées par l'État.

La loi fixe les conditions de création et de fonctionnement des établissements d'enseignement.

Article 21.

Les droits de propriété individuelle ou collective sont garantis.

Il ne peut être porté atteinte à ces droits qu'en vertu d'une loi pour des motifs d'intérêt général, sous réserve d'un préalable et équitable indemnité à verser à la personne lésée dans ses droits.

Article 22.

Le domicile est inviolable. Il ne peut y être effectué de visites domiciliaires ou de perquisitions que dans les formes et conditions prévues par la loi.

Article 23.

Toute personne a droit au secret de sa correspondance, de télécommunication ou de toute forme de communication. Il ne peut être porté atteinte à ces droits que dans les cas définis par la loi.

Article 24.

L'exercice de l'art, du commerce et de l'industrie ainsi que la libre circulation des biens sont garantis à tous les Zaïrois sur toute l'étendue du territoire de la République, dans les conditions fixées par la loi.

Article 25.

Aucun Zaïrois ne peut être expulsé du territoire de la République.

Aucun citoyen ne peut être contraint, pour des raisons politiques à résider hors de son lieu de résidence habituelle ou à l'exil.

Tout Zaïrois a le droit de fixer librement son domicile ou sa résidence en un lieu quelconque du territoire de la République et d'y jouir de tous les droits qui lui sont reconnus par les lois. Ce droit ne peut être limité qu'en vertu de la loi et dans les cas qu'elle détermine.

Article 26.

Tous les Zaïrois sont égaux en droit et en dignité. Tout acte qui accorde des privilèges à des nationaux ou qui limite leurs droits en raison de l'origine ethnique, tribale ou régionale, de l'opinion politique ou philosophique, de la religion ou du sexe est contraire au présent Acte fondamental et est puni de puni des peines prévues par la loi.

Tout acte de provocation ou toute attitude visant à inciter à la violence ou à la haine pour des raisons d'appartenance politique, philosophique, ethnique, régionale ou religieuse ou à semer la discorde entre nationaux, est contraire à la présente loi et puni des peines prévues par les lois.

Article 27.

Le travail est un droit et un devoir sacré. Tout Zaïrois a le droit de contribuer par son travail à la construction et à la prospérité de la Nation.

Tout travailleur est libre d'adhérer au syndicat de son choix.

Article 28.

Le droit de grève est reconnu et garanti. Il s'exerce dans les conditions fixées par la loi.

Article 29.

Toute personne a droit à un environnement sain. L'État veille à la protection de l'environnement et à la santé des populations.

Article 30.

Les biens publics sont sacrés et inviolables. Les pouvoirs publics doivent les respecter scrupuleusement et les protéger.

Article 31.

L'État protège les droits et intérêts légitimes des Zaïrois résidant à l'étranger.

Article 32.

Les étrangers bénéficient sur le territoire de la République du Zaïre des mêmes droits et libertés que les Zaïrois, dans les conditions déterminées par les traités et les lois, sous réserve de la réciprocité. Ils sont tenus de se conformer aux lois et règlements de la République.

Article 33.

L'État a le devoir d'assurer la diffusion et l'enseignement de la présente loi, de la Déclaration universelle des Droits de l'Homme, de la Charte africaine des Droits de l'Homme et des Peuples, ainsi que de tous les instruments internationaux dûment ratifiés et relatifs aux droits de l'homme.

L'État a l'obligation d'intégrer les droits de la personne humaine dans tous les programmes de formation scolaire, des Forces armées et des services de sécurité.

Titre III.

De l'organisation et de l'exercice du pouvoir.

Chapitre premier. Des institutions de la République.

Article 34.

Les institutions de la République pendant la transition sont :

1. le Président de la République ;
2. l'Assemblée nationale ;
3. le Haut Conseil de la République ;
4. le Gouvernement ;
5. les cours et tribunaux.

La ville de Kinshasa, la capitale, est le siège de toutes les institutions de la République.

Section I. Du président de la République.

Article 35.

Le Président de la République représente la Nation.

Il est le Chef de l'État et veille au fonctionnement régulier des pouvoirs publics ainsi qu'à la continuité de l'État.

Il est le garant de l'indépendance, de l'unité nationale, de l'intégrité du territoire.

Il statue par voie d'ordonnance.

Article 36.

Le Président de la République promulgue les lois dans les quinze jours de leur transmission par le Président de l'Assemblée nationale.

Le Président de la République peut, avant l'expiration de ce délai, demander à l'Assemblée nationale, une nouvelle délibération de la loi ou de ses articles. Le texte ainsi soumis à une seconde délibération doit être adopté à la majorité des deux tiers des membres de l'Assemblée nationale, soit sous sa forme initiale soit après modification. Le Président de la République le promulgue dans les délais fixés ci-dessus. À défaut de promulgation après la deuxième lecture, la loi devient exécutoire.

Les lois sont revêtues du sceau de l'État et publiées au Journal Officiel.

Article 37.

Le Président de la République a l'initiative des lois. Il peut lorsque l'Assemblée nationale n'est pas en session et en cas d'urgence, prendre par ordonnance-loi, délibérée en conseil des ministres, des dispositions qui sont normalement du domaine de la loi.

Il soumet à la prochaine session de l'Assemblée nationale les projets de loi de ratification de ces ordonnances-lois.

Article 38.

Le Président de la République est le Chef suprême des Forces armées. Il préside le Conseil Supérieur de la Défense. Le Premier ministre est de droit membre du Conseil Supérieur de la Défense.

Une loi détermine l'organisation et le fonctionnement du Conseil Supérieur de la Défense.

Article 39.

Le Président de la République nomme le Premier ministre après concertation entre les forces politiques de la Nation. Il met fin à ses fonctions notamment en cas de vote de défiance par l'Assemblée nationale. Sur proposition du Premier ministre, il nomme les autres membres du Gouvernement et met fin à leurs fonctions.

Dans ce cas, les ordonnances du Président de la République sont contresignées par le Premier ministre.

Article 40.

À l'invitation du Premier ministre ou à sa propre initiative, le Président de la République peut présider le Conseil des ministres. Les décisions qui en découlent engagent le Gouvernement.

Article 41.

Le Président de la République confère les grades dans les ordres nationaux et les décorations conformément à la loi.

Article 42.

Le Président de la République a le droit de battre monnaie et d'émettre du papier-monnaie en exécution de la loi.

Article 43.

Le Président de la République accrédite les ambassadeurs et les envoyés extraordinaires auprès des puissances étrangères et des organisations internationales.

Les ambassadeurs et les envoyés extraordinaires étrangers sont accrédités auprès de lui.

Article 44.

Le Président de la République a le droit de grâce. Il peut remettre, commuer ou réduire les peines, le Conseil Supérieur de la Magistrature entendu.

Il exerce ces prérogatives dans les conditions définies par la loi.

Article 45.

Le Président de la République nomme, relève et, le cas échéant, révoque sur proposition du Gouvernement délibéré en Conseil des ministres et après avis de l'Assemblée nationale :

- Les ambassadeurs et les envoyés extraordinaires ;
- Les gouverneurs et vice-gouverneurs de régions ;
- Les mandataires publics dans les entreprises et les organismes publics et dans les sociétés d'économie mixte, excepté les commissaires aux comptes.

Il nomme, relève et, le cas échéant, révoque les agents de commandement de l'administration publique.

Il nomme, relève et, le cas échéant, révoque les magistrats du siège et du parquet sur proposition du Conseil Supérieur de la Magistrature.

Il nomme, relève et, le cas échéant, révoque les Officiers des Forces armées, le Conseil Supérieur de la Défense entendu.

Dans tous les cas énumérés ci-dessus, les ordonnances sont contresignées par le ministre compétent.

Article 46.

Le Président de la République déclare la guerre après consultation officielle de l'Assemblée nationale, du Haut Conseil de la République et du Gouvernement. Il en informe la Nation par un message. Lorsque la guerre est déclarée, le Président de la République peut proclamer l'état de siège. Il prend les mesures exigées par ces circonstances.

Article 47.

Lorsque les institutions de la République, l'indépendance ou les intérêts supérieurs de la Nation, l'intégrité de son territoire ou l'exécution de ses engagements internationaux sont menacés d'une manière grave et immédiate et que le fonctionnement régulier des pouvoirs publics constitutionnels est interrompu, le Président de la République proclame par ordonnance l'état d'urgence, après consultation de l'Assemblée nationale, du Haut Conseil de la République et du Gouvernement.

Il en informe la Nation par un message. Il prend les mesures exigées par les circonstances, celles-ci doivent être inspirées par la volonté d'assurer aux pouvoirs publics constitutionnels, dans les moindres délais, les moyens d'accomplir leur mission.

Article 48.

Lorsque l'état de siège ou d'urgence a été proclamé, le Président de la République peut porter des restrictions à l'exercice des libertés individuelles dans les conditions déterminées par les lois.

Il peut même suspendre sur tout ou partie du territoire national et pour la durée et les infractions qu'il détermine, l'action répressive des juridictions ordinaires et y substituer celle des juridictions militaires. Toutefois, il ne peut porter atteinte aux droits de la défense et de recours en appel.

Article 49.

Les fonctions du Président de la République prennent fin par démission, décès, empêchement définitif, déchéance prononcée par la Cour Suprême de Justice dans les conditions déterminées par la présenta loi, ou à l'investiture du président élu à la prochaine échéance électorale présidentielle.

Article 50.

La personne du Président de la République est inviolable.

Article 51.

Le Président de la République n'est pénalement responsable des actes accomplis dans l'exercice de ses fonctions qu'en cas de haute trahison. Il y a haute trahison lorsque le Président de la République porte atteinte à l'indépendance nationale, à l'intégrité du territoire national ou lorsqu'il viole intentionnellement la présente loi. Dans ce cas, le Président de la République ne peut être poursuivi que lorsqu'il est mis en accusation devant la Cour Suprême de Justice par l'Assemblée nationale qui se prononce à la majorité des deux tiers de ses membres et au scrutin public.

Une loi détermine les modalités de mise en accusation par l'Assemblée nationale.

Article 52.

En cas de vacance à la fonction du Président de la République pour quelque cause que ce soit, l'Assemblée nationale statuant à la majorité absolue de ses membres saisit la Cour Suprême de Justice.

Lorsque la vacance est constatée par la Cour Suprême de Justice, les fonctions de Président de la République sont provisoirement exercées par le Président de l'Assemblée nationale ou en cas d'empêchement de ce dernier, par le Premier Vice-président de l'Assemblée nationale, et ce, jusqu'à l'investiture du Président de la République élu à la prochaine élection présidentielle.

Article 53.

Les fonctions de Président de la République sont incompatibles avec l'exercice de tout mandat ou fonction publique ou d'une activité privée à caractère lucratif.

Article 54.

Après avis de l'Assemblée nationale ou du Haut Conseil de la République, le Président de la République soumet au référendum le projet de constitution de la Troisième République préparé par la Commission constitutionnelle.

Lorsque le référendum a conclu à l'adoption du projet, le Président de la République le promulgue dans le délai de quinze jours.

Article 55.

Le Président de la République communique avec le Peuple, l'Assemblée nationale ou le Haut Conseil de la République soit directement soit par des messages qu'il fait lire et qui ne donnent lieu à aucun débat.

Article 56.

Le Président de la République assure l'exécution des lois et fait les règlements de police et d'administration publique. Il exerce ce pouvoir par voie d'ordonnance délibérée en Conseil des ministres.

Section II. L'Assemblée nationale.

Article 57.

L'Assemblée nationale est l'institution chargée d'exercer le pouvoir législatif et le contrôle. Elle est l'émanation du peuple. Elle est composée exclusivement des représentants du peuple. Les membres de l'Assemblée nationale portent le titre de Député. Le mandat de Député est national.

Le Bureau de l'Assemblée nationale comprend :

1. un Président ;
2. deux vice-présidents ;
3. deux secrétaires.

Article 58.

La loi fixe :

1. les règles concernant :

- les droits civiques et les garanties accordées aux citoyens pour l'exercice des libertés publiques ;
- les sujétions imposées aux citoyens en leur personne pour la défense nationale et le développement ;
- la nationalité, l'état et la capacité des personnes, les régimes matrimoniaux, les successions et les libéralités ;
- la détermination des infractions ainsi que les peines qui leur sont applicables ;
- l'amnistie, le statut des magistrats et le régime juridique du Conseil supérieur de la magistrature, la procédure suivie devant les juridictions, les droits de la défense ;
- l'assiette, le taux et les modalités de recouvrement des impôts ; les emprunts et les engagements financiers de l'État et des régions, le régime d'émission de la monnaie ;
- la création des établissements publics, le statut de la fonction publique, le droit du travail et de la Sécurité sociale ;
- l'autonomie de la gestion administrative et financière de l'Assemblée nationale ;
- le plan de développement économique et social ;
- les obligations civiles et les droits commerciaux ;
- le régime des élections.

2. Les principes fondamentaux :

- de l'organisation de la défense nationale, du mode de recrutement, de l'avancement, des droits et des obligations des membres des forces de l'ordre
- de la décentralisation et de l'autonomie régionale ;

- de la nationalisation et de la privatisation d'entreprises ;
- du régime foncier et minier ;
- de la mutualité et de l'épargne ;
- de l'enseignement et de la santé ;
- du régime pénitentiaire ;
- du pluralisme politique et syndical ;
- du droit de grève.

Article 59.

L'initiative des lois appartient concurremment au Président de la République, à chacun des membres de l'Assemblée nationale et au Gouvernement.

Article 60.

Les lois des finances déterminent les ressources et les charges de l'État.

Article 61.

Sans préjudice des dispositions de la présente loi, les matières autres que celles qui sont du domaine de la loi ont un caractère réglementaire.

Article 62.

L'Assemblée nationale vote le projet de loi budgétaire.

Tout amendement au projet de budget entraînant un accroissement des dépenses doit en prévoir les voies et moyens nécessaires.

Tout amendement entraînant une diminution des recettes qui aura pour effet de rompre l'équilibre du budget doit prévoir une diminution des dépenses correspondantes ou des recettes nouvelles.

Si l'Assemblée nationale ne s'est pas prononcée sur le projet de loi budgétaire avant l'ouverture de nouvel exercice pour quelque cause que ce soit, le Gouvernement demande à l'Assemblée nationale l'ouverture des crédits provisoires.

Article 63.

Les projets de loi, émanant du Président de la République ou du Gouvernement, sont déposés au bureau de l'Assemblée nationale.

Si un projet de loi est déclaré urgent par le Président de la République ou par le Gouvernement, il est examiné par priorité à l'Assemblée nationale.

Article 64.

L'Assemblée nationale se réunit de plein droit en session ordinaire deux fois par an.

La première session s'ouvre le premier lundi d'avril ; la deuxième, le premier lundi d'octobre. Les sessions prennent fin respectivement le premier lundi de juillet et le premier lundi de janvier, si l'ordre du jour n'a pu être épuisé plus tôt.

Article 65.

L'Assemblée nationale peut être convoquée en session extraordinaire par le Président de la République. Dans ce cas, l'acte de convocation fixe l'ordre du jour.

Article 66.

Pour les séances de l'Assemblée nationale, la moitié de ses membres constitue le quorum.

Toutefois, l'Assemblée nationale ne prend ses décisions qu'à la majorité absolue des suffrages et pour autant que deux tiers de ses membres se trouvent réunis.

Les séances de l'Assemblée nationale sont publiques, sauf si le huis clos est prononcé.

Article 67.

Le Président de la République déclare la clôture des sessions ordinaires sur proposition du bureau de l'Assemblée nationale et celle des sessions extraordinaires dès que l'Assemblée nationale a épuisé son ordre du jour.

Article 68.

L'organisation et le fonctionnement de l'Assemblée nationale sont fixés par son règlement intérieur.

Article 69.

Les membres du Gouvernement ont le droit et, s'ils en sont requis, l'obligation d'assister aux séances de l'Assemblée nationale, d'y prendre la parole et de donner aux Députés tous les éclaircissements qu'ils jugent utiles.

Ils ont le droit de proposer des amendements aux propositions de loi en discussion, mais ils ne participent pas au vote.

Article 70.

L'Assemblée nationale dispose du pouvoir de contrôle sur le gouvernement et les services publics de l'État.

Les moyens d'information et de contrôle de l'Assemblée nationale sont la question d'actualité, la question écrite, la question orale, la Commission d'enquête et l'interpellation.

Les conditions d'organisation et du déroulement du contrôle de l'Assemblée nationale sont déterminées par la loi et le règlement intérieur de l'Assemblée nationale.

Article 71.

Le Premier ministre et les membres du Gouvernement sont tenus de fournir à l'Assemblée nationale toutes les explications qui leur sont demandées sur leurs activités.

Article 72.

L'Assemblée nationale peut mettre en cause la responsabilité du Gouvernement ou d'un membre du Gouvernement par le vote d'une motion de censure ou de défiance.

Une telle motion n'est recevable que si elle est signée par le quart au moins des membres de l'Assemblée nationale. Elle est notifiée au Premier ministre dans les huit jours francs avant son dépôt, le Président de la République en est informé. La motion de censure ou de défiance ne peut être adoptée qu'à la majorité des deux tiers des membres de l'Assemblée nationale. Si la motion est rejetée, ses signataires ne peuvent en proposer une nouvelle au cours de la même session.

Article 73.

L'adoption d'une motion de censure par l'Assemblée nationale entraîne d'office la démission du Gouvernement. Le Premier ministre doit remettre immédiatement au Président de la République la démission du Gouvernement. L'Assemblée nationale saisit le Président de la République dans les quarante-huit heures afin que ce dernier commence la procédure de désignation du formateur du Gouvernement.

Lorsque l'Assemblée nationale émet un vote de défiance contre un membre du Gouvernement, ce dernier est tenu de remettre sa démission au Premier ministre qui propose un remplaçant au Président de la République.

Article 74.

Les membres de l'Assemblée nationale ne peuvent être poursuivis, arrêtés, ni traduits en justice en raison des opinions ou votes émis dans l'exercice de leurs fonctions.

Ils ne peuvent l'être, pendant la durée d'une session en matière pénale, qu'avec l'autorisation de l'Assemblée nationale, sauf en cas de flagrant délit.

Article 75.

La détention ou les poursuites contre un membre de l'Assemblée nationale sont suspendues si l'Assemblée nationale le requiert. Cette suspension ne peut dépasser la durée de la session en cours.

En dehors des sessions, aucun membre de l'Assemblée nationale ne peut être arrêté sans l'autorisation du bureau de l'Assemblée nationale, sauf le cas de flagrant délit.

Article 76.

Les membres de l'Assemblée nationale ont droit à une indemnité équitable qui assure leur indépendance et leur sortie honorable. Cette indemnité est fixée par une commission paritaire composée des membres l'Assemblée nationale et du Gouvernement.

Article 77.

Sans préjudice des autres cas d'incompatibilité prévus par la loi, le mandat de député est incompatible avec la qualité de membre du Haut Conseil de la République.

Article 78.

Le mandat de député prend fin par décès, démission, incapacité permanente, absence injustifiée à plus d'un quart des séances d'une session ou lorsque le député tombe dans l'un des cas d'exclusion prévus par la loi électorale.

Section III. Du Haut Conseil de la République.

Article 79.

Le Haut Conseil de la République est l'émanation de la Conférence nationale souveraine.

Les membres du Haut Conseil de la République portent le titre de « Conseiller de la République ».

Le bureau du Haut Conseil de la République comprend :

1° un président ;

2° deux vice-présidents ;

3° deux secrétaires — rapporteurs.

Article 80.

Le Haut Conseil de la République a pour mission :

- de veiller à l'évolution du processus de démocratisation ;
- de suivre l'exécution des actes de la Conférence nationale souveraine ;
- d'interpréter les actes de la Conférence nationale souveraine.

Article 81.

Le Haut Conseil de la République est composé des délégués :

- des zones administratives de la République ;
- de la société civile ;
- des partis politiques ;
- des institutions publiques ;
- des invités ;
- ainsi que les anciens membres du bureau de la Conférence nationale souveraine.

Article 82.

Le mandat de Conseiller de la République prend fin par décès, démission, incapacité permanente ou absence injustifiée à plus d'un quart des séances d'une session et à la proclamation des résultats des prochaines élections législatives.

Article 83.

Les Conseillers de la République ont droit à une indemnité équitable qui assure leur indépendance et leur sortie honorable.

Cette indemnité est fixée par une Commission paritaire composée des membres du Haut Conseil de la République et du Gouvernement.

Article 84.

Sont incompatibles avec le mandat de Conseiller de la République, les fonctions ou mandats de :

- membre de l'Assemblée nationale ;
- membre des organes délibérants ;
- membre du Gouvernement ;
- membre des Forces armées et des Forces de l'ordre ;
- magistrat ;
- agent de carrière des services publics de l'État ;
- cadre politico-administratif de la territoriale ;
- mandataire public et agent des sociétés paraétatiques.

Article 85.

Le Haut Conseil de la République se réunit en sessions ordinaires et extraordinaires. Le Haut Conseil de la République se réunit de plein droit en session ordinaire deux fois par an.

La première session s'ouvre le premier lundi d'avril, la deuxième le premier lundi d'octobre. Les sessions prennent fin respectivement le premier lundi de juillet et le premier lundi de janvier, si l'ordre du jour n'a pu être épuisé plus tôt.

Le Haut Conseil de la République se réunit en session extraordinaire sur convocation du Président de la République. Dans ce cas, l'acte de convocation fixe l'ordre du jour.

Article 86.

Sans préjudice des autres dispositions de la présente loi, pour les séances du Haut Conseil de la République, la moitié de ses membres constitue le quorum. Toutefois, le Haut Conseil de la République ne prend ses décisions qu'à la majorité absolue des suffrages et pour autant que les deux tiers de ses membres se trouvent réunis.

Les séances du Haut Conseil de la République sont publiques sauf si le huis clos est prononcé.

Article 87.

L'organisation et le fonctionnement du Haut Conseil de la sont fixés par son règlement intérieur.

Article 88.

Le Premier ministre et les membres du Gouvernement sont tenus de fournir au Haut Conseil de la République toutes les explications qui leur sont demandées sur leurs activités directement liées au processus de démocratisation.

Article 89.

Les membres du Haut Conseil de la République ne peuvent être poursuivis, arrêtés, ni traduits en justice en raison des opinions ou votes émis dans l'exercice de leurs fonctions.

Ils ne peuvent l'être, pendant la durée d'une session en matière pénale, qu'avec l'autorisation du Haut Conseil de la République, sauf en cas de flagrant délit.

Article 90.

La détention ou les poursuites contre un membre du Haut Conseil de la République sont suspendues si le Haut Conseil de la République le requiert.

Cette suspension ne peut dépasser la durée de la session en cours.

En dehors des sessions, aucun membre du Haut Conseil de la République ne peut être arrêté sans l'autorisation du bureau du Haut Conseil de la République, sauf le cas de flagrant délit.

Section IV : Du Gouvernement.

Article 91.

Le Gouvernement détermine et conduit la politique de la Nation en concertation préalable et en accord avec le Président de la République.

Le Gouvernement est responsable devant le Président de la République et l'Assemblée nationale, dans les conditions et procédures prévues par la présente loi.

Article 92.

Le Premier ministre est le Chef du Gouvernement. Avant d'entrer en fonction, le Premier ministre présente officiellement les membres du Gouvernement au Président de la République lors d'une cérémonie solennelle.

Article 93.

Le Premier ministre préside le Conseil des ministres. Les actes qu'il prend dans ce cadre sont contresignés par le ministre chargé de leur exécution. Il peut déléguer certains de ses pouvoirs aux ministres.

Le Premier ministre statue par voie de décret et les ministres par voie d'arrêté.

Article 94.

Les fonctions de Premier ministre prennent fin par démission, décès, empêchement définitif, vote de défiance par l'Assemblée nationale, révocation ou à l'expiration de la Transition.

Les membres du Gouvernement sont réputés démissionnaires chaque fois que les fonctions de Premier ministre prennent fin.

Article 95.

Les ministres sont les chefs de leurs ministères. Ils appliquent le programme fixé et les décisions prises par le Gouvernement.

Article 96.

Les fonctions de membres du Gouvernement sont incompatibles avec celles de membres de l'Assemblée nationale, du Haut Conseil de la République et de tout emploi public ou privé rémunéré.

Article 97.

Durant leurs fonctions, les membres du Gouvernement ne peuvent par eux-mêmes, ni par personne interposée, rien acheter ou louer qui appartienne au domaine de l'État.

Ils sont tenus, lors de leur entrée en fonction et à l'expiration de celle-ci, de faire sur l'honneur une déclaration écrite de tous leurs biens adressée au bureau de l'Assemblée nationale.

Article 98.

Le Premier ministre tient le Président de la République régulièrement informé de l'activité gouvernementale. Il transmet au Président de la République un rapport bimensuel concernant les activités de chaque ministère.

Article 99.

Les membres du Gouvernement sont politiquement solidaires. Ils sont pénalement responsables des infractions commises dans l'exercice de leurs fonctions.

Article 100.

Le Premier ministre et les autres membres du Gouvernement engagent leur responsabilité personnelle, notamment en cas de haute trahison, de détournement, de concussion ou de corruption.

Article 101.

Il y a haute trahison notamment lorsque le Premier ministre ou tout autre membre du Gouvernement porte atteinte à l'indépendance nationale ou à l'intégrité du territoire national.

Article 102.

Dans les cas prévus aux articles 99, 100 et 101 de la présente loi, le Premier ministre ou les autres membres du Gouvernement ne peuvent être poursuivis que lorsqu'ils sont mis en accusation devant la Cour Suprême de Justice par l'Assemblée nationale s'étant prononcée à la majorité des deux tiers de ses membres.

Une loi détermine les modalités de mise en accusation par l'Assemblée nationale.

Section V. Des cours et tribunaux.

Article 103.

L'ensemble des cours et tribunaux civils et militaires forment le pouvoir judiciaire. Le pouvoir judiciaire est indépendant du pouvoir législatif et du pouvoir exécutif.

Article 104.

Les cours et tribunaux civils et militaires ne peuvent être institués que par la loi. Il ne peut être créé des commissions ni des tribunaux d'exception, sous quelques dénominations que ce soit.

La nature, la compétence, l'organisation, le fonctionnement et les sièges des cours et tribunaux civils et militaires ainsi que la procédure à suivre sont fixés par la loi.

Article 105.

La mission de dire le droit est dévolue aux cours et tribunaux civils et militaires. Le magistrat, dans l'exercice de cette mission, est indépendant. Il n'est soumis, dans l'exercice de ses fonctions, qu'à l'autorité de la loi.

Article 106.

Les cours et tribunaux civils et militaires appliquent la loi et la coutume pour autant que cette dernière soit conforme à l'ordre public et aux bonnes mœurs. Ils n'appliquent les actes réglementaires que pour autant qu'ils soient conformes aux lois.

Article 107.

La justice est rendue sur le territoire de la République au nom du Peuple.

Les arrêts, jugements et ordonnances des cours et tribunaux civils et militaires sont exécutés au nom du Président de la République.

Article 108.

Le Conseil Supérieur de la Magistrature est la juridiction disciplinaire des magistrats. La composition, l'organisation, le fonctionnement du Conseil Supérieur de la Magistrature sont fixés par la loi. Il est consulté en matière de grâce, de commutation ou de réduction des peines, de nomination et de révocation des magistrats.

Article 109.

Le statut des magistrats est fixé par la loi.

Article 110.

Sans préjudice des autres compétences qui lui sont reconnues par les lois, la Cour Suprême de Justice connaît des recours en appréciation de la constitutionnalité des lois ainsi que des recours en interprétation de la présente loi, des pourvois en cassation formés contre les décisions rendues en dernier ressort par les cours et tribunaux et des recours en annulation des actes et décisions des autorités centrales de la République ainsi que des contestations nées des élections et du référendum.

Elle juge, en premier et dernier ressort, le Président de la République, les membres de l'Assemblée nationale, les membres du Haut Conseil de la République, les membres du Gouvernement, les Magistrats de la Cour Suprême de Justice et du Parquet général de la République, les Gouverneurs et vice-gouverneurs des régions et les Présidents des Conseils régionaux.

En cas de renvoi, après cassation, les cours et tribunaux inférieurs sont tenus de se conformer à l'arrêt de la Cour Suprême de Justice sur le point de droit jugé par cette dernière.

Elle donne des avis consultatifs sur les projets ou propositions de loi ou d'actes réglementaires.

Titre IV. Des entités territoriales.

Article 111.

Les régions ainsi que les autres entités territoriales de la République sont organisées par la loi.

La loi détermine les principes fondamentaux de leurs attributions, de leurs compétences et de leurs ressources.

La capitale de la République du Zaïre, Kinshasa, ne relève d'aucune région.

Une loi fixe son statut.

Article 112.

La loi sur l'autonomie des régions détermine la composition, l'organisation et le fonctionnement des institutions provinciales et locales.

Article 113.

L'État veille au développement harmonieux de toutes les entités autonomes sur base de la solidarité nationale.

Ces entités s'administrent librement dans les conditions prévues par la loi.

Titre V. Des finances publiques.

Article 114.

L'exercice budgétaire de la République commence le 1er janvier et se termine le 31 décembre de la même année.

Le Compte général de la République est soumis chaque année à l'Assemblée nationale par la Cour des comptes avec ses observations.

Le Compte général de la République est arrêté par la loi.

Article 115.

Il ne peut être établi d'impôt qu'en vertu de la loi.

La contribution aux charges publiques constitue un devoir pour chaque citoyen et chaque habitant de la République du Zaïre.

Il ne peut être établi d'exemption ou d'allégement fiscal qu'en vertu de la loi.

Article 116.

Il est institué dans la République une Cour des comptes.

La Cour des comptes contrôle, dans les conditions fixées par la loi, la gestion des finances publiques et les comptes de toutes les entreprises et organismes publics.

Elle relève de l'Assemblée nationale.

Les membres de la Cour des comptes sont nommés et révoqués le cas échéant, par le Président de la République sur proposition de l'Assemblée nationale.

La loi fixe la composition, l'organisation et le fonctionnement de la Cour des comptes.

Titre VI. Des traités et accords internationaux.

Article 117.

Le Gouvernement négocie les traités et accords internationaux sous l'autorité du Président de la République.

Le Président de la République ratifie les traités et accords internationaux.

Il est informé par le Gouvernement de toute négociation tendant à la conclusion d'un accord international non soumis à ratification.

Article 118.

Les traités de paix, les traités de commerce, les traités et accords relatifs aux organisations internationales et aux règlements des conflits internationaux, ceux qui engagent les finances publiques, ceux qui modifient les dispositions législatives, ceux qui sont relatifs à l'état des personnes, ceux qui comportent échange ou adjonction de territoire ne peuvent être ratifiés ou approuvés qu'en vertu d'une loi.

Nul échange, nulle adjonction de territoire n'est valable sans l'accord des populations intéressées, consultées par voie de référendum.

Article 119.

Les traités et accords internationaux régulièrement ratifiés ou approuvés ont, dès leur publication, une autorité supérieure à celle des lois, sous réserve pour chaque traité ou accord, de son application par l'autre partie.

Article 120.

Si la Cour Suprême de Justice, consultée par le président de la République, déclare qu'un traité ou accord international comporte une clause contraire à la présente loi, la ratification ou l'approbation ne peut intervenir qu'après révision de celle-ci.

Article 121.

Les traités et accords internationaux régulièrement conclus et ratifiés par la République du Zaïre demeurent en vigueur.

Article 122.

En vue de consolider l'unité africaine, la République peut conclure des traités et accords d'association comportant l'abandon partiel de sa souveraineté.

Titre VII. Des dispositions finales.

Article 123.

La durée de la transition est de douze mois à dater de la promulgation de la présente loi.

Article 124.

Les institutions de la période de transition fonctionnent jusqu'à l'installation effective des institutions correspondantes de la Troisième République.

Il en est de même des organes délibérants des entités de base.

Article 125.

Toutes les dispositions constitutionnelles antérieures à la présente loi sont abrogées.

Tous les textes législatifs et réglementaires existant à la date d'entrée en vigueur de la présente loi restent en vigueur aussi longtemps qu'ils ne sont pas expressément abrogés.

Nonobstant les dispositions de l'alinéa ci-dessus, aucun texte législatif ou réglementaire ne peut produire d'effet s'il est incompatible avec l'une quelconque des dispositions de la présente loi.

Article 126.

L'initiative de la révision de la présente loi appartient concurremment au Président de la République et à la moitié des membres de l'Assemblée nationale.

Le projet ou proposition de révision est adopté par l'Assemblée nationale à la majorité des deux tiers de ses membres.

Article 127.

La présente Loi portant Acte constitutionnel harmonisé entre en vigueur à la date de sa promulgation.

Fait à Kinshasa, le 2 avril 1993.

MOBUTU SESE SEKO KUKU NGBENDU WA ZA BANGA
Maréchal.

CHAPITRE III

L'ACTE CONSTITUTIONNEL DE LA TRANSITION DU 9 AVRIL 1994

I. CONTEXTE D'ÉLABORATION

Dans le contexte de la transition à la démocratie en RDC (Zaïre), on peut considérer qu'entre 1994 et le 17 mai 1997, date de la chute de Mobutu et la prise du pouvoir par M. Laurent — Désiré Kabila, cette période de transition a été pactée et donc, consensuel, car l'organisation et l'exercice du pouvoir politique ont été définis à partir des options fondamentales arrêtées dans **le Protocole d'accord du palais du Peuple** signé par la classe politique zaïroise. L'argument majeur qui articule les formulations de ce protocole est qu'aux yeux des acteurs politiques, personne n'ayant gagné les élections, l'exercice du pouvoir devait non seulement impliquer toutes les tendances politiques, mais aussi se faire de manière équitable et équilibrée. L'autre argument, complémentaire au premier, est que les institutions sont appelées à fonctionner désormais sur la base de la stricte neutralité en vue de garantir, cela va de soi, la non-conflictualité dans l'exercice du pouvoir. L'ensemble de ces principes constituent une nouveauté en Droit constitutionnel général et en Droit comparé dans ce sens qu'ils contredisent l'idée même de la démocratie en ce qu'elle postule une décision majoritaire dans la conduite des de l'État.

1. Les négociations politiques pour une transition consensuelle : des concertations du Palais du Peuple au protocole d'Accord

Le résultat le plus malheureux, celui qui a constitué la tache la plus noire dans l'histoire du pays est donné par le triple doublement des textes constitutionnels, des institutions parlementaires et gouvernementales à partir de 1992. En effet, à l'issue de la Conférence nationale souveraine (C.N.S.), un gouvernement dirigé par Etienne Tshisekedi et un Haut Conseil de la République (HCR) dirigé par Mgr Laurent Monsengwo ont pu être constitués. Les divergences d'opinion et d'autres contradictions d'intérêt qui ont surgi après cette mise en place ont conduit la classe politique à rechercher d'autres ententes dont le Président Mobutu et Mgr Monsengwo furent de grands artisans.

Ces ententes devaient être négociées et conclues au Conclave politique de Kinshasa qui n'avait pu réunir malheureusement qu'une partie seulement de la classe politique : principalement celle évoluant dans l'orbite de la mouvance présidentielle.

C'est dans cette conjoncture aussi difficile que pénible que d'autres efforts vont être tentés en vue de trouver des solutions plus ou moins acceptables pour l'ensemble de la classe politique avec la participation de tout le monde. Quelques idées-forces gouvernent ces nouveaux contacts : la fin de la crise marquée par le dédoublement institutionnel, la non-exclusion et le consensus fondé sur un vrai dialogue national et patriotique. D'où l'idée des concertations politiques du Palais du peuple.

2. Les concertations pour un ordre nouveau et consensuel : l'unicité des institutions de la transition politique

Avant les concertations proprement dites du Palais du Peuple, il y a lieu de signaler, le rôle joué par les Sages de deux camps à l'hôtel Intercontinental en vue de parvenir à l'unicité des Institutions. Grâce à cette impulsion ainsi qu'à l'espoir qu'elle a suscité dans le peuple, des hommes politiques de deux tendances (USOR et ALLIES et FPC) ont pu organiser des préconcertations entre eux en vue de baliser la voie qui devait conduire à la paix, à la concorde nationale, à l'unicité des institutions ainsi qu'à la meilleure et consensuelle organisation constitutionnelle de la période de transition.

Encouragé par les résultats de ces pré- concertations, le Président Mobutu, Mgr. Monsengwo et l'ensemble de la communauté internationale représentée à cet effet par Monsieur Lakhadar Brahimi, représentant du Secrétaire général des Nations-Unies, la classe politique dans son ensemble accepta d'ouvrir des concertations du palais du Peuple où les deux familles politiques se mirent d'accord sur la manière à organiser constitutionnellement la transition.

Les concertations furent ouvertes par Mgr. Monsengwo en présence de Monsieur Brahimi dans la salle des Conférences internationales du Palais du peuple. L'objet de ces concertations est clairement précisé dans le préambule du rapport final adopté par les familles politiques.

Deux jours après la clôture des préconcertations politiques, la classe politique zaïroise s'est réunie dans le cadre des concertations politiques, du 10 septembre au 10 octobre 1993, au Palais du peuple, zone de Lingwala, ville Kinshasa en vue d'examiner :

a) la problématique du texte constitutionnel de la Transition ;
b) les garanties du respect des résultats des concertations ;
c) la neutralité des institutions et des services publics de l'État, ainsi que la non-conflictualité de la Transition ;
d) l'organisation effective des échéances référendaires et électorales ;
e) la problématique de la responsabilité face à la misère de la population, à la criminalité et à l'insécurité généralisées ;
f) le programme économique et social pour la Transition ;
g) les modalités pratiques d'exécution fidèle des accords.

Dans son discours d'ouverture, concernant principalement la problématique de l'ordre institutionnel de la Transition, Mgr. Monsengwo précisa sa pensée en considérant qu'il était question de concilier les exigences du partage équitable et équilibré du pouvoir avec les notions :

a) de l'irresponsabilité politique du Chef de l'état inhérent à l'inviolabilité de sa personne ;
b) de la pleine responsabilité du Gouvernement — et non du seul Premier ministre — dans la gestion des affaires de l'État ;
c) du respect des procédures relatives aux nominations et révocations de hauts cadres civils et militaires du pays ;
d) de la composition de la Territoriale, de la Magistrature, des Forces armées et de la Diplomatie ;
e) de la collaboration harmonieuse entre le Gouvernement et le chef de l'Etat dans le domaine des relations extérieures et de celui de la défense ;
f) du respect intégral des droits de l'homme et du citoyen[111].

3. Mécanismes et structures du nouvel ordre transitionnel

Pour Mgr. Monsengwo, la meilleure application des textes constitutionnels passe nécessairement par la mise en place des mécanismes et structures capables de garantir le fonctionnement harmonieux des institutions de la Transition, assurant la neutralité stricte de l'Administration et particulièrement la territoriale, garantissant le traitement équitable des citoyens par les services publics, notamment dans l'administration de la justice et l'accès aux médias officiels, rendant effectif l'apolitisme au sein des forces de sécurité, renforçant leur caractère national et améliorant la qualité ainsi que la discipline de ce corps.

S'agissant des institutions proprement dites, Monseigneur Monsengwo, fit à ce sujet deux importantes recommandations à savoir : étudier des mesures impersonnelles capables de favoriser et de garantir l'harmonie dans le fonctionnement des institutions de la transition de sorte que les animateurs politiques s'y conforment et deuxièmement veiller à inclure, parmi ces mesures, un certain nombre d'exigences que doivent remplir les institutions pour préserver leur caractère effectivement national, notamment en s'assurant, toutes choses étant égales par ailleurs d'une représentation équilibrée de différentes composantes du pays.

L'étude de la problématique du texte constitutionnel de la Transition a été confiée à la Commission n° 1 conjointement présidée par M. Gérard Kamanda wa Kamanda et Maître Yoko Yakembe. Cette Commission connut un débat long et fort aminé à cause de la divergence des points de vue exprimés et défendus par les délégations en présence.

Deux thèses diamétralement opposées furent défendues dans des discussions au sein de cette Commission. Pour la délégation de l'USOR et ALLIES, la question du texte constitutionnel de la transition était un faux problème. Sept arguments furent présentés à l'appui de cette thèse :

[111] Cfr. *Rapport final des Concertations du Palais du Peuple*, p. 4 (Inédit).

a) c'est à la demande et à l'initiative du Président de la République que le Compromis politique global a été négocié et conclu le 31 juillet 1992[112] par les Délégués du Président de la République, des plateformes politiques et des composantes de la Conférence nationale souveraine ;
b) ce compromis a posé des principes concernant l'organisation et l'exercice du pouvoir pendant la période de la transition, les modalités de collaboration et de concertation des différentes institutions de la transition ;
c) ces principes ont été traduits dans l'Acte portant dispositions constitutionnelles relatives à la période de transition qui a aussi mis fin à la constitution qui régissait jusque-là le pays ;
d) le Chef de l'État et sa famille politique ont trouvé à retirer à ce texte, et leur contestation, les a amenés à la tenue du Conclave politique de Kinshasa dont on a dit qu'il n'avait pour objet de remettre en cause l'œuvre de la CNS considérée et acceptée par tous comme étant une œuvre nationale ;
e) l'œuvre de la CNS est une œuvre nationale et nul n'a le droit de la renier lors même qu'elle serait perfectible ;
f) l'Acte portant dispositions constitutionnelles relatives à la période de transition est une œuvre humaine perfectible. C'est d'ailleurs pour cela qu'il a prévu des procédures pour sa révision. Nul n'a donc le droit de l'amender unilatéralement ;
g) Cet Acte constitutionnel de la CNS a été adopté à l'unanimité après les déclarations de politique générale.

Telle fut la position de l'USOR et ALLIES.

Par contre, pour la Délégation des FPC, les arguments suivants ont été présentés pour réfuter ceux de l'Opposition. Le travail du Conclave politique national du mois de mars 1993 qui conduit à l'élaboration de l'Acte constitutionnel harmonisé et promulgué par le Chef de l'État en date du 2 avril 1993 avait corrigé les lacunes de l'Acte portant dispositions constitutionnelles relatives à la période de transition qui n'a jamais été promulgué par le Chef de l'État.

L'Acte harmonisé dont il est question ici a opéré l'harmonisation des trois textes fondamentaux à savoir la constitution de 1967 révisée, le Compromis politique global et l'Acte constitutionnel de la CNS.

L'autre argument de taille présenté et défendu par la Délégation des FPC est que ledit Acte harmonisé a donné effectivement naissance à des institutions qui fonctionnent sur toute l'étendue du territoire national. Mais les FPC reconnaissaient tout de même que malgré ces différents efforts, la volonté maintes fois exprimée par la classe politique de parvenir à une gestion concertée de l'État pendant la période exceptionnelle de transition n'est pas suffisamment traduite dans la réalité.

---

[112] Acte constitutif du compromis politique global de la transition (30 juillet 1992). https://mjp.univ-perp.fr/constit/cd1991.htm#3

La reconnaissance de cette réalité conduisit les FPC à émettre deux propositions à l'intention de l'USOR et alliées.

Premièrement, il importait pour la classe politique du Zaïre de rechercher des voies et moyens de sortir le pays de l'impasse actuelle et deuxièmement, il fallait que pour cela, la même classe politique arrive à conclure un nouveau compromis politique qui permettrait l'adoption d'un texte constitutionnel unique. C'est ce point de vue qui triompha dans les négociations et concertations du Palais du peuple.

Au sein de la première commission des concertations du Palais du peuple chargée de l'étude de la problématique du texte constitutionnel pour la période de transition et après débat sur les argumentations des uns et des autres, il apparut clairement que les problèmes concrets à résoudre s'articulaient essentiellement autour des questions telles que le symbole et l'emblème du pays, la nomenclature des institutions, la répartition des prérogatives entre les institutions de la République.

S'agissant de la nomenclature des institutions pendant la période de transition, la commission se mit d'accord sur la liste suivant : le Président de la République, le Parlement de la Transition de type monocaméral, le Gouvernement, les cours et tribunaux.

Pour ce qui est de la répartition des prérogatives entre les différentes institutions de la transition, les débats ont tourné essentiellement autour des délais butoirs imposés aux nominations et révocations des cadres civils et militaires, des avis conformes, de la double responsabilité du gouvernement devant le Parlement et le Président de la République. La Commission proposa des solutions suivantes auxquelles nous consacrerons quelques réflexions ultérieurement :

a) concernant les délais butoirs, un accord fut dégagé recommandant leur suppression. Il fut prévu à la place de ces délais butoirs, des mécanismes de concertation permanente et de collaboration ainsi que la matière de promulgation des lois tout en laissant au Président de la République la responsabilité de solliciter une seconde lecture au Parlement de la Transition ;
b) au sujet du principe des avis conformes exigés dans le processus de prise des décisions, il fut convenu que cette compétence soit dévolue au parlement de transition ;
c) à son tour, le problème touchant la double responsabilité du Gouvernement à la fois devant le Président de la République et le Parlement, trouva sa solution dans la formulation suivante acceptée par les deux délégations « les deux délégations conviennent que le gouvernement est pleinement responsable de l'action de l'État dont il répond devant le seul Parlement de transition… » cette responsabilité n'exige pas la collaboration et la concertation entre les différentes institutions de la Transition pour la bonne marche de l'État. [113]

113 *Rapport final*, p. 7 bis (inédit).

Comme on peut le constater, la Commission n° 1 des concertations politiques du palais du peuple a eu comme souci majeur, eu égard à ce qui se passait avant, de renforcer les mécanismes de concertation et de collaboration entre toutes les institutions de la transition pour mieux permettre leur fonctionnement harmonieux, efficace et non conflictuel. Tel est *grosso modo* l'esprit qui va être consacré dans les Protocoles d'accord ainsi que dans l'Acte constitutionnel de la transition.

4. Le protocole d'accord final des concertations

4.1 L'esprit des institutions et des services publics

Dans le texte introduit au rapport de la Commission n° 1 des concertations du Palais du peuple, il y est mentionné entre autres que les préconcertations politiques ont mis en évidence les faits suivants :

- « La crise institutionnelle que traverse le pays depuis près de 3 ans a été confortée par les divergences de vues de la classe politique au sujet du texte constitutionnel ;
- La multiplication des textes constitutionnels ayant vocation de régir la période de Transition a occasionné le dédoublement des institutions publiques qui rend le pays ingouvernable en provoquant le blocage du fonctionnement de l'État, avec les conséquences que cette situation comporte, eu égard aux aspirations légitimes de notre peuple au mieux-être social et au progrès économique ».

Le rapport ajoute :

« Il découle de ce constat que la suppression du dédoublement institutionnel passe par celle de la dualité des textes constitutionnels de la Transition. Les observations qui précèdent soulignent à la fois l'importance et la délicatesse de la mission confiée à la Commission n° 1, car le conflit autour du texte constitutionnel de la période de transition, outre qu'il traduit les divergences d'approches politiques, face au présent et à l'avenir est au cœur de la crise politique et institutionnelle de notre pays ».

Cette crise de conscience unanimement partagée a conduit la Commission n 3 qui a eu pour tâche d'examiner le point III des concertations relatif à la neutralité des institutions et des services publics de l'État ainsi que la non-conflictualité de la Transition. En clair, la tâche de cette Commission consistait à déterminer, pour chaque institution ou service public « les mesures propres à assurer sa neutralité ainsi que celles requises pour garantir la non-conflictualité entre les institutions, et entre les forces politiques présentes dans la Nation ainsi que les forces sociales pendant la transition. Les recommandations suivantes furent émises par la Commission relative à la neutralité » (les problèmes posés par la recomposition du HCR, de la composition et de la participation de toutes les forces politiques et sociales en présence et de toutes les régions sans exclusive, etc.) et de la non-conflictualité ressortit des conditions suivantes :

- Les lois et textes réglementaires doivent être impersonnels ;

- Les textes légaux et réglementaires doivent être respectés par tous et appliqués sans parti pris, singulièrement les accords qui sortiront des présentes concertations politiques ;
- Les attributions dévolues aux institutions et services publics doivent être respectées par tous ;
- Les attributions du pouvoir, y compris la puissance publique, ne peuvent être détournées de leur mission originale pour servir des intérêts partisans ou faciliter l'ingérence d'une institution ou d'un service public dans le fonctionnement des autres ;
- La neutralité des institutions et services publics est une condition essentielle de la non-conflictualité ;
- L'intolérance et l'exclusion sont source de conflits, elles doivent donc être bannies ;
- Un code de bonne conduite doit être élaboré et appliqué, afin d'éviter, au niveau tant des acteurs politiques que des institutions, tout comportement ou attitude susceptible de générer des conflits.

II. LE RÉGIME POLITIQUE ÉTABLI

La nomenclature des institutions de la transition comprend : le Président de la République, le Haut Conseil de la République-Parlement de transition, le Gouvernement et les Cours et tribunaux.

Concernant le Président de la République, il y a lieu de noter la suppression des délais butoirs en matière de nomination des hauts cadres civils et militaires en vertu du maintien du principe des concertations permanentes en cette matière et le maintien de ces mêmes délais en matière de promulgation des lois permettant ainsi au Président de solliciter une seconde lecture. L'on notera également l'expression de la nécessité du renforcement des mécanismes de concertation et de collaboration entre toutes les institutions de la transition pour permettre leur fonctionnement harmonieux, efficace et non conflictuel. À quoi s'est ajouté le principe de concertation permanente qui porte notamment sur les nominations aux hauts emplois civils et militaires ;

Au sujet du HCR-PT, l'accord fut obtenu sur la nécessité de mettre fin au dédoublement de l'institution Parlement pendant la période de transition, la structure de ce parlement, l'appellation de ce parlement, sa composition qui doit être basée sur les principes de représentation équitable et équilibrée et de non-exclusion entre les forces politiques et sociales en veillant à ce que toutes les zones de la République soient représentées à partir des critères objectifs qui intègrent outre les Conseillers de la République de l'ancien HCR, les députés de l'ex-Assemblée nationale ainsi que les concertations. Il fut également convenu le réaménagement ou la recomposition du Bureau du HCR qui comprend autant de membres FPC qu'il y a des membres de l'USOR et alliés à l'exception de son Président désigné par consensus.

S'agissant du mode de décision au HCR-PT, il fut convenu que les décisions relatives aux questions d'importance nationale seront prises par consensus tout en précisant que pour les autres questions et au nom de la stabilité des institutions, le quorum de décisions, en cas de recours de vote, est en renforcé (par exemple 3/4 ou 4/5) ;

Quant au Gouvernement de la transition, les participants se mirent d'accord sur le fait que ce gouvernement est pleinement responsable de la gestion des affaires de l'État, et en répond devant le HCR-PT et que le Premier ministre est le chef du Gouvernement.

Et enfin, les modalités pratiques d'exécution fidèle des accords furent établies de la manière ci-après :

- En ce qui concerne la problématique du texte constitutionnel de la transition, elle est de la compétence du HCR-PT ;
- Le texte adopté sous forme de loi sera soumis au Chef de l'État pour promulgation ;
- La désignation par les deux familles d'un groupe chargé de rédiger le projet du texte à transmettre au HCR-PT et promulgué le 9 avril 1994 par le Président de la République sous le nom de l'Acte constitutionnel de la Transition.

III. LE TEXTE CONSTITUTIONNEL

Acte constitutionnel de la transition du 9 avril 1994

Source : Journal Officiel, numéro spécial, avril 1994

Exposé des motifs.

Depuis le déclenchement du processus de démocratisation le 24 avril 1990, notre pays traverse une crise aiguë et multiforme ayant pour origine essentielle les divergences de vues de la classe politique sur l'ordre institutionnel de la transition vers la Troisième République.

Se fondant sur le compromis politique global du 31 juillet 1992, la Conférence nationale souveraine, regroupant toutes les forces vives de la nation, a établi un ordre institutionnel de la transition reposant sur l'Acte portant dispositions constitutionnelles relatives à la période de transition, afin de mettre fin à la crise politique et institutionnelle.

Les divergences de vues de la classe politique au sujet de cet ordre institutionnel ont aggravé la crise et conduit à la tenue du Conclave politique de Kinshasa. Celui-ci, par la loi n° 93/001 du 2 avril 1993 portant Acte constitutionnel harmonisé relatif à la période de transition, a établi un autre cadre institutionnel de la transition.

Toute cette situation a occasionné le dédoublement institutionnel et la multiplicité des textes constitutionnels pour la période de transition et provoqué la confusion et le blocage du fonctionnement de l'État, avec des conséquences regrettables sur le plan social et économique pour notre peuple.

Ainsi, en vue de redonner de l'espoir au peuple zaïrois et de trouver des solutions durables et définitives à cette situation, les concertations politiques du Palais du Peuple, initiées par Monseigneur le Président du Haut Conseil de la République, avec l'accord du Chef de l'État, ont été sanctionnées par un protocole d'accord qui donne des orientations précises pour la fin du dédoublement des institutions de la transition et des textes constitutionnels, par la mise au point d'un seul Acte dénommé « Acte constitutionnel de la Transition ».

Dans le souci de garantir la paix civile et de prévenir tout conflit de compétence au sommet de l'État, le présent Acte met en œuvre les principales options ci-après

1° Les institutions de la République sont :
- le Président de la République ;
- le Haut Conseil de la République — Parlement de Transition ;
- le Gouvernement ;
- les cours et tribunaux

2° Le Premier ministre est le Chef du Gouvernement. Le Gouvernement est pleinement responsable de la gestion de l'État et en répond devant le Haut Conseil de la République Parlement de Transition.

3° Les cours et tribunaux demeurent indépendants afin d'assurer le respect des libertés fondamentales.

4° Toutes ces institutions de la transition sont appelées à fonctionner de manière à refléter leur neutralité, dans un esprit d'étroite collaboration et de concertation permanente en vue de favoriser la non-conflictualité tout en sauvegardant leur indépendance chacune vis-à-vis des autres par le respect des principes de non-exclusion et de partage équitable et équilibré du pouvoir.

5° L'instauration des mécanismes de collaboration et de concertation permanente par une ordonnance présidentielle délibérée en Conseil des ministres. Le présent Acte répond donc à la préoccupation d'asseoir le fonctionnement des institutions de la transition sur une base juridique incontestable, emportant l'adhésion de l'ensemble de notre peuple.

Tels sont l'esprit et le contenu du présent Acte constitutionnel de la Transition.

Préambule.

Nous, Représentants du Peuple zaïrois, réunis au sein du Haut Conseil de la République — Parlement de Transition ;

Constatant la crise profonde, multiforme et persistante à laquelle le pays est confronté ;

Affirmant notre détermination de consolider notre unité et notre intégrité nationales dans le respect de nos particularités régionales en vue de promouvoir, dans la voie de la justice, notre bien-être matériel, notre épanouissement moral et spirituel ;

Soucieux de restaurer les valeurs morales et spirituelles, de garantir notre indépendance politique, économique et culturelle, d'assurer les bienfaits de la liberté à nous-mêmes et à notre postérité dans le cadre du projet de la nouvelle société démocratique ;

Affirmant notre volonté d'organiser une transition non conflictuelle pour en faire une période de rassemblement de toutes les filles et tous les fils du pays ;

Convaincus de la nécessité du changement et de la préparation dans la paix et la concorde, de l'avènement de la Troisième République réellement démocratique garantissant un développement intégral et harmonieux de la Nation ;

Considérant que la transition doit être proche de la Troisième République dont elle doit constituer la préfiguration ;

Convaincus que la transition doit être conduite dans la neutralité et gérée dans un esprit de collaboration entre toutes les institutions suivant les principes de partage équitable et équilibré du pouvoir, et de non-exclusion ;

Proclamant notre adhésion à la Déclaration universelle des droits de l'homme et à la Charte africaine des Droits de l'Homme et des Peuples ;

Conscients de nos responsabilités devant Dieu, la Nation, l'Afrique et le Monde ;

Déclarons solennellement adopter le présent Acte constitutionnel de la Transition.

Le Haut Conseil de la République — Parlement de Transition a adopté,

Le Président de la République promulgue l'Acte constitutionnel dont la teneur suit

Titre I. Du territoire et de la souveraineté de la République.

Article premier

La République du Zaïre est, dans ses frontières au 30 juin 1960, un État indépendant, souverain, indivisible, démocratique, social et laïc.

Son emblème est le drapeau vert clair orné au centre d'un cercle jaune dans lequel figure une main droite tenant un flambeau à la flamme rouge.

Son hymne national est La Zaïroise.

Sa devise est Paix — Justice — Travail.

Ses armoiries se composent d'une tête de léopard encadrée à gauche d'une branche de palmier et d'une flèche et, à droite, d'une pointe d'ivoire et d'une lance, le tout reposant sur une pierre.

Sans préjudice des langues nationales, sa langue officielle est le français.

Article 2

La République du Zaïre comprend la Ville de Kinshasa et dix régions dotées de la personnalité civile. Ces Régions sont Bandundu, Bas-Zaïre, Équateur, Haut-Zaïre, Kasaï-Oriental, Maniema, Nord-Kivu, Shaba et Sud-Kivu.

Les limites, l'organisation et le fonctionnement de la ville de Kinshasa et des régions sont fixés par la loi.

Kinshasa est la capitale de la République du Zaïre.

Article 3

Le sol et le sous-sol appartiennent à l'État. Les conditions de leur concession sont fixées par la loi.

Article 4

Nul ne peut porter atteinte à l'intégrité du territoire de la République.

Article 5

Tout pouvoir émane du peuple qui l'exerce par voie de référendum ou par ses représentants.

Aucune fraction du peuple ni aucun individu ne peut s'en attribuer l'exercice.

La loi fixe l'organisation du référendum.

Article 6

Le suffrage est universel et secret. Il est direct ou indirect.

Sont électeurs dans les conditions déterminées par la loi, tous les Zaïrois des deux sexes âgés de dix-huit ans révolus et jouissant de leurs droits civiques et politiques.

Article 7

Les partis politiques concourent à l'exercice du suffrage. Ils se forment et exercent librement leurs activités dans le respect de la loi.

Ils sont tenus au respect des principes de démocratie pluraliste, d'unité et de souveraineté nationale.

Article 8

La nationalité zaïroise est une et exclusive. Elle ne peut être détenue concurremment avec une autre nationalité.

La loi fixe les conditions de reconnaissance, d'acquisition et de perte de la nationalité zaïroise.

Titre II. Des droits fondamentaux de la personne et des devoirs des citoyens.

Article 9

La personne humaine est sacrée. L'État a l'obligation de la respecter et de la protéger.

Toute personne a droit à la vie et à l'intégrité physique.

Nul ne peut être soumis à la torture ni à des traitements inhumains ou dégradants.

Nul ne peut être mis à mort si ce n'est dans les cas prévus par la loi et dans les formes qu'elle prescrit.

Article 10

La République du Zaïre garantit l'exercice des droits et libertés individuels et collectifs, notamment les libertés de circulation, d'entreprise, d'information, d'association, de réunion, de cortège et de manifestation, sous réserve du respect de la loi, de l'ordre public et des bonnes mœurs.

Article 11

Tous les Zaïrois sont égaux devant la loi et ont droit à une égale protection des lois.

Aucun Zaïrois ne peut, en matière d'éducation et d'accès aux fonctions publiques ni en aucune autre matière, faire l'objet d'une mesure discriminatoire, qu'elle résulte de la loi ou d'un acte de l'exécutif, en raison de sa religion, de son appartenance raciale ou ethnique, de son sexe, de son lieu de naissance, de sa résidence ou de ses convictions politiques.

Article 12

Toute personne a droit au libre développement de sa personnalité, sans préjudice du droit d'autrui et de l'ordre public.

Tout Zaïrois a droit à la paix, au développement et au patrimoine commun de l'humanité.

Nul ne peut être tenu en esclavage ou en servitude ou dans une condition analogue.

Nul ne peut être astreint à un travail forcé ou obligatoire, sauf dans les cas prévus par la loi.

Article 13

La liberté de la personne est inviolable.

Nul ne peut être poursuivi, arrêté, ni détenu qu'en vertu de la loi et dans la forme qu'elle prescrit.

Nul ne peut être poursuivi pour une action ou une omission qui ne constituent pas une infraction à la loi au moment où elle a été commise et au moment des poursuites.

Toute personne accusée d'une infraction est présumée innocente jusqu'à ce que sa culpabilité ait été établie par un jugement définitif.

Article 14

Toute personne privée de sa liberté par arrestation ou détention a le droit d'introduire un recours devant un tribunal qui statue à bref délai sur la légalité de sa détention et ordonne sa libération si la détention est illégale.

Toute personne a le droit d'être jugée dans un délai raisonnable par une juridiction impartiale et légalement instituée.

Tout jugement doit être écrit et motivé. Il est prononcé en audience publique.

Article 15

Toute personne arrêtée doit être immédiatement informée, dans la langue qu'elle comprend, des motifs de son arrestation.

Une personne victime d'une arrestation ou d'une détention illégale a droit à une juste et équitable réparation du préjudice qui lui a été causé.

Toute personne a le droit de se défendre seule ou de se faire assister par un défenseur de son choix.

Toute personne poursuivie a le droit d'exiger d'être entendue en présence d'un avocat, d'un défenseur judiciaire ou de toute autre personne de son choix, et ce, à tous les niveaux de la procédure pénale.

La loi détermine les modalités d'exercice de ce droit.

Article 16

Nul n'est tenu d'exécuter un ordre manifestement illégal lorsque celui-ci porte atteinte aux droits et libertés de la personne humaine.

Article 17

Dans la République, il n'y a pas de religion d'État.

Toute personne a droit à la liberté de pensée, de conscience et de religion. Toute personne a le droit de manifester sa religion ou ses convictions, seule ou en commun, tant en public qu'en privé, par le culte, l'enseignement, les pratiques, l'accomplissement des rites et l'état de vie religieuse, sous réserve de l'ordre public et des bonnes mœurs.

La loi fixe les conditions de constitution des associations religieuses.

Article 18

Tout Zaïrois a droit à la liberté d'expression. Ce droit implique la liberté d'exprimer ses opinions et ses sentiments, notamment par la parole, l'écrit et l'image, sous réserve de l'ordre public, des droits d'autrui et des bonnes mœurs.

Une loi fixe les modalités de l'exercice de la liberté de la presse.

Article 19

Le droit de pétition est reconnu aux Zaïrois. La loi en fixe les modalités d'exercice.

Article 20

La famille, base naturelle de la communauté humaine, est placée sous la protection de l'État.

Elle sera organisée de manière à ce que soient assurées son unité et sa stabilité.

Tout Zaïrois a le droit de se marier et de fonder une famille avec la personne de son choix et de sexe opposé.

La loi fixe les règles sur le mariage et l'organisation de la famille.

Les soins et l'éducation à donner aux enfants et aux parents constituent, selon le cas, pour les parents et pour les enfants, un droit et un devoir qu'ils exercent avec l'aide de l'État.

Article 21

Il est pourvu à l'éducation de la jeunesse par l'enseignement national. L'enseignement national comprend les écoles publiques ainsi que les écoles privées agréées et contrôlées par l'État.

La loi fixe les conditions de création et de fonctionnement des établissements d'enseignement.

Article 22

Les droits de propriété individuelle ou collective sont garantis.

Il ne peut être porté atteinte à ces droits qu'en vertu d'une loi pour des motifs d'intérêt général, sous réserve d'une préalable et équitable indemnité à verser à la personne lésée dans ses droits.

Article 23

Le domicile est inviolable. Il ne peut y être effectué de visites domiciliaires ou de perquisitions que dans les formes et conditions prévues par la loi.

Article 24

Toute personne a droit au secret de sa correspondance, de télécommunication ou de toute autre forme de communication.

Il ne peut être porté atteinte à ces droits que dans les cas définis par la loi.

Article 25

L'exercice de l'art, du commerce et de l'industrie ainsi que la libre circulation des biens sont garantis à tous les Zaïrois sur toute l'étendue du territoire de la République, dans les conditions fixées par la loi.

Article 26

Aucun Zaïrois ne peut être expulsé du territoire de la République.

Aucun citoyen ne peut être contraint pour des raisons politiques à résider hors de son lieu de résidence habituelle ou à l'exil.

Tout Zaïrois a le droit de fixer librement son domicile ou sa résidence en un lieu quelconque du territoire de la République et d'y jouir de tous les droits qui lui sont reconnus par le présent Acte et par les lois.

Ce droit ne peut être limité qu'en vertu de la loi et dans les cas qu'elle détermine.

Article 27

Tous les Zaïrois sont égaux en droit et en dignité.

Tout acte qui accorde des privilèges à des nationaux ou limite leurs droits en raison de l'origine ethnique, tribale ou régionale, de l'opinion politique ou philosophique, de la religion ou du sexe est contraire au présent Acte et puni des peines prévues par la loi.

Tout acte de provocation ou toute attitude visant à inciter à la violence, à l'intolérance, à l'exclusion ou à la haine pour des raisons d'appartenance politique, philosophique, ethnique, tribale, régionale ou religieuse, ou à semer la discorde entre nationaux, est contraire au présent Acte et puni des peines prévues par la loi.

Article 28

Le travail est un droit et un devoir sacré qui donne lieu, s'il échet, au paiement en contrepartie d'une rétribution juste et digne.

Tout Zaïrois a le devoir de contribuer par son travail à la construction et à la prospérité de la nation.

Tout travailleur est libre d'adhérer au syndicat de son choix.

Article 29

Le droit de grève est reconnu et garanti. Il s'exerce dans les conditions fixées par la loi.

Article 30

Toute personne a droit à un environnement sain.

Elle a le devoir de le défendre.

L'État veille à la protection de l'environnement et à la santé des populations.

Article 31

Tous les Zaïrois ont le devoir de se conformer au présent Acte, aux lois et règlements de la République, de s'acquitter de leurs contributions fiscales et de remplir leurs obligations sociales.

Article 32

Les biens publics sont sacrés et inviolables. Les citoyens doivent les respecter scrupuleusement et les protéger.

Article 33

L'État protège les droits et les intérêts légitimes des Zaïrois résidant à l'étranger.

Article 34

Les étrangers bénéficient sur le territoire de la République du Zaïre des mêmes droits et libertés que les Zaïrois, dans les conditions déterminées par les traités et les lois, sous réserve de la réciprocité.

Ils sont tenus de se conformer aux lois et règlements de la République.

Article 35

L'État a le devoir d'assurer la diffusion et l'enseignement du présent Acte, de la Déclaration universelle des Droits de l'Homme, de la Charte africaine des Droits de l'Homme et des Peuples, ainsi que de tous les instruments internationaux dûment ratifiés et relatifs aux droits de l'Homme.

L'État a l'obligation d'intégrer les droits de la personne humaine dans tous les programmes de formation scolaire, des Forces armées et des Services de Sécurité.

Article 36

La République accorde le droit d'asile, sur son territoire, aux ressortissants étrangers poursuivis en raison de leur action en faveur de la démocratie, de la lutte de libération nationale, de la liberté du travail scientifique et culturel et pour la défense des Droits de l'Homme et des Peuples, conformément aux lois et règlements en vigueur.

Titre III. De l'organisation et de l'exercice du pouvoir.

Chapitre premier. Des dispositions générales.

Article 37

Durant la période de transition, les pouvoirs sont exercés de la manière établie par le présent Acte.

Tout Zaïrois a le droit et le devoir sacré de défendre la Nation et son intégrité territoriale et de faire échec à tout individu ou groupe d'individus qui prend le pouvoir par la force ou l'exerce en violation des dispositions du présent Acte.

Nul ne peut détourner les attributs du pouvoir et la puissance publique à des fins personnelles pour la réalisation d'intérêts partisans ou pour faciliter l'ingérence d'une institution ou d'un service public dans le fonctionnement d'une autre institution ou d'un autre service public.

Chapitre II. Des institutions de la République.

Article 38

Les institutions de la République pendant la transition sont :

1° le Président de la République ;

2° le Haut Conseil de la République — Parlement de Transition ;

3° le Gouvernement ;

4° les cours et tribunaux.

La ville de Kinshasa, capitale, est le siège de toutes les institutions de la République.

Section I. Du président de la République.

Article 39

Le Président de la République est le Chef de l'État.

Il représente la Nation.

Il est le symbole de l'unité nationale et le garant de la Nation.

Article 40

Le Président de la République promulgue les lois dans les quinze jours de leur transmission par le Président du Haut Conseil de la République — Parlement de Transition.

Il peut, avant l'expiration de ce délai, demander au Haut Conseil de la République — Parlement de Transition, une nouvelle délibération de la loi ou de certains de ses articles.

Le texte ainsi soumis à une seconde délibération sera adopté par le Haut Conseil de la République — Parlement de Transition soit sous sa forme initiale soit après modification à la majorité des 2/3 des membres présents.

Le Président de la République le promulgue dans les délais fixés ci-dessus. À défaut, la loi est promulguée par le Président du Haut Conseil de la République — Parlement de Transition.

Les lois sont revêtues du sceau de l'État et publiées au Journal Officiel.

Article 41

Le Président de la République est le Chef suprême des Forces armées.

Il préside le Conseil Supérieur de la Défense.

Le Président du Haut Conseil de la République — Parlement de Transition et le Premier ministre sont de droit membres du Conseil Supérieur de la Défense.

Une loi détermine les attributions, la composition, l'organisation et le fonctionnement du Conseil Supérieur de la Défense.

Article 42

Le Président de la République confère les grades dans les Ordres nationaux et les décorations conformément à la loi.

Article 43

Le Président de la République statue par voie d'ordonnance dans le cadre des prérogatives qui lui sont reconnues par le présent Acte.

Article 44

Le Président de la République accrédite les ambassadeurs et les envoyés extraordinaires auprès des puissances étrangères et des organisations internationales, sur proposition du Gouvernement, après avis conforme du Haut Conseil de la République — Parlement de Transition.

Les ambassadeurs et les envoyés extraordinaires étrangers sont accrédités auprès de lui.

Article 45

Le Président de la République a le droit de battre monnaie et de mettre du papier-monnaie en exécution de la loi.

Article 46

Le Président de la République a le droit de grâce.

Il peut remettre, commuer ou réduire les peines sur proposition du Gouvernement, le Conseil Supérieur de la Magistrature entendu.

Il exerce ces prérogatives dans les conditions définies par la loi.

Article 47

Le Président de la République nomme, relève de leurs fonctions et, le cas échéant, révoque sur proposition du Gouvernement délibérée en Conseil des ministres et après avis conforme du Haut Conseil de la République — Parlement de Transition :

- Les ambassadeurs et les envoyés extraordinaires ;
- Les gouverneurs et vice-gouverneurs de région ;
- Les officiers supérieurs et généraux des Forces armées et des Forces de l'Ordre, le Conseil supérieur de la Défense entendu ;
- Le Chef d'État-Major général, les Chefs d'État-Major et les commandants des grandes unités des Forces armées, le Conseil Supérieur de la Défense entendu ;
- Les hauts fonctionnaires de l'administration publique : directeur, secrétaire général ;

– Les mandataires publics dans les entreprises et les organismes publics, excepté les commissaires aux comptes.

Il nomme, relève de leurs fonctions et, le cas échéant, révoque, par ordonnance, les magistrats du siège et du parquet sur proposition du Conseil Supérieur de la Magistrature et après avis conforme du Haut Conseil de la République — Parlement de Transition.

Dans tous les cas énumérés ci-dessus, les ordonnances sont contresignées par le ministre compétent.

Article 48

À la demande du Gouvernement et après avis conforme du Haut Conseil de la République — Parlement de Transition, le Président de la République déclare la guerre. Il en informe la Nation par un message.

En temps de guerre, sur proposition du Gouvernement, le Président de la République proclame l'État de siège.

Lorsqu'un danger menace la République ou que le fonctionnement régulier des institutions de la République ou d'une région est interrompu, le Président de la République, sur initiative du Gouvernement, proclame, sans délai, l'état d'urgence.

Le Gouvernement présidé par le Chef de l'État prend alors des mesures urgentes nécessaires pour faire face à la situation.

Article 49

Le Président de la République dépose la déclaration de l'état de siège ou d'urgence ainsi que les mesures qui sont normalement du domaine de la loi ou dérogent au présent Acte, immédiatement après leur signature sur le bureau du Haut Conseil de la République — Parlement de Transition en vue de leur approbation.

Si le Haut Conseil de la République — Parlement de Transition n'est pas en session, il le convoque à cet effet conformément à l'article 66 du présent Acte.

Les mesures d'urgence sont, dès leur signature, soumises à la Cour Suprême de Justice qui, toutes affaires cessantes, déclare si elles dérogent ou non au présent Acte constitutionnel de la Transition.

Article 50

La proclamation de l'état de siège ou d'urgence et les mesures d'urgence qui sont du domaine de la loi cessent de plein droit de produire leurs effets si le Haut Conseil de la République — Parlement de Transition les rejette ou en tout cas ne les approuve pas dans un délai de trente jours à compter de la date du dépôt sur le bureau du Haut Conseil de la République — Parlement de Transition si celui-ci est en vacance au moment de la proclamation de l'état de siège ou d'urgence.

Les mesures déclarées dérogatoires au présent Acte par la Cour Suprême de Justice ne sont approuvées qu'à la majorité des 2/3 du Haut Conseil de la République — Parlement de Transition et le délai de trente jours mentionnés ci-dessus est dans ce cas réduit à quinze jours.

L'état de siège ou d'urgence peut être proclamé sur tout ou partie du territoire de la République pour une durée de trente jours maximum. Il peut être prorogé pour des périodes successives de quinze jours.

Le Haut Conseil de la République — Parlement de Transition peut à tout moment mettre fin par une loi à l'état de siège ou d'urgence.

Article 51

Les fonctions de Président de la République sont incompatibles avec l'exercice de tout mandat ou fonction publique ou d'une activité privée à caractère lucratif.

Article 52

Le Président de la République bénéficie d'une liste civile fixée par le Haut Conseil de la République — Parlement de Transition.

Article 53

Les fonctions de Président de la République prennent fin par démission, décès, empêchement définitif, déchéance prononcée par la Cour Suprême de Justice dans les conditions déterminées par le présent Acte ou la fin de la Transition.

La vacance est constatée par la Cour Suprême de Justice saisie par le Haut Conseil de la République — Parlement de Transition qui en informe la Nation par un message.

Article 54

En cas de vacance, les fonctions de Président de la République sont exercées par le Président du Haut Conseil de la République — Parlement de Transition, jusqu'à l'investiture du Président élu.

L'exercice des fonctions de Président de la République, dans ce cas, est incompatible avec l'exercice, dans le même temps, des fonctions de Président du Haut Conseil de la République — Parlement de Transition.

Section II. Du Haut Conseil de la République — Parlement de transition.

Article 55

Le Haut Conseil de la République — Parlement de Transition est l'institution législative de la Transition.

Il est constitué d'une Chambre unique.

Ses membres portent le titre de « Conseiller de la République ».

Leur mandat est national.

Article 56

Le Haut Conseil de la République — Parlement de Transition est composé :

a) des Conseillers de la République désignés par la Conférence nationale souveraine ;
b) des Députés de l'ancienne Assemblée nationale ayant participé ès-qualité à la Conférence nationale souveraine ;
c) des Négociateurs aux Concertations Politiques du Palais du Peuple qui ne sont ni Conseillers de la République ni Députés.

Article 57

Le bureau du Haut Conseil de la République — Parlement de Transition comprend :

- un Président ;
- deux Premiers vice-présidents ;
- deux Deuxièmes vice-présidents ;
- deux Premiers secrétaires rapporteurs ;
- deux Deuxièmes secrétaires rapporteurs.

Article 58

Sans préjudice des autres prérogatives qui lui sont reconnues par le présent Acte, le Haut Conseil de la République — Parlement de Transition a pour mission de :

1. élaborer les lois ;
2. contrôler le Gouvernement ;
3. émettre des avis conformes prévus dans le présent Acte dans le délai de quinze jours à compter de la date de réception des dossiers. Passé ce délai, l'avis favorable est acquis d'office ;
4. suivre et contrôler l'exécution des actes de la Conférence nationale souveraine ;
5. interpréter les actes de la Conférence nationale souveraine autres que le présent Acte ;
6. définir la structure devant assurer la tutelle des médias publics en vue d'en garantir la neutralité, sans préjudice des dispositions de l'article 59.

Article 59

La loi fixe :

1. Les règles concernant notamment :

- les droits civiques et les garanties accordées aux citoyens pour l'exercice des libertés publiques ;
- les sujétions imposées aux citoyens en leur personne pour la défense nationale et le développement ainsi qu'en leurs biens ;
- la nationalité, l'état et la capacité des personnes, les régimes matrimoniaux, les successions et les libéralités ;
- la détermination des infractions ainsi que les peines qui leur sont applicables ;
- l'amnistie ;
- le statut des magistrats et le régime juridique du Conseil Supérieur de la Magistrature ;
- la procédure suivie devant les juridictions ;
- les droits de la défense ;
- l'assiette, le taux et les modalités de recouvrement des impôts ;
- les emprunts et les engagements financiers de l'État et des régions ;
- le régime d'émission de la monnaie ;
- la création des établissements publics ;
- le statut de la fonction publique ;
- le droit du travail et de la Sécurité sociale ;
- l'autonomie de la gestion administrative et financière du Haut Conseil de la République — Parlement de Transition ;
- le plan de développement économique et social ;
- les obligations civiles et les droits commerciaux ;
- l'organisation de la défense nationale, le mode de recrutement des membres des Forces armées, l'avancement, les droits et obligations des militaires ;
- le régime des élections.

2. Les principes fondamentaux :

- de la décentralisation ;
- de la nationalisation, de la dénationalisation et de la privatisation d'entreprises ;
- du régime foncier et minier ;

- de la mutualité et de l'épargne ;
- de l'enseignement et de la santé ;
- du régime pénitentiaire ;
- du pluralisme politique et syndical ;
- du droit de grève ;
- de l'organisation des médias publics ;
- de la recherche scientifique ;
- de la coopérative ;
- de la culture et des arts ;
- des sports et loisirs.

Article 60

Les lois des finances déterminent les ressources et les charges de l'État.

Article 61

Sans préjudice des dispositions du présent Acte, les matières autres que celles qui sont du domaine de la loi ont un caractère réglementaire.

Article 62

Le Haut Conseil de la République — Parlement de Transition vote le projet de loi budgétaire.

Tout amendement au projet de budget entraînant un accroissement des dépenses doit prévoir les voies et moyens nécessaires.

Tout amendement entraînant une diminution des recettes qui aura pour effet de rompre l'équilibre du budget doit prévoir une diminution de dépenses correspondantes ou de recettes nouvelles.

Si le Haut Conseil de la République — Parlement de Transition ne s'est pas prononcé sur le projet présenté par le Gouvernement avant l'ouverture du nouvel exercice, les dispositions de ce projet peuvent être mises en vigueur par le Premier ministre.

Si le projet de loi budgétaire d'un exercice n'a pas été déposé en temps utile pour être promulgué avant le début de l'exercice, le Gouvernement demande au Haut Conseil de la République — Parlement de Transition, l'ouverture des crédits provisoires.

Dans le cas où le Haut Conseil de la République — Parlement de Transition ne se prononce pas dans les quinze jours sur l'ouverture des crédits provisoires, les dispositions du projet prévoyant ces crédits sont mises en vigueur par le Premier ministre.

Article 63

La durée du mandat de Conseiller de la République correspond à celle de la Transition. Toutefois, le mandat d'un Conseiller de la République peut prendre fin par le décès, la démission, l'incapacité permanente ou l'absence injustifiée à plus d'un quart des séances d'une session.

En vue de sauvegarder l'équilibre entre les forces politiques et sociales, les partis politiques, les institutions publiques et les associations civiles, auxquels appartiennent les membres sortants pourvoient à la vacance ainsi créée en désignant le remplaçant parmi les anciens conférenciers ou les suppléants de l'ancienne Assemblée nationale.

Article 64

Le mandat de Conseiller de la République est incompatible avec les fonctions ou mandats de

- membre du Gouvernement ;
- membre des Forces armées et des Forces de l'Ordre et de Sécurité ;
- magistrat ;
- agent de carrière des services publics de l'État ;
- cadre politico-administratif de la territoriale à l'exception des chefs de collectivité-chefferie et groupement ;
- mandataire public ;
- membre des cabinets du Président de la République, du Haut Conseil de la République — Parlement de Transition et des ministres.

Article 65

Le Haut Conseil de la République — Parlement de Transition se réunit de plein droit en session ordinaire deux fois par an.

La première session s'ouvre le premier lundi d'avril, la deuxième, le premier lundi d'octobre. Les sessions prennent fin respectivement, le premier lundi de juillet et le premier lundi de janvier si l'ordre du jour n'a pu être épuisé plus tôt.

Article 66

Le Haut Conseil de la République — Parlement de Transition peut être convoqué en session extraordinaire par le Président de la République, à la demande du Gouvernement, après délibération en Conseil des ministres ou du bureau du Haut Conseil de la République — Parlement de Transition ou du tiers de ses membres.

Dans ce cas, l'acte de convocation fixe l'ordre du jour de la session.

Article 67

Le Président de la République déclare la clôture des sessions extraordinaires dès que le Haut Conseil de la République — Parlement de Transition a épuisé son ordre du jour.

Article 68

Sans préjudice des autres dispositions du présent Acte, le Haut Conseil de la République — Parlement de Transition ne siège valablement qu'à la majorité absolue de ses membres.

Les séances du Haut Conseil de la République — Parlement de Transition sont publiques sauf si le huis clos est prononcé.

Article 69

Les décisions du Haut Conseil de la République — Parlement de Transition se rapportant à l'activité parlementaire ordinaire se prennent dans les conditions fixées par son règlement intérieur.

Les décisions relatives aux questions d'importance nationale, notamment celles liées à la souveraineté nationale et à l'ordre institutionnel de la transition, sont prises par consensus.

Les décisions relatives à la mise en accusation du Président de la République, à la censure du Gouvernement et à la modification de l'Acte constitutionnel de la Transition, sont prises, en cas de recours au vote, à la majorité des trois quarts des membres qui composent le Haut Conseil de la République — Parlement de Transition.

Article 70

Les moyens d'information et de contrôle du Haut Conseil de la République — Parlement de Transition sur le Gouvernement et les Services publics sont : la question écrite, la question orale avec ou sans débat non suivie de vote, la question d'actualité, la commission d'enquête et l'interpellation.

Ces moyens s'exercent dans les conditions déterminées par la loi et le règlement intérieur du Haut Conseil de la République — Parlement de Transition.

Article 71

Les membres du Haut Conseil de la République — Parlement de Transition ne peuvent être poursuivis, arrêtés, ni traduits en justice en raison des opinions ou votes émis dans l'exercice de leurs fonctions.

Ils ne peuvent l'être, pendant la durée d'une session, qu'avec l'autorisation du Haut Conseil de la République — Parlement de Transition, sauf en cas de flagrant délit

Article 72

La détention ou les poursuites contre un membre du Haut Conseil de la République — Parlement de Transition sont suspendues si le Haut Conseil de la République — Parlement de Transition le requiert ; mais cette suspension ne peut dépasser la durée de la session en cours. En dehors des sessions, aucun membre du Haut Conseil de la République — Parlement de Transition ne peut être arrêté sans l'autorisation du Bureau, sauf en cas de flagrant délit.

Article 73

Les Conseillers de la République ont droit à une indemnité équitable qui leur assure l'indépendance et une sortie honorable. Cette indemnité est fixée par une commission paritaire composée des membres du Haut Conseil de la République — Parlement de Transition et du Gouvernement.

Article 74

L'organisation et le fonctionnement du Haut Conseil de la République — Parlement de Transition sont fixés par son règlement intérieur.

Section III. Du Gouvernement de transition.

Article 75

Le Gouvernement conduit la politique de la Nation.

Il exécute des actes de la Conférence nationale souveraine et les lois de la République.

Il est pleinement responsable de la gestion de l'État et répond de celle-ci devant le Haut Conseil de la République — Parlement de Transition dans les conditions définies par le présent Acte.

Il dispose de l'Administration, de la Gendarmerie nationale, de la Garde civile et des Services de Sécurité civile.

L'ordonnance prévue à l'article 85 du présent Acte définit les conditions de recours et d'utilisation des forces combattantes.

La défense nationale et la diplomatie constituent des domaines de collaboration entre le Président de la République et le Gouvernement.

La politique extérieure est définie en fonction des intérêts du pays.

Article 76

Le Gouvernement procède aux nominations de cadres de commandement autres que ceux visés à l'article 47 du présent Acte par décret du Premier ministre délibéré en Conseil des ministres et contresigné par le ministre compétent.

Il en informe le Haut Conseil de la République — Parlement de Transition.

Article 77

Lorsque l'état de siège ou d'urgence a été proclamé, le Président de la République, sur initiative du Gouvernement, peut suspendre dans une partie de la République et pour la durée qu'il fixe, l'action répressive des cours et tribunaux et y substituer celle des juridictions militaires pour des infractions déterminées.

Dans le cas où l'action des juridictions militaires est substituée à celle des cours et tribunaux de droit commun, les droits de défense et de recours ne peuvent être supprimés.

Article 78

Le Premier ministre est le Chef du Gouvernement.

Il est présenté, après concertation avec la classe politique, par la famille politique à laquelle n'appartient pas le Chef de l'État, dans les dix jours à compter de la promulgation du présent Acte.

Passé ce délai, le Haut Conseil de la République — Parlement de Transition se saisit du dossier.

Il est nommé ou investi, selon le cas, par ordonnance du Président de la République.

Le Premier ministre propose pour nomination les membres de son gouvernement au Président de la République, conformément à l'article 81, du présent Acte.

Dans les quinze jours qui suivent la formation du Gouvernement, le Premier ministre présente son équipe et son programme devant le Haut Conseil de la République — Parlement de Transition pour un contrôle de conformité qui donne lieu à l'investiture ou non de son gouvernement.

Celle-ci est acquise à la majorité absolue des membres qui composent le Haut Conseil de la République — Parlement de Transition.

Article 79

Les fonctions de Premier ministre prennent fin par démission, décès, empêchement définitif, vote de défiance par le Haut Conseil de la République — Parlement de Transition ou à l'expiration de la Transition.

Hormis l'expiration de la Transition, dans tous les autres cas, le Premier ministre est désigné conformément aux dispositions de l'article 78 du présent Acte.

Article 80

Le Premier ministre préside le Conseil des ministres. Toutefois, à l'initiative du Gouvernement ou à l'invitation du Président de la République, des réunions de concertation peuvent se tenir entre ce dernier et le Gouvernement. Les décisions qui en découlent engagent le Gouvernement.

Le Premier ministre exerce le pouvoir réglementaire par voie de décrets délibérés en Conseil des ministres.

Les actes qu'il prend dans ce cadre sont contresignés, le cas échéant, par le ministre chargé de leur exécution.

Il peut déléguer certains de ses pouvoirs aux ministres.

Article 81

Sur proposition du Premier ministre, le Président de la République nomme et décharge de leurs fonctions les autres membres du Gouvernement.

Dans ce cas, les ordonnances du Président de la République sont contresignées par le Premier ministre.

Les membres du Gouvernement sont réputés démissionnaires chaque fois que les fonctions de Premier ministre prennent fin.

Article 82

Les ministres sont les Chefs de leurs ministères. Ils appliquent, dans leurs ministères, le programme fixé et les décisions prises par le Gouvernement.

Ils statuent par voie d'arrêtés.

Article 83

Les fonctions de membres du Gouvernement sont incompatibles avec celles de membre du Haut Conseil de la République — Parlement de Transition et de tout emploi public ou privé rémunéré.

Article 84

Durant leurs fonctions, les membres du Gouvernement ne peuvent par eux-mêmes, ni par personne interposée, rien acheter ou louer qui appartienne au domaine de l'État.

Ils sont tenus, lors de leur entrée en fonction et à l'expiration de celle-ci, de faire sur l'honneur une déclaration écrite de tous leurs biens adressée au Haut Conseil de la République — Parlement de Transition.

Les dispositions du présent article s'appliquent mutatis mutandis aux cadres de l'administration publique ou parapublique.

Article 85

Le Premier ministre tient le Président de la République pleinement informé de l'activité gouvernementale.

Une ordonnance délibérée en Conseil des ministres fixe l'organisation et le fonctionnement du Gouvernement ainsi que les modalités pratiques de collaboration et de concertation permanentes entre le Président de la République et le Gouvernement.

Article 86

Les membres du Gouvernement ont droit à une indemnité digne et équitable fixée conformément aux dispositions de l'article 73 du présent Acte.

Section IV. Des rapports entre le Haut Conseil de la République — Parlement de transition et le pouvoir exécutif.

Article 87

L'initiative des lois appartient concurremment à chacun des membres du Haut Conseil de la République — Parlement de la Transition et au Gouvernement.

Les projets de loi adoptés par le Conseil des ministres sont déposés sur le bureau du Haut Conseil de la République — Parlement de Transition.

Article 88

Les propositions de loi sont, avant délibération et vote, notifiées pour information au Gouvernement qui adresse ses observations éventuelles au bureau du Haut Conseil de la République — Parlement de Transition dans les dix jours de la notification.

Article 89

Le Gouvernement peut, pour l'exécution de son programme d'action, demander au Haut Conseil de la République — Parlement de Transition, l'autorisation de prendre par décrets pendant un délai limité, des mesures qui sont normalement du domaine de la loi.

Cette autorisation est accordée dans les conditions fixées par le Règlement intérieur du Haut Conseil de la République — Parlement de Transition.

À l'expiration du délai visé à l'alinéa premier du présent article, les décrets ne peuvent être modifiés dans leurs dispositions que par la loi.

Les décrets sont pris en Conseil des ministres. Ils entrent en vigueur dès leur publication et deviennent caducs si le projet de loi de ratification n'est pas déposé devant le Haut Conseil de la République — Parlement de Transition avant la date limite fixée par la loi d'habilitation.

Article 90

Les membres du Gouvernement ont le droit et, s'ils en sont requis, l'obligation d'assister aux séances du Haut Conseil de la République — Parlement de Transition, d'y prendre la parole et de donner aux Conseillers de la République les éclaircissements qu'ils jugent utiles.

Ils ont le droit de proposer des amendements aux propositions de loi en discussion, mais ne participent pas au vote.

Article 91

Le Premier ministre et les membres du Gouvernement sont tenus de fournir au Haut Conseil de la République — Parlement de Transition toutes les explications qui leur sont demandées sur leurs activités.

Article 92

Le Haut Conseil de la République — Parlement de Transition peut mettre en cause la responsabilité du Gouvernement par une motion de censure.

Une telle motion n'est recevable que si elle est signée par le quart au moins des membres du Haut Conseil de la République — Parlement de Transition.

La motion de censure ne peut être adoptée qu'à la majorité des trois quarts des membres du Haut Conseil de la République — Parlement de Transition.

Si la motion de censure est rejetée, ses signataires ne peuvent en proposer une nouvelle au cours de la même session.

L'adoption d'une motion de censure par le Haut Conseil de la République — Parlement de Transition entraîne d'office la démission du Gouvernement.

Dans ce cas, il est fait application des dispositions de l'article 78 du présent Acte.

Article 93

La personne du Chef de l'État est inviolable dans l'exercice de ses fonctions.

Le Président de la République n'est pénalement responsable des actes accomplis dans l'exercice de ses fonctions qu'en cas de haute trahison ou de violation intentionnelle du présent Acte.

Il ne peut être poursuivi pour des infractions prévues à l'alinéa précédent ni pour toute autre infraction à la loi pénale commise en dehors de ses fonctions que s'il a été mis en accusation devant la Cour Suprême de Justice par le Haut Conseil de la République — Parlement de Transition se prononçant à la majorité des trois quarts de ses membres.

Il y a haute trahison lorsque le Président de la République, porte atteinte à l'indépendance nationale ou à l'intégrité du territoire national, se substitue ou tente de se substituer aux pouvoirs constitutionnels ou de les empêcher d'exercer les attributions qui leur sont dévolues par le présent Acte.

Une loi détermine les peines applicables aux infractions de haute trahison et de violation intentionnelle du présent Acte ainsi que la procédure à suivre devant la Cour Suprême de Justice.

Article 94

Le Premier ministre et les autres membres du Gouvernement sont pénalement responsables des actes commis dans l'exercice de leurs fonctions conformément à la loi pénale.

Ils engagent leur responsabilité personnelle en cas de haute trahison telle que définie à l'article précédent, de violation intentionnelle du présent Acte, de détournement, de concussion ou de corruption.

Ils ne peuvent être poursuivis pour les infractions visées à l'alinéa deux du présent article ni pour toute autre infraction à la loi pénale commise en dehors de leurs fonctions que s'ils ont été mis en accusation devant la Cour Suprême de Justice par le Haut Conseil de la République — Parlement de Transition se prononçant à la majorité de trois quarts de ses membres.

Les peines applicables aux infractions de haute trahison et de violation intentionnelle du présent Acte ainsi que la procédure à suivre sont déterminées par la loi visée au dernier alinéa de l'article précédent.

Section V. Des cours et tribunaux.

Article 95

L'ensemble des cours, tribunaux et conseils de guerre forment le pouvoir judiciaire.

Le pouvoir judiciaire est indépendant du pouvoir législatif et du pouvoir exécutif.

Article 96

Les cours, tribunaux et conseils de guerre ne peuvent être institués que par la loi. Il ne peut être créé des commissions ni des tribunaux d'exception, sous quelques dénominations que ce soit.

La nature, la compétence, l'organisation, le fonctionnement et les sièges des cours, tribunaux et conseils de guerre ainsi que la procédure à suivre sont fixés par la loi.

Article 97

La mission de dire le droit est dévolue aux cours, tribunaux et conseils de guerre.

Le magistrat dans l'exercice de cette mission est indépendant.

Il n'est soumis, dans l'exercice de ses fonctions, qu'à l'autorité de la loi.

Article 98

Les cours, tribunaux et conseils de guerre appliquent la loi et la coutume pour autant que celle-ci soit conforme à l'ordre public et aux bonnes mœurs.

Ils n'appliquent les actes réglementaires que pour autant qu'ils soient conformes aux lois.

Article 99

La justice est rendue sur le territoire de la République au nom du Peuple.

Les arrêts, jugements et ordonnances des cours, tribunaux et conseils de guerre sont exécutés au nom du Président de la République.

Article 100

Le Conseil Supérieur de la Magistrature est la juridiction disciplinaire des magistrats.

La composition, l'organisation, le fonctionnement du Conseil Supérieur de la Magistrature sont fixés par la loi.

Il est consulté en matière de grâce, de commutation, de réduction des peines, de nomination ou de révocation des magistrats.

Article 101

Le statut des magistrats est fixé par une loi.

Article 102

Sans préjudice des autres compétences qui lui sont reconnues par le présent Acte ou par les lois, la Cour Suprême de Justice connaît des recours en appréciation de la constitutionnalité des lois et des actes ayant force de loi ainsi que des recours en interprétation du présent Acte, des pourvois en cassation formés contre les décisions rendues en dernier ressort par les cours et tribunaux et des recours en annulation des actes et décisions des autorités centrales de la République ainsi que des contestations nées des élections et du référendum.

Elle juge, en premier et dernier ressort, le Président de la République, les membres du Haut Conseil de la République — Parlement de Transition, les membres du Gouvernement, les magistrats de la Cour Suprême de Justice et du Parquet général de la République, le Président de la Cour des comptes, les Gouverneurs de Régions et les Présidents des Conseils Régionaux.

En cas de renvoi, après cassation, les cours et tribunaux inférieurs sont tenus de se conformer à l'arrêt de la Cour Suprême de Justice sur le point de droit jugé par cette dernière.

Elle donne des avis consultatifs sur les projets ou propositions de loi ou d'actes réglementaires.

Titre IV. Des institutions régionales et locales.

Article 103

Les institutions régionales et locales sont :

- le Conseil Régional ;
- le Collège Exécutif Régional ;
- le Conseil Urbain ;
- le Collège Exécutif Urbain ;
- le Conseil communal ou territorial ;
- le Conseil Exécutif communal ou territorial ;
- le Conseil de Collectivité ;
- le Collège Exécutif de Collectivité.

Article 104

La loi sur la décentralisation détermine la composition, l'organisation et le fonctionnement des institutions régionales et locales.

Article 105

L'État veille au développement harmonieux de toutes les entités décentralisées sur base de la solidarité nationale par l'application effective des mécanismes d'autonomie administrative et financière prévus par la loi.

Titre V.

Des finances publiques.

Article 106

L'exercice budgétaire de la République commence le premier janvier et se termine le 31 décembre.

Le compte général de la République est soumis chaque année au Haut Conseil de République — Parlement de Transition par la Cour des comptes avec ses observations.

Le compte général de la République est arrêté par la loi.

Article 107

Il ne peut être établi d'impôt qu'en vertu de la loi.

La contribution aux charges publiques constitue un devoir pour chaque citoyen et chaque habitant de la République du Zaïre.

Il ne peut être établi d'exemption ou d'allégement fiscal qu'en vertu de la loi.

Article 108

Il est institué dans la République une Cour des comptes.

La Cour des comptes contrôle, dans les conditions fixées par la loi, la gestion des finances publiques et les comptes de toutes les entreprises et organismes publics.

Elle relève du Haut Conseil de la République — Parlement de Transition.

Les membres de la Cour des comptes sont nommés, relevés de leurs fonctions et, le cas échéant, révoqués, par le Président de la République sur proposition du Haut Conseil de la République — Parlement de Transition.

La loi fixe la composition, l'organisation et le fonctionnement de la Cour des comptes.

Article 109

La Banque du Zaïre est la Banque Centrale de la République. Elle est l'institut d'émission et l'autorité monétaire du pays. Elle joue le rôle de caissier de l'État et de Conseiller du gouvernement en matière économique, financière et monétaire.

Sans préjudice des dispositions de l'article 59, la loi fixe l'organisation et le fonctionnement de la Banque du Zaïre.

Titre VI. Des traités et accords internationaux.

Article 110

Le Gouvernement négocie les traités et accords internationaux sous l'autorité du Président de la République.

Après autorisation du Haut Conseil de la République — Parlement de Transition, le Président de la République ratifie les traités.

Le Gouvernement signe les accords internationaux.
Il en informe le Haut Conseil de la République — Parlement de Transition.

Article 111

Les traités de paix, les traités de commerce, les traités et accords relatifs aux organisations internationales et aux règlements des conflits internationaux, ceux qui engagent les finances publiques, ceux qui modifient les dispositions législatives, ceux qui sont relatifs à l'état des personnes, ceux qui comportent échange ou adjonction de territoire, ne peuvent être ratifiés ou approuvés qu'en vertu d'une loi.

Nul échange, nulle adjonction de territoire n'est valable sans l'accord des populations intéressées, consultées par voie de référendum.

Article 112

Les traités et accords internationaux régulièrement ratifiés ou approuvés ont, dès leur publication, une autorité supérieure à celle des lois, sous réserve pour chaque traité ou accord, de son application par l'autre partie.

Article 113

Si la Cour Suprême de Justice, consultée par le Haut Conseil de la République — Parlement de Transition ou par le Gouvernement, déclare qu'un traité ou accord international comporte une clause contraire au présent Acte, la ratification ou l'approbation ne peut intervenir qu'après révision de l'Acte.

Article 114

Les traités et accords internationaux régulièrement conclus et ratifiés par la République du Zaïre demeurent en vigueur.

Article 115

En vue de consolider l'unité africaine, la République peut conclure des traités et accords d'association comportant l'abandon partiel de sa souveraineté.

Titre VII. De la révision de l'Acte constitutionnel de la Transition.

Article 116

L'initiative de la révision du présent Acte appartient à la moitié des membres du Haut Conseil de la République — Parlement de Transition et au Gouvernement.

Le projet ou la proposition de révision est adopté à la majorité des trois quarts des membres composant le Haut Conseil de la République — Parlement de Transition.

Le Président de la République promulgue, conformément à l'article 40 du présent Acte, le texte adopté qui entre en vigueur dans les conditions prévues au même article.

Titre VIII. Des dispositions transitoires et finales.

Article 117

La durée de la transition est de quinze mois à dater de la promulgation du présent Acte.

Article 118

Les institutions de la période de transition fonctionnent jusqu'à l'installation effective des institutions correspondantes de la Troisième République.

Article 119

Sans préjudice des dispositions des articles 53 et 93, le Président de la République actuellement en fonction demeure Président de la République jusqu'à l'investiture du Président élu.

Il exerce les prérogatives qui lui sont dévolues par le présent Acte.

Article 120

Sans préjudice des dispositions de l'article 59 du présent Acte, il est institué une Commission nationale des Élections, autonome, neutre et dotée de la personnalité juridique.

La loi fixe son organisation et son fonctionnement.

Article 121

Toutes les dispositions constitutionnelles, légales et réglementaires, contraires au présent Acte constitutionnel de Transition, sont abrogées.

Article 122

Le présent Acte entre en vigueur à la date de sa promulgation.

Fait à Gbadolite, le 09 avril 1994

MOBUTU SESE SEKO KUKU NGBENDU WA ZA BANGA
Maréchal.

CHAPITRE IV

LE DÉCRET-LOI CONSTITUTIONNEL N° 003/97 DU 28 MAI 1997

I. CONTEXTE D'ÉLABORATION

Dans un article à la fois suggestif et méticuleux intitulé «*An intransitif transition*[114]», Gauthier de Villers et Jean Omasombo Tshonda décrivent l'accession au pouvoir de Laurent Désiré Kabila en mai 1997 comme un fait accidentel de l'histoire (*An Accident of History*) et soutiennent qu'elle est le fruit d'un exceptionnel concours de circonstances, de la conjonction de facteurs internes et externes, plutôt que l'aboutissement d'un processus de changement sociopolitique. Les deux auteurs indiquent donc une série de facteurs internes et externes qui ont conduit à la victoire de Kabila et de l'AFDL. Pour Reyntjens, l'avènement de l'AFDL ne peut être considéré isolément. Il se situe dans le contexte plus large de trois conflits, qui — bien que non reliés intrinsèquement — avaient eu tendance à fusionner depuis quelques années : le conflit des Grands Lacs, qui a été le plus visible immédiatement, et les guerres civiles soudanaise et angolaise. Pour cet expert en géopolitique des Grands Lacs, «la proximité géographique de ces foyers d'instabilité et le jeu des alliances objectives (dans lequel tous les acteurs raisonnent en termes de "l'ennemi de mon ennemi est mon ami") ont imbriqué ces conflits les uns dans les autres, ouvrant ainsi la perspective de l'émergence d'une zone de guerre s'étendant de Luanda jusqu'à Asmara. Le Zaïre, tel qu'il était alors, faisait la jonction entre ces zones pour deux raisons. D'abord, l'État zaïrois avait virtuellement disparu, laissant ainsi un "trou béant" avec des frontières perméables, pratiquement sans armée ni administration nationale, des communications très faibles entre le centre et la périphérie et entre les périphéries, une économie essentiellement informatisée. Ensuite, le régime Mobutu était impliqué dans les guerres des voisins[115].»

Ces affirmations de Reyntjens résument très clairement l'essentiel des facteurs externes qui ont cristallisé la victoire éclair des forces de l'AFDL sur le régime de

[114] De Villers, G. et Omasombo Tshonda, J. (2002) An intransitive transition, *Review of African Political Economy*, 29:93-94, pp. 399-410, DOI: 10.1080/03056240208704629.
[115] Reyntjens, F. "The second Congo war: more than a remake", *African affairs*, 98:391(1999), pp. 241-250, p. 241.

Mobutu. Il s'agit en premier lieu de l'alliance opportuniste entre le Rwanda, l'Ouganda et l'Angola, puisque le Mobutu avait été impliqué à des degrés divers dans le soutien aux guerres civiles dans ces trois pays : « il soutenait le gouvernement de Khartoum dans sa guerre contre la rébellion sud-soudanaise, qui était à son tour appuyée par les États-Unis, l'Ouganda, l'Éthiopie et l'Érythrée ; le territoire zaïrois servait comme base arrière aux attaques de mouvements armés contre l'Ouganda, le Rwanda et le Burundi ; et le soutien offert par Mobutu au mouvement rebelle angolais UNITA n'avait pas cessé avec l'accord de paix de 1994 de Lusaka[116] ». Ensuite, les ambitions géopolitiques des dirigeants régionaux, car Kagame, Museveni, Dos Santos et Mugabe étaient tous en compétition pour une part dans un Zaïre démembré.

Parmi les facteurs internes qui ont contribué à la victoire des forces de l'AFDL, on peut citer les suivants :

- la décomposition du système mobutiste et en particulier des forces armées, situation aggravée par le cancer qui a causé la mort de Mobutu le 7 septembre 1997 ;
- le blocage du processus de « transition démocratique » et le discrédit des élites politiques qui en résulte ;
- la mobilisation politique selon des critères ethniques et régionaux qui ont entraîné, pour la plupart de manière significative, la révolte des Banyamulenge qui était un « cheval de Troie » pour l'invasion par le Rwanda et l'Ouganda.

Pour sa part, le professeur Djoli Eseng'Ekeli, abonde dans le même sens que Reyntjens pour décrire les facteurs ayant cristallisé la victoire-éclair des forces de l'Alliance des Forces démocratiques pour la Libération du Congo (A.F.D.L). Il pointe d'abord la longue bipolarisation violente entre la famille politique du Chef de l'Etat et l'Union sacrée de l'opposition radicale qui va déstructurer l'Etat et accentuer sa déliquescence. Ensuite le marasme économique avec une inflation qui dépassait 7000 %, qui va laminer socialement une population paupérisée et clochardisée par trente années de dictature. Enfin, l'émergence des zones anaétatiques, de sécession monétaire comme au Kasaï, ainsi que la résurgence des conflits ethniques. C'est sur ce fond qu'en octobre 1996, sous la couverture d'une révolte des banyamulenge, un groupe ethnique tutsi, mais en réalité une coalition d'armées du Rwanda, de l'Ouganda, du Burundi et de l'Angola que s'enclenche une guerre dite de libération conduite par l'A.F.D. L[117].

Ainsi, à l'aube du 17 mai 1997, le « Grand Conseil » de l'Alliance des Forces démocratiques pour la Libération du Congo (A.F.D.L. ; en sigle) déclarait qu'il « avait pris le pouvoir sous la direction de son président, Laurent Désiré Kabila ».

---

[116] Reyntjens, F. "The second Congo war: more than a remake", African affairs, 98:391(1999), pp. 241-250, p. 241.

[117] Djoli Eseng'Ekeli, J. (2013). *Droit constitutionnel. L'expérience congolaise (RDC),* Paris : L'Harmattan, p. 163.

La « déclaration de prise de pouvoir[118] », prononcée depuis la ville de Lubumbashi, se référant à la charte de l'A.F.D. L, qualifiée d'autorité statutaire, marquait la fin de l'ère Mobutu. Outre la nomination du président de l'A.F.D.L au poste de chef de l'État, le nouveau régime annonçait déjà les changements majeurs : en plus de l'abandon de l'appellation « Zaïre » et le retour au nom donné à la République sous la Constitution de Luluabourg, « République Démocratique du Congo », d'autres décisions élaguées dans cette « Déclaration de prise de pouvoir » étaient lourdes des conséquences politiques et juridiques : d'une part, ayant pris le pouvoir d'État, l'AFDL assumait désormais l'autorité de transition et d'autre part, tous les actes constitutionnels existants ainsi que les Institutions qu'ils organisaient étaient suspendus. Plus clairement, l'Acte constitutionnel de transition était révoqué, le Haut Conseil de la République — Parlement de Transition (HCR-PT) et le gouvernement de transition étaient déclarés dissouts. Au passage, le Déclaration annonçait « la convocation avant soixante jours d'une assemblée constituante, chargée de rédiger une constitution provisoire permettant de gérer la période de transition » ainsi que la constitution d'un « gouvernement de transition de salut public dans un délai de 72 heures ».

Cette déclaration eut force de Constitution du 17 mai jusqu'au 28 mai, date de l'entrée en vigueur d'un nouveau régime constitutionnel sous la coupe du Décret-loi constitutionnel n° 003 du 27 mai 1997 relatif à l'organisation et à l'exercice du pouvoir en République Démocratique du Congo[119]. Cette Constitution, dite « *one page constitution* », qui ne comportait que 18 articles, n'a laissé l'initiative politique qu'à l'AFDL qu'elle a par ailleurs érigée en unique source du pouvoir. À ce propos, les analyses de Lutundula Apala Pen'Apala de la « légitimation de la transition et de la nouvelle République démocratique du Congo » fustigent que :

> *« Au plan juridique cette déclaration a créé un vide total qui pouvait s'avérer dangereux dans la conduite du pays, car, en suspendant tous les textes constitutionnels, elle transformait le Congo en État de fait. En outre, privés de matrice constitutionnelle, les lois et règlements en vigueur tant au pénal qu'au civil étaient, sinon abrogés, à tout le moins suspendus. L'action du pouvoir judiciaire ne pouvait, en conséquence, que s'arrêter. On s'est demandé à bon droit sur quelle base et par quel acte le nouveau Président de la République allait former le gouvernement ! L'acuité de la question est devenue d'autant plus évidente que les premiers membres du gouvernement ont été nommés par un acte législatif ; en l'espèce un décret-loi, et sur pied des statuts de l'AFDL fait privé, qui, normalement, ne peut engager tous les citoyens[120] ».*

Tout compte fait, l'épopée de L.D. Kabila et de son Alliance des Forces démocratiques pour la Libération du Congo (AFDL) marque dans l'histoire constitutionnelle de la R. D. Congo une étape aussi sombre que celle du mobutisme quant à l'avancée des acquis de la démocratie et des libertés publiques des citoyens.

---

[118] Alliance des Forces démocratiques pour la Libération du Congo (A.F.D.L.) « Déclaration de Prise de Pouvoir », Lubumbashi, 17 mai 1997, Agences de presse.

[119] J.O, spécial, mai 1997.

[120] Lutundula Apala Pen'Apala, C. « Analyse de la légitimation de la transition et de la nouvelle République Démocratique du Congo », *AfrikaFocus*, Vol. 13, Nr. 1-4, 1997, pp. 9-30.

D'ailleurs, du fait de l'interdiction des partis politiques, de répressions parfois brutales de toute opposition ouverte, certains observateurs et acteurs de la vie politique congolaise ont pu d'emblée avancer que le nouveau pouvoir n'était guère différent du mobutisme qui l'avait précédé et qu'une nouvelle dictature de transition se mettait en place.

Ce qui frappe d'emblée dans la configuration du pouvoir de l'AFDL, ce sont les allures « dictatoriales » et un style de gouvernance autocratique. Dans les faits, il ne sera donc pas question de « démocratie »[121]. L'échéancier électoral proposé par L.D Kabila, qui s'étendait sur deux ans, la promesse de rédaction d'une nouvelle constitution et son approbation par un référendum populaire ainsi que le discours politique officiel invoquant la démocratie et les droits de l'homme n'étaient qu'un leurre.

Pour combler le vide constitutionnel créé par la « Déclaration de prise de pouvoir », le régime de L.D Kabila promulgua le Décret-loi constitutionnel n° 003 du 27 mai 1997 relatif à l'organisation et à l'exercice du pouvoir en République Démocratique du Congo. Destiné à rester en vigueur jusqu'à l'adoption de la « Constitution de transition », ce nouveau texte constitutionnel, très lacunaire, octroyait l'essentiel du pouvoir politique au Président de la République. Il abrogeait tout naturellement toutes les dispositions constitutionnelles antérieures[122]. « Comme tous les textes constitutionnels de crise, le décret-loi constitutionnel n° 003 du 27 mai 1997 demeure irrégulier et ne peut trouver des justifications théoriques que dans la théorie du gouvernement de fait. Il avait donc valeur constitutionnelle du point de vue matériel et a régi le pays avec quatre modifications qu'il a connues[123] ».

---

[121] Lumuna Sando, K (1998). *Pouvoir et Libertés : la transition au Congo-Zaïre*, Kinshasa : Éditions Secco.

[122] Paradoxalement l'article 14 dudit texte réactivait toutes les autres dispositions constitutionnelles de l'Acte constitutionnel de la transition qui n'étaient pas contraires.

[123] Kaluba Dibwa, D. (2010), *Du contentieux constitutionnel en RDC. Contribution à l'étude des fondements et des modalités d'exercice de la justice constitutionnelle*, Université de Kinshasa, Thèse de doctorat en droit. Les modifications apportées au Décret — Loi 003 du 27 mai 1997 procèdent de :
- Le décret-loi constitutionnel n° 074 du 25 mai 1998 modifiait le Décret-loi constitutionnel n° 003 du 27 mai 1997 ;
- Le décret-loi constitutionnel n° 122 du 21 septembre 1998 portant modification du Décret-loi n° 003 du 27 mai 1997 relatif à l'organisation et à l'exercice du pouvoir en République démocratique du Congo (JORDC, 39e année, n° 19, 1er octobre 1998, p. 6) ;
- Le décret-loi constitutionnel n° 180 du 10 janvier 1999 modifiant et complétant le Décret-loi constitutionnel n° 003 du 27 mai 1997 relatif à l'organisation et à l'exercice du pouvoir en République démocratique du Congo (JORDC, numéro spécial, février 1999, pp. 6-7) ;
- Le décret-loi constitutionnel n° 096/2000 du 1er juillet 2000 (JORDC, n° spécial, 1er juillet 2000, pp. 3-14).

II. LE RÉGIME CONSTITUTIONNEL DES « PLEINS POUVOIRS »

Le décret-loi constitutionnel n° 003 du 27 mai 1997 relatif à l'organisation et à l'exercice du pouvoir en République Démocratique du Congo avait, tout naturellement, un caractère provisoire, car conformément au chapitre premier, intitulé « dispositions générales » qui fixait le calendrier d'application, il avait vocation à rester en vigueur jusqu'à l'adoption par l'Assemblée constituante d'une Constitution de transition.

Une analyse minutieuse de ce texte révèle un vide intolérable quant à réaffirmer le respect des droits de l'homme, ce qui peut en dire plus sur la vocation « démocratique » de ce nouveau régime. En effet, contrairement à l'ancienne Constitution, il ne fournit aucun détail quant aux droits spécifiques à garantir. De l'intégralité de ce texte, seul un article, contenu dans les « dispositions générales » fait référence à la garantie des droits humains en stipulant qu'« en République Démocratique du Congo, l'exercice des droits individuels et collectifs est garanti, sous couvert du respect de la loi, de l'ordre public et des bonnes mœurs. »

Le chapitre deux du décret-loi constitutionnel n° 003 du 27 mai 1997 relatif à l'organisation et à l'exercice du pouvoir en République Démocratique du Congo définit les institutions de l'État. L'article 3 dudit Décret-loi retient 3 institutions : le Président de la République, le Gouvernement et les Cours et Tribunaux. Les pouvoirs respectifs correspondant à chacune de ces institutions retenues sont télégraphiquement présentés dans trois sections séparées.

Le décret-loi accorde au Président des pouvoirs considérables dans les domaines législatif et exécutif, et l'investit également d'un rôle clé dans le domaine judiciaire, au point qu'il est aisé d'affirmer qu'il s'agissait d'un régime des « pleins pouvoirs » à l'instar du régime mis en place par le général Mobutu qui s'étendait de 1965 à la constitution du 24 juin 1967, dite constitution de la N'sele. Au plan pratique, ce régime de « pleins pouvoirs » permet d'édicter des Décrets-lois dans tous les secteurs de la vie nationale. Tout comme Mobutu dans ses premières années au pouvoir, L.D Kabila est « le Maître incontesté du pays ». Il organise le pouvoir sans laisser de place à un compromis ou un marchandage politique.

Ce texte constitutionnel qui contient 18 articles au total consacre 10 articles (l'entièreté du chapitre II organisant les institutions de l'État) à décliner les prérogatives constitutionnelles du président de la République.

En vertu de l'article 5 de ce texte constitutionnel, le président de la République est l'autorité législative de l'État, car il exerce le pouvoir législatif par décrets-lois délibérés en Conseil des ministres. Il est aussi le Chef de l'Exécutif et des Forces armées. Il exerce le pouvoir réglementaire par décrets. Il a le droit de battre monnaie et d'émettre du papier-monnaie en exécution de la loi.

L'Article 6 permet le président de la République à nommer et destituer les membres du Gouvernement. Le Président de la République nomme et relève de leurs fonctions et le cas échéant, révoque sur proposition du gouvernement :

1. les ambassadeurs et les envoyés extraordinaires auprès des puissances étrangères et des organisations internationales.
2. les Officiers supérieurs et généraux de l'armée ;
3. les cadres de commandement de l'administration publique ;
4. les mandataires actifs et non actifs dans les entreprises et organismes publics.

Les ambassadeurs et les envoyés étrangers sont accrédités auprès du Président de la République. Celui-ci garde également la mainmise sur la justice en nommant ou en destituant les magistrats du siège et du parquet, sur proposition du Conseil supérieur de la magistrature. Cette prérogative entre en collision frontale avec les prescrits de l'article 11 (Section III : Des Cours et Tribunaux) énonçant que « L'ensemble des Cours et tribunaux forment le pouvoir judiciaire. Le pouvoir judiciaire est indépendant du pouvoir législatif et du pouvoir exécutif. »

Sur le plan du pouvoir exécutif, l'article 8 énonce que « le Gouvernement conduit la politique de la Nation telle que définie par le Président de la République. Il exécute les lois de la République et les décrets du Chef de l'État. Il négocie les accords internationaux sous l'autorité du Chef de l'État. Il dispose de l'administration et des forces armées ». Aussi, l'article 9 relaye-t-il que « le Gouvernement se réunit en Conseil des ministres sous la présidence du Chef de l'État ou d'un de ses membres par délégation des pouvoirs. »

III. LE TEXTE CONSTITUTIONNEL

Décret-loi constitutionnel n° 3 du 28 mai 1997

Source : Journal Officiel, numéro spécial, mai 1997

Article premier.

Ce décret-loi restera en vigueur jusqu'à l'adoption de la Constitution par l'Assemblée constituante. L'organisation et l'exercice du pouvoir relèvent du chef de l'État.

Article 2.

L'exercice des droits et libertés individuelles et collectives est garanti sous réserve du respect de la loi, de l'ordre public et des bonnes mœurs.

Article 3.

Les institutions de la République sont :
- le président de la République ;
- le Gouvernement ;
- les cours et tribunaux.

Article 4.

Le président de la République est le chef de l'État.
Il représente la nation.

Article 5.

Le président de la République exerce le pouvoir législatif par décrets-lois délibérés en Conseil des ministres.

Il est le chef de l'exécutif et le chef des forces armées.

Il exerce ses pouvoirs par voie de décrets.

Il a le droit de battre monnaie et d'émettre du papier-monnaie en exécution de la loi.

Article 6.

Le président de la République nomme et relève de leurs fonctions les membres du Gouvernement.

Le président de la République nomme et révoque de leurs fonctions et relève le cas échéant sur proposition du Gouvernement :

1. les ambassadeurs et envoyés extraordinaires ;
2. les gouverneurs et vice-gouverneurs des provinces ;
3. les officiers supérieurs et généraux de l'armée ;
4. les cadres de commandement de l'administration publique ;
5. les mandataires actifs et non actifs dans les entreprises et organismes publics.

Le président de la République relève de leurs fonctions et le cas échéant, révoque sur proposition du Conseil supérieur de la magistrature, les magistrats du siège et du parquet.

Article 7.

Le président de la République accrédite les ambassadeurs et les envoyés extraordinaires auprès des puissances étrangères et des organisations internationales. Les ambassadeurs et les envoyés extraordinaires étrangers sont accrédités auprès de lui.

Article 8.

Le Gouvernement conduit la politique de la nation telle que définie par le président de la République. Il exécute les lois de la République et les décrets du chef de l'État. Il négocie les accords internationaux sous l'autorité du chef de l'État. Il dispose de l'administration et des forces armées.

Article 9.

Le Gouvernement se réunit en Conseil des ministres sous la présidence du chef de l'État ou par délégation de pouvoirs.

Article 10.

Les ministres sont responsables de la gestion de leur ministère devant le président de la République.

Article 11.

L'ensemble des cours et tribunaux forment le pouvoir judiciaire.

Le pouvoir judiciaire est indépendant du pouvoir législatif et du pouvoir exécutif.

Article 12.

La mission de dire le droit est dévolue aux cours et tribunaux. Le magistrat est indépendant dans l'exercice de cette mission. Il ne répond dans l'exercice de ses fonctions qu'à l'autorité de la loi.

Article 13.

S'ils ne sont pas contraires aux dispositions du présent décret-loi constitutionnel, les textes législatifs et réglementaires existants à la date de sa promulgation restent en vigueur jusqu'au moment de leur abrogation.

Article 14.

Toutes les dispositions constitutionnelles antérieures au présent décret-loi constitutionnel sont abrogées.

Article 15.

Le présent décret-loi constitutionnel entre en vigueur à la date de sa signature.

Fait à Kinshasa, le 27 mai 1997

Laurent Désiré KABILA
Président de la République

IV. DES CORRECTIONS TIMIDES AU DÉCRET-LOI CONSTITUTIONNEL N° 003/97 DU 27 MAI 1997

1. La portée des mesures de correction

Plusieurs critiques ont été émises contre le Décret constitutionnel n° 003 du 27 mai 1997 dont nous venons d'examiner des aspects formels et matériels ; notamment l'instauration de l'autocratie que caractérise la confusion des pouvoirs législatif et exécutif entre les mains du Président de la République ; à lui tout seul, ce dernier s'est arrogé dans la Nation toutes les prérogatives propres au pouvoir constituant tant originaire que dérivé. En fonction de ce dernier pouvoir, le Président de la République, L.D Kabila avait signé en date du 25 mai 1998, le Décret-loi n° 074 portant révision des dispositions du chapitre II du Décret-loi N° 003 du 27 mai 1997.

En effet, ce décret-loi n° 074 du 25 mai 1998 est pris après un an d'exercice du pouvoir par le nouveau régime dans un contexte marqué par l'hostilité de la communauté internationale à l'égard du pouvoir AFDL au plan extérieur ainsi que l'antagonisme de l'opposition à l'intérieur du pays. Les allégations de génocide à l'égard des réfugiés hutus rwandais lors de la guerre de libération (1996-1997) au Congo, le refus de collaboration avec la commission d'enquête de l'ONU sur les massacres qui en ont résulté, la dérive totalitaire du nouveau régime, le non-respect des droits de l'homme, telles sont les principales causes qui ont justifié l'attitude négative de la communauté internationale à l'égard du Congo. Une telle attitude a fait que l'aide attendue de ladite communauté pour soutenir l'œuvre de la reconstruction nationale conçue et matérialisée dans le plan triennal n'a pu être obtenue vu le degré de sa conditionnalité par les donateurs. Ce manque à gagner serait à la base de la nouvelle orientation politique.

Par rapport à cette conditionnalité, le Président Kabila a tenté deux gestes d'ouverture politique et de normalisation démocratique, certes timide. C'est ainsi qu'au plan intérieur un dialogue a été amorcé par le contact qu'il a eu le 30 mai

1998 avec E. Tshisekedi à Lubumbashi dans la Province du Katanga. C'est dans ce cadre qu'il nous faut également inscrire la création de l'Assemblée constituante et législative. Ces deux cas constituent, à n'en douter point, des actions palpables de la nouvelle politique de normalisation dont les preuves indiquent que celles-ci sont plus destinées à la consommation extérieure (atténuer les critiques et permettre la normalisation des relations surtout entre l'occident et le Congo).

Le Décret-loi N° 074 du 25 mai 1998 portant révision des dispositions du chapitre II du décret-loi N° 003 du 27 mai 1997 apporte une correction timide au régime institué initialement par l'AFDL opérant un transfert du pouvoir législatif du Chef de l'État qui l'exerçait jusque-là seul à l'Assemblée constituante et législative. L'organe parlementaire ainsi constitué avait dans ses attributions :

- L'exercice du pouvoir législatif ;
- Le contrôle des actions entreprises par le gouvernement[124] ;
- L'examiner l'avant-projet de la constitution de la IIIème République[125].

En vertu de l'article 13 de ce décret, les membres de cette Assemblée y compris ceux du Bureau sont désignés par le président de la République.

La participation du Président de la République à l'exercice du pouvoir législatif se limitait à la « promulgation des lois de la République démocratique du Congo votées par l'Assemblée constituante et législative (...) chargée d'exercer le pouvoir législatif pendant la période de transition ». Cependant, le régime des « pleins pouvoirs » n'avait pas perdu sa vitalité, car l'article 13 du décret-loi 074 du 25 mai 1998 disposait que : « Si l'intérêt supérieur de la Nation l'exige, le président de la République peut, dans un message adressé à la nation, dissoudre anticipativement l'Assemblée constituante et législative. Dans ce cas, il légifère par décret-loi. »

Par Décret-loi constitutionnel n° 096/2000 modifiant et complétant le décret-loi n° 003 du 27 mai 1997 relatif à l'organisation et à l'exercice du pouvoir en République Démocratique du Congo, tel que modifié et complété par le décret-loi constitutionnel n° 074 du 25 mai 1998, le président L.D Kabila mit en place l'Assemblée constituante et législative — Parlement de Transition (ACL-PT). Les 300 membres appelés députés qui composaient l'ACL-PT ainsi que les membres du Bureau ont été nommés par le Président de la République[126]. L'ACL-PT avait son siège à Lubumbashi, dans la Province du Katanga.

Si la mise en place d'une institution législative et de contrôle de l'activité gouvernementale avait suscité un réel enthousiasme en rapport avec les desiderata de toute la classe politique et de la société civile vers un processus de

---

[124] Voir le Décret n° 106/2000 relatif à la procédure de l'exercice du pouvoir de contrôle de l'Assemblée constituante et législative sur le gouvernement, entreprises et les services publics de l'État.

[125] La « Commission constitutionnelle » créée le 5 novembre 1997 avait remis le 30 mars 1998 au chef d'État un projet de constitution. Une autre version de celle-ci avait été remise au chef d'État le 19 mars 1999 par une « Commission constitutionnelle » restreinte.

[126] Voir le Décret n° 121/2000 modifiant et complétant les décrets n° 097/2000 du 1er juillet 2000 et n° 103/2000 du 6 juillet 2000 portant nomination des membres de l'Assemblée constituante et législative- Parlement de transition. Voir aussi Décret n° 105/2000 portant nomination du Bureau de l'Assemblée constituante et législative/Parlement de transition.

libéralisation de de la vie politique et d'instauration d'un système pluripartisan, la promulgation par L. D. Kabila du Décret-loi constitutionnel n° 180 du 10 janvier 1999 modifiant et complétant le décret-loi 003 du 27 mai 1997 relatif à l'organisation et à l'exercice du pouvoir en République démocratique du Congo[127] est venue, contre toute attente, baliser très curieusement les futures avancées démocratiques. En effet, selon l'exposé de motifs et l'article 1, le président L.D Kabila justifie l'émanation du décret-loi constitutionnel n° 180 par « l'impossibilité momentanée et persistante de convoquer l'Assemblée législative, organe constitutionnel chargé d'exercer le pouvoir législatif (…) » et aussi attendu « la circonstance exceptionnelle de guerre et l'occupation téméraire d'une partie du territoire de la République démocratique du Congo par les forces d'agression étrangères[128] ». Désormais, L.D Kabila serait le seul à légiférer par décret-loi « sur toutes les matières relatives au processus démocratique et électoral », en attendant la mise sur pied de l'Assemblée législative.

V. TEXTES DES DÉCRETS-LOIS CORRECTIFS DU DÉCRET-LOI CONSTITUTIONNEL 003/97 DU 27 MAI 1997

V.1. Décret-loi constitutionnel n° 074 du 25 mai 1998 portant révision des dispositions du chapitre ii du décret-loi constitutionnel n° 003

Source : Journal Officiel, mai 1997

Le Président de la République,

Vu le décret-loi constitutionnel n° 003 du 27 mai 1997, relatif à l'organisation et l'exercice du pouvoir en République Démocratique du Congo, spécialement en ses articles 1 et 3.

Vu le Décret-loi n° 37 du 22 octobre 1997 portant création de la commission constitutionnelle, spécialement en son article 10 ;

Considérant le programme de démocratisation tel qu'inscrit au calendrier politique annoncé en date du 29 mai 1997 ;

Vu la nécessité et l'urgence.

DÉCRÈTE

I. L'article 3 du Décret-loi constitutionnel n° 003 du 27 mai 1997 est modifié et complété comme suit :

Les Institutions de la République sont :

- Le Président de la République
- L'Assemblée constituante et législative
- Le Gouvernement
- Les Cours et tribunaux.

---

[127] Bulletin de l'Agence congolaise de Presse, 11 janvier 1999.

[128] Willame, J-C (1999), *L'odyssée Kabila. Trajectoire pour un Congo nouveau ?* Collection : Les Afriques, Paris : Éditions Karthala, p. 238.

II.

a) Il est inséré au sein du chapitre II, une nouvelle section portant création de l'Assemblée constituante et Législative. Les anciennes sections 2 (du Gouvernement) et 3 (des Cours et Tribunaux) deviennent respectivement section « et section 4.

b) La section 1 (du Président de la République) subit les modifications ci-après :

- Il est le Chef de l'Exécutif et des Forces armées.
- Il a le droit de battre la monnaie et d'émettre du papier-monnaie en exécution de la loi.
- Il assure la promulgation des lois de la République Démocratique du Congo votées par l'Assemblée constituante et législative.
- Il décrète l'état d'urgence, l'état de siège et déclare la guerre.

III. — La section 2 (de l'assemblée constituante et législative) comprend les dispositions ci-après :

1. — L'Assemblée constituante et législative est chargée notamment de :

2. — Examiner l'avant-projet de constitution de la République Démocratique du Congo élaboré par la Commission constitutionnelle et adopter le projet définitif à soumettre éventuellement au référendum ;

3. — Exercer le pouvoir législatif pendant la période de transition et plus particulièrement élaborer et adopter des textes législatifs se rapportant aux élections, notamment la loi sur les partis politiques, la loi sur la nationalité, la loi sur la Commission nationale des Élections, le Code électoral.

4. — Contrôler les activités du Gouvernement et d'autres services publics et semi-publics de l'État ;

5. — Représenter l'Etat dans les rencontres parlementaires et accomplir diverses autres missions à l'intérieur et à l'extérieur du pays dans le cadre du processus de démocratisation en cours.

6. — L'Assemblée constituante et législative est composée de 300 (trois cents) membres, appelés « Députés ».

7. — L'accès à l'Assemblée constituante et législative est réalisé sur base des critères suivants :

- Être de nationalité congolaise ;
- Être âgé d'au moins 25 ans accomplis ;
- Être d'une moralité irréprochable ;
- N'être pas mêlé aux assassinats et crimes économiques ayant émaillé l'histoire de la République Démocratique du Congo depuis son accession à la souveraineté nationale et internationale ;
- N'être pas dignitaire notoire des systèmes et régimes déchus depuis le 17 mai 1997 ;
- Avoir une formation ou une expérience professionnelle, politique suffisante et appropriée.

8. — L'assemblée constituante et législative jouit de l'autonomie financière et administrative dans sa gestion.

9. — Les structures de l'Assemblée constituante et législative sont :

- Le Bureau ;
- La plénière ;
- Les Commissions ;
- Le secrétaire technique et administratif.

10. — Le Bureau de l'Assemblée constituante et législative comprend :

– Un Président ;
– Un Vice-Président ;
– Un Secrétaire-Rapporteur ;
– Un Questeur ;
– Un Secrétaire rapporteur adjoint.

11. — Les membres du Bureau sont nommés par le Président de la République.

12. — Le mandat de l'Assemblée constituante et législative prend fin à l'entrée en fonction du Parlement élu au suffrage universel.

13. — Toutefois, si l'intérêt supérieur de la nation l'exige, le Président de la République peut, dans un message à la Nation, dissoudre anticipativement l'Assemblée constituante et législative ; dans ce cas, il légifère par Décret-loi.

14. — Le Bureau est chargé de la direction, de l'organisation et de la coordination de l'Assemblée constituante et législative. Il assure la liaison entre cette dernière et les autres institutions de la République.

15. — la Plénière de l'Assemblée est composée de tous les membres. Ses pouvoirs sont fixés dans le Règlement intérieur de l'Assemblée constituante et législative.

16. — Les Commissions sont des groupes de travail chargés d'examiner les questions spécifiques soumises à leurs délibérations par la Plénière ou le Bureau.

17. — les moyens d'information et de contrôle de l'Assemblée constituante et législative sur le Gouvernement et services publics et semi-publics de l'Etat sont : la question écrite, la question orale avec un sans débats non suivis de vote ; la question d'actualité, la commission d'enquête et l'interpellation.

18. — L'exécution de la présente disposition est déterminée par le Règlement intérieur de l'Assemblée constituante et législative.

19. — Les membres de l'Assemblée constituante et législative jouissent de l'immunité parlementaire.

20. — Sauf flagrant délit, aucun membre ne peut, pendant ou hors la durée de session, être poursuivi, arrêté, ni traduit en justice sans l'autorisation du Bureau de l'Assemblée.

21. — les Députés ont droit à une indemnité équitable fixée par voie de Décret présidentiel.

22. — Le Secrétaire technique et administratif est une structure d'appoint constitué d'un personnel recruté par le Bureau de l'Assemblée.

23. — les autres modalités relatives à l'organisation et au fonctionnement de l'Assemblée constituante et législative sont fixées par son Règlement intérieur.

IV. — Les articles 8 à 14 du décret-loi constitutionnel ici révisé deviennent respectivement les articles 23 à 29.

30. — Le présent Décret-loi constitutionnel entre en vigueur à la date de sa promulgation.

Fait à Kinshasa, le 25 mai 1998.
Laurent Désiré KABILA
Président de la République

V.2. Décret-loi constitutionnel n° 003 du 27 mai 1997 relatif à l'organisation et à l'exercice du pouvoir en République démocratique du Congo, tel que modifié, complété et mis à jour au 1er juillet 2000

CHAPITRE Ier

DES DISPOSITIONS GÉNÉRALES

1. — Jusqu'à la promulgation de la Constitution de la IIIe République après son adoption par de l'Assemblée constituante et législative ou éventuellement par voie référendaire ; l'organisation et l'exercice du pouvoir en République Démocratique du Congo sont régis par le présent Décret-loi constitutionnel.

2. — En République Démocratique du Congo, l'exercice des droits et libertés individuels et collectifs est garanti sous réserve du respect de la loi, de l'ordre public et des bonnes mœurs.

CHAPITRE II

DES INSTITUTIONS DE LA RÉPUBLIQUE

3. — Les Institutions de la République sont :

- Le Président de la République,
- L'Assemblée constituante et législative, Parlement de Transition
- Le Gouvernement
- Les Cours et Tribunaux.

Section I. Du Président de la République

4. — Le Président de la République est le Chef de l'Eta. Il représente la Nation :

5. — Il est le Chef de l'Exécutif et des Forces armées.

Il exerce le pouvoir réglementaire par voie de décrets.

Il a le droit de battre la monnaie et d'émettre du papier-monnaie en exécution de la loi.

Il assure la promulgation des lois de la République Démocratique du Congo. Votées par l'Assemblée constituante et législative.

Il décrète l'état d'urgence, l'état de siège et déclare la guerre.

Il peut soumettre au référendum le projet de Constitution ou toute autre question d'intérêt national.

Il a le droit de faire grâce.

Il négocie et ratifie les traités et les accords internationaux au nom de la République Démocratique du Congo.

6. — Le Président de la République nomme et relève de leurs fonctions les membres du Gouvernement.

Le Président de la République nomme et relève de leurs fonctions :

Les ambassadeurs et Envoyés extraordinaires,

Les Gouverneurs et Vice-Gouverneurs des provinces,

Les Officiers supérieurs et généraux de l'armée et de la Police,

Les Cadres de commandements de l'Administration publique,

Les Mandataires actifs et non actifs dans les organismes publics.

Il nomme et relève de leurs fonctions les magistrats du siège et du parquet, et le cas échéant, il les révoque sur proposition du Conseil Supérieur de la magistrature.

7. — Le Président de la République accrédite les Ambassadeurs et les Envoyés extraordinaires et des organisations internationales.

8. — Les Ambassadeurs et les Envoyés extraordinaires étrangers sont accrédités auprès de lui.

Lorsque par suite d'une guerre ou de toute autre circonstance exceptionnelle, les Institutions de la République ou d'une province, l'Indépendance de la nation, l'intégrité de son territoire ou l'exécution de ses engagements internationaux sont menacées d'une manière grave et immédiate ou que le fonctionnement régulier des pouvoirs publics constitutionnels est interrompu, le Président de la République prend les mesures exigées par la situation.

En cas de guerre, après délibération en Conseil des ministres et consultation du Bureau de l'Assemblée constituante et législative, le Président de la République déclare la guerre et proclame l'état de siège.

Il en informe la nation par un message.

Dans les autres circonstances exceptionnelles, il proclame l'état d'urgence sur tout ou partie du territoire national après délibération en Conseil des ministres.

Lorsque l'état de siège ou l'état d'urgence est proclamé conformément au présent Décret-loi constitutionnel, il ne peut en aucun cas être dérogé aux dispositifs relatifs aux droits fondamentaux notamment :

- Le droit à la vie et à l'intégrité physique de la personne humaine ;
- L'égalité de tous les Congolais devant la loi ;
- La liberté des infrastructures et des peines ;
- Le droit de la défense

Section II De l'Assemblée constituante et législative, Parlement de Transition.

9. — L'Assemblée constituante et législative, Parlement de Transition est chargée de :

Examiner et adopter le projet de constitution élaboré par la Commission des Réformes institutionnelles près la Présidence de la République, à soumettre éventuellement au référendum ;

Exercer le pouvoir législatif pendant la période de transition et plus particulièrement élaborer, à savoir :

- La loi sur la Commission nationale des Élections (CNE)
- Le Code électoral
- La loi sur le référendum, s'il échet ;

Contrôler les activités du Gouvernement, des Entreprises, des Établissements et des Services publics de l'Etat :

Représenter l'Etat dans les rencontres parlementaires et accomplir diverses missions à l'intérieur et à l'extérieur du pays.

10. — Le Parlement de Transition est composé de 300 membres appelés Députés.

L'accès à l'Assemblée constituante et législative est réalisé sur base des critères suivants :

- Être de nationalité congolaise ;
- Être âgé d'au moins 25 ans accomplis ;
- Être d'une moralité irréprochable
- N'être pas mêlé aux assassinats et crimes économiques ayant émaillé l'histoire de la République Démocratique du Congo depuis son accession à la Souveraineté nationale et internationale ;
- N'être pas dignitaire notoire des systèmes et régimes déchus depuis le 17 mai 1997 ;
- Avoir une formation ou une expérience professionnelle ou politique suffisante et appropriée.

11. — L'Assemblée constituante et législative jouit de l'autonomie financière et administrative dans sa gestion. Son organisation et son fonctionnement sont régis par le présent Décret-loi constitutionnel, les lois et son Règlement intérieur.

12. — Les organes de L'Assemblée constituante et législative :

- Assemblée plénière ;
- Le Bureau ;
- Les Commissions.

L'Assemblée constituante et législative dispose d'une administration et d'un Secrétariat technique et administratif.

13. — Le Bureau de L'Assemblée constituante et législative comprend :

- Un Président ;
- Un Premier Vice-Président ;
- Un Deuxième Vice-Président ;
- Un Secrétaire-Général ;
- Un Secrétaire général adjoint ;
- Un Questeur ;
- Un Questeur Adjoint.

14. — Les membres du Bureau sont nommés et relevés de leurs fonctions par le Président de la République selon la procédure définie par le règlement d'ordre intérieur.

15. — Le mandat de L'Assemblée constituante et législative prend fin à l'entrée en fonction du Parlement élu au suffrage universel.

Toutefois, si l'intérêt supérieur de la Nation l'exige, le Président de la République peut, dans un message à la Nation, dissoudre anticipativement

L'Assemblée constituante et législative ; dans ce cas, il légifère par Décret-loi.

16. — le Bureau est chargé de la Direction de la direction, de l'organisation et de la coordination de l'Assemblée constituante et législative. Il assure la liaison entre cette dernière et les autres institutions de la République.

17. — L'Assemblée plénière est composée de tous les Députés. Ses pouvoirs sont fixés dans le Règlement intérieur de L'Assemblée constituante et législative.

18. — les Commissaires sont des groupes de travail chargés d'examiner les questions spécifiques soumises à leur délibération par l'Assemblée plénière ou le Bureau.

19. — les moyens d'informations et de contrôle de L'Assemblée constituante et législative sur le Gouvernement et les Entreprises, Établissements et Services publics de l'Etat sont :

- La question écrite ;
- La question orale avec ou sans débat, non suivi de vote ;
- La question d'actualité ;
- La commission d'enquête ;
- L'interprétation.

L'exécution de la présente disposition est déterminée par le Décret-loi relatif à la procédure de l'exercice du pouvoir de contrôle de L'Assemblée constituante et législative sur le Gouvernement et les Services publics de l'Etat et par son Règlement intérieur.

20. — les membres de L'Assemblée constituante et législative jouissent de l'immunité parlementaire. Sauf flagrant délit, aucun membre ne peut pendant ou hors la durée des sessions être poursuivi, arrêté, ni traduit en justice sans l'autorisation du bureau de l'Assemblée.

21. — Les Députés ont droit à une indemnité équitable fixée par voie de Décret présidentiel.

22. — Le Secrétariat technique et administratif est une structure d'appoint constitué d'un personnel recruté par le Bureau de l'Assemblée.

23. — L'Assemblée constituante et législative se réunit de plein droit en session ordinaire deux fois par un.

La première session s'ouvre le premier lundi d'avril, la deuxième le premier lundi d'octobre.

Les sessions prennent fin respectivement le premier lundi de juillet et le premier lundi de janvier, si l'ordre du jour n'a pu épuiser plus tôt.

L'Assemblée constituante et législative peut être convoquée en session extraordinaire par le Président de la République à son initiative, à la demande du Bureau ou du tiers de ses membres chaque que l'intérêt national l'exige.

Dans ce cas, l'acte de convocation fixe l'ordre du jour de la session.

Le Président de la République déclare par décret la clôture des sessions ordinaires et celle de sessions extraordinaires dès que l'ordre du jour est épuisé.

24. — L'initiative des lois appartient concurremment au Président de la République sous forme de projet de loi et à chaque Député, sous forme de proposition de loi.

25. — Chaque Député peut présenter des amendements ou sous-amendements aux textes en discussion.

Les membres du Gouvernement ont le droit d'amendement aux propositions de loi en discussion.

Ils ont le droit et, s'ils en sont requis l'obligation d'assister aux séances de l'Assemblée constituante et législative.

Ils doivent être entendus chaque fois qu'ils le demandent. Dans les séances de l'Assemblée constituante et législative.

26. — L'Assemblée constituante et législative vote le projet de loi budgétaire qui doit être déposé par le Gouvernement au Bureau le Premier lundi du mois d'octobre de chaque année au plus tard.

Elle procède à son examen conformément à son Règlement intérieur.

Tout amendement au projet de budget entraînant un accroissement des dépenses doit prévoit les voies et moyens conséquents ; tout amendement entraînant une diminution des recettes qui a pour effet de rompre l'équilibre du budget doit prévoit une diminution des dépenses correspondances ou des recettes nouvelles.

Si le projet de loi budgétaire d'un exercice n'a pas été déposé en temps utile pour être adopté avant le début de cet exercice, le Gouvernement demande à l'Assemblée constituante et législative l'ouverture des crédits provisoires nécessaires. Dans le cas où l'Assemblée constituante et législative ne se prononce pas dans les quinze jours sur l'ouverture des crédits provisoires, les dispositions du projet prévoyant ces crédits sont mises en vigueur par Décret-loi du Président de la République.

Si dans le délai de trois mois à dater du dépôt du projet de loi budgétaire à son Bureau, l'Assemblée constituante et législative ne l'a pas voté, le Président du Président de la République met les dispositions du projet en vigueur par Décret-loi.

27. — La loi électorale, la loi sur la nationalité et les autres lois organiques sont adoptées ou modifiées par l'Assemblée constituante et législative à la majorité de 2/3 de ses membres.

28. — Si un projet ou une proposition de loi est déclaré urgent par le Gouvernement, il est examiné en priorité par la Commission compétence suivant la procédure prévue par le Règlement intérieur de l'Assemblée constituante et législative.

Si la Commission et l'Assemblée constituante et législative ne se prononcent pas dans le délai fixé par le Règlement intérieur, la proposition ou le projet de loi est réputé adopté, suivant le cas par la Commission ou l'Assemblée constituante et législative.

Toutefois, les dispositions de l'alinéa précédent ne s'appliquent pas aux propositions ou aux projets de loi d'habilitation qui doivent suivre la procédure normale.

29. — Les lois sont promulguées par le Président de la République dans les quinze jours de leur transmission par le Président de l'Assemblée constituante et législative.

Le Président de la République peut, néanmoins, demander au Parlement une nouvelle délibération de la loi ou de certains de ses articles. Cette nouvelle délibération peut être refusée.

Le texte ainsi soumis à une seconde délibération est adopté par l'Assemblée constituante et législative, soit sous la forme initiale, soit après modification, à la majorité de deux tiers des membres présents.

Les lois sont du sceau de la République et publiées au Journal Officiel immédiatement après leur promulgation.

À moins qu'elle n'en dispose autrement, une loi entre en vigueur trente jours après sa publication au Journal Officiel.

30. — Le Gouvernement peut, pour l'exécution de son programme d'action, demander à l'Assemblée constituante et législative l'autorisation de prendre par décrets pendant un délai limité et sur des matières déterminées, des mesures qui sont normalement du domaine de la loi.

Cette autorisation est accordée dans les conditions fixées par le Règlement intérieur de l'Assemblée constituante et législative.

Ces décrets sont délibérés en Conseil des ministres. Ils entrent en vigueur dès leur publication et deviennent caducs si le projet de loi de ratification n'est pas déposé devant l'Assemblée constituante et législative avant la date limite fixée par la loi d'habilitation.

Les décrets ratifiés ne peuvent être modifiés que par la loi.

31. — Le mandat parlementaire prend fin par :

- décès ;
- empêchement définitif ;
- incapacité permanente ;
- absence non justifiée et non autorisée à plus de « A de séances d'une session ;
- exclusion ;
- dissolution de l'Assemblée constituante et législative ;
- expiration du mandat de l'Assemblée constituante et législative.

32. — Sans préjudice des autres dispositions prévues par le présent Décret-loi constitutionnel et par les textes particuliers, le mandat de membre de l'Assemblée constituante et législative est incompatible avec tout autre mandat public, la qualité de membre du Gouvernement, la qualité de membres du Cabinet du Président de la République et des Cabinets ministériels, les fonctions d'autorités chargées de l'administration des entités territoriales, qualité d'ambassadeur, la qualité de membre de forces de l'ordre ; de la défense nationale e des services de sécurité, de mandataire actif dans une entreprise publique, dans un établissement public ou dans une société d'économie

33. — Les autres modalités relatives à l'organisation et au fonctionnement de l'Assemblée constituante et législative sont fixées par son règlement intérieur.

Section III. Du Gouvernement

34. — Le Gouvernement conduit la politique de la Nation telle que définie par le président de la République.

Il exécute les lois de la République et les décrets du Chef de l'Etat.

Il négocie les accords internationaux sous l'autorité du Chef de l'Etat.

Toutefois les accords ou traités internationaux régulièrement ratifiés ou approuvés ont, dès leur publication au Journal Officiel, une autorité supérieure à celle des lois, sous réserve, pour chaque accord ou traité, de son application par l'autre partie.

35. — Le Gouvernement se réunit en Conseil des ministres sous la présidence du Chef de l'Etat ou d'un de ses membres par délégations des pouvoirs.

36. — Les ministres sont responsables de la gestion de leurs ministères devant le Président de la République.

Ils statuent par voie d'arrêtés

CHAPITRE III DE LA REVISION DU DÉCRET-LOI CONSTITUTIONNEL

39. — l'initiative de la révision du présent Décret-loi constitutionnel appartient concurremment au Président de la République et aux trois quarts des membres de l'Assemblée constituante et législative.

Le projet ou la proposition de révision est adopté par l'Assemblée constituante et législative à la majorité de deux tiers de ses membres.

Le Président de la République promulgue, conformément à l'article 29 du présent décret-loi constitutionnel, le texte adopté qui entre en vigueur dans les conditions prévues au même article.

40. — Les dispositions relatives à la discussion des projets et propositions de lois sont applicables à la discussion du projet ou de proposition de révision constitutionnelle.

CHAPITRE IV. DES DISPOSITIONS FINALES

41. — Pour autant qu'ils ne soient pas contraires aux dispositions du présent Décret-loi constitutionnel, les textes législatifs et réglementaires existant à la date de sa promulgation restent en vigueur jusqu'au moment de leur abrogation.

42. — Toutes les dispositions constitutionnelles, légales et réglementaires antérieures contraires au présent Décret-loi constitutionnel sont abrogées.

43. — Le Présent Décret-loi constitutionnel entre en vigueur à la date de sa promulgation.

Laurent-Désiré KABILA
Président de la République

CHAPITRE V

LA CONSTITUTION DE LA TRANSITION DU 4 AVRIL 2003

I. CONTEXTE D'ÉLABORATION

1. De la crise du régime de l'AFDL à l'Accord de Lusaka

Les velléités autoritaristes du régime de l'AFDL installé à Kinshasa depuis le 17 mai 1997 avaient fini par miner progressivement les ressorts de la légitimité du pouvoir de L.D Kabila. Face à l'obstruction de toute expression du pluralisme politique et la confusion inacceptable des structures de l'AFDL et celles de l'État, la promesse de démocratisation de la société politique congolaise dont était porteur le nouveau régime s'escamotait. D'autre part, une large couche de l'opinion congolaise exprimait déjà son ras-le-bol et sa profonde déception quant à la présence manifestement démesurée des sujets tutsis d'origine rwandaise et ougandaise dans les postes stratégiques et des rouages des affaires étrangères, les services de renseignements ou l'armée. Cet état des choses renforçait l'argument d'un gouvernement pseudo-nationaliste à la solde de Paul Kagame et de Yoweri Museveni. À ce propos, Roland Pourtier souligne que :

> *« Kabila ne pouvait longtemps rester l'obligé de ses deux parrains de l'Est. Héritier de Lumumba, il en avait gardé une teinture marxiste, et surtout un fort sentiment nationaliste qui lui valut le soutien d'une large fraction de la population congolaise, non seulement dans son Katanga natal (le temps de la sécession étant bien révolu), mais aussi à Kinshasa. Or, ses alliés, principalement les Rwandais, entendaient exercer un magistère sur la politique congolaise et, plus prosaïquement, retirer les bénéfices du soutien qu'ils avaient accordé à l'AFDL. L'occasion était trop belle pour ces pays pauvres de puiser dans les ressources de l'eldorado congolais, au demeurant plus mythique que réel.[129] ».*

Sur le plan régional, contrairement aux attentes des parrains de Kabila, le nouveau régime installé à Kinshasa s'avéra incapable, ou peu disposé, à résoudre les deux problèmes initialement à l'origine de la guerre de 1996-7 : la sécurité des voisins de l'Est et le statut des Tutsis congolais[130]. Au plan interne, conscient de

---

[129] Pourtier, R. (2003). « L'Afrique centrale dans la tourmente : Les enjeux de la guerre et de la paix au Congo et alentour », *Hérodote*, 111 (4), pp. 11-39. p. 24.

[130] Reyntjens, F. « la deuxième guerre du Congo : plus qu'une réédition », *African Affairs*, 98:391(1999), pp. 241-250.

la persistance de ce malaise dans l'opinion congolaise et dans un élan de récupération de son autonomie face à ses mentors qui l'avaient aidé à s'emparer du pouvoir, le Président L.D Kabila prit alors deux décisions aux conséquences très lourdes : d'abord, la dissolution de l'AFDL qu'il taxa de « conglomérat d'aventuriers » pour le remplacer par le Comité du Pouvoir populaire (CPP) ; ensuite, pour s'affranchir de la « tutelle » rwandaise assez rapidement, il fait démissionner son Chef d'État-Major, James Kabarebe et le remplace par un Congolais et, surtout, il ordonne le retrait *hic et nunc* du pays des forces militaires rwandaises et ougandaises. Cette nouvelle situation fit l'élément déclencheur de la Seconde guerre du Congo qui mettra aux prises plusieurs pays africains et des groupes armés dans une région aux frontières poreuses[131]. Le Congo s'était rapidement converti en un large champ de bataille où des acteurs militaires, des armées gouvernementales aussi bien que des groupes armés non gouvernementaux livrent leurs guerres extraterritoriales[132].

De nouvelles alliances s'enchevêtraient alors dans ce scénario de « la Première Guerre continentale africaine », témoignant d'une balkanisation avancée de l'État congolais et de l'effectivité de l'effritement de l'intégrité territoriale. La rébellion du Rassemblement congolais pour la Démocratie (RCD), une composition hétéroclite d'anciens mobutistes, de Tutsis du Kivu, de politiques stipendiées par le Rwanda ou l'Ouganda, de militaires en mal de reconversion et d'aventuriers de tout poil, parrainé et appuyé intégralement par le l'Armée Patriotique Rwandaise (APR)[133] et les milices créées par les populations Banyamulenge occupait essentiellement le Nord et le Sud-Kivu, des zones convoitées pour ses richesses minérales et foncières. Le Mouvement de Libération du Congo (MLC) bénéficiant de tout l'appui logistique de l'*Uganda Peoples Défense Force* consolidait ses positions au Nord-ouest et dans la zone de l'Ituri, tandis que Kinshasa était protégé par une coalition composite des armées officielles en provenance de

---

131 Selon le rapport « Les femmes dans les processus de paix et de transition - République démocratique du Congo (2001–2003) », publié par Inclusive peace and transition (2017) de Graduate Institute Geneva.

« La Deuxième Guerre du Congo a été l'un des conflits armés les plus meurtriers depuis la Seconde Guerre mondiale. Selon les estimations, 3,3 millions de personnes y ont perdu la vie, directement dans le conflit ou en raison des violences et de l'insécurité qu'il a provoquées ; environ 47 % de ces personnes étaient des enfants. Une violence sexuelle massive et généralisée a été utilisée pour systématiquement détruire des communautés entières et déshumaniser les victimes. Entre 1994 et 2010, quelque 1,3 million de femmes et environ 760 000 hommes ont été victimes de la violence sexuelle, pour une population totale de 5 millions d'habitants dans l'Est de la RDC. Fin 2003, 4 millions de personnes avaient été déplacées à cause du conflit armé ».

132 Reyntjens, F « La rébellion au Congo-Zaïre, une affaire de voisins », *Hérodote*, n°. 86-87, 1997, pp. 57-77.

133 Pour Roland Pourtier, la rébellion du RCD était totalement dénuée d'idéologie. Bien plus, étant donné qu'elle n'existe que grâce aux deux pays voisins qui ont présidé à sa naissance, elle dépendait étroitement de l'état de leurs relations. La discorde croissante entre Museveni et Kagame à propos de la politique à tenir au Congo ne pouvait qu'entraîner son éclatement : une première scission se produisit en mai 1999 : le RCD-Goma, sous la présidence d'Émile Ilunga, demeura d'obédience rwandaise tandis que le RCD-Mouvement de libération (RCD-ML ou RCD-K) avec son président Wamba dia Wamba établit sa base à Kisangani en se plaçant sous la protection de l'Ouganda. Pourtier, R. (2003). « L'Afrique centrale dans la tourmente : Les enjeux de la guerre et de la paix au Congo et alentour », *op. Cit.* p. 27.

l'Angola, du Zimbabwe et du Tchad. Le gouvernement de la RDC avait également opté pour armer des milices d'autodéfense, les Mai-Mai, et les FDLR (rebelles hutus rwandais) pour lutter contre les rebelles du RCD. Il faut aussi mentionner la présence des Forces armées Burundaises (FAB) qui appuyaient le groupe rebelle du Conseil National pour la Défense de la Démocratie — Forces de Défense de la démocratie (CNDD-FDD).

La poursuite des hostilités, le constat de la violation de la souveraineté nationale du Congo et de son intégrité territoriale couplés par les violations massives des droits de l'homme et du droit international humanitaire commises sur le territoire de la République démocratique du Congo par les parties au conflit, avait alors motivé une forte mobilisation de la communauté internationale aux fins de permettre le retour à la paix, la réconciliation nationale entre les frères belligérants congolais et le respect de la souveraineté internationale du Congo sur l'étendue de ses frontières.

Ces objectifs furent énoncés dans la résolution 1234 (1999), adoptée par le Conseil de sécurité à sa 3993ème séance, le 9 avril 1999[134]. Celle-ci, en plus d'exiger l'arrêt immédiat des hostilités, enjoignait d'une part aux armées étrangères impliquées dans le conflit, « *la signature immédiate d'un accord de cessez-le-feu permettant le retrait ordonné de toutes les forces étrangères, le rétablissement de l'autorité du Gouvernement de la République démocratique du Congo sur tout son territoire et le désarmement des groupes armés non gouvernementaux en République démocratique du Congo* ». Elle soulignait également, dans le contexte d'un règlement pacifique, que les belligérants congolais devraient s'engager « *dans un dialogue politique ouvert à tous tendant à la réconciliation nationale et à la tenue à une date rapprochée d'élections démocratiques, libres et équitables, et que soient adoptées les dispositions voulues pour assurer la sécurité le long des frontières internationales pertinentes de la République démocratique du Congo* ».

Cette résolution constituait la base de légalité internationale de « l'Accord de cessez-le-feu en République démocratique du Congo » signé à Lusaka (dis l'Accord de Lusaka), le 10 juillet 1999 par des représentants l'Angola, La RD Congo, la République de Namibie de La République d'Angola, du Rwanda, de l'Ouganda et du Zimbabwe.

Le texte de l'Accord de Lusaka a fait l'objet des critiques acerbes de certains spécialistes en géopolitique des Grands Lacs africains qui n'ont pas hésité à le rattacher aux plans américains pour la division et la mise sous tutelle du Congo. Ludo Martens par exemple considère l'Accord de Lusaka comme un instrument déséquilibré en faveur des pays « agresseurs » de la RD Congo. Un des griefs les plus pertinents qui ressort de ses analyses est l'impératif de faire dépendre un principe non négociable en droit international — le retrait des troupes étrangères de la RD Congo — à la tenue d'un « débat national » entre Congolais, une matière qui relève de souveraineté nationale d'un pays. Cette corrélation s'avérait être illusoire dans un contexte ou l'invocation de cette souveraineté était intiment liée à la culture politique de l'élite au pouvoir. De surcroît, la liaison de l'un à l'autre créait un précédent dangereux en matière de droit international : dans d'autres

[134] https://undocs.org/fr/S/RES/1279 (1999).

situations et en d'autres lieux, on avait été moins regardant sur la question de l'intangibilité des frontières[135].

Par contre, il n'existe pas de controverses quant à la nature hybride de l'Accord de Lusaka, puisqu'il intègre, dans un texte unique, deux types de problématiques et deux objectifs qui se superposent. D'une part, il saisit la dimension internationale du conflit armé en RDC. Dans ce sens, il contient des spécifications relatives au cessez-le-feu. D'autre part, il appréhende la dimension nationale inhérente au conflit de gouvernance interne. Sous cet angle, l'Accord étaye des éléments relatifs au dialogue intercongolais. C'est compte tenu de cette approche globale de la deuxième guerre du Congo que le processus de Lusaka a été considéré, à juste titre, comme « *la seule opportunité crédible pour le Congo de sortir pacifiquement de la crise actuelle qu'il traverse et de se remettre sur pied rapidement (…), un cadre consensuel devant permettre aux parties en conflit de s'engager dans un processus de paix et aux forces politiques et sociales congolaises de s'impliquer dans une dynamique de reconstruction nationale* »[136].

Le Chapitre 5 de l'Annexe A portant sur « les modalités de mise en œuvre de l'accord de cessez-le-feu en République démocratique du Congo » précise les conditions favorables aux « négociations politiques intercongolaises devant aboutir à la mise en place du nouvel ordre politique en République Démocratique du Congo ». Il y est également énoncé 4 principes devant aboutir à la mise en place de ce nouvel ordre politique et de la réconciliation nationale issus des négociations politiques intercongolaises :

a) le processus des négociations politiques intercongolaises doit inclure outre les Parties congolaises, à savoir le gouvernement de la République Démocratique du Congo, le Rassemblement congolais pour la Démocratie et le Mouvement pour la Libération du Congo, l'opposition politique ainsi que les représentants des forces vives de la Nation (le principe de l'inclusivité) ;
b) tous les participants aux négociations politiques intercongolaises bénéficieront d'un statut identique ;
c) toutes les résolutions adoptées par les négociations politiques intercongolaises lieront tous les participants ;
d) les Parties s'accordent enfin que l'Organisation de l'Unité africaine assiste la République Démocratique du Congo en vue de l'organisation des négociations politiques intercongolaises, sous l'égide d'un facilitateur neutre choisi par les Parties en vertu de son autorité morale, de sa crédibilité internationale et de son expérience. Celui-ci sera chargé de consulter toutes les parties à la négociation et de conduire les débats devant aboutir à la mise en place d'un nouvel ordre politique en

---

135 Ludo Martens, *Analyse de l'Accord de Lusaka et de ses pièges. Les plans américains pour la division et la mise sous tutelle du Congo.* https://repositories.lib.utexas.edu/bitstream/handle/2152/5172/2479.pdf?sequence=1 (consulté le 21 août 2020).

136 La Libre Belgique, publié le 08-04-01 https://www.lalibre.be/debats/opinions/congo-kinshasa-analyses-et-perspectives-2-51b871b8e4b0de6db9a5a612 (consulté le 21 août 2020).

République Démocratique du Congo, eu égard au calendrier précisé dans ladite annexe.

En vertu de cet Accord de cessez-le-feu, l'ordre du jour des négociations politiques intercongolaises devait porter sur 5 points qui sont les suivants :

a) le calendrier et les principes de procédure des négociations politiques intercongolaises ;
b) la formation de la nouvelle armée congolaise dont les éléments seront issus des Forces armées congolaises, des forces armées du Rassemblement congolais pour la Démocratie et des forces armées du Mouvement pour la Libération du Congo ;
c) le nouvel ordre politique en RDC, en particulier les institutions devant être mises en place en vue de la gouvernance en RDC ;
d) le processus des élections libres, démocratiques et transparentes en RDC ;
e) le projet de constitution devant régir la RDC après la tenue des élections.

2. L'Accord global et inclusif sur la transition en République démocratique du Congo

Postposé plusieurs fois en raison des réticences affichées par le président L.D Kabila quant à l'idée que le gouvernement soit soumis aux mêmes conditions de négociation que les autres délégations, le dialogue intercongolais eut finalement lieu à Sun City en Afrique Sud du 19 février au 25 avril 2002 (premier round des négociations), sous la médiation de Thabo Mbeki, après l'assassinat de L.D Kabila, car « présenté comme le verrou bloquant toute solution à la crise, l'obstacle empêchant l'application des accords de paix de Lusaka[137] ».

Conformément aux spécifications de l'Accord de Lusaka, les négociations du dialogue intercongolais mettaient aux prises les composantes et entités suivantes : le Gouvernement de la République Démocratique du Congo, le Rassemblement congolais pour la Démocratie (RCD), le Mouvement de Libération du Congo (MLC), l'Opposition politique, les Forces vives, le Rassemblement congolais pour la Démocratie/Mouvement de Libération (RCD/ML), le Rassemblement congolais pour la Démocratie/National (RCD/N), les Maï-Maï. Elles aboutirent à la conclusion d'un Accord global et inclusif sur la transition en République Démocratique du Congo[138], signé à Pretoria le 17 décembre 2002.

Le dialogue interconcongolais a été marqué des vicissitudes politiques et tant des « allers-retours » des acteurs impliqués qui avaient fait planer un doute raisonnable quant à une issue heureuse des négociations. L'accord partiel sur un gouvernement de transition trouvé entre le gouvernement de Joseph Kabila et le Mouvement pour la Libération du Congo de Jean-Pierre Bemba[139], approuvé par

---

[137] Braeckman, C. « La mort de Kabila : nouvelle donne dans la guerre en RDC », *Politique africaine* N° 82, 2001 (2), pp. 151 à 159, p. 151.

[138] Journal officiel, n° spécial du 5 avril 2003, pp. 51-69.

[139] Les termes de cet accord maintiennent Joseph Kabila à la tête de l'État et désignent Jean-Pierre Bemba, le leader du MLC, comme Premier ministre d'un prochain gouvernement d'Union Nationale. Une certaine majorité des participants à Sun City avaient fini par adhérer à cet accord partiel : des groupes armés, certains partis politiques et membres représentant la société civile.

l'Angola, l'Ouganda et le Zimbabwe, avait sérieusement hypothéqué les chances d'une vraie réconciliation nationale et la cessation des hostilités. Cet accord partiel reflétait en réalité un début de recomposition des alliances, particulièrement la fin de la coalition anti-Kabila et l'isolement du Rassemblement congolais pour la Démocratie (RCD) et surtout celui de son allié le Rwanda, resté inflexible sur ses positions. Cet isolement faisait craindre alors une reprise des hostilités par un Rwanda acculé ou, plus probablement, à une partition consommée du pays, avec un mouvement rebelle se déclarant maître d'un tiers du territoire de la RDC[140].

Finalement, après moult péripéties et une forte mobilisation de la communauté internationale, l'Accord global et inclusif sur la transition en République démocratique du Congo avait été adopté à Pretoria le 17 décembre 2002. Il portait sur 6 points essentiels : la cessation des hostilités, les objectifs de la transition, des principes de la transition, la durée et les institutions de la transition et l'armée.

Le texte de l'Accord précisait 5 principaux objectifs qui étaient assignés à la transition : la réunification, la pacification, la reconstruction du Pays, la restauration de l'intégrité territoriale, et le rétablissement de l'autorité de l'État sur l'ensemble du territoire national ; la réconciliation nationale ; la formation d'une armée nationale, restructurée et intégrée ; l'organisation d'élections libres et transparentes à tous les niveaux permettant la mise en place d'un régime constitutionnel démocratique ; la mise en place des structures devant aboutir à un nouvel ordre politique.

Quant à la durée de la transition, il était convenu que la période de transition qui prenait effet à compter de l'investiture du gouvernement de transition arrivait à son terme avec l'élection du Président. Celle-ci avait lieu après les élections législatives. Les élections devaient se tenir dans les 24 mois qui suivaient le début de la période de transition. En raison des problèmes spécifiquement liés à l'organisation des élections, cette période pouvait être « prolongée de 6 mois, renouvelable une seule fois si les circonstances l'exigent, sur proposition de la Commission électorale indépendante et par une décision conjointe et dûment motivée de l'Assemblée nationale et du Sénat ».

Les institutions de la transition étaient régies, dans leur mode de fonctionnement par les principes de la consensualité, de l'inclusivité et de la non-conflictualité et « la répartition des responsabilités au sein des institutions de la transition et à tous les niveaux de l'État se faisait sur la base du principe de l'inclusivité et du partage équitable entre les composantes et entités au Dialogue

---

Cependant, il était rejeté par le Rassemblement congolais pour la démocratie (RCD/Goma), soutenu par le Rwanda, l'Union pour la démocratie et le progrès social (UDPS) d'Etienne Tshisekedi, les Forces novatrices pour l'union et la solidarité (FONUS) de Joseph Olengankoy ainsi que le Parti lumumbiste unifié (PALU) d'Antoine Gizenga. Ces partis estimaient que l'accord a été conclu en dehors du cadre normal des négociations.

[140] International Crisis Group (2002), *Temps couvert sur Sun City : la refondation nécessaire du processus de paix congolais,* ICG Rapport Afrique N° 44, Bruxelles/Nairobi. https://reliefweb.int/sites/reliefweb.int/files/resources/5B820B355189730E85256BB9005BE359-icg-drc-14may.pdf (consulté le 25 août 2020).

intercongolais selon des critères de compétence, de crédibilité, d'honorabilité et dans un esprit de réconciliation nationale ».

Il convient de noter également qu'aux fins de faciliter la réconciliation nationale, l'Accord prévoyait aussi l'amnistie pour les faits de guerre, les infractions politiques et d'opinion, à l'exception des crimes de guerre, des crimes de génocide et des crimes contre l'humanité.

Concernant les institutions de la transition, les entités et composantes ayant participé au dialogue intercongolais de Sun City avaient décidé de créer, sur la base du principe de séparation des pouvoirs, un Exécutif de la transition, un Parlement de la transition composé d'une Assemblée nationale et d'un Sénat, un pouvoir judiciaire constitué notamment des Cours et tribunaux existants, et des Institutions d'appui à la démocratie.

II. LE RÉGIME POLITIQUE ISSU DE LA CONSTITUTION DE TRANSITION DE 2003 À LA LUMIÈRE DE LA THÉORIE GÉNÉRALE DU DROIT CONSTITUTIONNEL

L'alinéa 4 du préambule exprime clairement la détermination du constituant de 2003 d'édifier « un État de droit durable fondé sur le pluralisme politique, la séparation des pouvoirs entre l'exécutif, le législatif et le judiciaire ». Cette disposition constitutionnelle s'inspire du quatrième principe de l'Accord global et inclusif qui énonce que « les institutions de la transition reposeront sur le principe de la séparation des pouvoirs entre l'exécutif, le législatif et le judiciaire ». On assiste dès lors à une réintroduction d'un principe constitutionnel qui a été banni du champ lexique et de l'univers mental du régime AFDL. Le constituant de Sun City s'est évertué à ériger des « remblais, des digues et des barrages, pour s'assurer qu'aucun des pouvoirs ne sorte de son lit pour submerger les autres[141] ».

Comme on le sait, la théorie de la séparation des pouvoirs postule que les attributs de la souveraineté considérés comme incontestablement distincts doivent être délégués par la nation à des titulaires divers et indépendants les uns des autres[142]. Dans la conception de Montesquieu, l'objectif de cette disposition consistait à instituer des garde-fous contre la tendance naturelle à l'abus de pouvoir. En effet, pour qu'on ne puisse pas abuser du pouvoir, il faut par la disposition des choses que le pouvoir arrête le pouvoir. L'équilibre des pouvoirs doit permettre, sur le plan juridique, d'éviter que l'un d'eux ne s'empare, en cumulant l'exercice des trois, d'une souveraineté qui n'appartient qu'à la Nation, et sur le plan politique d'empêcher les abus qu'un titulaire unique ne manquerait

[141] Holo, T. « La présidence impériale : du Potomac au Sahel », *Revue béninoise de sciences juridiques et administratives*, n° 9- décembre 1987, p. 5.

[142] Esmein A (2001). *Éléments de Droit constitutionnel français et comparé*, Paris : Éditions Panthéon Assads, p. 451.

pas de faire de ses pouvoirs et qui seraient extrêmement dangereux pour les libertés des citoyens[143].

La Constitution de 2003 assure un retour à l'équilibre de puissance entre les acteurs politiques et entre les institutions. C'est aussi cette philosophie de « *Checks and balance* » qui s'est prolongée au travers du principe de « partage équitable et équilibré » dans la composition des organes de transition.

En guise d'exemple pour visualiser cette philosophie des contrepouvoirs constitutionnels, nous pouvons citer le mode de fonctionnement de « l'espace présidentiel » et du gouvernement de transition. En effet, conformément aux articles 81 et 82 de la Constitution de 2003, le Président de la République était confronté au sein de la Présidence de la République d'une part à un pluralisme politique découlant des ex-mouvements politico - militaires devenus MLC et RCD et d'autre part au niveau du Conseil de ministres à un pluralisme de tendances formé des entités et composantes[144]. Les actes juridiques du Président de la République concernant la gestion de l'État étaient préalablement débattus en Conseil des ministres après avoir été traités dans les commissions gouvernementales, puis dans les réunions restreintes de la présidence. On peut donc affirmer que le Président de la République s'est trouvé juridiquement et politiquement encadré de telle sorte qu'il n'a pu facilement manipuler ni la présidence ni le gouvernement.

Par ailleurs, le trait caractéristique du régime politique issu de l'Accord global et inclusif et entériné dans la Constitution du 4 avril 2003 est, sans nul doute, l'institution de « l'espace présidentiel », le quintette communément connu comme « 1 +4 », comprenant le Président Joseph Kabila et quatre vice-présidents, qui assumaient les prérogatives du pouvoir exécutif. Cette formule ingénieuse était conçue pour répondre à un double défi de la transition démocratique : d'abord, le besoin d'un certain équilibre des pouvoirs entre les forces belligérantes réunies à Sun City, allant dans le sens d'un contrôle et un contrepoids réciproques entre les « frères ennemis » d'hier dans la gestion de toutes les matières gouvernementales. Ensuite, le besoin d'une stabilité politique, l'effort pour l'intégration nationale et la restauration de l'autorité de l'État sur toute l'étendue du territoire national, qui constituent, *grosso modo*, les objectifs de la transition, exigeaient un compromis de mutualisation entre les ex-belligérants.

Cette note majeure du profil constitutionnel de « l'espace présidentiel » révèle en même temps la difficulté pour classifier ce régime 1 +4 dans les grilles des régimes politiques classiques de la théorie générale du droit constitutionnel. Dans une perspective historique, on peut détecter quelques éléments de similitude avec le régime du Directoire tel que pensé dans la Constitution du 5 fructidor an III (22 août 1795)[145]. Organe exécutif collégial, composé de cinq membres, nommé

---

[143] Pactet, P. (1999). *Institutions politiques et Droit constitutionnel*, Paris : Armand Colin, p. 111.

[144] Art. 89 alinéa 3. « Les portefeuilles ministériels sont répartis entre les Composantes et Entités du Dialogue intercongolais dans les conditions et selon les critères déterminés dans l'Annexe I A de l'Accord global et inclusif ».

[145] Voir à ce sujet, Machelon, J. (1999). La Constitution du 5 fructidor an III (22 août 1795) : archaïsme ou modernité ? Dans : Gérard Conac (Ed), *La Constitution de l'an III : Boissy d'Anglas et la naissance du libéralisme constitutionnel*, Paris : Presses Universitaires de France, pp. 29-37.

pour cinq ans et choisi par le Conseil des Anciens sur une liste de dix noms présentés par le Conseil des cinq-cents, le Directoire était régi par le principe d'égalité entre ses membres pour éviter la dictature d'un des directeurs. Ayant des attributions importantes, ceux-ci exerçaient la plénitude du pouvoir exécutif, tandis que les ministres n'étaient que de simples agents d'exécution, sans pouvoir politique (au sens de l'administration). Le Corps législatif (le Conseil des Anciens et le Conseil des cinq-cents) n'avait aucun moyen d'action sur le Directoire et ne pouvait le renverser, car il était essentiel de prémunir le régime contre la dictature de l'Assemblée.

Ces aspects d'une stricte séparation des pouvoirs élagués dans la Constitution de l'An III ne sont pas repris strictement dans la Constitution du 4 avril 2003. On y décèle par contre des mécanismes de collaboration entre le pouvoir exécutif et le pouvoir législatif car, le Gouvernement était politiquement responsable devant l'Assemblée nationale. Ceci ressort de l'article 95, alinéa 1 de la Constitution de transition qui dispose que : « *le Gouvernement est pleinement responsable de la gestion de l'État et en répond devant l'Assemblée nationale dans les conditions définies par la présente Constitution.* » Ceci nous induirait à penser qu'il s'agissait d'un régime parlementaire atypique. Or, ce contrôle politique exercé par l'Assemblée nationale ne pouvait nullement aboutir à un renversement du gouvernement. L'alinéa 2 du même article 95 est très clair : « Toutefois, pendant toute la durée de la transition, l'Assemblée nationale ne peut renverser le Gouvernement ni par le rejet d'une question de confiance ni par l'adoption d'une motion de censure. » Et, vice-versa, le Président de la République ne pouvait pas dissoudre l'Assemblée nationale.

À partir de ces éléments d'ambiguïté, nous pouvons conclure qu'il s'agissait d'un régime *sui generis.*

III. LE TEXTE CONSTITUTIONNEL

III.1. Constitution de la transition du 4 avril 2003

Source : Journal Officiel, numéro spécial du 5 avril 2003

Préambule.

Nous, délégués des composantes et entités au Dialogue intercongolais, réunis en plénière ;

FORTS des valeurs culturelles et spirituelles profondément enracinées dans les traditions de solidarité et de justice du Peuple congolais, et conscients de la diversité culturelle qui est un facteur d'enrichissement spirituel de la personnalité de notre Peuple ;

PROFONDÉMENT soucieux de construire une seule et même Nation harmonieusement intégrée et de consolider l'unité nationale afin de donner une véritable âme à notre État ;

---

https://doi-org.proxy.bibliotheques.uqam.ca/10.3917/puf.conac.1999.01.0029.

CONVAINCUS que seules les valeurs d'égalité, de justice, de liberté, de tolérance démocratique et de solidarité sociale peuvent fonder une Nation intégrée, fraternelle, prospère et maîtresse de son destin devant l'Histoire ;

RÉSOLUS à édifier un État de droit durable fondé sur le pluralisme politique, la séparation des pouvoirs entre l'exécutif, le législatif et le judiciaire, la participation des citoyens à l'exercice du pouvoir, le contrôle des gouvernants par les gouvernés, la transparence dans la gestion des affaires publiques, la subordination de l'autorité militaire à l'autorité civile, la protection des personnes et de leurs biens, le plein épanouissement tant spirituel que moral de chaque citoyen congolais, ainsi que le développement harmonieux de la communauté nationale ;

RÉAFFIRMANT solennellement notre attachement aux principes de la démocratie et des droits de l'homme tels qu'ils sont définis par la Déclaration universelle des droits de l'homme du 10 décembre 1948, la Charte africaine des droits de l'homme et des peuples adoptée le 18 juin 1981, ainsi que tous les instruments juridiques internationaux et régionaux adoptés dans le cadre de l'Organisation des Nations unies et de l'Union africaine, dûment ratifiés par la République démocratique du Congo ;

DÉTERMINES à garantir les libertés et les droits fondamentaux du citoyen congolais et, en particulier, à défendre ceux de la femme et de l'enfant ;

RENOUVELANT notre attachement à l'Organisation des Nations unies et à l'Union africaine ;

SOUCIEUX de garantir une transition pacifique en République démocratique du Congo fonctionnant selon les principes de la consensualité, de l'inclusivité et de la non-conflictualité et reposant sur une répartition aussi juste que possible des différentes responsabilités d'État entre les composantes et entités du Dialogue intercongolais, une représentation appropriée des provinces et de différentes sensibilités politiques et, en particulier, une participation effective des femmes à tous les niveaux de responsabilité, en tenant compte des critères de compétence, de crédibilité et d'honorabilité, dans un esprit de réconciliation nationale ;

RÉITÉRANT notre engagement de mettre à profit la période de transition pour instaurer, dans la paix et la concorde, un nouvel ordre politique en République démocratique du Congo, en particulier des institutions démocratiques en vue de la bonne gouvernance du pays, ainsi que la formation d'une armée nationale, restructurée et intégrée ;

FIDÈLES aux résolutions pertinentes du Dialogue intercongolais de Sun City (République d'Afrique du Sud) du 25 février au 12 avril 2002, et à l'Accord global et inclusif sur la transition en République démocratique du Congo signé à Pretoria le 17 décembre 2002 et adopté à Sun City le 1er avril 2003.

Approuvons et adoptons solennellement la présente Constitution de la Transition.

Titre premier. Des dispositions globales.

Article premier.

La Constitution de la transition de la République démocratique du Congo est élaborée sur la base de l'Accord global et inclusif sur la Transition en République démocratique du Congo.

L'Accord global et inclusif et la Constitution constituent la seule source du pouvoir pendant la transition en République démocratique du Congo.

Durant la période de Transition, tous les pouvoirs sont établis et exercés de la manière déterminée par l'Accord global et inclusif ainsi que par la présente Constitution.

Article 2.

La Constitution de la transition garantit l'inviolabilité des libertés et droits fondamentaux de la personne humaine.

Toute loi non conforme à la présente Constitution est, dans la mesure où cette non-conformité a été établie par la Cour suprême de justice, nulle et non avenue.

Article 3.

Tout Congolais a le droit et le devoir sacré de défendre la nation et son intégrité territoriale et de faire échec à tout individu ou groupe d'individus qui prend le pouvoir par la force ou l'exerce en violation des dispositions de la présente Constitution.

Nul ne peut détourner les attributs du pouvoir et de la puissance publique à des fins personnelles pour la réalisation d'intérêts partisans ou pour faciliter l'ingérence d'une institution ou d'un service public dans le fonctionnement d'une autre institution ou d'un autre service public.

Titre II. De l'État et de la souveraineté.

Chapitre premier. De l'État.

Article 4.

La République démocratique du Congo est, dans ses frontières du 30 juin 1960, un État indépendant, souverain, indivisible, démocratique, social et laïc.

Son emblème est le drapeau bleu ciel frappé d'une grande étoile jaune au centre et de six petites étoiles jaunes de dimension identique et rangées longitudinalement du côté de la hampe.

Son hymne national est le « Debout Congolais ».

Sa devise est « Démocratie, Justice, Unité ».

Sa monnaie est le « Franc congolais ».

Ses armoiries se composent d'une tête de lion encadrée par deux lauriers avec au centre des mains entrecroisées.

Les langues nationales sont : le kikongo, le lingala, le swahili et le tshiluba.

La langue officielle est le français.

Article 5.

La République démocratique du Congo est un État unitaire décentralisé.

La République démocratique du Congo est composée de la ville de Kinshasa et de dix provinces dotées de la personnalité juridique. Ces provinces sont : Bandundu, Bas-Congo, Équateur, Kasaï-Occidental, Kasaï-Oriental, Katanga, Maniema, Nord-Kivu, Province Orientale, Sud-Kivu.

La ville de Kinshasa est, dans ses limites actuelles, la capitale de la République démocratique du Congo.

L'organisation et le fonctionnement de la ville de Kinshasa et les provinces ainsi que la répartition des compétences entre l'État et les provinces sont fixés par une loi organique votée lors de la première session de l'Assemblée nationale et du Sénat.

Article 6.

Nul ne peut porter atteinte à l'intégrité du territoire, à l'unité nationale et à la souveraineté de l'État congolais.

Toutes les autorités centrales, provinciales et locales ont le devoir de sauvegarder l'intégrité de la République, la souveraineté et l'unité nationale, sous peine, selon les cas, de trahison ou de haute trahison.

Article 7.

L'État veille au développement harmonieux de toutes les entités décentralisées sur la base de la solidarité nationale par application effective des mécanismes d'autonomie administrative et financière prévus par la loi.

Article 8.

Les provinces et les autorités qui en dépendent sont tenues au respect de la Constitution de la transition, ainsi que des lois et règlements pris par le pouvoir central en vertu de la présente Constitution.

Article 9.

Le sol et le sous-sol appartiennent à l'État. Les conditions de leur concession sont fixées par la loi, qui doit protéger les intérêts des populations locales.

Chapitre II. De la souveraineté.

Article 10.

La souveraineté nationale appartient au peuple. Tout pouvoir émane du peuple qui l'exerce directement par voie de référendum ou d'élections et indirectement par ses représentants.

Aucune fraction du peuple ni aucun individu ne peut s'attribuer l'exercice de la souveraineté.

La loi fixe les conditions d'organisation des élections et du référendum.

Le suffrage est universel, égal et secret. Il est direct ou indirect.

Sont électeurs dans les conditions déterminées par la loi, tous les Congolais des deux sexes, âgés de dix-huit ans révolus et jouissant de leurs droits civils et politiques.

Article 11.

Le pluralisme politique est reconnu en République démocratique du Congo.

Tout Congolais a le droit de créer un parti politique ou de s'affilier à un parti de son choix.

Les partis politiques concourent à l'expression du suffrage, à la formation de la conscience nationale et à l'éducation civique. Ils se forment et exercent librement leurs activités dans le respect de la loi, de l'ordre public et des bonnes mœurs. Les partis politiques sont tenus au respect des principes de démocratie pluraliste, d'unité et de souveraineté nationale.

Nul ne peut instituer, sous quelque forme que ce soit, de parti unique sur tout ou partie du territoire national. L'institution d'un parti unique constitue un crime de haute trahison puni par la loi.

Article 12.

Les partis politiques peuvent recevoir de l'État des fonds publics destinés à financer leurs campagnes électorales ou leurs activités, dans les conditions définies par la loi.

Article 13.

L'opposition politique est reconnue en République démocratique du Congo. Les droits liés à son existence, ses activités et sa lutte pour la conquête démocratique du pouvoir sont sacrés.

Le statut, les droits ainsi que les devoirs de l'opposition politique sont fixés par une loi organique.

Article 14.

Tous les groupes ethniques et nationalités dont les personnes et le territoire constituaient ce qui est devenu le Congo (présentement la République démocratique du Congo) à l'indépendance doivent bénéficier de l'égalité des droits et de la protection aux termes de la loi en tant que citoyens.

La nationalité congolaise est une et exclusive. Elle ne peut être détenue concurremment avec une autre nationalité.

Une loi organique fixe les conditions de reconnaissance, d'acquisition, de perte et de recouvrement de la nationalité congolaise.

Titre III. Des libertés publiques, des droits et des devoirs fondamentaux du citoyen.

Article 15.

La personne humaine est sacrée. L'État a l'obligation de la respecter et de la protéger.

Toute personne a droit à la vie et à l'intégrité physique.

Nul ne peut être soumis à la torture ni à des traitements inhumains, cruels ou dégradants.

Nul ne peut être privé de la vie ou de la liberté, si ce n'est dans les cas prévus par la loi et dans les formes qu'elle prescrit.

Article 16.

La République démocratique du Congo garantit l'exercice des droits et libertés individuels et collectifs, notamment les libertés de circulation, d'entreprise, d'information, d'association, de réunion, de cortège et de manifestation, sous réserve du respect de la loi, de l'ordre public et des bonnes mœurs.

Article 17.

Tous les Congolais sont égaux devant la loi et ont droit à une égale protection des lois.

Aucun Congolais ne peut, en matière d'éducation et d'accès aux fonctions publiques ni en aucune matière, faire l'objet d'une mesure discriminatoire, qu'elle résulte de la loi ou d'un acte de l'exécutif, en raison de sa religion, de son sexe, de son origine familiale, de sa condition sociale, de sa résidence, de ses opinions ou de ses convictions politiques, de son appartenance à une race, à une ethnie, à une tribu, à une minorité culturelle ou linguistique.

Article 18.

Toute personne a droit au libre développement de sa personnalité, sans préjudice du droit d'autrui, de l'ordre public et des bonnes mœurs.

Nul ne peut être tenu en esclavage, en servitude ou dans une condition analogue.

Nul ne peut être astreint à un travail forcé ou obligatoire, sauf dans les cas prévus par la loi.

Article 19.

La liberté individuelle est inviolable et garantie par la loi.

Nul ne peut être poursuivi, arrêté, ni détenu qu'en vertu de la loi et dans la forme qu'elle prescrit.

Nul ne peut être poursuivi pour une action ou une omission qui ne constituent pas une infraction à la loi au moment où elle a été commise et au moment des poursuites.

Toute personne accusée d'une infraction est présumée innocente jusqu'à ce que sa culpabilité ait été établie par un jugement définitif.

Article 20.

Toute personne arrêtée doit être informée immédiatement ou au plus tard dans les vingt-quatre heures des motifs de son arrestation et de toute accusation portée contre elle, et ce, dans une langue qu'elle comprend.

Elle doit être immédiatement informée de ses droits.

La personne gardée à vue a le droit d'entrer immédiatement en contact avec sa famille et son conseil. La garde à vue ne peut excéder quarante-huit heures. À l'expiration de ce délai, la personne gardée doit être relâchée ou mise à la disposition de l'autorité judiciaire compétente.

Tout détenu doit bénéficier d'un traitement qui préserve sa vie, sa santé physique et mentale ainsi que sa dignité.

Article 21.

Toute personne privée de sa liberté par arrestation ou détention a le droit d'introduire un recours devant un tribunal qui statue à bref délai sur la légalité de sa détention et ordonne sa libération si la détention est illégale.

La personne victime d'une arrestation ou d'une détention illégale a droit à une juste et équitable réparation du préjudice qui lui a été causé.

Toute personne a le droit de se défendre seule ou de se faire assister par un avocat ou un défenseur judiciaire de son choix.

Toute personne poursuivie a le droit d'exiger d'être entendue en présence d'un avocat ou d'un défenseur judiciaire de son choix, et ce, à tous les niveaux de la procédure pénale, y compris l'enquête policière et l'instruction préjuridictionnelle.

Article 22.

Nul ne peut être soustrait contre son gré au juge que la loi lui assigne.

Toute personne a le droit à ce que sa cause soit entendue équitablement et dans le délai légal par une juridiction compétente légalement établie.

Article 23.

Les audiences des cours et tribunaux civils et militaires sont publiques, à moins que cette publicité ne soit jugée dangereuse pour l'ordre public et les bonnes mœurs. Dans ce cas, le tribunal ordonne le huis clos.

Article 24.

Tout jugement est prononcé en audience publique. Il est écrit et motivé.

Le droit de former un recours contre un jugement est garanti à tous, conformément à la loi.

Nulle peine ne peut être prononcée ou appliquée si ce n'est en vertu d'une loi.

Il ne peut être infligé de peine plus forte que celle applicable au moment où l'infraction a été commise. Si la loi nouvelle punit une infraction d'une peine moindre que celle que prévoyait la loi en vigueur au moment où l'infraction a été commise, le juge applique la peine la plus légère.

La peine est individuelle. Elle ne peut être exécutée que contre la personne condamnée.

La loi détermine les causes de justifications, d'excuse et de non-imputabilité.

Article 25.

Nul n'est tenu d'exécuter un ordre manifestement illégal, en particulier lorsque celui-ci porte atteinte aux libertés et aux droits fondamentaux de la personne humaine.

La preuve de l'illégalité manifeste de l'ordre incombe à la personne qui refuse de l'exécuter.

Article 26.

En République démocratique du Congo, il n'y a pas de religion d'État.

Toute personne a droit à la liberté de pensée, de conscience et de religion. Toute personne a le droit de manifester sa religion ou ses convictions, seule ou en commun, tant en public qu'en privé, par le culte, l'enseignement, les pratiques, l'accomplissement des rites et l'état de vie religieuse, sous réserve du respect de la loi, de l'ordre public et des bonnes mœurs.

La loi fixe les conditions de constitution des associations religieuses.

Article 27.

Toute personne a droit à la liberté d'expression.

Ce droit implique la liberté d'exprimer ses opinions et ses sentiments, notamment par la parole, l'écrit et l'image, sous réserve du respect de l'ordre public, des droits d'autrui et des bonnes mœurs.

Article 28.

La liberté de la presse est garantie.

La loi en fixe les modalités d'exercice.

Toutefois, elle ne peut soumettre l'exercice de la liberté de la presse à des restrictions que pour assurer la sauvegarde de l'ordre public, des bonnes mœurs, ainsi que le respect des droits d'autrui.

Article 29.

Toute personne a droit à l'information. La liberté d'information et d'émission par la radio, la télévision, la presse écrite ou tout autre moyen de communication est garantie. Les médias audiovisuels et écrits d'État sont des services publics dont l'accès est garanti de manière équitable à tous les courants politiques et sociaux. Le statut des médias d'État est établi par la loi qui garantit l'objectivité, l'impartialité et le pluralisme d'opinions dans le traitement et la diffusion de l'information.

Article 30.

La liberté de réunion et de manifestation pacifiques est garantie sous réserve du respect de l'ordre public.

Toute personne a le droit de participer à une réunion ou à une manifestation et nul ne peut y être contraint.

La loi fixe les modalités d'application de la présente disposition.

Article 31.

Tout Congolais a le droit d'adresser, individuellement ou collectivement, une pétition pacifique à l'autorité publique.

Nul ne peut faire l'objet de discrimination pour avoir pris l'initiative de pareille pétition.

Article 32.

Le domicile est inviolable. Il ne peut y être effectué de visite ou de perquisition que dans les formes et conditions prévues par la loi.

Article 33.

Aucun Congolais ne peut être expulsé du territoire de la République.

Aucun Congolais ne peut, pour des raisons politiques, ethniques ou autres, être contraint à l'exil ou à résider hors de son lieu de résidence habituelle.

Tout Congolais a le droit de circuler librement sur tout le territoire de la République, d'y établir sa résidence, de le quitter et d'y revenir. L'exercice de ce droit ne peut être limité qu'en vertu de la loi.

Tous les Congolais jouissent des mêmes droits, quel que soit le lieu où ils s'établissent sur le territoire national.

Article 34.

Toute personne a droit au respect de sa vie privée, au secret de la correspondance, de la télécommunication ou de toute autre forme de communication. Il ne peut être porté atteinte à ce droit que dans les cas prévus par la loi.

Article 35.

Le droit d'asile est reconnu. La République accorde, sous réserve de sécurité nationale, l'asile sur son territoire aux ressortissants étrangers poursuivis ou persécutés en raison notamment de leurs opinions, leurs croyances, leurs appartenances raciales, tribales, ethniques, linguistiques, ou de leur action en faveur de la démocratie et de la défense des droits de l'homme et des peuples, conformément aux lois et règlements en vigueur.

Il est interdit à toute personne jouissant régulièrement du droit d'asile d'entreprendre une activité subversive contre son pays d'origine ou contre tout autre pays à partir du territoire de la République démocratique du Congo.

La loi fixe les modalités d'exercice de ce droit.

Article 36.

La propriété privée est sacrée.

L'État garantit le droit à la propriété individuelle ou collective acquise conformément à la loi ou à la coutume.

L'État encourage et veille à la sécurité des investissements privés nationaux et étrangers.

Article 37.

L'expropriation pour cause d'intérêt général ou d'utilité publique ne peut intervenir qu'en vertu d'une loi prévoyant le versement préalable d'une indemnité équitable.

Nul ne peut être saisi en ses biens qu'en vertu d'une décision prise par une autorité judiciaire compétente.

Article 38.

L'exercice de l'art, du commerce et de l'industrie, ainsi que la libre circulation des biens sont garantis sur toute l'étendue du territoire de la République, dans les conditions fixées par la loi.

Article 39.

Le travail est un droit et un devoir sacrés pour chaque Congolais.

L'État garantit le droit au travail, la protection contre le chômage et une rémunération équitable et satisfaisante assurant au travailleur ainsi qu'à sa famille une existence conforme à la dignité humaine, complétée par tous les autres moyens de protection sociale.

Nul ne peut être lésé dans son travail en raison de ses origines, de son sexe, de ses opinions ou de ses croyances.

Tout Congolais a le droit et le devoir de contribuer par son travail à la construction et à la prospérité nationales.

La loi établit le statut des travailleurs et réglemente les particularités propres au régime juridique des ordres professionnels et l'exercice des professions exigeant une qualification scolaire ou académique.

Les structures internes et le fonctionnement des ordres professionnels doivent être démocratiques.

Article 40.

Le droit de créer des associations est garanti.

Les pouvoirs publics collaborent avec les associations nationales privées qui contribuent au développement social, économique, intellectuel, culturel, moral et spirituel des populations et à l'éducation des citoyens et des citoyennes.

Cette collaboration peut revêtir la forme d'une assistance par des subventions.

La loi fixe les modalités d'exercice de ce droit.

Article 41.

Le droit syndical est reconnu en République démocratique du Congo.

Tous les Congolais ont le droit de fonder des syndicats, des sociétés ou d'autres associations ou de s'y affilier librement pour promouvoir leur bien-être et assurer la défense de leurs intérêts sociaux, économiques et culturels, dans les conditions fixées par la loi.

Toutefois, les membres des forces armées, des forces de maintien de l'ordre et des services de sécurité ne peuvent fonder des syndicats ni s'y affilier.

Article 42.

Le droit de grève est reconnu et garanti.

Il s'exerce dans les conditions fixées par la loi qui peut en interdire ou en limiter l'exercice dans les domaines de la défense nationale et de la sécurité ou pour tous services ou activités publics d'intérêt vital pour la communauté.

Article 43.

Tout individu a le droit de se marier avec la personne de son choix, de sexe opposé, et de fonder une famille.

La famille, cellule de base de la communauté humaine, est organisée de manière à ce que soient assurées son unité et sa stabilité. Elle est placée sous la protection particulière des pouvoirs publics.

Les soins et l'éducation à donner aux enfants constituent, pour les parents, un droit naturel et un devoir qu'ils exercent sous la surveillance et avec l'aide des pouvoirs publics.

Les enfants ont le devoir d'assister leurs parents.

La loi fixe les règles sur le mariage et l'organisation de la famille.

Article 44.

Tout enfant a le droit de connaître les noms de son père et de sa mère.

Tout enfant a le droit de jouir de la protection de sa famille, de la société et des pouvoirs publics.

L'État a l'obligation de protéger l'enfant contre la prostitution, le proxénétisme, l'homosexualité, l'inceste, la pédophilie, le harcèlement sexuel et toutes autres formes de perversion sexuelle.

Article 45.

Les pouvoirs publics ont l'obligation de protéger la jeunesse contre toute atteinte à sa santé, à son éducation et à son développement moral.

Les organisations de la jeunesse ont un rôle éducatif. Les pouvoirs publics sont tenus de leur apporter leur soutien.

Article 46.

Tout Congolais a droit à l'éducation. Il y est pourvu par l'enseignement national.

L'enseignement national comprend les établissements publics et les établissements privés agréés.

Une loi organique en fixe les conditions de création et de fonctionnement.

Les parents ont, par priorité, le droit de choisir le genre d'éducation à donner à leurs enfants.

L'enseignement est obligatoire jusqu'au niveau d'études et à l'âge prévu par la loi.

Article 47.

L'enseignement est libre. Il est toutefois soumis à la surveillance des pouvoirs publics, dans les conditions fixées par la loi.

Les pouvoirs publics ont le devoir de promouvoir et d'assurer, par l'enseignement, l'éducation et la diffusion, le respect des droits de l'homme, des libertés fondamentales et des devoirs du citoyen énoncés dans la présente Constitution.

L'État a le devoir d'assurer la diffusion et l'enseignement de la Constitution, de la Déclaration universelle des droits de l'homme, de la Charte africaine des droits de l'homme et des peuples, ainsi que de tous les instruments régionaux et internationaux relatifs aux droits de l'homme et au droit international humanitaire dûment ratifiés.

L'État a l'obligation d'intégrer les droits de la personne humaine dans tous les programmes de formation des forces armées, de la police et des services de sécurité.

La loi détermine les conditions d'application du présent article.

Article 48.

L'éradication de l'analphabétisme est un devoir national pour la réalisation duquel toutes les potentialités et ressources nationales doivent être mobilisées.

Article 49.

Le droit à la culture, la liberté de création intellectuelle et artistique, ainsi que la liberté de la recherche scientifique et technologique sont garantis aux citoyens, sous réserve du respect de la loi, de l'ordre public et des bonnes mœurs.

L'État tient compte, dans l'accomplissement de ses tâches, de la diversité culturelle du pays.

Les droits d'auteur sont garantis par la loi.

L'État protège le patrimoine culturel national.

Article 50.

L'État a l'obligation d'assurer le bien-être sanitaire et la sécurité alimentaire des consommateurs.

La loi fixe les principes fondamentaux et les règles d'organisation de la santé publique et de la sécurité alimentaire.

Article 51.

L'État a le devoir de veiller à l'élimination de toutes les formes de discrimination à l'égard de la femme et d'assurer le respect et la promotion de ses droits.

L'État a l'obligation de prendre dans tous les domaines, notamment dans les domaines économique, social et culturel, toutes les mesures appropriées pour assurer la pleine participation de la femme au développement de la nation.

L'État prend des mesures pour lutter contre toutes formes de violence faite à la femme dans la vie publique et dans la vie privée.

La femme a droit à une représentation significative au sein des institutions nationales, provinciales et locales.

Article 52.

La personne du troisième âge, la personne avec handicap et la personne invalide ont droit à des mesures spécifiques de protection en rapport avec leurs besoins physiques, intellectuels et moraux.

Article 53.

Tous les Congolais ont droit à la paix et à la sécurité.

Aucune portion du territoire national ne peut être utilisée comme base de départ d'activités subversives ou terroristes dirigées contre tout autre État.

Article 54.

Tous les Congolais ont droit à un environnement sain et propice à leur épanouissement.

Les pouvoirs publics et les citoyens ont le devoir d'assurer la protection de l'environnement dans les conditions définies par la loi.

Article 55.

Tous les Congolais ont le droit de jouir des richesses nationales. L'État a le devoir de les redistribuer équitablement et de garantir le droit au développement.

Article 56.

Tous les Congolais ont le droit de jouir du patrimoine commun de l'humanité. L'État a le devoir d'en faciliter la jouissance.

Article 57.

L'État protège les droits et les intérêts des Congolais à l'étranger.

Article 58.

Sous réserve de la réciprocité, tout étranger qui se trouve légalement sur le territoire national bénéficie des mêmes droits et libertés que les Congolais, excepté les droits politiques.

Il bénéficie de la protection accordée aux personnes et à leurs biens dans les conditions déterminées par les traités et les lois.

Il est tenu de se conformer aux lois et règlements de la République.

Article 59.

Tout Congolais est tenu de remplir loyalement ses obligations vis-à-vis de la collectivité nationale.

Il a le devoir de s'acquitter de ses contributions fiscales et de remplir ses obligations sociales.

Article 60.

Tout Congolais a le devoir de respecter et de traiter ses concitoyens sans discrimination aucune et d'entretenir avec eux des relations qui permettent de sauvegarder, de promouvoir et de renforcer l'unité nationale, le respect et la tolérance réciproques.

Il a, en outre, le devoir de préserver et de renforcer la solidarité nationale.

Article 61.

Le respect des droits de l'homme et des libertés fondamentales consacrés dans la présente Constitution s'impose à tous les citoyens et aux pouvoirs publics.

Article 62.

L'exercice des droits de l'homme et des libertés fondamentales consacrés par la présente Constitution ne peut être suspendu que dans les cas qu'elle prescrit.

Article 63.

Toute personne est tenue de respecter la présente Constitution et de se conformer aux lois de la République.

Titre IV. De l'organisation et de l'exercice du pouvoir.

Chapitre premier. Des institutions de la République.

Article 64.

Les institutions politiques de la transition sont

- Le président de la République,
- Le Gouvernement,
- L'Assemblée nationale,
- Le Sénat,
- Les cours et tribunaux.

Section I. Du pouvoir exécutif.

Paragraphe I. Du président de la République.

Article 65.

Le président de la République en exercice au moment de la promulgation de la Constitution de la transition reste en fonction pour toute la durée de la transition, sous réserve de l'application des dispositions de l'article 66 de la présente Constitution.

Article 66.

Sans préjudice des autres dispositions de la présente Constitution, les fonctions de président de la République prennent fin par démission, décès, empêchement définitif, condamnation pour haute trahison, détournement de deniers publics, concussion ou corruption.

Une fois la vacance constatée par la Cour suprême de justice saisie par le Gouvernement, le vice-président qui relève de la composante à laquelle appartient le président de la République assure l'intérim.

Ladite composante présente le remplaçant du président de la République à l'Assemblée nationale pour entérinement, endéans sept jours.

Si l'Assemblée nationale n'est pas en session, une session extraordinaire est convoquée à cet effet, toutes affaires cessantes, conformément à l'article 115 de la présente Constitution.

Article 67.

Le président de la République prête serment devant la Cour suprême de justice en séance publique. Le serment est prêté dans les termes suivants :

« Moi,...., président de la République démocratique du Congo, désigné conformément à l'Accord global et inclusif et à la Constitution de la transition, je jure solennellement devant la Nation congolaise :

- *de respecter et de faire respecter scrupuleusement l'esprit et la lettre de l'Accord global et inclusif, de la Constitution de la transition et des lois de la République*
- *de consacrer toutes mes forces à défendre les institutions constitutionnelles, l'intégrité du territoire et l'indépendance nationale ;*
- *de sauvegarder l'unité nationale*
- *de remplir loyalement et en fidèle serviteur du peuple les hautes fonctions qui me sont confiées ».*

Article 68.

Le président de la République est le chef de l'État. Il représente la Nation. Il veille au respect de la Constitution de la transition.

Il est le garant de l'indépendance nationale, de l'intégrité du territoire national et de la souveraineté nationale.

Article 69.

Le président de la République convoque et préside le Conseil des ministres au moins une fois tous les quinze jours.

Article 70.

Le président de la République promulgue les lois dans les conditions définies aux articles 129 et 132 de la présente Constitution

Article 71.

Le président de la République assure l'exécution des lois et exerce le pouvoir réglementaire par voie de décrets délibérés en Conseil des ministres.

Article 72.

Le président de la République est le commandant suprême des forces armées. Il préside le Conseil supérieur de la défense.

Il nomme, relève de leurs fonctions et, le cas échéant, révoque les officiers de l'armée et de la police, après délibération du Conseil supérieur de la défense visé à l'article 187 de la présente Constitution.

Article 73.

Conformément aux dispositions de l'article 134 de la présente Constitution, le président de la République déclare la guerre sur décision du Conseil des ministres, après avis conforme du Conseil supérieur de la défense et autorisation de l'Assemblée nationale et du Sénat.

Article 74.

Conformément aux articles 135 et 136 de la présente Constitution, le président de la République proclame l'état de siège et l'état d'urgence sur décision du Conseil des ministres après avis conformes du Conseil supérieur de la défense ainsi que de l'Assemblée nationale et du Sénat.

Article 75.

Le président de la République accrédite les ambassadeurs et les envoyés extraordinaires auprès des États étrangers et des organisations internationales.

Les ambassadeurs ainsi que les envoyés extraordinaires des États étrangers et des organisations internationales sont accrédités auprès de lui.

Article 76.

Conformément aux dispositions de l'Accord global et inclusif et de ses annexes, le président de la République nomme :

- les hauts fonctionnaires de l'État,
- les gouverneurs et les vice-gouverneurs de province,
- le gouverneur et le vice-gouverneur de la Banque centrale,
- les ambassadeurs et les envoyés extraordinaires,
- les membres du Conseil supérieur de la magistrature,

– les mandataires de l'État dans les établissements publics et paraétatiques.

Le président de la République traite avec les vice-présidents des matières mentionnées aux premier et quatrième tirets du présent article.

Le président de la République consulte le Gouvernement dans la mise en œuvre des matières mentionnées aux premiers et quatrièmes tirets du présent article.

Article 77.

Sur proposition du Conseil supérieur de la magistrature, il nomme et révoque les magistrats du siège et du parquet, après en avoir informé le Gouvernement.

Article 78.

Le président de la République a le droit de grâce. Il peut remettre, commuer et réduire les peines après en avoir informé le Gouvernement. Il exerce ces prérogatives dans les conditions définies par la loi.

Article 79.

Le président de la République confère les grades dans les ordres nationaux et les décorations, conformément à la loi.

Paragraphe II. De la présidence de la République.

Article 80.

La présidence de la République est composée du président de la République et de quatre vice-présidents.

Le président de la République assure, avec les vice-présidents, un leadership nécessaire et exemplaire dans l'intérêt de l'unité nationale de la République démocratique du Congo.

Article 81.

Le président de la République traite avec les vice-présidents de toutes les questions relatives à la gestion du Gouvernement.

Article 82.

Le président de la République tient des réunions restreintes de concertation avec les vice-présidents sur toutes les matières relatives à la gestion du Gouvernement.

Les réunions entre le président et les vice-présidents se tiennent régulièrement, au moins une fois toutes les deux semaines et, dans tous les cas, avant chaque réunion du Conseil des ministres.

Les réunions entre le président et les vice-présidents sont convoquées par le président de la République, de sa propre initiative ou à la demande d'un vice-président.

En cas d'empêchement provisoire, la présidence des réunions est assurée par un vice-président désigné, à tour de rôle, par le président de la République.

Paragraphe III. Les vice-présidents de la République

Article 83.

Il est créé quatre postes de vice-président de la République.

Les vice-présidents sont issus respectivement des composantes : gouvernement de la République démocratique du Congo, le Rassemblement Congolais pour la Démocratie (le RCD), le Mouvement de Libération du Congo (MLC) et l'Opposition politique.

Article 84.

Sans préjudice des dispositions de l'article 206 de la présente Constitution, les fonctions d'un vice-président prennent fin par démission, décès, empêchement définitif ou condamnation pour haute trahison, détournement de deniers publics, concussion ou corruption.

En cas de cessation de fonction, la composante dont est issu le vice-président présente son remplaçant à l'Assemblée nationale pour entérinement endéans sept jours.

Si l'Assemblée nationale n'est pas en session, elle est convoquée à cet effet, toutes affaires cessantes, en session extraordinaire, conformément à l'article 115 de la présente Constitution.

Article 85.

Avant d'entrer en fonction, chaque vice-président prête serment devant la Cour suprême de justice en séance publique. Le serment est prêté dans les termes suivants

« Moi,..., vice-président de la République démocratique du Congo, désigné conformément à l'Accord global et inclusif et à la Constitution de la transition, je jure solennellement devant la Nation congolaise :

- *de respecter scrupuleusement l'esprit et la lettre de l'Accord global et inclusif, de la Constitution de la transition et des lois de la République ;*
- *de consacrer toutes mes forces à contribuer à sauvegarder les institutions de la République et à préserver l'unité ainsi que l'indivisibilité de la Nation ;*
- *de remplir loyalement et en fidèle serviteur du peuple les hautes fonctions qui me sont confiées ».*

Article 86.

Conformément au prescrit de l'Accord global et inclusif, chaque vice-président est en charge d'une des quatre commissions gouvernementales, ci-dessous instituées :

1. Commission politique, défense et sécurité, présidée par la composante RCD,
2. Commission économique et financière, présidée par la composante MLC,
3. Commission pour la reconstruction et le développement, présidée par la composante Gouvernement,
4. Commission sociale et culturelle, présidée par la composante Opposition politique.

Article 87.

Les vice-présidents convoquent et président les réunions de leur commission. Ils présentent les rapports de leur commission au Conseil des ministres. Ils coordonnent et supervisent la mise en application des décisions du Conseil des ministres en rapport avec leur commission respective.

Article 88.

Les vice-présidents proposent au président de la République les grades dans les ordres nationaux et les décorations, conformément à la loi.

Paragraphe IV. Le Gouvernement.

Article 89.

Le Gouvernement est composé du président de la République, des vice-présidents, des ministres et vice-ministre.

Le président de la République nomme les ministres et les vice-ministres sur proposition des composantes et entités du Dialogue intercongolais.

Les portefeuilles ministériels sont répartis entre les composantes et entités du Dialogue intercongolais dans les conditions et selon les critères déterminés dans l'annexe I A de l'Accord global et inclusif.

Les fonctions de ministre et de vice-ministre prennent fin par démission, décès, empêchement définitif, condamnation pour haute trahison, détournement de deniers publics, concussion, corruption ou révocation sur proposition de sa composante ou de son entité. Il est alors pourvu au poste vacant dans les conditions déterminées à l'alinéa 2 du présent article.

Article 90.

Durant leurs fonctions, les membres du Gouvernement ne peuvent par eux-mêmes, ni par personne interposée, rien acheter ou louer qui appartienne au domaine de l'État. Ils sont tenus, dès leur entrée en fonction et à l'expiration de celle-ci, de faire sur l'honneur une déclaration écrite de tous leurs biens à l'Assemblée nationale.

Article 91.

Les ministres sont responsables des départements ministériels qui leur sont confiés. Ils appliquent, par voie d'arrêtés, le programme fixé et les décisions prises par le Gouvernement.

Article 92.

Conformément aux dispositions de l'article 69 de la présente Constitution, les réunions du Gouvernement en Conseil des ministres sont présidées par le président de la République.

En cas d'empêchement provisoire, les réunions sont présidées par un vice-président désigné, à tour de rôle, par le président de la République.

Article 93.

Le Gouvernement détermine et conduit la politique de la Nation, conformément aux résolutions du Dialogue intercongolais.

Article 94.

Le Gouvernement exécute les lois et les décrets du président de la République.

Le Gouvernement dispose de l'administration publique, des forces armées, de la police nationale ainsi que des services de sécurité civile et de protection civile.

Un décret délibéré en Conseil des ministres fixe l'organisation et le fonctionnement du Gouvernement, ainsi que les modalités pratiques de collaboration entre le président de la République, les vice-présidents et le Gouvernement.

Article 95.

Le Gouvernement est pleinement responsable de la gestion de l'État et en répond devant l'Assemblée nationale dans les conditions définies par la présente Constitution.

Toutefois, pendant toute la durée de la transition, l'Assemblée nationale ne peut renverser le Gouvernement ni par le rejet d'une question de confiance ni par l'adoption d'une motion de censure.

Article 96.

Un secrétariat général du Gouvernement assiste le président et les vice-présidents dans la coordination de l'action gouvernementale.

Le secrétariat général du Gouvernement prépare les réunions, les travaux et tous les dossiers devant faire l'objet de concertations entre le président de la République et les vice-présidents et au niveau du Conseil des ministres.

Section II. Du pouvoir législatif.

Article 97.

Le pouvoir législatif est exercé par l'Assemblée nationale et le Sénat dans les conditions déterminées par la présente Constitution.

Paragraphe I. De l'Assemblée nationale.

Article 98.

Sans préjudice des autres prérogatives qui lui sont reconnues par la présente Constitution, l'Assemblée nationale :

- vote les lois ;
- contrôle le Gouvernement, les entreprises publiques, les établissements et services — publics ;
- contrôle l'exécution des résolutions du Dialogue intercongolais ;
- adopte le projet de Constitution à soumettre à référendum.

Article 99.

L'Assemblée nationale comprend 500 membres désignés par les composantes et entités du Dialogue intercongolais dans les conditions fixées par l'Annexe I B de l'Accord global et inclusif.

Toutes les composantes et entités assurent une représentation provinciale équilibrée, en même temps qu'une présence significative des femmes à l'Assemblée nationale.

Nul ne peut être membre de l'Assemblée nationale s'il n'est Congolais âgé d'au moins de 25 ans révolus au moment de sa désignation.

Article 100.

Les membres de l'Assemblée nationale portent le titre de député. Leur mandat est national.

Les députés sont désignés pour toute la durée de la transition.

Nonobstant les dispositions de l'alinéa 2 du présent article, le mandat de député peut prendre fin pour cause de décès, démission, empêchement définitif, incompatibilité ou condamnation pénale. Il est alors pourvu à son remplacement dans les conditions définies à l'alinéa 1 de l'article 99 de la présente Constitution.

Article 101.

Le président de l'Assemblée nationale est désigné pour toute la durée de la transition. Sans préjudice des dispositions de l'alinéa 1 du présent article, les fonctions de président de l'Assemblée nationale prennent fin par démission, décès, empêchement définitif, condamnation pour haute trahison, détournement de deniers publics, concussion ou corruption.

Article 102.

L'Assemblée nationale est dirigée par un bureau constitué d'un président, de trois vice-présidents, d'un rapporteur et de trois rapporteurs adjoints issus, chacun, des composantes et entités au Dialogue intercongolais, conformément à l'annexe I B de l'Accord global et inclusif.

Le bureau de l'Assemblée nationale est constitué par les composantes et entités pour toute la durée de la transition. Aucune composante ni entité ne peut être représentée par plus d'un membre au bureau de l'Assemblée nationale.

En cas de vacance pour cause de décès, démission, empêchement définitif, incompatibilité ou condamnation pénale d'un membre du bureau de l'Assemblée nationale, il est pourvu à son remplacement dans les conditions définies à l'alinéa 1 du présent article.

Article 103.

L'organisation et le fonctionnement de l'Assemblée nationale sont régis par la présente Constitution et le règlement intérieur de l'Assemblée nationale.

Sans préjudice des autres dispositions de la présente Constitution, le règlement intérieur de l'Assemblée nationale détermine :

- les règles de fonctionnement de l'Assemblée nationale, ainsi que les pouvoirs et privilèges du président de l'Assemblée nationale, des membres du bureau de l'Assemblée nationale, des présidents des groupes parlementaires et des commissions de l'Assemblée nationale ;
- le vote des députés ;
- le régime disciplinaire des députés ;
- les modalités de retrait et de remplacement des députés ; — le nombre, le mode de désignation, la composition, le rôle et la compétence de ses commissions permanentes, sans préjudice pour le droit de l'Assemblée nationale de créer des commissions spéciales temporaires ;
- l'organisation des services administratifs placés sous l'autorité du président de l'Assemblée nationale assisté d'un secrétaire général de l'administration publique ;
- d'une façon générale, toutes les règles ayant pour objet le fonctionnement de l'Assemblée nationale dans le cadre de ses prérogatives constitutionnelles.

Le Règlement intérieur de l'Assemblée nationale ne peut entrer en vigueur que si la Cour suprême de justice, obligatoirement saisie par le président de l'Assemblée nationale, le déclare conforme à la Constitution de la transition.

La Cour suprême de justice se prononce dans un délai de quinze jours francs. Passé ce délai, le règlement intérieur de l'Assemblée nationale est réputé conforme à la Constitution.

Paragraphe II. Du Sénat.

Article 104.

Sans préjudice des autres dispositions de la présente Constitution et des lois de la République, le Sénat exerce une mission de médiation des conflits politiques entre les institutions.

Il est chargé d'élaborer l'avant-projet de Constitution à soumettre à référendum.

Il examine concurremment avec l'Assemblée nationale les propositions ou projets de loi relatifs :

- à la nationalité ;
- à la décentralisation ;
- aux finances publiques ;
- au processus électoral ;
- aux institutions d'appui à la démocratie.

Les textes intervenus dans les matières énumérées à l'alinéa précédent sont adoptés en des termes identiques par l'Assemblée nationale et le Sénat.

En cas de désaccord entre l'Assemblée nationale et le Sénat ou en cas d'urgence déclarée par le Gouvernement, une Commission mixte paritaire est mise en place pour proposer par consensus un texte unique à adopter simultanément par les deux chambres parlementaires.

Si le désaccord persiste, l'Assemblée nationale statue définitivement.

Article 105.

Le Sénat comprend 120 membres désignés par les composantes et entités du Dialogue intercongolais dans les conditions déterminées dans l'annexe I B de l'Accord global et inclusif.

Toutes les composantes et entités assurent une représentation provinciale équilibrée, en même temps qu'une présence significative des femmes au Sénat.

Nul ne peut être membre du Sénat s'il n'est Congolais âgé d'au moins de 40 ans révolus au moment de sa désignation.

Le Sénat est constitué de manière à assurer la représentation de toutes les provinces.

Article 106.

Les membres du Sénat portent le titre de sénateur. Leur mandat est national.

Les sénateurs sont désignés pour toute la durée de la transition.

Sans préjudice des autres dispositions du précédent alinéa, le mandat de sénateur peut prendre fin pour cause de décès, démission, empêchement définitif, incompatibilité ou condamnation pénale. Il est alors pourvu à son remplacement dans les conditions définies à l'alinéa 1 de l'article 105 de la présente Constitution.

Article 107.

Le président du Sénat est désigné pour toute la durée de la transition.

Sans préjudice des dispositions de l'alinéa 1 du présent article, les fonctions de président du Sénat prennent fin par démission, décès, empêchement définitif, condamnation pour haute trahison, détournement de deniers publics, concussion ou corruption.

Article 108.

Le Sénat est dirigé par un bureau constitué d'un président, de trois vice-présidents, d'un rapporteur et de trois rapporteurs adjoints issus, chacun, des composantes et entités au Dialogue intercongolais, conformément à l'annexe I de l'Accord global et inclusif.

Le bureau du Sénat est constitué par les composantes et entités pour toute la durée de la transition. Aucune composante ni entité ne peut être représentée par plus d'un membre au bureau du Sénat.

En cas de vacances pour cause de décès, démission, empêchement définitif, incompatibilité ou condamnation pénale d'un membre du bureau du Sénat, il est pourvu à son remplacement dans les conditions définies à l'alinéa 1 du présent article.

Article 109.

L'organisation et le fonctionnement du Sénat sont régis par la présente Constitution et le règlement intérieur du Sénat.

Sans préjudice des autres dispositions de la présente Constitution, le Règlement intérieur du Sénat détermine :

- les règles de fonctionnement du Sénat, ainsi que les pouvoirs et privilèges du président du Sénat, des membres du bureau du Sénat, des présidents des groupes parlementaires et des commissions sénatoriales ;
- le vote des sénateurs ;
- le régime disciplinaire des sénateurs ;
- les modalités de retrait et de remplacement des sénateurs ;
- le nombre, le mode de désignation, la composition, le rôle et la compétence de ses commissions permanentes, sans préjudice pour le droit du Sénat de créer des commissions spéciales temporaires ;
- l'organisation des services administratifs placés sous l'autorité du président du Sénat assisté d'un secrétaire général de l'administration publique ;
- d'une façon générale, toutes les règles ayant pour objet le fonctionnement du Sénat dans le cadre de ses prérogatives constitutionnelles.

Le règlement intérieur du Sénat ne peut entrer en vigueur que si la Cour suprême de justice, obligatoirement saisie par le président du Sénat, le déclare conforme à la Constitution de la transition.

La Cour suprême de justice se prononce dans un délai de quinze jours francs. Passé ce délai, le Règlement intérieur du Sénat est réputé conforme à la Constitution.

Section III. Des rapports entre le pouvoir exécutif et le pouvoir législatif.

Article 110.

Sans préjudice des autres dispositions de la présente Constitution, le président de la République communique avec l'Assemblée nationale et le Sénat par des messages qu'il prononce ou fait lire et qui ne donnent lieu à aucun débat.

Article 111.

Les membres du Gouvernement ont accès à l'Assemblée nationale et au Sénat ainsi qu'à leurs commissions.

S'ils en sont requis, les membres du Gouvernement ont l'obligation d'assister aux séances de l'Assemblée nationale et à celles du Sénat, d'y prendre la parole et de fournir aux parlementaires toutes les explications qui leur sont demandées sur leurs activités.

Article 112.

Sans préjudice des autres dispositions de la présente Constitution, les moyens d'information et de contrôle de l'Assemblée nationale ou du Sénat, dans les matières énumérées à l'article 104 de la présente Constitution, sur le Gouvernement, les entreprises, établissements et services publics sont :

- la question orale ou écrite avec ou sans débat non suivie de vote ;

– la question d'actualité ;
– l'interpellation ;
– la commission d'enquête ;
– l'audition par les commissions.

Ces moyens de contrôle s'exercent dans les conditions déterminées par le règlement intérieur de l'Assemblée nationale et celui du Sénat et ne peuvent, en aucun cas, donner lieu à la censure du Gouvernement.

Article 113.

L'Assemblée nationale et le Sénat tiennent, chaque année, deux sessions ordinaires :
– la première session s'ouvre le premier lundi du mois d'avril ;
– la deuxième session s'ouvre le premier lundi du mois d'octobre.

Si le premier lundi du mois d'avril ou du mois d'octobre est férié, l'ouverture de la session a lieu le premier jour ouvrable qui suit.

La durée de chaque session ordinaire ne peut excéder trois mois.

Article 114.

La date d'ouverture de la première session de l'Assemblée nationale et du Sénat nouvellement désignés est fixée par le président de la République après avis du président de l'Assemblée nationale et du président du Sénat.

Article 115.

L'Assemblée nationale et le Sénat peuvent, en outre, être convoqués en session extraordinaire, sur un ordre du jour déterminé, par :
– le président de la République à la demande du Gouvernement délibérée en Conseil des ministres ;
– le président de l'Assemblée nationale sur décision du bureau ou sur demande écrite signée par la majorité absolue des députés ;
– le président du Sénat sur décision du bureau ou sur demande écrite signée par la majorité absolue des Sénateurs, dans les matières mentionnées à l'article 102 de la présente Constitution.

Les sessions extraordinaires sont closes sitôt l'ordre du jour épuisé.

Article 116.

L'Assemblée nationale et le Sénat ne siègent valablement qu'à la majorité absolue des membres les composant.

Les séances de l'Assemblée nationale et du Sénat sont publiques sauf si, exceptionnellement et pour une durée limitée, le huis clos est prononcé.

Le compte rendu analytique des débats ainsi que les documents de l'Assemblée nationale et du Sénat sont publiés dans les annales parlementaires.

Article 117.

L'Assemblée nationale et le Sénat peuvent constituer, en leur sein, des commissions d'enquête.

Le règlement intérieur de chaque chambre détermine les conditions d'organisation, de fonctionnement et les pouvoirs des commissions d'enquête qu'elle institue.

Article 118.

Sans préjudice des autres dispositions de la présente Constitution y afférentes, la loi fixe les règles concernant : — les droits civiques et les garanties fondamentales accordées aux citoyens pour l'exercice des libertés publiques ;

- le régime électoral ;
- les finances publiques ;
- les sujétions imposées par la défense nationale aux citoyens en leur personne et en leurs biens ;
- la nationalité, l'état et la capacité des personnes, les régimes matrimoniaux, les successions et les libéralités ;
- la détermination des infractions et des peines qui leur sont applicables, la procédure pénale, l'organisation et le fonctionnement du pouvoir judiciaire, la création de nouveaux ordres de juridictions, le statut des magistrats, le régime juridique du Conseil supérieur de la magistrature ;
- l'organisation du barreau, l'assistance judiciaire et la représentation en justice ;
- l'amnistie et l'extradition ;
- l'assiette, le taux et les modalités de recouvrement des impositions de toutes natures, le régime d'émission de la monnaie ;
- les emprunts et engagements financiers de l'État ;
- la création des entreprises, établissements et organismes publics ;
- le statut de la fonction publique ;
- l'armée, la police et les services de sécurité ;
- le droit du travail et de la Sécurité sociale ;
- l'organisation générale de la défense et de la police nationale, le mode de recrutement des membres des forces armées et de la police nationale, l'avancement, les droits et obligations des militaires et des personnels de police.

Sans préjudice des autres dispositions de la présente Constitution y afférentes, la loi détermine les principes fondamentaux concernant :

- la libre administration des collectivités territoriales, de leurs compétences et de leurs ressources ;
- le régime foncier et minier ;
- la mutualité et l'épargne ;
- l'enseignement et la santé ;
- le régime pénitentiaire ;
- le pluralisme politique et syndical ;
- le droit de grève ;
- l'organisation des médias ;
- la recherche scientifique ;
- la coopérative ;
- la culture et les arts ;
- les sports et loisirs.

Article 119.

Le Gouvernement peut, pour l'exécution urgente de son programme d'action et après délibération en Conseil des ministres, demander à l'Assemblée nationale l'autorisation de prendre, par décrets-lois, des mesures qui sont normalement du domaine de la loi.

Cette autorisation est accordée dans des limites de temps et de compétences fixées par la loi d'habilitation.

Les décrets-lois sont pris en Conseil des ministres. Ils entrent en vigueur dès leur publication. Ils deviennent caducs si le projet de loi de ratification n'est pas déposé sur le bureau de l'Assemblée nationale au plus tard à la date fixée par la loi d'habilitation.

L'Assemblée nationale peut adopter ou amender les décrets-lois à l'occasion de l'examen du projet de loi de ratification.

Article 120.

Les matières autres que celles qui sont du domaine de la loi ont un caractère réglementaire.

Les textes à caractère de loi intervenus en ces matières peuvent être modifiés par décret si la Cour suprême de justice, à la demande du Gouvernement, a déclaré qu'ils ont un caractère réglementaire en vertu de l'alinéa précédent.

Article 121.

Les lois qualifiées organiques par la présente Constitution sont votées et modifiées à la majorité absolue des membres composant l'Assemblée nationale et le Sénat.

Les lois organiques ne peuvent être promulguées que si la Cour suprême de justice, obligatoirement saisie par le président de la République, les a déclarées conformes à la présente Constitution.

Les dispositions de l'article 119 de la présente Constitution ne sont pas applicables aux lois organiques.

Article 122.

Les lois de finances déterminent les ressources et les charges de l'État dans les conditions et sous les réserves prévues par une loi organique.

Les créations et transformations d'emplois publics ne peuvent être opérées que par les lois de finances.

Article 123.

L'Assemblée nationale vote les projets de lois de finances dans les conditions prévues par la loi organique visée à l'alinéa 1 de l'article 122 de la présente Constitution.

Le projet de loi de finances de l'année, qui comprend notamment le budget, est déposé par le Gouvernement sur le bureau de l'Assemblée nationale, au plus tard le premier lundi du mois d'octobre de chaque année.

Si le projet de loi de finances, déposé dans les délais constitutionnels, n'est pas voté avant l'ouverture du nouvel exercice, il est mis en vigueur par le président de la République sur proposition du Gouvernement délibérée en Conseil des ministres, compte tenu des amendements votés par l'Assemblée nationale.

Si le projet de loi de finances n'a pas été déposé en temps utile pour être promulgué avant le début de l'exercice, le Gouvernement demande à l'Assemblée nationale l'ouverture de crédits provisoires.

Dans le cas où l'Assemblée nationale ne se prononce pas dans les quinze jours sur l'ouverture de crédits provisoires, les dispositions du projet prévoyant ces crédits sont mises en vigueur par le président de la République sur proposition du Gouvernement délibérée en Conseil des ministres.

Si, compte tenu de la procédure ci-dessus prévue, la loi de finances de l'année n'a pu être mise en vigueur au premier jour du mois de février de l'exercice budgétaire, le président de la République, sur proposition du Gouvernement délibérée en Conseil des ministres, met en exécution le projet de loi de finances, compte tenu des amendements votés par l'Assemblée nationale.

Article 124.

Les amendements au projet de loi de finances ne sont pas recevables lorsque leur adoption aurait pour conséquence, soit une diminution des recettes, soit un accroissement des dépenses, à moins qu'ils ne soient assortis de propositions compensatrices.

Article 125.

L'initiative des lois appartient concurremment au Gouvernement, à chaque député, ainsi qu'à chaque sénateur dans les matières énumérées à l'article 104 de la présente Constitution.

Les projets de loi adoptés par le Gouvernement en Conseil des ministres sont déposés sur le bureau de l'Assemblée nationale.

Les propositions de loi sont, avant délibération et adoption, notifiées pour information au Gouvernement qui adresse, dans les dix jours suivant leur transmission, ses observations éventuelles au bureau de l'Assemblée nationale et à celui du Sénat, dans les matières visées à l'article 104 de la présente Constitution.

Article 126.

Les membres du Gouvernement, les députés et les sénateurs ont le droit de proposer des amendements aux textes en discussion.

Article 127.

S'il apparaît au cours de la procédure législative qu'une proposition de loi ou un amendement n'est pas du domaine de la loi, le Gouvernement peut soulever l'exception d'irrecevabilité.

En cas de désaccord, la Cour suprême de justice, saisie par le président de la République, le président de l'Assemblée nationale ou le président du Sénat, dans les matières énumérées à l'article 104 de la présente Constitution, statue dans les huit jours.

Article 128.

L'inscription, par priorité, à l'ordre du jour de l'Assemblée nationale ou du Sénat d'un projet de loi, d'une proposition de loi ou d'une déclaration de politique générale est de droit si le Gouvernement, après délibération en Conseil des ministres, en fait la demande.

Article 129.

Après son adoption, la loi est transmise sans délai au président de la République.

Le président de la République promulgue les lois définitivement votées dans les quinze jours qui suivent l'expiration des délais de recours visés à l'article 131 de la présente Constitution.

Le délai de promulgation est réduit de moitié en cas d'urgence déclarée par l'Assemblée nationale.

Article 130.

Dans le délai fixé pour la promulgation, le président de la République peut, par un message motivé, demander à l'Assemblée nationale et au Sénat, dans les matières énumérées à l'article 104 de la présente Constitution, une nouvelle délibération de la loi ou de certains de ses articles.

Le texte ainsi soumis à une seconde délibération est adopté, soit sous sa forme initiale, soit après modification à la majorité des deux tiers des membres présents de l'Assemblée nationale et du Sénat.

Article 131.

La Cour suprême de justice peut être saisie d'un recours visant à faire déclarer une loi non conforme à la Constitution de la transition par :

- le président de la République dans les six jours francs qui suivent la transmission à lui faite de la loi définitivement adoptée ;
- un nombre de députés au moins égal au dixième des membres de l'Assemblée nationale, dans les six jours francs qui suivent son adoption définitive ;
- un nombre de sénateurs égal au moins au dixième des membres du Sénat, dans les six jours francs qui suivent l'adoption définitive de la loi portant sur les matières mentionnées à l'article 104 de la présente Constitution.

La loi ne peut être promulguée que si elle a été déclarée conforme à la Constitution de la transition par la Cour suprême de justice.

La Cour suprême de justice se prononce dans les quinze jours qui suivent l'introduction du recours porté devant elle.

Article 132.

Le délai de promulgation est suspendu jusqu'à l'issue de la seconde délibération ou de l'arrêt de la Cour suprême de justice déclarant la loi conforme à la présente Constitution.

Dans tous les cas, à l'expiration des délais constitutionnels, la promulgation est de droit. Il y est pourvu, le cas échéant, par le président de l'Assemblée nationale.

Article 133.

Les lois sont revêtues du sceau de l'État et publiées au Journal officiel.

Article 134.

Conformément aux dispositions de l'article 73 de la présente Constitution, le président de la République déclare la guerre sur décision du Conseil des ministres après avis conforme du Conseil supérieur de la défense et autorisation de l'Assemblée nationale et du Sénat.

Il en informe la Nation par un message.

Les droits et devoirs des citoyens, pendant la guerre ou en cas d'invasion ou d'attaque du territoire national par des forces de l'extérieur, font l'objet d'une loi organique.

Article 135.

Conformément aux dispositions de l'article 74 de la présente Constitution, l'état de siège, comme l'état d'urgence, est décrété par le président de la République sur décision du Conseil des ministres après avis conformes du Conseil supérieur de la défense ainsi que de l'Assemblée nationale et du Sénat.

L'Assemblée nationale et le Sénat se réunissent alors de plein droit. S'ils ne sont pas en session, une session extraordinaire est convoquée à cet effet, conformément à l'article 115 de la présente Constitution.

L'état d'urgence ou l'état de siège peut être proclamé sur tout ou partie du territoire de la République pour une durée de trente jours.

Le décret proclamant l'état d'urgence ou l'état de siège cesse de plein droit de produire ses effets après l'expiration du délai prévu à l'alinéa trois du présent article, à moins que l'Assemblée nationale et le Sénat, saisis par le président de la République sur décision du Conseil des ministres, n'en aient autorisé la prorogation pour des périodes successives de quinze jours.

L'Assemblée nationale et le Sénat peuvent, par une loi, mettre fin à tout moment à l'état d'urgence ou à l'état de siège.

Article 136.

En cas d'état d'urgence ou d'état de siège, le Gouvernement prend, en Conseil des ministres, les mesures urgentes nécessaires pour faire face à la situation.

Les mesures d'urgence sont, dès leur signature, soumises à la Cour suprême de justice qui, toutes affaires cessantes, déclare si elles dérogent ou non à la présente Constitution.

Les modalités d'application de l'état de siège et de l'état d'urgence sont déterminées par la loi.

Section IV. Des incompatibilités et immunités.

Article 137.

Les fonctions de président de la République sont incompatibles avec l'exercice de tout autre mandat politique ou fonction publique ou d'une activité privée rémunérée ou à caractère lucratif.

Les dispositions de l'alinéa 1 du présent article ne font pas obstacle à l'exercice par le président de la République de missions dans le cadre des organisations et organismes internationaux.

Article 138.

Les fonctions de vice-président sont incompatibles avec l'exercice de tout autre mandat politique ou fonction publique ou d'une activité privée rémunérée ou à caractère lucratif.

Article 139.

Les fonctions de membre du Gouvernement sont incompatibles avec le mandat de député, de sénateur et de tout autre emploi public ou privé rémunéré.

Article 140.

Le mandat de député est incompatible avec le mandat de sénateur et vice-versa.

Le mandat de député ou de sénateur est incompatible avec les fonctions ou mandats de :

- membre des institutions d'appui à la démocratie ;
- membre des forces armées et des forces de l'ordre et de sécurité ;
- magistrat ;
- agent de carrière des services publics de l'État ;

- cadre politico-administratif de la territoriale, à l'exception des chefs de collectivité-chefferie et de groupement ;
- mandataire public ;
- membre des cabinets du président de la République, des vice-présidents, du président de l'Assemblée nationale, du président du Sénat, des ministres, des vice-ministres, des présidents des institutions d'appui à la démocratie, et généralement d'une autorité politique ou administrative de l'État ;
- employé dans une entreprise publique ou dans une société d'économie mixte.

Le mandat de député ou de sénateur est incompatible avec l'exercice de fonctions rémunérées conférées par un État étranger ou un organisme international.

Article 141.

Le président de la République n'est pénalement responsable des actes accomplis dans l'exercice de ses fonctions qu'en cas de haute trahison, détournement de deniers publics, concussion, corruption ou violation intentionnelle de la Constitution.

Il ne peut être poursuivi pour les infractions prévues à l'alinéa 1 du présent article ni pour toute autre infraction pénale commise en dehors de l'exercice de ses fonctions que s'il a été mis en accusation par l'Assemblée nationale se prononçant à la majorité des trois quarts des membres la composant.

Article 142.

Les vice-présidents ne sont pénalement responsables des actes accomplis dans l'exercice de leurs fonctions qu'en cas de haute trahison, détournement de deniers publics, concussion, corruption ou violation intentionnelle de la Constitution.

Ils ne peuvent être poursuivis pour les infractions prévues à l'alinéa précédent ni pour toute autre infraction pénale commise en dehors de l'exercice de leurs fonctions que s'ils ont été mis en accusation par l'Assemblée nationale se prononçant à la majorité des trois quarts des membres la composant.

Article 143.

Il y a haute trahison lorsque le président de la République ou le vice-président porte atteinte à l'indépendance nationale ou à l'intégrité du territoire national, se substitue ou tente de se substituer aux autres pouvoirs constitutionnels ou de les empêcher d'exercer les attributions qui lui sont dévolues par la présente Constitution.

Une loi organique détermine les peines applicables aux infractions de haute trahison et de violation intentionnelle de la Constitution, ainsi que la procédure à suivre devant la Cour suprême de justice.

Article 144.

Les autres membres du Gouvernement sont pénalement responsables des actes accomplis dans l'exercice de leurs fonctions.

Ils engagent leur responsabilité personnelle en cas de haute trahison, telle que définie à l'alinéa 1 de l'article 143 de la présente Constitution, de violation intentionnelle de la Constitution, de détournement de deniers publics, de concussion ou de corruption.

Ils ne peuvent être poursuivis pour les infractions visées à l'alinéa 2 du présent article ou pour toute autre infraction à la loi pénale commise en dehors de l'exercice de leurs fonctions que s'ils ont été mis en accusation devant la Cour suprême de justice par l'Assemblée nationale se prononçant à la majorité des deux tiers des membres la composant.

Article 145.

Un député ou un sénateur ne peut être poursuivi, recherché, arrêté, détenu ou jugé à l'occasion des opinions ou votes émis par lui dans l'exercice de ses fonctions.

Aucun député ni aucun sénateur ne peut, pendant la durée des sessions, être poursuivi ou arrêté, sauf en cas de flagrant délit, qu'avec l'autorisation de l'Assemblée nationale ou du Sénat selon le cas.

Hors session, un député ou un sénateur ne peut être arrêté qu'avec l'autorisation du bureau de l'Assemblée nationale ou du bureau du Sénat, sauf en cas de flagrant délit, de poursuites autorisées ou de condamnation définitive.

La détention ou la poursuite d'un député ou d'un sénateur est suspendue si la chambre parlementaire dont il est membre le requiert. La suspension ne peut excéder la durée de la session en cours. Section V. Du pouvoir judiciaire.

Article 146.

La justice est rendue sur tout le territoire de la République démocratique du Congo au nom du peuple congolais.

Les arrêts et jugements ainsi que les ordonnances des cours et tribunaux civils militaires sont exécutés au nom du président de la République.

Article 147.

Le pouvoir judiciaire est indépendant du pouvoir législatif et du pouvoir exécutif.

Le président de la République est le garant de l'indépendance du pouvoir judiciaire. Il est assisté, à cet effet, par un Conseil supérieur de la magistrature dont l'organisation et le fonctionnement sont déterminés par une loi organique.

Le pouvoir judiciaire est le garant des libertés individuelles et des droits fondamentaux des citoyens.

Les juges ne sont soumis dans l'exercice de leurs fonctions qu'à l'autorité de la loi.

Une loi organique fixe le statut des magistrats et leurs rémunérations.

Article 148.

Le pouvoir judiciaire est exercé par la Cour suprême de justice, les cours d'appel et les cours et tribunaux civils et militaires ainsi que les parquets.

Les cours et tribunaux civils et militaires ainsi que les parquets près de ces juridictions ne peuvent être institués qu'en vertu de la loi.

La nature, la compétence, l'organisation, le fonctionnement et les sièges de ces cours et tribunaux et des parquets ainsi que la procédure à suivre sont fixés par la loi.

Article 149.

Les cours et tribunaux civils et milliaires appliquent la loi et les actes réglementaires ainsi que la coutume pour autant que celle-ci soit conforme à l'ordre public et aux bonnes mœurs.

Article 150.

Sans préjudice des autres compétences qui lui sont reconnues par la présente Constitution ou par les lois de la République, la Cour suprême de justice connaît, par voie d'action et par voie d'exception, de la constitutionnalité des lois et des actes ayant force de loi, ainsi que des recours en interprétation de la Constitution de la transition.

La Cour suprême de justice est juge du contentieux des élections présidentielles et législatives, ainsi que du référendum.

La Cour suprême de justice connaît, en outre, des pourvois en cassation formés contre les arrêts et jugements rendus en dernier ressort par les cours et tribunaux civils et militaires, ainsi que des recours en annulation des actes et décisions des autorités centrales de la République. En cas de renvoi, après cassation, les cours et tribunaux civils et militaires sont tenus de se conformer à l'arrêt de la Cour suprême de justice sur le point de droit qui a été jugé.

La Cour suprême de justice donne des avis sur les projets ou propositions de loi ou d'actes réglementaires dont elle est saisie.

Article 151.

La Cour suprême de justice juge en premier et dernier ressort le président de la République, les vice-présidents, les députés, les sénateurs, les ministres et vice-ministres, ainsi que les présidents et les membres des Institutions d'appui à la démocratie dans les conditions déterminées par la présente Constitution.

Article 152.

La composition, l'organisation et le fonctionnement de la Cour suprême de justice, ainsi que les autres personnalités de la République justiciables devant elle sont déterminées par une loi organique.

Article 153.

Le premier président de la Cour suprême de justice, le procureur général de la République et l'auditeur général des forces armées seront désignés et mis en place après la signature de l'Accord global et inclusif, dans le respect des équilibres nationaux et selon un mécanisme défini par les composantes et entités du Dialogue intercongolais.

Chapitre II. Des institutions d'appui à la démocratie.

Article 154.

Les institutions d'appui à la démocratie sont :

- La Commission électorale indépendante ;
- L'Observatoire national des droits de l'Homme ;
- La haute autorité des médias ;
- La Commission vérité et réconciliation ;
- La Commission de l'éthique et de la lutte contre la corruption.

Article 155.

Les institutions d'appui à la démocratie ont pour mission :

- de garantir la neutralité et l'impartialité dans l'organisation d'élections libres, démocratiques et transparentes ;
- d'assurer la neutralité des médias ;
- de consolider l'unité nationale grâce à une véritable réconciliation entre les Congolais ;
- de promouvoir et de protéger les droits de l'homme ;
- de favoriser la pratique des valeurs morales et républicaines

Article 156.

Les institutions d'appui à la démocratie jouissent de l'indépendance d'action entre elles et par rapport aux autres institutions de la République.

Les institutions d'appui à la démocratie disposent de la personnalité juridique.

Article 157.

Les institutions d'appui à la démocratie sont présidées par les représentants de la composante « Forces vives », conformément aux dispositions pertinentes de l'Accord global et inclusif.

Les autres composantes et entités du Dialogue intercongolais font partie de leurs bureaux respectifs.

Article 158.

Les présidents des institutions d'appui à la démocratie ont rang de ministre, conformément au prescrit du point V 4 c de l'Accord global et inclusif.

Article 159.

Les présidents et les membres des institutions d'appui à la démocratie sont désignés pour toute la durée de la transition.

Sans préjudice des dispositions de l'alinéa 1 du présent article, les fonctions de président et de membres des institutions d'appui à la démocratie prennent fin par démission, décès, empêchement définitif, condamnation pour haute trahison, détournement de deniers publics, concussion ou corruption.

Conformément à l'Accord global et inclusif, l'organisation ou la formation de la composante « Société civile » dont il est issu présente son remplaçant à l'Assemblée nationale pour entérinement, endéans sept jours.

Article 160.

L'organisation, les attributions et le fonctionnement des institutions d'appui à la démocratie sont déterminés par des lois organiques adoptées, dans les trente jours suivant leur installation, par l'Assemblée nationale et le Sénat.

Chapitre III. Des finances publiques.

Section I. Des dispositions générales.

Article 161.

Le franc congolais est l'unité monétaire de la République démocratique du Congo. Il a le pouvoir libératoire sur tout le territoire national.

Article 162.

L'exercice budgétaire de la République commence le premier janvier et se termine le trente et un décembre.

Article 163.

Le compte général de la République est soumis chaque année à l'Assemblée nationale par la Cour des comptes avec ses observations.

Le compte général de la République est arrêté par la loi.

Article 164.

Il ne peut être établi d'impôt qu'en vertu de la loi.

La contribution aux charges publiques constitue un devoir pour chaque citoyen et chaque habitant de la République démocratique du Congo.

Il ne peut être établi d'exemption ou d'allégement fiscal qu'en vertu de la loi.

Section II. De la Cour des comptes.

Article 165.

La Cour des comptes contrôle, dans les conditions fixées par la loi, la gestion des finances et les comptes de tous les organismes et entreprises publics.

Article 166.

La Cour des comptes relève de l'Assemblée nationale.

Les membres de la Cour des comptes sont nommés, relevés de leurs fonctions et, le cas échéant, révoqués par le président de la République sur proposition de l'Assemblée nationale.

Article 167.

La loi fixe la composition, l'organisation et le fonctionnement de la Cour des comptes

Section III. De la Banque centrale du Congo.

Article 168.

La Banque centrale du Congo est l'institut d'émission monétaire de la République démocratique du Congo.

La Banque centrale du Congo jouit de l'autonomie de gestion. Elle est soumise à la tutelle du ministère ayant les finances dans ses attributions.

Article 169.

La Banque centrale du Congo veille à :

– à la garde des fonds publics ;
– la sauvegarde et la stabilité monétaire ;
– à la définition et à la mise en œuvre la politique monétaire ;
– au contrôle de l'ensemble de l'activité bancaire.

Article 170.

La Banque centrale du Congo est le conseiller économique et financier du Gouvernement.

Article 171.

Le gouverneur de la Banque centrale du Congo est entendu par l'Assemblée nationale chaque fois qu'il en est requis.

Article 172.

L'organisation et le fonctionnement de la Banque centrale du Congo sont fixés par une loi organique.

Chapitre IV. De la police nationale et des forces armées.

Section I. De la police nationale.

Article 173.

La police nationale est chargée de la sécurité publique, du maintien et du rétablissement de l'ordre.

La police nationale est au service de la Nation congolaise. Nul ne peut la détourner à ses propres fins.

La police nationale exerce son action sur l'ensemble du territoire national dans le respect de la présente Constitution et des lois de la République.

Article 174.

La police nationale est apolitique. Elle est soumise à l'autorité civile et est placée sous l'autorité du ministre de l'Intérieur.

Article 175.

Le recrutement dans la police nationale tient compte des critères objectifs liés à l'aptitude physique, à une instruction suffisante, à une moralité éprouvée ainsi qu'à l'équilibre entre toutes les provinces.

Article 176.

Nul ne peut être recruté dans les forces de la police nationale ni prendre part à des guerres ou à des hostilités s'il n'a atteint l'âge de dix-huit ans révolus au moment du recrutement.

Article 177.

La loi fixe l'organisation et le fonctionnement ainsi que les conditions spécifiques de recrutement des membres de la police nationale.

Section II. Des forces armées.

Article 178.

Les forces armées de la République démocratique du Congo ont pour mission de défendre l'intégrité du territoire national contre toute agression extérieure et, dans les conditions fixées par la loi, de participer au développement économique, social et culturel et de protéger les personnes et leurs biens.

Article 179.

Les forces armées de la République démocratique du Congo comprennent les forces terrestres, les forces aériennes et les forces navales.

Article 180.

Les forces armées de la République démocratique du Congo sont nationales, républicaines et apolitiques. Leurs effectifs à tous les niveaux sont composés de manière à assurer une participation équitable et équilibrée de toutes les provinces.

Les forces armées de la République démocratique du Congo sont au service de la Nation congolaise tout entière. Nul ne peut, sous peine de haute trahison, les détourner à ses fins propres.

Article 181.

Les forces armées de la République démocratique du Congo sont soumises à l'autorité civile et sont placées sous l'autorité du commandant suprême des forces armées.

Article 182.

Nul ne peut, sous peine de haute trahison, organiser, des formations militaires, paramilitaires ou des milices privées, ni entretenir une jeunesse armée ou subversive.

Article 183.

Le recrutement dans les forces armées de la République démocratique du Congo tient compte des critères objectifs liés à la fois à l'aptitude physique, à une instruction suffisante, à une moralité éprouvée ainsi qu'à l'équilibre entre toutes les provinces.

Article 184.

Nul ne peut être recruté dans les forces armées de la République démocratique du Congo ni prendre part à des guerres ou à des hostilités s'il n'a atteint l'âge de dix-huit ans révolus au moment du recrutement.

Article 185.

L'avancement en grade au sein des forces armées de la République démocratique du Congo est fonction de la compétence, de la monographie d'emploi, de la discipline et de la spécificité dans la formation militaire.

Article 186.

La loi fixe les conditions de recrutement et d'avancement en grade, l'organisation, les règles de discipline, les conditions de service ainsi que les droits et obligations des militaires.

Section III. Du Conseil supérieur de la défense.

Article 187.

Il est institué en République démocratique du Congo un Conseil supérieur de la défense.

Le Conseil supérieur de la défense est présidé par le président de la République et, en cas d'absence de celui-ci, par le vice-président ayant la défense nationale dans ses attributions.

Article 188.

La loi organique sur l'armée et la défense détermine la composition, les attributions, le fonctionnement et l'organisation du Conseil supérieur de la défense.

Article 189.

Sans préjudice de la disposition de l'article précédent, sont membres de droit du Conseil supérieur de la défense :

- le président de la République ;
- les quatre vice-présidents ;
- le ministre de la Défense ;
- le ministre de l'Intérieur, de la décentralisation et de la Sécurité ;

- le ministre des Affaires étrangères ;
- le chef d'état-major général des forces armées ;
- le chef d'état-major des forces terrestres ;
- le chef d'état-major des forces aériennes ;
- le chef d'état-major des forces navales.

Article 190.

Le Conseil supérieur de la défense donne un avis conforme sur la proclamation de l'état d'urgence, l'état de siège et la déclaration de guerre.

Sans préjudice des lois en vigueur, le Conseil supérieur de la défense donne un avis sur toutes les matières portant sur :

- la formation d'une armée nationale, restructurée et intégrée ;
- le désarmement des groupes armés ;
- la supervision du retrait des troupes étrangères ;
- toutes les autres questions relatives à la défense nationale.

Titre VI. Des traités et accords internationaux.

Article 191.

Le président de la République ratifie ou approuve les traités et accords internationaux.

Le Gouvernement conclut les accords internationaux non soumis à ratification après délibération en Conseil des ministres. Il en informe l'Assemblée nationale.

Article 192.

Les traités de paix, les traités de commerce, les traités et accords relatifs aux organisations internationales et au règlement des conflits internationaux, ceux qui engagent les finances publiques, ceux qui modifient les dispositions législatives, ceux qui sont relatifs à l'état des personnes, ceux qui comportent échange et adjonction de territoire ne peuvent être ratifiés ou approuvés qu'en vertu d'une loi.

Nulle cession, nul échange, nulle adjonction de territoire n'est valable sans l'accord des populations intéressées, consultées par voie de référendum.

Article 193.

Les traités et accords internationaux régulièrement conclus ont, dès leur publication, une autorité supérieure à celle des lois, sous réserve pour chaque traité ou accord, de son application par l'autre partie.

Article 194.

Si la Cour suprême de justice, consultée par le Gouvernement, l'Assemblée nationale ou le Sénat, déclare qu'un traité ou accord international comporte une clause contraire à la présente Constitution, la ratification ou l'approbation ne peut intervenir qu'après la révision de la Constitution.

Article 195.

La République démocratique du Congo peut conclure des traités ou des accords d'association ou de communauté comportant un abandon partiel de souveraineté en vue de réaliser l'Union africaine.

Titre VII. Dispositions transitoires et finales.

Article 196.

La durée de la transition est de vingt-quatre mois. Elle court à compter de la formation du Gouvernement de transition et prend fin avec l'investiture du président de la République élu à l'issue des élections marquant la fin de la période transitoire en République démocratique du Congo.

Toutefois, en raison de problèmes spécifiquement liés à l'organisation des élections, la transition peut être prolongée pour une durée de six mois renouvelable une seule fois, si les circonstances l'exigent, sur proposition de la Commission électorale indépendante et par une décision conjointe et dûment motivée de l'Assemblée nationale et du Sénat.

Article 197.

Le président de la République, les vice-présidents de la République, le président de l'Assemblée nationale et le président du Sénat restent en fonction pendant toute la durée de la transition, sans préjudice de l'application des dispositions des articles…

Article 198.

Les gouverneurs et vice-gouverneurs en fonction restent en place jusqu'à la nomination des nouveaux gouverneurs et vice-gouverneurs par le Gouvernement d'Union nationale.

Le Gouvernement de la transition procédera à la nomination des ambassadeurs au cours du premier semestre en tenant compte de la proportionnalité des sensibilités politiques au sein du Gouvernement. Il sera tenu compte, dans les nominations, des ambassadeurs de carrière.

Le Gouvernement d'Union nationale procédera à la mise en place des gestionnaires des entreprises publiques et d'économie mixte, en prenant en compte les critères de moralité, de compétence et d'expérience. En attendant, les gestionnaires en place restent en fonction.

Article 199.

À sa première session, l'Assemblée nationale de la transition adoptera, conformément aux principes universels et à la législation internationale, une loi portant amnistie pour les faits de guerre, les infractions politiques et d'opinion, à l'exception des crimes de guerre, des crimes de génocide et des crimes contre l'humanité.

À titre provisoire et en attendant l'adoption et la promulgation de la loi d'amnistie, l'amnistie sera promulguée par décret-loi présidentiel.

Article 200.

À l'exception du président de la République actuellement en fonction, les institutions politiques issues du décret-loi constitutionnel n° 003 du 27 mai 1997 cessent de fonctionner à l'installation effective des institutions correspondantes prévues par la présente Constitution.

Article 201.

L'initiative de la révision de la Constitution de la transition appartient concurremment au président de la République sur proposition du Gouvernement et à la moitié des députés ou des sénateurs.

Le projet ou la proposition de révision de la Constitution de la transition est adopté par consensus dans les mêmes termes par l'Assemblée nationale et le Sénat.

Le président de la République promulgue le texte adopté, conformément à l'article 129 de la présente Constitution.

Article 202.

Toutes les dispositions constitutionnelles antérieures, notamment le décret-loi constitutionnel n° 03 du 27 mai 1997 relatif à l'exercice du pouvoir tel que modifié à ce jour, sont abrogées et remplacées par la présente Constitution de la transition de la République démocratique du Congo.

Article 203.

La législation actuellement en vigueur, pour autant qu'elle n'est pas contraire à la Constitution de la transition, reste applicable aussi longtemps qu'elle n'aura pas été modifiée ou abrogée.

Article 204.

La Constitution de la transition est adoptée par la plénière du Dialogue intercongolais. Elle entre en vigueur à la date de sa promulgation par le président de la République dans les trois jours francs suivant son adoption.

Article 205.

La Constitution de la transition cesse de produire ses effets à l'entrée en vigueur de la Constitution adoptée à l'issue de la transition.

Fait à Kinshasa, le 04 avril 2003.
Joseph Kabila

CHAPITRE VI

LES ACTES GÉNÉRATEURS DE COMPROMIS POLITIQUES DURANT LA PÉRIODE DE TRANSITION

I. ACTE CONSTITUTIF DE LA CONFÉRENCE CONSTITUTIONNELLE DU 6 MARS 1991[146]

Le Président de la République,

Vu la Constitution notamment les articles 8, 36 et 45

Vu la Loi Nr. 90—007 du 18 juillet 1990 portant organisation et fonctionnement des partis politiques, telle que modifiée et complétée à ce jour ;

Considérant que le 24 avril 1990, à l'issue des consultations populaires organisées sur toute l'étendue de la République, le Chef de l'Etat a annoncé la restauration de la démocratie pluraliste ;

Considérant que le processus engagé depuis lors a consolidé cette option notamment par la révision constitutionnelle ayant instauré le multipartisme intégral, l'adoption de la législation sur l'organisation et le fonctionnement des partis politiques, la loi sur l'amnistie générale, l'exercice réel des libertés d'expression, de presse, de réunion et de manifestation ;

Considérant que ce processus doit aboutir à l'avènement de la IIIème République, à la préparation de laquelle il sied d'assoir, dans un cadre national de concertation et de réflexion, les institutions publiques, les formations politiques et les forces vives de la Nation ;

Considérant que cette concertation nationale doit se dérouler dans le cadre d'une conférence constitutionnelle ;

Le Conseil des ministres entendu,

ORDONNE

Article 1er : Il est créé une conférence constitutionnelle

Article 2 : La conférence constitutionnelle est chargée de :

– Déterminer les options fondamentales sur l'organisation politique de la IIIème République ;
– Élaborer un projet de constitution à soumettre au référendum.

---

146 https://mjp.univ-perp.fr/constit/cd1991.htm.

Article 3 : La conférence constitutionnelle est composée de représentants effectifs et suppléants des institutions publiques, des partis politiques, des forces vives de la Nation et des personnalités désignées pour leur compétence ou expérience dont la liste est reprise à l'annexe de la présente ordonnance.

Article 4 : La conférence constitutionnelle comprend :
1. une assemblée plénière ;
2. une commission technique d'experts chargée de rédiger l'avant-projet de la constitution

Article 5 : l'Assemblée plénière est composée de membres effectifs. Les membres suppléants ne siègent que lorsque les membres effectifs sont absents ou empêchés.

Article 6 : Le Bureau de la conférence comprend :
- un président nommé par le Président de la République sur une liste proposée par la conférence ;
- un vice-président représentant les institutions nationales publiques
- un vice-président représentant les forces vives de la Nation ;
- un rapporteur général
- un secrétaire rapporteur ;
- un deuxième secrétaire rapporteur

Article 7 : La commission technique d'experts est composée de trente membres représentant à parts égales, les institutions publiques, les partis politiques et les forces vives de la Nation.

Article 8 : La conférence constitutionnelle élabore et adopte un règlement intérieur régissant son fonctionnement.

Article 9 : la durée des travaux de la conférence constitutionnelle est de 30 jours.

Article 10 : La conférence constitutionnelle est dissoute de plein droit dès le dépôt auprès du Président de la République du rapport final auquel est annexé un projet de constitution de la République du Zaïre.

Article 11 : le Premier ministre est chargé de l'exécution de la présente ordonnance qui entre en vigueur à la date de sa signature.

Fait à Kinshasa, le 06 mars 1991

Mobutu Sese Seko
Maréchal

II. ACTE CONSTITUTIF N° 91-097 DU 11 AVRIL 1991 PORTANT CRÉATION ET COMPOSITION DE LA CONFÉRENCE NATIONALE[147]

Le Président de la République,
Vu la Constitution, spécialement ses articles 8, 36 et 45 ;

[147] https://mjp.univ-perp.fr/constit/cd1991.htm.

Vu l'ordonnance n° 91-010 du 06 mars 1991 portant création et composition de la Conférence constitutionnelle :

Ordonne :

Article unique. Les articles 1, 2, 3, 4, 5, 6 et 10 de l'ordonnance n° 091-010 du 06 mars 1991 sont modifiés et complétés comme suit :

Article 1er. Il est créé une Conférence nationale ;

Article 2. La Conférence nationale est chargée de :

- Discuter de toutes les questions d'intérêt national en vue de la démocratisation des options fondamentales de la Troisième République ;
- Élaborer un projet de constitution à soumettre au référendum populaire ;
- Déterminer le contenu de la loi électorale et élaborer un calendrier électoral.

La Conférence statue souverainement sur tous les points énumérés ci-dessus. Elle doit amener le peuple zaïrois à se réconcilier avec lui-même dans la globalité et éviter qu'elle se transforme inutilement en un tribunal populaire ou en une cour de règlement des comptes.

Article 3. La Conférence nationale est précédée par une commission préparatoire chargée de l'organisation matérielle des assises ainsi que de l'élaboration des projets de règlement intérieur et d'ordre du jour à soumettre à l'approbation de l'Assemblée plénière.

Article 4. La Conférence nationale comprend :

- Une assemblée plénière ;
- Des commissions.

Les commissions peuvent être subdivisées en sous-commissions, conformément aux dispositions du règlement intérieur.

Article 5. L'assemblée plénière est composée de membres effectifs et des membres suppléants. Les membres suppléants siègent, mais ne prennent part aux débats et au vote que lorsque les membres effectifs sont absents ou empêchés.

Article 6. La Conférence nationale élit son bureau. Le bureau de la Conférence nationale comprend :

- Un Président ;
- Un Vice-président représentant les partis politiques ;
- Un Vice-président représentant les institutions publiques ;
- Un Vice-président représentant les forces vives de la nation ;
- Un Rapporteur général ;
- Un Rapport général adjoint ;
- Un Premier Secrétaire-rapporteur ;
- Un deuxième Secrétaire — rapporteur.

Article 7. La Conférence nationale est dissoute de plein droit dès le dépôt auprès du Président de la République du rapport final auquel est annexé un projet de Constitution de la République à soumettre au référendum populaire.

Les décisions de la Conférence contenues dans le rapport final sont exécutoires.

La Conférence nationale élit en son sein un comité de suivi devant s'assurer auprès du pouvoir de l'exécution des décisions de la Conférence.

Le Comité de suivi sera composé du bureau de la Conférence auquel seront adjoints, par élections, quelques autres membres.

Aussitôt après l'adoption de la constitution par référendum, le Comité de suivi rédige un rapport à publier au journal officiel de la République du Zaïre.

Fait à Gbadolite, le 11 avril 1991

MOBUTU SESE SEKO KUKU NGBENDU WA ZA BANGA
Maréchal

III. ACTE FONDAMENTAL PROCLAMANT LA SOUVERAINETÉ DE LA CONFÉRENCE NATIONALE (5 MAI 1992)[148]

Préambule.

Nous, peuple zaïrois, réunis en Conférence nationale ;

Constatant la crise profonde, multiforme et persistante à laquelle le pays est confronté depuis de nombreuses années ;

Considérant la paupérisation de la population, le ravalement et l'inversion des valeurs morales et spirituelles, la chute de la monnaie nationale, le règne des maux tels que l'arbitraire, la corruption, le népotisme, le tribalisme, la dislocation de l'appareil sanitaire, l'effondrement du système éducatif, la confiscation des libertés individuelles et collectives, le détournement systématique des biens publics et la spoliation des biens privés, l'incivisme et l'anarchie ;

Convaincu de l'incapacité totale des institutions en place d'apporter des solutions à cette situation tragique ;

Mû par la volonté inébranlable d'analyser sans complaisance les causes de cet échec en vue de trouver, dans un esprit de dialogue et de réconciliation, les solutions efficaces destinées à relever ce défi et à jeter les fondements d'un Etat de droit devant garantir un développement intégral et harmonieux de la Nation ;

Considérant que la Conférence nationale est une Assemblée du peuple constituée de délégués des forces vives de la Nation ;

Considérant le large soutien que la Nation apporte à la Conférence nationale ;

Considérant que nul n'est au-dessus du peuple et que de ce fait, personne ne peut se soustraire à ses décisions ;

Réaffirmant la nécessité de lier l'ensemble des institutions établies aux décisions de la Conférence ;

Conscient de nos responsabilités devant Dieu, la Nation, l'Afrique et le Monde ;

PROCLAMONS :

Article unique.

La Conférence nationale est souveraine. Ses décisions sont impératives, exécutoires et opposables à tous.

Fait à Kinshasa, le 05 mai 1992.

---

148 https://mjp.univ-perp.fr/constit/cd1991.htm.

IV. ACTE CONSTITUTIF DU COMPROMIS POLITIQUE GLOBAL DE LA TRANSITION (30 JUILLET 1992)[149]

À l'issue de la rencontre du lundi 27 juillet 1992 tenue à N'Sele entre une délégation de la Conférence nationale souveraine conduite par Mgr Laurent MONSENGWO PASINYA, Président de la Conférence nationale souveraine et le Président de la République, le Maréchal MOBUTU SESE SEKO, il a été décidé de tenir des réunions de concertation regroupant les délégations de différentes plates-formes et composantes de la CNS ainsi que les experts de la Présidence de la République avec la participation du Bureau Elargi de la Commission chargée de l'organisation de la Transition, en tant que modérateur.

Ces réunions de concertation ont eu pour objet, selon la recommandation de Mgr Le Président de la Conférence nationale souveraine et du Chef de l'État, de rechercher un compromis politique global susceptible de permettre une transition pacifique.

À cet effet, les différents partenaires se sont réunis les 27, 28, 29 et 30 juillet 1992 dans la salle « Shaba » au Palais du Peuple.

De leurs discussions, ils ont abouti au Compromis politique Global ci-après :

I. Des dix principes de base.

Toutes les parties en présence ont accepté à l'unanimité les dix principes fondamentaux énoncés par la Commission de l'Organisation de la Transition, exposés devant le Président de la République et les délégués des composantes ainsi que les plates-formes de la CNS au cours de la première rencontre organisée à N'Sele en date du jeudi 23 juillet 1992 et sur la base desquelles la Commission de Transition avait élaboré son travail.

Il s'agit des principes ci-après :

1. Neutralité de la Transition dans ce sens qu'elle n'applique pas la politique d'une tendance, mais celle de la Nation tout entière définie par la CNS et devant être gérée sans exclusive ni militantisme partisan.
   C'est une période de rassemblement de toutes les filles et de tous les fils du pays pour vaincre la crise actuelle.
2. Dans la perspective de la démocratie pluraliste, désormais, tout Zaïrois doit jouir pleinement et exercer effectivement tous les droits reconnus à la personne humaine et au citoyen.
3. Désormais, toute personne, toute institution impliquée dans la gestion de l'État doit être contrôlée régulièrement et, le cas échéant, sanctionnée (positivement ou négativement).
4. Aucune institution ne peut imposer sa volonté au peuple ou aux autres institutions.
5. Chaque institution jouit des garanties suffisantes de son autonomie dans l'exercice des pouvoirs qui lui sont dévolus, sans que cela conduise au cloisonnement dans la direction des affaires nationales.
6. Aucune institution, aucun organe ne peut se servir de ses pouvoirs constitutionnels pour gêner un autre ou pour l'empêcher d'exercer les siens.

[149] https://mjp.univ-perp.fr/constit/cd1991.htm.

7. Le Président de la République, institution suprême de l'Etat et symbole de l'unité nationale, doit être mis à l'abri de tout ce qui peut entamer son prestige et sa crédibilité pendant la période de la Transition.
8. Le Gouvernement est entièrement responsable de la gestion de la chose publique dont il rend compte à la nation à travers le Haut Conseil de la République.
9. La défense nationale incombe à tous les Zaïrois, elle constitue le domaine de la collaboration par excellence entre les plus hautes instances du pays.
10. L'armée nationale doit être celle du développement. Elle assure la défense du territoire contre les agressions extérieures et participe, en temps de paix, à l'œuvre de l'édification nationale.

II. Des objectifs de la transition.

Concernant les objectifs de la transition, les parties signataires ont assigné à la transition les objectifs suivants :

Organisation du référendum constitutionnel et des élections ;

Doter le pays rapidement des institutions réellement démocratiques issues des élections libres, sincères et transparentes ;

Remettre les populations au travail et relancer l'économie ;

Réhabiliter l'Etat et restaurer son autorité.

III. De la durée de la transition

Pour ce qui est de la durée de la transition, les parties l'ont fixée à une période allant de 18 à 24 mois.

IV. Des institutions de la transition

1. Président de la République

S'agissant du Président de la République, il a été admis qu'il représente la Nation et est le Chef suprême des Forces armées.

En matière de défense nationale et de politique extérieure, un accord s'est dégagé pour faire de ces matières le domaine de collaboration entre les institutions de la Transition et non des domaines réservés :

a) En tant que Chef suprême des Forces armées, il peut notamment déclarer la guerre dans les conditions définies par le cadre juridique de la Transition et préside le Conseil supérieur de la défense au sein duquel siègent de droit le Président du Haut Conseil de la République et le Premier ministre.
b) En matière de politique extérieure, il a été admis que le Chef de l'Etat représente le pays dans les sommets des Chefs d'Etat accompagné du ministre des Affaires étrangères. Les traités et les accords internationaux sont négociés par le Gouvernement en accord avec le Chef de l'Etat.
c) En ce qui concerne les nominations des officiers militaires et des diplomates, il a été admis que l'initiative revient au Gouvernement qui propose la nomination au Chef de l'Etat, lequel prend une ordonnance de nomination après un avis d'une commission du Haut Conseil de la République.
d) Insistant sur la nécessité d'instaurer la collaboration entre les institutions de la République, les parties ont accepté qu'à l'initiative du Gouvernement ou à l'invitation du Président de la République, des réunions de concertation puissent se tenir entre ce dernier et le Gouvernement. Les décisions qui peuvent en découler engagent le Gouvernement.

e) Les participants ont reconnu au Chef de l'Était l'exercice du pouvoir réglementaire par voie d'ordonnance dans le cadre de ses prérogatives reconnues par l'Acte de la Conférence nationale souveraine portant dispositions constitutionnelles relatives à l'organisation de la période de Transition.

2. Haut Conseil de la République

Au sujet du Haut Conseil de la République, toutes les parties ont accepté la nécessité de créer cet organe en vue d'assurer le suivi des décisions de la Conférence nationale souveraine pendant la Transition.

En outre, le Haut Conseil de la République exerce le pouvoir de légiférer pour les besoins de la Transition.

Toutefois, la Conférence nationale souveraine devra lui recommander d'habiliter le Gouvernement à prendre les actes législatifs promulgués par le Chef de l'Etat.

3. Sort de l'Assemblée nationale

Les parties ont admis que :

- l'actuelle Assemblée nationale ne sera pas une institution de la Transition ;
- elle sera réputée mise en congé dès l'adoption du cadre juridique de la Transition ;
- elle sera dissoute de plein droit dès l'adoption de la constitution de la 3e République par référendum.

4. Gouvernement

Pour ce qui est du Gouvernement de Transition, toutes les parties sont d'accord qu'il soit issu de la Conférence nationale souveraine.

Il exerce le pouvoir réglementaire par voie de décret du Premier ministre délibéré en Conseil des ministres et a l'initiative des lois.

Désormais les forces de sécurité chargées de la défense intérieure, principalement du maintien de l'ordre pour la sécurité des personnes et des biens, en l'occurrence la gendarmerie nationale et la garde civile, relèveront de l'autorité directe du Gouvernement.

V. Du contenant.

Concernant la dénomination du cadre juridique de la Transition, les parties conviennent de l'appeler : « Acte portant dispositions constitutionnelles relatives à la période de Transition ».

Les dispositions finales de cet acte seront ainsi libellées : « Toutes les dispositions de l'actuelle constitution contraire dans leur lettre ou dans leur esprit au présent Acte sont abrogées ».

VI. De l'implication du chef de l'Etat dans la dynamique de la Conférence nationale souveraine.

En vue d'impliquer le Chef de l'Étal dans la dynamique de la Conférence nationale souveraine, les parties en présence ont convenu de proposer à la Conférence nationale souveraine d'inviter le Président de la République à venir signer conjointement avec le Président de la Conférence nationale souveraine l'Acte susvisé au cours d'une cérémonie solennelle afin de sceller le Compromis politique Global ainsi conclu.

De ce qui précède, il a été dressé le présent Procès-verbal.

Fait à Kinshasa, le 31 juillet 1992.

V. ACTE CONSTITUTIF DE L'ARRANGEMENT PARTICULIER RELATIF AU PARTAGE ÉQUITABLE ET ÉQUILIBRÉ DU POUVOIR PENDANT LA PÉRIODE DE TRANSITION (16 JUIN 1994).[150]

Les Forces Politiques du Conclave, en sigle FPC d'une part
Et
L'Union sacrée de l'Opposition radicale et alliés, en sigle USOR et Alliés d'autre part ;
Considérant :

- que le Protocole d'accord proclame la neutralité, la non-conflictualité, la collaboration et la concertation comme principes devant sous-tendre l'exercice du pouvoir et le fonctionnement des Institutions, pendant la période de Transition ;
- que la réconciliation de l'ensemble de la classe politique et des populations est le préalable à la non-conflictualité et que le partage équitable et équilibré du pouvoir est le corollaire du principe de la non-conflictualité ;
- que le Protocole d'Accord proclame en outre la fin du dédoublement des Institutions de la Transition notamment celle de l'Institution Gouvernementale ;
- qu'il est de tradition dans notre pays que les arrangements politiques destinés à résoudre une crise politique grave n'aient jamais connu de succès durables, lorsqu'ils ont été conclus dans l'exclusion d'une force politique importante, quelle qu'elle soit ;
- que les arrangements politiques durables l'ont toujours été sur fond de réconciliation de la classe politique ;
- qu'il est dès lors, impérieux de convenir des principes sur lesquels doivent s'articuler la solution du problème de l'Animateur du Gouvernement de Transition et le partage équitable et équilibré du pouvoir pendant la période de Transition ;

ONT CONVENU ET ARRÊTE CE QUI SUIT :

I. Des principes généraux d'orientation.

Article premier.

Les deux familles politiques conviennent que la formation du Gouvernement de Transition à l'issue des présentes concertations politiques, doit être porteuse de réconciliation nationale ;

Article 2.

Les deux familles politiques conviennent que la réconciliation visée à l'article 1er du présent Arrangement particulier doit couvrir les axes suivants :

- Axe 1 : « Classe politique » en général
- Axe 2 : « Les forces Politiques du Conclave (FPC) et l'Union Sacrée de l'Opposition Radicale et Alliés (USOR et Alliés) » en particulier.
- Axe 3 : « Régions du Zaïre »
- Axe 4 : « Kasaiens et Shabiens »

Article 3.

Les deux familles politiques conviennent, en conséquence, que la crise gouvernementale ne doit pas se résoudre ;

1. Contre les Forces politiques du Conclave « FPC » ni contre l'Union Sacrée de l'Opposition Radicale et Alliés ;

[150] https://mjp.univ-perp.fr/constit/cd1991.htm

2. Au détriment de l'intérêt supérieur de la Nation ;
3. Au détriment de la paix civile ou en compromettant celle-ci au SHABA comme dans les autres régions du Zaïre.

II. Du partage équitable et équilibré du pouvoir.

Article 4.

Les deux familles politiques conviennent qu'en vertu du principe de partage équitable et équilibré du pouvoir, le Chef du Gouvernement doit appartenir, pendant la période de Transition, à la famille politique « USOR & Alliés ».

Article 5.

Les deux familles politiques conviennent que le Gouvernement de Transition comprendra le Premier ministre, 4 vice-premiers ministres, 24 ministres et 18 Vice-Ministres, soit au total 46 membres suivant une représentation équitable et équilibrée des Forces Politiques, sociales et des Régions.

Article 6.

Les deux familles politiques conviennent que la répartition des Ministères, selon les secteurs d'activités, doit se faire sur une base égale, afin d'éviter qu'une famille politique ne contrôle à elle seule tout un secteur de la vie nationale.

Article 7.

Les deux familles politiques conviennent que chaque Vice-Premier Ministre sera titulaire d'un portefeuille ministériel. Les Vice-Premiers Ministres forment avec le Premier ministre le Cabinet restreint et peuvent être chargés de la coordination ponctuelle d'un certain nombre de ministères, pour une action précise.

Article 8.

Le Cabinet restreint assiste le Premier ministre dans son rôle de coordination de l'action gouvernementale.

Article 9.

Les deux familles politiques conviennent que les Relations extérieures et la Défense nationale sont des domaines de collaboration entre le Président de la République et le Gouvernement.

Article 10.

Les deux familles politiques conviennent qu'aucun Vice-Ministre n'appartiendra à la même famille politique que le ministre titulaire du même ministère.

Article 11.

Les deux familles politiques conviennent que la cohabitation des différentes forces politiques au sein du Gouvernement est conçue dans une optique de solidarité, de complémentarité et non de contrariété.

III. Des rapports du chef du gouvernement avec le chef de l'Etat et les deux familles politiques.

Article 12.

Les deux familles politiques conviennent de recommander que le Président de la République, Chef de l'Etat et le Premier ministre, Chef du Gouvernement, entretiennent des rapports de courtoisie et de respect mutuel. Ils se consulteront et s'informeront mutuellement sur les problèmes du pays, sans préjudice de leurs prérogatives constitutionnelles.

Une ordonnance délibérée en Conseil des ministres fixera les règles de fonctionnement du Gouvernement et les modalités pratiques de concertation et d'information entre le Chef de l'État et le Chef du Gouvernement d'une part, le Président de la République et le Gouvernement d'autre part.

Article 13.

Les deux familles politiques conviennent qu'aussitôt fixés l'identité et le nombre de portefeuilles que doit détenir chaque famille politique, celle-ci choisit en son sein des candidats Vice-Premier Ministre, ministre et vice-ministre pour les portefeuilles qui lui reviennent et communiquent leur dossier au Chef du Gouvernement.

Article 14.

Les candidats aux fonctions ministérielles doivent répondre au profil requis.

Article 15.

Les deux familles politiques conviennent que le Chef du Gouvernement peut récuser un candidat si ce dernier ne répond pas au profil. Le Chef du Gouvernement ne peut cependant pas se substituer à la famille politique du candidat récusé pour choisir son remplaçant.

Article 16.

Les candidats ministres et vice-ministres pour les Portefeuilles des Affaires étrangères et de la Défense nationale — domaine de collaboration — seront choisis en accord entre le Président de la République et le Premier ministre.

Article 17.

Les deux familles politiques conviennent que lorsque l'ensemble des postes est pourvu, la liste des membres du Gouvernement doit être communiquée aux intéressés pour permettre à chacun dans un délai de 24 heures, au besoin de désister au cas où des incompatibilités personnelles ou toutes autres raisons l'imposeraient.

Article 18.

Le présent ARRANGEMENT PARTICULIER fait partie intégrante du Protocole d'Accord du 11 janvier 1994, sanctionnant les concertations politiques.

Fait à Kinshasa, le 16 juin 1994.

Pour l'USORAS : Me Gérard KAMANDA WA KAMANDA
Pour les FPC : LENGEMA DULIA

VI. ACCORD GLOBAL ET INCLUSIF SUR LA TRANSITION EN RÉPUBLIQUE DÉMOCRATIQUE DU CONGO

Signé à Pretoria (République d'Afrique du Sud), le 16 décembre 2002
Source : Journal Officiel, spécial du 5 avril 2003, pp. 51-69

Préambule

Nous Composantes et Entités du Dialogue intercongolais, Parties au présent Accord : le Gouvernement de la République Démocratique du Congo, le Rassemblement Congolais pour la Démocratie (RCD), le Mouvement de Libération du Congo (MLC), l'Opposition politique, les Forces vives, le Rassemblement Congolais pour la Démocratie/Mouvement de Libération (RCDML), le Rassemblement Congolais pour la Démocratie/National (RCD/N), les Maï-Maï ;

Conscients de nos responsabilités devant le Peuple Congolais, l'Afrique et la Communauté internationale ; Considérant l'Accord pour un cessez-le-feu en République Démocratique du Congo signé à LUSAKA les 10, 30 et 31 juillet 1999 ;

Considérant les résolutions pertinentes du Conseil de sécurité des Nations Unies relatives au conflit en République Démocratique du Congo ;

Considérant les Résolutions du Dialogue Inter-Congolais tenu à Sun-City (Afrique du Sud) du 25 février 2002 au 12 avril 2002 ;

Prenant à témoin son Excellence Monsieur Ketumile MASIRE, Facilitateur neutre du Dialogue Inter Congolais ; Son Excellence Monsieur Kofi ANNAN, Secrétaire général de l'Organisation des Nations Unies, représenté par Son Excellence Monsieur Moustapha NIASSE, Envoyé, spécial du Secrétaire général des Nations Unies pour le Dialogue intercongolais, Son Excellence Monsieur Thabo MBEKI, Président de la République d'Afrique du Sud et Président en exercice de l'Union africaine.

Concluons le présent Accord global et inclusif sur la transition en République Démocratique du Congo, en convenant de ce qui suit :

I. De la cessation des hostilités

1. Les Parties au présent Accord et ayant des forces combattantes, à savoir le Gouvernement de la RDC, le RCD, le MLC, le RCD-ML, le RCD-N, et les Maï-Maï, renouvellent leur engagement, conformément à l'accord de Lusaka, au Plan de désengagement de Kampala et au Sous-Plan de Harare, et aux résolutions pertinentes du Conseil de sécurité, de cesser les hostilités et de rechercher une solution pacifique et équitable à la crise que traverse le Pays.
2. Les Parties au présent Accord et ayant des forces combattantes acceptent de s'engager dans le processus de formation d'une armée nationale, restructurée et intégrée conformément à la Résolution adoptée le 10 avril 2002 adoptée par la Plénière du Dialogue intercongolais (DIC) de Sun-City.
3. Les Composantes et Entités au DIC parties au présent Accord (les Parties), à savoir le Gouvernement de la RDC, le RCD, le MLC, l'Opposition politique. Les Forces vives, le RCD-ML, le RCD-N et les Maï-Maï acceptent de conjuguer leurs efforts dans la mise en application des Résolutions du Conseil de sécurité des Nations Unies pour le retrait de toutes les troupes étrangères du territoire de la RDC et du désarmement des groupes armés et des milices, et de sauvegarder la souveraineté et l'intégrité territoriale de la RDC.
4. Les Parties acceptent de conjuguer leurs efforts en vue d'aboutir à la réconciliation nationale. À cet effet, elles décident de mettre en place un gouvernement d'union

nationale qui permettra d'organiser des élections libres et démocratiques dans les meilleurs délais.

5. Les Parties acceptent de prendre toutes les mesures nécessaires à la sécurisation des populations et des dirigeants de la transition tant à Kinshasa que dans les Régions et de prendre des dispositions visant à garantir la sécurité des populations, des institutions, de leurs animateurs et des principaux cadres dirigeants des parties au présent Accord et ayant des forces combattantes.

II. Des objectifs de la transition

Les objectifs principaux de la transition sont :

1. la réunification, la pacification, la reconstruction du Pays, la restauration de l'intégrité territoriale, et le rétablissement de l'autorité de l'Etat sur l'ensemble du territoire national ;
2. la réconciliation nationale ;
3. la formation d'une armée nationale, restructurée et intégrée ;
4. l'organisation d'élections libres et transparentes â tous les niveaux permettant la mise en place d'un régime constitutionnel démocratique ;
5. la mise en place des structures devant aboutir à un nouvel ordre politique.

III. Des principes de la transition

1. Pour garantir une transition pacifique, les Parties participent à la gestion politique durant la transition. Les institutions qu'elles mettront en place durant la transition doivent assurer une représentation appropriée des onze Provinces du. Pays, des différentes sensibilités au sein des forces politiques et sociales. En particulier, il faudrait prévoir une représentation appropriée des femmes à tous les niveaux de responsabilité.
2. En vue d'assurer la stabilité des Institutions de la transition, le Président, les Vices-Présidents, le Président de l'Assemblée nationale et le Président du Sénat restent en fonction pendant toute la durée de la transition, sauf en cas de démission, décès, empêchement définitif, condamnation pour haute trahison, détournement des deniers publics, concussion, ou corruption.
3. Les Parties réaffirment leur adhésion à la Déclaration universelle des droits de l'homme, au Pacte international des droits civils et politiques de 1966, au Pacte international des droits économiques et socioculturels de 1966, à la Charte africaine des droits de l'homme et des peuples de 1981, et aux conventions internationales dûment ratifiées. Dans cette perspective, elles prennent l'engagement de lutter pendant la période de la transition pour un système respectueux des valeurs de la démocratie, des droits de l'homme et des libertés fondamentales.
4. Les Institutions de la transition reposeront sur le principe de la séparation des pouvoirs entre l'exécutif, le législatif et le judiciaire.
5. Les Institutions de la transition fonctionneront selon les principes de la consensualité, de l'inclusivité et de la non-conflictualité.
6. La répartition des responsabilités au sein des Institutions de la transition et à différents niveaux de l'Etat se fait sur la base du principe de l'inclusivité et du partage équitable entre les Composantes et Entités au Dialogue interCongolais selon des critères de compétence, de crédibilité, d'honorabilité et dans un esprit de réconciliation nationale. Les modalités de mise en application du principe de l'inclusivité sont prévues à l'Annexe du présent Accord inclusif.

7. La répartition entre les différentes Parties des postes au sein du Gouvernement de la transition, et en particulier au sein des commissions gouvernementales, devra être aussi juste que possible en termes de nombre, de poids des ministères et des postes gouvernementaux. Un équilibre devra être recherché entre les commissions elles-mêmes. La répartition des postes au sein de chaque commission se fera par les Parties signataires dans un ordre de priorité garantissant un équilibre général entre les Parties.
8. Afin de réaliser la réconciliation nationale, l'amnistie sera accordée pour les faits de guerre, les infractions politiques et d'opinion, à l'exception des crimes de guerre, des crimes de génocide et des crimes contre « l'humanité. À « cet effet, l'Assemblée nationale de transition adoptera une loi d'amnistie conformément aux principes universels et à la législation internationale. À titre provisoire, et jusqu'à l'adoption et la promulgation de la loi d'amnistie, l'amnistie sera promulguée par Décret-loi présidentiel. Le principe de l'amnistie sera consacré dans la Constitution de la transition.

IV. De la durée de la transition

La période de transition prend effet à compter de l'investiture du Gouvernement de la transition. L'élection du nouveau Président marque la fin de la période de transition. L'élection du Président a lieu après les élections législatives. Les élections se tiennent dans les 24 mois qui suivent le début de la période de transition. En raison de problèmes spécifiquement liés à l'organisation des élections, cette période peut être prolongée de 6 mois, renouvelable une seule fois pour une durée de 6 mois, si les circonstances l'exigent, sur proposition de la Commission électorale indépendante et par une décision conjointe et dûment motivée de l'Assemblée nationale et du Sénat.

V. Des Institutions de la transition

Pendant la période de la transition, il est créé un Exécutif de la transition, un Parlement de la transition composé d'une Assemblée nationale et d'un Sénat, un pouvoir judiciaire constitué notamment des Cours et Tribunaux existants « et des Institutions d'appui à la démocratie, dans les conditions déterminées dans la Constitution de la transition.

Les Institutions de la transition sont :

- Le Président de la République,
- Le Gouvernement,
- L'Assemblée nationale,
- Le Sénat,
- Les cours et les tribunaux.

En plus des Institutions ci-dessus sont créées les Institutions d'appui à la démocratie suivantes :

- La Commission électorale indépendante,
- L'Observatoire national des droits de l'homme,
- La haute autorité des médias,
- La Commission vérité et réconciliation,
- La Commission de l'éthique et de la lutte contre la corruption :

1. Le Pouvoir exécutif

A. Le Président

a. Le Président de la République est le Chef de l'Etat. Il représente la Nation. Il veille au respect de la Constitution de la transition. Le Président de la République est le Commandant suprême des Forces armées. Il préside le Conseil supérieur de 1a Défense. Il convoque et préside le Conseil des ministres une fois tous les quinze jours. Le Président de la République demeure en fonction pour toute la durée de la transition.

b. Le Président de la République exerce les fonctions et pouvoirs suivants :

b/1. Il promulgue les lois.

b/ 2. Il nomme et révoque, sur proposition des Composantes et Entités, les ministres et les Vice-Ministres.

b/ 3. Il accrédite les Ambassadeurs et les Envoyés extraordinaires auprès des puissances étrangères et des organisations internationales. Les Ambassadeurs et les Envoyés extraordinaires sont accrédités auprès de lui.

b/ 4. Conformément aux dispositions du présent Accord et de ses Annexes, il nomme ;

i. Les hauts fonctionnaires de l'Etat ;

ii. Les officiers de l'Armée et de la Police après délibération en Conseil Supérieur de la Défense ;

iii. Les Gouverneurs et Vice-Gouverneurs de Province ;

iv. Le Gouverneur et lis Vice-Gouverneurs de la Banque centrale ; les Ambassadeurs et les Envoyés extraordinaires ;

v. Les membres du Conseil supérieur de la Magistrature ;

vi. Les mandataires de l'Etat dans les entreprises publiques et paraétatiques.

b/ 5. Sur proposition du Conseil supérieur de la Magistrature, il nomme et révoque les magistrats du Siège et du Parquet après en avoir informé le Gouvernement.

b/ 6. Il confère les grades des Ordres nationaux et les décorations conformément à la toi.

b/ 7. Il a le droit de grâce et peut remettre, commuer et réduire les peines après en avoir informé le Gouvernement.

b/ 8. Il déclare la guerre, l'Etat de siège et d'urgence sur décision du Conseil des ministres après avis conforme des deux Chambres du Parlement.

c. Les fonctions de Président de la République prennent fin par démission, décès, empêchement définitif, condamnation pour haute trahison, détournement de deniers publics, concussion ou corruption… En cas de cessation de fonctions, la Composante à laquelle appartient le Président de la République présente son remplaçant à l'Assemblée nationale pour entérinement, endéans sept jours. Le Vice-Président qui relève de la Composante Gouvernement assurera l'intérim. Les conditions de mise en œuvre de cette disposition seront déterminées dans la Constitution de la transition.

B. La Présidence

d. La Présidence est composée du Président et des quatre Vice-Présidents.

e. Le Président assure, avec les Vice-Présidents, un leadership nécessaire et exemplaire dans l'intérêt de l'unité nationale en RDC.

f. Le Président de la République traite avec le concours des Vice-Présidents de toutes les matières relatives à la gestion du Gouvernement, ainsi que des matières mentionnées aux points A/b/b4 (i) et (v),

g. Les réunions entre le Président et les Vice-Présidents se tiennent régulièrement, au moins une fois toutes les deux semaines, et dans tous les cas avant chaque Conseil des ministres. Les réunions entre le Président et les Vice-Présidents peuvent aussi être convoquées par le Président de la République à la demande d'un Vice-Président. En cas d'absence du Président de la République, celui-ci désigne à tour de rôle le Vice-Président qui présidera les réunions.

C. Les Vice-présidents

h. Il est créé quatre postes de Vice-Présidents. Les Vice-Présidents seront issus des Composantes Gouvernement, RCD, MLC et Opposition politique. Chaque Vice- président sera en charge d'une des quatre commissions gouvernementales suivantes :
   - Commission politique (Composante RCD) ;
   - Commission économique et financière (Composante MLC) ;
   - Commission pour la reconstruction et le développement (Composante Gouvernement) ;
   - Commission sociale et culturelle (Composante Opposition politique).

i. Les Vice-Présidents exercent les fonctions et pouvoirs suivants :
   i/1. Ils convoquent et président les réunions de leur Commission.
   i/ 2. Ils présentent les rapports de leur commission au Conseil des ministres.
   i/ 3. Ils coordonnent et supervisent la mise en application des décisions du Conseil des ministres en rapport avec leur commission respective.
   i/ 4. Ils proposent au Président de la République les grades dans les Ordres nationaux et les décorations, conformément à la loi.

j. Les fonctions de Vice-Président prennent fin par démission, décès, empêchement définitif, condamnation pour haute trahison, détournement des deniers publics, concussion ou corruption. En cas de cessation des fonctions, la Composante dont est issu le Vice-Président concerné présente son remplaçant à l'Assemblée nationale pour entérinement. L'intérim ainsi que les conditions de mise en application de cette disposition seront déterminés dans la Constitution de la transition.

D. Le Gouvernement

j. Le Gouvernement est composé du Président de la République, des Vice-Présidents, des ministres et vice-ministre. Les portefeuilles ministériels sont répartis entre les Composantes et Entités du DIC dans les conditions et selon les critères déterminés dans l'Annexe 1 du présent Accord.

k. Le Gouvernement définit et conduit la politique de la Nation conformément aux Résolutions du DIC.

l. Le Gouvernement est pleinement responsable de la gestion de l'État et répond de celle-ci devant l'Assemblée nationale dans les conditions définies par la Constitution de la transition. Toutefois, pendant toute la durée de la transition, l'Assemblée nationale ne peut voter une motion de censure contre l'ensemble du Gouvernement.

m. Les réunions du Gouvernement, ou Conseil des ministres, seront présidées par le Président de République, et en son absence, ou s'il en décide ainsi, par un des Vices- Présidents, et ce à tour de rôle.

n. Le Gouvernement doit être consulté par le Président de la République sur les matières mentionnées aux points A/b/b4 (i) et (v) ci-dessus.

o. Durant leurs fonctions, les membres du Gouvernement ne peuvent, ni par eux-mêmes ni par personne interposée, rien acheter ou louer qui appartienne au domaine de l'État. Ils sont tenus, dès le jour de leur entrée en fonction et à l'expiration de celle-ci, de faire sur l'honneur une déclaration écrite de tous leurs biens à l'Assemblée nationale.
p. Les fonctions des ministres et vice-ministres prennent fin par démission, révocation, décès, empêchement définitif, condamnation pour haute trahison, détournement de deniers publics, concussion ou corruption. En cas de vacance, la Composante ou l'Entité du DIC dont est issu le ministre ou vice-ministre concerné présente son remplaçant au Président de la République. Les conditions de mise en application de cette disposition seront déterminées dans la Constitution de la transition.
q. Un secrétariat général du Gouvernement assiste le Président et les Vice-Présidents dans la coordination de l'action gouvernementale. Il prépare les réunions, les travaux et tous les dossiers devant faire l'objet de discussions entre le Président et les Vice-Présidents, et au niveau du Conseil des ministres.
r. L'Exécutif de la transition fonctionne d'une manière solidaire, conformément à l'esprit d'un gouvernement d'union nationale et sur la base d'un programme commun de gouvernement fondé sur les Résolutions adoptées au DIC.

2. Le Pouvoir législatif

Le Parlement de la transition est composé de deux chambres : l'Assemblée nationale et le Sénat.

a) L'Assemblée nationale est l'institution législative pendant la période de la transition. Elle exerce les pouvoirs et fonctions déterminés dans la Constitution de la transition qui est partie intégrante du présent Accord.
b) L'Assemblée nationale comprend 500 membres. Lés membres de l'Assemblée nationale portent le titre de Député. L'âge minimal pour être député est de 25 ans révolus à la date de désignation. Les députés ont droit à une indemnité mensuelle et équitable qui leur assure l'indépendance et une sortie honorable au terme de leur mandat.
c) Les députés seront désignés par leurs Composantes et Entités du DIC dans les conditions déterminées dans le document annexé au présent Accord. Toutes les Composantes et Entités doivent assurer une représentation provinciale équilibrée dans leur groupe.
d) Le Bureau de l'Assemblée nationale sera composé d'un Président, de trois Vices-Présidents, d'un Rapporteur et de trois Rapporteurs-adjoints. Chacun d'eux sera issu d'une composante ou d'une Entité différente.
e) Le Sénat jouera le rôle de médiateur en cas de conflit entre les Institutions. Il élaborera l'avant-projet de Constitution devant régir le Pays après la transition. Il exercera la fonction législative concurremment avec l'Assemblée nationale en matière de nationalité, de décentralisation, dé processus électoral, et en ce qui concerne les Institutions d'appui à la démocratie.
f) Le Sénat comprend 120 membres. Les membres du Sénat portent le titre de Sénateur. L'âge minimal pour être Sénateur est de 40 ans révolus à la date de désignation. Les Sénateurs ont droit à une indemnité mensuelle et équitable qui leur assure l'indépendance et une sortie honorable au terme de leur mandat.
g) Les sénateurs sont désignés par leurs Composantes et Entités du DIC dans les conditions déterminées dans le document annexé au présent Accord inclusif. Le Sénat est constitué de manière à assurer la représentation de toutes les Provinces.

h) Le bureau du Sénat sera composé d'un Président, de trois Vice-Présidents, d'un Rapporteur et de trois Rapporteurs-adjoints, comme prévu dans le présent Accord. Chacun d'eux sera issu d'une Composante ou d'une Entité différente.
i) Les fonctions de Président de l'Assemblée nationale et de Président du Sénat prennent fin par démission, décès, empêchement définitif, ou condamnation pour haute trahison, détournement des deniers publics, concussion ou corruption.

3. Le Pouvoir judiciaire

a. Les Parties réaffirment la nécessité d'avoir un pouvoir indépendant. Le Conseil supérieur de la magistrature est la juridiction disciplinaire des magistrats. Il veille sur la carrière des magistrats et la sauvegarde de leur indépendance.
b. L'organisation du pouvoir judiciaire sera déterminée dans la Constitution de la transition et dans une loi.
c. Le premier Président de la Cour Suprême de justice. Le Procureur général de la République et l'Auditeur général des Forces armées seront désignés et mis en place aussitôt après la signature du présent Accord global et inclusif, dans le respect des équilibres nationaux, selon un mécanisme qui sera défini par les Parties.

4. Les Institutions d'appui à la démocratie

a. Il est créé les Institutions d'appui à la démocratie suivantes :
   - La Commission électorale indépendante ;
   - La haute autorité des médias ;
   - La Commission vérité et réconciliation ;
   - L'Observatoire national des droits de l'homme ;
   - La Commission de l'éthique et de la lutte contre la corruption.
b. L'organisation, le fonctionnement et les pouvoirs des Institutions d'appui à la démocratie seront déterminés par la loi.

Les fonctions de Présidents des Institutions d'appui à la démocratie reviennent à la Composante Forces vive. Les Présidents des Institutions d'appui à la démocratie ont rang de ministre. Les Institutions d'appui à la démocratie fonctionnent indépendamment du Gouvernement de la transition. Les fonctions de Présidents des Institutions d'appui à la démocratie prennent fin par démission, décès, empêchement définitif, ou condamnation pour haute trahison, détournement de deniers publics, concussion ou corruption. En cas de cessation de fonctions, la Composante à laquelle appartient un Président de l'une des Institutions présente son remplaçant à l'Assemblée nationale pour entérinement, endéans sept jours.

VI. De l'armée

a. À l'issue du Dialogue intercongolais, il y aura un mécanisme pour la formation d'une Armée nationale, restructurée et intégrée incluant les Forces armées du gouvernement de la République Démocratique du Congo, les Forces armées du Rassemblement Congolais pour la Démocratie et les Forces armées du Mouvement de Libération du Congo, conformément au point 20 de l'article 3 des principes de l'accord de Lusaka.
b. Dans un souci de paix, d'unité et de réconciliation nationales, le mécanisme précité devra inclure le RCD-ML, le RCD-N et les Maï-Maï, selon des modalités à définir par les institutions politiques de la transition issues du Dialogue intercongolais.

c. Une réunion des États-Majors FAC, RCD, MLC, RCD-N, RCD-ML et Mai-Mai sera convoquée avant l'installation du gouvernement de la transition. Elle procédera à l'élaboration du mécanisme militaire chargé de la formation des autres États-Majors jusqu'au niveau des régions militaires.
d. Il est créé un Conseil supérieur de la Défense. Le Conseil supérieur de la Défense est présidé par le Président de la République et, en cas d'absence, par le Vice-Président ayant la Défense dans ses attributions.
e. Le Conseil Supérieur de la Défense est composé comme suit :
   a. Le Président de la République ;
   b. Les quatre Vice-Présidents ;
   c. Le ministre de la Défense ;
   d. Le ministre de l'Intérieur, de la Décentralisation et de la Sécurité ;
   e. Le ministre des Affaires, étrangères ;
   f. Le Chef d'État-Major général de l'Armée (ses adjoints peuvent y être invités) ;
   g. Le Chef d'État-Major des Forces aériennes, le Chef d'État-Major des Forces terrestres et le Chef d'État-Major des Forces navales ;
f. Le Conseil supérieur de la Défense donne un avis conforme sur la proclamation de l'état de siège, la proclamation de l'état d'urgence et la déclaration de guerre.
g. La loi sur l'armée et la Défense nationale détermine les attributions et le fonctionnement du Conseil supérieur de la Défense.
h. Le Conseil supérieur de la Défense donne un avis notamment sur les matières suivantes
   - La formation d'une armée nationale, restructurée et intégrée ;
   - Le désarmement des groupes armés ;
   - La supervision du retrait des troupes étrangères ;
   - L'élaboration de la politique de défense.
i. Les conditions de mise en application des dispositions relatives à l'armée seront déterminées par la loi.

VII. Dispositions finales

a. La Constitution de la transition est élaborée sur a base du présent Accord inclusif sur la transition en RDC et en fait partie intégrante.
b. Les Parties acceptent comme ayant force obligatoire les Annexes ci-après, qui font partie intégrante du présent Accord.
c. Les Parties conviennent de créer un mécanisme de mise en œuvre du présent Accord.
d. Le présent Accord global et inclusif entre en vigueur à la date de son adoption par le DIC. La Constitution de la transition, qui sera adoptée par le DIC, entre en vigueur à la date de sa promulgation par le Président de la République.
e. Les Parties s'engagent à exécuter le présent Accord de bonne foi, à respecter ses dispositions, à prendre part. à toutes les Institutions, structures et commissions qui seront créées conformément à ses dispositions. Elles s'engagent à tout mettre en œuvre pour veiller au respect et à l'application du présent Accord.

VIII. — ANNEXES

- Annexe I : De la répartition des responsabilités
- Annexe II : Des entreprises publiques
- Annexe III : De la Commission de suivi de l'Accord
- Annexe IV : De la garantie internationale

– Annexe V : Des questions sécuritaires

ANNEXE I : De la répartition des responsabilités

A. Gouvernement

1. La participation des Composantes et Entités du DIC au Gouvernement de la transition est fondée sur le mode de leur participation au DIC de Sun-City.
2. Le Gouvernement de la transition sera composé des ministères suivants :
   - Intérieur, Décentralisation et Sécurité ;
   - Affaires étrangères et Coopération internationale ;
   - Coopération régionale ;
   - Défense nationale, Démobilisation et Anciens Combattants ; condition féminine et Famille ;
   - Justice ;
   - Droits Humains ;
   - Presse et Information ;
   - Plan ;
   - Budget ;
   - Finances ;
   - Économie ;
   - Industrie et Petites et Moyennes Entreprises ; mines ;
   - Énergie ;
   - Commerce extérieur ;
   - Portefeuille ;
   - Fonction publique ;
   - Agriculture ;
   - Développement rural ;
   - Poste, Téléphone et Télécommunications ; Recherche scientifique ;
   - Travaux publics et Infrastructures ; transports ;
   - Culture et Arts
   - Environnement ;
   - Tourisme ;
   - Affaires foncières ; urbanisme ;
   - Santé ;
   - Enseignement supérieur et universitaire ; Enseignement primaire et secondaire ;
   - Travail et Prévoyance Sociale ;
   - Affaires sociales ; jeunesse et Sports ;
   - Solidarité et Affaires humanitaires.
3. Le Gouvernement de la transition comprendra également les Vice-Ministres chargés des portefeuilles suivants :
   - Affaires étrangères ;
   - Intérieur ;
   - Intégration de l'Armée et Coopération internationale ;
   - Défense ;
   - Anciens combattants et Démobilisation ;
   - Sécurité et Ordre public ;
   - Justice ;

- Presse et Information ;
- Plan ;
- Finances ;
- Budget ;
- Portefeuille ;
- Mines ; énergie ;
- Commerce ;
- Agriculture ;
- Travaux publics et Infrastructures ;
- Fonctions publiques ;
- Transports ;
- Santé ;
- Enseignement supérieur et universitaire ;
- Enseignement primaire ;
- Secondaire et Professionnel ;
- Affaires sociales ;
- Travail et Prévoyance Sociale.

4. Il sera attribué 7 ministères et 4 postes de Vice ministres à chacune de composantes suivantes : Gouvernement, RCD, MLC et Opposition politique (voir tableaux ci-dessous).
5. Il sera attribué 2 ministères et 3 postes de Vice ministres à la Composante Forces vives (en plus de la Présidence des 5 Instructions d'appui à la démocratie) (voir tableaux ci-dessous).
6. Il sera attribué 2 ministères et 2 postes de Vice ministres à chacune des Entités suivantes : RCDML, RCD-N, et Mai-Mai. (Voir tableau ci-dessous).

Tableau 1 : Des Ministres

Commission	Gouvern.	RCD	MLC	Opposition politique	Société civile	RCD-ML	RCD-N	Mai-Mai
Commission politique	1. Intérieur, Décentralisation et Sécurité 2. Presse et Information	1. Défense, Démobilisation et anciens combattants 2. Condition féminine et Famille	1. Affaires étrangères et Coopération internationale	1. Justice 2. Solidarité et Affaires humanitaires	1. Droits humains	1. Coopération régionale		
Comm. Économique et Financière	3. Finances 4. Industries et PME	3. Économie 4. Portefeuille	2. Plan 3. Budget 4. Agriculture	3. Mines	2. Fonction publique		1. Commerce extérieur	
Comm. pour la reconstruction et le développement	5.Énergie	5. PTT	5. Travaux publics et Infrastructures	4. Recherche scientifique 5. Transports		2. Urbanisme	2. Tourisme	**1. Développement rural 2. Environnement**
Commission Sociale et culturelle	**6. Santé 7. Culture et Arts**	**6. Travail et Prévoyance sociale 7. Enseignement supérieur et universitaire**	**6. Enseignement primaire et secondaire 7. Jeunesse et sports**	**6. Affaires sociales 7. Affaires foncières**				

Tableau 2 : Des Vice-Ministres

Commission	Gouvernement	RCD	MLC	Opposition politique	Société civile	RCD-ML	RCD-N	Mai-Mai
Commission politique	1. Affaires étrangères 2. Intégration de l'Armée	1. Coop. Internat. 2. Sécurité et Ordre public	1. Intérieur 2. Défense		1. Démobilisation et anciens combattants	1. Justice	1. Presse et Information	
Commission économique et financière	3. Mines	3. Budget 4. Travaux publics et Infrastructures	3. Finances 4. Portefeuille	1. Plan 2. Fonction publique	3. Commerce 4. Agriculture			
Commission pour la reconstruction et le développement				3. Énergie				**1. Transports**
Commission Sociale et culturelle	**4. Enseignement primaire, secondaire et professionnel**			**4. Santé**		**2. Enseignement supérieur et universitaire**	**2. Affaires sociales**	**2. Travail et Prévoyance Sociale**

A. Assemblée nationale

1. La participation des Composantes et Entités du DIC à l'Assemblée nationale est fondée sur le mode de leur participation au DIC de Sun-City. L'Assemblée est composée de la manière ci-après :

Composantes/Entités	Nombre des députés
RCD	94
MLC	94
Gouvernement	94
Opposition politique	94
Forces vives	94
RCD-ML	15
RCD-N	5
Mai-Mai	10
Total	**500**

2. Le Bureau de l'Assemblée nationale et composée de la manière ci-après :
- Président : MLC
- Premier Vice-Président
- Deuxième Vice-Président
- Troisième Vice-Président
- Rapporteur : Mi-Mai
- Deuxième rapporteur adjoint : Forces vives
- Deuxième Rapporteur adjoint : RCD-N
- Troisième Rapporteur adjoint : RCD-ML

B. Sénat

1. La participation des Composantes et Entités du DIC au Sénat est fondée sur le mode de leur participation au DIC de Sun-City. Le Sénat est composé de la manière ci-après :

Composantes/Entités	Nombre des sénateurs
RCD	22
MLC	22
Gouvernement	22
Opposition politique	22
Forces vives	22
RCD-ML	4
RCD-N	2
Maï-Maï	4
Total	**120**

2. Le Bureau du Sénat est composé de la manière ci-après :
- Président : Forces vives

- Premier Vice-Président : RCD
- Deuxième Vice-Président : Opposition politique
- Troisième Vice-Président : gouvernement
- Rapporteur : Maï-Maï : RCD-ML
- Premier Rapporteur adjoint : RCD-N
- Deuxième Rapporteur adjoint : MLC
- Troisième Rapporteur adjoint : Maï-Maï

C. Administration provinciale

Les Gouverneurs et Vice-Gouverneurs en fonction restent en place jusqu'à la nomination des nouveaux Gouverneurs et Vice-Gouverneurs par le Gouvernement d'Union Nationale.

D. Diplomatie

1. Le Gouvernement de la transition procédera à la nomination des Ambassadeurs au cours du premier semestre en tenant compte de la proportionnalité des sensibilités politiques au sein du Gouvernement,
2. Il sera tenu compte, dans les nominations, des Ambassadeurs de carrière.

ANNEXE II : Des entreprises publiques

Le Gouvernement d'Union nationale procédera à la mise en place des gestionnaires des entreprises publiques et d'économie mixte, en prenant en compte les critères de moralité, de compétence et d'expérience. En attendant, les gestionnaires en place restent en fonction.

ANNEXE III : De la Commission de suivi de l'Accord

a. Il est créé une Commission de suivi pour la mise en œuvre du présent Accord, ci-après dénommée Commission de suivi de l'Accord.
b. La Commission de suivi de l'Accord est présidée par le Président de la République Démocratique du Congo, Son Excellence le Général-Major Joseph Kabila.
c. La Commission de suivi de l'Accord est composée de deux Hauts-Représentants par Composante et d'un Haut-Représentant par Entité, non compris le Président de la Commission lui-même.
d. La Commission de suivi de l'Accord exercera les fonctions suivantes :
   - Assurer le suivi de l'application effective des dispositions du présent Accord.
   - Veiller à l'interprétation correcte du présent Accord.
   - Concilier les points de vue et aider à résoudre les désaccords pouvant surgir entre les signataires.
e. La Commission de suivi de l'Accord est créée dès l'entrée en vigueur du présent Accord. Sa mission prend fin après la présentation de son rapport au Gouvernement de la transition, au plus tard un mois après la mise en place dudit gouvernement.

ANNEXE IV. De la Garantie internationale

1) Il est prévu un Comité international visant à garantir la bonne mise en œuvre du présent Accord et à soutenir le programme de la transition en RDC, conformément aux présentes dispositions,
2) Le Comité international apportera son soutien actif à la sécurisation des institutions de la transition issues du DIC et à l'application effective des

dispositions du Chapitre 8.2.2 de l'Annexe A de l'Accord de Lusaka, en ce qui concerne notamment, la neutralisation et le rapatriement des groupes armés opérant sur le territoire de la RDC.

3) Le Comité international arbitrera et tranchera tout désaccord pouvant survenir entre les Parties au présent Accord.
4) Le Comité international assistera la Commission de suivi de l'Accord dans l'accomplissement de son mandat.

ANNEXE V. Des Questions sécuritaires

1. La sécurité des dirigeants politiques à Kinshasa sera réglée comme suit :

- Chaque dirigeant politique aura 5 à 15 gardes du corps pour assurer sa sécurité personnelle.
- Aucune force armée congolaise supplémentaire ne pourra être acheminée à Kinshasa afin d'éviter toute possibilité de confrontation armée.
- La réunion des États-Majors FAC, RCD, MLC, RCD-N, RCD-ML et Mai-Mai pourra proposer des mesures de sécurité additionnelles pour certains dirigeants selon les besoins.

2. Les mesures de sécurité intérimaires suivantes seront mises en place ;

- Une force de police intégrée sera chargée d'assurer la sécurité du Gouvernement et de la population.
- La Communauté internationale apportera son soutien actif à la sécurisation des institutions de la transition.

Signé à Pretoria le 16 décembre 2002.
Pages de signature des parties au présent Accord et des Témoins
(5 pages)

PARTIE IV

LA TROISIÈME RÉPUBLIQUE

I. L'ÉLABORATION DE LA CONSTITUTION DU 18 FÉVRIER 2006

Analysant l'origine de la Constitution du 18 février 2006, le professeur Essambo la situe dans un contexte politique particulier, caractérisé notamment par la méfiance et la suspicion entre les différentes forces sociales et politiques en présence. L'initiative de son élaboration étant assurée par un parlement de transition, composé des membres non élus, est apparue, en pratique ; plus diffuse, en ce qu'elle a associé d'autres acteurs nationaux dans une perspective ouverte aux suggestions de la communauté internationale.[151]

Au registre de la procédure d'élaboration, la constitution de transition du 4 avril 2003 établissait deux étapes ou phases parlementaires dans le processus d'élaboration de la nouvelle constitution définitive devant régir les institutions politiques de la IIIème République.

La première phase, régie par l'article 104, alinéa 2, prenait cours au Sénat. Celui-ci était chargé d'élaborer l'avant-projet de Constitution à soumettre au référendum. La deuxième se déroulait au sein de l'Assemblée nationale, conformément aux prescrits de l'article 98 de la Constitution. L'Assemblée nationale était l'autorité habilitée à adopter le projet de Constitution à soumettre au référendum.

1. Le Sénat et l'avant-projet de constitution

La Commission constitutionnelle du Sénat, une des 8 Commissions permanentes, était en charge de présenter un rapport à la plénière du Sénat, relatif à l'avant-projet de Constitution de la République démocratique du Congo. Aux fins d'élargir le spectre de la participation citoyenne à ses travaux, cette commission organisera une consultation des forces politiques et sociales, qui seront ainsi associées à la formulation des options de certaines options fondamentales de l'avant-projet de Constitution.

---

[151] Essambo Kangashe, J.L ; *Traité de droit constitutionnel congolais*, Paris : L'Harmattan, p. 63.

Dans un deuxième temps, deux séminaires seront organisés au Palais du peuple, respectivement du 13 au 14 août et du 17 au 18 septembre 2004, à l'intention des membres de la Commission constitutionnelle et des sénateurs dont la thématique portait sur les perspectives de la nouvelle constitution de la République démocratique du Congo

Dans un troisième temps, le Comité de rédaction, composé de 16 membres représentant les forces politiques au sein du Sénat ; avaient présenté à l'issue d'une retraite tenue à Kisangani, faute de consensus, deux moutures d'avant-projet de Constitution : l'une était d'une claire orientation fédéraliste, tandis que l'autre regorgeait toutes les prémisses d'un Etat unitaire. Cependant, « Les contraintes du calendrier de la transition ont influé sur le début tardif des travaux qui se déroulèrent avec une certaine précipitation, situation qui amena le comité de rédaction à ne retenir que le texte de tendance unitariste comme document de base des discussions, mais qui a traduit, dans le fond, un consensus sur la forme de l'État (qui organise une symbiose entre les éléments de l'État fédéral et ceux de l'État unitaire) et le régime politique combinant, également, les recettes du régime présidentiel et celui parlementaire[152] ».

La Commission constitutionnelle avait discuté et adopté le texte de l'avant-projet, dans sa séance du 24 février 2005. Ce texte avait été enrichi des contributions des universitaires congolais et étrangers. C'est ce texte d'avant-projet de Constitution qui sera examiné par l'Assemblée nationale comme projet de Constitution.

2. L'Assemblée nationale et le projet de Constitution

La deuxième phase du processus d'élaboration de la constitution de la IIIème république s'est déroulée essentiellement à l'Assemblée nationale. Les discussions autour du projet de constitution avaient eu lieu au courant de la session de mars 2005, d'abord au sein de la Commission politique, administrative et judiciaire et ensuite à la plénière de l'Assemblée nationale.

L'adoption du projet définitif de Constitution s'est effectuée le 14 juin 2005, tandis que la Commission électorale indépendante avait organisé le référendum constitutionnel du 18 au 19 décembre 2005. Ce dernier fut adopté avec 83 % des suffrages exprimés. La constitution adoptée fut promulguée le 18 février 2006.

La première révision de la Constitution du 18 février 2006 s'est opérée par la loi constitutionnelle n° 11/002 du 20 janvier 2011.

[152] Essambo Kangashe, J. L, Op cit, p. 64.

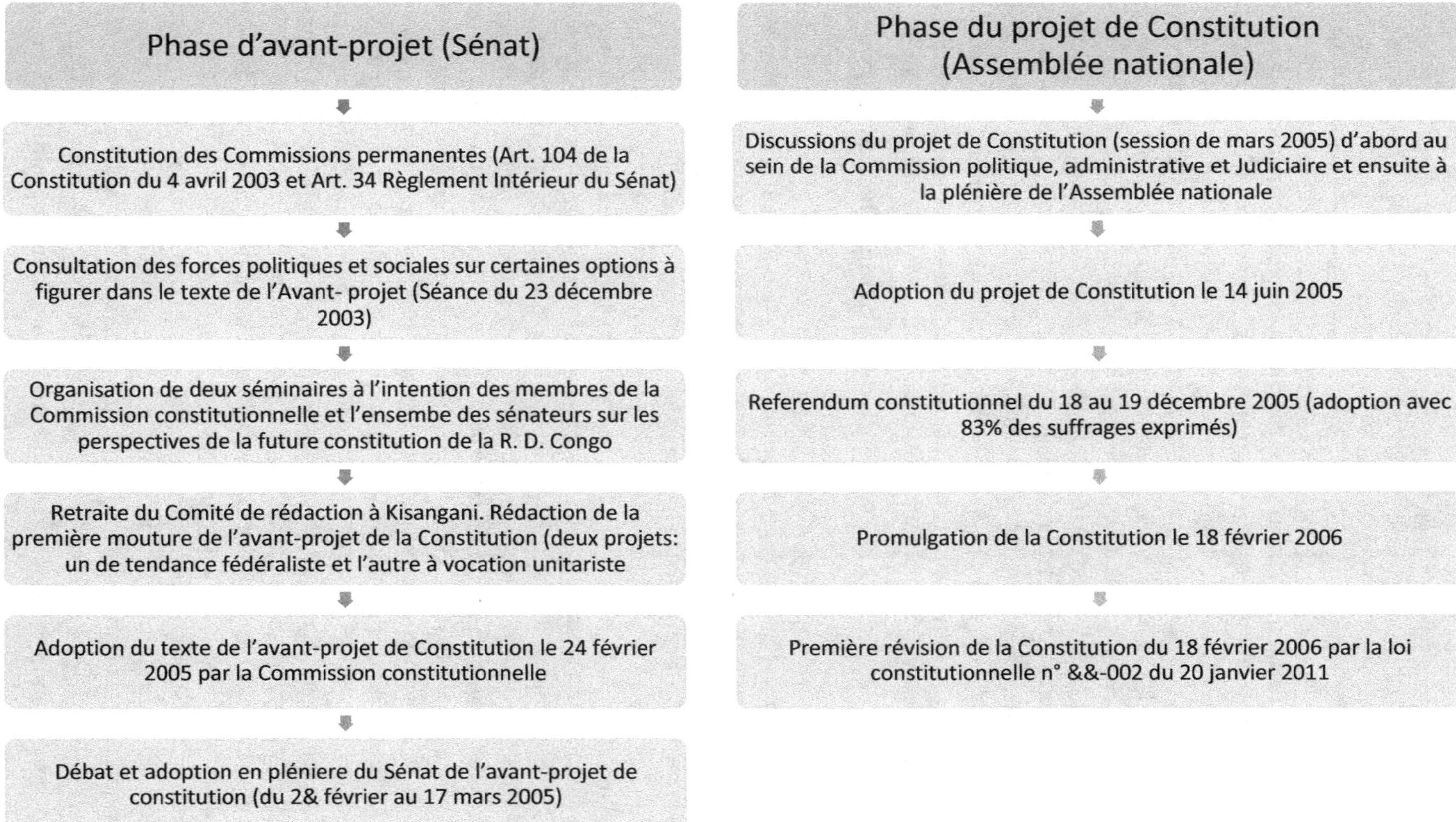

Élaboration propre

II. ÉLÉMENTS DU RÉGIME POLITIQUE ÉTABLI DANS LA CONSTITUTION DU 18 FÉVRIER 2006

A. Étiologie de l'hégémonie présidentielle sous la constitution du 18 février 2006

L'autorité qui gouverne est, en principe, celle qui est politiquement responsable. Pour cette raison, le Gouvernement est l'autorité éminente dans un régime parlementaire parce qu'il est politiquement responsable devant le Parlement. Cependant, la IIIème République Rd congolaise, mélangeant les ingrédients essentiels d'un régime parlementaire à ceux d'un régime présidentiel, fait du Président de la République l'autorité prééminente et partant, la clé de voute des institutions de la République. Mais, dans ce cas, le Président de la République est politiquement irresponsable.

C'est en tenant compte de ces éléments que Maurice Duverger avait proposé de qualifier ce régime de semi-présidentiel, car l'expression désigne les régimes où le Président est élu au suffrage universel direct, mais où le gouvernement restait responsable devant le Parlement. Selon cet auteur, le régime semi-présidentiel était une catégorie de régime mixte (mi-présidentiel, mi-parlementaire). Elle comportait elle-même une typologie avec des régimes semi-présidentiels à prédominance présidentielle (France), à partage du pouvoir entre le Président et le gouvernement (Finlande, République de Weimar, Portugal), et à effacement du Président (Autriche, Islande et Irlande)[153].

Dès lors, il convient des saisir les causes à l'origine de ce détournement au bénéfice du Président de la République. Deux éléments justifient, à notre avis, l'hégémonie présidentielle en Rd Congo, essentiellement rattachée à la légitimité politique. Cette hégémonie repose sur deux facteurs : l'élection au suffrage universel direct (1.), le fait majoritaire et la concordance des mandats (2).

1. L'élection au suffrage universel direct.

L'idée que, pour avoir un président fort, il faut le faire désigner par le peuple est bien acceptée dans les mœurs des régimes politiques africains. Dans un article intéressant intitulé « Quelques réserves sur l'élection du président de la République au suffrage universel. Les tabous de la désignation démocratique des gouvernants », Maidor Fall[154], jette un regard comparatif dans le temps et dans l'espace sur les différents modes de désignation des gouvernants inventés par les sociétés politiques. Il constate que l'élection du président au suffrage universel direct semble être l'une des meilleures, sinon la meilleure voie pour départager des prétendants à la magistrature suprême. Pour convaincre de la justesse de ces affirmations, il apporte trois arguments ou raisons :

1) D'abord, l'élection du président de la République au suffrage universel direct est une modalité simple, car elle permet, aux termes d'un ou de deux

[153] Duverger ; M (1980). *Le système politique français*, PUF, 18 edition, p.185.

[154] Madior Fall ; I. « Quelques réserves sur l'élection du président de la république au suffrage universel. Les tabous de la désignation démocratique des gouvernants », *Afrique contemporaine*, 2012/2 n° 242, pp. 99- 113.

tours de scrutin, de désigner l'homme (ou la femme) que les citoyens (ou la majorité d'entre eux) voudraient voir occuper l'espace le plus convoité du pays qu'est le Palais de la République et parler en leur nom et pour leur compte. La présidentielle serait cette fameuse rencontre entre un homme et un peuple.

2) L'élection du président au suffrage universel direct semble adaptée à la réalité anthropologique des sociétés humaines qui préfèrent acclamer, au terme de duels renvoyant à toutes les formes de confrontation qu'affectionnent les individus, un héros du moment à qui ils s'identifient et qu'on veut tenir responsable du bien comme du mal. Les êtres humains ont toujours rêvé d'aires, d'arènes où s'affrontent, tels des gladiateurs, des individus dotés d'une bravoure qui les pousse à s'offrir en spectacle dans des corps à corps épiques.
3) L'élu du peuple, héros de la compétition démocratique, le sacré du suffrage universel, est doté d'une légitimité indiscutable, ce qui facilite l'adhésion de ses concitoyens à la politique qu'il va mettre en œuvre, et lui donne une respectabilité internationale.

Par ailleurs, d'inspiration gaulliste, cette idée de l'élection présidentielle au suffrage universel direct peut être considérée comme une riposte de la Vème République face à l'effacement plus ou moins important des chefs de l'État sous les IIIe et IVe République françaises, car cette réalité était due en partie à leur désignation par le Parlement (élargi sous la IVème République). Donc, dans son projet de restaurer l'autorité présidentielle, il était nécessaire de substituer le modèle d'un collège électoral élargi (suffrage universel indirect) par l'élection populaire (révision constitutionnelle de 1962). L'élection du président de la République française au suffrage universel entraîna une mutation qualitative fondamentale du régime. Ce mode d'élection s'inscrit dans une logique de revendication d'un leadership politique, moins fondé sur la représentativité électorale que sur la compétence d'expertise technique.

Ainsi, dans le contexte français, l'élection présidentielle au suffrage universel direct pouvait être considérée comme la pierre angulaire du régime. « Elle avait contribué à légitimer l'image d'un Président prééminent au sein de l'exécutif. En effet, l'élection du Président au suffrage universel est la clé de voûte des institutions, le point de bascule des équilibres politiques — qu'elle est d'ailleurs censée clarifier —, l'horizon des stratégies de conquête du pouvoir d'État, le Graal des partis politiques[155] ». Ce mode d'élection indique bien, en tout cas, ce qui se joue dans l'élection présidentielle : « une transformation profonde des modes de légitimation de l'action publique, dont la fonction présidentielle doit être à la fois le témoin et le vecteur, portée par des forces sociales engagées dans des luttes visant le même objectif dans l'ensemble de la société[156] ».

---

[155] Bastien, F. « À quoi sert l'élection du président au suffrage universel ? », *Revue d'histoire politique*, 2005/2 n° 4, pp. 128- 143, pp 133.
[156] Idem

Dans le contexte congolais, l'article 70 de la Constitution du 18 février 2006 modifiée et complétée par la Loi n° 11/002 du 20 janvier 2011 portant révision de certains articles de la Constitution de la République Démocratique du Congo dispose que « Le Président de la République est élu au suffrage universel direct pour un mandat de cinq ans renouvelables une seule fois. À la fin de son mandat, le Président de la République reste en fonction jusqu'à l'installation effective du nouveau Président élu ». L'article 71 précise pour sa part le mode de scrutin y afférent : « Le Président de la République est élu à la majorité simple des suffrages exprimés ». Ces dispositions constitutionnelles sont complétées par l'article 101de la Loi électorale[157].

L'article 72 précise également les conditions d'éligibilité des candidats à la Présidence de la République : il est ainsi libellé :

« Nul ne peut être candidat à l'élection du Président de la République s'il ne remplit les conditions ci-après :

1. posséder la nationalité congolaise d'origine ;
2. être âgé de 30 ans au moins ;
3. jouir de la plénitude de ses droits civils et politiques ;
4. ne pas se trouver dans un des cas d'exclusion prévus par la loi électorale. »

2. Le fait majoritaire et la concordance des mandats

Le « fait majoritaire » est la situation où le gouvernement est soutenu par une majorité parlementaire nette et stable. Lorsqu'il y a concordance entre la majorité présidentielle et la majorité parlementaire, on parle de concordance majoritaire. Dans le cas contraire, en situation de cohabitation, le fait majoritaire est dit imparfait[158]. Le fait majoritaire tend à favoriser l'émergence d'une nette majorité.

L'existence d'une majorité législative acquise à la cause du Président de la République favorise la majorité présidentielle. C'est d'ailleurs cette réalité politique qui fait fonctionner le parlementarisme au profit du Président de la République, car il arrive à « capter les mécanismes qui, dans les régimes parlementaires arrivés à maturité (c'est-à-dire monistes), bénéficient en principe au Chef du Gouvernement[159] ».

La pratique du fait majoritaire conduit le Premier ministre à mettre ses compétences à la disposition du Chef de l'Etat (initiatives de lois, responsabilité politique du Gouvernement). Le Premier ministre dispose des moyens juridiques qui lui permettent d'orienter le Parlement. Ainsi, en se plaçant au service du Président, le Premier ministre favorise l'hégémonie présidentielle.

---

[157] Voir la Loi no 15/001 du 12 février 2015 modifiant et complétant la Loi n o 06/006 du 09 mars 2006 portant organisation des élections présidentielles, législatives, provinciales, urbaines, municipales et locales telle que modifiée par la Loi n o 11/003 du 25 juin 2011. https://www.leganet.cd/Legislation/Droit%20Public/Divers/Loi%2015.001.12.02.2015.html (Consulté le 7 janvier 2022).

[158]Voir « Toupictionnaire » : Le dictionnaire de politique. https://www.toupie.org/Dictionnaire/Fait_majoritaire.htm (consulté le 29 decembre 2021

[159] Le Divellec ; A « La Chauve-souris », *la République, Mélanges en l'honneur de Pierre avril*, Monchretien, 2001, p. 351.

En outre la concordance des mandats favorise également l'hégémonie présidentielle. En effet, le mandat du président de la République est de la même durée que celui des députés. Ainsi tous les 5 ans, les citoyens renouvellent la majorité présidentielle. L'apparition d'une majorité présidentielle à l'issue de ces élections nationales contribue à l'hégémonie présidentielle.

B. L'irresponsabilité politique du président de la République

Le Président de la République est la première institution de la République énumérée à l'article 68 de la Constitution. Il représente la Nation et il est le symbole de l'unité nationale. La Constitution lui confère en outre la charge d'assurer, «*par son arbitrage, le fonctionnement régulier des pouvoirs publics et des Institutions, ainsi que la continuité de l'État*». Il est, également, le garant de l'indépendance nationale, de l'intégrité du territoire, de la souveraineté nationale et du respect des traités et accords internationaux (Article 69). En conséquence, il est selon les mots du général de Gaulle, « *l'homme de la nation, mis en place par elle-même pour répondre de son destin* [160]».

La question de fond qui se pose en rapport avec la position institutionnelle de président de la République est celle de savoir comment concilier les principes constitutionnels de protection de la fonction présidentielle avec le principe démocratique de responsabilité ?

En effet, la Constitution du 18 février 2006 reconnait au Président de la République des prérogatives constitutionnelles exorbitantes[161] : l'exercice de ce rôle éminent ne devant connaître aucune éclipse, le chef de l'État est placé dans une situation singulière au regard de la justice. En effet, « élu par la Nation, investi de sa confiance et chargé de la représenter, le Président de la République est supposé observer un comportement vertueux. Il doit cependant être protégé, aussi longtemps qu'il exerce ses fonctions, à l'égard des poursuites qui viseraient à paralyser ou amoindrir l'institution présidentielle.[162] »

---

[160] de Gaulle, C. « Une Constitution, c'est un esprit, des institutions, une pratique », *Conférence de presse du 31 janvier 1964.*
https://mjp.univ-perp.fr/textes/degaulle31011964.htm (consulté le 7 septembre 2020).

[161] Commandant suprême des forces armées et présidents du Conseil supérieur de la défense (article 83) ; nomination du Premier ministre et des autres membres du gouvernement (article 78) ; investiture des gouverneurs et vice-gouverneurs de province (article 80) ; président de la Conférence des gouverneurs de provinces (article 200) ; nomination de tous les magistrats (article 82) ; nomination à d'autres principales fonctions dans l'État : ambassadeurs, officiers généraux et supérieurs de l'armée et de la police, mandataires des entreprises publiques, hauts fonctionnaires de l'administration publique, etc. (article 81) ; déclaration de guerre (articles 86 et 143), de l'état d'urgence ou de siège (articles 85, 144 et 145), etc. Depuis l'entrée en vigueur de la Loi de révision constitutionnelle du 20 janvier 2011, de nouvelles prérogatives présidentielles sont ajoutées. Il y a la convocation du référendum constitutionnel (article 218). En matière de décentralisation, l'article 197, alinéa 7, lui confère le pouvoir de dissoudre une assemblée provinciale, et l'article 198, alinéa 10, celui de révoquer un gouverneur de province.

[162] Cf le Rapport n° 194 (2006-2007) de M. Jean-Jacques Hyest, rapporteur de la commission des lois, déposé le 31 janvier 2007.
https://www.senat.fr/rap/l06-194/l06-1941.pdf (Consulté le 7 septembre 2020).

Cette protection indispensable de la fonction présidentielle dans le contexte d'un régime parlementaire rationalisé se manifeste par l'institutionnalisation d'une immunité plus ou moins étendue. Cette immunité doit être conciliée avec les principes fondamentaux de toute société démocratique, car « *la loi doit être la même pour tous, soit qu'elle punisse, soit qu'elle protège* [163] ». Dans ce sens, l'immunité pour les actes accomplis dans l'exercice de ses fonctions ne saurait pour autant faire obstacle à la mise en cause de la responsabilité du chef de l'État dans l'hypothèse où il se montrerait indigne de sa fonction.

La conciliation de cette protection constitutionnelle nécessaire de la fonction présidentielle avec le principe de la responsabilité politique du Président de la République en cas de manquement manifestement incompatible avec l'exercice de ses hautes fonctions a toujours posé un dilemme historique au droit constitutionnel. Des solutions diverses sont ainsi proposées.

Des expériences historiques nous renseignent des imbrications compliquées du contentieux constitutionnel pénal avec le droit pénal et les postulats de la théorie de la démocratie représentative. La question de la protection indispensable de la fonction présidentielle, mise en perspective avec celle de la responsabilité politique du Président de la République se pose encore avec plus d'acuité eu égard au fait que la Constitution du 18 février 2006 ne définit aucune procédure permettant de contraindre le Président de la République à démissionner pour des motifs politiques.

Ainsi, la particularité du régime politique congolais réside dans le fait que le Président de la République est politiquement irresponsable. L'article 79 de la Constitution pose ce principe d'irresponsabilité. En effet, durant son mandat, l'irresponsabilité politique du président de la République est absolue. L'article 91 de la Constitution dans ses alinéas 1 et 2 dispose que « le Gouvernement définit, en concertation avec le Président de la République, la politique de la Nation et en assume la responsabilité. Le Gouvernement conduit la politique de la Nation ». L'interprétation *a contrario* de cette disposition constitutionnelle induit à penser, logiquement, que le président de la République ne gouverne pas. En conséquence, sa responsabilité ne peut pas être engagée.

Pour cette raison, le Gouvernement est l'autorité éminente dans un régime parlementaire parce qu'il est politiquement responsable devant le Parlement. C'est sous cet angle qu'il faut cerner le sens de l'alinéa 4 de l'article 79 qui dispose que les ordonnances présidentielles qui interviennent dans les domaines matériels qui relèvent du gouvernement de la Nation ou les questions de gestion ministérielle sont contresignées par le Premier ministre, qui est responsable devant l'Assemblée nationale. Cet article mentionne également les pouvoirs propres reconnus au Chef de l'État, institution centrale et « clé de voute » de l'architecture institutionnelle qui ne sont pas soumis au contreseing ministériel. Il s'agit plus particulièrement du pouvoir de nomination d'un Premier ministre (article 78), le pouvoir d'investir les Gouverneurs et les Vice-Gouverneurs de province élus (article 80), le pouvoir de conférer les grades dans les ordres nationaux et les décorations et enfin le pouvoir de déclarer la guerre sur décision

---

[163] Cf Article 6 de la Déclaration des droits de l'homme et du citoyen de 1789.

du Conseil des ministres après avis du Conseil supérieur de la défense et autorisation de deux Chambres (article 143).

Par contre, l'article 91. Alinéa 5 dispose que le gouvernement, composé du Premier ministre (chef du gouvernement), des ministres, des vice-ministres et, le cas échéant, des vice-premiers ministres, des ministres d'État, est responsable de ses actes devant l'Assemblée nationale. L'Assemblée nationale peut décider de sa propre initiative de sanctionner collectivement le gouvernement en adoptant une motion de censure ou elle peut demander des comptes à des membres individuels du gouvernement par le biais d'une motion de défiance.

Toutefois, on reconnait la responsabilité politique du président de la République devant ses électeurs. Puisqu'il est élu au suffrage universel direct, il n'a des comptes à rendre que devant ses concitoyens. Ainsi, la mise en cause de la responsabilité politique devant le peuple ne peut intervenir que lors du renouvellement de son mandat ou de certains scrutins nationaux comme les referendums.

Pour le professeur Arnaud Haquet, cette idée avancée de la responsabilité devant le peuple doit être nuancée pour trois raisons. D'abord, parce que la responsabilité politique suppose que les reserpentés (les citoyens) puissent mettre un terme (directement ou indirectement par d'autres représentants) au mandat du Président. Ce n'est pas le cas si l'on se contente d'attendre la fin du mandat. Le non-renouvellement n'est pas une sanction infligée à une action en cours. On peut aussi y ajouter l'hypothèse d'un Président qui ne désire pas se représenter à sa propre succession. Ensuite, on peut s'interroger également sur la réalité de la sanction à l'occasion de l'élection présidentielle. Le renouvellement du mandat porte sur le bilan du président sortant. Mais il peut aussi porter sur sa capacité à se renouveler. Or les motivations du corps électoral peuvent être, à cet égard, aussi diverses que variées. Enfin, l'échec politique, que représente une défaite à un referendum ou aux élections législatives, ne signifie pas que le Président doive nécessairement assumer le résultat du scrutin[164].

C. La prépondérance des pouvoirs du Président de la République

En général ; dans les régimes parlementaires, l'énumération constitutionnelle des attributions du Chef de l'Etat est brève ou, si elle est plus détaillée, leur titulaire n'en est que le détenteur nominal, il ne les exerce pas, mais les délègue au Premier ministre[165]. Par contre, on remarquera que la Constitution du 18 février 2006 confère au Président de la République des prérogatives constitutionnelles exorbitantes. Le catalogue de ses attributions est très large. Ce qui fait de lui le centre et la source d'impulsion essentielle de la vie politique ou suivant la formule empruntée à l'architecture, inventée par Michel Debré en 1958, la « *clé de voûte* » des institutions pour illustrer une pièce au sommet, en une position centrale, mais servant à soutenir l'édifice[166].

---

[164] Haquet, A. *Droit constitutionnel en 11 thèmes*, Op. Cit, p. 249.

[165] Ardant, P et Mathieu, B. (2020), *Droit constitutionnel et institutions politiques*, Op. Cit. p. 460.

[166] Debré, M. *Discours devant le Conseil d'État*, 27 août 1958.
https://mjp.univ-perp.fr/textes/debre1958.htm (Consulté le 25 janvier 2022).

Cependant, les critères de classification des types des pouvoirs du président de la République ne font pas l'unanimité au sein de la doctrine.

Un secteur de la doctrine fait le distinguo entre les pouvoirs propres du Président de la République et les pouvoirs partagés avec le Premier ministre ou les membres du Gouvernement. Pour ce faire, Arnaud Haquet retient deux critères de différenciation: d'une part l'exigence du *contreseing* et d'autre part, le critère de l'accord réciproque[167].

Sur la base du critère de contreseing, dont la principale finalité consiste à associer le contresignataire à la décision concernée et donc à la responsabilité qui en résulte[168], les attributions propres du Chef de l'État sont celles qui sont exercées *directement*, sans contreseing du Premier ministre ou d'un ministre. Ainsi, au travers des pouvoirs propres, le Chef de l'État produit des actes dispensés de contreseing, considérés, entre autres comme des actes de gouvernement, et partant, des actes politiques insusceptibles de recours et jouissant d'une immunité juridictionnelle[169]. Les pouvoirs propres du Chef de l'État sont ceux auxquels le Gouvernement n'est pas associé, à l'utilisation desquels il ne peut pas s'opposer. Par contre, les pouvoirs partagés sont exercés conjointement par le Président de la République et le Premier ministre. Conjointement, ne signifie pas en commun. Un pouvoir peut être partagé parce que l'une des autorités peut empêcher l'autre d'intervenir. Cela ne veut pas dire également que les autorités agissent ensemble. La notion de pouvoir partagé étant ambiguë, elle fait cependant allusion aux attributions dans l'exercice desquels l'accord du Conseil des ministres, symbolisé par le *contreseing* est obligatoire[170].

Le deuxième critère définit les pouvoirs partagés à partir de *l'accord réciproque* entre les autorités. Suivant ce critère ; les pouvoirs partagés donnent lieu à l'intervention de différentes autorités exerçant une compétence dans le processus de décision. Il y a pouvoir partagé lorsqu'une autorité ne peut pas exercer seule une compétence (par exemple, initiative d'une autorité et décision d'une autre, codécision…). Ainsi, la Constitution du 18 février 2006 prévoit différentes hypothèses concernant des décisions ou des domaines de compétence où le président de la République et le Premier ministre ne peuvent agir sans accord réciproque, notamment dans la gestion du pouvoir exécutif et dans la fonction législative, comme nous le verrons dans les prochains chapitres.

Plutôt que de classer les attributions du Chef de l'État selon leur caractère propre ou partagé, un autre secteur de la doctrine classe plutôt les attributions du président selon les domaines où elles s'exercent. C'est ainsi que sont classifiées les attributions à l'égard de la nation, à l'égard du gouvernement, à l'égard du parlement et dans le domaine de la justice.

La Constitution du 18 février 2006 énumère les compétences du Président de la République. Il convient de souligner que la compétence est un titre juridique

---

[167] Haquet, A. *Droit constitutionnel en 11 thèmes*, Op. Cit, p. 290-291.

[168] Hadas-Lebel, R. (2002). *Les 101 mots de la démocratie française* ; Odile Jacob ; p. 166.

[169] Montay, B. « Le pouvoir de nomination de l'Exécutif sous la Ve République », *Jus Politicum*, n° 11 [http://juspoliticum.com/article/Le-pouvoir-de-nomination-de-l-Executif-sous-la-Ve-Republique-817.html].

[170] Idem, p.462.

qui autorise une autorité à intervenir. Ce titre est conféré à une autorité pour la réalisation d'une mission. Ainsi, il ressort de l'économie de l'article 69 de la Constitution que la mission principale dévolue au président de la République, comme ressortie à l'alinéa premier, est celle d'assurer l'autorité et la continuité de l'État. Il est « le Chef de l'État. Il représente la nation et il est le symbole de l'unité nationale ». Il est, selon les mots du général de Gaulle, « *l'homme de la Nation, mis en place par elle-même pour répondre de son destin* [171] ». À ce titre, il est d'abord le gardien de la Constitution (il veille au respect de la Constitution), ensuite, il est l'arbitre (il assure, par son arbitrage, le fonctionnement régulier des pouvoirs publics et des Institutions ainsi que la continuité de l'État) et enfin il est le garant de l'indépendance nationale, de l'intégrité du territoire, de la souveraineté nationale et du respect des traités et accords internationaux. Tels sont les principaux pouvoirs du président de la République à l'égard des institutions de la République.

D. Un pouvoir exécutif hiérarchisé à l'intérieur (bicéphale en apparence)

La Constitution du 18 février 2006 établit un pouvoir exécutif bicéphale. Même si l'énumération des institutions énoncée à l'article 68 de la Constitution fait apparaitre séparément le Président de la République et le Gouvernement comme deux institutions de la République, celles-ci se retrouvent regroupées à la Section 1re du titre III de la Constitution portant sur l'organisation et l'exercice du pouvoir, qui organise le pouvoir exécutif. Le paragraphe premier de cette section est consacré au Président de la République tandis que le second est consacré au Gouvernement.

L'article 78 de la Constitution soustrait, à première vue, la fonction primoministérielle à toute influence présidentielle. Il oblige le Président de la République de choisir le Premier ministre au sein de la majorité parlementaire après consultation de celle-ci. Il lui retire tout pouvoir discrétionnaire quant à la cessation de ses fonctions.

Cependant, l'influence présidentielle sur le Premier ministre, tant du point de vue de son statut que de ses attributions est clairement établit à l'alinéa 1 de l'article 91 en ce qui concerne la « définition » de la politique nationale. « Le Gouvernement définit, en concertation avec le Président de la République, la politique de la Nation et en assume la responsabilité ».

L'autonomie du Gouvernement est assurée au deuxième alinéa de l'article 91, en ce qui concerne la conduite de la politique nationale. Cependant, la pratique institutionnelle confirme cette tendance de la domination présidentielle de l'exécutif. Car, même si la Constitution confie la définition et la conduite de la politique nationale au Premier ministre, c'est le président de la République qui assure en réalité cette fonction. Il est donc à la fois « décideur, bâtisseur, pierre de fondation des institutions ». C'est lui qui fixe le cap à suivre et demeure « le meneur de jeu qui initie les réformes et imprime sa marque au fonctionnement

[171] Charles de Gaulle, *conférence de presse du 31 janvier 1964*. « Une Constitution, c'est un esprit, des institutions, une pratique »
https://mjp.univ-perp.fr/textes/degaulle31011964.htm (consulté le 7 septembre 2020).

général des institutions[172]. Cette marque présidentielle apparait clairement dans le Programme du Gouvernement Sama Lukonde "Programme d'actions 2021-2023 : construire un Etat fort, prospère et solidaire". Celui-ci

> *« Découle de la Vision du Président de la République, des consultations politiques qu'il a organisées en novembre 2020 et de la volonté du Gouvernement de l'Union Sacrée de la Nation de traduire cette vision sous forme de politiques publiques, c'est-à-dire d'actions, de mesures et de stratégies concrètes destinées à atteindre les objectifs du développement de la Nation résumés, notamment dans le Plan national stratégique pour le développement (PNSD) ».*

L'analyse de l'étendue des pouvoirs propres du président de la République et ceux qui sont partagés avec le Premier ministre dans l'exercice de la fonction exécutive de l'Etat ainsi que la pratique constitutionnelle révèlent que le pouvoir exécutif congolais est hiérarchisé à l'intérieur.

Ce caractère hiérarchisé s'évalue à l'aune de la prééminence du président de la République. Malgré que ses attributions à l'égard du Gouvernement ne soient pas si nombreuses et apparaissent assez formelles, le président de la République a réussi à détourner le pouvoir exécutif à son profit, reléguant ainsi le Gouvernement et son Chef au rang de serviteur.

Ainsi, dans ses rapports avec le Gouvernement, le Président dispose de « prérogative importante : la nomination du Premier ministre, l'intervention du Président de la République dans la formation du Gouvernement, l'acceptation de la démission du Premier ministre, la présidence du Conseil des ministres, l'exercice du pouvoir réglementaire et enfin le pouvoir de nomination.

1. La nomination du Premier ministre.

Le président donne naissance au Gouvernement. Mais il doit être acceptable pour l'Assemblée. La procédure de désignation du Premier ministre le met dans une situation de subordination à l'égard du président auquel il doit sa nomination. Bien plus, le Premier ministre peut être changé en dehors des échéances électorales, ce qui atteste l'étendue du pouvoir de décision présidentielle et la dépendance du chef de gouvernement à l'égard du chef de l'Etat qui l'a choisi[173].

Il appartient au Chef de l'Etat, *le privilège* de désigner le chef du Gouvernement. C'est un pouvoir propre du Chef de l'Etat, car cette désignation n'est pas soumise à l'approbation d'une autre autorité. Le choix du Premier ministre procède donc de la volonté du président de la République à l'exclusion de l'Assemblée nationale. Ainsi s'exprime l'article 78, alinéa 1 de la Constitution : « le Président de la République nomme le Premier ministre au sein de la majorité parlementaire après consultation de celle-ci. Il met fin à ses fonctions sur présentation par celui-ci de la démission du gouvernement ».

---

[172] Claude F. Momo et Éric-Adol T. Gatsi, « L'exécutif dualiste dans les régimes politiques des États d'Afrique noire francophone », *Les Annales de droit [En ligne]*, N°14/2020, mis en ligne le 1er juin 2021, consulté le 1er juin 2021.
URL : http://journals.openedition.org/add/1898 ; DOI : https://doi.org/ 10.4000/add.1898 p.6.

[173] Duhamel O. et Tusseau, G. (2020). *Droit constitutionnel et institutions politiques*, 5ème Edition, Paris : Seuil, p. 712.

Dans ce sens se pose la question de savoir si ce pouvoir du président de la République est discrétionnaire. En réalité, on ne pose pas des conditions au président de la République, cependant l'acceptabilité du candidat pour l'investiture parlementaire s'impose. En effet, l'article 91, dans ses alinéas 4 et 5, dispose que « *Avant d'entrer en fonction, le Premier ministre présente à l'Assemblée nationale le programme du Gouvernement. Lorsque ce programme est approuvé, à la majorité absolue des membres qui composent l'Assemblée nationale, celle-ci investit le Gouvernement.* » Ainsi, le Chef de l'Etat peut nommer qui il veut, mais doit se placer en conformité avec la volonté populaire, en relation avec la composition politique de l'Assemblée nationale. En cas contraire, celle-ci pourrait s'opposer à son choix, en refusant son concours au Premier ministre[174].

On constate alors que l'article 78 susmentionné fait mention non seulement de l'origine politique du candidat à désigner (au sein de la majorité parlementaire), mais encore de l'aptitude du candidat désigné à former un gouvernement qui jouirait de la confiance du Parlement.

2. La formation du Gouvernement

L'article 78, alinéa 4 de la Constitution dispose que « Le Président de la République nomme les autres membres du gouvernement et met fin à leurs fonctions sur proposition du Premier ministre. » Cette disposition constitutionnelle est relayée par l'article 13 de l'Ordonnance n°20/016 du 27 mars 2020 portant organisation et fonctionnement du Gouvernement, modalités de collaboration entre le Président de la République et le Gouvernement ainsi qu'entre les Membres du Gouvernement qui dispose que « Les Vice-premiers ministres, les ministres d'Etat, les ministres, les ministres délégués et les vice-ministres sont nommés par le Président de la République sur proposition du Premier ministre. »

Ce pouvoir de nomination qui intervient dans la formation du Gouvernement rentre dans la catégorie des pouvoirs partagés entre le président de la République et son Premier ministre. Il laisse à penser que le Premier ministre choisit les ministres. Il lui appartient de composer son équipe. D'ailleurs, le fait qu'il contresigne l'ordonnance de nomination de ses membres par le président démontre qu'il est le Chef.

En réalité, les deux autorités exécutives — présidente de la République et Premier ministre — se partagent ce pouvoir par la modalité d'accord réciproque ou de codécision. L'initiative de nomination peut venir du Premier ministre, mais la décision de nomination incombe au président de la République. En pratique, le président ne se contente pas seulement d'approuver une liste établie par le Premier ministre. Il intervient nécessairement dans la conception de la structure du Gouvernement et dans le choix des ministres.

L'article 91, alinéa 4 de la Constitution, repris par l'article 4 de l'ordonnance présidentielle susévoquée, prévoit qu'une « ordonnance délibérée en Conseil des ministres fixe l'organisation, le fonctionnement du Gouvernement et les

---

[174] Gicquel, J. et Gicquel, J.E (2020), *Droit constitutionnel et institutions politiques*, 34ème Edition, Paris : LGDJ, p. 676.

modalités de collaboration entre le Président de la République et le Gouvernement ainsi qu'entre les membres du Gouvernement». Par ailleurs, les Ministères, leurs dénominations ainsi que la configuration du Gouvernement en termes de Vice premiers ministres, des ministres d'Etat, des ministres, des ministres délégués et des vice-ministres sont déterminés par l'Ordonnance de nomination.

3. L'acceptation de la démission du Premier ministre

En vertu de l'article 78, alinéa 1, le Chef de l'Etat accepte la démission du Premier ministre. « Il met fin à ses fonctions sur présentation par celui-ci de la démission du gouvernement. » Selon Olivier Duhamel et Guillaume Tusseau, il existe deux types de renvoi du Premier ministre[175]. Le Premier ministre est à la merci d'un renvoi présidentiel ou parlementaire. Le renvoi par le président peut avoir l'apparence ou traduire la réalité d'une rencontre entre deux volontés, celles du président de la République de changer de phase, celle du Premier ministre de s'y plier. Par contre, le renvoi par l'Assemblée est une règle propre du régime parlementaire en rapport avec la responsabilité du Gouvernement, donc de son Chef. Ainsi, en droit congolais, la démission réglementée à l'article 78 de la Constitution n'est pas à confondre avec celle qui découle de la mise en cause de la responsabilité politique du Gouvernement au sens de l'article 147 de la Constitution : « Lorsque l'Assemblée nationale adopte une motion de censure, le Gouvernement est réputé démissionnaire.

4. La présidence du Conseil des ministres

L'article 79 de la Constitution, relayé par l'article 48 de l'ordonnance présidentielle susmentionnée dispose que « Le Président de la République convoque et préside le Conseil des ministres. En cas d'empêchement, il délègue ce pouvoir au Premier ministre. »

La présidence du Conseil des ministres n'est en rien une prérogative honorifique et protocolaire. Le président tout d'abord convoque le Conseil et surtout approuve son ordre du jour, c'est-à-dire la liste des questions qui y seront discutées. Elle permet au Chef de l'Etat de suivre l'action du Gouvernement[176]. Ceci ressort de l'article 47 de l'ordonnance susmentionnée : « l'ordre du jour des réunions du Conseil des ministres est fixé par le Président de la République en concertation avec le Premier ministre, sur proposition dûment motivée du Secrétaire général du Gouvernement. »

5. L'exercice du pouvoir réglementaire résiduel

La constitution du 18 février 2006 n'attribue le pouvoir réglementaire général au sein du pouvoir exécutif national qu'à deux autorités : le Premier ministre et le Président de la République. Ceci ressort de l'article 92, alinéa 1 de la

---

175 Duhamel O. et Tusseau, G. (2020). Droit constitutionnel et institutions politiques, 5ème Edition, Paris : Seuil, p. 719.

176 Ardant, P et Mathieu, B. (2020), *Droit constitutionnel et institutions politiques*, 32e Édition, Paris : LGDJ, p. 468.

Constitution qui dispose que « le Premier ministre assure l'exécution des lois et dispose du pouvoir réglementaire sous réserve des prérogatives dévolues au Président de la République par la présente Constitution. »

Une interprétation stricte de cette disposition est à même de relever que le Premier ministre qui « assure l'exécution des lois » et « dispose du pouvoir réglementaire » est le titulaire principal de ce pouvoir qui s'exerce par le biais juridique du décret. Toutefois, ce pouvoir propre du Premier ministre est limité par celui du président de la République en vertu de cette incise qui énonce « sous réserve des prérogatives dévolues au Président de la République par la présente Constitution. » Pour cette raison, il convient de délimiter la frontière et les critères définissant les espaces d'intervention du pouvoir réglementaire exprimé au travers d'une part de l'ordonnance du président de la République et d'autre part, le décret du Premier ministre.

En vertu de ce pouvoir découlant de l'article 92 de la Constitution, le Premier ministre statuant par décret détient le pouvoir de modifier unilatéralement l'ordonnancement juridique par des décisions générales et impersonnelles qui s'imposent. Ainsi, il exerce trois types de pouvoir réglementaire. D'abord par le biais du pouvoir réglementaire dérivé, qui apparait clairement dans l'article susmentionné, car il est l'autorité chargée de l'exécution et de l'application de la Loi. Ensuite, par le biais du pouvoir réglementaire autonome en vertu de l'article 128 de la Constitution qui dispose que « les matières autres que celles qui sont du domaine de la loi ont un caractère réglementaire. Les textes à caractère de loi intervenus en ces matières peuvent être modifiés par décret si la Cour constitutionnelle, à la demande du Gouvernement, a déclaré qu'ils ont un caractère réglementaire en vertu de l'alinéa précédent. » Enfin, comme toute autorité administrative et en dehors de toute habilitation constitutionnelle, par le biais du pouvoir réglementaire du chef de service en matière d'organisation du service. C'est sous cet angle qu'il faut considérer les décrets du Premier ministre qui ne sont contresignés par aucun ministre, par exemple le Décret n°20/010 du 1er avril 2020 portant organisation et fonctionnement du Cabinet du Premier ministre.

Par contre, le président de la République exerce un pouvoir réglementaire résiduel par voie d'ordonnance. Il s'agit des actes de nature exécutive, en dehors du pouvoir de nomination, ayant une portée générale et impersonnelle, intervenant spécifiquement dans sur base d'une habilitation constitutionnelle. Ce pouvoir réglementaire est très limité et les actes du président intervenant en vertu de ce pouvoir sont moins nombreux. Tels sont les cas des ordonnances portant organisation et fonctionnement du gouvernement, modalités de collaboration entre le Président de la République et le Gouvernement ainsi qu'entre les Membres du gouvernement[177] ou les ordonnances portant organisation de son cabinet.

---

[177] Ordonnance n° 20/017 du 27 mars 2020 fixant les attributions des Ministère, Ordonnance n°20/016 du 27 mars 2020 portant organisation et fonctionnement du Gouvernement, modalités de collaboration entre le Président de la République et le Gouvernement ainsi qu'entre les Membres du Gouvernement.

E. Un pouvoir exécutif dominant à l'extérieur

Les rapports entre le pouvoir exécutif et le pouvoir législatif constituent une dimension déterminante de la nature d'un régime politique. L'analyse des prérogatives constitutionnelles du Gouvernement révèle sa position dominante à l'égard du Parlement. En effet, les moyens d'influence dont jouit le gouvernement sur le Parlement se situent dans le cadre de l'action législative. La domination gouvernementale, qui s'inscrit dans le sillage de la rationalisation du parlementarisme théorisée par le Doyen Boris Mirkine-Guetzévitch[178], se manifeste au travers des techniques facilitant l'intervention du Gouvernement dans le champ des compétences traditionnelles du Parlement ainsi que sur la capacité du Gouvernement à orienter le travail parlementaire: il s'agit principalement de la limitation du domaine de la loi (1), l'initiative gouvernementale des lois (2), l'habilitation législative (3).

1. Un domaine de la loi limité et un domaine réglementaire étendu

La constitution congolaise du 18 février 2006 définit le domaine de la loi. L'article 122 détermine les matières dans lesquelles le Parlement « fixe les règles[179] ». Dans ce cas, la loi laisse à l'exécutif le soin de mettre en place les mesures permettant l'application directe de ces lois, car le Parlement en « fixe les règles.

Par contre, l'article 123 détaille les matières pour lesquelles le parlement énonce les principes fondamentaux[180].

---

[178] Claude F. Momo et Éric-Adol T. Gatsi, « L'exécutif dualiste dans les régimes politiques des États d'Afrique noire francophone », *Les Annales de droit* [En ligne], 14/2020, pp. 123-166, mis en ligne le 1er juin 2021.
URL : http://journals.openedition.org/add/1898 ; DOI : https://doi.org/ 10.4000/add.1898.

[179] Les domaines dans lesquels la loi fixait les règles concerne les droits civiques et les garanties fondamentales accordées aux citoyens pour l'exercice des libertés publiques, le régime électoral, les finances publiques, les sujétions imposées par la défense nationale aux citoyens en leur personne et en leurs biens, la nationalité, l'état et la capacité des personnes, les régimes matrimoniaux, les successions et les libéralités, la détermination des infractions et des peines qui leur sont applicables, la procédure pénale, l'organisation et le fonctionnement du pouvoir judiciaire, la création de nouveaux ordres de juridictions, le statut des magistrats, le régime juridique du Conseil supérieur de la magistrature, l'organisation du Barreau, l'assistance judiciaire et la représentation en justice, le commerce, le régime de la propriété des droits et des obligations civiles et commerciales, l'amnistie et l'extradition, l'assiette, le taux et les modalités de recouvrement des impositions de toute nature, le régime d'émission de la monnaie, les emprunts et engagements financiers de l'Etat, les statuts des agents de carrière des services publics de l'Etat, du personnel de l'enseignement supérieur, universitaire et de la recherche scientifique, les Forces armées, la Police et les services de sécurité, le droit du travail et de la sécurité sociale, l'organisation générale de la défense et de la Police nationale, le mode de recrutement des membres des Forces armées et de la Police nationale, l'avancement, les droits et obligations des militaires et des personnels de police.

[180] La loi détermine les principes fondamentaux concernant : la libre administration des provinces et des entités territoriales décentralisées, de leurs compétences et de leurs ressources, la création des entreprises, établissements et organismes publics ; le régime foncier, minier, forestier et immobilier ; la mutualité et l'épargne ; l'enseignement et la santé ; le régime pénitentiaire ; le pluralisme politique et syndical ; le droit de grève ; l'organisation des médias ; la recherche scientifique et technologique, la coopérative ; la culture et les arts ; les sports et les loisirs ;

L'article 128 complète les articles 122 et 123 de la Constitution. Il détermine que « les matières autres que celles qui sont du domaine de la loi ont un caractère réglementaire ». Il fixe dont le domaine dans lequel le Gouvernement peut prendre des décrets. Il s'agit des matières exclues du domaine de la loi ou pour l'application de la loi ; il y a donc un pouvoir réglementaire chargé d'appliquer les lois (pouvoir réglementaire dérivé), et un pouvoir réglementaire considéré « autonome.

Cette disposition constitutionnelle, en son alinéa 2, la possibilité au gouvernement de préserver son domaine de compétence en sanctionnant les empiétements du législateur dans les matières réglementaires. Il dispose que « les textes à caractère de loi intervenus en ces matières peuvent être modifiés par décret si la Cour constitutionnelle, à la demande du Gouvernement, a déclaré qu'ils ont un caractère réglementaire en vertu de l'alinéa précédent ».

2. La prépondérance de l'initiative gouvernementale des lois

La mainmise du Gouvernement sur l'action du parlement concerne d'abord l'initiative des lois. En effet, conformément à l'article 130 de la Constitution, « l'initiative des lois appartient concurremment au Gouvernement, à chaque député et à chaque sénateur ». Dans la pratique, les textes déposés au Parlement sont presque exclusivement d'origine gouvernementale. Les propositions parlementaires sont donc rares, lorsqu'elles ne sont pas simplement inexistantes. Pour Claude Momo et Éric-Adol Gatsi[181], cette réalité s'explique par un triple facteur.

Le premier, d'ordre pratique, se fonde sur un double argument. D'abord à la nature même de la fonction exécutive qui est de définir et de conduire la politique de l'État. Dans ce sens, le pouvoir exécutif a plus intérêt à initier les lois pour mettre en œuvre sa politique générale en même temps qu'il possède de meilleurs moyens techniques pour la conception et l'élaboration des projets législatifs (ce qui se justifie a fortiori pour la loi de finances à propos de laquelle le gouvernement jouit d'une initiative exclusive). Ensuite, ce facteur tient, à la coloration généralement monolithique des Parlements africains qui les transforme en spectateurs de la vie politique dénués de toute envie d'initier les textes législatifs.

Le deuxième facteur est rapport avec les nombreuses irrecevabilités- celles tenant à l'objet du texte et celles tenant à la protection des finances, conformément à l'article 134 de la Constitution[182] qui menacent les propositions parlementaires telles des épées de Damoclès, lesquelles constituent un véritable obstacle à la mise en œuvre des celles-ci.

---

l'agriculture, l'élevage, la pêche et l'aquaculture ; la protection de l'environnement et le tourisme ; la protection des groupes vulnérables.

181 Claude F. Momo et Éric-Adol T. Gatsi, « L'exécutif dualiste dans les régimes politiques des États d'Afrique noire francophone », *Op ; Cit.* pp. 123-166

182 « *Les propositions de loi et les amendements formulés par les membres de l'Assemblée nationale ou du Sénat ne sont pas recevables lorsque leur adoption aurait pour conséquence soit une diminution des ressources publiques, soit la création ou l'aggravation d'une charge publique, à moins qu'ils ne soient assortis de propositions dégageant les recettes ou les économies correspondantes* ».

Le troisième facteur teint au fait que le pouvoir exécutif doit avoir les moyens de mettre en œuvre la politique qu'il définit. Il est relatif à la maîtrise de l'ordre du jour des sessions parlementaires par le Gouvernement, question capitale, car elle détermine « l'orientation et la qualité du travail législatif. Maître de l'ordre du jour, le gouvernement peut se transformer en bourreau des propositions parlementaires indésirables en les excluant systématiquement de l'ordre du jour.

En RDC, même si la maitrise de l'ordre du jour est accordée et fixée par le Parlement, la phase législative est marquée par l'urgence de droit si demandée par le Gouvernement. Ceci ressort de l'article 117 de la Constitution qui dispose que « l'inscription, par priorité, à l'ordre du jour de chacune des Chambres d'un projet de loi, d'une proposition de loi ou d'une déclaration de politique générale est de droit si le Gouvernement, après délibération en Conseil des ministres, en fait la demande ».

3. La législation déléguée

La législation déléguée marque une rupture du principe de l'équilibre dans la distribution horizontale du pouvoir au sein de l'Etat dans le sens de la spécialisation fonctionnelle et de la compétence des autorités publiques. Elle dilue les frontières de la séparation des pouvoirs entre le pouvoir exécutif et le pouvoir législatif en ce qu'elle permet l'intervention du Gouvernement dans le champ législatif en l'habilitant à édicter des actes législatifs.

Pour Pierre Bon, les raisons de la délégation législative sont liées, pour l'essentiel, « aux idées de paralysie, de démagogie, de rapidité et de technicité. Paralysie : le parlement, empêtré dans les divisions des forces politiques qui le composent, s'avérerait incapable de décider et préférerait alors renvoyer la balle dans le camp de l'exécutif. Démagogie : lorsque la situation impose de prendre des décisions impopulaires, le parlement rechignerait à les assumer et préférerait qu'elles soient prises par le gouvernement. Rapidité : compte tenu de la lourdeur de la procédure législative, la loi nécessiterait du temps pour être adoptée alors que l'exécutif est à même d'édicter des actes juridiques beaucoup plus rapidement et donc de mieux répondre à l'urgence. Technicité : certaines matières particulièrement techniques se prêteraient mal à une discussion parlementaire de telle sorte qu'il serait alors expédient de les régir par un acte de l'exécutif[183] ».

En vertu de l'article 129, alinéa 1 de la Constitution RD congolaise, « le Gouvernement peut, pour l'exécution urgente de son programme d'action, demander à l'Assemblée nationale ou au Sénat l'autorisation de prendre par ordonnances-loi pendant un délai limité et sur des matières déterminées, des mesures qui sont normalement du domaine de la loi. »

Il s'aperçoit clairement que le droit constitutionnel congolais instaure un régime de délégation préalable du législateur, car celui-ci ne pourra édicter un acte législatif que si, au préalable, le législateur l'y a autorisé en lui déléguant sa

---

[183] Pierre, B. « Les substituts à la loi : les actes législatifs de l'exécutif », *Annuaire international de justice constitutionnelle*, 19/2003, 2004. Constitution et élections – La loi. pp. 472-503, p. 472. https://www.persee.fr/doc/aijc_0995-3817_2004_num_19_2003_1734 (Consulté le 10 mai 2023).

compétence. Ce transfert temporaire des compétences s'opère au travers d'une loi d'habilitation en faveur du Gouvernement.

Comme prévu à l'article précité, la loi d'habilitation est une loi ordinaire votée par le Parlement. Elle permet au Gouvernement (unique bénéficiaire, qui ne peut à son tour déléguer en vertu du principe général de droit « *delegata potestas delegare no potest* »), aux effets de l'exécution urgente de son programme, de prendre par ordonnance-loi, des mesures qui sont normalement du domaine de la loi.

Le régime de la délégation législative est assorti de quelques conditions ou restrictions. La première concerne le domaine de la législation déléguée. Même si l'article 129 est resté muet à ce sujet, certaines matières sont interdites à la délégation. Il s'agit des matières relevant de la compétence du législateur organique[184]. Deuxièmement, les matières déléguées doivent être définies de façon particulièrement précise. L'article 129 insiste sur le fait que la loi d'habilitation porte « sur des matières déterminées ». La loi d'habilitation ne pouvant être un chèque en blanc, « l'exercice de la fonction législative ne peut être délégué au Gouvernement que si les principes et critères directeurs en sont établis et seulement Article 76 : L'exercice de la fonction législative ne peut être délégué au Gouvernement que si les principes et critères directeurs et seulement…pour des objets définis[185] ». Troisièmement, la restriction porte sur la durée de la délégation. En effet, de même que le domaine de la délégation ne saurait être illimité, sa durée ne saurait être indéfinie. Ainsi, l'article 129 de la Constitution congolaise suit la règle générale en la matière en précisant que la délégation législative est exercée « pendant un délai limité ».

Par ailleurs, le régime de l'article 129 de la Constitution congolaise ne prévoit pas un contrôle parlementaire *a priori* de l'acte pris sur délégation, car la loi d'habilitation n'impose pas au gouvernement l'obligation de consulter les commissions parlementaires spécialisées en la matière avant de promulguer l'ordonnance-loi. Cette disposition porte sur un contrôle parlementaire a posteriori au travers sous la forme d'une ratification ou d'une homologation. Ceci ressort de l'alinéa 2 de l'article sous examen qui dispose que ces ordonnances-lois, qui entrent en vigueur dès leur promulgation, « deviennent caduques si le projet de loi de ratification n'est pas déposé devant le parlement au plus tard à la date limite fixée par la loi d'habilitation ». Ces ordonnances-lois cessent de plein droit de produire leurs effets en cas de rejet du projet de ratification.

III. LA FORME DE L'ÉTAT SOUS LA CONSTITUTION DU 18 FÉVRIER 2006

Dans son article intitulé « République démocratique du Congo : décentralisation et sortie de conflit », Sébastien Melmoth affirme qu'en théorie « la constitution de la IIIe République adoptée par référendum en décembre 2005

---

184 C'est le cas par exemple de l'article 81 et 82-1 de la Constitution espagnole

185 Voir l'article 76 de la Constitution de la République Italienne (G. U. n° 298 du 27 décembre 1947, ed. straord.)

relance une décentralisation qui avait été initiée en 1982 à travers une ordonnance-loi de réforme territoriale, dite "décentralisation Vunduawe". Par la suite, deux réformes territoriales sont intervenues en 1995 et 1998 – cette dernière constituant plutôt un recul en matière de décentralisation en raison de la suppression des organes délibérants des entités décentralisées. Comparée à ces deux tentatives passées, la décentralisation constitutionnelle actuelle est une *régionalisation* motivée par des considérations politiques. Elle rompt avec la tradition congolaise qui avait vu l'essentiel des pouvoirs concentrés entre les mains des instances nationales lors des première et seconde Républiques. Le nouveau texte constitutionnel prend le contre-pied de cette histoire politico-institutionnelle en privilégiant clairement un territoire administratif (la région) et en définissant ses compétences avant toute autre collectivité »[186].

En effet, la constitution du 18 février 2006 constitutionnalise le principe de la décentralisation territoriale en République démocratique du Congo. Elle crée une administration territoriale dualiste composée des entités territoriales décentralisées d'une part et d'autre part, des entités territoriales régionalisées.

Les deux catégories des entités territoriales ainsi créées sous la constitution actuelle ont pour dénominateur commun le fait que de part et d'autre il y a attribution de la personnalité juridique à l'entité territoriale entraînant principalement l'autonomie organique par l'existence des organes propres de décision et l'autonomie matérielle par la reconnaissance d'une catégorie des affaires locales, distinctes des affaires locales. Par ailleurs, pour l'effectivité de cette double autonomie, ces entités territoriales bénéficient aussi de l'autonomie financière, à travers la reconnaissance des ressources financières propres (fiscales et non fiscales) et de l'autonomie patrimoniale permettant de disposer d'un domaine, différent de celui de l'Etat[187].

1. Les entités territoriales décentralisées (ETD)

L'article 3, alinéa 2 de la Constitution détermine les entités territoriales décentralisées. Il s'agit de la ville, la commune, le secteur et la chefferie. L'alinéa 3 de cet article précise le principe constitutionnel selon lequel ces entités territoriales décentralisées jouissent de la libre administration et de l'autonomie de gestion de leurs ressources économiques, humaines, financières et techniques. A ce jour, l'ensemble des entités territoriales décentralisées de la RD Congo comprend 32 villes proprement dites (grandes, moyennes ou petites), 272 communes (dont 97 urbaines et 175 rurales), 472 secteurs et 261 chefferies, soit au total 1037 entités.

Les ETD sont gérés par les organes locaux. Les organes de la ville sont : le Conseil urbain et le collège exécutif urbain. Les organes de la commune sont: le Conseil communal et le Collège exécutif communal et enfin, les organes du secteur ou de chefferie sont: le Conseil de secteur ou de chefferie et le Collège exécutif de secteur

---

[186] Melmoth, Sébastien. « République démocratique du Congo : décentralisation et sortie de conflit », *Afrique contemporaine*, vol. 221, no. 1, 2007, pp. 75-85.

[187] Vunduawe te Pemako, F et Mboko Dj'Andima (2020), *Traité de droit administratif de la République Démocratique du Congo*, Op.Cit p. 475.

ou de chefferie. Ces organes disposent sur le plan juridique d'un pouvoir réglementaire local et de la liberté contractuelle.

Par ailleurs, la loi organique n° 08/016 du 07 octobre 2008 portant composition, organisation et fonctionnement des Entités Territoriales Décentralisées et leurs rapports avec l'Etat et les Provinces reconnait l'autonomie financière dont dispose ces entités. Ces ressources financières sont reconnues par l'Etat par voie législative. En effet, la garantie de l'autonomie financière permet à une entité territoriale décentralisée de disposer d'un budget propre, distinct de ceux du pouvoir central et de la province. Ce budget est toutefois intégré en dépenses et en recettes au budget de la province qui est présenté en même temps que le budget du pouvoir central pour former le budget de l'Etat arrêté chaque année par une loi. En effet, les ressources financières d'une entité territoriale décentralisée comprennent les ressources propres, les ressources provenant des recettes à caractère national allouées aux provinces (le droit des entités territoriales décentralisées à 40% des recettes à caractère national allouées à la province)[188], les ressources de la Caisse nationale de péréquation ainsi que les ressources exceptionnelles[189].

Le principe de libre administration des s'étend également dans le sens de l'interdiction de la tutelle d'une ETD sur une autre. La tutelle sur les actes des ETD est exercée au nom de l'Etat, par le Gouverneur de Province, qui peut déléguer ce pouvoir à l'administrateur du Territoire[190].Il s'agit d'un contrôle a priori et un contrôle a posteriori.

Conformément à l'article 97 de la loi organique n° 08/016 du 07 octobre 2008 portant composition, organisation et fonctionnement des Entités Territoriales Décentralisées et leurs rapports avec l'Etat et les Provinces, les actes soumis au contrôle *a priori* sont transmis au Gouverneur de province avant d'être soumis à délibération ou à exécution. Il s'agit des actes suivants :

1. l'élaboration de l'avant-projet de budget afin de valider la compatibilité avec les hypothèses macroéconomiques retenues dans les prévisions du budget national, les projections de recettes et la prise en compte des dépenses obligatoires ;
2. la création des taxes et l'émission d'emprunt conformément à la loi sur la nomenclature des taxes et la loi financière ;
3. la création d'entreprises industrielles et commerciales, la prise de participation dans les entreprises ;
4. la signature de contrat comportant des engagements financiers sous différentes formes de prises de participation ;
5. les règlements de police assortis de peine de servitude pénale principale ;

[188] Conformément à l'article 225 de la Loi relative aux fiances publics (LOFIP), les entités territoriales décentralisées ont droit à 40% de la part des recettes à caractère national allouées aux provinces, car la Province ou la ville de Kinshasa ne doit conserver que les 60% du produit desdites ressources. Par ailleurs, les ETD ont également droit à 40%des impôts et taxes provinciaux d'intérêt commun).

[189]Ceci ressort des articles 104, 105 et 106 de la loi organique n° 08/016 du 07 octobre 2008 portant composition, organisation et fonctionnement des Entités Territoriales Décentralisées et leurs rapports avec l'Etat et les Provinces.

[190] Voir l'article 95 de la loi précitée.

6. l'exécution des travaux sur les dépenses d'investissement du budget de l'Etat comme maître d'ouvrage délégué ;
7. les actes et les actions pouvant entraîner des relations structurées avec les Etats étrangers, les entités territoriales des Etats étrangers, quelle qu'en soit la forme ;
8. la décision de recours à la procédure de gré à gré, par dérogation aux règles de seuil et de volume des marchés normalement soumis aux procédures d'appel d'offres, dans le respect de la loi portant code des marchés publics.

2. Les entités territoriales régionalisées

La constitution du 18 février 2006 instaure en RDC un Etat régionalisé. Il s'agit d'un régionalisme politique. « La province est une composante politique et administrative du territoire de la République, dotée de la personnalité juridique et gérée par les organes locaux. Le statut, l'organisation et le fonctionnement de la province procèdent des dispositions constitutionnelles qui instituent le régionalisme politique en République Démocratique du Congo, déterminent les institutions politiques de la province et répartissent les compétences entre elle et le pouvoir central (articles 3 et 195 à 206 de la Constitution) »[191].

2.1. La qualification théorique d'un Etat régionalisé en droit public comparé

Cette forme se situe au milieu de la frontière entre l'État unitaire simplement décentralisé et l'État fédéral. C'est donc une nouvelle typologie d'État qui est appelé en droit constitutionnel l'état unitaire régionalisé. C'est cet État qui existe en Italie et en France. Cependant, la France n'a jamais été un État régional au sens de l'Italie ou de l'Espagne. Elle connaît plutôt un régionalisme simplement administratif, car l'organe délibérant d'une entité décentralisé ou régionalisé administrativement n'a pas de pouvoir législatif local. Tous ses actes sont des simples actes administratifs, susceptibles d'être l'objet d'un recours en annulation pour excès de pouvoir devant le juge administratif. Donc, en France, la tutelle de l'État sur les collectivités territoriales est organisée par voie juridictionnelle déclenchée par le référé préfectoral. En revanche, l'Italie organise un régionalisme politique.

La Belgique a fait l'expérience d'une pareille forme jusqu'en 1992 avant de se pervertir en fédéralisme complexe de type linguistique et communautaire.

Par définition, l'État régionalisé est cet État à la fois proche de l'État unitaire fortement décentralisé et de l'État fédéral. Il diffère de l'État unitaire décentralisé en ce qu'il ne connaît pas l'application du principe de tutelle administrative qui est à la base de beaucoup de faiblesse dans bien d'États décentralisés. Il diffère aussi de l'État fédéral en ce qu'il instaure un double contrôle de légalité a priori assuré par le pouvoir judiciaire central et les représentants du pouvoir central dans l'entité administrative régionale pour prévenir les déviations.

---

[191] Voir exposé des motifs de la loi n°08/012 du1 juillet 2008 portant principes fondamentaux relatifs à la libre administration des provinces.

Il est possible de dire, à priori, que sur le plan purement technique, un État régionalisé n'est pas distinct de l'État unitaire décentralisé. Aux mieux, on peut même dire que la régionalisation est une modalité de la décentralisation. On notera cependant que dans la mesure où elle s'appuie sur des entités territoriales plus vastes, définies elles-mêmes selon les données de la géographie économique et humaine et des solidarités diverses qui en résultent, la régionalisation est une méthode d'organisation administrative qui introduit dans la solution des problèmes administratifs des facteurs effectifs induits de l'histoire et de la culture partant de son caractère politique.

Le régionalisme apparaît dès lors en droit public comparé comme ayant un caractère politique. Dans ce sens, le cadre et les compétences de la région dépassent ceux d'une circonscription administrative. Celle-ci est en principe dépourvue de la personnalité juridique. Elle est une entité territoriale déconcentrée. En revanche, une certaine comparaison est plausible avec les entités territoriales décentralisées dans le cadre d'un État unitaire décentralisé. Ce qui fait que dans ce cas, la région devient une entité organique, géographique, historique, linguistique et même parfois sociale possède une puissance interne de cohésion et d'attraction supérieure.

La régionalisation a son fondement dans la constitution et non dans une simple loi. C'est dans ce sens qu'elle dépasse la simple décentralisation. C'est également la raison pour laquelle on parle ordinairement de « l'État du régionalisme constitutionnel » en droit constitutionnel. Dans ce cas, la région dispose d'un pouvoir d'auto-organisation de ses organes de gouvernement et de législation ainsi qu'un domaine réservé de compétence garanti, comme dans les États fédéraux par le contrôle d'une cour constitutionnelle.

Nous pouvons en donner quelques exemples par référence au Droit administratif comparé.

En France, la tentative de régionalisation a eu lieu le 26 avril 1969 et a échoué à cause de l'ambiguïté de la réforme dont elle provenait. C'est un peu plus tard que la régionalisation entrera en vigueur en France grâce à la réforme du 2 mars 1998.

Suivant le modèle français de régionalisme administratif, les entités administratives ou collectivités territoriales (communes, les départements, les régions, les collectivités à statut particulier et les collectivités d'outre-mer) sont créées pour gérer les services publics et faire œuvre d'administrations et non édicter des lois. Elles ne peuvent pas déterminer elles-mêmes leur domaine de compétence ou d'action. Ceci ressort de l'article 72, alinéa 3 de la Constitution française qui stipule que : « Dans les conditions prévues par la loi, ces collectivités s'administrent librement par des conseils élus et disposent d'un pouvoir réglementaire pour l'exercice de leurs compétences ». Elles bénéficient d'une autonomie et non d'une indépendance, car elles font l'objet d'un contrôle, du fait de l'État unitaire, appelé tutelle ou contrôle de légalité[192].

---

[192] Verpeaux, M. (2014). *Droit constitutionnel 1 : théorie générale de l'État — histoire constitutionnelle de la France. L'État et le pouvoir politique*, UNJF — Université Numérique Juridique Francophone.

En Italie, la Constitution italienne du 27 décembre 1947[193], à l'article 115, dispose que les régions sont constituées en corps autonomes avec des pouvoirs particuliers et des fonctions propres. À la tête d'une région se trouvent un Président, une junte et un conseil régional. Le gouvernement est représenté en région par un Commissaire du Gouvernement. Son rôle est double : surveiller les autorités locales et exercer les fonctions administratives exercées par l'État en les coordonnant avec les fonctions exercées par les régions. Il s'agit ici d'un régionalisme constitutionnel de base qui a été politiquement renforcé pour la Sicile, la Sardaigne, le Trentin–Haut-Adige, le Frioul-Vénétie Julienne et la Vallée d'Aoste. Ces cinq régions ont donc un statut spécial alors que les 15 autres relèvent du droit commun. Cette organisation a été parfaite en 1970.

Comme on le voit, cette organisation témoigne d'une organisation très complète qui va au-delà d'une simple décentralisation administrative. Comme il en a été le cas en 1960 au Congo, elle découle en vérité de l'existence de trois réalités évidentes que voici :

Premièrement, l'autonomie des régions qui s'attache aux statuts, à l'organisation et aux ressources des régions est établie par les conseillers régionaux statuant à la majorité absolue de leurs membres. Dans ce sens, les régions ont le loisir de compléter elles-mêmes les dispositions constitutionnelles relatives aux institutions régionales. Du point de vue de l'organisation, les membres des Conseils régionaux sont élus pour cinq ans au suffrage universel direct à la représentation proportionnelle. Ils élisent les membres de la junte qui est l'organe exécutif des régions. La junte élit en son sein le Président. Sur le plan des finances, les régions bénéficient d'une autonomie financière en ce sens qu'elles disposent des ressources propres (produits d'impôt affectés, des quotes-parts d'impôts d'État et de contributions spéciales de l'État).

Deuxièmement, mis à part le cas de l'élection du Président de la République où les Conseils Régionaux concourent à cette élection par la désignation de trois électeurs, ce qui constitue déjà une importante prérogative politique, lesdits Conseils Régionaux ont un pouvoir législatif régional essentiel en concurrence avec le parlement national dans les matières nombreuses et importantes énumérées par la constitution (article 117, chapitre 8).

Troisièmement, la tutelle exercée par un Commissaire du Gouvernement a pour but de constater des cas soit d'inconstitutionnalité soit d'illégalité. Ainsi, les lois régionales sont soumises à un double contrôle. Le premier est celui de légalité. Les lois adoptées par les conseils régionaux sont communiquées au Commissaire qui les transmet au gouvernement, celui-ci à trente jours pour s'opposer à la promulgation de la loi en arguant de son illégalité.

Si dans ce cas le conseil régional n'entend pas modifier sa position, la cour constitutionnelle est appelée à se prononcer. Le deuxième contrôle est celui de l'opportunité qui porte sur la contradiction de la loi avec l'intérêt national ou celui

---

https://cours.unjf.fr/repository/coursefilearea/file.php/64/Cours/01_item/indexI0.htm (Consulté le 9 avril 20201).

[193] Constitution du 22 décembre 1947 (Version consolidée au 9 mars 2022). https://mjp.univ-perp.fr/constit/it1947.htm (consulté le 4 juin 2023).

des autres régions. Dans ce cas, si le désaccord est confirmé, c'est au parlement national qu'il appartient d'apprécier. Au cas où il y a certitude sur la question de savoir si le conflit survenu porte une question de légalité ou d'opportunité, c'est la cour constitutionnelle qui décide.

On notera enfin que dans ce cas précis de l'Italie, il existe aussi une tutelle administrative exercée par les commissions régionales de contrôle, présidées par les commissaires du gouvernement et composées chacune de quatre hauts fonctionnaires d'État et de deux experts désignés sur proposition des conseils régionaux. Elles exercent essentiellement un contrôle de légalité sur les décisions administratives des conseils régionaux. Ce qui précède se vérifie amplement dans le cas du système issu de la loi fondamentale.

En Belgique. L'exemple belge en matière d'organisation politique, administrative et territoriale, tel qu'il s'est concrétisé aujourd'hui, est le résultat d'un long et complexe processus qui ne saurait servir d'exemple dans le cas de notre pays. Le processus est complexe tant dans l'élaboration que dans l'organisation politique et administrative à laquelle il a conduit. C'est donc, au total, une décentralisation d'un type particulier qui a constitué une étape intermédiaire avant le glissement entre 1988 et 1983, vers un fédéralisme spécifique.

De toute évidence, il s'agissait d'assurer les rapports harmonieux entre les groupes ethniques et linguistiques, principalement flamands et wallons, qui composent la population belge. Pour cela, la révision constitutionnelle du 24 décembre 1970 a créé trois régions administratives (Wallonne, Flamande, Bruxelloise, cf. Article 107 quarter) et quatre régions linguistiques (française, néerlandaise, allemande et la région bilingue de Bruxelles (cf. Article 3 bis) auxquelles correspondaient trois communautés culturelles (article 3 ter) ?

Trois régions administratives (wallonne, flamande, bruxelloise) et trois communautés (francophone, allemande et germanophone) coexistent. Régions et communautés ont leurs organes propres, mais selon un système dit asymétrique, car il n'est pas le même du côté flamand. Du côté wallon, compétent pour les matières dites régionales, c'est-à-dire liées au sol et au conseil de la communauté française, compétente pour les matières dites personnalistes, c'est-à-dire liées à la personne, mais sur le territoire wallon.

Du côté flamand, il n'y a qu'un seul conseil, compétent pour deux séries des matières sur son territoire.

Les conseils sont composés des membres composant les groupes linguistiques du Sénat belge. Ce sont ces conseils qui élisent les exécutifs régionaux (de 6 à 9 selon les cas).

Les révisions constitutionnelles de 1970 et 1980 ont réalisé, comme on le voit, le point extrême de la décentralisation administrative — pas seulement territoriale, mais davantage encore ethnique et linguistique — a été atteint. Il a cependant paru insuffisant aux yeux des Belges. C'est la raison pour laquelle les chambres décidèrent, en 1988, l'adoption des structures par transfert de nouvelles compétences aux communautés et aux régions. En 1993, une nouvelle et importante révision a achevé de transformer la Belgique en État fédéral.

En conclusion, on peut dire, dans le cas de la Belgique, que c'est une sorte de glissement continu et progressif qui aura conduit de la décentralisation au fédéralisme après plus ou moins deux siècles de vie commune dans le cadre d'un État unitaire.

2.2. Les principes du régionalisme politique congolais

Les professeurs Vunduawe te Pemako et Boko Dj'Andima considèrent que « la régionalisation politique suppose une dualité de sources normatives par l'existence, d'un côté, d'un pouvoir législatif national et de l'autre, d'un pouvoir législatif régional ou provincial[194] ».

L'article 2 de la Constitution dispose que :

« La République Démocratique du Congo est composée de la ville de Kinshasa et de 25 provinces dotées de la personnalité juridique.

Ces provinces sont : Bas-Uele, Equateur, Haut-Lomami, Haut-Katanga, HautUele, Ituri, Kasaï, Kasaï Oriental, Kongo Central, Kwango, Kwilu, Lomami, Lualaba, Kasaï Central, Mai-Ndombe, Maniema, Mongala, Nord-Kivu, NordUbangi, Sankuru, Sud-Kivu, Sud-Ubangi, Tanganyika, Tshopo, Tshuapa.

Kinshasa est la capitale du pays et le siège des institutions nationales. Elle a le statut de Province. La capitale ne peut être transférée dans un autre lieu du pays que par voie de référendum ».

Le régionalisme politique congolais est déterminé par 3 principes structurants : la reconnaissance d'un domaine des compétences exclusive de la province (2.1), la détermination des compétences concurrentes du pouvoir central et des provinces (2.2), la constitutionnalisation des institutions politiques provinciales (2.3) et la compétence de la Cour constitutionnelle pour trancher des conflits verticaux de compétence mettant aux prises l'Etat et les provinces (2.4).

2.2.1. Les compétences exclusives des provinces

Les articles 203 et 204 de la Constitution actuelle opèrent une distinction entre les matières de la compétence exclusive des provinces et celles de la compétence concurrente du pouvoir central et des provinces.

La reconnaissance constitutionnelle des compétences exclusives des provinces, comme prévue à l'article 204, pointe trois conséquences d'une grande portée censée assurer la libre administration des provinces.

Premièrement, dans ces matières qui leur reviennent de plein droit, les provinces exercent leur pouvoir législatif, leur pouvoir réglementaire et leur liberté contractuelle, dans les conditions définies dans la constitution. Toutes fois, le pouvoir législatif ou le pouvoir réglementaire provincial peut-être encadré par la législation nationale dans un souci d'application harmonisée des mêmes principes sur toute l'étendue du territoire national[195].

---

[194] Vunduawe te Pemako, F et Mboko Dj'Andima (2020), *Traité de droit administratif de la République Démocratique du Congo,* Op. Cit., p. 476.

[195] Vunduawe te Pemako, F et Mboko Dj'Andima (2020), *Traité de droit administratif de la République Démocratique du Congo*, Op. Cit., p. 477.

Deuxièmement ; en prolongement de la reconnaissance de ce domaine des compétences exclusives dévolues à la province, la loi n°08/012 du 31 juillet 2008 portant principes fondamentaux relatifs à la libre administration des provinces établit une démarcation entre le domaine d'édit et le pouvoir réglementaire général exercé par la province. En effet, l'article 35 de la législation susmentionnée détermine que l'édit fixe les règles concernant 11 domaines :

1. le plan d'aménagement de la province ;
2. la fonction publique provinciale et locale ;
3. la dette publique provinciale ;
4. les finances publiques provinciales ;
5. les emprunts intérieurs pour les besoins de la province ;
6. les travaux et marchés publics d'intérêt provincial et local ;
7. l'enseignement maternel, primaire, secondaire, professionnel et national ainsi que l'alphabétisation des citoyens conformément aux normes établies par le pouvoir central ;
8. l'établissement des peines d'amende ou de prison pour assurer le respect des édits en conformité avec la législation nationale ;
9. les taxes et les droits provinciaux et locaux, notamment l'impôt foncier, l'impôt sur « les revenus locatifs et l'impôt sur les véhicules automoteurs ;
10. la production de l'eau pour les besoins de la province ;
11. la planification provinciale.

Par ailleurs, l'article 37 de la loi susmentionnée détermine le champ du pouvoir réglementaire général de la province exercée par voie d'arrêté provincial du Gouverneur. Ce champ concerne les matières reprises aux dispositions des articles 203 (compétence concurrente du pouvoir central et des provinces et 204 de la constitution [compétence exclusive des provinces].

Troisièmement, de manière générale, suivant la doctrine du professeur Vunduawe, « les compétences administratives des provinces se situent soit dans le cadre général de l'exécution directe de la législation nationale (lois et règlements nationaux à soit dans le cadre de la répartition des tâches administratives établie entre le pouvoir central. Car l'exécution de la législation nationale ou de la législation provinciale peut appeler la prise d'actes juridiques administratifs [réglementaires ou non réglementaire] ou simplement la réalisation des tâches matérielles »[196].

2.2.2. La détermination des compétences concurrentes du pouvoir central et des provinces

L'article 203 de la Constitution est la base constitutionnelle qui détermine les compétences partagées entre le pouvoir central et les provinces. Ces matières ainsi énumérées circonscrivent non seulement l'étendue de la fonction législative

---

[196] Idem, p. 478. Ces auteurs rappellent que « *l'acte juridique est une manifestation de volonté destinée à produire des effets de droit, c'est-à-dire une opération juridique consistant en une manifestation de volonté ayant pour objet ou pour effet de produire une conséquence juridique (établissement d'une règle, modification d'une situation juridique, création d'un droit, etc* ».

de ces deux échelons de l'Etat, mais également les matières à caractère administratif.

2.2.3. La constitutionnalisation des institutions provinciales

En vertu de l'article 195, les provinces disposent des institutions propres : l'Assemblée provinciale et le Gouvernement provincial.

L'Assemblée provinciale est l'organe délibérant de la province. Elle délibère dans le domaine des compétences réservées à la province et contrôle le Gouvernement provincial ainsi que les services publics provinciaux et locaux. Elle légifère par voie d'édit sur les matières relevant de la compétence exclusive des provinces ainsi que sur les matières relevant de la compétence concurrente du pouvoir central et des provinces. En cas de délégation du pouvoir législatif [habilitation] obtenue du parlement central, une assemblée peut aussi légiférer sur une matière relevant de la compétence exclusive du pouvoir central, en vertu de l'article 205, alinéas 2 et 3).

Au-delà d'exercer un pouvoir de contrôle sur l'action du Gouvernement provincial, l'assemblée provinciale peut exercer un contrôle comparable à un contrôle de tutelle sur certains actes du Gouvernement provincial. Ceci ressort de l'article 40 31 de la loi n°08/012 du 31 juillet portant principes fondamentaux relatifs à la libre administration des provinces. Cette disposition habilite l'Assemblée provinciale à exercer un contrôle a priori ou a posteriori sur certains actes déterminés du Gouvernement provincial.

Ainsi les actes suivants sont soumis à autorisation préalable :

1. l'émission d'emprunt et la signature d'un accord de prêt ;
2. la création, la prise des participations et la cession d'actifs dans les entreprises ;
3. les actes de disposition des biens du domaine privé de la province ;
4. la conclusion des accords de coopération avec les provinces limitrophes des pays voisins.
5. Par contre, sont soumis au régime d'approbation, les actes suivants :
6. le plan d'aménagement de la province ;
7. les accords de coopération interprovinciale.

Le Gouvernement provincial est l'organe exécutif de la province. Il dispose des services publics provinciaux. Il exécute les édits provinciaux et fait les règlements d'administration et de police au niveau provincial. Il exécute également, par l'intermédiaire de ses services les lois et les règlements nationaux, conformément à l'article 206 de la Constitution.

2.2.4. La compétence de la Cour constitutionnelle pour trancher des conflits verticaux de compétence mettant aux prises l'Etat et les provinces

La Cour constitutionnelle est juge du conflit de compétence. Elle est compétente pour connaitre les conflits de compétence et d'attribution. En rapport avec les conflits de compétence, la Cour intervient et statue dans le cas des conflits horizontaux opposant les pouvoirs exécutifs et législatifs d'une part et d'autre part, les pouvoirs verticaux mettant aux prises l'État et les provinces. Dans ce dernier cas, il ne s'agit pas de l'État pris dans un sens technique, mais plutôt du pouvoir central en l'occurrence l'exécutif national et le parlement national, opposé aux provinces. Ainsi, il y a conflit de compétences entre l'État et les provinces en cas de violation présumée des prescrits des articles 202 à 205 de la Constitution. La Cour doit ainsi se prononcer sur l'échelon du pouvoir compétent.

3. Les prérogatives du Président à l'égard des provinces

Le président de la République exerce trois types des pouvoirs à l'égard du pouvoir provincial.

3.1. Le pouvoir d'investiture des Gouverneurs et des vice-Gouverneurs de Provinces

Aux termes de l'article 80 ; « le président de la République investit par ordonnance les Gouverneurs et les Vice-Gouverneurs de province élus, dans un délai de quinze jours conformément à l'article 198. » Cette ordonnance d'investiture n'est pas soumise à l'exigence du contreseing du Premier ministre (article 79, alinéa 4). Cette investiture rentre dans la catégorie des pouvoirs de nomination formelle, donc de compétence liée.

3.2. Le président et les pouvoirs de crise : la destitution du Gouverneur de Province et la dissolution de l'Assemblée provinciale

La révision constitutionnelle opérée par la Loi n° 11/002 du 20 janvier 2011 portant révision de certains articles de la Constitution de la République Démocratique du Congo a eu pour effet l'extension et le renforcement constitutionnels des pouvoirs personnels du Chef de l'Etat.

3.2.1. La destitution du Gouverneur de Province

En matière d'autonomie des provinces, la modification apportée à l'article 198 a conféré au Chef de l'Etat le pouvoir de destituer (relever de ses fonctions) le Gouverneur de Province. Le dernier alinéa de l'article susmentionné est plus clair : « Lorsqu'une crise politique grave et persistante menace d'interrompre le fonctionnement régulier des institutions provinciales, le Président de la République peut, par une ordonnance délibérée en Conseil des ministres et après concertation avec les bureaux de l'Assemblée nationale et du Sénat, relever de ses fonctions le Gouverneur d'une province. Dans ce cas, la Commission électorale nationale indépendante organise l'élection du nouveau Gouverneur dans un délai de trente jours.

Cette modification de l'article 198 est venue renforcer les prémisses d'une atteinte à l'autonomie provinciale déjà établie par la Loi n°08/012 du 31 juillet 2008 portant principes fondamentaux relatifs à la libre administration des provinces. En effet, une lecture combinée des articles 63, 66 et 67 de cette loi révèle l'astuce du dédoublement fonctionnel de la fonction de Gouverneur de province. « Le Gouverneur de province représente le Gouvernement central en province. Il assure, dans ce cadre, la sauvegarde de l'intérêt national, le respect des lois et règlements de la République et veille à la sécurité et à l'ordre public dans la province. » À ce titre, il est soumis à un contrôle direct du pouvoir central. Par ce fait même, cette Loi « a autorisé l'éviction d'un gouverneur de province par son assemblée provinciale, à l'initiative du pouvoir central, y compris le Chef de l'Etat. »

3.2.2. La dissolution de l'Assemblée provinciale

Déjà, l'article 20 de la Loi n°08/012 du 31 juillet 2008 portant principes fondamentaux relatifs à la libre administration des provinces confiait déjà au président de la République le pouvoir de prendre acte, par simple ordonnance contresignée par le Premier ministre de la dissolution de plein droit de l'Assemblée. L'article 19 de la Loi susmentionnée prévoyait la dissolution de plein droit en cas de crise institutionnelle persistante et définissait les 3 circonstances et faits qui caractérisent la crise institutionnelle. Il y a une crise institutionnelle persistante lorsque :

- pendant six mois successifs, l'Assemblée provinciale n'arrive pas à dégager une majorité ;
- elle ne peut se réunir pendant une session faute de quorum ;
- au cours de deux sessions d'une même année, le Gouvernement provincial est renversé à deux reprises.

Sous la coupe de la révision de 2011 et selon le libellé nouveau des articles 197, alinéas 7 et 8, le président de la République jouit de la prérogative de dissoudre l'Assemblée provinciale. « Lorsqu'une crise politique grave et persistante menace d'interrompre le fonctionnement régulier des institutions provinciales, le Président de la République peut, par une ordonnance délibérée en Conseil des ministres et après concertation avec les bureaux de l'Assemblée nationale et du Sénat, dissoudre l'Assemblée provinciale. Dans ce cas, la Commission électorale nationale indépendante organise les élections provinciales dans un délai de soixante jours à compter de la dissolution. »

3.3. Le président et la Conférence des Gouverneurs de Province

L'article 200 de la Constitution du 18 février 2006 telle que révisée le 20 janvier 2011 dispose : « Il est institué une Conférence des Gouverneurs de province.

'Elle a pour mission d'émettre des avis et de formuler des suggestions sur la politique à mener et sur la législation à édicter par la République.

La Conférence des Gouverneurs de province est composée, outre les Gouverneurs de province, du Président de la République, du Premier ministre et du ministre de l'Intérieur. Tout autre membre du Gouvernement peut y être invité.

Elle est présidée par le Président de la République.

Elle se réunit au moins deux fois par an sur convocation de son Président. Elle se tient à tour de rôle dans chaque province.

Une loi organique en détermine les modalités d'organisation et de fonctionnement. »

La CGP est un cadre de concertation et d'échange entre l'exécutif national et les exécutifs provinciaux sur la marche des affaires de l'Etat. Elle a pour mission constitutionnelle et légale d'émettre des avis et de formuler des suggestions sur la politique à mener et sur la législation à édicter par la République. Elle contribue ainsi à la consolidation de l'unité nationale et à l'harmonie entre les deux niveaux des pouvoirs d'Etat. La CGP présente aussi un avantage pratique, celui résidant dans le fait que ses membres parviennent à la même compréhension sur la situation politique, économique, sociale et sécuritaire du pays en général, et celle de chacune des provinces, en particulier.

La Loi organique n° 08/015 du 07 octobre 2008 (LOCGP) détermine les modalités pratiques de l'organisation et du fonctionnement de la CGP. Cette Loi organique complète l'article 200 de la Constitution. Composée de 17 articles seulement, elle se focalise sur l'organisation et le fonctionnement de la CGP. La composition est restée intacte avec la possibilité d'inviter les autres autorités.

En vertu de l'article 7 de la loi organique susmentionnée, le président de la République est le président du Bureau de la Conférence des Gouverneurs de Province, qu'il préside.

Du point de vue structurel, la CGP est dotée de trois organes. Il s'agit de l'Assemblée plénière, du Bureau et des Commissions.

Assemblée plénière : Elle en est l'organe suprême. Elle comprend l'ensemble des membres qui composent la CGP, à savoir le Président de la République, le Premier ministre, le ministre de l'Intérieur et les Gouverneurs de province. Elle est notamment compétente pour adopter le Règlement intérieur (RI) ; orienter le fonctionnement général de la CGP ; examiner et adopter les rapports des commissions ; examiner et adopter le projet du budget de la CGP ainsi que pour décider des avis et suggestions à émettre.

Le Bureau : le Bureau qui est constitué d'un Président (Président de la République), d'un Vice-président (Premier ministre), d'un Rapporteur (ministre de l'Intérieur), d'un Premier-rapporteur adjoint (Gouverneur de la province hôte) et d'un Deuxième Rapporteur adjoint (Gouverneur de la province hôte de la prochaine CGP). Il a pour mission de préparer les travaux de la CGP, de veiller à son bon fonctionnement, d'élaborer le projet du budget et d'assurer le suivi des actes.

Le Secrétariat permanent : lorsque la CGP se réunit, elle est assistée par un Secrétariat permanent. L'organisation et le fonctionnement de ce Secrétariat sont fixés par le son RI de la CGP.

À l'issue de chaque session, le rapporteur en fait le compte-rendu public et un rapport ad hoc est adressé aux institutions nationales et provinciales. Au nom de la transparence et de la redevabilité, ce rapport doit faire l'objet d'une large diffusion auprès de l'opinion publique et être publié au Journal officiel.

Depuis la promulgation de la Constitution du 18 février 2006, la CGP a tenu sept sessions seulement. Ce qui revient à dire que la convocation des sessions de la CGP s'est tenue en violation des prescrits de la Constitution et de la Loi organique portant modalités d'organisation et de fonctionnement de la CGP, car la Constitution et la Loi organique prévoient la tenue au moins de deux sessions de la CGP par an, il n'a été convoqué qu'une session après deux ans et demi.

Constitution du 18 février 2006 (version initiale)

Source : Journal Officiel Spéciale 18/02/2006

Le Sénat a proposé ;
L'Assemblée nationale a adopté ;
Le peuple congolais, lors du référendum organisé du 18 au 19 décembre 2005, a approuvé ;
Le président de la République promulgue la Constitution dont la teneur suit :

Préambule.

Nous, Peuple congolais

Uni par le destin et par l'histoire autour de nobles idéaux de liberté, de fraternité, de solidarité, de justice, de paix et de travail ;

Animé par notre volonté commune de bâtir, au cœur de l'Afrique, un État de droit et une Nation puissante et prospère, fondée sur une véritable démocratie politique, économique, sociale et culturelle ;

Considérant que l'injustice avec ses corollaires, l'impunité, le népotisme, le régionalisme, le tribalisme, le clanisme et le clientélisme, par leurs multiples vicissitudes, sont à l'origine de l'inversion générale des valeurs et de la ruine du pays ;

Affirmant notre détermination à sauvegarder et à consolider l'indépendance et l'unité nationales dans le respect de nos diversités et de nos particularités positives ;

Réaffirmant notre adhésion et notre attachement à la Déclaration universelle des droits de l'homme, à la Charte africaine des droits de l'homme et des peuples, aux conventions des Nations unies sur les droits de l'enfant et sur les droits de la femme, particulièrement à l'objectif de la parité de représentation homme femme au sein des institutions du pays ainsi qu'aux instruments internationaux relatifs à la protection et à la promotion des droits humains ;

Mû par la volonté de voir tous les États africains s'unir et travailler de concert en vue de promouvoir et de consolider l'unité africaine à travers les organisations continentales, régionales ou sous régionales pour offrir de meilleures perspectives de développement et de progrès socio-économique aux peuples d'Afrique ;

Attaché à la promotion d'une coopération internationale mutuellement avantageuse et au rapprochement des peuples du monde, dans le respect de leurs identités respectives et des principes de la souveraineté et de l'intégrité territoriale de chaque État ;

Réaffirmant notre droit inaliénable et imprescriptible de nous organiser librement et de développer notre vie politique, économique, sociale et culturelle, selon notre génie propre ;

Conscients de nos responsabilités devant Dieu, la Nation, l'Afrique et le Monde ;

Déclarons solennellement adopter la présente Constitution.

Titre premier. Des dispositions générales.

Chapitre premier.

De l'État et de la souveraineté.

Section première : De l'État.

Article premier.

La République démocratique du Congo est, dans ses frontières du 30 juin 1960, un État de droit, indépendant, souverain, uni et indivisible, social, démocratique et laïc.

Son emblème est le drapeau bleu ciel, orné d'une étoile jaune dans le coin supérieur gauche et traversé en biais d'une bande rouge finement encadrée de jaune.

Sa devise est « Justice ? Paix ? Travail ».

Ses armoiries se composent d'une tête de léopard encadrée à gauche et, à droite, d'une pointe d'ivoire et d'une lance, le tout reposant sur une pierre.

Son hymne est le « Debout Congolais ! ».

Sa monnaie est « le franc congolais ».

Sa langue officielle est le français.

Ses langues nationales sont le kikongo, le lingala, le swahili et le tshiluba. L'État en assure la promotion sans discrimination.

Les autres langues du pays font partie du patrimoine culturel congolais dont l'État assure la protection.

Article 2.

La République démocratique du Congo est composée de la ville de Kinshasa et de 25 provinces dotées de la personnalité juridique.

Ces provinces sont : Bas-Uele, Equateur, Haut-Lomami, Haut-Katanga, Haut-Uele, Ituri, Kasai, Kasai oriental, Kongo central, Kwango, Kwilu, Lomami, Lualaba, Kasaï central, Mai-Ndombe, Maniema, Mongala, Nord-Kivu, Nord-Ubangi, Sankuru, Sud-Kivu, Sud-Ubangi, Tanganyika, Tshopo, Tshuapa.

Kinshasa est la capitale du pays et le siège des institutions nationales. Elle a le statut de province. La capitale ne peut être transférée dans un autre lieu du pays que par voie de référendum.

La répartition des compétences entre l'État et les provinces s'effectue conformément aux dispositions du titre III de la présente Constitution.

Les limites des provinces et celles de la ville de Kinshasa sont fixées par une loi organique.

Article 3.

Les provinces et les entités territoriales décentralisées de la République démocratique du Congo sont dotées de la personnalité juridique et sont gérées par les organes locaux.

Ces entités territoriales décentralisées sont la ville, la commune, le secteur et la chefferie.

Elles jouissent de la libre administration et de l'autonomie de gestion de leurs ressources économiques, humaines, financières et techniques.

La composition, l'organisation, le fonctionnement de ces entités territoriales décentralisées ainsi que leurs rapports avec l'État et les provinces sont fixés par une loi organique.

Article 4.

De nouvelles provinces et entités territoriales peuvent être créées par démembrement ou par regroupement dans les conditions fixées par la Constitution et par la loi.

Section 2. De la souveraineté.

Article 5.

La souveraineté nationale appartient au peuple. Tout pouvoir émane du peuple qui l'exerce directement par voie de référendum ou d'élections et indirectement par ses représentants.

Aucune fraction du peuple ni aucun individu ne peut s'en attribuer l'exercice.

La loi fixe les conditions d'organisation des élections et du référendum.

Le suffrage est universel, égal et secret. Il est direct ou indirect.

Sans préjudice des dispositions des articles 72, 102 et 106 de la présente Constitution, sont électeurs et éligibles, dans les conditions déterminées par la loi, tous les Congolais des deux sexes, âgés de dix-huit ans révolus et jouissant de leurs droits civils et politiques.

Article 6.

Le pluralisme politique est reconnu en République démocratique du Congo.

Tout Congolais jouissant de ses droits civils et politiques a le droit de créer un parti politique ou de s'affilier à un parti de son choix.

Les partis politiques concourent à l'expression du suffrage, au renforcement de la conscience nationale et à l'éducation civique. Ils se forment et exercent librement leurs activités dans le respect de la loi, de l'ordre public et des bonnes mœurs.

Les partis politiques sont tenus au respect des principes de démocratie pluraliste, d'unité et de souveraineté nationale.

Les partis politiques peuvent recevoir de l'État des fonds publics destinés à financer leurs campagnes électorales ou leurs activités, dans les conditions définies par la loi.

Article 7.

Nul ne peut instituer, sous quelque forme que ce soit, de parti unique sur tout ou partie du territoire national.

L'institution d'un parti unique constitue une infraction imprescriptible de haute trahison punie par la loi.

Article 8.

L'opposition politique est reconnue en République démocratique du Congo. Les droits liés à son existence, à ses activités et à sa lutte pour la conquête démocratique du pouvoir sont sacrés. Ils ne peuvent subir de limites que celles imposées à tous les partis et activités politiques par la présente Constitution et la loi.

Une loi organique détermine le statut de l'opposition politique.

Article 9.

L'État exerce une souveraineté permanente notamment sur le sol, le sous-sol, les eaux et les forêts, sur les espaces aérien, fluvial, lacustre et maritime congolais ainsi que sur la mer territoriale congolaise et sur le plateau continental.

Les modalités de gestion et de concession du domaine de l'État visé à l'alinéa précédent sont déterminées par la loi.

Chapitre 2. De la nationalité.

Article 10.

La nationalité congolaise est une et exclusive. Elle ne peut être détenue concurremment avec aucune autre. La nationalité congolaise est soit d'origine, soit d'acquisition individuelle. Est Congolais d'origine, toute personne appartenant aux groupes ethniques dont les personnes et le territoire constituaient ce qui est devenu le Congo (présentement la République démocratique du Congo) à l'indépendance. Une loi organique détermine les conditions de reconnaissance, d'acquisition, de perte et de recouvrement de la nationalité congolaise.

Titre II.

Des droits humains, des libertés fondamentales et des devoirs du citoyen et de l'État.

Chapitre premier.

Des droits civils et politiques

Article 11.

Tous les êtres humains naissent libres et égaux en dignité et en droits. Toutefois, la jouissance des droits politiques est reconnue aux seuls Congolais, sauf exception établie par la loi.

Article 12.

Tous les Congolais sont égaux devant la loi et ont droit à une égale protection des lois.

Article 13.

Aucun Congolais ne peut, en matière d'éducation et d'accès aux fonctions publiques ni en aucune autre matière, faire l'objet d'une mesure discriminatoire, qu'elle résulte de la loi ou d'un acte de l'exécutif, en raison de sa religion, de son origine familiale, de sa condition sociale, de sa résidence, de ses opinions ou de ses convictions politiques, de son appartenance à une race, à une ethnie, à une tribu, à une minorité culturelle ou linguistique.

Article 14.

Les pouvoirs publics veillent à l'élimination de toute forme de discrimination à l'égard de la femme et assurent la protection et la promotion de ses droits.

Ils prennent, dans tous les domaines, notamment dans les domaines civil, politique, économique, social et culturel, toutes les mesures appropriées pour assurer le total épanouissement et la pleine participation de la femme au développement de la nation.

Ils prennent des mesures pour lutter contre toute forme de violences faites à la femme dans la vie publique et dans la vie privée.

La femme a droit à une représentation équitable au sein des institutions nationales, provinciales et locales.

L'État garantit la mise en œuvre de la parité homme femme dans lesdites institutions.

La loi fixe les modalités d'application de ces droits.

Article 15.

Les pouvoirs publics veillent à l'élimination des violences sexuelles.

Sans préjudice des traités et accords internationaux, toute violence sexuelle faite sur toute personne, dans l'intention de déstabiliser, de disloquer une famille et de faire disparaître tout un peuple est érigée en crime contre l'humanité puni par la loi.

Article 16.

La personne humaine est sacrée. L'État a l'obligation de la respecter et de la protéger.

Toute personne a droit à la vie, à l'intégrité physique ainsi qu'au libre développement de sa personnalité dans le respect de la loi, de l'ordre public, du droit d'autrui et des bonnes mœurs.

Nul ne peut être tenu en esclavage ni dans une condition analogue.

Nul ne peut être soumis à un traitement cruel, inhumain ou dégradant.

Nul ne peut être astreint à un travail forcé ou obligatoire.

Article 17.

La liberté individuelle est garantie. Elle est la règle, la détention l'exception.

Nul ne peut être poursuivi, arrêté, détenu ou condamné qu'en vertu de la loi et dans les formes qu'elle prescrit.

Nul ne peut être poursuivi pour une action ou une omission qui ne constituent pas une infraction au moment où elle est commise et au moment des poursuites.

Nul ne peut être condamné pour une action ou une omission qui ne constitue pas une infraction à la fois au moment où elle est commise et au moment de la condamnation.

Il ne peut être infligé de peine plus forte que celle applicable au moment où l'infraction est commise.

La peine cesse d'être exécutée lorsqu'en vertu d'une loi postérieure au jugement :

1. elle est supprimée ;
2. le fait pour lequel elle était prononcée n'a plus le caractère infractionnel.

En cas de réduction de la peine en vertu d'une loi postérieure au jugement, la peine est exécutée conformément à la nouvelle loi.

La responsabilité pénale est individuelle. Nul ne peut être poursuivi, arrêté, détenu ou condamné pour fait d'autrui.

Toute personne accusée d'une infraction est présumée innocente jusqu'à ce que sa culpabilité ait été établie par un jugement définitif.

Article 18.

Toute personne arrêtée doit être immédiatement informée des motifs de son arrestation et de toute accusation portée contre elle, et ce, dans la langue qu'elle comprend.

Elle doit être immédiatement informée de ses droits.

La personne gardée à vue a le droit d'entrer immédiatement en contact avec sa famille ou avec son conseil.

La garde à vue ne peut excéder quarante-huit heures. À l'expiration de ce délai, la personne gardée à vue doit être relâchée ou mise à la disposition de l'autorité judiciaire compétente.

Tout détenu doit bénéficier d'un traitement qui préserve sa vie, sa santé physique et mentale ainsi que sa dignité.

Article 19.

Nul ne peut être ni soustrait ni distrait contre son gré du juge que la loi lui assigne.

Toute personne a droit à ce que sa cause soit entendue dans un délai raisonnable par le juge compétent.

Le droit de la défense est organisé et garanti.

Toute personne a le droit de se défendre elle-même ou de se faire assister d'un défenseur de son choix, et ce, à tous les niveaux de la procédure pénale, y compris l'enquête policière et l'instruction préjuridictionnelle.

Elle peut se faire assister également devant les services de sécurité.

Article 20.

Les audiences des cours et tribunaux sont publiques, à moins que cette publicité ne soit jugée dangereuse pour l'ordre public ou les bonnes mœurs. Dans ce cas, le tribunal ordonne le huis clos.

Article 21.

Tout jugement est écrit et motivé. Il est prononcé en audience publique.

Le droit de former un recours contre un jugement est garanti à tous. Il est exercé dans les conditions fixées par la loi.

Article 22.

Toute personne a droit à la liberté de pensée, de conscience et de religion.

Toute personne a le droit de manifester sa religion ou ses convictions, seule ou en groupe, tant en public qu'en privé, par le culte, l'enseignement, les pratiques, l'accomplissement des rites et l'état de vie religieuse, sous réserve du respect de la loi, de l'ordre public, des bonnes mœurs et des droits d'autrui.

La loi fixe les modalités d'exercice de ces libertés.

Article 23.

Toute personne a droit à la liberté d'expression.

Ce droit implique la liberté d'exprimer ses opinions ou ses convictions, notamment par la parole, l'écrit et l'image, sous réserve du respect de la loi, de l'ordre public et des bonnes mœurs.

Article 24.

Toute personne a droit à l'information.

La liberté de presse, la liberté d'information et d'émission par la radio et la télévision, la presse écrite ou tout autre moyen de communication sont garanties sous réserve du respect de l'ordre public, des bonnes mœurs et des droits d'autrui.

La loi fixe les modalités d'exercice de ces libertés.

Les médias audiovisuels et écrits d'État sont des services publics dont l'accès est garanti de manière équitable à tous les courants politiques et sociaux. Le statut des médias d'État est établi par la loi qui garantit l'objectivité, l'impartialité et le pluralisme d'opinions dans le traitement et la diffusion de l'information.

Article 25.

La liberté des réunions pacifiques et sans armes est garantie sous réserve du respect de la loi, de l'ordre public et des bonnes mœurs.

Article 26.

La liberté de manifestation est garantie.

Toute manifestation sur les voies publiques ou en plein air, impose aux organisateurs d'informer par écrit l'autorité administrative compétente.

Nul ne peut être contraint à prendre part à une manifestation.

La loi en fixe les mesures d'application.

Article 27.

Tout Congolais a le droit d'adresser individuellement ou collectivement une pétition à l'autorité publique qui y répond dans les trois mois.

Nul ne peut faire l'objet d'incrimination, sous quelque forme que ce soit, pour avoir pris pareille initiative.

Article 28.

Nul n'est tenu d'exécuter un ordre manifestement illégal. Tout individu, tout agent de l'État est délié du devoir d'obéissance, lorsque l'ordre reçu constitue une atteinte manifeste au respect des droits de l'homme et des libertés publiques et des bonnes mœurs.

La preuve de l'illégalité manifeste de l'ordre incombe à la personne qui refuse de l'exécuter.

Article 29.

Le domicile est inviolable. Il ne peut y être effectué de visite ou de perquisition que dans les formes et les conditions prévues par la loi.

Article 30.

Toute personne qui se trouve sur le territoire national a le droit d'y circuler librement, d'y fixer sa résidence, de le quitter et d'y revenir, dans les conditions fixées par la loi.

Aucun Congolais ne peut être ni expulsé du territoire de la République, ni être contraint à l'exil, ni être forcé à habiter hors de sa résidence habituelle.

Article 31.

Toute personne a droit au respect de sa vie privée et au secret de la correspondance, de la télécommunication ou de toute autre forme de communication. Il ne peut être porté atteinte à ce droit que dans les cas prévus par la loi.

Article 32.

Tout étranger qui se trouve légalement sur le territoire national jouit de la protection accordée aux personnes et à leurs biens dans les conditions déterminées par les traités et les lois.

Il est tenu de se conformer aux lois et règlements de la République.

Article 33.

Le droit d'asile est reconnu.

La République démocratique du Congo accorde, sous réserve de la sécurité nationale, l'asile sur son territoire aux ressortissants étrangers, poursuivis ou persécutés en raison, notamment, de leur opinion, leur croyance, leur appartenance raciale, tribale, ethnique, linguistique ou de leur action en faveur de la démocratie et de la défense des droits de l'homme et des peuples, conformément aux lois et règlements en vigueur.

Il est interdit à toute personne jouissant régulièrement du droit d'asile d'entreprendre toute activité subversive contre son pays d'origine ou contre tout autre pays, à partir du territoire de la République démocratique du Congo.

Les réfugiés ne peuvent ni être remis à l'autorité de l'État dans lequel ils sont persécutés ni être refoulés sur le territoire de celui-ci.

En aucun cas, nul ne peut être acheminé vers le territoire d'un État dans lequel il risque la torture, des peines ou des traitements cruels, dégradants et inhumains.

La loi fixe les modalités d'exercice de ce droit.

Chapitre 2.

Des droits économiques, sociaux et culturels.

Article 34.

La propriété privée est sacrée.

L'État garantit le droit à la propriété individuelle ou collective, acquis conformément à la loi ou à la coutume.

Il encourage et veille à la sécurité des investissements privés, nationaux et étrangers.

Nul ne peut être privé de sa propriété que pour cause d'utilité publique et moyennant une juste et préalable indemnité octroyée dans les conditions fixées par la loi.

Nul ne peut être saisi en ses biens qu'en vertu d'une décision prise par une autorité judiciaire compétente.

Article 35.

L'État garantit le droit à l'initiative privée tant aux nationaux qu'aux étrangers.

Il encourage l'exercice du petit commerce, de l'art et de l'artisanat par les Congolais et veille à la protection et à la promotion de l'expertise et des compétences nationales.

La loi fixe les modalités d'exercice de ce droit.

Article 36.

Le travail est un droit et un devoir sacrés pour chaque Congolais.

L'État garantit le droit au travail, la protection contre le chômage et une rémunération équitable et satisfaisante assurant au travailleur ainsi qu'à sa famille une existence conforme à la dignité humaine, complétée par tous les autres moyens de protection sociale, notamment, la pension de retraite et la rente viagère.

Nul ne peut être lésé dans son travail en raison de ses origines, de son sexe, de ses opinions, de ses croyances ou de ses conditions socio-économiques.

Tout Congolais a le droit et le devoir de contribuer par son travail à la construction et à la prospérité nationales.

La loi établit le statut des travailleurs et réglemente les particularités propres au régime juridique des ordres professionnels et l'exercice des professions exigeant une qualification scolaire ou académique.

Les structures internes et le fonctionnement des ordres professionnels doivent être démocratiques.

Article 37.

L'État garantit la liberté d'association.

Les pouvoirs publics collaborent avec les associations qui contribuent au développement social, économique, intellectuel, moral et spirituel des populations et à l'éducation des citoyennes et des citoyens.

Cette collaboration peut revêtir la forme d'une subvention.

La loi fixe les modalités d'exercice de cette liberté.

Article 38.

La liberté syndicale est reconnue et garantie.

Tous les Congolais ont le droit de fonder des syndicats ou de s'y affilier librement, dans les conditions fixées par la loi.

Article 39.

Le droit de grève est reconnu et garanti.

Il s'exerce dans les conditions fixées par la loi qui peut en interdire ou en limiter l'exercice dans les domaines de la défense nationale et de la sécurité ou pour toute activité ou tout service public d'intérêt vital pour la nation.

Article 40.

Tout individu a le droit de se marier avec la personne de son choix, de sexe opposé, et de fonder une famille.

La famille, cellule de base de la communauté humaine, est organisée de manière à assurer son unité, sa stabilité et sa protection. Elle est placée sous la protection des pouvoirs publics.

Les soins et l'éducation à donner aux enfants constituent, pour les parents, un droit naturel et un devoir qu'ils exercent sous la surveillance et avec l'aide des pouvoirs publics.

Les enfants ont le devoir d'assister leurs parents.

La loi fixe les règles sur le mariage et l'organisation de la famille.

Article 41.

L'enfant mineur est toute personne, sans distinction de sexe, qui n'a pas encore atteint 18 ans révolus.

Tout enfant mineur a le droit de connaître les noms de son père et de sa mère.

Il a également le droit de jouir de la protection de sa famille, de la société et des pouvoirs publics.

L'abandon et la maltraitance des enfants, notamment la pédophilie, les abus sexuels ainsi que l'accusation de sorcellerie sont prohibés et punis par la loi.

Les parents ont le devoir de prendre soin de leurs enfants et d'assurer leur protection contre tout acte de violence tant à l'intérieur qu'à l'extérieur du foyer.

Les pouvoirs publics ont l'obligation d'assurer une protection aux enfants en situation difficile et de déférer, devant la justice, les auteurs et les complices des actes de violence à l'égard des enfants.

Toutes les autres formes d'exploitation d'enfants mineurs sont punies par la loi.

Article 42.

Les pouvoirs publics ont l'obligation de protéger la jeunesse contre toute atteinte à sa santé, à son éducation et à son développement intégral.

Article 43.

Toute personne a droit à l'éducation scolaire. Il y est pourvu par l'enseignement national.

L'enseignement national comprend les établissements publics et les établissements privés agréés.

La loi fixe les conditions de création et de fonctionnement de ces établissements.

Les parents ont le droit de choisir le mode d'éducation à donner à leurs enfants.

L'enseignement primaire est obligatoire et gratuit dans les établissements publics.

Article 44.

L'éradication de l'analphabétisme est un devoir national pour la réalisation duquel le Gouvernement doit élaborer un programme spécifique.

Article 45.

L'enseignement est libre.

Il est toutefois soumis à la surveillance des pouvoirs publics, dans les conditions fixées par la loi.

Toute personne a accès aux établissements d'enseignement national, sans discrimination de lieu d'origine, de race, de religion, de sexe, d'opinions politiques ou philosophiques, de son état physique, mental ou sensoriel, selon ses capacités.

Les établissements d'enseignement national peuvent assurer, en collaboration avec les autorités religieuses, à leurs élèves mineurs dont les parents le demandent, une éducation conforme à leurs convictions religieuses.

Les pouvoirs publics ont le devoir de promouvoir et d'assurer, par l'enseignement, l'éducation et la diffusion, le respect des droits de l'homme, des libertés fondamentales et des devoirs du citoyen énoncés dans la présente Constitution.

Les pouvoirs publics ont le devoir d'assurer la diffusion et l'enseignement de la Constitution, de la Déclaration universelle des droits de l'homme, de la Charte africaine des droits de l'homme et des peuples, ainsi que de toutes les conventions régionales et internationales relatives aux droits de l'homme et au droit international humanitaire dûment ratifiés.

L'État a l'obligation d'intégrer les droits de la personne humaine dans tous les programmes de formation des forces armées, de la police et des services de sécurité.

La loi détermine les conditions d'application du présent article.

Article 46.

Le droit à la culture, la liberté de création intellectuelle et artistique, et celle de la recherche scientifique et technologique sont garantis sous réserve du respect de la loi, de l'ordre public et des bonnes mœurs.

Les droits d'auteur et de propriété intellectuelle sont garantis et protégés par la loi.

L'État tient compte, dans l'accomplissement de ses tâches, de la diversité culturelle du pays.

Il protège le patrimoine culturel national et en assure la promotion.

Article 47.

Le droit à la santé et à la sécurité alimentaire est garanti.

La loi fixe les principes fondamentaux et les règles d'organisation de la santé publique et de la sécurité alimentaire.

Article 48.

Le droit à un logement décent, le droit d'accès à l'eau potable et à l'énergie électrique sont garantis. La loi fixe les modalités d'exercice de ces droits.

Article 49.

La personne du troisième âge et la personne avec handicap ont droit à des mesures spécifiques de protection en rapport avec leurs besoins physiques, intellectuels et moraux.

L'État a le devoir de promouvoir la présence de la personne avec handicap au sein des institutions nationales, provinciales et locales.

Une loi organique fixe les modalités d'application de ce droit.

Chapitre 3.

Des droits collectifs.

Article 50.

L'État protège les droits et les intérêts légitimes des Congolais qui se trouvent tant à l'intérieur qu'à l'extérieur du pays.

Sous réserve de la réciprocité, tout étranger qui se trouve légalement sur le territoire national bénéficie des mêmes droits et libertés que le Congolais, excepté les droits politiques.

Il bénéficie de la protection accordée aux personnes et à leurs biens dans les conditions déterminées par les traités et les lois.

Il est tenu de se conformer aux lois et règlements de la République.

Article 51.

L'État a le devoir d'assurer et de promouvoir la coexistence pacifique et harmonieuse de tous les groupes ethniques du pays.

Il assure également la protection et la promotion des groupes vulnérables et de toutes les minorités.

Il veille à leur épanouissement.

Article 52.

Tous les Congolais ont droit à la paix et à la sécurité, tant sur le plan national qu'international.

Aucun individu ou groupe d'individus ne peut utiliser une portion du territoire national comme base de départ d'activités subversives ou terroristes contre l'État congolais ou tout autre État.

Article 53.

Toute personne a droit à un environnement sain et propice à son épanouissement intégral. Elle a le devoir de le défendre. L'État veille à la protection de l'environnement et à la santé des populations.

Article 54.

Les conditions de construction d'usines, de stockage, de manipulation, d'incinération et d'évacuation des déchets toxiques, polluants ou radioactifs provenant des unités industrielles ou artisanales installées sur le territoire national sont fixées par la loi.

Toute pollution ou destruction résultant d'une activité économique donne lieu à compensation et/ou à réparation.

La loi détermine la nature des mesures compensatoires, réparatoires ainsi que les modalités de leur exécution.

Article 55.

Le transit, l'importation, le stockage, l'enfouissement, le déversement dans les eaux continentales et les espaces maritimes sous juridiction nationale, l'épandage dans l'espace aérien des déchets toxiques, polluants, radioactifs ou de tout autre produit dangereux, en provenance ou non de l'étranger, constitue un crime puni par la loi.

Article 56.

Tout acte, tout accord, toute convention, tout arrangement ou tout autre fait, qui a pour conséquence de priver la nation, les personnes physiques ou morales de tout ou partie de leurs propres moyens d'existence tirés de leurs ressources ou de leurs richesses naturelles, sans préjudice des dispositions internationales sur les crimes économiques, est érigé en infraction de pillage punie par la loi.

Article 57.

Les actes visés à l'article précédent ainsi que leur tentative, quelles qu'en soient les modalités, s'ils sont le fait d'une personne investie d'autorité publique, sont punis comme infraction de haute trahison.

Article 58.

Tous les Congolais ont le droit de jouir des richesses nationales.

L'État a le devoir de les redistribuer équitablement et de garantir le droit au développement.

Article 59.

Tous les Congolais ont le droit de jouir du patrimoine commun de l'humanité. L'État a le devoir d'en faciliter la jouissance.

Article 60.

Le respect des droits de l'homme et des libertés fondamentales consacrés dans la Constitution s'impose aux pouvoirs publics et à toute personne.

Article 61.

En aucun cas, et même lorsque l'état de siège ou l'état d'urgence aura été proclamé conformément aux articles 85 et 86 de la présente Constitution, il ne peut être dérogé aux droits et principes fondamentaux énumérés ci-après :

1. le droit à la vie ;
2. l'interdiction de la torture et des peines ou traitements cruels, inhumains ou dégradants ;
3. l'interdiction de l'esclavage et de la servitude ;
4. le principe de la légalité des infractions et des peines ;
5. les droits de la défense et le droit de recours ;
6. l'interdiction de l'emprisonnement pour dettes ;
7. la liberté de pensée, de conscience et de religion.

Chapitre 4 : Des devoirs du citoyen

Article 62.

Nul n'est censé ignorer la loi.

Toute personne est tenue de respecter la Constitution et de se conformer aux lois de la République.

Article 63.

Tout Congolais a le droit et le devoir sacré de défendre le pays et son intégrité territoriale face à une menace ou à une agression extérieure.

Un service militaire obligatoire peut être instauré dans les conditions fixées par la loi.
Toute autorité nationale, provinciale, locale et coutumière a le devoir de sauvegarder l'unité de la République et l'intégrité de son territoire, sous peine de haute trahison.

Article 64.

Tout Congolais a le devoir de faire échec à tout individu ou groupe d'individus qui prend le pouvoir par la force ou qui l'exerce en violation des dispositions de la présente Constitution.

Toute tentative de renversement du régime constitutionnel constitue une infraction imprescriptible contre la nation et l'État. Elle est punie conformément à la loi.

Article 65.

Tout Congolais est tenu de remplir loyalement ses obligations vis-à-vis de l'État. Il a, en outre, le devoir de s'acquitter de ses impôts et taxes.

Article 66.

Tout Congolais a le devoir de respecter et de traiter ses concitoyens sans discrimination aucune et d'entretenir avec eux des relations qui permettent de sauvegarder, de promouvoir et de renforcer l'unité nationale, le respect et la tolérance réciproques.

Il a, en outre, le devoir de préserver et de renforcer la solidarité nationale, singulièrement lorsque celle-ci est menacée.

Article 67.

Tout Congolais a le devoir de protéger la propriété, les biens et intérêts publics et de respecter la propriété d'autrui.

Titre III.

De l'organisation et de l'exercice du pouvoir.

Chapitre premier.

Des institutions de la République.

Article 68.

Les institutions de la République sont :
1. le président de la République ;
2. le Parlement ;
3. le Gouvernement ;
4. les cours et tribunaux.

Section première. Du pouvoir exécutif

Paragraphe 1. Du président de la République.

Article 69.

Le président de la République est le chef de l'État. Il représente la nation et il est le symbole de l'unité nationale.

Il veille au respect de la Constitution.

Il assure, par son arbitrage, le fonctionnement régulier des pouvoirs publics et des Institutions ainsi que la continuité de l'État. Il est le garant de l'indépendance nationale, de l'intégrité du territoire, de la souveraineté nationale et du respect des traités et accords internationaux.

Article 70.

Le président de la République est élu au suffrage universel direct pour un mandat de cinq ans renouvelables une seule fois.

À la fin de son mandat, le président de la République reste en fonction jusqu'à l'installation effective du nouveau président élu.

Article 71.

Le président de la République est élu à la majorité absolue des suffrages exprimés. Si celle-ci n'est pas obtenue au premier tour du scrutin, il est procédé, dans un délai de quinze jours, à un second tour.

Seuls peuvent se présenter au second tour, les deux candidats qui ont recueilli le plus grand nombre des suffrages exprimés au premier tour.

En cas de décès, d'empêchement ou de désistement de l'un ou l'autre de ces deux candidats, les suivants se présentent dans l'ordre de leur classement à l'issue du premier tour.

Est déclaré élu au second tour, le candidat ayant recueilli la majorité des suffrages exprimés.

Article 72.

Nul ne peut être candidat à l'élection du président de la République s'il ne remplit les conditions ci-après :

1. posséder la nationalité congolaise d'origine ;
2. être âgé de 30 ans au moins ;
3. jouir de la plénitude de ses droits civils et politiques ;
4. ne pas se trouver dans un des cas d'exclusion prévus par la loi électorale.

Article 73.

Le scrutin pour l'élection du président de la République est convoqué par la Commission électorale nationale indépendante, quatre-vingt dix jours avant l'expiration du mandat du président en exercice.

Article 74.

Le président de la République élu entre en fonction dans les dix jours qui suivent la proclamation des résultats définitifs de l'élection présidentielle.

Avant son entrée en fonction, le président de la République prête, devant la Cour constitutionnelle, le serment ci-après :

« Moi.... élu président de la République démocratique du Congo, je jure solennellement devant Dieu et la nation :

- *d'observer et de défendre la Constitution et les lois de la République ;*
- *de maintenir son indépendance et l'intégrité de son territoire ;*
- *de sauvegarder l'unité nationale ;*
- *de ne me laisser guider que par l'intérêt général et le respect des droits de la personne humaine ;*
- *de consacrer toutes mes forces à la promotion du bien commun et de la paix ;*
- *de remplir, loyalement et en fidèle serviteur du peuple, les hautes fonctions qui me sont confiées. ».*

Article 75.

En cas de vacance pour cause de décès, de démission ou pour toute autre cause d'empêchement définitif, les fonctions de président de la République, à l'exception de celles mentionnées aux articles 78, 81 et 82 sont provisoirement exercées par le président du Sénat.

Article 76.

La vacance de la présidence de la République est déclarée par la Cour constitutionnelle saisie par le Gouvernement.

Le président de la République par intérim veille à l'organisation de l'élection du nouveau président de la République dans les conditions et les délais prévus par la Constitution.

En cas de vacance ou lorsque l'empêchement est déclaré définitif par la Cour constitutionnelle, l'élection du nouveau président de la République a lieu, sur convocation de la Commission électorale nationale indépendante, soixante jours au moins et quatre-vingt-dix jours au plus, après l'ouverture de la vacance ou de la déclaration du caractère définitif de l'empêchement.

En cas de force majeure, ce délai peut être prolongé à cent vingt jours au plus, par la Cour constitutionnelle saisie par la Commission électorale nationale indépendante.

Le président élu commence un nouveau mandat.

Article 77.

Le président de la République adresse des messages à la Nation.

Il communique avec les chambres du Parlement par des messages qu'il lit ou fait lire et qui ne donnent lieu à aucun débat.

Il prononce, une fois l'an, devant l'Assemblée nationale et le Sénat réunis en Congrès, un discours sur l'état de la Nation.

Article 78.

Le président de la République nomme le Premier ministre au sein de la majorité parlementaire après consultation de celle-ci. Il met fin à ses fonctions sur présentation par celui-ci de la démission du Gouvernement.

Si une telle majorité n'existe pas, le président de la République confie une mission d'information à une personnalité en vue d'identifier une coalition.

La mission d'information est de trente jours renouvelables une seule fois.

Le président de la République nomme les autres membres du Gouvernement et met fin à leurs fonctions sur proposition du Premier ministre.

Article 79.

Le président de la République convoque et préside le Conseil des ministres. En cas d'empêchement, il délègue ce pouvoir au Premier ministre.

Le président de la République promulgue les lois dans les conditions prévues par la présente Constitution.

Il statue par voie d'ordonnance.

Les ordonnances du président de la République autres que celles prévues aux articles 78 alinéa premier, 80, 84 et 143 sont contresignées par le Premier ministre.

Article 80.

Le président de la République investit par ordonnance les gouverneurs et les vice-gouverneurs de province élus, dans un délai de quinze jours conformément à l'article 198.

Article 81.

Sans préjudice des autres dispositions de la Constitution, le président de la République nomme, relève de leurs fonctions et, le cas échéant, révoque, sur proposition du Gouvernement délibérée en Conseil des ministres :

1. les ambassadeurs et les envoyés extraordinaires ;
2. les officiers généraux et supérieurs des forces armées et de la police nationale, le Conseil supérieur de la défense entendu ;
3. le chef d'état-major général, les chefs d'état-major et les commandants des grandes unités des forces armées, le Conseil supérieur de la défense entendu ;
4. les hauts fonctionnaires de l'administration publique ;
5. les responsables des services et établissements publics ;
6. les mandataires de l'État dans les entreprises et organismes publics, excepté les commissaires aux comptes.

Les ordonnances du président de la République intervenues en la matière sont contresignées par le Premier ministre.

Article 82.

Le président de la République nomme, relève de leurs fonctions et, le cas échéant, révoque, par ordonnance, les magistrats du siège et du parquet sur proposition du Conseil supérieur de la magistrature.

Les ordonnances, dont question à l'alinéa précédent, sont contresignées par le Premier ministre.

Article 83.

Le président de la République est le commandant suprême des forces armées.

Il préside le Conseil supérieur de la défense.

Article 84.

Le président de la République confère les grades dans les ordres nationaux et les décorations, conformément à la loi.

Article 85.

Lorsque des circonstances graves menacent, d'une manière immédiate, l'indépendance ou l'intégrité du territoire national ou qu'elles provoquent l'interruption du fonctionnement régulier des institutions, le président de la République proclame l'état d'urgence ou l'état de siège, après concertation avec le Premier ministre et les présidents des deux chambres, conformément aux articles 144 et 145 de la présente Constitution.

Il en informe la nation par un message.

Les modalités d'application de l'état d'urgence et de l'état de siège sont déterminées par la loi.

Article 86.

Le président de la République déclare la guerre par ordonnance délibérée en Conseil des ministres après avis du Conseil supérieur de la défense et autorisation de l'Assemblée nationale et du Sénat, conformément à l'article 143 de la présente Constitution.

Article 87.

Le président de la République exerce le droit de grâce.

Il peut remettre, commuer ou réduire les peines.

Article 88.

Le président de la République accrédite les ambassadeurs et les envoyés extraordinaires auprès des États étrangers et des organisations internationales.

Les ambassadeurs et les envoyés extraordinaires étrangers sont accrédités auprès de lui.

Article 89.

Les émoluments et la liste civile du président de la République sont fixés par la loi de finances.

Paragraphe 2. Du Gouvernement.

Article 90.

Le Gouvernement est composé du Premier ministre, de ministres, de vice-ministres et, le cas échéant, de vice-premier ministre, de ministres d'État et de ministres délégués.

Il est dirigé par le Premier ministre, chef du Gouvernement. En cas d'empêchement, son intérim est assuré par le membre du Gouvernement qui a la préséance.

La composition du Gouvernement tient compte de la représentativité nationale.

Avant d'entrer en fonction, le Premier ministre présente à l'Assemblée nationale le programme du Gouvernement.

Lorsque ce programme est approuvé à la majorité absolue des membres qui composent l'Assemblée nationale, celle-ci investit le Gouvernement.

Article 91.

Le Gouvernement définit, en concertation avec le président de la République, la politique de la Nation et en assume la responsabilité.

Le Gouvernement conduit la politique de la Nation.

La défense, la sécurité et les affaires étrangères sont des domaines de collaboration entre le président de la République et le Gouvernement.

Le Gouvernement dispose de l'administration publique, des forces armées, de la police nationale et des services de sécurité.

Le Gouvernement est responsable devant l'Assemblée nationale dans les conditions prévues aux articles 90, 100, 146 et 147.

Une ordonnance délibérée en Conseil des ministres fixe l'organisation, le fonctionnement du Gouvernement et les modalités de collaboration entre le président de la République et le Gouvernement ainsi qu'entre les membres du Gouvernement.

Article 92.

Le Premier ministre assure l'exécution des lois et dispose du pouvoir réglementaire sous réserve des prérogatives dévolues au président de la République par la présente Constitution.

Il statue par voie de décret.

Il nomme, par décret délibéré en Conseil des ministres, aux emplois civils et militaires autres que ceux pourvus par le président de la République.

Les actes du Premier ministre sont contresignés, le cas échéant, par les ministres chargés de leur exécution.

Le Premier ministre peut déléguer certains de ses pouvoirs aux ministres.

Article 93.

Le ministre est responsable de son département. Il applique le programme gouvernemental dans son ministère, sous la direction et la coordination du Premier ministre.

Il statue par voie d'arrêté.

Article 94.

Les vice-ministres exercent, sous l'autorité des ministres auxquels ils sont adjoints, les attributions qui leur sont conférées par l'ordonnance portant organisation et fonctionnement du Gouvernement. Ils assument l'intérim des ministres en cas d'absence ou d'empêchement.

Article 95.

Les émoluments des membres du gouvernement sont fixés par la loi de finances.

Le Premier ministre bénéficie, en outre, d'une dotation.

Paragraphe 3. Des dispositions communes au président de la République et au Gouvernement.

Article 96.

Les fonctions de président de la République sont incompatibles avec l'exercice de tout autre mandat électif, de tout emploi public, civil ou militaire et de toute activité professionnelle.

Le mandat du président de la République est également incompatible avec toute responsabilité au sein d'un parti politique.

Article 97.

Les fonctions de membre du Gouvernement sont incompatibles avec l'exercice de tout mandat électif, de tout emploi public, civil ou militaire et de toute activité professionnelle à l'exception des activités agricoles, artisanales, culturelles, d'enseignement et de recherche.

Elles sont également incompatibles avec toute responsabilité au sein d'un parti politique.

Article 98.

Durant leurs fonctions, le président de la République et les membres du Gouvernement ne peuvent, par eux-mêmes ou par personne interposée, ni acheter, ni acquérir d'aucune autre façon, ni prendre en bail un bien qui appartienne au domaine de l'État, des provinces ou des entités décentralisées.

Ils ne peuvent prendre part directement ou indirectement aux marchés publics au bénéfice des administrations ou des institutions dans lesquelles le pouvoir central, les provinces et les entités administratives décentralisées ont des intérêts.

Article 99.

Avant leur entrée en fonction et à l'expiration de celle-ci, le président de la République et les membres du Gouvernement sont tenus de déposer, devant la Cour constitutionnelle, la déclaration écrite de leur patrimoine familial, énumérant leurs biens meubles, y compris actions, parts sociales, obligations, autres valeurs, comptes en banque, leurs biens immeubles, y compris terrains non bâtis, forêts, plantations et terres agricoles, mines et tous autres immeubles, avec indication des titres pertinents.

Le patrimoine familial inclut les biens du conjoint selon le régime matrimonial, des enfants mineurs et des enfants, même majeurs, à charge du couple.

La Cour constitutionnelle communique cette déclaration à l'administration fiscale.

Faute de cette déclaration, dans les trente jours, la personne concernée est réputée démissionnaire.

Dans les trente jours suivant la fin des fonctions, faute de cette déclaration, en cas de déclaration frauduleuse ou de soupçon d'enrichissement sans cause, la Cour constitutionnelle ou la Cour de cassation est saisie selon le cas.

Section 2. Du pouvoir législatif.

Article 100.

Le pouvoir législatif est exercé par un Parlement composé de deux chambres : l'Assemblée nationale et le Sénat.

Sans préjudice des autres dispositions de la présente Constitution, le Parlement vote les lois. Il contrôle le Gouvernement, les entreprises publiques ainsi que les établissements et les services publics.

Chacune des chambres jouit de l'autonomie administrative et financière et dispose d'une dotation propre.

Paragraphe 1. De l'Assemblée nationale.

Article 101.

Les membres de l'Assemblée nationale portent le titre de député national. Ils sont élus au suffrage universel direct et secret.

Les candidats aux élections législatives sont présentés par des partis politiques ou par des regroupements politiques. Ils peuvent aussi se présenter en indépendants.

Chaque député national est élu avec deux suppléants.

Le député national représente la nation.

Tout mandat impératif est nul.

Le nombre de députés nationaux ainsi que les conditions de leur élection et éligibilité sont fixés par la loi électorale.

Article 102.

Nul ne peut être candidat aux élections législatives s'il ne remplit les conditions ci-après:

1. être Congolais ;

2. être âgé de 25 ans au moins ;
3. jouir de la plénitude de ses droits civils et politiques ;
4. ne pas se trouver dans un des cas d'exclusion prévus par la loi électorale.

Article 103.

Le député national est élu pour un mandat de cinq ans. Il est rééligible.

Le mandat de député national commence à la validation des pouvoirs par l'Assemblée nationale et expire à l'installation de la nouvelle Assemblée.

Paragraphe 2. Du Sénat.

Article 104.

Les membres du Sénat portent le titre de sénateur.

Le sénateur représente sa province, mais son mandat est national.

Tout mandat impératif est nul.

Les candidats sénateurs sont présentés par des partis politiques ou par des regroupements politiques. Ils peuvent aussi se présenter en indépendants.

Ils sont élus au second degré par les assemblées provinciales.

Chaque sénateur est élu avec deux suppléants.

Les anciens présidents de la République élus sont de droit sénateurs à vie.

Le nombre de sénateurs ainsi que les conditions de leur élection et éligibilité sont fixés par la loi électorale.

Article 105.

Le sénateur est élu pour un mandat de cinq ans. Il est rééligible.

Le mandat de sénateur commence à la validation des pouvoirs par le Sénat et expire à l'installation du nouveau Sénat.

Article 106.

Nul ne peut être candidat membre du Sénat s'il ne remplit les conditions ci-après :

1. être Congolais ;
2. être âgé de 30 ans au moins ;
3. jouir de la plénitude de ses droits civils et politiques ;
4. ne pas se trouver dans un des cas d'exclusion prévus par la loi électorale.

Paragraphe 3. Des immunités et des incompatibilités.

Article 107.

Aucun parlementaire ne peut être poursuivi, recherché, arrêté, détenu ou jugé en raison des opinions ou votes émis par lui dans l'exercice de ses fonctions.

Aucun parlementaire ne peut, en cours de sessions, être poursuivi ou arrêté, sauf en cas de flagrant délit, qu'avec l'autorisation de l'Assemblée nationale ou du Sénat, selon le cas.

En dehors de sessions, aucun parlementaire ne peut être arrêté qu'avec l'autorisation du bureau de l'Assemblée nationale ou du bureau du Sénat, sauf en cas de flagrant délit, de poursuites autorisées ou de condamnation définitive.

La détention ou la poursuite d'un parlementaire est suspendue si la chambre dont il est membre le requiert. La suspension ne peut excéder la durée de la session en cours.

Article 108.

Le mandat de député national est incompatible avec le mandat de sénateur et vice-versa.

Le mandat de député ou de sénateur est incompatible avec les fonctions ou mandats suivants :

1. membre du Gouvernement ;
2. membre d'une institution d'appui à la démocratie ;
3. membre des forces armées, de la police nationale et des services de sécurité ;
4. magistrat ;
5. agent de carrière des services publics de l'État ;
6. cadre politico-administratif de la territoriale, à l'exception des chefs de collectivité-chefferie et de groupement ;
7. mandataire public actif ;
8. membre des cabinets du président de la République, du premier ministre, du président de l'Assemblée nationale, du président du Sénat, des membres du Gouvernement, et généralement d'une autorité politique ou administrative de l'État, employé dans une entreprise publique ou dans une société d'économie mixte ;
9. tout autre mandat électif.

Le mandat de député national ou de sénateur est incompatible avec l'exercice des fonctions rémunérées conférées par un État étranger ou un organisme international.

Paragraphe 4. Des droits des députés nationaux ou des sénateurs.

Article 109.

Les députés nationaux et les sénateurs ont le droit de circuler sans restriction ni entrave à l'intérieur du territoire national et d'en sortir.

Ils ont droit à une indemnité équitable qui assure leur indépendance et leur dignité. Celle-ci est prévue dans la loi des finances.

Ils ont droit à une indemnité de sortie égale à six mois de leurs émoluments.

Les modalités d'application de l'alinéa précédent ainsi que les autres droits des parlementaires sont fixés par le règlement intérieur de chacune des chambres.

Paragraphe 5. De la fin du mandat de député national ou de sénateur.

Article 110.

Le mandat de député national ou de sénateur prend fin par :

1. expiration de la législature ;
2. décès ;
3. démission ;
4. empêchement définitif ;
5. incapacité permanente ;
6. absence non justifiée et non autorisée à plus d'un quart des séances d'une session ;
7. exclusion prévue par la loi électorale ;
8. acceptation d'une fonction incompatible avec le mandat de député ou de sénateur ;
9. condamnation irrévocable à une peine de servitude pénale principale pour infraction intentionnelle.

Toute cause d'inéligibilité, à la date des élections, constatée ultérieurement par l'autorité judiciaire compétente, entraîne la perte du mandat de député national ou de sénateur.

Dans ces cas, il est remplacé par son premier suppléant.

Tout député national ou tout sénateur qui quitte délibérément son parti politique durant la législature est réputé renoncer à son mandat parlementaire obtenu dans le cadre dudit parti politique.

Paragraphe 6. Du fonctionnement de l'Assemblée nationale et du Sénat.

Article 111.

L'Assemblée nationale et le Sénat sont dirigés, chacun, par un bureau de sept membres comprenant :

1. un président ;
2. un premier vice-président ;
3. un deuxième vice-président ;
4. un rapporteur ;
5. un rapporteur adjoint ;
6. un questeur ;
7. un questeur adjoint.

Les présidents des deux chambres doivent être des Congolais d'origine. Les membres du Bureau sont élus dans les conditions fixées par le règlement intérieur de leur chambre respective.

Article 112.

Chaque chambre du Parlement adopte son règlement intérieur.

Le règlement intérieur détermine notamment :

1. la durée et les règles de fonctionnement du bureau, les pouvoirs et prérogatives de son président ainsi que d'autres membres du bureau ;
2. le nombre, le mode de désignation, la composition, le rôle et la compétence de ses commissions permanentes ainsi que la création et le fonctionnement des commissions spéciales et temporaires ;
3. l'organisation des services administratifs dirigés par un secrétaire général de l'administration publique de chaque chambre ;
4. le régime disciplinaire des députés et des sénateurs ;
5. les différents modes de scrutin, à l'exclusion de ceux prévus expressément par la présente Constitution.

Avant d'être mis en application, le règlement intérieur est obligatoirement transmis par le président du bureau provisoire de la chambre intéressée à la Cour constitutionnelle qui se prononce sur sa conformité à la Constitution dans un délai de quinze jours. Passé ce délai, le règlement intérieur est réputé conforme.

Les dispositions déclarées non conformes ne peuvent être mises en application.

Article 113.

Outre les commissions permanentes et spéciales, les deux chambres peuvent constituer une ou plusieurs commissions mixtes paritaires pour concilier les points de vue lorsqu'elles sont en désaccord au sujet d'une question sur laquelle elles doivent adopter la même décision en termes identiques.

Si le désaccord persiste, l'Assemblée nationale statue définitivement.

Article 114.

Chaque chambre du Parlement se réunit de plein droit en session extraordinaire, le quinzième jour suivant la proclamation des résultats des élections législatives par la Commission électorale nationale indépendante en vue de :

1. l'installation du bureau provisoire dirigé par le doyen d'âge assisté des deux les moins âgés ;
2. la validation des pouvoirs ;
3. l'élection et l'installation du bureau définitif ;
4. l'élaboration et l'adoption du règlement intérieur.

La séance d'ouverture est présidée par le secrétaire général de l'administration de chacune des deux chambres.

Pendant cette session, les deux chambres se réunissent pour élaborer et adopter le règlement intérieur du Congrès.

La session extraordinaire prend fin à l'épuisement de l'ordre du jour.

Article 115.

L'Assemblée nationale et le Sénat tiennent de plein droit, chaque année, deux sessions ordinaires :

1. la première s'ouvre le 15 mars et se clôture le 15 juin ;
2. la deuxième s'ouvre le 15 septembre et se clôture le 15 décembre.

Si le 15 du mois de mars ou du mois de septembre est férié ou tombe un dimanche, l'ouverture de la session a lieu le premier jour ouvrable qui suit.

La durée de chaque session ordinaire ne peut excéder trois mois.

Article 116.

Chaque chambre du Parlement peut être convoquée en session extraordinaire par son président sur un ordre du jour déterminé, à la demande soit de son bureau, soit de la moitié de ses membres, soit du président de la République, soit du Gouvernement.

La clôture intervient dès que la chambre a épuisé l'ordre du jour pour lequel elle a été convoquée et, au plus tard, trente jours à compter de la date du début de la session.

Article 117.

L'inscription, par priorité, à l'ordre du jour de chacune des chambres d'un projet de loi, d'une proposition de loi ou d'une déclaration de politique générale est de droit si le Gouvernement, après délibération en Conseil des ministres, en fait la demande.

Article 118.

L'Assemblée nationale et le Sénat ne siègent valablement qu'à la majorité absolue des membres qui les composent.

Les séances de l'Assemblée nationale et du Sénat sont publiques, sauf si le huis clos est prononcé.

Le compte rendu analytique des débats ainsi que les documents de l'Assemblée nationale et du Sénat sont publiés dans les annales parlementaires.

Article 119.

Les deux chambres se réunissent en Congrès pour les cas suivants :

1. la procédure de révision constitutionnelle, conformément aux articles 218 à 220 de la présente Constitution ;
2. l'autorisation de la proclamation de l'état d'urgence ou de l'état de siège et de la déclaration de guerre, conformément aux articles 85 et 86 de la présente Constitution ;
3. l'audition du discours du président de la République sur l'état de la Nation, conformément à l'article 77 de la présente Constitution ;
4. la désignation des trois membres de la Cour constitutionnelle, conformément aux dispositions de l'article 158 de la présente Constitution.

Article 120.

Lorsque les deux chambres siègent en Congrès, le bureau est celui de l'Assemblée nationale et la présidence est, à tour de rôle, assurée par le président de l'Assemblée nationale et le président du Sénat.

Le Congrès adopte son règlement intérieur.

Avant d'être mis en application, le règlement intérieur est communiqué par le président du Congrès à la Cour constitutionnelle qui se prononce sur la conformité de ce règlement à la présente Constitution dans un délai de 15 jours.

Passé ce délai, le règlement intérieur est réputé conforme.

Les dispositions déclarées non conformes ne peuvent être mises en application.

Article 121.

Chacune des chambres ou le Congrès ne siège valablement que pour autant que la majorité absolue de ses membres se trouve réunie. Sous réserve des autres dispositions de la Constitution, toute résolution ou toute décision est prise conformément au règlement intérieur de chacune des chambres ou du Congrès.

Les votes sont émis, soit par appel nominal et à haute voix, soit à main levée, soit par assis et levé, soit par bulletin secret, soit par procédé électronique. Sur l'ensemble d'un texte de loi, le vote intervient par appel nominal et à haute voix.

Les votes peuvent également être émis par un procédé technique donnant plus de garanties.

Sous réserve des autres dispositions de la Constitution, chacune des chambres ou le Congrès peut décider le secret du vote pour l'adoption d'une résolution déterminée.

Toutefois, en cas de délibérations portant sur des personnes, le vote s'effectue par bulletin secret.

Section 3. Des rapports entre le pouvoir exécutif et le pouvoir législatif.

Article 122.

Sans préjudice des autres dispositions de la présente Constitution, la loi fixe les règles concernant :

1. les droits civiques et les garanties fondamentales accordées aux citoyens pour l'exercice des libertés publiques ;
2. le régime électoral ;
3. les finances publiques ;
4. les sujétions imposées par la défense nationale aux citoyens en leur personne et en leurs biens ;

5. la nationalité, l'état et la capacité des personnes, les régimes matrimoniaux, les successions et les libéralités ;
6. la détermination des infractions et des peines qui leur sont applicables, la procédure pénale, l'organisation et le fonctionnement du pouvoir judiciaire, la création de nouveaux ordres de juridictions, le statut des magistrats, le régime juridique du Conseil supérieur de la magistrature ;
7. l'organisation du barreau, l'assistance judiciaire et la représentation en justice ;
8. le commerce, le régime de la propriété des droits et des obligations civiles et commerciales ;
9. l'amnistie et l'extradition ;
10. l'assiette, le taux et les modalités de recouvrement des impositions de toute nature, le régime d'émission de la monnaie ;
11. les emprunts et engagements financiers de l'État ;
12. les statuts des agents de carrière des services publics de l'État, du personnel de l'enseignement supérieur, universitaire et de la recherche scientifique ;
13. les forces armées, la police et les services de sécurité ;
14. le droit du travail et de la Sécurité sociale ;
15. l'organisation générale de la défense et de la police nationale, le mode de recrutement des membres des forces armées et de la police nationale, l'avancement, les droits et obligations des militaires et des personnels de la police.

Article 123.

Sans préjudice des autres dispositions de la présente Constitution, la loi détermine les principes fondamentaux concernant :

1. la libre administration des provinces et des entités territoriales décentralisées, de leurs compétences et de leurs ressources ;
2. la création des entreprises, établissements et organismes publics ;
3. le régime foncier, minier, forestier et immobilier ;
4. la mutualité et l'épargne ;
5. l'enseignement et la santé ;
6. le régime pénitentiaire ;
7. le pluralisme politique et syndical ;
8. le droit de grève ;
9. l'organisation des médias ;
10. la recherche scientifique et technologique ;
11. la coopérative ;
12. la culture et les arts ;
13. les sports et les loisirs ;
14. l'agriculture, l'élevage, la pêche et l'aquaculture ;
15. la protection de l'environnement et le tourisme ;
16. la protection des groupes vulnérables.

Article 124.

Les lois auxquelles la Constitution confère le caractère de loi organique sont votées et modifiées à la majorité absolue des membres composant chaque chambre dans les conditions suivantes :

1. la proposition de loi n'est soumise à la délibération et au vote de la première chambre saisie qu'à l'expiration d'un délai de quinze jours après son dépôt au Gouvernement ;
2. la procédure de l'article 132 est applicable. Toutefois, faute d'accord entre les deux chambres, le texte ne peut être adopté par l'Assemblée nationale en dernière lecture qu'à la majorité absolue de ses membres ;
3. les lois organiques ne peuvent être promulguées qu'après déclaration par la Cour constitutionnelle obligatoirement saisie par le président de la République, de leur conformité à la Constitution dans un délai de quinze jours.

Article 125.

Si un projet ou une proposition de loi est déclaré urgent par le Gouvernement, il est examiné par priorité dans chaque chambre par la commission compétente suivant la procédure prévue par le règlement intérieur de chacune d'elles.

La procédure normale est appliquée aux propositions ou aux projets de loi portant amendement de la Constitution ou modifiant les lois organiques ainsi qu'aux projets de loi d'habilitation prévue à l'article 129.

Article 126.

Les lois de finances déterminent les ressources et les charges de l'État.

L'Assemblée nationale et le Sénat votent les projets de lois de finances dans les conditions prévues pour la loi organique visée à l'article 124 de la Constitution.

Le projet de loi de finances de l'année, qui comprend notamment le budget, est déposé par le Gouvernement sur le bureau de l'Assemblée nationale au plus tard le quinze septembre de chaque année.

Les créations et transformations d'emplois publics ne peuvent être opérées hors les prévisions des lois de finances.

Si le projet de loi de finances, déposé dans les délais constitutionnels, n'est pas voté avant l'ouverture du nouvel exercice, il est mis en vigueur par le président de la République, sur proposition du Gouvernement délibérée en Conseil des ministres, compte tenu des amendements votés par chacune des deux chambres.

Si le projet de loi de finances n'a pas été déposé en temps utile pour être promulgué avant le début de l'exercice, le Gouvernement demande à l'Assemblée nationale et au Sénat l'ouverture de crédits provisoires.

Si, quinze jours avant la fin de la session budgétaire, le Gouvernement n'a pas déposé son projet de budget, il est réputé démissionnaire.

Dans le cas où l'Assemblée nationale et le Sénat ne se prononcent pas dans les quinze jours sur l'ouverture des crédits provisoires, les dispositions du projet prévoyant ces crédits sont mises en vigueur par le président de la République sur proposition du Gouvernement délibérée en Conseil des ministres.

Si, compte tenu de la procédure ci-dessus prévue, la loi de finances de l'année n'a pu être mise en vigueur au premier jour du mois de février de l'exercice budgétaire, le président de la République, sur proposition du Gouvernement délibérée en Conseil des ministres, met en exécution le projet de loi de finances, compte tenu des amendements votés par chacune des deux chambres.

Article 127.

Les amendements au projet de loi de finances ne sont pas recevables lorsque leur adoption a pour conséquence, soit une diminution des recettes, soit un accroissement des dépenses, à moins qu'ils ne soient assortis de propositions compensatoires.

Article 128.

Les matières autres que celles qui sont du domaine de la loi ont un caractère réglementaire.

Les textes à caractère de loi intervenus en ces matières peuvent être modifiés par décret si la Cour constitutionnelle, à la demande du Gouvernement, a déclaré qu'ils ont un caractère réglementaire en vertu de l'alinéa précédent.

Article 129.

Le Gouvernement peut, pour l'exécution urgente de son programme d'action, demander à l'Assemblée nationale ou au Sénat l'autorisation de prendre, par ordonnances-lois, pendant un délai limité et sur des matières déterminées, des mesures qui sont normalement du domaine de la loi.

Ces ordonnances-lois sont délibérées en Conseil des ministres. Elles entrent en vigueur dès leur publication et deviennent caduques si le projet de loi de ratification n'est pas déposé devant le Parlement au plus tard à la date limite fixée par la loi d'habilitation.

À l'expiration du délai visé à l'alinéa premier du présent article, si le Parlement ne ratifie pas ces ordonnances-lois, celles-ci cessent de plein droit de produire leurs effets.

Les ordonnances-lois délibérées en Conseil des ministres et ratifiées ne peuvent être modifiées dans leurs dispositions que par la loi.

Les ordonnances-lois cessent de plein droit de produire leurs effets en cas de rejet du projet de loi de ratification.

Article 130.

L'initiative des lois appartient concurremment au Gouvernement, à chaque député et à chaque sénateur.

Les projets de loi adoptés par le Gouvernement en Conseil des ministres sont déposés sur le bureau de l'une des chambres. Toutefois, s'agissant de la loi de finances, le projet est impérativement déposé dans les délais prévus à l'article 126 sur le bureau de l'Assemblée nationale.

Les propositions de loi sont, avant délibération et adoption, notifiées pour information au Gouvernement qui adresse, dans les quinze jours suivant leur transmission, ses observations éventuelles au bureau de l'une ou l'autre chambre. Passé ce délai, ces propositions de loi sont mises en délibération.

Article 131.

Les membres du Gouvernement ont accès aux travaux de l'Assemblée nationale et du Sénat ainsi qu'à ceux de leurs commissions.

S'ils en sont requis, les membres du Gouvernement ont l'obligation d'assister aux séances de l'Assemblée nationale et à celles du Sénat, d'y prendre la parole et de fournir aux parlementaires toutes les explications qui leur sont demandées sur leurs activités.

Article 132.

La discussion des projets de loi porte, devant la première chambre saisie, sur le texte déposé par le Gouvernement. Une chambre saisie d'un texte déjà voté par l'autre chambre ne délibère que sur le texte qui lui est transmis.

Article 133.

Les membres du Gouvernement ont le droit de proposer des amendements aux textes en discussion, mais ne participent pas au vote.

Article 134.

Les propositions de loi et les amendements formulés par les membres de l'Assemblée nationale ou du Sénat ne sont pas recevables lorsque leur adoption aurait pour conséquence soit une diminution des ressources publiques, soit la création ou l'aggravation d'une charge publique, à moins qu'ils ne soient assortis de propositions dégageant les recettes ou les économies correspondantes.

Article 135.

Tout projet ou toute proposition de loi est examiné successivement par les deux chambres en vue de l'adoption d'un texte identique.

Lorsque, par suite d'un désaccord entre les deux chambres, un projet ou une proposition de loi n'a pu être adopté après une lecture par chaque chambre, une commission mixte paritaire chargée de proposer un texte sur les dispositions restant en discussion est mise en place par les deux bureaux.

Le texte élaboré par la commission mixte paritaire est soumis pour adoption aux deux chambres.

Si la commission mixte paritaire ne parvient pas à l'adoption d'un texte unique ou si ce texte n'est pas approuvé dans les conditions prévues à l'alinéa précédent, l'Assemblée nationale statue définitivement. En ce cas, l'Assemblée nationale peut reprendre soit le texte élaboré par la commission mixte paritaire, soit le dernier texte voté par elle, modifié, le cas échéant, par un ou plusieurs des amendements adoptés par le Sénat.

Article 136.

Dans les six jours de son adoption, la loi est transmise au président de la République pour sa promulgation. Le Premier ministre en reçoit ampliation.

Article 137.

Dans un délai de quinze jours de la transmission, le président de la République peut demander à l'Assemblée nationale ou au Sénat une nouvelle délibération de la loi ou de certains de ses articles. Cette nouvelle délibération ne peut être refusée.

Le texte soumis à une seconde délibération est adopté par l'Assemblée nationale et le Sénat soit sous la forme initiale, soit après modification à la majorité absolue des membres qui les composent.

Article 138.

Sans préjudice des autres dispositions de la présente Constitution, les moyens d'information et de contrôle de l'Assemblée nationale ou du Sénat sur le Gouvernement, les entreprises publiques, les établissements et services publics sont :

1. la question orale ou écrite avec ou sans débat non suivi de vote ;
2. la question d'actualité ;
3. l'interpellation ;
4. la commission d'enquête ;
5. l'audition par les commissions.

Ces moyens de contrôle s'exercent dans les conditions déterminées par le règlement intérieur de chacune des chambres et donnent lieu, le cas échéant, à la motion de défiance ou de censure, conformément aux articles 146 et 147 de la présente Constitution.

Article 139.

La Cour constitutionnelle peut être saisie d'un recours visant à faire déclarer une loi à promulguer non conforme à la Constitution par :

1. le président de la République dans les quinze jours qui suivent la transmission à lui faite de la loi définitivement adoptée ;
2. le Premier ministre dans les quinze jours qui suivent la transmission à lui faite de la loi définitivement adoptée ;
3. le président de l'Assemblée nationale ou le président du Sénat dans les quinze jours qui suivent son adoption définitive ;
4. un nombre de députés ou de sénateurs au moins égal au dixième des membres de chacune des chambres, dans les quinze jours qui suivent son adoption définitive.

La loi ne peut être promulguée que si elle a été déclarée conforme à la Constitution par la Cour constitutionnelle qui se prononce dans les trente jours de sa saisine. Toutefois, à la demande du Gouvernement, s'il y a urgence, ce délai est ramené à huit jours. Passé ces délais, la loi est réputée conforme à la Constitution.

Article 140.

Le président de la République promulgue la loi dans les quinze jours de sa transmission après l'expiration des délais prévus par les articles 136 et 137 de la Constitution.

À défaut de promulgation de la loi par le président de la République dans les délais constitutionnels, la promulgation est de droit.

Article 141.

Les lois sont revêtues du sceau de l'État et publiées au Journal officiel.

Article 142.

La loi entre en vigueur trente jours après sa publication au Journal officiel à moins qu'elle n'en dispose autrement.

Dans tous les cas, le Gouvernement assure la diffusion en français et dans chacune des quatre langues nationales dans le délai de soixante jours à dater de la promulgation.

Article 143.

Conformément aux dispositions de l'article 86 de la Constitution, le président de la République déclare la guerre sur décision du Conseil des ministres après avis du Conseil supérieur de la défense et autorisation de deux chambres. Il en informe la Nation par un message.

Les droits et devoirs des citoyens, pendant la guerre ou en cas d'invasion ou d'attaque du territoire national par des forces de l'extérieur, font l'objet d'une loi.

Article 144.

En application des dispositions de l'article 85 de la présente Constitution, l'état de siège, comme l'état d'urgence, est déclaré par le président de la République.

L'Assemblée nationale et le Sénat se réunissent alors de plein droit. S'ils ne sont pas en session, une session extraordinaire est convoquée à cet effet conformément à l'article 116 de la présente Constitution.

La clôture des sessions ordinaires ou extraordinaires est de droit retardée pour permettre, le cas échéant, l'application des dispositions de l'alinéa précédent.

L'état d'urgence ou l'état de siège peut être proclamé sur tout ou partie du territoire de la République pour une durée de trente jours.

L'ordonnance proclamant l'état d'urgence ou l'état de siège cesse de plein droit de produire ses effets après l'expiration du délai prévu à l'alinéa trois du présent article, à moins que l'Assemblée nationale et le Sénat, saisis par le président de la République sur décision du Conseil des ministres, n'en aient autorisé la prorogation pour des périodes successives de quinze jours.

L'Assemblée nationale et le Sénat peuvent, par une loi, mettre fin à tout moment à l'état d'urgence ou à l'état de siège.

Article 145.

En cas d'état d'urgence ou d'état de siège, le président de la République prend, par ordonnances délibérées en Conseil des ministres, les mesures nécessaires pour faire face à la situation.

Ces ordonnances sont, dès leur signature, soumises à la Cour constitutionnelle qui, toutes affaires cessantes, déclare si elles dérogent ou non à la présente Constitution.

Article 146.

Le Premier ministre peut, après délibération du Conseil des ministres, engager devant l'Assemblée nationale la responsabilité du Gouvernement sur son programme, sur une déclaration de politique générale ou sur le vote d'un texte.

L'Assemblée nationale met en cause la responsabilité du Gouvernement ou d'un membre du Gouvernement par le vote d'une motion de censure ou de défiance. La motion de censure contre le Gouvernement n'est recevable que si elle est signée par un quart des membres de l'Assemblée nationale. La motion de défiance contre un membre du Gouvernement n'est recevable que si elle est signée par un dixième des membres de l'Assemblée nationale.

Le débat et le vote ne peuvent avoir lieu que quarante-huit heures après le dépôt de la motion. Seuls sont recensés les votes favorables à la motion de censure ou de défiance qui ne peut être adoptée qu'à la majorité absolue des membres composant l'Assemblée nationale. Si la motion de censure ou de défiance est rejetée, ses signataires ne peuvent en proposer une nouvelle au cours de la même session.

Le programme, la déclaration de politique générale ou le texte visé à l'alinéa 1er est considéré comme adopté sauf si une motion de censure est votée dans les conditions prévues aux alinéas 2 et 3 du présent article.

Le Premier ministre a la faculté de demander au Sénat l'approbation d'une déclaration de politique générale.

Article 147.

Lorsque l'Assemblée nationale adopte une motion de censure, le Gouvernement est réputé démissionnaire. Dans ce cas, le Premier ministre remet la démission du Gouvernement au président de la République dans les vingt-quatre heures.

Lorsqu'une motion de défiance contre un membre du Gouvernement est adoptée, celui-ci est réputé démissionnaire.

Article 148.

En cas de crise persistante entre le Gouvernement et l'Assemblée nationale, le président de la République peut, après consultation du Premier ministre et des présidents de l'Assemblée nationale et du Sénat, prononcer la dissolution de l'Assemblée nationale.

Aucune dissolution ne peut intervenir dans l'année qui suit les élections, ni pendant les périodes de l'état d'urgence ou de siège ou de guerre, ni pendant que la République est dirigée par un président intérimaire.

À la suite d'une dissolution de l'Assemblée nationale, la Commission électorale nationale indépendante convoque les électeurs en vue de l'élection, dans le délai de soixante jours suivant la date de publication de l'ordonnance de dissolution, d'une nouvelle Assemblée nationale.

Section 4. Du pouvoir judiciaire.

Paragraphe 1. Des dispositions générales

Article 149.

Le pouvoir judiciaire est indépendant du pouvoir législatif et du pouvoir exécutif.

Il est dévolu aux cours et tribunaux qui sont : la Cour constitutionnelle, la Cour de cassation, le Conseil d'État, la Haute Cour militaire, les cours et tribunaux civils et militaires ainsi que les parquets rattachés à ces juridictions.

La justice est rendue sur l'ensemble du territoire national au nom du peuple.

Les arrêts et les jugements ainsi que les ordonnances des Cours et tribunaux sont exécutés au nom du président de la République.

Il ne peut être créé des tribunaux extraordinaires ou d'exception sous quelque dénomination que ce soit.

La loi peut créer des juridictions spécialisées.

Le pouvoir judiciaire dispose d'un budget élaboré par le Conseil supérieur de la magistrature et transmis au Gouvernement pour être inscrit dans le budget général de l'État. Le premier président de la Cour de cassation en est l'ordonnateur. Il est assisté par le secrétariat permanent du Conseil supérieur de la magistrature.

Article 150.

Le pouvoir judiciaire est le garant des libertés individuelles et des droits fondamentaux des citoyens.

Les juges ne sont soumis dans l'exercice de leur fonction qu'à l'autorité de la loi.

Une loi organique fixe le statut des magistrats.

Le magistrat du siège est inamovible. Il ne peut être déplacé que par une nomination nouvelle ou à sa demande ou par rotation motivée décidée par le Conseil supérieur de la magistrature.

Article 151.

Le pouvoir exécutif ne peut donner d'injonction au juge dans l'exercice de sa juridiction, ni statuer sur les différends, ni entraver le cours de la justice, ni s'opposer à l'exécution d'une décision de justice.

Le pouvoir législatif ne peut ni statuer sur des différends juridictionnels, ni modifier une décision de justice, ni s'opposer à son exécution.

Toute loi dont l'objectif est manifestement de fournir une solution à un procès en cours est nulle et de nul effet.

Article 152.

Le Conseil supérieur de la magistrature est l'organe de gestion du pouvoir judiciaire.

Le Conseil supérieur de la magistrature est composé de :

1. président de la Cour constitutionnelle ;
2. procureur général près la Cour constitutionnelle ;
3. premier président de la Cour de cassation ;
4. procureur général près la Cour de cassation ;
5. premier président du Conseil d'État ;
6. procureur général près le Conseil d'État ;
7. premier président de la Haute Cour militaire ;
8. auditeur général près la Haute Cour militaire ;
9. premiers présidents des cours d'appel ;
10. procureurs généraux près les cours d'appel ;
11. premiers présidents des cours administratives d'appel ;
12. procureurs généraux près les cours administratives d'appel ;
13. premiers présidents des cours militaires ;
14. auditeurs militaires supérieurs ;
15. deux magistrats de siège par ressort de cour d'appel, élus par l'ensemble des magistrats du ressort pour un mandat de trois ans ;
16. deux magistrats du parquet par ressort de cour d'appel, élus par l'ensemble des magistrats du ressort pour un mandat de trois ans ;
17. un magistrat de siège par ressort de cour militaire ;
18. un magistrat de parquet par ressort de cour militaire.

Il élabore les propositions de nomination, de promotion et de révocation des magistrats.

Il exerce le pouvoir disciplinaire sur les magistrats.

Il donne ses avis en matière de recours en grâce.

Une loi organique détermine l'organisation et le fonctionnement du Conseil supérieur de la magistrature.

Paragraphe 2 : Des juridictions de l'ordre judiciaire.

Article 153.

Il est institué un ordre de juridictions judiciaires, composé des cours et tribunaux civils et militaires placés sous le contrôle de la Cour de cassation.

Sans préjudice des autres compétences qui lui sont reconnues par la présente Constitution ou par les lois de la République, la Cour de cassation connaît des pourvois en cassation formés contre les arrêts et jugements rendus en dernier ressort par les cours et tribunaux civils et militaires.

Dans les conditions fixées par la Constitution et les lois de la République, la Cour de cassation connaît en premier et dernier ressort des infractions commises par :

1. les membres de l'Assemblée nationale et du Sénat ;
2. les membres du Gouvernement autres que le Premier ministre ;
3. les membres de la Cour constitutionnelle ;
4. les magistrats de la Cour de cassation ainsi que du parquet près cette Cour ;
5. les membres du Conseil d'État et les membres du parquet près ce Conseil ;
6. les membres de la Cour des comptes et les membres du parquet près cette Cour ;

7. les premiers présidents des cours d'appel ainsi que les procureurs généraux près ces cours ;
8. les premiers présidents des cours administratives d'appel et les procureurs près ces cours ;
9. les gouverneurs, les vice-gouverneurs de province et les ministres provinciaux ;
10. les présidents des assemblées provinciales.

Les cours et tribunaux, civils et militaires, appliquent les traités internationaux dûment ratifiés, les lois, les actes réglementaires pour autant qu'ils soient conformes aux lois ainsi que la coutume pour autant que celle-ci ne soit pas contraire à l'ordre public ou aux bonnes mœurs.

L'organisation, le fonctionnement et les compétences des juridictions de l'ordre judiciaire sont déterminés par une loi organique.

Paragraphe 3 : Des juridictions de l'ordre administratif.

Article 154.

Il est institué un ordre de juridictions administratives composé du Conseil d'État et des cours et tribunaux administratifs.

Article 155.

Sans préjudice des autres compétences que lui reconnaît la Constitution ou la loi, le Conseil d'État connaît, en premier et dernier ressort, des recours pour violation de la loi, formés contre les actes, règlements et décisions des autorités administratives centrales.

Il connaît en appel des recours contre les décisions des cours administratives d'appel.

Il connaît, dans les cas où il n'existe pas d'autres juridictions compétentes, des demandes d'indemnités relatives à la réparation d'un dommage exceptionnel, matériel ou moral résultant d'une mesure prise ou ordonnée par les autorités de la République. Il se prononce en équité en tenant compte de toutes les circonstances d'intérêt public ou privé.

L'organisation, la compétence et le fonctionnement des juridictions de l'ordre administratif sont fixés par une loi organique.

Paragraphe 4 : Des juridictions militaires.

Article 156.

Les juridictions militaires connaissent des infractions commises par les membres des forces armées et de la police nationale.

En temps de guerre ou lorsque l'état de siège ou d'urgence est proclamé, le président de la République, par une décision délibérée en Conseil des ministres, peut suspendre sur tout ou partie de la République et pour la durée et les infractions qu'il fixe, l'action répressive des cours et tribunaux de droit commun au profit de celle des juridictions militaires. Cependant, le droit d'appel ne peut être suspendu.

Une loi organique fixe les règles de compétence, d'organisation et de fonctionnement des juridictions militaires.

Paragraphe 5 : De la Cour constitutionnelle.

Article 157.

Il est institué une Cour constitutionnelle.

Article 158.

La Cour constitutionnelle comprend neuf membres nommés par le président de la République, dont trois sur sa propre initiative, trois désignés par le Parlement réuni en Congrès et trois désignés par le Conseil supérieur de la magistrature.

Les deux tiers des membres de la Cour constitutionnelle doivent être des juristes provenant de la magistrature, du barreau ou de l'enseignement universitaire.

Le mandat des membres de la Cour constitutionnelle est de neuf ans non renouvelables.

La Cour constitutionnelle est renouvelée par tiers tous les trois ans. Toutefois, lors de chaque renouvellement, il sera procédé au tirage au sort d'un membre par groupe.

Le président de la Cour constitutionnelle est élu par ses pairs pour une durée de trois ans renouvelables une seule fois. Il est investi par ordonnance du président de la République.

Article 159.

Nul ne peut être nommé membre de la Cour constitutionnelle :

1. s'il n'est Congolais
2. s'il ne justifie d'une expérience éprouvée de quinze ans dans les domaines juridique ou politique.

Article 160.

La Cour constitutionnelle est chargée du contrôle de la constitutionnalité des lois et des actes ayant force de loi.

Les lois organiques, avant leur promulgation, et les règlements intérieurs des chambres parlementaires et du Congrès, de la Commission électorale nationale indépendante ainsi que du Conseil supérieur de l'audiovisuel et de la communication, avant leur mise en application, doivent être soumis à la Cour constitutionnelle qui se prononce sur leur conformité à la Constitution.

Aux mêmes fins d'examen de la constitutionnalité, les lois peuvent être déférées à la Cour constitutionnelle, avant leur promulgation, par le président de la République, le Premier ministre, le président de l'Assemblée nationale, le président du Sénat ou le dixième des députés ou des sénateurs.

La Cour constitutionnelle statue dans le délai de trente jours. Toutefois, à la demande du Gouvernement, s'il y a urgence, ce délai est ramené à huit jours.

Article 161.

La Cour constitutionnelle connaît des recours en interprétation de la Constitution sur saisine du président de la République, du Gouvernement, du président du Sénat, du président de l'Assemblée nationale, d'un dixième des membres de chacune des chambres parlementaires, des gouverneurs de province et des présidents des assemblées provinciales.

Elle juge du contentieux des élections présidentielles et législatives ainsi que du référendum.

Elle connaît des conflits de compétences entre le pouvoir exécutif et le pouvoir législatif ainsi qu'entre l'État et les provinces.

Elle connaît des recours contre les arrêts rendus par la Cour de cassation et le Conseil d'État, uniquement en tant qu'ils se prononcent sur l'attribution du litige aux juridictions de l'ordre judiciaire ou administratif. Ce recours n'est recevable que si un déclinatoire de juridiction a été soulevé par ou devant la Cour de cassation ou le Conseil d'État.

Les modalités et les effets des recours visés aux alinéas précédents sont déterminés par la loi.

Article 162.

La Cour constitutionnelle est juge de l'exception d'inconstitutionnalité soulevée devant ou par une juridiction.

Toute personne peut saisir la Cour constitutionnelle pour inconstitutionnalité de tout acte législatif ou réglementaire.

Elle peut, en outre, saisir la Cour constitutionnelle, par la procédure de l'exception d'inconstitutionnalité invoquée dans une affaire qui la concerne devant une juridiction.

Celle-ci sursoit à statuer et saisit, toutes affaires cessantes, la Cour constitutionnelle.

Article 163.

La Cour constitutionnelle est la juridiction pénale du chef de l'État et du Premier ministre dans les cas et conditions prévus par la Constitution.

Article 164.

La Cour constitutionnelle est le juge pénal du président de la République et du Premier ministre pour des infractions politiques de haute trahison, d'outrage au Parlement, d'atteinte à l'honneur ou à la probité ainsi que pour les délits d'initié et pour les autres infractions de droit commun commises dans l'exercice ou à l'occasion de l'exercice de leurs fonctions. Elle est également compétente pour juger leurs co-auteurs et complices.

Article 165.

Sans préjudice des autres dispositions de la présente Constitution, il y a haute trahison lorsque le président de la République a violé intentionnellement la Constitution ou lorsque lui ou le Premier ministre sont reconnus auteurs, co-auteurs ou complices de violations graves et caractérisées des droits de l'homme, de cession d'une partie du territoire national.

Il y a atteinte à l'honneur ou à la probité notamment lorsque le comportement personnel du président de la République ou du Premier ministre est contraire aux bonnes mœurs ou qu'ils sont reconnus auteurs, co-auteurs ou complices de malversations, de corruption ou d'enrichissement illicite.

Il y a délit d'initié dans le chef du président de la République ou du Premier ministre lorsqu'il effectue des opérations sur valeurs immobilières ou sur marchandises à l'égard desquelles il possède des informations privilégiées et dont il tire profit avant que ces informations soient connues du public. Le délit d'initié englobe l'achat ou la vente d'actions fondés sur des renseignements qui ne seraient jamais divulgués aux actionnaires.

Il y a outrage au Parlement lorsque sur des questions posées par l'une ou l'autre chambre du Parlement sur l'activité gouvernementale, le Premier ministre ne fournit aucune réponse dans un délai de trente jours.

Article 166.

La décision de poursuites ainsi que la mise en accusation du président de la République et du Premier ministre sont votées à la majorité des deux tiers des membres du Parlement composant le Congrès suivant la procédure prévue par le règlement intérieur.

La décision de poursuites ainsi que la mise en accusation des membres du Gouvernement sont votées à la majorité absolue des membres composant l'Assemblée nationale suivant la procédure prévue par le règlement intérieur.

Les membres du Gouvernement, mis en accusation, présentent leur démission.

Article 167.

En cas de condamnation, le président de la République et le Premier ministre sont déchus de leurs charges. La déchéance est prononcée par la Cour constitutionnelle.

Pour les infractions commises en dehors de l'exercice de leurs fonctions, les poursuites contre le président de la République et le Premier ministre sont suspendues jusqu'à l'expiration de leurs mandats. Pendant ce temps, la prescription est suspendue.

Article 168.

Les arrêts de la Cour constitutionnelle ne sont susceptibles d'aucun recours et sont immédiatement exécutoires. Ils sont obligatoires et s'imposent aux pouvoirs publics, à toutes les autorités administratives et juridictionnelles, civiles et militaires ainsi qu'aux particuliers.

Tout acte déclaré non conforme à la Constitution est nul de plein droit.

Article 169.

L'organisation et le fonctionnement de la Cour constitutionnelle sont fixés par une loi organique.

Section 5. Des finances publiques.

Paragraphe 1. Des dispositions générales.

Article 170.

Le Franc congolais est l'unité monétaire de la République démocratique du Congo. Il a le pouvoir libératoire sur tout le territoire national.

Article 171.

Les finances du pouvoir central et celles des provinces sont distinctes.

Article 172.

L'exercice budgétaire commence le premier janvier et se termine le 31 décembre.

Article 173.

Le compte général de la République est soumis chaque année au Parlement par la Cour des comptes avec ses observations.

Le compte général de la République est arrêté par la loi.

Article 174.

Il ne peut être établi d'impôts que par la loi.

La contribution aux charges publiques constitue un devoir pour toute personne vivant en République démocratique du Congo.

Il ne peut être établi d'exemption ou d'allégement fiscal qu'en vertu de la loi.

Article 175.

Le budget des recettes et des dépenses de l'État, à savoir celui du pouvoir central et des provinces, est arrêté chaque année par une loi.

La part des recettes à caractère national allouées aux provinces est établie à 40%. Elle est retenue à la source.

La loi fixe la nomenclature des autres recettes locales et la modalité de leur répartition.

Paragraphe 2. De la Banque centrale

Article 176.

La Banque centrale du Congo est l'institut d'émission de la République démocratique du Congo.

À ce titre, elle a pour mission :

1. la garde des fonds publics ;
2. la sauvegarde et la stabilité monétaire ;
3. la définition et la mise en œuvre de la politique monétaire ;
4. le contrôle de l'ensemble de l'activité bancaire ;
5. de conseil économique et financier du Gouvernement.

Dans la réalisation de ces missions et attributions, la Banque centrale du Congo est indépendante et jouit de l'autonomie de gestion.

Article 177.

L'organisation et le fonctionnement de la Banque centrale du Congo sont fixés par une loi organique.

Paragraphe 3. De la Cour des comptes

Article 178.

Il est institué en République démocratique du Congo une Cour des comptes.

La Cour des comptes relève de l'Assemblée nationale.

Les membres de la Cour des comptes sont nommés, relevés de leurs fonctions et, le cas échéant, révoqués par le président de la République, après avis de l'Assemblée nationale.

Les membres de la Cour des comptes doivent justifier d'une haute qualification en matière financière, juridique ou administrative et d'une expérience professionnelle d'au moins dix ans.

Article 179.

La composition, l'organisation et le fonctionnement de la Cour des comptes sont fixés par une loi organique.

Article 180.

La Cour des comptes contrôle, dans les conditions fixées par la loi, la gestion des finances de l'État, des biens publics, ainsi que les comptes des provinces, des entités territoriales décentralisées ainsi que des organismes publics.

Elle publie, chaque année, un rapport remis au président de la République, au Parlement et au Gouvernement.

Le rapport est publié au Journal officiel.

Paragraphe 4. De la Caisse nationale de péréquation.

Article 181.

Il est institué une Caisse nationale de péréquation. Elle est dotée de la personnalité juridique.

La Caisse nationale de péréquation a pour mission de financer des projets et programmes d'investissement public, en vue d'assurer la solidarité nationale et de corriger le déséquilibre de développement entre les provinces et entre les autres entités territoriales décentralisées.

Elle dispose d'un budget alimenté par le Trésor public à concurrence de dix pour cent de la totalité des recettes à caractère national revenant à l'État chaque année.

Elle est placée sous la tutelle du Gouvernement.

Une loi organique fixe son organisation et son fonctionnement.

Section 6. De la police nationale et des forces armées.

Paragraphe 1. De la police nationale.

Article 182.

La police nationale est chargée de la sécurité publique, de la sécurité des personnes et de leurs biens, du maintien et du rétablissement de l'ordre public ainsi que de la protection rapprochée des hautes autorités.

Article 183.

La police nationale est apolitique. Elle est au service de la Nation congolaise. Nul ne peut la détourner à ses fins propres.

La police nationale exerce son action sur l'ensemble du territoire national dans le respect de la présente Constitution et des lois de la République.

Article 184.

La police nationale est soumise à l'autorité civile locale et est placée sous la responsabilité du ministère qui a les affaires intérieures dans ses attributions.

Article 185.

Les effectifs, à tous les niveaux, les fonctions de commandement en tout temps et en toute circonstance, doivent tenir compte des critères objectifs liés à la fois à l'aptitude physique, à une instruction suffisante et à une moralité éprouvée ainsi qu'à une représentation équitable des provinces.

Article 186.

Une loi organique fixe l'organisation et le fonctionnement de la police nationale.

Paragraphe 2. Des forces armées.

Article 187.

Les forces armées comprennent la force terrestre, la force aérienne, la force navale et leurs services d'appui.

Elles ont pour mission de défendre l'intégrité du territoire national et les frontières. Dans les conditions fixées par la loi, elles participent, en temps de paix, au développement économique, social et culturel ainsi qu'à la protection des personnes et de leurs biens.

Article 188.

Les forces armées sont républicaines. Elles sont au service de la Nation tout entière.
Nul ne peut, sous peine de haute trahison, les détourner à ses fins propres.
Elles sont apolitiques et soumises à l'autorité civile.

Article 189.

Les effectifs à tous les niveaux, les fonctions de commandement en tout temps et en toute circonstance, doivent tenir compte des critères objectifs liés à la fois à l'aptitude physique, à une instruction suffisante, à une moralité éprouvée ainsi qu'à une représentation équitable des provinces.

Article 190.

Nul ne peut, sous peine de haute trahison, organiser des formations militaires, paramilitaires ou des milices privées ni entretenir une jeunesse armée.

Article 191.

Une loi organique fixe l'organisation et le fonctionnement des forces armées.

Article 192.

Il est institué un Conseil supérieur de la défense.
Le Conseil supérieur de la défense est présidé par le président de la République et, en cas d'absence ou d'empêchement, par le Premier ministre.
Une loi organique détermine l'organisation, la composition, les attributions et le fonctionnement du Conseil supérieur de la défense.

Section 7. De l'administration publique.

Article 193.

L'administration publique est apolitique, neutre et impartiale. Nul ne peut la détourner à des fins personnelles ou partisanes.
Elle comprend la fonction publique ainsi que tous les organismes et services assimilés.

Article 194.

Une loi organique fixe l'organisation et le fonctionnement des services publics du pouvoir central, des provinces et des entités territoriales décentralisées.

Chapitre 2. Des provinces.

Section première. Des institutions politiques provinciales

Article 195.

Les institutions provinciales sont :
1. l'assemblée provinciale ;
2. le gouvernement provincial.

Article 196.

Les provinces sont organisées conformément aux principes énoncés à l'article 3 de la présente Constitution.

Les subdivisions territoriales à l'intérieur des provinces sont fixées par une loi organique.

Article 197.

L'assemblée provinciale est l'organe délibérant de la province. Elle délibère dans le domaine des compétences réservées à la province et contrôle le gouvernement provincial ainsi que les services publics provinciaux et locaux.

Elle légifère par voie d'édit.

Ses membres sont appelés députés provinciaux.

Ils sont élus au suffrage universel direct et secret ou cooptés pour un mandat de cinq ans renouvelables.

Le nombre de députés provinciaux cooptés ne peut dépasser le dixième des membres qui composent l'assemblée provinciale.

Sans préjudice des autres dispositions de la présente Constitution, les dispositions des articles 100, 101, 102, 103, 108 et 109 sont applicables, mutatis mutandis, aux assemblées

Articles 198.

Le gouvernement provincial est composé d'un gouverneur, d'un vice-gouverneur et des ministres provinciaux.

Le gouverneur et le vice-gouverneur sont élus pour un mandat de cinq ans renouvelables une seule fois par les députés provinciaux au sein ou en dehors de l'assemblée provinciale. Ils sont investis par ordonnance du président de la République.

Les ministres provinciaux sont désignés par le gouverneur au sein ou en dehors de l'Assemblée provinciale.

La composition du gouvernement provincial tient compte de la représentativité provinciale.

Le nombre de ministres provinciaux ne peut dépasser dix.

Avant d'entrer en fonction, le gouverneur présente à l'Assemblée provinciale le programme de son gouvernement.

Lorsque ce programme est approuvé à la majorité absolue des membres qui composent l'assemblée provinciale, celle-ci investit les ministres.

Les membres du gouvernement provincial peuvent être, collectivement ou individuellement, relevés de leurs fonctions par le vote d'une motion de censure ou de défiance de l'assemblée provinciale.

Les dispositions des articles 146 et 147 de la présente Constitution s'appliquent, mutatis mutandis, aux membres du gouvernement provincial.

Article 199.

Deux ou plusieurs provinces peuvent, d'un commun accord, créer un cadre d'harmonisation et de coordination de leurs politiques respectives et gérer en commun certains services dont les attributions portent sur les matières relevant de leurs compétences.

Article 200.

Il est institué une Conférence des gouverneurs de province.

Elle a pour mission d'émettre des avis et de formuler des suggestions sur la politique à mener et sur la législation à édicter par la République.

La Conférence des gouverneurs de province est composée, outre les gouverneurs de province, du président de la République, du Premier ministre et du ministre de l'Intérieur. Tout autre membre du Gouvernement peut y être invité.

Elle est présidée par le président de la République.
Elle se réunit au moins deux fois par an sur convocation de son président.
Elle se tient à tour de rôle dans chaque province.
Une loi organique en détermine les modalités d'organisation et de fonctionnement.

Section 2. De la répartition des compétences entre le pouvoir central et les provinces.

Article 201.

La répartition des compétences entre le pouvoir central et les provinces est fixée par la présente Constitution.

Les matières sont, soit de la compétence exclusive du pouvoir central, soit de la compétence concurrente du pouvoir central et des provinces, soit de la compétence exclusive des provinces.

Article 202.

Sans préjudice des autres dispositions de la présente Constitution, les matières suivantes sont de la compétence exclusive du pouvoir central :

1. les affaires étrangères comprenant les relations diplomatiques ainsi que les traités et accords internationaux ;
2. la réglementation du commerce extérieur ;
3. la nationalité, le statut et la police des étrangers ;
4. l'extradition, l'immigration, l'émigration et la délivrance des passeports et des visas ;
5. la sûreté extérieure ;
6. la défense nationale ;
7. la police nationale ;
8. la fonction publique nationale ;
9. les finances publiques de la République ;
10. l'établissement des impôts sur le revenu, des impôts sur les sociétés et des impôts personnels conformément à l'article 174 ;
11. la dette publique de la République ;
12. les emprunts extérieurs pour les besoins de la République ou des provinces ;
13. les emprunts intérieurs pour les besoins de la République ;
14. la monnaie, l'émission de la monnaie et le pouvoir libératoire de la monnaie ;
15. les poids, mesures et informatique ;
16. les douanes et les droits d'importation et d'exportation ;
17. la réglementation concernant les banques et les opérations bancaires et boursières ;
18. la réglementation des changes ;
19. la propriété littéraire, artistique et industrielle et les brevets ;
20. les postes et les télécommunications, y compris les téléphones et télégraphes, la radiodiffusion, la télévision et les satellites ;
21. la navigation maritime et intérieure, les lignes aériennes, les chemins de fer, les routes et autres voies de communication, naturelles ou artificielles qui relient deux ou plusieurs provinces ou le territoire de la République à un territoire étranger ou qu'une loi nationale a déclarée d'intérêt national bien qu'elles soient entièrement situées sur le territoire d'une province ;

22. les universités et autres établissements d'enseignement scientifique, technique ou professionnel supérieur créés ou subventionnés par le Gouvernement central ou par les gouvernements provinciaux et qu'une loi nationale a déclarés d'intérêt national ;
23. l'établissement des normes d'enseignement applicables dans tous les territoires de la République ;
24. l'acquisition des biens pour les besoins de la République, sans préjudice des dispositions de l'article 34 ;
25. l'élaboration des programmes agricoles, forestiers et énergétiques d'intérêt national et la coordination des programmes d'intérêt provincial ; les offices des produits agricoles et les organismes assimilés ainsi que la répartition des cadres, conformément au statut des agents de carrière des services publics de l'État ; les régimes énergétiques, agricoles et forestiers sur la chasse et la pêche, sur la conservation de la nature (flore et faune), sur la capture, sur l'élevage, sur les denrées alimentaires d'origine animale et l'art vétérinaire ;
26. la protection contre les dangers occasionnés par l'énergie ou par les radiations et l'élimination des substances radioactives ;
27. la prévention des abus des puissances économiques ;
28. le patrimoine historique, les monuments publics et les parcs déclarés d'intérêt national ;
29. les services de la météorologie et la coordination technique des services de la géodésie, de la cartographie et de l'hydrographie ;
30. la nomination et l'affectation des inspecteurs provinciaux de l'enseignement primaire, secondaire, professionnel et spécial ;
31. les statistiques et le recensement d'intérêt national ;
32. la planification nationale ;
33. la recherche scientifique et technologique ;
34. les plans directeurs nationaux de développement des infrastructures de base, notamment les ports, les aéroports, les gares ;
35. l'assistance aux anciens combattants et les handicapés de guerre ;
36. la législation notamment concernant :

    a) le code de commerce, y compris les assurances, la constitution et l'agrément des sociétés ;

    b) le Code pénal, le régime pénitentiaire ;

    c) le code d'organisation et de compétence judiciaires et le code judiciaire ;

    d) la législation pour les professions libérales ;

    e) la législation du travail comprenant notamment les lois régissant les relations entre employeurs et travailleurs, la sécurité des travailleurs, les règles relatives à la Sécurité sociale et, en particulier, les règles relatives aux assurances sociales et au chômage involontaire ;

    f) la législation économique comprenant les lois concernant les mines, minéraux et huiles minérales, l'industrie, les sources d'énergie et la conservation des ressources naturelles ;

    g) la législation sur les arts et métiers ;

    h) la législation médicale et l'art de guérir, la médecine préventive, notamment l'hygiène, la salubrité publique et la protection maternelle et infantile, la législation sur la profession de pharmacien, sur le commerce pharmaceutique, sur l'immigration et le transit, les règlements sanitaires bilatéraux et

internationaux, la législation sur l'hygiène du travail, la coordination technique des laboratoires médicaux et la répartition des médecins ;
i) la loi électorale ;
j) la législation sur la fabrication, la rectification, l'importation, l'exportation et la vente de l'alcool obtenu par la distillation ;
k) la législation sur la fabrication, l'importation et l'exportation, la vente des boissons alcoolisées et non alcoolisées ;
l) la législation sur la fabrication, l'importation, l'exportation et le transit des matériels de guerre ;
m) la législation sur la fécondation artificielle chez l'être humain, sur la manipulation des informations génétiques et sur les transplantations d'organes et des tissus humains ;
n) la législation sur les réfugiés, les expulsés et les personnes déplacées ;
o) la législation sur l'admission aux professions médicales et aux autres professions et activités.

Article 203.

Sans préjudice des autres dispositions de la présente Constitution, les matières suivantes sont de la compétence concurrente du pouvoir central et des provinces :

1. la mise en œuvre des mécanismes de promotion et de sauvegarde des droits humains et des libertés fondamentales consacrés dans la présente Constitution ;
2. les droits civils et coutumiers ;
3. les statistiques et les recensements ;
4. la sûreté intérieure ;
5. l'administration des cours et tribunaux, des maisons d'arrêt et de correction et des prisons ;
6. la vie culturelle et sportive ;
7. l'établissement des impôts, y compris les droits d'accise et de consommation, à l'exclusion des impôts visés à l'article 174 ;
8. l'exécution des mesures sur la police des étrangers ;
9. la recherche scientifique et technologique ainsi que les bourses d'études, de perfectionnement et d'encouragement à la recherche ;
10. les institutions médicales et philanthropiques, l'engagement du personnel médical et agricole de commandement ;
11. la mise en œuvre des programmes de la météorologie, de la géologie, de la cartographie et de l'hydrologie ;
12. les calamités naturelles ;
13. la presse, la radio, la télévision, l'industrie cinématographique ;
14. la protection civile ;
15. le tourisme ;
16. les droits fonciers et miniers, l'aménagement du territoire, le régime des eaux et forêts ;
17. la prévention des épidémies et épizooties dangereuses pour la collectivité ;
18. la protection de l'environnement, des sites naturels, des paysages et la conservation des sites ;
19. la réglementation sur les régimes énergétiques, agricoles et forestiers, l'élevage, les denrées alimentaires d'origine animale et végétale ;
20. la création des établissements primaires, secondaires, supérieurs et universitaires ;

21. le trafic routier, la circulation automobile, la construction et l'entretien des routes d'intérêt national, la perception et la répartition des péages pour l'utilisation des routes construites par le pouvoir central et/ou par la province ;
22. les institutions médicales et philanthropiques ;
23. l'initiative des projets, programmes et accords de coopération économique, culturelle, scientifique et sociale internationale ;
24. la production, le transport, l'utilisation et l'exploitation de l'énergie ;
25. la protection des groupes des personnes vulnérables.

Article 204.

Sans préjudice des autres dispositions de la présente Constitution, les matières suivantes sont de la compétence exclusive des provinces :

1. le plan d'aménagement de la province ;
2. la coopération interprovinciale ;
3. la fonction publique provinciale et locale ;
4. l'application des normes régissant l'état civil ;
5. les finances publiques provinciales ;
6. la dette publique provinciale ;
7. les emprunts intérieurs pour les besoins des provinces ;
8. la délivrance et la conservation des titres immobiliers dans le respect de la législation nationale ;
9. l'organisation du petit commerce frontalier ;
10. l'organisation et le fonctionnement des services publics, établissements et entreprises publics provinciaux dans le respect de la législation nationale ;
11. les travaux et marchés publics d'intérêt provincial et local ;
12. l'acquisition des biens pour les besoins de la province ;
13. l'enseignement maternel, primaire, secondaire, professionnel et spécial ainsi que l'alphabétisation des citoyens, conformément aux normes établies par le pouvoir central ;
14. l'établissement des peines d'amende ou de prison pour assurer le respect des édits en conformité avec la législation nationale ;
15. les communications intérieures des provinces ;
16. les impôts, les taxes et les droits provinciaux et locaux, notamment l'impôt foncier, l'impôt sur les revenus locatifs et l'impôt sur les véhicules automoteurs ;
17. la fixation des salaires minima provinciaux, conformément à la législation nationale ;
18. l'affectation du personnel médical, conformément au statut des agents de carrière des services publics de l'État, l'élaboration des programmes d'assainissement et de campagne de lutte contre les maladies endémo-épidémiques conformément au plan national : l'organisation des services d'hygiène et de prophylaxie provinciale, l'application et le contrôle de la législation médicale et pharmaceutique nationale ainsi que l'organisation des services de la médecine curative, des services philanthropiques et missionnaires, des laboratoires médicaux et des services pharmaceutiques, l'organisation et la promotion des soins de santé primaires ;
19. l'élaboration des programmes miniers, minéralogiques, industriels, énergétiques d'intérêt provincial et leur exécution conformément aux normes générales du planning national ;

20. l'élaboration des programmes agricoles et forestiers et leur exécution conformément aux normes du planning national, l'affectation du personnel agricole, des cadres conformément aux dispositions du statut des agents de carrière des services publics de l'État, l'application de la législation nationale concernant l'agriculture, la forêt, la chasse et la pêche ainsi que l'environnement, la conservation de la nature et la capture des animaux sauvages, l'organisation et le contrôle des campagnes agricoles, la fixation des prix des produits agricoles ;
21. l'affectation en province du personnel vétérinaire, conformément au statut des agents de carrière des services publics de l'État ; l'élaboration des programmes de campagne de santé animale et l'application des mesures de police sanitaire vétérinaire, notamment en ce qui concerne les postes frontaliers et de quarantaine ;
22. l'organisation des campagnes de vaccination contre les maladies enzootiques, l'organisation des laboratoires, cliniques et dispensaires de la provenderie ainsi que l'application de la législation nationale en matière vétérinaire, l'organisation de la promotion de santé de base ;
23. le tourisme, le patrimoine historique, les monuments publics et les parcs d'intérêt provincial et local ;
24. l'habitat urbain et rural, la voirie et les équipements collectifs provinciaux et locaux ;
25. l'inspection des activités culturelles et sportives provinciales ;
26. l'exploitation des sources d'énergie non nucléaire et la production de l'eau pour les besoins de la province ;
27. l'exécution des mesures du droit de résidence et d'établissement des étrangers, conformément à la loi ;
28. l'exécution du droit coutumier ;
29. la planification provinciale.

Article 205.

Une assemblée provinciale ne peut légiférer sur les matières de la compétence exclusive du pouvoir central. Réciproquement, l'Assemblée nationale et le Sénat ne peuvent légiférer sur les matières de la compétence exclusive d'une province.

Toutefois, l'Assemblée nationale et le Sénat peuvent, par une loi, habiliter une assemblée provinciale à prendre des édits sur des matières de la compétence exclusive du pouvoir central. Lorsque l'Assemblée nationale et le Sénat mettent fin à la délégation de pouvoir ainsi donnée à l'Assemblée provinciale, les dispositions des édits provinciaux promulgués en des matières de la compétence exclusive du pouvoir central, en vertu de cette délégation de pouvoir, demeurent cependant en vigueur dans la province intéressée jusqu'à ce qu'une loi nationale ait réglé ces matières.

Pareillement, une assemblée provinciale peut, par un édit, habiliter l'Assemblée nationale et le Sénat à légiférer sur des matières de la compétence exclusive de la province. Lorsque l'assemblée provinciale met fin à la délégation de pouvoir ainsi donnée à l'Assemblée nationale et au Sénat, les dispositions des lois nationales promulguées en des matières de la compétence exclusive des provinces, en vertu de cette délégation de pouvoir, demeurent cependant en vigueur dans la province intéressée jusqu'à ce qu'un édit provincial les ait réglées.

Dans les matières relevant de la compétence concurrente du pouvoir central et des provinces, tout édit provincial incompatible avec les lois et règlements d'exécution nationaux est nul et abrogé de plein droit, dans la mesure où il y a incompatibilité.

La législation nationale prime sur l'édit provincial.

Article 206.

Sauf dispositions contraires de la législation nationale, les gouvernements provinciaux exécutent, par l'intermédiaire de leurs services, les lois et les règlements nationaux.

Section 3. De l'autorité coutumière.

Article 207.

L'autorité coutumière est reconnue.

Elle est dévolue conformément à la coutume locale, pour autant que celle-ci ne soit pas contraire à la Constitution, à la loi, à l'ordre public et aux bonnes mœurs.

Tout chef coutumier désireux d'exercer un mandat public électif doit se soumettre à l'élection, sauf application des dispositions de l'article 197, alinéa 3 de la présente Constitution.

L'autorité coutumière a le devoir de promouvoir l'unité et la cohésion nationales.

Une loi fixe le statut des chefs coutumiers.

Titre IV. Du Conseil économique et social.

Article 208.

Il est institué en République démocratique du Congo un Conseil économique et social.

Article 209.

Le Conseil économique et social a pour mission de donner des avis consultatifs sur les questions économiques et sociales à lui soumises par le président de la République, l'Assemblée nationale, le Sénat et le Gouvernement.

Il peut, de sa propre initiative, appeler l'attention du Gouvernement et des provinces sur les réformes qui lui paraissent de nature à favoriser le développement économique et social du pays.

Article 210.

Une loi organique détermine l'organisation et le fonctionnement du Conseil économique et social.

Titre V. Des institutions d'appui à la démocratie.

Chapitre premier. De la Commission électorale nationale indépendante.

Article 211.

Il est institué une Commission électorale nationale indépendante dotée de la personnalité juridique.

La Commission électorale nationale indépendante est chargée de l'organisation du processus électoral, notamment de l'enrôlement des électeurs, de la tenue du fichier électoral, des opérations de vote, de dépouillement et de tout référendum.

Elle assure la régularité du processus électoral et référendaire.

Une loi organique fixe l'organisation et le fonctionnement de la Commission électorale nationale indépendante.

Chapitre 2. Du Conseil supérieur de l'audiovisuel et de la communication.

Article 212.

Il est institué un Conseil supérieur de l'audiovisuel et de la communication dotée de la personnalité juridique.

Il a pour mission de garantir et d'assurer la liberté et la protection de la presse, ainsi que de tous les moyens de communication de masse dans le respect de la loi.

Il veille au respect de la déontologie en matière d'information et à l'accès équitable des partis politiques, des associations et des citoyens aux moyens officiels d'information et de communication.

La composition, les attributions, l'organisation et le fonctionnement du Conseil supérieur de l'audiovisuel et de la communication sont fixés par une loi organique.

Titre VI. Des traités et accords internationaux.

Article 213.

Le président de la République négocie et ratifie les traités et accords internationaux.

Le Gouvernement conclut les accords internationaux non soumis à ratification après délibération en Conseil des ministres. Il en informe l'Assemblée nationale et le Sénat.

Article 214.

Les traités de paix, les traités de commerce, les traités et accords relatifs aux organisations internationales et au règlement des conflits internationaux, ceux qui engagent les finances publiques, ceux qui modifient les dispositions législatives, ceux qui sont relatifs à l'état des personnes, ceux qui comportent échange et adjonction de territoire ne peuvent être ratifiés ou approuvés qu'en vertu d'une loi.

Nulle cession, nul échange, nulle adjonction de territoire n'est valable sans l'accord du peuple congolais consulté par voie de référendum.

Article 215.

Les traités et accords internationaux régulièrement conclus ont, dès leur publication, une autorité supérieure à celle des lois, sous réserve pour chaque traité ou accord, de son application par l'autre partie.

Article 216.

Si la Cour constitutionnelle consultée par le président de la République, par le Premier ministre, le président de l'Assemblée nationale ou le président du Sénat, par un dixième des députés ou un dixième des sénateurs, déclare qu'un traité ou accord international comporte une clause contraire à la Constitution, la ratification ou l'approbation ne peut intervenir qu'après la révision de la Constitution.

Article 217.

La République démocratique du Congo peut conclure des traités ou des accords d'association ou de communauté comportant un abandon partiel de souveraineté en vue de promouvoir l'unité africaine.

Titre VII. De la révision constitutionnelle.

Article 218.

L'initiative de la révision constitutionnelle appartient concurremment :

- - Au président de la République ;
- - Au Gouvernement après délibération en Conseil des ministres ;
- - À chacune des chambres du Parlement à l'initiative de la moitié de ses membres ;
- - À une fraction du peuple congolais, en l'occurrence 100.000 personnes, s'exprimant par une pétition adressée à l'une des deux chambres.

Chacune de ces initiatives est soumise à l'Assemblée nationale et au Sénat qui décident, à la majorité absolue de chaque chambre, du bien-fondé du projet, de la proposition ou de la pétition de révision.

La révision n'est définitive que si le projet, la proposition ou la pétition est approuvée par référendum.

Toutefois, le projet, la proposition ou la pétition n'est pas soumis au référendum lorsque l'Assemblée nationale et le Sénat réunis en Congrès l'approuvent à la majorité des trois cinquièmes des membres les composant.

Article 219.

Aucune révision ne peut intervenir pendant l'état de guerre, l'état d'urgence ou l'état de siège ni pendant l'intérim à la présidence de la République ni lorsque l'Assemblée nationale et le Sénat se trouvent empêchés de se réunir librement.

Article 220.

La forme républicaine de l'État, le principe du suffrage universel, la forme représentative du Gouvernement, le nombre et la durée des mandats du président de la République, l'indépendance du pouvoir judiciaire, le pluralisme politique et syndical, ne peuvent faire l'objet d'aucune révision constitutionnelle.

Est formellement interdite toute révision constitutionnelle ayant pour objet ou pour effet de réduire les droits et libertés de la personne ou de réduire les prérogatives des provinces et des entités territoriales décentralisées.

Titre VIII. Des dispositions transitoires et finales.

Article 221.

Pour autant qu'ils ne soient pas contraires à la présente Constitution, les textes législatifs et réglementaires en vigueur restent maintenus jusqu'à leur abrogation ou leur modification.

Article 222.

Les institutions politiques de la transition restent en fonction jusqu'à l'installation effective des institutions correspondantes prévues par la présente Constitution et exercent leurs attributions conformément à la Constitution de la transition.

Les institutions d'appui à la démocratie sont dissoutes de plein droit dès l'installation du nouveau Parlement.

Toutefois, par une loi organique, le Parlement pourra, s'il échet, instituer d'autres institutions d'appui à la démocratie.

Article 223.

En attendant l'installation de la Cour constitutionnelle, du Conseil d'État et de la Cour de cassation, la Cour suprême de justice exerce les attributions leur dévolues par la présente Constitution.

Article 224.

En attendant l'installation des juridictions de l'ordre administratif, les cours d'appel exercent les compétences dévolues aux cours administratives d'appel.

Article 225.

La Cour de sûreté de l'État est dissoute dès l'entrée en vigueur de la présente Constitution.

Article 226.

Les dispositions de l'alinéa premier de l'article 2 de la présente Constitution entreront en vigueur endéans trente-six mois qui suivront l'installation effective des institutions politiques prévues par la présente Constitution.

En attendant, la République démocratique du Congo est composée de la ville de Kinshasa et de dix provinces suivantes dotées de la personnalité juridique : Bandundu, Bas-Congo, Équateur, Kasaï-Occidental, Kasaï-Oriental, Katanga, Maniema, Nord-Kivu, Province Orientale, Sud-Kivu.

Article 227.

Les provinces telles qu'énumérées par l'article 2 de la présente Constitution constituent les circonscriptions électorales des sénateurs de la première législature.

La loi électorale détermine les conditions d'attribution d'un quota additionnel à la ville de Kinshasa pour les élections des sénateurs.

Article 228.

Sans préjudice des dispositions de l'article 222, alinéa 1, la Constitution de la Transition du 04 avril 2003 est abrogée.

Article 229.

La présente Constitution, adoptée par référendum, entre en vigueur dès sa promulgation par le président de la République.

Fait à Kinshasa, le 18 février 2006.
Joseph KABILA

LA REVISION DE LA CONSTITUTION DU 18 FÉVRIER 2006

I. INTRODUCTION : POUVOIR CONSTITUANT ORIGINAIRE ET POUVOIRS CONSTITUÉS

Dans la théorie générale du droit constitutionnel, deux auteurs se sont distingués pour leurs contributions à propos de la distinction du pouvoir constituant et des pouvoirs constitués.

D'abord, l'abbé de Sieyès, qui, dans son ouvrage sur le Tiers Etats, avait découvert la notion d'un pouvoir constituant distinct et supérieur aux trois pouvoirs de la puissance étatique établie par Montesquieu : les pouvoirs exécutif, législatif et judiciaire. Il précise en effet que « Dans chaque partie, la constitution n'est pas l'ouvrage du pouvoir constitué, mais du pouvoir constituant. » Pour Sieyès, les pouvoirs créés par la constitution sont des pouvoirs multiples et divisés ; mais déclare-t-il, « tous, sans distinction sont une émanation de la volonté générale, tous viennent du peuple, c'est-à-dire de la nation. » Ils émanent donc d'un pouvoir supérieur et unique, et c'est pourquoi Sieyès dégage immédiatement cette notion fondamentale : « Une Constitution suppose, avant tout, un pouvoir constituant[197]. »

Ensuite, Carré de Malberg interroge la source de la puissance que revêtent les trois pouvoirs- exécutif, législatif et judiciaire - et surtout comment s'opère entre elles l'attribution des pouvoirs à séparer » ? Tout clairement, il pose la question du pouvoir constituant. Pour cet auteur, la théorie de la séparation des pouvoirs devait nécessairement conduire à la théorie du pouvoir constituant. Car une telle séparation est inexplicable sans l'acceptation d'un pouvoir supérieur et antérieur à eux. Il faut donc logiquement « admettre l'existence d'une autorité supérieure et antérieure à eux, capable d'opérer le partage[198] ». Ainsi, la théorie de la séparation des pouvoirs ouvrait la voie à la théorie du pouvoir constituant.

Comme on peut le constater, la relation entre le pouvoir constituant et les pouvoirs constitués est construite sur la base d'une hiérarchie entre eux. Le pouvoir constituant est supérieur aux pouvoirs constitués. En d'autres termes,

---

[197] Sieyès, E., (1970), *Qu'est-ce que le Tiers Etat, chapitre V*, Edition critique avec une introduction et des notes par Roberto Zapperi, Genève : Librairie Droz, 1970, p.180-181.

[198] Carré de Malberg, R. (1922). *Contribution à la théorie générale de l'Etat*, Paris : Sirey, 1922 (réimpression par CNRS, 1962), tome II, p.516, note 10.

c'est seulement le pouvoir constituant qui est souverain, non pas les pouvoirs constitués.

Ces prémisses de la théorie du pouvoir constituant pointent à la distinction traditionnelle entre un pouvoir constituant originaire et un pouvoir constituant dérivé ou « constitué ». La première expression désigne ceux qui établissent une Constitution là où il n'y en avait pas auparavant ou en rupture par rapport à une Constitution précédente. Elle fait allusion au pouvoir qui a reçu mandat pour « créer » une constitution nouvelle, ce pouvoir qui est chargé d'élaborer une première ou une nouvelle Constitution d'un État. La deuxième notion désigne la capacité de modifier une Constitution déjà instituée. Le pouvoir constituant dérivé prévu par la Constitution elle-même afin de conduire les révisions constitutionnelles. Il tire donc sa légitimité et son fondement du pouvoir constituant originaire, par le biais de la Constitution.

Plusieurs auteurs constitutionnalistes français comme Carré de Malberg[199], Georges Burdeau[200], Georges Vedel[201] et Roger Bonnard[202] se sont proposés de cerner certains critères de distinction entre le pouvoir constituant originaire et le pouvoir constituant dérivé. Ils s'accordent principalement sur le fait que la différenciation principale est d'abord laquelle les deux pouvoirs s'exercent : le pouvoir constituant originaire établit une constitution lorsqu'il n'y en a pas ou qu'il n'y en a plus et le pouvoir constituant dérivé, comme le pouvoir de réviser une constitution déjà en vigueur suivant les règles fixées par celle-ci. Ensuite, d'autres critères les opposent : les circonstances de leur exercice, leur nature, leur titulaire, leur forme, leur caractère limité ou illimité et enfin, les modes de leur exercice.

II. LE POUVOIR DE REVISION SOUS LA CONSTITUTION DU 18 FÉVRIER 2006

Globalement, il y a lieu de considérer que « la procédure de révision constitutionnelle a été conçue en fonction des spécificités congolaises et doit être lue à la lumière de ces réalités. Elle garantit la stabilité des institutions démocratiques en l'affectant d'une assez grande rigidité. Ces principes expliquent les choix fondamentaux qui ont été opérés quant à l'initiative, la période propice et l'objet de la révision ainsi que le rôle du Législateur et du Peuple dans la procédure de révision[203] ». Le pouvoir constituant dérivé est organisé dans 3 articles seulement de la Constitution du 18 février 2006 : il s'agit des articles 218 (modifié par l'article 1er de la Loi n° 11/002 du 20 janvier 2011 portant révision de certains articles de la

---

199 Carré de Malberg, R. (1922). *Contribution à la théorie générale de l'Etat*, Op. Cit. p.516, note 10.

200 Burdeau, G., (1988), *Droit constitutionnel*, 21e édition par Francis Hamon et Michel Troper, Paris, L.G.D.J., 1988, p.76-77.

201 Vedel, G., (1989), *Droit constitutionnel*, Paris : Sirey, 1949, (réimpression, 1989)

202 Bonnard, R., (1942), « Les actes constitutionnels de 1940-1942 », *Revue du droit public et de la science politique (RDP)* p. 49.

203 Yatala Nsomwe Ntambwe, C. *La révision constitutionnelle dans la Constitution congolaise du 18 février 2006.* https://www.droitcongolais.info/files/REVISION-CONSTITUTION_Yatala.pdf.

Constitution de la République Démocratique du Congo), 219 et 220. L'économie de ces 3 articles révèle une procédure de révision qui se décline en 3 phases : l'initiative de révision (2.1), l'adoption ou le rejet du principe de révision constitutionnelle (2.2) et l'adoption définitive du projet de révision de la Constitution (2.3).

1. Le président et l'initiative de la révision constitutionnelle.

En droit constitutionnel congolais, l'initiative de révision ou le droit de proposer une modification de la Constitution est réservé exclusivement à quelques détenteurs du pouvoir de l'Etat. En vertu de l'article 218 de la Constitution, l'initiative de la révision constitutionnelle appartient concurremment :

- Aux deux composantes du pouvoir exécutif (au Président de la République et au Gouvernement après délibération en Conseil des ministres), par la modalité de projet de loi de révision de la Constitution ;
- Au pouvoir législatif (à chacune des Chambres du Parlement à l'initiative de la moitié de ses membres), par la modalité de proposition de loi de révision de la Constitution ;
- À la Nation (à une fraction du peuple congolais, en l'occurrence 100.000 personnes) à travers la modalité d'une pétition adressée à l'une des deux Chambres.

Cette disposition marque le souci du Constituant d'établir un certain équilibre entre les deux pouvoirs de l'Etat-l'exécutif et le législatif- sans pour autant exclure le détenteur de la souveraineté du pouvoir d'Etat : le peuple.

Cette option de reconnaitre le droit d'initiative à la fois au Gouvernement et aux membres du Parlement est assez fréquente en droit comparé. Ainsi en est-il en France depuis 1875, en Allemagne, en Italie, aux Pays-Bas, en Belgique, etc. Au contraire en Suisse, le droit d'initiative en matière constitutionnelle est reconnu au peuple : si une pétition tendant à modifier la constitution recueille cent mille signatures, les Assemblées de la Confédération sont tenues d'en délibérer et de consulter le peuple à son sujet. Mais l'expérience montre que si les membres du Parlement usent abondamment de ce droit d'initiative, bien peu de leurs propositions sont effectivement retenues et que presque toutes les réformes qui aboutissent sont issues d'une initiative gouvernementale.

La Constitution congolaise ne précise aucunement les raisons ou motifs à même de fonder ou justifier l'initiative de révision. Il ne peut s'agir que des motifs solides qui se justifient selon les contingences politiques, économiques, sociales ou résultant des engagements internationaux de l'Etat, l'option du Constituant étant celle de garantir la stabilité des institutions et de la Constitution.

2. L'adoption ou le rejet du principe de révision constitutionnelle en siège parlementaire

La seconde phase de l'opération de révision est la décision de prendre l'initiative en considération et d'y donner suite. Elle se déroule en siège parlementaire, à l'exclusion du pouvoir exécutif. Généralement, cette décision incombe au Parlement, c'est-à-dire à l'Assemblée ou aux Assembles investies du pouvoir législatif par la Constitution. C'est notamment le cas en France sous la Ve République, conformément à l'article 89, alinéa 2, de la Constitution de 1958[204] qui dispose que : « Le projet ou la proposition de révision doit être examiné dans les conditions de délai fixées au troisième alinéa de l'article 42 et voté par les deux assemblées en termes identiques. La révision est définitive après avoir été approuvée par référendum. » La Constitution espagnole de 1978 s'exprime dans les termes similaires. L'article 167, alinéa 1 dispose que « Les projets de révision constitutionnelle devront être adoptés par chacune des deux Chambres à la majorité des trois cinquièmes. S'il n'y a pas accord entre les deux Chambres, on s'efforcera de l'obtenir en créant une commission paritaire de députés et de sénateurs qui soumettra un texte sur lequel le Congrès et le Sénat devront se prononcer par un vote. »

Dans la pratique, avant d'aborder la discussion sur le fond de la révision constitutionnelle, les Assemblées parlementaires sont appelées à se prononcer d'abord sur le principe de révision constitutionnelle, c'est-à-dire, de décider si cette initiative doit avoir une suite. Il s'agit d'apprécier l'opportunité et la pertinence d'une telle révision au regard de la situation politique générale du pays et de la marche de l'Etat. Cette formalité est essentielle, car c'est à ce niveau que, dans un régime démocratique, se situe la *discussion* du projet de révision, qu'on en pèse les avantages et les inconvénients et qu'il peut éventuellement être amendé.

L'avis défavorable du Parlement sur le projet entraine généralement le rejet définitif de l'initiative. Ce droit de veto conféré au Parlement se justifie par le fait que les parlementaires qui sont en fait des professionnels de la politique peuvent mieux que le peuple mesurer toutes les implications du projet de révision.

En vertu de l'article 218, alinéa 2 de la Constitution, les initiatives coulées sous forme de projet, proposition ou pétition de révision constitutionnelle sont soumises à l'Assemblée nationale et au Sénat qui décident, à la majorité absolue de chaque Chambre, du bienfondé de l'initiative.

3. L'adoption définitive du projet de révision constitutionnelle. Le président et le referendum constitutionnel

C'est la phase la plus solennelle. Il était d'usage au XIXe siècle de convoquer à cette fin une *assemblée spéciale*. Telle était la procédure retenue par exemple par la Constitution française de 1791 et de l'an III : la modification de la Constitution était opérée par une *Assemblée de révision* spécialement élue. Cette procédure existe encore dans certains Etats fédérés des États-Unis. Souvent, cependant, afin

[204] Modifiée par la loi constitutionnelle n° 2008-724 du 23 juillet 2008 de modernisation des institutions de la Ve République.

d'éviter la réunion d'une assemblée qui serait appelée exclusivement à réviser la Constitution et qui risquerait de concurrencer les Chambres législatives, il est simplement prévu de procéder à un renouvellement de ces assemblées avant qu'elles statuent définitivement sur la révision ; le Parlement ainsi renouvelé aura à la fois le pouvoir constituant et le pouvoir législatif. Ainsi en va-t-il notamment en Belgique, aux Pays-Bas, en Grèce et, lorsqu'il s'agit de procéder à une révision totale, en Suisse. Ou encore, au lieu de prescrire l'élection d'une Assemblée, la Constitution prévoit que celle-ci sera formée par la réunion des membres des deux Chambres ; cette dernière solution a été notamment retenue en France sous la IIIe République : « lorsqu'il y avait lieu de réviser la Constitution, les membres du sénat et de la Chambre des députés se réunissaient à Versailles en une *Assemble nationale* qui devait statuer à la majorité absolue.

Depuis la fin de la Première Guerre mondiale qui a consacré la victoire des principes démocratiques, on estime généralement que puisque le peuple a été appelé à approuver la Constitution au moment de son élaboration, la révision ne peut normalement avoir lieu que par voie de référendum : ce que le peuple a fait, lui seul peut le défaire ou le modifier. C'est pourquoi il est ordinairement prévu dans les constitutions élaborées au XXe siècle qu'une fois que les Assemblées auront décidé la prise en considération de l'initiative, il appartiendra au peuple de statuer. C'est ce que prévoyait la Constitution de la IVe République et ce que prévoit la Constitution de la Ve République.

En droit congolais, l'alinéa 3 de l'article 218 établit le principe d'adoption du projet définitif par voie référendaire : « La révision n'est définitive que si le projet, la proposition ou la pétition est approuvé par référendum sur convocation du Président de la République ». Donc le président de la République a le pouvoir de soumettre le projet de révision à l'approbation définitive du peuple. Il peut convoquer le peuple au referendum. Cependant ce referendum n'est pas obligatoire, car l'alinéa 4 de l'article 21, suivant les prescrits de l'article 89, alinéa 3[205] de la Constitution française précise que « Toutefois, le projet, la proposition ou la pétition n'est pas soumis au référendum lorsque l'Assemblée nationale et le Sénat réunis en Congrès l'approuvent à la majorité des trois cinquièmes des membres les composant. » Rappelons ici l'application de l'article 119, alinéa 1, point 1 : « Les deux Chambres se réunissent en congrès pour les cas suivants : 1. la procédure de révision constitutionnelle conformément aux articles 218 à 220 de la présente Constitution. »

La nécessité d'un référendum risquerait de paralyser la révision lorsque celle-ci ne doit porter que sur des points mineurs ; on ne peut organiser un référendum pour modifier, par exemple, la date d'ouverture des sessions parlementaires. Aussi, parallèlement à la procédure présentée comme normale qui est celle du référendum, les constitutions prévoient-elles une *procédure simplifiée* : par exemple, sous la IVe République, le projet de révision ne devait pas être soumis au peuple s'il se dégageait en sa faveur une majorité de deux tiers à l'Assemblée nationale ou une

---

[205] « Toutefois, le projet de révision n'est pas présenté au référendum lorsque le Président de la République décide de le soumettre au Parlement convoqué en Congrès ; dans ce cas, le projet de révision n'est approuvé que s'il réunit la majorité des trois cinquièmes des suffrages exprimés. Le bureau du Congrès est celui de l'Assemblée nationale. »

majorité des trois cinquièmes dans chacune des deux Chambres. Il était alors considéré comme adopté sans qu'il soit nécessaire de recourir au référendum. C'est par ce moyen que la constitution de 1946 subit de légères modifications en décembre 1954 et que le pouvoir constituant fut délégué au gouvernement du général de Gaulle par la loi constitutionnelle du 3 juin 1958.

4. La période et les limites matérielles de la révision

L'article 219 établit les limites temporelles à la révision. Celle-ci ne peut être entreprise qu'en temps de paix et non en période des troubles : « *aucune révision ne peut intervenir pendant l'état de guerre, l'état d'urgence ou l'état de siège ni pendant l'intérim à la Présidence de la République ni lorsque l'Assemblée nationale et le Sénat se trouvent empêchés de se réunir librement.* »

Par ailleurs, la Constitution peut faire l'objet d'une révision totale (dans son ensemble) ou partielle (en partie). L'article 220 de la Constitution établit des clauses d'intangibilité, verrouillant ainsi certaines matières de la procédure de révision constitutionnelle. Il s'agit des matières suivantes :

- La forme républicaine de l'Etat ;
- Le principe du suffrage universel ;
- La forme représentative du Gouvernement ;
- Le nombre et la durée des mandats du Président de la République ;
- L'indépendance du Pouvoir judiciaire ;
- Le pluralisme politique et syndical ;
- Réduction des droits et libertés de la personne ;
- Réduction des prérogatives des provinces et des entités territoriales décentralisées.

CONSTITUTION DE LA RÉPUBLIQUE DÉMOCRATIQUE DU CONGO MODIFIÉE PAR LA LOI N° 11/002 DU 20 JANVIER 2011 PORTANT RÉVISION DE CERTAINS ARTICLES DE LA CONSTITUTION DE LA RÉPUBLIQUE DÉMOCRATIQUE DU CONGO DU 18 FÉVRIER 2006

(Textes coordonnés)
Source : Journal Officiel, Numéro spécial du 5 février 2011

Le Sénat a proposé ;
L'Assemblée nationale a adopté ;
Le peuple congolais, lors du référendum organisé du 18 au 19 décembre 2005, a approuvé ;
Le président de la République promulgue la Constitution dont la teneur suit :

Préambule.

Nous, Peuple congolais,

Uni par le destin et par l'histoire autour de nobles idéaux de liberté, de fraternité, de solidarité, de justice, de paix et de travail ;

Animé par notre volonté commune de bâtir, au cœur de l'Afrique, un État de droit et une Nation puissante et prospère, fondée sur une véritable démocratie politique, économique, sociale et culturelle ;

Considérant que l'injustice avec ses corollaires, l'impunité, le népotisme, le régionalisme, le tribalisme, le clanisme et le clientélisme, par leurs multiples vicissitudes, sont à l'origine de l'inversion générale des valeurs et de la ruine du pays ;

Affirmant notre détermination à sauvegarder et à consolider l'indépendance et l'unité nationales dans le respect de nos diversités et de nos particularités positives ;

Réaffirmant notre adhésion et notre attachement à la Déclaration universelle des droits de l'homme, à la Charte africaine des droits de l'homme et des peuples, aux conventions des Nations unies sur les droits de l'enfant et sur les droits de la femme, particulièrement à l'objectif de la parité de représentation homme femme au sein des institutions du pays ainsi qu'aux instruments internationaux relatifs à la protection et à la promotion des droits humains ;

Mû par la volonté de voir tous les États africains s'unir et travailler de concert en vue de promouvoir et de consolider l'unité africaine à travers les organisations continentales, régionales ou sous régionales pour offrir de meilleures perspectives de développement et de progrès socio-économique aux peuples d'Afrique ;

Attaché à la promotion d'une coopération internationale mutuellement avantageuse et au rapprochement des peuples du monde, dans le respect de leurs identités respectives et des principes de la souveraineté et de l'intégrité territoriale de chaque État ;

Réaffirmant notre droit inaliénable et imprescriptible de nous organiser librement et de développer notre vie politique, économique, sociale et culturelle, selon notre génie propre ;

Conscients de nos responsabilités devant Dieu, la Nation, l'Afrique et le Monde ;

Déclarons solennellement adopter la présente Constitution.

Titre premier. Des dispositions générales.

Chapitre premier.

De l'État et de la souveraineté.

Section première : De l'État.

Article premier.

La République démocratique du Congo est, dans ses frontières du 30 juin 1960, un État de droit, indépendant, souverain, uni et indivisible, social, démocratique et laïc.

Son emblème est le drapeau bleu ciel, orné d'une étoile jaune dans le coin supérieur gauche et traversé en biais d'une bande rouge finement encadrée de jaune.

Sa devise est « Justice ? Paix ? Travail ».

Ses armoiries se composent d'une tête de léopard encadrée à gauche et, à droite, d'une pointe d'ivoire et d'une lance, le tout reposant sur une pierre.

Son hymne est le « Debout Congolais ! ».

Sa monnaie est « le franc congolais ».

Sa langue officielle est le français.

Ses langues nationales sont le kikongo, le lingala, le swahili et le tshiluba. L'État en assure la promotion sans discrimination.

Les autres langues du pays font partie du patrimoine culturel congolais dont l'État assure la protection.

Article 2.

La République démocratique du Congo est composée de la ville de Kinshasa et de 25 provinces dotées de la personnalité juridique.

Ces provinces sont : Bas-Uele, Equateur, Haut-Lomami, Haut-Katanga, Haut-Uele, Ituri, Kasai, Kasai oriental, Kongo central, Kwango, Kwilu, Lomami, Lualaba, Kasaï central, Mai-Ndombe, Maniema, Mongala, Nord-Kivu, Nord-Ubangi, Sankuru, Sud-Kivu, Sud-Ubangi, Tanganyika, Tshopo, Tshuapa.

Kinshasa est la capitale du pays et le siège des institutions nationales. Elle a le statut de province. La capitale ne peut être transférée dans un autre lieu du pays que par voie de référendum.

La répartition des compétences entre l'État et les provinces s'effectue conformément aux dispositions du titre III de la présente Constitution.

Les limites des provinces et celles de la ville de Kinshasa sont fixées par une loi organique.

Article 3.

Les provinces et les entités territoriales décentralisées de la République démocratique du Congo sont dotées de la personnalité juridique et sont gérées par les organes locaux.

Ces entités territoriales décentralisées sont la ville, la commune, le secteur et la chefferie.

Elles jouissent de la libre administration et de l'autonomie de gestion de leurs ressources économiques, humaines, financières et techniques.

La composition, l'organisation, le fonctionnement de ces entités territoriales décentralisées ainsi que leurs rapports avec l'État et les provinces sont fixés par une loi organique.

Article 4.

De nouvelles provinces et entités territoriales peuvent être créées par démembrement ou par regroupement dans les conditions fixées par la Constitution et par la loi.

Section 2. De la souveraineté.

Article 5.

La souveraineté nationale appartient au peuple. Tout pouvoir émane du peuple qui l'exerce directement par voie de référendum ou d'élections et indirectement par ses représentants.

Aucune fraction du peuple ni aucun individu ne peut s'en attribuer l'exercice.

La loi fixe les conditions d'organisation des élections et du référendum.

Le suffrage est universel, égal et secret. Il est direct ou indirect.

Sans préjudice des dispositions des articles 72, 102 et 106 de la présente Constitution, sont électeurs et éligibles, dans les conditions déterminées par la loi, tous les Congolais des deux sexes, âgés de dix-huit ans révolus et jouissant de leurs droits civils et politiques.

Article 6.

Le pluralisme politique est reconnu en République démocratique du Congo.

Tout Congolais jouissant de ses droits civils et politiques a le droit de créer un parti politique ou de s'affilier à un parti de son choix.

Les partis politiques concourent à l'expression du suffrage, au renforcement de la conscience nationale et à l'éducation civique. Ils se forment et exercent librement leurs activités dans le respect de la loi, de l'ordre public et des bonnes mœurs.

Les partis politiques sont tenus au respect des principes de démocratie pluraliste, d'unité et de souveraineté nationale.

Les partis politiques peuvent recevoir de l'État des fonds publics destinés à financer leurs campagnes électorales ou leurs activités, dans les conditions définies par la loi.

Article 7.

Nul ne peut instituer, sous quelque forme que ce soit, de parti unique sur tout ou partie du territoire national.

L'institution d'un parti unique constitue une infraction imprescriptible de haute trahison punie par la loi.

Article 8.

L'opposition politique est reconnue en République démocratique du Congo. Les droits liés à son existence, à ses activités et à sa lutte pour la conquête démocratique du pouvoir sont sacrés. Ils ne peuvent subir de limites que celles imposées à tous les partis et activités politiques par la présente Constitution et la loi.

Une loi organique détermine le statut de l'opposition politique.

Article 9.

L'État exerce une souveraineté permanente notamment sur le sol, le sous-sol, les eaux et les forêts, sur les espaces aérien, fluvial, lacustre et maritime congolais ainsi que sur la mer territoriale congolaise et sur le plateau continental.

Les modalités de gestion et de concession du domaine de l'État visé à l'alinéa précédent sont déterminées par la loi.

Chapitre 2. De la nationalité.

Article 10.

La nationalité congolaise est une et exclusive. Elle ne peut être détenue concurremment avec aucune autre.

La nationalité congolaise est soit d'origine, soit d'acquisition individuelle.

Est Congolais d'origine, toute personne appartenant aux groupes ethniques dont les personnes et le territoire constituaient ce qui est devenu le Congo (présentement la République démocratique du Congo) à l'indépendance.

Une loi organique détermine les conditions de reconnaissance, d'acquisition, de perte et de recouvrement de la nationalité congolaise.

Titre II.

Des droits humains, des libertés fondamentales et des devoirs du citoyen et de l'État.

Chapitre premier.

Des droits civils et politiques

Article 11.

Tous les êtres humains naissent libres et égaux en dignité et en droits. Toutefois, la jouissance des droits politiques est reconnue aux seuls Congolais, sauf exception établie par la loi.

Article 12.

Tous les Congolais sont égaux devant la loi et ont droit à une égale protection des lois.

Article 13.

Aucun Congolais ne peut, en matière d'éducation et d'accès aux fonctions publiques ni en aucune autre matière, faire l'objet d'une mesure discriminatoire, qu'elle résulte de la loi ou d'un acte de l'exécutif, en raison de sa religion, de son origine familiale, de sa condition sociale, de sa résidence, de ses opinions ou de ses convictions politiques, de son appartenance à une race, à une ethnie, à une tribu, à une minorité culturelle ou linguistique.

Article 14.

Les pouvoirs publics veillent à l'élimination de toute forme de discrimination à l'égard de la femme et assurent la protection et la promotion de ses droits.

Ils prennent, dans tous les domaines, notamment dans les domaines civil, politique, économique, social et culturel, toutes les mesures appropriées pour assurer le total épanouissement et la pleine participation de la femme au développement de la nation.

Ils prennent des mesures pour lutter contre toute forme de violences faites à la femme dans la vie publique et dans la vie privée.

La femme a droit à une représentation équitable au sein des institutions nationales, provinciales et locales.

L'État garantit la mise en œuvre de la parité homme femme dans lesdites institutions.

La loi fixe les modalités d'application de ces droits.

Article 15.

Les pouvoirs publics veillent à l'élimination des violences sexuelles.

Sans préjudice des traités et accords internationaux, toute violence sexuelle faite sur toute personne, dans l'intention de déstabiliser, de disloquer une famille et de faire disparaître tout un peuple est érigée en crime contre l'humanité puni par la loi.

Article 16.

La personne humaine est sacrée. L'État a l'obligation de la respecter et de la protéger.

Toute personne a droit à la vie, à l'intégrité physique ainsi qu'au libre développement de sa personnalité dans le respect de la loi, de l'ordre public, du droit d'autrui et des bonnes mœurs.

Nul ne peut être tenu en esclavage ni dans une condition analogue.

Nul ne peut être soumis à un traitement cruel, inhumain ou dégradant.

Nul ne peut être astreint à un travail forcé ou obligatoire.

Article 17.

La liberté individuelle est garantie. Elle est la règle, la détention l'exception.

Nul ne peut être poursuivi, arrêté, détenu ou condamné qu'en vertu de la loi et dans les formes qu'elle prescrit.

Nul ne peut être poursuivi pour une action ou une omission qui ne constituent pas une infraction au moment où elle est commise et au moment des poursuites.

Nul ne peut être condamné pour une action ou une omission qui ne constitue pas une infraction à la fois au moment où elle est commise et au moment de la condamnation.

Il ne peut être infligé de peine plus forte que celle applicable au moment où l'infraction est commise.

La peine cesse d'être exécutée lorsqu'en vertu d'une loi postérieure au jugement :

1. Elle est supprimée ;
2. Le fait pour lequel elle était prononcée n'a plus le caractère infractionnel.

En cas de réduction de la peine en vertu d'une loi postérieure au jugement, la peine est exécutée conformément à la nouvelle loi.

La responsabilité pénale est individuelle. Nul ne peut être poursuivi, arrêté, détenu ou condamné pour fait d'autrui.

Toute personne accusée d'une infraction est présumée innocente jusqu'à ce que sa culpabilité ait été établie par un jugement définitif.

Article 18.

Toute personne arrêtée doit être immédiatement informée des motifs de son arrestation et de toute accusation portée contre elle, et ce, dans la langue qu'elle comprend.

Elle doit être immédiatement informée de ses droits.

La personne gardée à vue a le droit d'entrer immédiatement en contact avec sa famille ou avec son conseil.

La garde à vue ne peut excéder quarante-huit heures. À l'expiration de ce délai, la personne gardée à vue doit être relâchée ou mise à la disposition de l'autorité judiciaire compétente.

Tout détenu doit bénéficier d'un traitement qui préserve sa vie, sa santé physique et mentale ainsi que sa dignité.

Article 19.

Nul ne peut être ni soustrait ni distrait contre son gré du juge que la loi lui assigne.

Toute personne a droit à ce que sa cause soit entendue dans un délai raisonnable par le juge compétent.

Le droit de la défense est organisé et garanti.

Toute personne a le droit de se défendre elle-même ou de se faire assister d'un défenseur de son choix, et ce, à tous les niveaux de la procédure pénale, y compris l'enquête policière et l'instruction préjuridictionnelle.

Elle peut se faire assister également devant les services de sécurité.

Article 20.

Les audiences des cours et tribunaux sont publiques, à moins que cette publicité ne soit jugée dangereuse pour l'ordre public ou les bonnes mœurs. Dans ce cas, le tribunal ordonne le huis clos.

Article 21.

Tout jugement est écrit et motivé. Il est prononcé en audience publique.

Le droit de former un recours contre un jugement est garanti à tous. Il est exercé dans les conditions fixées par la loi.

Article 22.

Toute personne a droit à la liberté de pensée, de conscience et de religion.

Toute personne a le droit de manifester sa religion ou ses convictions, seule ou en groupe, tant en public qu'en privé, par le culte, l'enseignement, les pratiques, l'accomplissement des rites et l'état de vie religieuse, sous réserve du respect de la loi, de l'ordre public, des bonnes mœurs et des droits d'autrui.

La loi fixe les modalités d'exercice de ces libertés.

Article 23.

Toute personne a droit à la liberté d'expression.

Ce droit implique la liberté d'exprimer ses opinions ou ses convictions, notamment par la parole, l'écrit et l'image, sous réserve du respect de la loi, de l'ordre public et des bonnes mœurs.

Article 24.

Toute personne a droit à l'information.

La liberté de presse, la liberté d'information et d'émission par la radio et la télévision, la presse écrite ou tout autre moyen de communication sont garanties sous réserve du respect de l'ordre public, des bonnes mœurs et des droits d'autrui.

La loi fixe les modalités d'exercice de ces libertés.

Les médias audiovisuels et écrits d'État sont des services publics dont l'accès est garanti de manière équitable à tous les courants politiques et sociaux. Le statut des médias d'État est établi par la loi qui garantit l'objectivité, l'impartialité et le pluralisme d'opinions dans le traitement et la diffusion de l'information.

Article 25.

La liberté des réunions pacifiques et sans armes est garantie sous réserve du respect de la loi, de l'ordre public et des bonnes mœurs.

Article 26.

La liberté de manifestation est garantie.

Toute manifestation sur les voies publiques ou en plein air, impose aux organisateurs d'informer par écrit l'autorité administrative compétente.

Nul ne peut être contraint à prendre part à une manifestation.

La loi en fixe les mesures d'application.

Article 27.

Tout Congolais a le droit d'adresser individuellement ou collectivement une pétition à l'autorité publique qui y répond dans les trois mois.

Nul ne peut faire l'objet d'incrimination, sous quelque forme que ce soit, pour avoir pris pareille initiative.

Article 28.

Nul n'est tenu d'exécuter un ordre manifestement illégal. Tout individu, tout agent de l'État est délié du devoir d'obéissance, lorsque l'ordre reçu constitue une atteinte manifeste au respect des droits de l'homme et des libertés publiques et des bonnes mœurs.

La preuve de l'illégalité manifeste de l'ordre incombe à la personne qui refuse de l'exécuter.

Article 29.

Le domicile est inviolable. Il ne peut y être effectué de visite ou de perquisition que dans les formes et les conditions prévues par la loi.

Article 30.

Toute personne qui se trouve sur le territoire national a le droit d'y circuler librement, d'y fixer sa résidence, de le quitter et d'y revenir, dans les conditions fixées par la loi.

Aucun Congolais ne peut être ni expulsé du territoire de la République, ni être contraint à l'exil, ni être forcé à habiter hors de sa résidence habituelle.

Article 31.

Toute personne a droit au respect de sa vie privée et au secret de la correspondance, de la télécommunication ou de toute autre forme de communication. Il ne peut être porté atteinte à ce droit que dans les cas prévus par la loi.

Article 32.

Tout étranger qui se trouve légalement sur le territoire national jouit de la protection accordée aux personnes et à leurs biens dans les conditions déterminées par les traités et les lois.

Il est tenu de se conformer aux lois et règlements de la République.

Article 33.

Le droit d'asile est reconnu.

La République démocratique du Congo accorde, sous réserve de la sécurité nationale, l'asile sur son territoire aux ressortissants étrangers, poursuivis ou persécutés en raison, notamment, de leur opinion, leur croyance, leur appartenance raciale, tribale, ethnique, linguistique ou de leur action en faveur de la démocratie et de la défense des droits de l'homme et des peuples, conformément aux lois et règlements en vigueur.

Il est interdit à toute personne jouissant régulièrement du droit d'asile d'entreprendre toute activité subversive contre son pays d'origine ou contre tout autre pays, à partir du territoire de la République démocratique du Congo.

Les réfugiés ne peuvent ni être remis à l'autorité de l'État dans lequel ils sont persécutés ni être refoulés sur le territoire de celui-ci.

En aucun cas, nul ne peut être acheminé vers le territoire d'un État dans lequel il risque la torture, des peines ou des traitements cruels, dégradants et inhumains.

La loi fixe les modalités d'exercice de ce droit.

Chapitre 2. Des droits économiques, sociaux et culturels.

Article 34.

La propriété privée est sacrée.

L'État garantit le droit à la propriété individuelle ou collective, acquis conformément à la loi ou à la coutume.

Il encourage et veille à la sécurité des investissements privés, nationaux et étrangers.

Nul ne peut être privé de sa propriété que pour cause d'utilité publique et moyennant une juste et préalable indemnité octroyée dans les conditions fixées par la loi.

Nul ne peut être saisi en ses biens qu'en vertu d'une décision prise par une autorité judiciaire compétente.

Article 35.

L'État garantit le droit à l'initiative privée tant aux nationaux qu'aux étrangers.

Il encourage l'exercice du petit commerce, de l'art et de l'artisanat par les Congolais et veille à la protection et à la promotion de l'expertise et des compétences nationales.

La loi fixe les modalités d'exercice de ce droit.

Article 36.

Le travail est un droit et un devoir sacré pour chaque Congolais.

L'État garantit le droit au travail, la protection contre le chômage et une rémunération équitable et satisfaisante assurant au travailleur ainsi qu'à sa famille une existence conforme à la dignité humaine, complétée par tous les autres moyens de protection sociale, notamment, la pension de retraite et la rente viagère.

Nul ne peut être lésé dans son travail en raison de ses origines, de son sexe, de ses opinions, de ses croyances ou de ses conditions socio-économiques.

Tout Congolais a le droit et le devoir de contribuer par son travail à la construction et à la prospérité nationales.

La loi établit le statut des travailleurs et réglemente les particularités propres au régime juridique des ordres professionnels et l'exercice des professions exigeant une qualification scolaire ou académique.

Les structures internes et le fonctionnement des ordres professionnels doivent être démocratiques.

Article 37.

L'État garantit la liberté d'association.

Les pouvoirs publics collaborent avec les associations qui contribuent au développement social, économique, intellectuel, moral et spirituel des populations et à l'éducation des citoyennes et des citoyens.

Cette collaboration peut revêtir la forme d'une subvention.

La loi fixe les modalités d'exercice de cette liberté.

Article 38.

La liberté syndicale est reconnue et garantie.

Tous les Congolais ont le droit de fonder des syndicats ou de s'y affilier librement, dans les conditions fixées par la loi.

Article 39.

Le droit de grève est reconnu et garanti.

Il s'exerce dans les conditions fixées par la loi qui peut en interdire ou en limiter l'exercice dans les domaines de la défense nationale et de la sécurité ou pour toute activité ou tout service public d'intérêt vital pour la nation.

Article 40.

Tout individu a le droit de se marier avec la personne de son choix, de sexe opposé, et de fonder une famille.

La famille, cellule de base de la communauté humaine, est organisée de manière à assurer son unité, sa stabilité et sa protection. Elle est placée sous la protection des pouvoirs publics.

Les soins et l'éducation à donner aux enfants constituent, pour les parents, un droit naturel et un devoir qu'ils exercent sous la surveillance et avec l'aide des pouvoirs publics.

Les enfants ont le devoir d'assister leurs parents.

La loi fixe les règles sur le mariage et l'organisation de la famille.

Article 41.

L'enfant mineur est toute personne, sans distinction de sexe, qui n'a pas encore atteint 18 ans révolus.

Tout enfant mineur a le droit de connaître les noms de son père et de sa mère.

Il a également le droit de jouir de la protection de sa famille, de la société et des pouvoirs publics.

L'abandon et la maltraitance des enfants, notamment la pédophilie, les abus sexuels ainsi que l'accusation de sorcellerie sont prohibés et punis par la loi.

Les parents ont le devoir de prendre soin de leurs enfants et d'assurer leur protection contre tout acte de violence tant à l'intérieur qu'à l'extérieur du foyer.

Les pouvoirs publics ont l'obligation d'assurer une protection aux enfants en situation difficile et de déférer, devant la justice, les auteurs et les complices des actes de violence à l'égard des enfants.

Toutes les autres formes d'exploitation d'enfants mineurs sont punies par la loi.

Article 42.

Les pouvoirs publics ont l'obligation de protéger la jeunesse contre toute atteinte à sa santé, à son éducation et à son développement intégral.

Article 43.

Toute personne a droit à l'éducation scolaire. Il y est pourvu par l'enseignement national.

L'enseignement national comprend les établissements publics et les établissements privés agréés.

La loi fixe les conditions de création et de fonctionnement de ces établissements.

Les parents ont le droit de choisir le mode d'éducation à donner à leurs enfants.

L'enseignement primaire est obligatoire et gratuit dans les établissements publics.

Article 44.

L'éradication de l'analphabétisme est un devoir national pour la réalisation duquel le Gouvernement doit élaborer un programme spécifique.

Article 45.

L'enseignement est libre.

Il est toutefois soumis à la surveillance des pouvoirs publics, dans les conditions fixées par la loi.

Toute personne a accès aux établissements d'enseignement national, sans discrimination de lieu d'origine, de race, de religion, de sexe, d'opinions politiques ou philosophiques, de son état physique, mental ou sensoriel, selon ses capacités.

Les établissements d'enseignement national peuvent assurer, en collaboration avec les autorités religieuses, à leurs élèves mineurs dont les parents le demandent, une éducation conforme à leurs convictions religieuses.

Les pouvoirs publics ont le devoir de promouvoir et d'assurer, par l'enseignement, l'éducation et la diffusion, le respect des droits de l'homme, des libertés fondamentales et des devoirs du citoyen énoncés dans la présente Constitution.

Les pouvoirs publics ont le devoir d'assurer la diffusion et l'enseignement de la Constitution, de la Déclaration universelle des droits de l'homme, de la Charte africaine des droits de l'homme et des peuples, ainsi que de toutes les conventions régionales et internationales relatives aux droits de l'homme et au droit international humanitaire dûment ratifiés.

L'État a l'obligation d'intégrer les droits de la personne humaine dans tous les programmes de formation des forces armées, de la police et des services de sécurité.

La loi détermine les conditions d'application du présent article.

Article 46.

Le droit à la culture, la liberté de création intellectuelle et artistique, et celle de la recherche scientifique et technologique sont garantis sous réserve du respect de la loi, de l'ordre public et des bonnes mœurs.

Les droits d'auteur et de propriété intellectuelle sont garantis et protégés par la loi.

L'État tient compte, dans l'accomplissement de ses tâches, de la diversité culturelle du pays.

Il protège le patrimoine culturel national et en assure la promotion.

Article 47.

Le droit à la santé et à la sécurité alimentaire est garanti.

La loi fixe les principes fondamentaux et les règles d'organisation de la santé publique et de la sécurité alimentaire.

Article 48.

Le droit à un logement décent, le droit d'accès à l'eau potable et à l'énergie électrique sont garantis. La loi fixe les modalités d'exercice de ces droits.

Article 49.

La personne du troisième âge et la personne avec handicap ont droit à des mesures spécifiques de protection en rapport avec leurs besoins physiques, intellectuels et moraux.

L'État a le devoir de promouvoir la présence de la personne avec handicap au sein des institutions nationales, provinciales et locales.

Une loi organique fixe les modalités d'application de ce droit.

Chapitre 3. Des droits collectifs.

Article 50.

L'État protège les droits et les intérêts légitimes des Congolais qui se trouvent tant à l'intérieur qu'à l'extérieur du pays.

Sous réserve de la réciprocité, tout étranger qui se trouve légalement sur le territoire national bénéficie des mêmes droits et libertés que le Congolais, excepté les droits politiques.

Il bénéficie de la protection accordée aux personnes et à leurs biens dans les conditions déterminées par les traités et les lois.

Il est tenu de se conformer aux lois et règlements de la République.

Article 51.

L'État a le devoir d'assurer et de promouvoir la coexistence pacifique et harmonieuse de tous les groupes ethniques du pays.

Il assure également la protection et la promotion des groupes vulnérables et de toutes les minorités.

Il veille à leur épanouissement.

Article 52.

Tous les Congolais ont droit à la paix et à la sécurité, tant sur le plan national qu'international.

Aucun individu ou groupe d'individus ne peut utiliser une portion du territoire national comme base de départ d'activités subversives ou terroristes contre l'État congolais ou tout autre État.

Article 53.

Toute personne a droit à un environnement sain et propice à son épanouissement intégral.

Elle a le devoir de le défendre.

L'État veille à la protection de l'environnement et à la santé des populations.

Article 54.

Les conditions de construction d'usines, de stockage, de manipulation, d'incinération et d'évacuation des déchets toxiques, polluants ou radioactifs provenant des unités industrielles ou artisanales installées sur le territoire national sont fixées par la loi.

Toute pollution ou destruction résultant d'une activité économique donne lieu à compensation et/ou à réparation.

La loi détermine la nature des mesures compensatoires, réparatoires ainsi que les modalités de leur exécution.

Article 55.

Le transit, l'importation, le stockage, l'enfouissement, le déversement dans les eaux continentales et les espaces maritimes sous juridiction nationale, l'épandage dans l'espace aérien des déchets toxiques, polluants, radioactifs ou de tout autre produit dangereux, en provenance ou non de l'étranger, constitue un crime puni par la loi.

Article 56.

Tout acte, tout accord, toute convention, tout arrangement ou tout autre fait, qui a pour conséquence de priver la nation, les personnes physiques ou morales de tout ou partie de leurs propres moyens d'existence tirés de leurs ressources ou de leurs richesses naturelles, sans préjudice des dispositions internationales sur les crimes économiques, est érigé en infraction de pillage punie par la loi.

Article 57.

Les actes visés à l'article précédent ainsi que leur tentative, quelles qu'en soient les modalités, s'ils sont le fait d'une personne investie d'autorité publique, sont punis comme infraction de haute trahison.

Article 58.

Tous les Congolais ont le droit de jouir des richesses nationales.

L'État a le devoir de les redistribuer équitablement et de garantir le droit au développement.

Article 59.

Tous les Congolais ont le droit de jouir du patrimoine commun de l'humanité. L'État a le devoir d'en faciliter la jouissance.

Article 60.

Le respect des droits de l'homme et des libertés fondamentales consacrés dans la Constitution s'impose aux pouvoirs publics et à toute personne.

Article 61.

En aucun cas, et même lorsque l'état de siège ou l'état d'urgence aura été proclamé conformément aux articles 85 et 86 de la présente Constitution, il ne peut être dérogé aux droits et principes fondamentaux énumérés ci-après :

1. le droit à la vie ;
2. l'interdiction de la torture et des peines ou traitements cruels, inhumains ou dégradants ;
3. l'interdiction de l'esclavage et de la servitude ;

4. le principe de la légalité des infractions et des peines ;
5. les droits de la défense et le droit de recours ;
6. l'interdiction de l'emprisonnement pour dettes ;
7. la liberté de pensée, de conscience et de religion.

Chapitre 4 : Des devoirs du citoyen

Article 62.

Nul n'est censé ignorer la loi.

Toute personne est tenue de respecter la Constitution et de se conformer aux lois de la République.

Article 63.

Tout Congolais a le droit et le devoir sacré de défendre le pays et son intégrité territoriale face à une menace ou à une agression extérieure.

Un service militaire obligatoire peut être instauré dans les conditions fixées par la loi.

Toute autorité nationale, provinciale, locale et coutumière a le devoir de sauvegarder l'unité de la République et l'intégrité de son territoire, sous peine de haute trahison.

Article 64.

Tout Congolais a le devoir de faire échec à tout individu ou groupe d'individus qui prend le pouvoir par la force ou qui l'exerce en violation des dispositions de la présente Constitution.

Toute tentative de renversement du régime constitutionnel constitue une infraction imprescriptible contre la nation et l'État. Elle est punie conformément à la loi.

Article 65.

Tout Congolais est tenu de remplir loyalement ses obligations vis-à-vis de l'État.

Il a, en outre, le devoir de s'acquitter de ses impôts et taxes.

Article 66.

Tout Congolais a le devoir de respecter et de traiter ses concitoyens sans discrimination aucune et d'entretenir avec eux des relations qui permettent de sauvegarder, de promouvoir et de renforcer l'unité nationale, le respect et la tolérance réciproques.

Il a, en outre, le devoir de préserver et de renforcer la solidarité nationale, singulièrement lorsque celle-ci est menacée.

Article 67.

Tout Congolais a le devoir de protéger la propriété, les biens et intérêts publics et de respecter la propriété d'autrui.

Titre III. De l'organisation et de l'exercice du pouvoir.

Chapitre premier. Des institutions de la République.

Article 68.

Les institutions de la République sont :

1. le président de la République ;
2. le Parlement ;

3. le Gouvernement ;
4. les cours et tribunaux.

Section première. Du pouvoir exécutif

Paragraphe 1. Du président de la République.

Article 69.

Le président de la République est le chef de l'État. Il représente la nation et il est le symbole de l'unité nationale.

Il veille au respect de la Constitution.

Il assure, par son arbitrage, le fonctionnement régulier des pouvoirs publics et des Institutions ainsi que la continuité de l'État. Il est le garant de l'indépendance nationale, de l'intégrité du territoire, de la souveraineté nationale et du respect des traités et accords internationaux.

Article 70.

Le président de la République est élu au suffrage universel direct pour un mandat de cinq ans renouvelables une seule fois.

À la fin de son mandat, le président de la République reste en fonction jusqu'à l'installation effective du nouveau président élu.

Article 71.

Le Président de la République est élu à la majorité simple des suffrages exprimés.

[Loi 11/002 du 20 janvier 2011.]

Article 72.

Nul ne peut être candidat à l'élection du président de la République s'il ne remplit les conditions ci-après :

1. posséder la nationalité congolaise d'origine ;
2. être âgé de 30 ans au moins ;
3. jouir de la plénitude de ses droits civils et politiques ;
4. ne pas se trouver dans un des cas d'exclusion prévus par la loi électorale.

Article 73.

Le scrutin pour l'élection du président de la République est convoqué par la Commission électorale nationale indépendante, quatre-vingt-dix jours avant l'expiration du mandat du président en exercice.

Article 74.

Le président de la République élu entre en fonction dans les dix jours qui suivent la proclamation des résultats définitifs de l'élection présidentielle.

Avant son entrée en fonction, le président de la République prête, devant la Cour constitutionnelle, le serment ci-après :

« Moi.... Élu président de la République démocratique du Congo, je jure solennellement devant Dieu et la nation :

– d'observer et de défendre la Constitution et les lois de la République ;
– de maintenir son indépendance et l'intégrité de son territoire ;
– de sauvegarder l'unité nationale ;

- de ne me laisser guider que par l'intérêt général et le respect des droits de la personne humaine ;
- de consacrer toutes mes forces à la promotion du bien commun et de la paix ;
- de remplir, loyalement et en fidèle serviteur du peuple, les hautes fonctions qui me sont confiées. ».

Article 75.

En cas de vacance pour cause de décès, de démission ou pour toute autre cause d'empêchement définitif, les fonctions de président de la République, à l'exception de celles mentionnées aux articles 78, 81 et 82 sont provisoirement exercées par le président du Sénat.

Article 76.

La vacance de la présidence de la République est déclarée par la Cour constitutionnelle saisie par le Gouvernement.

Le président de la République par intérim veille à l'organisation de l'élection du nouveau président de la République dans les conditions et les délais prévus par la Constitution.

En cas de vacance ou lorsque l'empêchement est déclaré définitif par la Cour constitutionnelle, l'élection du nouveau président de la République a lieu, sur convocation de la Commission électorale nationale indépendante, soixante jours au moins et quatre-vingt-dix jours au plus, après l'ouverture de la vacance ou de la déclaration du caractère définitif de l'empêchement.

En cas de force majeure, ce délai peut être prolongé à cent vingt jours au plus, par la Cour constitutionnelle saisie par la Commission électorale nationale indépendante.

Le président élu commence un nouveau mandat.

Article 77.

Le président de la République adresse des messages à la Nation.

Il communique avec les chambres du Parlement par des messages qu'il lit ou fait lire et qui ne donnent lieu à aucun débat.

Il prononce, une fois l'an, devant l'Assemblée nationale et le Sénat réunis en Congrès, un discours sur l'état de la Nation.

Article 78.

Le président de la République nomme le Premier ministre au sein de la majorité parlementaire après consultation de celle-ci. Il met fin à ses fonctions sur présentation par celui-ci de la démission du Gouvernement.

Si une telle majorité n'existe pas, le président de la République confie une mission d'information à une personnalité en vue d'identifier une coalition.

La mission d'information est de trente jours renouvelables une seule fois.

Le président de la République nomme les autres membres du Gouvernement et met fin à leurs fonctions sur proposition du Premier ministre.

Article 79.

Le président de la République convoque et préside le Conseil des ministres. En cas d'empêchement, il délègue ce pouvoir au Premier ministre.

Le président de la République promulgue les lois dans les conditions prévues par la présente Constitution.

Il statue par voie d'ordonnance.

Les ordonnances du président de la République autres que celles prévues aux articles 78 alinéa premier, 80, 84 et 143 sont contresignées par le Premier ministre.

Article 80.

Le président de la République investit par ordonnance les gouverneurs et les vice-gouverneurs de province élus, dans un délai de quinze jours conformément à l'article 198.

Article 81.

Sans préjudice des autres dispositions de la Constitution, le président de la République nomme, relève de leurs fonctions et, le cas échéant, révoque, sur proposition du Gouvernement délibérée en Conseil des ministres :

1. les ambassadeurs et les envoyés extraordinaires ;
2. les officiers généraux et supérieurs des forces armées et de la police nationale, le Conseil supérieur de la défense entendu ;
3. le chef d'état-major général, les chefs d'état-major et les commandants des grandes unités des forces armées, le Conseil supérieur de la défense entendu ;
4. les hauts fonctionnaires de l'administration publique ;
5. les responsables des services et établissements publics ;
6. les mandataires de l'État dans les entreprises et organismes publics, excepté les commissaires aux comptes.

Les ordonnances du président de la République intervenues en la matière sont contresignées par le Premier ministre.

Article 82.

Le président de la République nomme, relève de leurs fonctions et, le cas échéant, révoque, par ordonnance, les magistrats du siège et du parquet sur proposition du Conseil supérieur de la magistrature.

Les ordonnances, dont question à l'alinéa précédent, sont contresignées par le Premier ministre.

Article 83.

Le président de la République est le commandant suprême des forces armées.

Il préside le Conseil supérieur de la défense.

Article 84.

Le président de la République confère les grades dans les ordres nationaux et les décorations, conformément à la loi.

Article 85.

Lorsque des circonstances graves menacent, d'une manière immédiate, l'indépendance ou l'intégrité du territoire national ou qu'elles provoquent l'interruption du fonctionnement régulier des institutions, le président de la République proclame l'état d'urgence ou l'état de siège, après concertation avec le Premier ministre et les présidents des deux chambres, conformément aux articles 144 et 145 de la présente Constitution.

Il en informe la nation par un message.

Les modalités d'application de l'état d'urgence et de l'état de siège sont déterminées par la loi.

Article 86.

Le président de la République déclare la guerre par ordonnance délibérée en Conseil des ministres après avis du Conseil supérieur de la défense et autorisation de l'Assemblée nationale et du Sénat, conformément à l'article 143 de la présente Constitution.

Article 87.

Le président de la République exerce le droit de grâce.

Il peut remettre, commuer ou réduire les peines.

Article 88.

Le président de la République accrédite les ambassadeurs et les envoyés extraordinaires auprès des États étrangers et des organisations internationales.

Les ambassadeurs et les envoyés extraordinaires étrangers sont accrédités auprès de lui.

Article 89.

Les émoluments et la liste civile du président de la République sont fixés par la loi de finances.

Paragraphe 2. Du Gouvernement.

Article 90.

Le Gouvernement est composé du Premier ministre, de ministres, de vice-ministres et, le cas échéant, de vice-premiers ministres, de ministres d'État et de ministres délégués.

Il est dirigé par le Premier ministre, chef du Gouvernement. En cas d'empêchement, son intérim est assuré par le membre du Gouvernement qui a la préséance.

La composition du Gouvernement tient compte de la représentativité nationale.

Avant d'entrer en fonction, le Premier ministre présente à l'Assemblée nationale le programme du Gouvernement.

Lorsque ce programme est approuvé à la majorité absolue des membres qui composent l'Assemblée nationale, celle-ci investit le Gouvernement.

Article 91.

Le Gouvernement définit, en concertation avec le président de la République, la politique de la Nation et en assume la responsabilité.

Le Gouvernement conduit la politique de la Nation.

La défense, la sécurité et les affaires étrangères sont des domaines de collaboration entre le président de la République et le Gouvernement.

Le Gouvernement dispose de l'administration publique, des forces armées, de la police nationale et des services de sécurité.

Le Gouvernement est responsable devant l'Assemblée nationale dans les conditions prévues aux articles 90, 100, 146 et 147.

Une ordonnance délibérée en Conseil des ministres fixe l'organisation, le fonctionnement du Gouvernement et les modalités de collaboration entre le président de la République et le Gouvernement ainsi qu'entre les membres du Gouvernement.

Article 92.

Le Premier ministre assure l'exécution des lois et dispose du pouvoir réglementaire sous réserve des prérogatives dévolues au président de la République par la présente Constitution.

Il statue par voie de décret.

Il nomme, par décret délibéré en Conseil des ministres, aux emplois civils et militaires autres que ceux pourvus par le président de la République.

Les actes du Premier ministre sont contresignés, le cas échéant, par les ministres chargés de leur exécution.

Le Premier ministre peut déléguer certains de ses pouvoirs aux ministres.

Article 93.

Le ministre est responsable de son département. Il applique le programme gouvernemental dans son ministère, sous la direction et la coordination du Premier ministre.

Il statue par voie d'arrêté.

Article 94.

Les vice-ministres exercent, sous l'autorité des ministres auxquels ils sont adjoints, les attributions qui leur sont conférées par l'ordonnance portant organisation et fonctionnement du Gouvernement. Ils assument l'intérim des ministres en cas d'absence ou d'empêchement.

Article 95.

Les émoluments des membres du gouvernement sont fixés par la loi de finances.

Le Premier ministre bénéficie, en outre, d'une dotation.

Paragraphe 3. Des dispositions communes au président de la République et au Gouvernement.

Article 96.

Les fonctions de président de la République sont incompatibles avec l'exercice de tout autre mandat électif, de tout emploi public, civil ou militaire et de toute activité professionnelle.

Le mandat du président de la République est également incompatible avec toute responsabilité au sein d'un parti politique.

Article 97.

Les fonctions de membre du Gouvernement sont incompatibles avec l'exercice de tout mandat électif, de tout emploi public, civil ou militaire et de toute activité professionnelle à l'exception des activités agricoles, artisanales, culturelles, d'enseignement et de recherche.

Elles sont également incompatibles avec toute responsabilité au sein d'un parti politique.

Article 98.

Durant leurs fonctions, le président de la République et les membres du Gouvernement ne peuvent, par eux-mêmes ou par personne interposée, ni acheter, ni acquérir d'aucune autre façon, ni prendre en bail un bien qui appartienne au domaine de l'État, des provinces ou des entités décentralisées.

Ils ne peuvent prendre part directement ou indirectement aux marchés publics au bénéfice des administrations ou des institutions dans lesquelles le pouvoir central, les provinces et les entités administratives décentralisées ont des intérêts.

Article 99.

Avant leur entrée en fonction et à l'expiration de celle-ci, le président de la République et les membres du Gouvernement sont tenus de déposer, devant la Cour constitutionnelle, la déclaration écrite de leur patrimoine familial, énumérant leurs biens meubles, y compris actions, parts sociales, obligations, autres valeurs, comptes en banque, leurs biens immeubles, y compris terrains non bâtis, forêts, plantations et terres agricoles, mines et tous autres immeubles, avec indication des titres pertinents.

Le patrimoine familial inclut les biens du conjoint selon le régime matrimonial, des enfants mineurs et des enfants, même majeurs, à charge du couple.

La Cour constitutionnelle communique cette déclaration à l'administration fiscale.

Faute de cette déclaration, dans les trente jours, la personne concernée est réputée démissionnaire.

Dans les trente jours suivant la fin des fonctions, faute de cette déclaration, en cas de déclaration frauduleuse ou de soupçon d'enrichissement sans cause, la Cour constitutionnelle ou la Cour de cassation est saisie selon le cas.

Section 2. Du pouvoir législatif.

Article 100.

Le pouvoir législatif est exercé par un Parlement composé de deux chambres : l'Assemblée nationale et le Sénat.

Sans préjudice des autres dispositions de la présente Constitution, le Parlement vote les lois. Il contrôle le Gouvernement, les entreprises publiques ainsi que les établissements et les services publics.

Chacune des chambres jouit de l'autonomie administrative et financière et dispose d'une dotation propre.

Paragraphe 1. De l'Assemblée nationale.

Article 101.

Les membres de l'Assemblée nationale portent le titre de député national. Ils sont élus au suffrage universel direct et secret.

Les candidats aux élections législatives sont présentés par des partis politiques ou par des regroupements politiques. Ils peuvent aussi se présenter en indépendants.

Chaque député national est élu avec deux suppléants.

Le député national représente la nation.

Tout mandat impératif est nul.

Le nombre de députés nationaux ainsi que les conditions de leur élection et éligibilité sont fixés par la loi électorale.

Article 102.

Nul ne peut être candidat aux élections législatives s'il ne remplit les conditions ci-après :

1. être Congolais ;

2. être âgé de 25 ans au moins ;
3. jouir de la plénitude de ses droits civils et politiques ;
4. ne pas se trouver dans un des cas d'exclusion prévus par la loi électorale.

Article 103.

Le député national est élu pour un mandat de cinq ans. Il est rééligible.

Le mandat de député national commence à la validation des pouvoirs par l'Assemblée nationale et expire à l'installation de la nouvelle Assemblée.

Paragraphe 2. Du Sénat.

Article 104.

Les membres du Sénat portent le titre de sénateur.

Le sénateur représente sa province, mais son mandat est national.

Tout mandat impératif est nul.

Les candidats sénateurs sont présentés par des partis politiques ou par des regroupements politiques. Ils peuvent aussi se présenter en indépendants.

Ils sont élus au second degré par les assemblées provinciales.

Chaque sénateur est élu avec deux suppléants.

Les anciens présidents de la République élus sont de droit sénateurs à vie.

Le nombre de sénateurs ainsi que les conditions de leur élection et éligibilité sont fixés par la loi électorale.

Article 105.

Le sénateur est élu pour un mandat de cinq ans. Il est rééligible.

Le mandat de sénateur commence à la validation des pouvoirs par le Sénat et expire à l'installation du nouveau Sénat.

Article 106.

Nul ne peut être candidat membre du Sénat s'il ne remplit les conditions ci-après :

1. être Congolais ;
2. être âgé de 30 ans au moins ;
3. jouir de la plénitude de ses droits civils et politiques ;
4. ne pas se trouver dans un des cas d'exclusion prévus par la loi électorale.

Paragraphe 3. Des immunités et des incompatibilités.

Article 107.

Aucun parlementaire ne peut être poursuivi, recherché, arrêté, détenu ou jugé en raison des opinions ou votes émis par lui dans l'exercice de ses fonctions.

Aucun parlementaire ne peut, en cours de sessions, être poursuivi ou arrêté, sauf en cas de flagrant délit, qu'avec l'autorisation de l'Assemblée nationale ou du Sénat, selon le cas.

En dehors de sessions, aucun parlementaire ne peut être arrêté qu'avec l'autorisation du bureau de l'Assemblée nationale ou du bureau du Sénat, sauf en cas de flagrant délit, de poursuites autorisées ou de condamnation définitive.

La détention ou la poursuite d'un parlementaire est suspendue si la chambre dont il est membre le requiert. La suspension ne peut excéder la durée de la session en cours.

Article 108.

Le mandat de député national est incompatible avec le mandat de sénateur et vice-versa.

Le mandat de député ou de sénateur est incompatible avec les fonctions ou mandats suivants :

1. membre du Gouvernement ;
2. membre d'une institution d'appui à la démocratie ;
3. membre des forces armées, de la police nationale et des services de sécurité ;
4. magistrat ;
5. agent de carrière des services publics de l'État ;
6. cadre politico-administratif de la territoriale, à l'exception des chefs de collectivité-chefferie et de groupement ;
7. mandataire public actif ;
8. membre des cabinets du président de la République, du Premier ministre, du président de l'Assemblée nationale, du président du Sénat, des membres du Gouvernement, et généralement d'une autorité politique ou administrative de l'État, employé dans une entreprise publique ou dans une société d'économie mixte ;
9. tout autre mandat électif.

Le mandat de député national ou de sénateur est incompatible avec l'exercice des fonctions rémunérées conférées par un État étranger ou un organisme international.

Paragraphe 4. Des droits des députés nationaux ou des sénateurs.

Article 109.

Les députés nationaux et les sénateurs ont le droit de circuler sans restriction ni entrave à l'intérieur du territoire national et d'en sortir.

Ils ont droit à une indemnité équitable qui assure leur indépendance et leur dignité. Celle-ci est prévue dans la loi des finances.

Ils ont droit à une indemnité de sortie égale à six mois de leurs émoluments.

Les modalités d'application de l'alinéa précédent ainsi que les autres droits des parlementaires sont fixés par le règlement intérieur de chacune des chambres.

Paragraphe 5. De la fin et de la suspension du mandat de député national ou de sénateur

Article 110.

Le mandat de député national ou de sénateur prend fin par :

1. expiration de la législature ;
2. décès ;
3. démission ;
4. empêchement définitif ;
5. incapacité permanente ;
6. absence non justifiée et non autorisée à plus d'un quart des séances d'une session ;
7. exclusion prévue par la loi électorale ;
8. acceptation d'une fonction incompatible avec le mandat de député ou de sénateur ;
9. condamnation irrévocable à une peine de servitude pénale principale pour infraction intentionnelle.

Toutefois, lorsqu'un député national ou un sénateur est nommé à une fonction politique incompatible avec l'exercice de son mandat parlementaire, celui-ci est suspendu.

Il reprend de plein droit son mandat parlementaire après la cessation de cette fonction politique incompatible.

Toute cause d'inéligibilité, à la date des élections, constatée ultérieurement par l'autorité judiciaire compétente, entraîne la perte du mandat de député national ou de sénateur.

Dans les cas énumérés ci-dessus, le député national ou le sénateur est remplacé par le premier suppléant, ou à défaut, par le second suppléant. En cas de carence de suppléant, une élection partielle est organisée dans la circonscription électorale concernée.

Le député national, le sénateur ou le suppléant qui quitte délibérément son parti politique durant la législature est réputé avoir renoncé à son mandat parlementaire ou à la suppléance obtenus dans le cadre dudit parti politique. [***Alinéas 2 et 3 ajoutés, alinéas 4 et 5 modifiés, loi 11/002 du 20 janvier 2011.***]

Paragraphe 6. Du fonctionnement de l'Assemblée nationale et du Sénat.

Article 111.

L'Assemblée nationale et le Sénat sont dirigés, chacun, par un bureau de sept membres comprenant :

1. un président ;
2. un premier vice-président ;
3. un deuxième vice-président ;
4. un rapporteur ;
5. un rapporteur adjoint ;
6. un questeur ;
7. un questeur adjoint.

Les présidents des deux chambres doivent être des Congolais d'origine. Les membres du Bureau sont élus dans les conditions fixées par le règlement intérieur de leur chambre respective.

Article 112.

Chaque chambre du Parlement adopte son règlement intérieur.

Le règlement intérieur détermine notamment :

1. la durée et les règles de fonctionnement du bureau, les pouvoirs et prérogatives de son président ainsi que d'autres membres du bureau ;
2. le nombre, le mode de désignation, la composition, le rôle et la compétence de ses commissions permanentes ainsi que la création et le fonctionnement des commissions spéciales et temporaires ;
3. l'organisation des services administratifs dirigés par un secrétaire général de l'administration publique de chaque chambre ;
4. le régime disciplinaire des députés et des sénateurs ;
5. les différents modes de scrutin, à l'exclusion de ceux prévus expressément par la présente Constitution.

Avant d'être mis en application, le règlement intérieur est obligatoirement transmis par le président du bureau provisoire de la chambre intéressée à la Cour constitutionnelle qui se prononce sur sa conformité à la Constitution dans un délai de quinze jours. Passé ce délai, le règlement intérieur est réputé conforme.

Les dispositions déclarées non conformes ne peuvent être mises en application.

Article 113.

Outre les commissions permanentes et spéciales, les deux chambres peuvent constituer une ou plusieurs commissions mixtes paritaires pour concilier les points de vue lorsqu'elles sont en désaccord au sujet d'une question sur laquelle elles doivent adopter la même décision en termes identiques.

Si le désaccord persiste, l'Assemblée nationale statue définitivement.

Article 114.

Chaque chambre du Parlement se réunit de plein droit en session extraordinaire, le quinzième jour suivant la proclamation des résultats des élections législatives par la Commission électorale nationale indépendante en vue de :

1. l'installation du bureau provisoire dirigé par le doyen d'âge assisté des deux les moins âgés ;
2. la validation des pouvoirs ;
3. l'élection et l'installation du bureau définitif ;
4. l'élaboration et l'adoption du règlement intérieur.

La séance d'ouverture est présidée par le secrétaire général de l'administration de chacune des deux chambres.

Pendant cette session, les deux chambres se réunissent pour élaborer et adopter le règlement intérieur du Congrès.

La session extraordinaire prend fin à l'épuisement de l'ordre du jour.

Article 115.

L'Assemblée nationale et le Sénat tiennent de plein droit, chaque année, deux sessions ordinaires :

1. la première s'ouvre le 15 mars et se clôture le 15 juin ;
2. la deuxième s'ouvre le 15 septembre et se clôture le 15 décembre.

Si le 15 du mois de mars ou du mois de septembre est férié ou tombe un dimanche, l'ouverture de la session a lieu le premier jour ouvrable qui suit.

La durée de chaque session ordinaire ne peut excéder trois mois.

Article 116.

Chaque chambre du Parlement peut être convoquée en session extraordinaire par son président sur un ordre du jour déterminé, à la demande soit de son bureau, soit de la moitié de ses membres, soit du président de la République, soit du Gouvernement.

La clôture intervient dès que la chambre a épuisé l'ordre du jour pour lequel elle a été convoquée et, au plus tard, trente jours à compter de la date du début de la session.

Article 117.

L'inscription, par priorité, à l'ordre du jour de chacune des chambres d'un projet de loi, d'une proposition de loi ou d'une déclaration de politique générale est de droit si le Gouvernement, après délibération en Conseil des ministres, en fait la demande.

Article 118.

L'Assemblée nationale et le Sénat ne siègent valablement qu'à la majorité absolue des membres qui les composent.

Les séances de l'Assemblée nationale et du Sénat sont publiques, sauf si le huis clos est prononcé.

Le compte rendu analytique des débats ainsi que les documents de l'Assemblée nationale et du Sénat sont publiés dans les annales parlementaires.

Article 119.

Les deux chambres se réunissent en Congrès pour les cas suivants :

1. la procédure de révision constitutionnelle, conformément aux articles 218 à 220 de la présente Constitution ;
2. l'autorisation de la proclamation de l'état d'urgence ou de l'état de siège et de la déclaration de guerre, conformément aux articles 85 et 86 de la présente Constitution ;
3. l'audition du discours du président de la République sur l'état de la Nation, conformément à l'article 77 de la présente Constitution ;
4. la désignation des trois membres de la Cour constitutionnelle, conformément aux dispositions de l'article 158 de la présente Constitution.

Article 120.

Lorsque les deux chambres siègent en Congrès, le bureau est celui de l'Assemblée nationale et la présidence est, à tour de rôle, assurée par le président de l'Assemblée nationale et le président du Sénat.

Le Congrès adopte son règlement intérieur.

Avant d'être mis en application, le règlement intérieur est communiqué par le président du Congrès à la Cour constitutionnelle qui se prononce sur la conformité de ce règlement à la présente Constitution dans un délai de 15 jours.

Passé ce délai, le règlement intérieur est réputé conforme.

Les dispositions déclarées non conformes ne peuvent être mises en application.

Article 121.

Chacune des chambres ou le Congrès ne siège valablement que pour autant que la majorité absolue de ses membres se trouve réunie. Sous réserve des autres dispositions de la Constitution, toute résolution ou toute décision est prise conformément au règlement intérieur de chacune des chambres ou du Congrès.

Les votes sont émis, soit par appel nominal et à haute voix, soit à main levée, soit par assis et levé, soit par bulletin secret, soit par procédé électronique. Sur l'ensemble d'un texte de loi, le vote intervient par appel nominal et à haute voix.

Les votes peuvent également être émis par un procédé technique donnant plus de garanties.

Sous réserve des autres dispositions de la Constitution, chacune des chambres ou le Congrès peut décider le secret du vote pour l'adoption d'une résolution déterminée.

Toutefois, en cas de délibérations portant sur des personnes, le vote s'effectue par bulletin secret.

Section 3. Des rapports entre le pouvoir exécutif et le pouvoir législatif.

Article 122.

Sans préjudice des autres dispositions de la présente Constitution, la loi fixe les règles concernant :

1. les droits civiques et les garanties fondamentales accordées aux citoyens pour l'exercice des libertés publiques ;
2. le régime électoral ;
3. les finances publiques ;
4. les sujétions imposées par la défense nationale aux citoyens en leur personne et en leurs biens ;
5. la nationalité, l'état et la capacité des personnes, les régimes matrimoniaux, les successions et les libéralités ;
6. la détermination des infractions et des peines qui leur sont applicables, la procédure pénale, l'organisation et le fonctionnement du pouvoir judiciaire, la création de nouveaux ordres de juridictions, le statut des magistrats, le régime juridique du Conseil supérieur de la magistrature ;
7. l'organisation du barreau, l'assistance judiciaire et la représentation en justice ;
8. le commerce, le régime de la propriété des droits et des obligations civiles et commerciales ;
9. l'amnistie et l'extradition ;
10. l'assiette, le taux et les modalités de recouvrement des impositions de toute nature, le régime d'émission de la monnaie ;
11. les emprunts et engagements financiers de l'État ;
12. les statuts des agents de carrière des services publics de l'État, du personnel de l'enseignement supérieur, universitaire et de la recherche scientifique ;
13. les forces armées, la police et les services de sécurité ;
14. le droit du travail et de la Sécurité sociale ;
15. l'organisation générale de la défense et de la police nationale, le mode de recrutement des membres des forces armées et de la police nationale, l'avancement, les droits et obligations des militaires et des personnels de la police.

Article 123.

Sans préjudice des autres dispositions de la présente Constitution, la loi détermine les principes fondamentaux concernant :

1. la libre administration des provinces et des entités territoriales décentralisées, de leurs compétences et de leurs ressources ;
2. la création des entreprises, établissements et organismes publics ;
3. le régime foncier, minier, forestier et immobilier ;
4. la mutualité et l'épargne ;
5. l'enseignement et la santé ;
6. le régime pénitentiaire ;
7. le pluralisme politique et syndical ;
8. le droit de grève ;
9. l'organisation des médias ;
10. la recherche scientifique et technologique ;
11. la coopérative ;
12. la culture et les arts ;

13. les sports et les loisirs ;
14. l'agriculture, l'élevage, la pêche et l'aquaculture ;
15. la protection de l'environnement et le tourisme ;
16. la protection des groupes vulnérables.

Article 124.

Les lois auxquelles la Constitution confère le caractère de loi organique sont votées et modifiées à la majorité absolue des membres composant chaque chambre dans les conditions suivantes :

1. la proposition de loi n'est soumise à la délibération et au vote de la première chambre saisie qu'à l'expiration d'un délai de quinze jours après son dépôt au Gouvernement ;
2. la procédure de l'article 132 est applicable. Toutefois, faute d'accord entre les deux chambres, le texte ne peut être adopté par l'Assemblée nationale en dernière lecture qu'à la majorité absolue de ses membres ;
3. les lois organiques ne peuvent être promulguées qu'après déclaration par la Cour constitutionnelle obligatoirement saisie par le président de la République, de leur conformité à la Constitution dans un délai de quinze jours.

Article 125.

Si un projet ou une proposition de loi est déclaré urgent par le Gouvernement, il est examiné par priorité dans chaque chambre par la commission compétente suivant la procédure prévue par le règlement intérieur de chacune d'elles.

La procédure normale est appliquée aux propositions ou aux projets de loi portant amendement de la Constitution ou modifiant les lois organiques ainsi qu'aux projets de loi d'habilitation prévue à l'article 129.

Article 126.

Les lois de finances déterminent les ressources et les charges de l'État.

L'Assemblée nationale et le Sénat votent les projets de lois de finances dans les conditions prévues pour la loi organique visée à l'article 124 de la Constitution.

Le projet de loi de finances de l'année, qui comprend notamment le budget, est déposé par le Gouvernement sur le bureau de l'Assemblée nationale au plus tard le quinze septembre de chaque année.

Les créations et transformations d'emplois publics ne peuvent être opérées hors les prévisions des lois de finances.

Si le projet de loi de finances, déposé dans les délais constitutionnels, n'est pas voté avant l'ouverture du nouvel exercice, il est mis en vigueur par le président de la République, sur proposition du Gouvernement délibérée en Conseil des ministres, compte tenu des amendements votés par chacune des deux chambres.

Si le projet de loi de finances n'a pas été déposé en temps utile pour être promulgué avant le début de l'exercice, le Gouvernement demande à l'Assemblée nationale et au Sénat l'ouverture de crédits provisoires.

Si, quinze jours avant la fin de la session budgétaire, le Gouvernement n'a pas déposé son projet de budget, il est réputé démissionnaire.

Dans le cas où l'Assemblée nationale et le Sénat ne se prononcent pas dans les quinze jours sur l'ouverture des crédits provisoires, les dispositions du projet prévoyant ces crédits sont mises en vigueur par le président de la République sur proposition du Gouvernement délibérée en Conseil des ministres.

Si, compte tenu de la procédure ci-dessus prévue, la loi de finances de l'année n'a pu être mise en vigueur au premier jour du mois de février de l'exercice budgétaire, le président de la République, sur proposition du Gouvernement délibérée en Conseil des ministres, met en exécution le projet de loi de finances, compte tenu des amendements votés par chacune des deux chambres.

Si le projet de loi de finances voté en temps utile par le parlement et transmis pour promulgation avant l'ouverture du nouvel exercice budgétaire fait l'objet d'un renvoi au parlement par le président de la République, le Gouvernement demande à l'Assemblée nationale et au Sénat l'ouverture des crédits provisoires. [***Dernier alinéa ajouté par la loi 11/002 du 20 janvier 2011.***]

Article 127.

Les amendements au projet de loi de finances ne sont pas recevables lorsque leur adoption a pour conséquence, soit une diminution des recettes, soit un accroissement des dépenses, à moins qu'ils ne soient assortis de propositions compensatoires.

Article 128.

Les matières autres que celles qui sont du domaine de la loi ont un caractère réglementaire.

Les textes à caractère de loi intervenus en ces matières peuvent être modifiés par décret si la Cour constitutionnelle, à la demande du Gouvernement, a déclaré qu'ils ont un caractère réglementaire en vertu de l'alinéa précédent.

Article 129.

Le Gouvernement peut, pour l'exécution urgente de son programme d'action, demander à l'Assemblée nationale ou au Sénat l'autorisation de prendre, par ordonnances-lois, pendant un délai limité et sur des matières déterminées, des mesures qui sont normalement du domaine de la loi.

Ces ordonnances-lois sont délibérées en Conseil des ministres. Elles entrent en vigueur dès leur publication et deviennent caduques si le projet de loi de ratification n'est pas déposé devant le Parlement au plus tard à la date limite fixée par la loi d'habilitation.

À l'expiration du délai visé à l'alinéa premier du présent article, si le Parlement ne ratifie pas ces ordonnances-lois, celles-ci cessent de plein droit de produire leurs effets.

Les ordonnances-lois délibérées en Conseil des ministres et ratifiées ne peuvent être modifiées dans leurs dispositions que par la loi.

Les ordonnances-lois cessent de plein droit de produire leurs effets en cas de rejet du projet de loi de ratification.

Article 130.

L'initiative des lois appartient concurremment au Gouvernement, à chaque député et à chaque sénateur.

Les projets de loi adoptés par le Gouvernement en Conseil des ministres sont déposés sur le bureau de l'une des chambres. Toutefois, s'agissant de la loi de finances, le projet est impérativement déposé dans les délais prévus à l'article 126 sur le bureau de l'Assemblée nationale.

Les propositions de loi sont, avant délibération et adoption, notifiées pour information au Gouvernement qui adresse, dans les quinze jours suivant leur transmission, ses observations éventuelles au bureau de l'une ou l'autre chambre. Passé ce délai, ces propositions de loi sont mises en délibération.

Article 131.

Les membres du Gouvernement ont accès aux travaux de l'Assemblée nationale et du Sénat ainsi qu'à ceux de leurs commissions.

S'ils en sont requis, les membres du Gouvernement ont l'obligation d'assister aux séances de l'Assemblée nationale et à celles du Sénat, d'y prendre la parole et de fournir aux parlementaires toutes les explications qui leur sont demandées sur leurs activités.

Article 132.

La discussion des projets de loi porte, devant la première chambre saisie, sur le texte déposé par le Gouvernement. Une chambre saisie d'un texte déjà voté par l'autre chambre ne délibère que sur le texte qui lui est transmis.

Article 133.

Les membres du Gouvernement ont le droit de proposer des amendements aux textes en discussion, mais ne participent pas au vote.

Article 134.

Les propositions de loi et les amendements formulés par les membres de l'Assemblée nationale ou du Sénat ne sont pas recevables lorsque leur adoption aurait pour conséquence soit une diminution des ressources publiques, soit la création ou l'aggravation d'une charge publique, à moins qu'ils ne soient assortis de propositions dégageant les recettes ou les économies correspondantes.

Article 135.

Tout projet ou toute proposition de loi est examiné successivement par les deux chambres en vue de l'adoption d'un texte identique.

Lorsque, par suite d'un désaccord entre les deux chambres, un projet ou une proposition de loi n'a pu être adopté après une lecture par chaque chambre, une commission mixte paritaire chargée de proposer un texte sur les dispositions restant en discussion est mise en place par les deux bureaux.

Le texte élaboré par la commission mixte paritaire est soumis pour adoption aux deux chambres.

Si la commission mixte paritaire ne parvient pas à l'adoption d'un texte unique ou si ce texte n'est pas approuvé dans les conditions prévues à l'alinéa précédent, l'Assemblée nationale statue définitivement. En ce cas, l'Assemblée nationale peut reprendre soit le texte élaboré par la commission mixte paritaire, soit le dernier texte voté par elle, modifié, le cas échéant, par un ou plusieurs des amendements adoptés par le Sénat.

Article 136.

Dans les six jours de son adoption, la loi est transmise au président de la République pour sa promulgation. Le Premier ministre en reçoit ampliation.

Article 137.

Dans un délai de quinze jours de la transmission, le président de la République peut demander à l'Assemblée nationale ou au Sénat une nouvelle délibération de la loi ou de certains de ses articles. Cette nouvelle délibération ne peut être refusée.

Le texte soumis à une seconde délibération est adopté par l'Assemblée nationale et le Sénat soit sous la forme initiale, soit après modification à la majorité absolue des membres qui les composent.

Article 138.

Sans préjudice des autres dispositions de la présente Constitution, les moyens d'information et de contrôle de l'Assemblée nationale ou du Sénat sur le Gouvernement, les entreprises publiques, les établissements et services publics sont :

1. la question orale ou écrite avec ou sans débat non suivi de vote ;
2. la question d'actualité ;
3. l'interpellation ;
4. la commission d'enquête ;
5. l'audition par les commissions.

Ces moyens de contrôle s'exercent dans les conditions déterminées par le règlement intérieur de chacune des chambres et donnent lieu, le cas échéant, à la motion de défiance ou de censure, conformément aux articles 146 et 147 de la présente Constitution.

Article 139.

La Cour constitutionnelle peut être saisie d'un recours visant à faire déclarer une loi à promulguer non conforme à la Constitution par :

1. le président de la République dans les quinze jours qui suivent la transmission à lui faite de la loi définitivement adoptée ;
2. le Premier ministre dans les quinze jours qui suivent la transmission à lui faite de la loi définitivement adoptée ;
3. le président de l'Assemblée nationale ou le président du Sénat dans les quinze jours qui suivent son adoption définitive ;
4. un nombre de députés ou de sénateurs au moins égal au dixième des membres de chacune des chambres, dans les quinze jours qui suivent son adoption définitive.

La loi ne peut être promulguée que si elle a été déclarée conforme à la Constitution par la Cour constitutionnelle qui se prononce dans les trente jours de sa saisine. Toutefois, à la demande du Gouvernement, s'il y a urgence, ce délai est ramené à huit jours. Passé ces délais, la loi est réputée conforme à la Constitution.

Article 140.

Le président de la République promulgue la loi dans les quinze jours de sa transmission après l'expiration des délais prévus par les articles 136 et 137 de la Constitution.

À défaut de promulgation de la loi par le président de la République dans les délais constitutionnels, la promulgation est de droit.

Article 141.

Les lois sont revêtues du sceau de l'État et publiées au Journal officiel.

Article 142.

La loi entre en vigueur trente jours après sa publication au Journal officiel à moins qu'elle n'en dispose autrement.

Dans tous les cas, le Gouvernement assure la diffusion en français et dans chacune des quatre langues nationales dans le délai de soixante jours à dater de la promulgation.

Article 143.

Conformément aux dispositions de l'article 86 de la Constitution, le président de la République déclare la guerre sur décision du Conseil des ministres après avis du Conseil supérieur de la défense et autorisation de deux chambres. Il en informe la Nation par un message.

Les droits et devoirs des citoyens, pendant la guerre ou en cas d'invasion ou d'attaque du territoire national par des forces de l'extérieur, font l'objet d'une loi.

Article 144.

En application des dispositions de l'article 85 de la présente Constitution, l'état de siège, comme l'état d'urgence, est déclaré par le président de la République.

L'Assemblée nationale et le Sénat se réunissent alors de plein droit. S'ils ne sont pas en session, une session extraordinaire est convoquée à cet effet conformément à l'article 116 de la présente Constitution.

La clôture des sessions ordinaires ou extraordinaires est de droit retardée pour permettre, le cas échéant, l'application des dispositions de l'alinéa précédent.

L'état d'urgence ou l'état de siège peut être proclamé sur tout ou partie du territoire de la République pour une durée de trente jours.

L'ordonnance proclamant l'état d'urgence ou l'état de siège cesse de plein droit de produire ses effets après l'expiration du délai prévu à l'alinéa trois du présent article, à moins que l'Assemblée nationale et le Sénat, saisis par le président de la République sur décision du Conseil des ministres, n'en aient autorisé la prorogation pour des périodes successives de quinze jours.

L'Assemblée nationale et le Sénat peuvent, par une loi, mettre fin à tout moment à l'état d'urgence ou à l'état de siège.

Article 145.

En cas d'état d'urgence ou d'état de siège, le président de la République prend, par ordonnances délibérées en Conseil des ministres, les mesures nécessaires pour faire face à la situation.

Ces ordonnances sont, dès leur signature, soumises à la Cour constitutionnelle qui, toutes affaires cessantes, déclare si elles dérogent ou non à la présente Constitution.

Article 146.

Le Premier ministre peut, après délibération du Conseil des ministres, engager devant l'Assemblée nationale la responsabilité du Gouvernement sur son programme, sur une déclaration de politique générale ou sur le vote d'un texte.

L'Assemblée nationale met en cause la responsabilité du Gouvernement ou d'un membre du Gouvernement par le vote d'une motion de censure ou de défiance. La motion de censure contre le Gouvernement n'est recevable que si elle est signée par un quart des membres de l'Assemblée nationale. La motion de défiance contre un membre du Gouvernement n'est recevable que si elle est signée par un dixième des membres de l'Assemblée nationale.

Le débat et le vote ne peuvent avoir lieu que quarante-huit heures après le dépôt de la motion. Seuls sont recensés les votes favorables à la motion de censure ou de défiance qui ne peut être adoptée qu'à la majorité absolue des membres composant l'Assemblée nationale. Si la motion de censure ou de défiance est rejetée, ses signataires ne peuvent en proposer une nouvelle au cours de la même session.

Le programme, la déclaration de politique générale ou le texte visé à l'alinéa 1er est considéré comme adopté sauf si une motion de censure est votée dans les conditions prévues aux alinéas 2 et 3 du présent article.

Le Premier ministre a la faculté de demander au Sénat l'approbation d'une déclaration de politique générale.

Article 147.

Lorsque l'Assemblée nationale adopte une motion de censure, le Gouvernement est réputé démissionnaire. Dans ce cas, le Premier ministre remet la démission du Gouvernement au président de la République dans les vingt-quatre heures.

Lorsqu'une motion de défiance contre un membre du Gouvernement est adoptée, celui-ci est réputé démissionnaire.

Article 148.

En cas de crise persistante entre le Gouvernement et l'Assemblée nationale, le président de la République peut, après consultation du Premier ministre et des présidents de l'Assemblée nationale et du Sénat, prononcer la dissolution de l'Assemblée nationale.

Aucune dissolution ne peut intervenir dans l'année qui suit les élections, ni pendant les périodes de l'état d'urgence ou de siège ou de guerre, ni pendant que la République est dirigée par un président intérimaire.

À la suite d'une dissolution de l'Assemblée nationale, la Commission électorale nationale indépendante convoque les électeurs en vue de l'élection, dans le délai de soixante jours suivant la date de publication de l'ordonnance de dissolution, d'une nouvelle Assemblée nationale.

Section 4. Du pouvoir judiciaire.

Paragraphe 1. Des dispositions générales

Article 149.

Le pouvoir judiciaire est indépendant du pouvoir législatif et du pouvoir exécutif.

Il est dévolu aux cours et tribunaux qui sont : la Cour constitutionnelle, la Cour de cassation, le Conseil d'Etat, la Haute Cour militaire ainsi que les cours et tribunaux civils et militaires.

La justice est rendue sur l'ensemble du territoire national au nom du peuple.

Les arrêts et les jugements ainsi que les ordonnances des Cours et tribunaux sont exécutés au nom du président de la République.

Il ne peut être créé des tribunaux extraordinaires ou d'exception sous quelque dénomination que ce soit.

La loi peut créer des juridictions spécialisées.

Le pouvoir judiciaire dispose d'un budget élaboré par le Conseil supérieur de la magistrature et transmis au Gouvernement pour être inscrit dans le budget général de l'État. Le premier président de la Cour de cassation en est l'ordonnateur. Il est assisté par le secrétariat permanent du Conseil supérieur de la magistrature.

[al. 2 modifié, loi 11/002 du 20 janvier 2011.]

Article 150.

Le pouvoir judiciaire est le garant des libertés individuelles et des droits fondamentaux des citoyens.

Les juges ne sont soumis dans l'exercice de leur fonction qu'à l'autorité de la loi.

Une loi organique fixe le statut des magistrats.

Le magistrat du siège est inamovible. Il ne peut être déplacé que par une nomination nouvelle ou à sa demande ou par rotation motivée décidée par le Conseil supérieur de la magistrature.

Article 151.

Le pouvoir exécutif ne peut donner d'injonction au juge dans l'exercice de sa juridiction, ni statuer sur les différends, ni entraver le cours de la justice, ni s'opposer à l'exécution d'une décision de justice.

Le pouvoir législatif ne peut ni statuer sur des différends juridictionnels, ni modifier une décision de justice, ni s'opposer à son exécution.

Toute loi dont l'objectif est manifestement de fournir une solution à un procès en cours est nulle et de nul effet.

Article 152.

Le Conseil supérieur de la magistrature est l'organe de gestion du pouvoir judiciaire.

Le Conseil supérieur de la magistrature est composé de :

1. président de la Cour constitutionnelle ;
2. procureur général près la Cour constitutionnelle ;
3. premier président de la Cour de cassation ;
4. procureur général près la Cour de cassation ;
5. premier président du Conseil d'État ;
6. procureur général près le Conseil d'État ;
7. premier président de la Haute Cour militaire ;
8. auditeur général près la Haute Cour militaire ;
9. premiers présidents des cours d'appel ;
10. procureurs généraux près les cours d'appel ;
11. premiers présidents des cours administratives d'appel ;
12. procureurs généraux près les cours administratives d'appel ;
13. premiers présidents des cours militaires ;
14. auditeurs militaires supérieurs ;
15. deux magistrats de siège par ressort de cour d'appel, élus par l'ensemble des magistrats du ressort pour un mandat de trois ans ;
16. deux magistrats du parquet par ressort de cour d'appel, élus par l'ensemble des magistrats du ressort pour un mandat de trois ans ;
17. un magistrat de siège par ressort de cour militaire ;
18. un magistrat de parquet par ressort de cour militaire.

Il élabore les propositions de nomination, de promotion et de révocation des magistrats.

Il exerce le pouvoir disciplinaire sur les magistrats.

Il donne ses avis en matière de recours en grâce.

Une loi organique détermine l'organisation et le fonctionnement du Conseil supérieur de la magistrature.

Paragraphe 2 : Des juridictions de l'ordre judiciaire.

Article 153.

Il est institué un ordre de juridictions judiciaires, composé des cours et tribunaux civils et militaires placés sous le contrôle de la Cour de cassation.

Sans préjudice des autres compétences qui lui sont reconnues par la présente Constitution ou par les lois de la République, la Cour de cassation connaît des pourvois en cassation formés contre les arrêts et jugements rendus en dernier ressort par les cours et tribunaux civils et militaires.

Dans les conditions fixées par la Constitution et les lois de la République, la Cour de cassation connaît en premier et dernier ressort des infractions commises par :

1. les membres de l'Assemblée nationale et du Sénat ;
2. les membres du Gouvernement autres que le premier ministre ;
3. les membres de la Cour constitutionnelle ;
4. les magistrats de la Cour de cassation ainsi que du parquet près cette Cour ;
5. les membres du Conseil d'État et les membres du parquet près ce Conseil ;
6. les membres de la Cour des comptes et les membres du parquet près cette Cour ;
7. les premiers présidents des cours d'appel ainsi que les procureurs généraux près ces cours ;
8. les premiers présidents des cours administratives d'appel et les procureurs près ces cours ;
9. les gouverneurs, les vice-gouverneurs de province et les ministres provinciaux ;
10. les présidents des assemblées provinciales.

Les cours et tribunaux, civils et militaires, appliquent les traités internationaux dûment ratifiés, les lois, les actes réglementaires pour autant qu'ils soient conformes aux lois ainsi que la coutume pour autant que celle-ci ne soit pas contraire à l'ordre public ou aux bonnes mœurs.

L'organisation, le fonctionnement et les compétences des juridictions de l'ordre judiciaire sont déterminés par une loi organique.

Paragraphe 3 : Des juridictions de l'ordre administratif.

Article 154.

Il est institué un ordre de juridictions administratives composé du Conseil d'État et des cours et tribunaux administratifs.

Article 155.

Sans préjudice des autres compétences que lui reconnaît la Constitution ou la loi, le Conseil d'État connaît, en premier et dernier ressort, des recours pour violation de la loi, formés contre les actes, règlements et décisions des autorités administratives centrales.

Il connaît en appel des recours contre les décisions des cours administratives d'appel.

Il connaît, dans les cas où il n'existe pas d'autres juridictions compétentes, des demandes d'indemnités relatives à la réparation d'un dommage exceptionnel, matériel ou moral résultant d'une mesure prise ou ordonnée par les autorités de la République. Il se prononce en équité en tenant compte de toutes les circonstances d'intérêt public ou privé.

L'organisation, la compétence et le fonctionnement des juridictions de l'ordre administratif sont fixés par une loi organique.

Paragraphe 4 : Des juridictions militaires.

Article 156.

Les juridictions militaires connaissent des infractions commises par les membres des forces armées et de la police nationale.

En temps de guerre ou lorsque l'état de siège ou d'urgence est proclamé, le président de la République, par une décision délibérée en Conseil des ministres, peut suspendre sur tout ou partie de la République et pour la durée et les infractions qu'il fixe, l'action répressive des cours et tribunaux de droit commun au profit de celle des juridictions militaires. Cependant, le droit d'appel ne peut être suspendu.

Une loi organique fixe les règles de compétence, d'organisation et de fonctionnement des juridictions militaires.

Paragraphe 5 : De la Cour constitutionnelle.

Article 157.

Il est institué une Cour constitutionnelle.

Article 158.

La Cour constitutionnelle comprend neuf membres nommés par le président de la République, dont trois sur sa propre initiative, trois désignés par le Parlement réuni en Congrès et trois désignés par le Conseil supérieur de la magistrature.

Les deux tiers des membres de la Cour constitutionnelle doivent être des juristes provenant de la magistrature, du barreau ou de l'enseignement universitaire.

Le mandat des membres de la Cour constitutionnelle est de neuf ans non renouvelables.

La Cour constitutionnelle est renouvelée par tiers tous les trois ans. Toutefois, lors de chaque renouvellement, il sera procédé au tirage au sort d'un membre par groupe.

Le président de la Cour constitutionnelle est élu par ses pairs pour une durée de trois ans renouvelables une seule fois. Il est investi par ordonnance du président de la République.

Article 159.

Nul ne peut être nommé membre de la Cour constitutionnelle :

1. s'il n'est Congolais
2. s'il ne justifie d'une expérience éprouvée de quinze ans dans les domaines juridique ou politique.

Article 160.

La Cour constitutionnelle est chargée du contrôle de la constitutionnalité des lois et des actes ayant force de loi.

Les lois organiques, avant leur promulgation, et les règlements intérieurs des chambres parlementaires et du Congrès, de la Commission électorale nationale indépendante ainsi que du Conseil supérieur de l'audiovisuel et de la communication, avant leur mise en application, doivent être soumis à la Cour constitutionnelle qui se prononce sur leur conformité à la Constitution.

Aux mêmes fins d'examen de la constitutionnalité, les lois peuvent être déférées à la Cour constitutionnelle, avant leur promulgation, par le président de la République, le Premier ministre, le président de l'Assemblée nationale, le président du Sénat ou le dixième des députés ou des sénateurs.

La Cour constitutionnelle statue dans le délai de trente jours. Toutefois, à la demande du Gouvernement, s'il y a urgence, ce délai est ramené à huit jours.

Article 161.

La Cour constitutionnelle connaît des recours en interprétation de la Constitution sur saisine du président de la République, du Gouvernement, du président du Sénat, du président de l'Assemblée nationale, d'un dixième des membres de chacune des chambres parlementaires, des gouverneurs de province et des présidents des assemblées provinciales.

Elle juge du contentieux des élections présidentielles et législatives ainsi que du référendum.

Elle connaît des conflits de compétences entre le pouvoir exécutif et le pouvoir législatif ainsi qu'entre l'État et les provinces.

Elle connaît des recours contre les arrêts rendus par la Cour de cassation et le Conseil d'État, uniquement en tant qu'ils se prononcent sur l'attribution du litige aux juridictions de l'ordre judiciaire ou administratif. Ce recours n'est recevable que si un déclinatoire de juridiction a été soulevé par ou devant la Cour de cassation ou le Conseil d'État.

Les modalités et les effets des recours visés aux alinéas précédents sont déterminés par la loi.

Article 162.

La Cour constitutionnelle est juge de l'exception d'inconstitutionnalité soulevée devant ou par une juridiction.

Toute personne peut saisir la Cour constitutionnelle pour inconstitutionnalité de tout acte législatif ou réglementaire.

Elle peut, en outre, saisir la Cour constitutionnelle, par la procédure de l'exception d'inconstitutionnalité invoquée dans une affaire qui la concerne devant une juridiction.

Celle-ci sursoit à statuer et saisit, toutes affaires cessantes, la Cour constitutionnelle.

Article 163.

La Cour constitutionnelle est la juridiction pénale du chef de l'État et du Premier ministre dans les cas et conditions prévus par la Constitution.

Article 164.

La Cour constitutionnelle est le juge pénal du président de la République et du Premier ministre pour des infractions politiques de haute trahison, d'outrage au Parlement, d'atteinte à l'honneur ou à la probité ainsi que pour les délits d'initié et pour les autres infractions de droit commun commises dans l'exercice ou à l'occasion de l'exercice de leurs fonctions. Elle est également compétente pour juger leurs co-auteurs et complices.

Article 165.

Sans préjudice des autres dispositions de la présente Constitution, il y a haute trahison lorsque le président de la République a violé intentionnellement la Constitution ou lorsque lui ou le Premier ministre sont reconnus auteurs, co-auteurs ou complices de violations graves et caractérisées des droits de l'homme, de cession d'une partie du territoire national.

Il y a atteinte à l'honneur ou à la probité notamment lorsque le comportement personnel du président de la République ou du Premier ministre est contraire aux bonnes mœurs ou qu'ils sont reconnus auteurs, co-auteurs ou complices de malversations, de corruption ou d'enrichissement illicite.

Il y a délit d'initié dans le chef du président de la République ou du Premier ministre lorsqu'il effectue des opérations sur valeurs immobilières ou sur marchandises à l'égard desquelles il possède des informations privilégiées et dont il tire profit avant que ces informations soient connues du public. Le délit d'initié englobe l'achat ou la vente d'actions fondés sur des renseignements qui ne seraient jamais divulgués aux actionnaires.

Il y a outrage au Parlement lorsque sur des questions posées par l'une ou l'autre chambre du Parlement sur l'activité gouvernementale, le Premier ministre ne fournit aucune réponse dans un délai de trente jours.

Article 166.

La décision de poursuites ainsi que la mise en accusation du président de la République et du Premier ministre sont votées à la majorité des deux tiers des membres du Parlement composant le Congrès suivant la procédure prévue par le règlement intérieur.

La décision de poursuites ainsi que la mise en accusation des membres du Gouvernement sont votées à la majorité absolue des membres composant l'Assemblée nationale suivant la procédure prévue par le règlement intérieur.

Les membres du Gouvernement, mis en accusation, présentent leur démission.

Article 167.

En cas de condamnation, le président de la République et le Premier ministre sont déchus de leurs charges. La déchéance est prononcée par la Cour constitutionnelle.

Pour les infractions commises en dehors de l'exercice de leurs fonctions, les poursuites contre le président de la République et le Premier ministre sont suspendues jusqu'à l'expiration de leurs mandats. Pendant ce temps, la prescription est suspendue.

Article 168.

Les arrêts de la Cour constitutionnelle ne sont susceptibles d'aucun recours et sont immédiatement exécutoires. Ils sont obligatoires et s'imposent aux pouvoirs publics, à toutes les autorités administratives et juridictionnelles, civiles et militaires ainsi qu'aux particuliers.

Tout acte déclaré non conforme à la Constitution est nul de plein droit.

Article 169.

L'organisation et le fonctionnement de la Cour constitutionnelle sont fixés par une loi organique.

Section 5. Des finances publiques.

Paragraphe 1. Des dispositions générales.

Article 170.

Le Franc congolais est l'unité monétaire de la République démocratique du Congo. Il a le pouvoir libératoire sur tout le territoire national.

Article 171.

Les finances du pouvoir central et celles des provinces sont distinctes.

Article 172.

L'exercice budgétaire commence le premier janvier et se termine le 31 décembre.

Article 173.

Le compte général de la République est soumis chaque année au Parlement par la Cour des comptes avec ses observations.

Le compte général de la République est arrêté par la loi.

Article 174.

Il ne peut être établi d'impôts que par la loi.

La contribution aux charges publiques constitue un devoir pour toute personne vivant en République démocratique du Congo.

Il ne peut être établi d'exemption ou d'allégement fiscal qu'en vertu de la loi.

Article 175.

Le budget des recettes et des dépenses de l'État, à savoir celui du pouvoir central et des provinces, est arrêté chaque année par une loi.

La part des recettes à caractère national allouées aux provinces est établie à 40%. Elle est retenue à la source.

La loi fixe la nomenclature des autres recettes locales et la modalité de leur répartition.

Paragraphe 2. De la Banque centrale

Article 176.

La Banque centrale du Congo est l'institut d'émission de la République démocratique du Congo.

À ce titre, elle a pour mission :

1. la garde des fonds publics ;
2. la sauvegarde et la stabilité monétaire ;
3. la définition et la mise en œuvre de la politique monétaire ;
4. le contrôle de l'ensemble de l'activité bancaire ;
5. de conseil économique et financier du Gouvernement.

Dans la réalisation de ces missions et attributions, la Banque centrale du Congo est indépendante et jouit de l'autonomie de gestion.

Article 177.

L'organisation et le fonctionnement de la Banque centrale du Congo sont fixés par une loi organique.

Paragraphe 3. De la Cour des comptes

Article 178.

Il est institué en République démocratique du Congo une Cour des comptes.

La Cour des comptes relève de l'Assemblée nationale.

Les membres de la Cour des comptes sont nommés, relevés de leurs fonctions et, le cas échéant, révoqués par le président de la République, après avis de l'Assemblée nationale.

Les membres de la Cour des comptes doivent justifier d'une haute qualification en matière financière, juridique ou administrative et d'une expérience professionnelle d'au moins dix ans.

Article 179.

La composition, l'organisation et le fonctionnement de la Cour des comptes sont fixés par une loi organique.

Article 180.

La Cour des comptes contrôle, dans les conditions fixées par la loi, la gestion des finances de l'État, des biens publics, ainsi que les comptes des provinces, des entités territoriales décentralisées ainsi que des organismes publics.

Elle publie, chaque année, un rapport remis au président de la République, au Parlement et au Gouvernement.

Le rapport est publié au Journal officiel.

Paragraphe 4. De la Caisse nationale de péréquation.

Article 181.

Il est institué une Caisse nationale de péréquation. Elle est dotée de la personnalité juridique.

La Caisse nationale de péréquation a pour mission de financer des projets et programmes d'investissement public, en vue d'assurer la solidarité nationale et de corriger le déséquilibre de développement entre les provinces et entre les autres entités territoriales décentralisées.

Elle dispose d'un budget alimenté par le Trésor public à concurrence de dix pour cent de la totalité des recettes à caractère national revenant à l'État chaque année.

Elle est placée sous la tutelle du Gouvernement.

Une loi organique fixe son organisation et son fonctionnement.

Section 6. De la police nationale et des forces armées.

Paragraphe 1. De la police nationale.

Article 182.

La police nationale est chargée de la sécurité publique, de la sécurité des personnes et de leurs biens, du maintien et du rétablissement de l'ordre public ainsi que de la protection rapprochée des hautes autorités.

Article 183.

La police nationale est apolitique. Elle est au service de la Nation congolaise. Nul ne peut la détourner à ses fins propres.

La police nationale exerce son action sur l'ensemble du territoire national dans le respect de la présente Constitution et des lois de la République.

Article 184.

La police nationale est soumise à l'autorité civile locale et est placée sous la responsabilité du ministère qui a les affaires intérieures dans ses attributions.

Article 185.

Les effectifs, à tous les niveaux, les fonctions de commandement en tout temps et en toute circonstance, doivent tenir compte des critères objectifs liés à la fois à l'aptitude physique, à une instruction suffisante et à une moralité éprouvée ainsi qu'à une représentation équitable des provinces.

Article 186.

Une loi organique fixe l'organisation et le fonctionnement de la police nationale.

Paragraphe 2. Des forces armées.

Article 187.

Les forces armées comprennent la force terrestre, la force aérienne, la force navale et leurs services d'appui.

Elles ont pour mission de défendre l'intégrité du territoire national et les frontières. Dans les conditions fixées par la loi, elles participent, en temps de paix, au développement économique, social et culturel ainsi qu'à la protection des personnes et de leurs biens.

Article 188.

Les forces armées sont républicaines. Elles sont au service de la Nation tout entière.

Nul ne peut, sous peine de haute trahison, les détourner à ses fins propres.

Elles sont apolitiques et soumises à l'autorité civile.

Article 189.

Les effectifs à tous les niveaux, les fonctions de commandement en tout temps et en toute circonstance, doivent tenir compte des critères objectifs liés à la fois à l'aptitude physique, à une instruction suffisante, à une moralité éprouvée ainsi qu'à une représentation équitable des provinces.

Article 190.

Nul ne peut, sous peine de haute trahison, organiser des formations militaires, paramilitaires ou des milices privées ni entretenir une jeunesse armée.

Article 191.

Une loi organique fixe l'organisation et le fonctionnement des forces armées.

Article 192.

Il est institué un Conseil supérieur de la défense.

Le Conseil supérieur de la défense est présidé par le président de la République et, en cas d'absence ou d'empêchement, par le Premier ministre.

Une loi organique détermine l'organisation, la composition, les attributions et le fonctionnement du Conseil supérieur de la défense.

Section 7. De l'administration publique.

Article 193.

L'administration publique est apolitique, neutre et impartiale. Nul ne peut la détourner à des fins personnelles ou partisanes.

Elle comprend la fonction publique ainsi que tous les organismes et services assimilés.

Article 194.

Une loi organique fixe l'organisation et le fonctionnement des services publics du pouvoir central, des provinces et des entités territoriales décentralisées.

Chapitre 2. Des provinces.

Section première. Des institutions politiques provinciales

Article 195.

Les institutions provinciales sont :
1. l'assemblée provinciale ;
2. le gouvernement provincial.

Article 196.

Les provinces sont organisées conformément aux principes énoncés à l'article 3 de la présente Constitution.

Les subdivisions territoriales à l'intérieur des provinces sont fixées par une loi organique.

Article 197.

L'assemblée provinciale est l'organe délibérant de la province. Elle délibère dans le domaine des compétences réservées à la province et contrôle le gouvernement provincial ainsi que les services publics provinciaux et locaux.

Elle légifère par voie d'édit.

Ses membres sont appelés députés provinciaux.

Ils sont élus au suffrage universel direct et secret ou cooptés pour un mandat de cinq ans renouvelables.

Le nombre de députés provinciaux cooptés ne peut dépasser le dixième des membres qui composent l'assemblée provinciale.

Sans préjudice des autres dispositions de la présente Constitution, les dispositions des articles 100, 101, 102, 103, 107, 108, 109 et 110 sont applicables, mutatis mutandis, aux Assemblées provinciales et à leurs membres.

Lorsqu'une crise politique grave et persistante menace d'interrompre le fonctionnement régulier des institutions provinciales, le Président de la République peut, par une ordonnance délibérée en Conseil des ministres et après concertation avec les bureaux de l'Assemblée nationale et du Sénat, dissoudre l'Assemblée provinciale. Dans ce cas, la Commission électorale nationale indépendante organise les élections provinciales dans un délai de soixante jours à compter de la dissolution.

En cas de force majeure, ce délai peut être prolongé à cent vingt jours au plus, par la Cour constitutionnelle saisie par la Commission électorale nationale indépendante.

[Alinéa 6 modifié, al. 7 et 8 nouveaux, loi 11/002 du 20 janvier 2011.]

Article 198.

Le gouvernement provincial est composé d'un gouverneur, d'un vice-gouverneur et des ministres provinciaux.

Le gouverneur et le vice-gouverneur sont élus pour un mandat de cinq ans renouvelables une seule fois par les députés provinciaux au sein ou en dehors de l'assemblée provinciale. Ils sont investis par ordonnance du président de la République.

Les ministres provinciaux sont désignés par le gouverneur au sein ou en dehors de l'Assemblée provinciale

La composition du gouvernement provincial tient compte de la représentativité provinciale.

Le nombre de ministres provinciaux ne peut dépasser dix.

Avant d'entrer en fonction, le gouverneur présente à l'Assemblée provinciale le programme de son gouvernement.

Lorsque ce programme est approuvé à la majorité absolue des membres qui composent l'assemblée provinciale, celle-ci investit les ministres.

Les membres du gouvernement provincial peuvent être, collectivement ou individuellement, relevés de leurs fonctions par le vote d'une motion de censure ou de défiance de l'assemblée provinciale.

Les dispositions des articles 146 et 147 de la présente Constitution s'appliquent, mutatis mutandis, aux membres du gouvernement provincial.

Lorsqu'une crise politique grave et persistante menace d'interrompre le fonctionnement régulier des institutions provinciales, le Président de la République peut, par une ordonnance délibérée en Conseil des ministres et après concertation avec les bureaux de l'Assemblée nationale et du Sénat, relever de ses fonctions le gouverneur d'une province. Dans ce cas, la Commission électorale nationale indépendante organise l'élection du nouveau Gouverneur dans un délai de trente jours.

[Dernier alinéa ajouté par la loi 11/002 du 20 janvier 2011.]

Article 199.

Deux ou plusieurs provinces peuvent, d'un commun accord, créer un cadre d'harmonisation et de coordination de leurs politiques respectives et gérer en commun certains services dont les attributions portent sur les matières relevant de leurs compétences.

Article 200.

Il est institué une Conférence des gouverneurs de province.

Elle a pour mission d'émettre des avis et de formuler des suggestions sur la politique à mener et sur la législation à édicter par la République.

La Conférence des gouverneurs de province est composée, outre les gouverneurs de province, du président de la République, du Premier ministre et du ministre de l'Intérieur. Tout autre membre du Gouvernement peut y être invité.

Elle est présidée par le président de la République.

Elle se réunit au moins deux fois par an sur convocation de son président.

Elle se tient à tour de rôle dans chaque province.

Une loi organique en détermine les modalités d'organisation et de fonctionnement.

Section 2. De la répartition des compétences entre le pouvoir central et les provinces.

Article 201.

La répartition des compétences entre le pouvoir central et les provinces est fixée par la présente Constitution.

Les matières sont, soit de la compétence exclusive du pouvoir central, soit de la compétence concurrente du pouvoir central et des provinces, soit de la compétence exclusive des provinces.

Article 202.

Sans préjudice des autres dispositions de la présente Constitution, les matières suivantes sont de la compétence exclusive du pouvoir central :

1. les affaires étrangères comprenant les relations diplomatiques ainsi que les traités et accords internationaux ;
2. la réglementation du commerce extérieur ;
3. la nationalité, le statut et la police des étrangers ;
4. l'extradition, l'immigration, l'émigration et la délivrance des passeports et des visas ;
5. la sûreté extérieure ;
6. la défense nationale ;
7. la police nationale ;
8. la fonction publique nationale ;
9. les finances publiques de la République ;
10. l'établissement des impôts sur le revenu, des impôts sur les sociétés et des impôts personnels conformément à l'article 174 ;
11. la dette publique de la République ;
12. les emprunts extérieurs pour les besoins de la République ou des provinces ;
13. les emprunts intérieurs pour les besoins de la République ;
14. la monnaie, l'émission de la monnaie et le pouvoir libératoire de la monnaie ;
15. les poids, mesures et informatique ;
16. les douanes et les droits d'importation et d'exportation ;
17. la réglementation concernant les banques et les opérations bancaires et boursières ;
18. la réglementation des changes ;
19. la propriété littéraire, artistique et industrielle et les brevets ;
20. les postes et les télécommunications, y compris les téléphones et télégraphes, la radiodiffusion, la télévision et les satellites ;
21. la navigation maritime et intérieure, les lignes aériennes, les chemins de fer, les routes et autres voies de communication, naturelles ou artificielles qui relient deux ou plusieurs provinces ou le territoire de la République à un territoire étranger ou qu'une loi nationale a déclarée d'intérêt national bien qu'elles soient entièrement situées sur le territoire d'une province ;
22. les universités et autres établissements d'enseignement scientifique, technique ou professionnel supérieur créés ou subventionnés par le Gouvernement central ou par les gouvernements provinciaux et qu'une loi nationale a déclarés d'intérêt national ;
23. l'établissement des normes d'enseignement applicables dans tous les territoires de la République ;
24. l'acquisition des biens pour les besoins de la République, sans préjudice des dispositions de l'article 34 ;
25. l'élaboration des programmes agricoles, forestiers et énergétiques d'intérêt national et la coordination des programmes d'intérêt provincial ;
    - les offices des produits agricoles et les organismes assimilés ainsi que la répartition des cadres, conformément au statut des agents de carrière des services publics de l'État ;
    - les régimes énergétiques, agricoles et forestiers sur la chasse et la pêche, sur la conservation de la nature (flore et faune), sur la capture, sur l'élevage, sur les denrées alimentaires d'origine animale et l'art vétérinaire ;

26. la protection contre les dangers occasionnés par l'énergie ou par les radiations et l'élimination des substances radioactives ;
27. la prévention des abus des puissances économiques ;
28. le patrimoine historique, les monuments publics et les parcs déclarés d'intérêt national ;
29. les services de la météorologie et la coordination technique des services de la géodésie, de la cartographie et de l'hydrographie ;
30. la nomination et l'affectation des inspecteurs provinciaux de l'enseignement primaire, secondaire, professionnel et spécial ;
31. les statistiques et le recensement d'intérêt national ;
32. la planification nationale ;
33. la recherche scientifique et technologique ;
34. les plans directeurs nationaux de développement des infrastructures de base, notamment les ports, les aéroports, les gares ;
35. l'assistance aux anciens combattants et les handicapés de guerre ;
36. la législation notamment concernant :
    a) le code de commerce, y compris les assurances, la constitution et l'agrément des sociétés ;
    b) le Code pénal, le régime pénitentiaire ;
    c) le code d'organisation et de compétence judiciaires et le code judiciaire ;
    d) la législation pour les professions libérales ;
    e) la législation du travail comprenant notamment les lois régissant les relations entre employeurs et travailleurs, la sécurité des travailleurs, les règles relatives à la Sécurité sociale et, en particulier, les règles relatives aux assurances sociales et au chômage involontaire ;
    f) la législation économique comprenant les lois concernant les mines, minéraux et huiles minérales, l'industrie, les sources d'énergie et la conservation des ressources naturelles ;
    g) la législation sur les arts et métiers ;
    h) la législation médicale et l'art de guérir, la médecine préventive, notamment l'hygiène, la salubrité publique et la protection maternelle et infantile, la législation sur la profession de pharmacien, sur le commerce pharmaceutique, sur l'immigration et le transit, les règlements sanitaires bilatéraux et internationaux, la législation sur l'hygiène du travail, la coordination technique des laboratoires médicaux et la répartition des médecins ;
    i) la loi électorale ;
    j) la législation sur la fabrication, la rectification, l'importation, l'exportation et la vente de l'alcool obtenu par la distillation ;
    k) la législation sur la fabrication, l'importation et l'exportation, la vente des boissons alcoolisées et non alcoolisées ;
    l) la législation sur la fabrication, l'importation, l'exportation et le transit des matériels de guerre ;
    m) la législation sur la fécondation artificielle chez l'être humain, sur la manipulation des informations génétiques et sur les transplantations d'organes et des tissus humains ;
    n) la législation sur les réfugiés, les expulsés et les personnes déplacées ;
    o) la législation sur l'admission aux professions médicales et aux autres professions et activités.

Article 203.

Sans préjudice des autres dispositions de la présente Constitution, les matières suivantes sont de la compétence concurrente du pouvoir central et des provinces :

1. la mise en œuvre des mécanismes de promotion et de sauvegarde des droits humains et des libertés fondamentales consacrés dans la présente Constitution ;
2. les droits civils et coutumiers ;
3. les statistiques et les recensements ;
4. la sûreté intérieure ;
5. l'administration des cours et tribunaux, des maisons d'arrêt et de correction et des prisons ;
6. la vie culturelle et sportive ;
7. l'établissement des impôts, y compris les droits d'accise et de consommation, à l'exclusion des impôts visés à l'article 174 ;
8. l'exécution des mesures sur la police des étrangers ;
9. la recherche scientifique et technologique ainsi que les bourses d'études, de perfectionnement et d'encouragement à la recherche ;
10. les institutions médicales et philanthropiques, l'engagement du personnel médical et agricole de commandement ;
11. la mise en œuvre des programmes de la météorologie, de la géologie, de la cartographie et de l'hydrologie ;
12. les calamités naturelles ;
13. la presse, la radio, la télévision, l'industrie cinématographique ;
14. la protection civile ;
15. le tourisme ;
16. les droits fonciers et miniers, l'aménagement du territoire, le régime des eaux et forêts ;
17. la prévention des épidémies et épizooties dangereuses pour la collectivité ;
18. la protection de l'environnement, des sites naturels, des paysages et la conservation des sites ;
19. la réglementation sur les régimes énergétiques, agricoles et forestiers, l'élevage, les denrées alimentaires d'origine animale et végétale ;
20. la création des établissements primaires, secondaires, supérieurs et universitaires ;
21. le trafic routier, la circulation automobile, la construction et l'entretien des routes d'intérêt national, la perception et la répartition des péages pour l'utilisation des routes construites par le pouvoir central et/ou par la province ;
22. les institutions médicales et philanthropiques ;
23. l'initiative des projets, programmes et accords de coopération économique, culturelle, scientifique et sociale internationale ;
24. la production, le transport, l'utilisation et l'exploitation de l'énergie ;
25. la protection des groupes des personnes vulnérables.

Article 204.

Sans préjudice des autres dispositions de la présente Constitution, les matières suivantes sont de la compétence exclusive des provinces :

1. le plan d'aménagement de la province ;
2. la coopération interprovinciale ;
3. la fonction publique provinciale et locale ;
4. l'application des normes régissant l'état civil ;

5. les finances publiques provinciales ;
6. la dette publique provinciale ;
7. les emprunts intérieurs pour les besoins des provinces ;
8. la délivrance et la conservation des titres immobiliers dans le respect de la législation nationale ;
9. l'organisation du petit commerce frontalier ;
10. l'organisation et le fonctionnement des services publics, établissements et entreprises publics provinciaux dans le respect de la législation nationale ;
11. les travaux et marchés publics d'intérêt provincial et local ;
12. l'acquisition des biens pour les besoins de la province ;
13. l'enseignement maternel, primaire, secondaire, professionnel et spécial ainsi que l'alphabétisation des citoyens, conformément aux normes établies par le pouvoir central ;
14. l'établissement des peines d'amende ou de prison pour assurer le respect des édits en conformité avec la législation nationale ;
15. les communications intérieures des provinces ;
16. les impôts, les taxes et les droits provinciaux et locaux, notamment l'impôt foncier, l'impôt sur les revenus locatifs et l'impôt sur les véhicules automoteurs ;
17. la fixation des salaires minima provinciaux, conformément à la législation nationale ;
18. l'affectation du personnel médical, conformément au statut des agents de carrière des services publics de l'État, l'élaboration des programmes d'assainissement et de campagne de lutte contre les maladies endémo-épidémiques conformément au plan national : l'organisation des services d'hygiène et de prophylaxie provinciale, l'application et le contrôle de la législation médicale et pharmaceutique nationale ainsi que l'organisation des services de la médecine curative, des services philanthropiques et missionnaires, des laboratoires médicaux et des services pharmaceutiques, l'organisation et la promotion des soins de santé primaires ;
19. l'élaboration des programmes miniers, minéralogiques, industriels, énergétiques d'intérêt provincial et leur exécution conformément aux normes générales du planning national ;
20. l'élaboration des programmes agricoles et forestiers et leur exécution conformément aux normes du planning national, l'affectation du personnel agricole, des cadres conformément aux dispositions du statut des agents de carrière des services publics de l'État, l'application de la législation nationale concernant l'agriculture, la forêt, la chasse et la pêche ainsi que l'environnement, la conservation de la nature et la capture des animaux sauvages, l'organisation et le contrôle des campagnes agricoles, la fixation des prix des produits agricoles ;
21. l'affectation en province du personnel vétérinaire, conformément au statut des agents de carrière des services publics de l'État ; l'élaboration des programmes de campagne de santé animale et l'application des mesures de police sanitaire vétérinaire, notamment en ce qui concerne les postes frontaliers et de quarantaine ;
22. l'organisation des campagnes de vaccination contre les maladies enzootiques, l'organisation des laboratoires, cliniques et dispensaires de la provenderie ainsi que l'application de la législation nationale en matière vétérinaire, l'organisation de la promotion de santé de base ;

23. le tourisme, le patrimoine historique, les monuments publics et les parcs d'intérêt provincial et local ;
24. l'habitat urbain et rural, la voirie et les équipements collectifs provinciaux et locaux ;
25. l'inspection des activités culturelles et sportives provinciales ;
26. l'exploitation des sources d'énergie non nucléaire et la production de l'eau pour les besoins de la province ;
27. l'exécution des mesures du droit de résidence et d'établissement des étrangers, conformément à la loi ;
28. l'exécution du droit coutumier ;
29. la planification provinciale.

Article 205.

Une assemblée provinciale ne peut légiférer sur les matières de la compétence exclusive du pouvoir central. Réciproquement, l'Assemblée nationale et le Sénat ne peuvent légiférer sur les matières de la compétence exclusive d'une province.

Toutefois, l'Assemblée nationale et le Sénat peuvent, par une loi, habiliter une assemblée provinciale à prendre des édits sur des matières de la compétence exclusive du pouvoir central. Lorsque l'Assemblée nationale et le Sénat mettent fin à la délégation de pouvoir ainsi donnée à l'Assemblée provinciale, les dispositions des édits provinciaux promulgués en des matières de la compétence exclusive du pouvoir central, en vertu de cette délégation de pouvoir, demeurent cependant en vigueur dans la province intéressée jusqu'à ce qu'une loi nationale ait réglé ces matières.

Pareillement, une assemblée provinciale peut, par un édit, habiliter l'Assemblée nationale et le Sénat à légiférer sur des matières de la compétence exclusive de la province. Lorsque l'assemblée provinciale met fin à la délégation de pouvoir ainsi donnée à l'Assemblée nationale et au Sénat, les dispositions des lois nationales promulguées en des matières de la compétence exclusive des provinces, en vertu de cette délégation de pouvoir, demeurent cependant en vigueur dans la province intéressée jusqu'à ce qu'un édit provincial les ait réglées.

Dans les matières relevant de la compétence concurrente du pouvoir central et des provinces, tout édit provincial incompatible avec les lois et règlements d'exécution nationaux est nul et abrogé de plein droit, dans la mesure où il y a incompatibilité.

La législation nationale prime sur l'édit provincial.

Article 206.

Sauf dispositions contraires de la législation nationale, les gouvernements provinciaux exécutent, par l'intermédiaire de leurs services, les lois et les règlements nationaux.

Section 3. De l'autorité coutumière.

Article 207.

L'autorité coutumière est reconnue.

Elle est dévolue conformément à la coutume locale, pour autant que celle-ci ne soit pas contraire à la Constitution, à la loi, à l'ordre public et aux bonnes mœurs.

Tout chef coutumier désireux d'exercer un mandat public électif doit se soumettre à l'élection, sauf application des dispositions de l'article 197, alinéa 3 de la présente Constitution.

L'autorité coutumière a le devoir de promouvoir l'unité et la cohésion nationales.

Une loi fixe le statut des chefs coutumiers.

Titre IV. Du Conseil économique et social.

Article 208.

Il est institué en République démocratique du Congo un Conseil économique et social.

Article 209.

Le Conseil économique et social a pour mission de donner des avis consultatifs sur les questions économiques et sociales à lui soumises par le président de la République, l'Assemblée nationale, le Sénat et le Gouvernement.

Il peut, de sa propre initiative, appeler l'attention du Gouvernement et des provinces sur les réformes qui lui paraissent de nature à favoriser le développement économique et social du pays.

Article 210.

Une loi organique détermine l'organisation et le fonctionnement du Conseil économique et social.

Titre V.

Des institutions d'appui à la démocratie.

Chapitre premier.

De la Commission électorale nationale indépendante.

Article 211.

Il est institué une Commission électorale nationale indépendante dotée de la personnalité juridique.

La Commission électorale nationale indépendante est chargée de l'organisation du processus électoral, notamment de l'enrôlement des électeurs, de la tenue du fichier électoral, des opérations de vote, de dépouillement et de tout référendum.

Elle assure la régularité du processus électoral et référendaire.

Une loi organique fixe l'organisation et le fonctionnement de la Commission électorale nationale indépendante.

Chapitre 2.

Du Conseil supérieur de l'audiovisuel et de la communication.

Article 212.

Il est institué un Conseil supérieur de l'audiovisuel et de la communication doté de la personnalité juridique.

Il a pour mission de garantir et d'assurer la liberté et la protection de la presse, ainsi que de tous les moyens de communication de masse dans le respect de la loi.

Il veille au respect de la déontologie en matière d'information et à l'accès équitable des partis politiques, des associations et des citoyens aux moyens officiels d'information et de communication.

La composition, les attributions, l'organisation et le fonctionnement du Conseil supérieur de l'audiovisuel et de la communication sont fixés par une loi organique.

Titre VI.

Des traités et accords internationaux.

Article 213.

Le président de la République négocie et ratifie les traités et accords internationaux.

Le Gouvernement conclut les accords internationaux non soumis à ratification après délibération en Conseil des ministres. Il en informe l'Assemblée nationale et le Sénat.

Article 214.

Les traités de paix, les traités de commerce, les traités et accords relatifs aux organisations internationales et au règlement des conflits internationaux, ceux qui engagent les finances publiques, ceux qui modifient les dispositions législatives, ceux qui sont relatifs à l'état des personnes, ceux qui comportent échange et adjonction de territoire ne peuvent être ratifiés ou approuvés qu'en vertu d'une loi.

Nulle cession, nul échange, nulle adjonction de territoire n'est valable sans l'accord du peuple congolais consulté par voie de référendum.

Article 215.

Les traités et accords internationaux régulièrement conclus ont, dès leur publication, une autorité supérieure à celle des lois, sous réserve pour chaque traité ou accord, de son application par l'autre partie.

Article 216.

Si la Cour constitutionnelle consultée par le président de la République, par le Premier ministre, le président de l'Assemblée nationale ou le président du Sénat, par un dixième des députés ou un dixième des sénateurs, déclare qu'un traité ou accord international comporte une clause contraire à la Constitution, la ratification ou l'approbation ne peut intervenir qu'après la révision de la Constitution.

Article 217.

La République démocratique du Congo peut conclure des traités ou des accords d'association ou de communauté comportant un abandon partiel de souveraineté en vue de promouvoir l'unité africaine.

Titre VII.

De la révision constitutionnelle.

Article 218.

L'initiative de la révision constitutionnelle appartient concurremment :

1. au président de la République ;
2. au Gouvernement après délibération en Conseil des ministres ;
3. à chacune des chambres du Parlement à l'initiative de la moitié de ses membres ;
4. à une fraction du peuple congolais, en l'occurrence 100.000 personnes, s'exprimant par une pétition adressée à l'une des deux chambres.

Chacune de ces initiatives est soumise à l'Assemblée nationale et au Sénat qui décident, à la majorité absolue de chaque chambre, du bien-fondé du projet, de la proposition ou de la pétition de révision.

La révision n'est définitive que si le projet, la proposition ou la pétition est approuvé par référendum sur convocation du Président de la République.

Toutefois, le projet, la proposition ou la pétition n'est pas soumis au référendum lorsque l'Assemblée nationale et le Sénat réunis en Congrès l'approuvent à la majorité des trois cinquièmes des membres les composant.

[Loi 11/002 du 20 janvier 2011.]

Article 219.

Aucune révision ne peut intervenir pendant l'état de guerre, l'état d'urgence ou l'état de siège ni pendant l'intérim à la présidence de la République ni lorsque l'Assemblée nationale et le Sénat se trouvent empêchés de se réunir librement.

Article 220.

La forme républicaine de l'État, le principe du suffrage universel, la forme représentative du Gouvernement, le nombre et la durée des mandats du président de la République, l'indépendance du pouvoir judiciaire, le pluralisme politique et syndical, ne peuvent faire l'objet d'aucune révision constitutionnelle.

Est formellement interdite toute révision constitutionnelle ayant pour objet ou pour effet de réduire les droits et libertés de la personne ou de réduire les prérogatives des provinces et des entités territoriales décentralisées.

Titre VIII.

Des dispositions transitoires et finales.

Article 221.

Pour autant qu'ils ne soient pas contraires à la présente Constitution, les textes législatifs et réglementaires en vigueur restent maintenus jusqu'à leur abrogation ou leur modification.

Article 222.

Les institutions politiques de la transition restent en fonction jusqu'à l'installation effective des institutions correspondantes prévues par la présente Constitution et exercent leurs attributions conformément à la Constitution de la transition.

Les institutions d'appui à la démocratie sont dissoutes de plein droit dès l'installation du nouveau Parlement.

Toutefois, par une loi organique, le Parlement pourra, s'il échet, instituer d'autres institutions d'appui à la démocratie.

Article 223.

En attendant l'installation de la Cour constitutionnelle, du Conseil d'État et de la Cour de cassation, la Cour suprême de justice exerce les attributions leur dévolues par la présente Constitution.

Article 224.

En attendant l'installation des juridictions de l'ordre administratif, les cours d'appel exercent les compétences dévolues aux cours administratives d'appel.

Article 225.

La Cour de sûreté de l'État est dissoute dès l'entrée en vigueur de la présente Constitution.

Article 226.

Une loi de programmation détermine les modalités d'installation de nouvelles provinces citées à l'article 2 de la présente Constitution.

En attendant, la République démocratique du Congo est composée de la ville de Kinshasa et de dix provinces suivantes dotées de la personnalité juridique : Bandundu, Bas-Congo, Équateur, Kasaï-Occidental, Kasaï-Oriental, Katanga, Maniema, Nord-Kivu, Province Orientale, Sud-Kivu.

[Loi 11/002 du 20 janvier 2011.]

Article 227.

Les provinces telles qu'énumérées par l'article 2 de la présente Constitution constituent les circonscriptions électorales des sénateurs de la première législature.

La loi électorale détermine les conditions d'attribution d'un quota additionnel à la ville de Kinshasa pour les élections des sénateurs.

Article 228.

Sans préjudice des dispositions de l'article 222, alinéa 1, la Constitution de la Transition du 04 avril 2003 est abrogée.

Article 229.

La présente Constitution, adoptée par référendum, entre en vigueur dès sa promulgation par le président de la République.

Fait à Kinshasa, le 18 février 2006
Joseph KABILA

CONCLUSION

La production constitutionnelle de la République démocratique du Congo de 1960 à ce jour révèle une trajectoire sinueuse marquée par des mutations institutionnelles profondes ayant forgé plusieurs types de régimes politiques. Elle offre en même temps, selon chaque époque historique envisagée, une typologie variée des formes d'organisation territoriale de l'Etat.

Ainsi, il s'observe que l'évolution du constitutionnalisme congolais s'inscrit dans une quête permanente et non achevée d'une identité constitutionnelle qui intègre progressivement une dimension « endogène » propre, sociale, culturelle et psychologique qui renforce la légitimité, l'effectivité et l'efficacité de la Constitution d'une part, et d'autre part, une dimension « exogène » qui induit à l'exigence de l'alignement de notre constitutionnalisme aux standards de la pensée constitutionnelle universelle : l'universalité des droits de la personne, l'État de droit — la « traduction juridique de la démocratie » — et enfin la justice constitutionnelle, considérée comme « le symbole par excellence de la démocratie » et à un moindre degré, le fédéralisme et la décentralisation.

À ce défi majeur inhérent à l'intégration harmonieuse de ces deux dimensions de notre constitutionnalisme s'ajoute celui de traduire dans l'écriture de nos constitutions les équilibres construits à l'issue de longs processus politiques mettant aux prises des forces foncièrement antagonistes : unitaristes — fédéralistes ; nationalistes — impérialistes ; autoritaristes — démocrates ; révolutionnaires — conservateurs, loyalistes — rebelles…

L'ampleur de ces défis justifie la double réflexion, à la fois juridique et politique, engagée dans ce recueil des constitutions et des lois constitutionnelles. Du point de vue juridique, la réflexion consiste à appréhender à partir d'une approche historique du droit constitutionnel congolais, les dimensions des ruptures, des transformations et des continuités des institutions politiques de la République Démocratique du Congo. Du point de vue politique, les commentaires concernant les contextes d'élaboration de ces constitutions ainsi les régimes politiques et les formes de l'Etat y instaurés interrogent les conditionnements organiques et institutionnels nécessaires à de la stabilisation ou à l'origine de la déstabilisation des régimes politiques, d'une part, et d'autre part, les contingences du passage d'un système politique à un autre, d'un régime politique à un autre à l'intérieur du même système, ainsi que la transformation des comportements politiques.

Les réponses adéquates à ces questionnements contribueront à déceler les faiblesses normatives de la Constitution actuelle et à forger des pistes nouvelles et innovantes pour écrire un jour une Constitution qui s'appuie authentiquement sur notre Histoire en y intégrant à la fois toutes les espérances du moment et un compromis de paix, de stabilité et de progrès pour les générations futures.

BIBLIOGRAPHIE

Ardant, P et Mathieu, B. (2020), *Droit constitutionnel et institutions politiques*, Paris : LGDJ.

Azami, S.M. « Le système constitutionnel de la République démocratique du Congo », *Revue internationale de droit comparé, v*ol. 22 N° 2, avril-juin 1970, pp. 325-340

Banyaku Luape, E. (2000), *Chronologie, monographie et documentation sur l'histoire politique du Congo des années 60 aux années 90,* Kinshasa : Compodor.

Bastien, F. « À quoi sert l'élection du président au suffrage universel ? », *Revue d'histoire politique*, 2005/2 n° 4, pp. 128- 143,

Bonnard, R., (1942), « Les actes constitutionnels de 1940-1942 », *Revue du droit public et de la science politique (RDP)*

Boshab, E., « Les dispositions constitutionnelles transitoires relatives à la Cour constitutionnelle de la République Démocratique du Congo », *Fédéralisme Régionalisme* [en ligne], Numéro 1 Volume 7 : 2007,
URL : http://popups.ulg.

Boulouis, J (1951). *Essai sur la politique des subventions administratives*, Paris : Armand Colin.

Braeckman, C. « La mort de Kabila : nouvelle donne dans la guerre en RDC », *Politique africaine* N° 82, 2001 (2), pp. 151-159.

Breton, J. M., « Trente ans de constitutionnalisme d'importation dans les pays d'Afrique noire francophone entre mimétisme et réception critique : cohérences et incohérences (1960-1990) ». *Actes du 6e congrès français de droit constitutionnel, Montpellier*, juin 2005.

Burdeau, G., (1988), *Droit constitutionnel*, 21e édition par Francis Hamon et Michel Troper, Paris : L.G.D.J.

Bureau d'Études et de Recherches Consulting international — BERCI — (2001). *Les leçons à tirer de la conférence nationale souveraine et ses implications pour le dialogue intercongolais,* Kinshasa : BERCI
https://www.ndi.org/sites/default/files/1296_cd_natconf2001_0.pdf

Carré de Malberg, R. (1922), *Contribution à la théorie générale de l'État*; Paris : Sirey, (réimpression par CNRS 1962).

Carré de Malberg, R. (1922). *Contribution à la théorie générale de l'Etat*, Paris : Sirey, (réimpression par CNRS, 1962), tome II.

Cartier, E. (2007). « Les petites Constitutions : contribution à l'analyse du droit constitutionnel transitoire », *Revue française de droit constitutionnel*, 71 (3), pp. 513-534
https://doi-org.proxy.bibliotheques.uqam.ca/10.3917/rfdc.071.0513

Cavaré, L. (1961). *Le droit international public positif, tome 1, La notion de droit international public, structure de la société internationale*, 2ème édition revue et augmentée, Paris : Pedone.

Centre de Recherche et Information Socio-Politiques-CRISP, « La Conférence de la Table Ronde belgo-congolaise (20 janvier - 20 février 1960) », *Courrier hebdomadaire du CRISP* 12/1960 p. 1-20

Centre de Recherche et Information Socio-Politiques-CRISP, *Congo 1960*, Tome 1, Bruxelles : CRISP, p. 104

Chantebout, B., (2023), *Droit Constitutionnel*, 20ème édition, Paris : Armand Colin.

Claude F. Momo et Éric-Adol T. Gatsi, « L'exécutif dualiste dans les régimes politiques des États d'Afrique noire francophone », *Les Annales de droit [En ligne]*, N°14/2020, mis en ligne le 01 juin 2021, http://journals.openedition.org/add/1898

De Gaulle, C. (1964), « Une Constitution, c'est un esprit, des institutions, une pratique », *Conférence de presse du 31 janvier 1964.*

De Vergottini, G, « Transitions constitutionnelles et consolidation de la démocratie dans les ordonnancements d'Europe centre-orientale », *Démocratie et liberté : tension, dialogue, confrontation, mélanges en l'honneur de Slobodan Milacic*, (2007), Bruxelles : Bruylant.

De Villers, G. et Omasombo Tshonda, J. (2002) « An intransitive transition », *Review of African Political Economy*, 29 : 93-94, pp. 399-410

De Villiers, G. et Omasombo, J. (1998*). Zaïre : la transition manquée 1990-1997*, Cahiers n° 27-28-29, Paris : Harmattan.

Debré, M., (1958), *Discours devant le Conseil d'État*, 27 août 1958. https://mjp.univ-perp.fr/textes/debre1958.htm

Djengo, A., (2015) : *De l'efficacité des limites du pouvoir de révision constitutionnelle en droit positif congolais*, Université de Kinshasa (Mémoire de Licence) https://www.memoireonline.com/01/16/9410/m_De-lefficacite-des-limites-du-pouvoir-de-revision-constitutionnelle-en-droit-positif-congolais36.html

Djoli Eseng'Ekeli, J. (2013), *Droit constitutionnel. L'expérience congolaise (RDC),* Paris : L'Harmattan.

Duhamel O. et Tusseau, G. (2020). *Droit constitutionnel et institutions politiques*, 5ème Edition, Paris : Seuil

Duverger ; M (1980). *Le système politique français*, 18 éditions, Paris : PUF.

Empenge-Osako Djelo, C. (1990), L'impact de la coutume sur l'exercice du pouvoir en Afrique noire : le cas du Zaïre, Louvain-la-Neuve : Bel élan.

Esmein, A. (2001). *Eléments de Droit Constitutionnel français et comparé,* Paris : éditions Panthéon Assas.

Essambo Kangashe, J ;L (2017), *Traité de droit constitutionnel congolais*, Paris : L'Harmattan

Ferrari, P. (1972) : *Les régions italiennes*, Montréal : Thémis.

Gazibo, M. (2005) : *Les paradoxes de la démocratisation en Afrique. Analyse institutionnelle et stratégique*, Montréal : Presses universitaires de Montréal.

Gbanda Za mboko Atumba, H. (1993) : *La problématique de la souveraineté des conférences nationales souveraines d'Afrique* », Kinshasa.

Gérard-Libois, J et Van Lierde, J (dir) (1965), *Congo 1964*, Bruxelles : CRISP. (Coédition INEP).

Gérard-Libois, J et Van Lierde, J (dir) (1966) *Congo 1965*, Bruxelles : CRISP

Gicquel, J. et Gicquel, J.E (2020), *Droit constitutionnel et institutions politiques*, 34ème Edition, Paris : LGDJ

Hadas-Lebel, R. (2002). *Les 101 mots de la démocratie française* ; Odile Jacob

Haquet, A., (2021), *Droit constitutionnel en 11 thèmes*, 3ème Edition, Paris : Dalloz

Holo, T. « La présidence impériale : du Potomac au Sahel », *Revue béninoise de sciences juridiques et administratives*, n° 9- décembre 1987, pp. 1-9

Hourquebie F. « Néo-constitutionnalisme et contenu des constitutions de transition : quelle marge de manœuvre pour les constitutions de transition ? » *Annuaire international de justice constitutionnelle*, 30-2014, 2015. Juges constitutionnels et doctrine - Constitutions et transitions, pp. 587-602.

https://doi.org/10.3406/aijc.2015.2258
Huntington, S.P (1991), *The Third Wave: Democratization in the Late. Twentieth Century*, Norman : University of Oklahoma Press.
International Crisis Group (2002), *Temps couvert sur Sun City : la refondation nécessaire du processus de paix congolais*, ICG Rapport Afrique N° 44, Bruxelles/Nairobi.
Iyeleza, M.M, Masika, K et Isengingo, K. (1991), *Recueil des textes constitutionnels de la République du Zaïre du 19 mai 1960 au 28 avril 1991 avec, en annexe, la « Charte coloniale du 18 octobre 1908,* Kinshasa : Ise-Consult.
JuriCongo (2011), *Les constitutions de la République démocratique du Congo. De 1908 à 2011,* Kinshasa : Juricongo
Kalombo Mbanga, « La Constitution congolaise du 24 juin 1967 », *Zaïre – Afrique*, n° 18, octobre 1967, pp. 373 – 389.
Kaluba Dibwa, D. (2010), *Du contentieux constitutionnel en RDC. Contribution à l'étude des fondements et des modalités d'exercice de la justice constitutionnelle*, Université de Kinshasa, Thèse de doctorat en droit.
Kamukuny Mukinayi, A. (2011), *Droit constitutionnel congolais*, Éditions Universitaires Africaines, Kinshasa, 2011.
Lavroff, D.G, « La constitutionnalisation des régimes militaires en Afrique noire », dans Seurin, J.L (1984) (dir), Le *constitutionnalisme aujourd'hui*, Paris, Economica, coll. « politique comparée », pp.200-213.
Le Divellec, A., (2001) « La chauve-souris, quelques aspects du parlementarisme sous la Ve République », in (Collectif), *la République, Mélanges en l'honneur de Pierre avril*, Paris : Monchretien
Lihau, M. (1965), Mémoire *explicatif de la Constitution du 1er août 1964*, Moniteur congolais, 6e année, n° spécial du 5 octobre 1965
Lihau, M. (1968), « La nouvelle Constitution de la République du Congo, avec mémoire explicatif, » *in Études congolaises*, vol. XI, n°3, 1968, pp 28- 59.
Loweinstein, K. (1976), *Teoria de la Constitución*, Barcelone : Ariel
Ludo, M., *Analyse de l'Accord de Lusaka et de ses pièges. Les plans américains pour la division et la mise sous tutelle du Congo.* https://repositories.lib.utexas.edu/bitstream/handle/2152/5172/2479.pdf?sequence=1.
Lumuna Sando, K (1998). *Pouvoir et Libertés : la transition au Congo-Zaïre*, Kinshasa : Éditions Secco.
Lutundula Apala Pen'Apala, C. « Analyse de la légitimation de la transition et de la nouvelle République Démocratique du Congo », *AfrikaFocus*, Vol. 13, Nr. 1-4, 1997, pp. 9-30.
Mabiala Mantuba-Ngoma, P. « Le processus actuel de décentralisation en R.D.C. : enjeux et défis », Mabiala Mantuba-Ngoma, P. (2009) (dir), *Le processus de décentralisation en République Démocratique du Congo*, Kinshasa, Fondation Konrad Adenauer
Madior Fall ; I. « Quelques réserves sur l'élection du président de la république au suffrage universel. Les tabous de la désignation démocratique des gouvernants », *Afrique contemporaine*, 2012/2 n° 242, pp. 99- 113
Massina, P, « Le coup d'État, entre déshonneur et bienveillance », *Afrilex, Revue d'étude et de recherche sur le droit et l'administration dans les pays d'Afrique,* Université Montesquieu — Bordeaux IV, décembre 2016.
Mobutu (1975), *Discours, allocutions et messages*, Paris, Editions J.A
Montay, B. « Le pouvoir de nomination de l'Exécutif sous la Ve République » , *Jus Politicum*, n° 11-2013

Mulumba Lukoji, C « La Constitution du Zaïre révisée », *Zaïre-Afrique* n° 90, Cepas, Kinshasa, décembre 1974, pp. 599-608

Mulumba Lukoji, C. « Le Mouvement populaire de la Révolution : création et signification politique », *Zaïre-Afrique*, n° 66, juin-juillet 1972, pp.323-337.

Mulumba Lukoji, C. « Le premier congrès ordinaire du MPR », *Zaïre — Afrique*, n° 67 août, septembre 1972, pp. 409 – 417.

Nigro, R. (2013). « Quelques considérations sur la fonction et la théorie du coup d'État », *Rue Descartes,* 77 (1), pp. 69-81.

Pactet, P. (1999), *Institutions politiques et Droit Constitutionnel*, Paris : Armand Colin.

Palazoli, C. (1966). *Les régionalismes, contribution à l'étude de la décentralisation politique*, Paris : L.G.D.J.

Perin, F. (1960), *Les institutions politiques du Congo indépendant au 30 juin 1960*, Léopoldville : Institut Politique Congolais.

Perlo, N. « Les Constitutions provisoires, une catégorie normative atypique au cœur des transitions constitutionnelles en Méditerranée », *Revue méditerranéenne de droit public*, Volume III, 2015 http://lm-dp.org/un-extrait-de-la-rmdp-iii-les-constitutions-provisoires-n-perlo/

Pierre, B. « Les substituts à la loi: les actes législatifs de l'exécutif », *Annuaire international de justice constitutionnelle*, 19/2003, 2004. Constitution et élections – La loi. pp. 472-503 https://www.persee.fr/doc/aijc_0995-3817_2004_num_19_2003_1734

Pourtier, R. (2003). « L'Afrique centrale dans la tourmente : Les enjeux de la guerre et de la paix au Congo et alentour », *Hérodote*, 111 (4), pp. 11-39.

Prelot, M et Boulouis, J. (1990). *Institutions politiques et droit constitutionnel*, 11e édition, Paris : Dalloz

Prelot, M. (1949). *Précis de droit constitutionnel*, Paris : Dalloz

Promontorio, V. (1965), *Les institutions dans la constitutions congolaise*, Léopoldville : Concordia

Reyntjens, F « La rébellion au Congo-Zaïre, une affaire de voisins », *Hérodote*, n°. 86-87, 1997, pp. 57-77.

Reyntjens, F. « The second Congo war: more than a remake », *African affairs*, 98:391(1999), pp. 241-250

Reyntjens, F. « la deuxième guerre du Congo : plus qu'une réédition », *African Affairs*, 98:391(1999), pp. 241-250.

Senelle, R. (1971). *Révision de la Constitution, 1967-1970*, Bruxelles : Ministère des Affaires étrangères.

Sieyès, E. (1970), *Qu'est-ce que le Tiers Etat, chapitre V*, Edition critique avec une introduction et des notes par Roberto Zapperi, Genève : Librairie Droz

Toengaho Lokundo, F. (2008), *Les constitutions de la République démocratique du Congo. De Joseph Kasa-Vubu à Joseph Kabila*, Kinshasa : Presses Universitaires du Congo

Umba di Lutete (1974), *Introduction à la Constitution zaïroise*, exposé ronéotypé à la 1re session de l'école du parti, Kinshasa, 1974.

Van Bilsen, A. A. J. (1956) : *Un plan de trente ans pour l'émancipation politique de l'Afrique belge*, Extrait des Dossiers de l'Action sociale catholique, février 1956.

Vedel, G. (1949), *Droit constitutionnel*, Paris : Sirey

Vedel, G. (1958), *Droit administratif, 2 Tomes* (Themis), Paris : Presses universitaires de France.

Verpeaux, M. (2014). *Droit constitutionnel 1 : théorie générale de l'État — histoire constitutionnelle de la France. L'État et le pouvoir politique*, UNJF — Université Numérique Juridique Francophone https://cours.unjf.fr/repository/coursefilearea/file.php/64/Cours/01_item/indexI0.htm

Viga, P. (1955), *Diritto costituzionale*, 3ème Ed, Palermo : Edizioni Universitaire

Vunduawe te Pemako, F. (2000), *À l'ombre du Léopard. Vérités sur le Régime de Mobutu Sese Seko*, Bruxelles ; Editions du Zaïre Libre

Vunduawe te Pemako, F. « L'administration locale au Zaïre de 1885 à 1982 », *Zaïre-Afrique*, 165 (mai 1982), pp. 261-273.

Vunduawe te Pemako, F. et Mboko Dj'Andima, J.M., (2013), *Droit constitutionnel du Congo. Textes et documents fondamentaux (Vol.1 et Vol.2),* Bruxelles : Academia

Vundwawe te Pemako, F. et Mboko Dj'Andima, J.M (2020). *Traité de droit administratif de la République Démocratique du Congo*, 2è ed., Bruxelles : Bruylant.

Willame, J-C (1999), *L'odyssée Kabila. Trajectoire pour un Congo nouveau ?* Collection : Les Afriques, Paris : Éditions Karthala, p. 238.

Ya Rubango, N. « L'agonie de la Deuxième République », *Revue canadienne des Études africaines,* Vol. 33, No. 2/3, Special Issue : French-Speaking Central Africa: Political Dynamics of Identities and Representations (1999), pp. 696-704.

Yatala Nsomwe Ntambwe, C. *La révision constitutionnelle dans la Constitution congolaise du 18 février 2006*
https://www.droitcongolais.info/files/REVISION-CONSTITUTION_Yatala.pdf

TABLE DES MATIÈRES

Structures éditoriales du groupe L'Harmattan

L'Harmattan Italie
Via degli Artisti, 15
10124 Torino
harmattan.italia@gmail.com

L'Harmattan Hongrie
Kossuth l. u. 14-16.
1053 Budapest
harmattan@harmattan.hu

L'Harmattan Sénégal
10 VDN en face Mermoz
BP 45034 Dakar-Fann
senharmattan@gmail.com

L'Harmattan Cameroun
TSINGA/FECAFOOT
BP 11486 Yaoundé
inkoukam@gmail.com

L'Harmattan Burkina Faso
Achille Somé – tengnule@hotmail.fr

L'Harmattan Guinée
Almamya, rue KA 028 OKB Agency
BP 3470 Conakry
harmattanguinee@yahoo.fr

L'Harmattan RDC
185, avenue Nyangwe
Commune de Lingwala – Kinshasa
matangilamusadila@yahoo.fr

L'Harmattan Congo
219, avenue Nelson Mandela
BP 2874 Brazzaville
harmattan.congo@yahoo.fr

L'Harmattan Mali
ACI 2000 - Immeuble Mgr Jean Marie Cisse
Bureau 10
BP 145 Bamako-Mali
mali@harmattan.fr

L'Harmattan Togo
Djidjole – Lomé
Maison Amela
face EPP BATOME
ddamela@aol.com

L'Harmattan Côte d'Ivoire
Résidence Karl – Cité des Arts
Abidjan-Cocody
03 BP 1588 Abidjan
espace_harmattan.ci@hotmail.fr

Nos librairies en France

Librairie internationale
16, rue des Écoles
75005 Paris
librairie.internationale@harmattan.fr
01 40 46 79 11
www.librairieharmattan.com

Librairie des savoirs
21, rue des Écoles
75005 Paris
librairie.sh@harmattan.fr
01 46 34 13 71
www.librairieharmattansh.com

Librairie Le Lucernaire
53, rue Notre-Dame-des-Champs
75006 Paris
librairie@lucernaire.fr
01 42 22 67 13

www.ingramcontent.com/pod-product-compliance
Lightning Source LLC
LaVergne TN
LVHW011220061026
849535LV00001BA/112